5ª edición

Linux

Administración del sistema y explotación de los servicios de red

ISBN: 978-2-409-04425-0
Edición original: 978-2-409-03864-8

Ediciones ENI

P° Ferrocarriles Catalanes, 97-117, 2a pl. of. 18
08940 - Cornellà de Llobregat (Barcelona)

Tel: 934 246 401
Fax: 934 231 576

e-mail: info@ediciones-eni.com
http://www.ediciones-eni.com

Autor: Philippe BANQUET
Edición española: Angel Mª SÁNCHEZ CONEJO
y Alejandro CASTAÑO FERNÁNDEZ
Colección **Expert IT** dirigida por Émilie VILLETORTE

Para poder acceder durante un año
a la versión online de este libro,
envíenos su justificante de compra a

librodigital@ediciones-eni.com

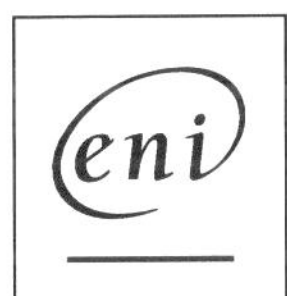

Prólogo

Este libro está dirigido para los administradores que deseen adquirir los conocimientos necesarios para la gestión de servidores Linux en un entorno de redes, para las distribuciones Red Hat y Debian. Para poder aprovechar su contenido plenamente, el lector debe tener experiencia en el uso del sistema, en particular en la línea de comandos.

Los diferentes capítulos están organizados en grandes temas funcionales, que van del almacenamiento a la seguridad pasando por la configuración de la red y de los principales servicios de aplicaciones.

Algunos capítulos están consagrados a la gestión del almacenamiento: organización y gestión de discos, incluyendo los aspectos avanzados como RAID, gestor de volúmenes lógicos LVM, discos SCSI y arquitecturas de almacenamiento en red (NAS, SAN). También se describen los diferentes tipos de sistemas de archivos y sus implementaciones, así como las herramientas de respaldo y de restauración.

En el capítulo sobre el arranque del sistema se detallan los principales mecanismos de configuración de la puesta en marcha del sistema y de los servicios, en particular Init System V y systemd.

En el capítulo que explica el procedimiento de configuración y de compilación se exponen las características y la gestión del núcleo Linux, así como las herramientas de manipulación de los módulos y los mecanismos de configuración dinámica.

Se trata la configuración de la red en entornos IPv4 y IPv6, en redes locales y extendidas. Los principales servidores de aplicaciones de redes se tratan en diferentes capítulos: DNS, DHCP, LDAP, FTP, Samba, NFS, los servicios de mensajería y, por supuesto, los servicios HTTP (Apache, Nginx, squid).

Se dedica un capítulo a la seguridad presentando, particularmente, la autenticación de los usuarios usando los módulos PAM, el control de accesos de red a través de la implementación de un cortafuegos para efectuar el filtrado de paquetes y la traducción de direcciones, así como la configuración de una red virtual privada VPN.

Finalmente, un capítulo cubrirá el monitoreo de los recursos así como los principios de planificación de la carga del sistema.

Contenido

Prólogo

Capítulo 1
Arranque del sistema

Capítulo 2
Sistema de archivos y dispositivos

Capítulo 3
Gestión de dispositivos de almacenamiento

Capítulo 5
Mantenimiento del sistema

Capítulo 6
El núcleo Linux

Capítulo 7
Planificación de la capacidad

Capítulo 8
Domain Name Server

Capítulo 9
Servicios web

Capítulo 10
Compartición de archivos

Capítulo 11
Gestión de los clientes de red

Capítulo 12
Servicios de correo electrónico

Capítulo 13
Seguridad del sistema

Capítulo 1
Arranque del sistema

1. Inicio del sistema

Este tema está dividido en tres partes con pesos diferentes.

1.1 Personalización del arranque del sistema

El objetivo de esta sección es de enseñarle a:

- determinar y modificar el estado de los servicios según los objetivos o niveles de ejecución ;
- comprender con precisión los procesos de arranque de `systemd`, de `init System V`, así como la secuencia de inicio de Linux ;
- conocer las interacciones entre los targets `systemd` y los niveles de ejecución `init System V`.

1.1.1 Competencias principales

- `systemd`
- `init System V`
- Especificaciones LSB (*Linux Standard Base*)

1.1.2 Elementos empleados

- `/usr/lib/systemd/`
- `/etc/systemd/`
- `/run/systemd/`
- `systemctl`
- `systemd-delta`
- `/etc/inittab`
- `/etc/init.d/`
- `/etc/rc.d/`
- `chkconfig`
- `update-rc.d`
- `init` y `telinit`

1.2 Recuperación del sistema

El objetivo de esta sección es de enseñarle a:

- manipular correctamente un sistema Linux durante la secuencia de arranque y en modo recuperación ;
- usar el comando `init` y las opciones del núcleo relativas a `init` ;
- determinar la causa de los errores en la carga del sistema y con los gestores de arranque. El programa se concentra en los gestores de arranque GRUB 2 y GRUB Legacy, en modo de configuración BIOS y UEFI.

1.2.1 Competencias principales

- BIOS y UEFI
- Arranque NVMe
- GRUB versión 2 y Legacy
- Shell grub
- Arranque del cargador de inicio y activación del núcleo
- Carga del núcleo
- Inicialización y configuración del material
- Inicialización y configuración de los servicios/procesos
- Ubicaciones de los diferentes gestores de arranque en los discos duros o dispositivos extraíbles

- Modificación de las opciones estándares de los gestores de arranque y utilización de los shell de los gestores de arranque
- Uso de los modos `systemd rescue` y `emergency`

1.2.2 Elementos empleados

- `mount`
- `fsck`
- `inittab`, `telinit` e `init` con `init System V`
- Contenido de `/boot`, `/boot/grub` y `/boot/efi`
- Partición de sistema ESP (*EFI System Partition*)
- GRUB
- `grub-install`
- `efibootmgr`
- shell UEFI
- `initrd`, `initramfs`
- MBR (*Master Boot Record*)
- `systemctl`

1.3 Gestores de arranque alternativos

El objetivo de esta sección es de enseñarle a:

- conocer los otros gestores de arranque y sus principales funcionalidades.

1.3.1 Competencias principales

- Syslinux, ISOLINUX y PXELINUX
- Comprensión de PXE, en modo de configuración BIOS y UEFI
- Conocimientos de base de `systemd-boot` y `U-Boot`

1.3.2 Elementos empleados

- `syslinux`
- `extlinux`
- `isolinux.bin`
- `isolinux.cfg`
- `isohdpfx.bin`

- efiboot.img
- pxelinux.0
- pxelinux.cfg/
- uefi/shim.efi
- uefi/grubx64.efi

2. Personalización del arranque del sistema

El arranque del sistema Linux empieza después de la secuencia de inicio, una vez que el núcleo Linux ha sido cargado en memoria y activado. Este núcleo inicializará el material, cargará los módulos dinámicos necesarios para la gestión de los elementos materiales detectados e iniciará los distintos servicios, en función de su configuración.

Los dos modos principales de gestión de este arranque son `init System V`, modelo más antiguo, derivado de `Unix system V`, y `systemd`, más reciente y originario de Linux.

Observación

Es necesario conocer perfectamente los dos gestores de arranque, ya que los dos se utilizan en entornos de producción, aunque `systemd` tenga vocación de reemplazar a largo plazo a init `System V`. `systemd` es el entorno de arranque que se encuentra presente en las versiones recientes de la mayoría de las distribuciones.

2.1 init System V

`init System V` es un mecanismo de arranque y de paro de diferentes servicios y procesos según el nivel de funcionalidades (nivel de ejecución, identificado por un número o una letra) deseado. Se apoya en el programa `init`, proceso lanzado como tarea en segundo plano, creado por el núcleo en el arranque del sistema. El proceso `init` inicia después un conjunto de demonios definidos como activos en el nivel de ejecución por defecto.

Originario de Unix, en su versión System V, este método de arranque ha sido el más utilizado en Linux durante mucho tiempo. Desde la creación de `systemd` por **Lennart Poettering** en 2010, las versiones recientes de las distribuciones (Red Hat, Debian, etc.) tienden a llevarlo por defecto, en detrimento del primero.

Observación

La versión 6 de la distribución Red Hat Enterprise Linux y la versión Debian 7 Wheezy utilizan por defecto `init System V`.

2.2 El proceso init

El proceso que ejecuta el programa `/sbin/init` es creado por el núcleo, con PID número 1. Además del proceso de PID número 2 y de los procesos hijos, que se ejecutan en modo núcleo, este proceso es el que se encuentra en el origen de todos los otros procesos que se ejecutan en el sistema.

Como ha sido creado directamente por el núcleo, su proceso padre es un pseudoproceso con el PID número 0.

2.2.1 Procesos hijos de init

Extractos de la lista de procesos de un sistema Linux Debian 7 Wheezy:

```
ps -ef
UID        PID  PPID  C STIME TTY          TIME CMD
root         1     0  0 13:47 ?        00:00:00 init [5]
[...]
```

Proceso `init`, PID 1, PPID 0, creado directamente por el núcleo.

```
[...]
root       290     1  0 13:47 ?        00:00:00 udevd --daemon
root       349   290  0 13:47 ?        00:00:00 udevd --daemon
root       350   290  0 13:47 ?        00:00:00 udevd --daemon
[...]
```

El demonio `udevd` es ejecutado por `init` y crea dos procesos hijos.

```
[...]
root      1937     1  0 13:47 ?     00:00:00 /usr/sbin/rsyslogd -c5
104       2015     1  0 13:47 ?     00:00:00 /usr/bin/dbus-daemon --system
[...]
```

El demonio de gestión de los registros `rsyslogd` y el demonio `dbus` también son ejecutados por `init`.

```
[...]
root      2598     1  0 13:47 tty1     00:00:00 /bin/login --
root      2679  2598  0 13:47 tty1     00:00:00 -bash
```

Una conexión de usuario en la consola virtual `tty1`, gestionada por el programa `login` ejecutado por `init`.

2.2.2 Configuración del proceso init

Tradicionalmente, el archivo `/etc/inittab` es el archivo de configuración del demonio `init`. Permite especificar el nivel de ejecución por defecto, así como los programas que hay que lanzar en función de los niveles de ejecución.

Cada línea del archivo, excepto las líneas de comentarios que empiezan por el carácter #, tiene el formato siguiente:

Sintaxis

```
Id:Niveles:Modo:Comando
```

Con:

`Id`	Identificador único de la línea, con 1 o 2 caracteres.
`Niveles`	Números de los niveles de ejecución en los que se ejecutará la línea.
`Modo`	Tipo de acción (ver abajo).
`Comando`	Línea de comando que se tiene que ejecutar.

Tipo de acciones clásicas:

- `initdefault`: esta línea define el nivel de ejecución por defecto, especificado en el segundo campo de la línea.
- `sysinit`: ejecuta el comando durante la inicialización del sistema. El segundo campo debe estar vacío.
- `wait`: ejecuta el comando y espera el final de la ejecución antes de continuar con las líneas siguientes.
- `respawn`: ejecuta el comando del cuarto campo, sin esperar a que termine, y continúa con las líneas siguientes. Si el proceso creado por el comando se termina, `init` lo vuelve a lanzar automáticamente.
- `ctrlaltdel`: se ejecutará esta línea de comando cuando se pulsen las teclas [Ctrl][Alt][Del] en la consola física del sistema.

Ejemplo

Extractos del archivo `/etc/inittab` de un sistema Linux Debian 7 Wheezy:

```
# /etc/inittab: init(8) configuration.
# $Id: inittab,v 1.91 2002/01/25 13:35:21 miquels Exp $

# The default runlevel.
id:2:initdefault:
```

Esta línea fuerza el nivel de ejecución número 2 como el nivel por defecto.

```
# Boot-time system configuration/initialization script.
# This is run first except when booting in emergency (-b) mode.
si::sysinit:/etc/init.d/rcS
```

Script de inicialización, ejecutado en el arranque del sistema.

```
# Runlevel 0 is halt.
# Runlevel 1 is single-user.
# Runlevels 2-5 are multi-user.
# Runlevel 6 is reboot.

l0:0:wait:/etc/init.d/rc 0
l1:1:wait:/etc/init.d/rc 1
l2:2:wait:/etc/init.d/rc 2
l3:3:wait:/etc/init.d/rc 3
l4:4:wait:/etc/init.d/rc 4
l5:5:wait:/etc/init.d/rc 5
l6:6:wait:/etc/init.d/rc 6
```

Scripts que se ejecutarán cuando se cambie de nivel de ejecución (de 0 a 6), en modo espera al final del script.

```
# What to do when CTRL-ALT-DEL is pressed.
ca:12345:ctrlaltdel:/sbin/shutdown -t1 -a -r now
```

En el caso de que se pulse [Ctrl][Alt][Supr], reinicio inmediato del sistema, para los niveles de ejecución de `1` a `5`.

```
# /sbin/getty invocations for the runlevels.
#
# The "id" field MUST be the same as the last
1:2345:respawn:/sbin/getty 38400 tty1
2:23:respawn:/sbin/getty 38400 tty2
3:23:respawn:/sbin/getty 38400 tty3
4:23:respawn:/sbin/getty 38400 tty4
5:23:respawn:/sbin/getty 38400 tty5
6:23:respawn:/sbin/getty 38400 tty6
```

Gestión de las consolas virtuales en la consola física del sistema, gestionadas por el programa `getty`. En este caso hay seis consolas virtuales (accesibles usando las teclas de función de [Ctrl][Alt][F1] a [Ctrl][Alt][F6]).

Observación

Algunas distribuciones usan una versión modificada de la configuración de `init system V`, `upstart`. En ese caso, el archivo `/etc/inittab` solo servirá para configurar el nivel de ejecución por defecto. Sin embargo, el principio de los niveles de ejecución es el mismo.

2.3 Los niveles de ejecución init System V

Los servicios y demonios activos en un sistema Linux que utilizan `init System V` dependen de su nivel de ejecución (*run level*). Estos niveles de ejecución son gestionados por el proceso `init`, que se ocupará de parar y arrancar los diferentes programas vinculados a un cambio de nivel de ejecución.

2.3.1 Los diferentes niveles de ejecución (run levels)

Los niveles de ejecución (*run levels*) se identifican gracias a un número o una letra. Aunque están normalizados en el marco de la LSB (*Linux Standard Base*), su significado puede cambiar según la distribución utilizada.

Los niveles comunes son los siguientes, con respecto al estándar LSB, para las distribuciones de tipo Red Hat y de tipo Debian (versiones que utilizan todavía `init System V`):

- El nivel 0: (LSB, Red Hat, Debian).

  El sistema está parado. Cuando el sistema pasa a nivel 0, todos los programas configurados para ser parados en este nivel son parados correctamente.
- El nivel 1 (o S o s para algunas distribuciones): (LSB, Red Hat, Debian).

  Nivel monousuario de mantenimiento: solamente autoriza la conexión de la cuenta del superusuario. La mayoría de los servicios están parados en este nivel.
- El nivel 2:

  LSB: multiusuario, sin red ni interfaz gráfica.

  Red Hat: multiusuario, con red, sin NFS y sin interfaz gráfica.

  Debian: multiusuario, con red e interfaz gráfica.
- El nivel 3:

  LSB : multiusuario, con red y sin interfaz gráfica.

  Red Hat: multiusuario, con red y sin interfaz gráfica.

  Debian: multiusuario, con red e interfaz gráfica.
- El nivel 4:

  LSB: indefinido.

  Red Hat: como el nivel 3.

  Debian: multiusuario, con red e interfaz gráfica.
- El nivel 5:

  LSB: multiusuario, con red e interfaz gráfica.

  Red Hat: multiusuario, con red e interfaz gráfica.

  Debian: multiusuario, con red e interfaz gráfica.

– El nivel 6: (LSB, Red Hat, Debian).
  Reinicio del sistema. Todos los programas configurados para ser parados en este nivel lo serán correctamente.

2.3.2 Configuración de los diferentes niveles de ejecución

Las distribuciones proponen una configuración por defecto para los diferentes niveles de ejecución. Cuando el sistema cambia de nivel de ejecución, se ejecutan automáticamente scripts de paro y de reinicio de los servicios en función de esta configuración.

El administrador del sistema debe conocer los mecanismos de configuración de esos scripts, para poder intervenir en caso de problema o para personalizarlos si fuera necesario.

2.3.3 Scripts de gestión de los servicios

En un sistema Linux que use `init System V`, los servicios son generalmente ejecutados y parados por scripts normalizados.

Se encuentran, directamente o a través de un enlace, en el directorio `/etc/init.d`.

Tienen un primer parámetro que acepta los valores `start`, `stop` y, eventualmente, `status`, `reload` y `restart`.

Sintaxis

```
/etc/init.d/NombreScript acción
```

Donde `acción` puede tener alguno de los valores descritos anteriormente.

El comando `service` permite solicitar la ejecución de un script de gestión de servicio:

Sintaxis

```
service NombreScript acción
```

Los scripts de arranque `init System V` deberían seguir las especificaciones LSB (*Linux Standard Base*). Deberían, en particular, tener una zona de comentarios en la que se describieran sus características en formato LSB.

Ejemplo

Zona de descripción LSB del script de gestión del servicio *ssh*:

```
### BEGIN INIT INFO
# Provides:            sshd
# Required-Start:      $remote_fs $syslog
# Required-Stop:       $remote_fs $syslog
# Default-Start:       2 3 4 5
# Default-Stop:
# Short-Description:   OpenBSD Secure Shell server
### END INIT INFO
```

Ejemplo

Scripts de gestión de los servicios de un sistema Linux Debian 7 Wheezy:

```
ls /etc/init.d
acpid           bootmisc.sh               dbus          hwclock.sh      motd
mountnfs.sh      procps       reboot      single              udev-mtab
atd             checkfs.sh                exim4         kbd
mountall-bootclean.sh  mtab.sh            pulseaudio   rmnologin   skeleton
umountfs
avahi-daemon    checkroot-bootclean.sh  gdm3          keyboard-setup  mountall.sh
networking       rc           rpcbind     speech-dispatcher  umountnfs.sh
binfmt-support  checkroot.sh              halt          killprocs       mountdevsubfs.sh
network-manager  rc.local     rsyslog     ssh                 umountroot
bluetooth       console-setup             hdparm        kmod            mountkernfs.sh
nfs-common       rcS          saned       sudo                urandom
bootlogs        cron                 hostname.sh  minissdpd      mountnfs-bootclean.sh
pppd-dns         README       sendsigs    udev                x11-common
```

Extracto del script de arranque de `sshd`:

```
vi /etc/init.d/ssh
[...]
case "$1" in
 start)
       check_privsep_dir
       check_for_no_start
       check_dev_null
       log_daemon_msg "Starting OpenBSD Secure Shell server" "sshd" || true
       if start-stop-daemon --start --quiet --oknodo --pidfile /var/run/
sshd.pid --exec /usr/sbin/sshd -- $SSHD_OPTS; then
           log_end_msg 0 || true
       else
           log_end_msg 1 || true
       fi
       ;;
 stop)
       log_daemon_msg "Stopping OpenBSD Secure Shell server" "sshd" || true
       if start-stop-daemon --stop --quiet --oknodo --pidfile /var/run/sshd.pid; the
           log_end_msg 0 || true
       else
           log_end_msg 1 || true
       fi
       ;;

 reload|force-reload)
       check_for_no_start
       check_config
       log_daemon_msg "Reloading OpenBSD Secure Shell server's configuration"
"sshd" || true
       if start-stop-daemon --stop --signal 1 --quiet --oknodo --pidfile
/var/run/sshd.pid --exec /usr/sbin/sshd; then
           log_end_msg 0 || true
       else
           log_end_msg 1 || true
       fi
       ;;

 restart)
[...]
status)
       status_of_proc -p /var/run/sshd.pid /usr/sbin/sshd sshd && exit 0 || exit $
```

```
        ;;

 *)
        log_action_msg "Usage: /etc/init.d/ssh {start|stop|reload|force-reload|
restart|try-restart|status}" || true
        exit 1
        exit 1
esac
```

La estructura `case` permite gestionar los diferentes valores del argumento recibido: `start`, `stop`, `status`, `reload`, `restart`, etc.

Estatus de `sshd`:

```
service ssh status
[ ok ] sshd is running.
```

2.3.4 Niveles de ejecución y servicios

En el archivo `/etc/inittab`, por defecto, se encuentran las siete líneas siguientes:

```
l0:0:wait:/etc/init.d/rc 0
l1:1:wait:/etc/init.d/rc 1
l2:2:wait:/etc/init.d/rc 2
l3:3:wait:/etc/init.d/rc 3
l4:4:wait:/etc/init.d/rc 4
l5:5:wait:/etc/init.d/rc 5
l6:6:wait:/etc/init.d/rc 6
```

Para cada uno de los niveles de ejecución, el script `/etc/init.d/rc` es ejecutado por `init`, en modo `wait`, usando como argumento el nivel de ejecución.

El script hace un listado del contenido del directorio `/etc/rcX.d`, donde `X` es el nivel de ejecución. Ejecuta todos los scripts cuyo nombre comienza por la letra `K` (de *Kill*), con el argumento `stop`, y después todos los scripts que comienzan por la letra `S` (de *Start*), con el argumento `start`.

Como cada uno de los archivos de `/etc/rcX.d` es un enlace simbólico hacia un script de gestión de servicio de `/etc/init.d`, el script `rc` para y arranca los servicios según el nivel de ejecución.

Observación

Según las distribuciones este esquema general puede cambiar.

Ejemplo

Configuración de los servicios que se tienen que parar y arrancar en el nivel de ejecución 1 de un sistema Linux Debian 7 Wheezy:

Archivos de enlaces simbólicos en `/etc/rc1.d`:

```
ls -l /etc/rc1.d
total 1
lrwxrwxrwx 1 root root  13 junio  25 13:06 K01atd -> ../init.d/atd
lrwxrwxrwx 1 root root  19 junio  25 13:42 K01bluetooth -> ../init.d/bluetooth
lrwxrwxrwx 1 root root  15 junio  25 13:07 K01exim4 -> ../init.d/exim4
lrwxrwxrwx 1 root root  14 junio  25 13:44 K01gdm3 -> ../init.d/gdm3
lrwxrwxrwx 1 root root  19 junio  25 13:44 K01minissdpd -> ../init.d/minissdpd
lrwxrwxrwx 1 root root  20 junio  25 13:43 K01pulseaudio -> ../init.d/pulseaudio
lrwxrwxrwx 1 root root  15 junio  25 13:44 K01saned -> ../init.d/saned
lrwxrwxrwx 1 root root  27 junio  25 13:43 K01speech-dispatcher ->
../init.d/speech-dispatcher
lrwxrwxrwx 1 root root  22 junio 25 13:44 K02avahi-daemon -> ../init.d/avahi-daemon
lrwxrwxrwx 1 root root  25 junio 25 13:43 K02network-manager -> ../init.d/network-
manager
lrwxrwxrwx 1 root root  17 junio 25 13:43 K04rsyslog -> ../init.d/rsyslog
lrwxrwxrwx 1 root root  20 junio 25 13:43 K06nfs-common -> ../init.d/nfs-common
lrwxrwxrwx 1 root root  17 junio 25 13:43 K06rpcbind -> ../init.d/rpcbind
-rw-r--r-- 1 root root 369 oct.  15  2012 README
lrwxrwxrwx 1 root root  19 junio 25 13:03 S01killprocs -> ../init.d/killprocs
lrwxrwxrwx 1 root root  14 junio 25 13:03 S01motd -> ../init.d/motd
lrwxrwxrwx 1 root root  18 junio 25 13:44 S20bootlogs -> ../init.d/bootlogs
lrwxrwxrwx 1 root root  16 junio 25 13:44 S21single -> ../init.d/single
```

Y la mayoría de los archivos de enlaces simbólicos son scripts de paro *(K*)*. Todos apuntan a los scripts de gestión de servicios, en */etc/init.d/*.

2.4 Gestión de los niveles de ejecución init system V

Existen diferentes comandos que permiten conocer el nivel de ejecución actual, y hay otros que permiten personalizar el contenido de los niveles de ejecución.

2.4.1 Nivel de ejecución actual

El comando `runlevel` indica el nivel de ejecución actual. No tiene ninguna opción. Nos muestra el antiguo nivel (N si no hay ninguno) y el nivel actual.

Ejemplo

```
runlevel
N 2
```

El sistema (Debian) está corriendo en el nivel de ejecución por defecto, `2`.

El comando `who -r` indica también el nivel de ejecución actual. No tiene ninguna opción. Muestra el antiguo nivel (`S` si no hay ninguno) y el nuevo.

Ejemplo

```
who -r
run level 2 2021-07-21 14:08                    último=S
```

2.4.2 Cambiar el nivel de ejecución

Los comandos `init` y `telinit` permiten cambiar el nivel de ejecución del sistema.

Sintaxis

```
telinit|init Nivel
```

Donde `Nivel` representa el nuevo nivel de ejecución.

El comando `telinit` propone la opción `-t` para especificar un lapsus de tiempo antes del cambio de nivel.

Observación

En la mayoría de las distribuciones recientes, los dos comandos corresponden al mismo binario.

Ejemplo

```
runlevel
N 2
init 3
runlevel
2 3
```

2.4.3 Comandos de gestión del contenido de los niveles de ejecución

Los comandos `update-rc.d` (Debian) y `chkconfig` (Red Hat) permiten gestionar el estado de los servicios según los niveles de ejecución.

Pueden configurar el lanzamiento de un nuevo servicio en diferentes niveles de ejecución, o suprimir un servicio de diferentes niveles de ejecución.

Incorporación de un servicio

```
update-rc.d NombreScript defaults
chkconfig --add NombreScript
```

Donde `NombreScript` representa el nombre del script de gestión del servicio, en el directorio `/etc/init.d`.

El argumento `defaults` del comando `update-rc.d` especifica que el servicio será lanzado en los niveles funcionales por defecto (2, 3, 4, 5) y parado en los otros.

El comando `chkconfig --add` usa los datos LSB en los comentarios del script para determinar su estado en los diferentes niveles de ejecución.

Supresión de los enlaces de gestión de servicios

```
update-rc.d NombreScript remove
chkconfig --del NombreScript
```

Comprobación del estado de un servicio según los niveles

```
chkconfig --list service
```

2.4.4 Script independiente del nivel de ejecución: /etc/rc.local

Una vez que todos los scripts vinculados a un nivel de ejecución multiusuario (2, 3, 4, 5) han sido ejecutados, el script `/etc/rc.local`, si existe, también será ejecutado.

2.5 systemd

`systemd` tiene como principal función el control del arranque y del paro de los servicios, de manera más flexible, más completa y eficaz que `init System V`. Creado por **Lennart Poettering** en 2010, este programa tiende a reemplazar, en las distribuciones recientes, los otros mecanismos de inicialización de los servicios (`init System V`, `upstart`...).

`systemd` está compuesto por un conjunto de programas que aseguran diferentes funcionalidades (gestión de los servicios, montaje de los sistemas de archivos, registro de los eventos, etc.). En este capítulo describiremos su papel de gestor de servicios vinculados con el arranque y el paro del sistema.

2.5.1 Arranque de systemd

Uno de los primeros objetivos de concepción de `systemd` fue el de permitir un arranque más rápido del sistema Linux, reemplazando el antiguo programa `init`, originario de Unix, y sus scripts de arranque de los servicios.

Ejemplo

Desde la versión 8 de la distribución RHEL y de la versión 10 de la distribución Debian, `systemd` reemplaza efectivamente a `init`; el archivo `/sbin/init` es un enlace simbólico hacia el ejecutable `systemd`:

```
ls -l /sbin/init
lrwxrwxrwx 1 root root 20 junio 29 19:07 /sbin/init -> /lib/systemd/systemd
```

Después de ser cargado por el programa de arranque, el núcleo es inicializado, carga los módulos necesarios usando para ello el archivo imagen `initramfs`, y después crea el proceso ejecutando `systemd`, de PID 1.

`systemd` justo después arrancará los servicios del sistema y estará en el origen de casi todos los procesos. También se ocupará del montaje de sistemas de archivos configurados en montaje automático así como del registro de todos los eventos del arranque (incluidos los que están vinculados al inicio del núcleo).

Una vez que los servicios hayan sido arrancados, `systemd` asegurará el control de los mismos. Podrá determinar para cada servicio el conjunto de procesos que dependen de él (a través de la noción de `Cgroups`), para poder así pararlos correctamente en el momento en que el servicio se tenga que parar. También puede conocer exactamente el consumo de recursos de cada servicio y asegurar que estos no sobrepasen los límites eventualmente configurados para dichos servicios.

Ejemplo

Proceso ejecutándose en un sistema Linux RHEL 8.5 con `systemd`:

```
pstree
systemd─┬─ModemManager───2*[{ModemManager}]
        ├─NetworkManager───2*[{NetworkManager}]
        ├─accounts-daemon───2*[{accounts-daemon}]
        ├─alsactl
        ├─at-spi-bus-laun─┬─dbus-daemon───{dbus-daemon}
        │                 └─3*[{at-spi-bus-laun}]
        ├─at-spi2-registr───2*[{at-spi2-registr}]
        ├─atd
        ├─auditd─┬─sedispatch
        │        └─2*[{auditd}]
        ├─avahi-daemon───avahi-daemon
        ├─bluetoothd
        ├─colord───3*[{colord}]
        ├─crond
        ├─cupsd
        ├─dbus-daemon───{dbus-daemon}
        ├─dnsmasq───dnsmasq
        ├─firewalld───{firewalld}
        ├─fprintd───4*[{fprintd}]
        ├─gdm─┬─gdm-session-wor─┬─gdm-wayland-ses─┬─dbus-run-sessio─┬─dbus-daemon───{dbus-daemon}
        │     │                 │                 │                 └─gnome-session-b─┬─gnome-shell─┬─Xwayland+++
        │     │                 │                 │                                   │             ├─ibus-dae+
        │     │                 │                 │                                   │             └─15*[{gno+
        │     │                 │                 │                                   ├─gsd-ally-settin───3*[{+
        │     │                 │                 │                                   ├─gsd-color───4*[{gsd-co+
        │     │                 │                 │                                   ├─gsd-datetime───2*[{gsd+
        │     │                 │                 │                                   ├─gsd-housekeepin───3*[{+
        │     │                 │                 │                                   ├─gsd-keyboard───4*[{gsd+
        │     │                 │                 │                                   ├─gsd-media-keys───4*[{g+
        │     │                 │                 │                                   ├─gsd-power───4*[{gsd-po+
        │     │                 │                 │                                   ├─gsd-print-notif───2*[{+
        │     │                 │                 │                                   ├─gsd-rfkill───2*[{gsd-r+
        │     │                 │                 │                                   ├─gsd-screensaver───3*[{+
        │     │                 │                 │                                   ├─gsd-sharing───3*[{gsd-+
        │     │                 │                 │                                   ├─gsd-smartcard───5*[{gs+
        │     │                 │                 │                                   ├─gsd-sound───3*[{gsd-so+
        │     │                 │                 │                                   ├─gsd-wacom───4*[{gsd-wa+
        │     │                 │                 │                                   └─4*[{gnome-session-b}]
        │     │                 │                 └─2*[{gdm-wayland-ses}]
        │     │                 └─2*[{gdm-session-wor}]
        │     └─3*[{gdm}]
        ├─geoclue───3*[{geoclue}]
        ├─gssproxy───5*[{gssproxy}]
        ├─ibus-portal───3*[{ibus-portal}]
        ├─ibus-x11───6*[{ibus-x11}]
        ├─iio-sensor-prox───2*[{iio-sensor-prox}]
        ├─irqbalance───{irqbalance}
        ├─ksmtuned───sleep
        ├─libvirtd───16*[{libvirtd}]
        ├─lsmd
        ├─mcelog
        ├─packagekitd───3*[{packagekitd}]
        ├─polkitd───5*[{polkitd}]
        ├─realmd───3*[{realmd}]
        ├─rhsmcertd
        ├─rpcbind
        ├─rsyslogd───2*[{rsyslogd}]
        ├─rtkit-daemon───2*[{rtkit-daemon}]
        ├─smartd
```

```
├─sshd───sshd───sshd───bash───pstree
├─sssd─┬─sssd_be
│      └─sssd_nss
├─systemd─┬─(sd-pam)
│         ├─dbus-daemon───{dbus-daemon}
│         ├─gvfsd───2*[{gvfsd}]
│         └─gvfsd-fuse───5*[{gvfsd-fuse}]
├─systemd─┬─(sd-pam)
│         ├─dbus-daemon───{dbus-daemon}
│         └─pulseaudio───2*[{pulseaudio}]
├─systemd-hostnam
├─systemd-journal
├─systemd-localed
├─systemd-logind
├─systemd-machine
├─systemd-udevd
├─tuned───4*[{tuned}]
├─udisksd───4*[{udisksd}]
├─upowerd───3*[{upowerd}]
├─wpa_supplicant
└─xdg-permission-───3*[{xdg-permission-}]
```

2.5.2 Directorio de trabajo de systemd

`systemd` utiliza el directorio `/run` como directorio de trabajo, y particularmente `/run/systemd`. En el directorio `/run` se monta un sistema de archivos de tipo tmpfs, gestionado en memoria RAM y cuyo contenido se pierde al parar o reiniciar el sistema.

Ejemplo

Directorios `/run` y `/run/systemd` de una distribución Debian 11:

```
mount -v | grep /run
tmpfs on /run type tmpfs (rw,nosuid,noexec,relatime,size=397572k,mode=755)
[...]

ls -l /run/systemd
total 0
drwxr-xr-x 2 root             root               40 15 julio 14:50 ask-
password
srw------- 1 root             root                0 15 julio 14:50
fsck.progress
drwxr-xr-x 5 root             root              240 15 julio 14:50 generator
drwxr-xr-x 3 root             root              160 15 julio 14:50
inaccessible
drwxr-xr-x 2 root             root              320 15 julio 14:57 inhibit
srw-rw-rw- 1 root             root                0 15 julio 14:50
io.system.ManagedOOM
drwxr-xr-x 3 root             root              200 15 julio 14:50 journal
drwxr-xr-x 2 root             root               40 15 julio 14:50 machines
drwxr-xr-x 5 systemd-network  systemd-network   100 15 julio 14:50 netif
srwxrwxrwx 1 root             root                0 15 julio 14:50 notify
srwxrwxrwx 1 root             root                0 15 julio 14:50 private
drwxr-xr-x 2 root             root               60 15 julio 14:57 seats
drwxr-xr-x 2 root             root              160 15 julio 15:00 sessions
drwxr-xr-x 2 root             root               40 15 julio 14:50 shutdown
```

```
drwxr-xr-x 2 root              root                40 15 julio 14:50 system
drwxr-xr-x 2 systemd-timesync systemd-timesync     60 15 julio 14:50 timesync
drwxr-xr-x 2 root              root               100 15 julio 15:00 transient
drwx------ 2 root              root                40 15 julio 14:50 unit-root
drwxr-xr-x 2 root              root              1480 15 julio 15:00 units
drwxr-xr-x 2 root              root                60 15 julio 14:50 userdb
drwxr-xr-x 2 root              root                80 15 julio 15:00 users
```

2.5.3 Directorios de configuración de systemd

`systemd` utiliza algunos directorios jerarquizados para gestionar su configuración. Este mecanismo permite preservar los archivos de configuración personalizados, cuando se actualiza el sistema o se reinstala `systemd` o sus componentes:

- `/etc/systemd/system`: directorio que contiene los elementos de configuración personalizados para el sistema local. Su contenido es prioritario.
- `/run/systemd/system`: directorio que contiene los elementos de configuración actuales.
- `/usr/lib/systemd/system`: directorio que contiene los elementos de configuración estándar de los componentes de `systemd`. Su contenido es usado si el elemento correspondiente no existe en `/etc/systemd/system`.

Ejemplo

Definición del objetivo por defecto en los diferentes directorios de configuración de `systemd`:

```
ls -l /usr/lib/systemd/system/default.target /etc/systemd/system/default.target
lrwxrwxrwx. 1 root root 40  2 mayo   13:33 /etc/systemd/system/default.target ->
/usr/lib/systemd/system/multi-user.target
lrwxrwxrwx. 1 root root 16 25 enero 10:35 /usr/lib/systemd/system/default.target
-> graphical.target
```

El objetivo por defecto ha sido personalizado para este sistema.

El comando `systemd-delta` muestra los archivos de configuración redirigidos, que extienden o cubren otros archivos de configuración.

Ejemplo

```
systemd-delta
lrwxrwxrwx. 1 root root 40  2 mayo   13:33 /etc/systemd/system/
default.target -> /usr/lib/systemd/system/graphical.target
lrwxrwxrwx. 1 root root 16 25 enero 10:35 /usr/lib/systemd/system/
default.target -> graphical.target
[root@srvRH ~]# systemd-delta
[EQUIVALENT] /etc/systemd/system/ctrl-alt-del.target ? /usr/lib/systemd/
system/ctrl-alt-del.target
[REDIRECTED] /etc/systemd/system/dbus-org.freedesktop.timedate1.service ?
/usr/lib/systemd/system/dbus-org.fre>
```

```
[EQUIVALENT] /etc/systemd/system/default.target ? /usr/lib/systemd/
system/default.target
[MASKED]     /etc/systemd/system/systemd-timedated.service ? /usr/lib/
systemd/system/systemd-timedated.service
[EXTENDED]   /usr/lib/systemd/system/systemd-udev-trigger.service ?
/usr/lib/systemd/system/systemd-udev-trigg>

5 overridden configuration files found.
```

2.5.4 El comando systemctl

El comando `systemctl` permite interactuar con `systemd` gracias a sus numerosos subcomandos.

Observación

Este comando puede interactuar con el servicio `systemd` de un sistema remoto (opción `-H`).

Ejemplo

Versión de *systemd*:

```
systemctl --version
systemd 239  (239-51.el8_5.5)
+PAM +AUDIT +SELINUX +IMA -APPARMOR +SMACK +SYSVINIT +UTMP +LIBCRYPTSETUP
+GCRYPT +GNUTLS +ACL +XZ +LZ4 +SECCOMP +BLKID +ELFUTILS +KMOD +IDN2 -IDN
+PCRE2 default-hierarchy=legacy
```

Ayuda de `systemd`:

```
systemctl --help
systemctl [OPTIONS...] {COMMAND} ...

Query or send control commands to the systemd manager.

 -h --help             Show this help
    --version          Show package version
    --system           Connect to system manager
    --user             Connect to user service manager
 -H --host=[USER@]HOST
                       Operate on remote host
 -M --machine=CONTAINER
[...]
```

2.6 Los objetivos systemd

Los objetivos systemd (*targets*) corresponden aproximadamente a los niveles de ejecución de init System V. Un objetivo recoge un conjunto de funcionalidades activas. Su nombre lleva el sufijo .target.

Los objetivos de systemd gestionan las dependencias entre ellos. Un objetivo puede necesitar la implementación de uno o más objetivos.

Por defecto, systemd propone diferentes objetivos, los principales son los siguientes, listados en orden creciente de dependencia:

- sysinit.target: este objetivo corresponde a la activación de LVM y RAID, al montaje de los sistemas de archivos, la activación de zonas de swap, al arranque del servicio de registro, del servicio de detección de dispositivos (udev), etc.
- basic.target: este objetivo activa el servicio firewalld, SELinux, la gestión de los mensajes del núcleo, etc.
- multi-user.target: este objetivo inicia los servicios necesarios para activar el modo multiusuario (red de base y servicios de red, impresión, cron, etc.).
- graphical.target: este objetivo arranca el entorno gráfico.

systemd también proporciona dos objetivos que se pueden utilizar para el mantenimiento del sistema:

- rescue.target: este objetivo pone el sistema en modo mantenimiento monousuario, con los sistemas de archivos montados.
- emergency.target: este objetivo pone el sistema en modo mantenimiento monousuario, con el sistema de archivos en solo lectura.

2.6.1 Objetivo por defecto

En el momento del arranque del sistema, systemd activa el objetivo por defecto, default.target, definido en el archivo default.target (que se encuentra en /etc/systemd/system o /usr/lib/systemd/system), enlace simbólico hacia uno de los objetivos existentes.

Ejemplo

```
ls -l /etc/systemd/system/default.target
lrwxrwxrwx. 1 root root 40  2 mayo   13:33
/etc/systemd/system/default.target
-> /usr/lib/systemd/system/graphical.target
```

El sistema se iniciará en modo gráfico.

El comando `systemctl get-default` muestra el objetivo por defecto del sistema.

El comando `systemctl set-default NombreTarget` permite modificar el objetivo por defecto del sistema.

Ejemplo

Cambio de objetivo por defecto, de multiusuario en modo gráfico a multiusuario sin modo gráfico:

```
systemctl get-default
graphical.target
systemctl set-default multi-user.target
Removed /etc/systemd/system/default.target.
Created symlink /etc/systemd/system/default.target
/usr/lib/systemd/system/multi-user.target.
systemctl get-default
multi-user.target
```

2.6.2 Configuración de los objetivos

Un objetivo está compuesto por unidades (`units`). Un objetivo, él mismo, es un tipo particular de unidad.

Los principales tipos de unidades son:

- Servicios (`.service`): programas que se ejecutan como procesos.
- Dispositivos (`.device`): dispositivos detectados por `udev`, y cuya detección puede provocar acciones.
- Montajes de particiones (`.mount`): montaje de sistemas de archivos, desde dispositivos fijos, extraíbles o de red.
- Sockets (`.socket`): creación de sockets que permiten la comunicación entre programas.

Las diferentes unidades pueden depender unas de otras.

Para poner en marcha un objetivo, `systemd` activa las unidades de las que dependen, de manera simultánea o según sus dependencias o la detección de un evento.

La capacidad para arrancar en paralelo diferentes programas hace que el inicio sea mucho más rápido.

La capacidad para vincular el arranque de un programa a la detección de un evento (dispositivo conectado, montaje de un sistema de archivos, mensaje en un socket, etc.) hace que la gestión de los servicios sea más flexible y potente que la del mecanismo tradicional `init System V`.

2.6.3 Objetivos y niveles de ejecución

Incluso aunque los objetivos `systemd` tengan un perímetro de funcionalidades más importante que los niveles de ejecución `init system V`, podemos establecer la tabla de correspondencia siguiente:

Nivel de ejecución	Objetivo systemd
0	`poweroff.target`
1	`rescue.target`
2	`multi-user.target`
3	`multi-user.target`
4	`multi-user.target`
5	`graphical.target`
6	`reboot.target`

2.6.4 Modificar el objetivo durante la carga del núcleo

En caso de problema en el inicio del sistema, se puede especificar el objetivo `systemd` que se quiera activar, pasándolo como argumento del comando de carga del núcleo (ver la sección Recuperación del sistema - El gestor de arranque GRUB, de este capítulo).

Para ello, usando la funcionalidad de edición del menú de GRUB, hay que añadir el argumento siguiente en el comando de carga del núcleo:

```
systemd.unit=NombreObjetivo
```

Por ejemplo, para iniciar en modo de rescate, el argumento sería:

```
systemd.unit=rescue
```

2.7 Gestión de los servicios por systemd

Los servicios son gestionados por `systemd` usando archivos de configuración que vienen con los paquetes de software de esos mismos servicios. Estos archivos de configuración, que presentan el sufijo `.service`, se encuentran en uno de los directorios de configuración de `systemd` (`/etc/systemd/system` o `/usr/lib/systemd/system`).

El archivo de configuración es un archivo de texto, organizado en diferentes secciones. Éstas son las principales:

- [Unit]: esta sección describe las características generales del servicio: descripción, documentación (man), orden de carga y dependencias con respecto a los otros objetivos, etc.
- [Service]: esta sección especifica las características del servicio: tipo, archivos de entorno, comandos para ejecutarlo, para pararlo y para recargarlo.
- [Install]: esta sección especifica las características de activación/desactivación del servicio.

Ejemplo

Configuración por defecto del servicio sshd:

```
vi /usr/lib/systemd/system/sshd.service
[Unit]
Description=OpenSSH server daemon
Documentation=man:sshd(8) man:sshd_config(5)
After=network.target sshd-keygen.target
Wants=sshd-keygen.target

[Service]
Type=notify
EnvironmentFile=-/etc/crypto-policies/back-ends/opensshserver.config
EnvironmentFile=-/etc/sysconfig/sshd
ExecStart=/usr/sbin/sshd -D $OPTIONS $CRYPTO_POLICY
ExecReload=/bin/kill -HUP $MAINPID
KillMode=process
Restart=on-failure
RestartSec=42s

[Install]
WantedBy=multi-user.target
```

El comando `systemctl cat NombreService` muestra el archivo de configuración actual del servicio especificado.

Ejemplo

```
systemctl cat sshd
# /lib/systemd/system/ssh.service
[Unit]
Description=OpenBSD Secure Shell server
Documentation=man:sshd(8) man:sshd_config(5)
After=network.target auditd.service
ConditionPathExists=!/etc/ssh/sshd_not_to_be_run

[Service]
EnvironmentFile=-/etc/default/ssh
ExecStartPre=/usr/sbin/sshd -t
ExecStart=/usr/sbin/sshd -D $SSHD_OPTS
ExecReload=/usr/sbin/sshd -t
ExecReload=/bin/kill -HUP $MAINPID
KillMode=process
Restart=on-failure
RestartPreventExitStatus=255
Type=notify
RuntimeDirectory=sshd
RuntimeDirectoryMode=0755

[Install]
WantedBy=multi-user.target
Alias=sshd.service
```

2.7.1 Lista y estado de los servicios

El comando `systemctl list-unit-files --type=service --all` muestra la lista y el estado de todos los servicios configurados para `systemd`.

Ejemplo

```
systemctl list-unit-files --type=service --all
UNIT FILE                                   STATE
accounts-daemon.service                     enabled
alsa-restore.service                        static
alsa-state.service                          static
[...]
atd.service                                 enabled
auditd.service                              enabled
auth-rpcgss-module.service                  static
autofs.service                              disabled
[...]
sshd.service                                enabled
[...]
```

El comando `systemctl status NombreService` muestra el estado actual del servicio especificado.

Ejemplo

Estado del servicio `sshd`:

```
systemctl status sshd
● sshd.service - OpenSSH server daemon
   Loaded: loaded (/usr/lib/systemd/system/sshd.service; enabled; vendor preset: enabled)
   Active: active (running) since Fri 2022-07-15 14:52:37 CEST; 27min ago
     Docs: man:sshd(8)
           man:sshd_config(5)
 Main PID: 1093 (sshd)
    Tasks: 1 (limit: 23080)
   Memory: 4.5M
   CGroup: /system.slice/sshd.service
           +-1093 /usr/sbin/sshd -D -oCiphers=aes256-gcm@openssh.com,chacha20-poly1305
@openssh.com,aes256-ctr,>

julio 15 14:52:36 srvRH systemd[1]: Starting OpenSSH server daemon...
julio 15 14:52:37 srvRH sshd[1093]: Server listening on 0.0.0.0 port 22.
julio 15 14:52:37 srvRH sshd[1093]: Server listening on :: port 22.
julio 15 14:52:37 srvRH systemd[1]: Started OpenSSH server daemon.
julio 15 14:53:03 srvRH sshd[1938]: Accepted password for root from 192.168.1.141
port 58991 ssh2
julio 15 14:53:03 srvRH sshd[1938]: pam_unix(sshd:session): session opened for user
root by (uid=0)
```

El servicio está activo (enabled), está ejecutándose (running) y ha aceptado una conexión por parte del superusuario.

2.7.2 Arranque y paro de los servicios

El comando `systemctl start|stop|restart|reload NombreService` arranca, para, reinicia o recarga la configuración del servicio especificado.

Ejemplo

Arranque y paro del servicio `httpd`:

```
systemctl start httpd
systemctl status httpd
● httpd.service - The Apache HTTP Server
  Loaded: loaded (/usr/lib/systemd/system/httpd.service; disabled;
vendor preset: disabled)
   Active: active (running) since Fri 2022-07-15 15:47:36 CEST; 18s ago
     Docs: man:httpd.service(8)
 Main PID: 32893 (httpd)
   Status: "Running, listening on: port 80"
    Tasks: 213 (limit: 23080)
   Memory: 29.0M
   CGroup: /system.slice/httpd.service
           +-32893 /usr/sbin/httpd -DFOREGROUND
           +-32894 /usr/sbin/httpd -DFOREGROUND
```

```
           +-32895 /usr/sbin/httpd -DFOREGROUND
           +-32896 /usr/sbin/httpd -DFOREGROUND
           +-32897 /usr/sbin/httpd -DFOREGROUND

julio 15 15:47:36 srvRH systemd[1]: Starting The Apache HTTP Server...
julio 15 15:47:36 srvRH systemd[1]: Started The Apache HTTP Server.
julio 15 15:47:36 srvRH httpd[32893]: Server configured, listening on:
port 80
systemctl stop httpd
```

2.7.3 Activación y desactivación de los servicios

La activación por defecto de un servicio depende de la configuración efectuada en el programa. Si está activado, el servicio será arrancado por los objetivos que lo contengan. Sí está desactivado, el servicio no se arrancará.

El comando `systemctl enable|disable NombreService` activa o desactiva el servicio especifícado.

Ejemplo

Activación del servicio *httpd*:

```
systemctl enable httpd
Created symlink /etc/systemd/system/multi-user.target.wants/
httpd.service
/usr/lib/systemd/system/httpd.service.
```

El comando crea un enlace simbólico en el directorio de los elementos contenidos en el objetivo `multi-user`.

```
systemctl status httpd
● httpd.service - The Apache HTTP Server
  Loaded: loaded (/usr/lib/systemd/system/httpd.service; enabled;
vendor preset: disabled)
[...]
```

2.7.4 Registro de systemd

`systemd` utiliza su propio servicio de registro de eventos, `systemd-journald`, que administra un archivo en formato binario, en un subdirectorio del directorio `/run/log/`. Los mensajes emitidos por los servicios y el núcleo son transferidos hacia el servicio tradicional de gestión de registros (`syslogd` o `rsyslogd`).

Como el archivo de registros de `systemd` está en formato binario, no se puede acceder directamente a la información. El comando `journalctl` permite consultar su contenido. El comando puede recibir muchos argumentos y funciona en modo interactivo.

Ejemplo

```
journalctl
-- Logs begin at Mon 2022-07-18 09:21:19 CEST, end at Mon 2022-07-18 09:51:27 CEST. --
julio 18 09:21:19 srvRH kernel: microcode: microcode updated early to revision 0x2f,
date = 2019-02-17
julio 18 09:21:19 srvRH kernel: Linux version 4.18.0-348.23.1.el8_5.x86_64
(mockbuild@x86-vm-07.build.eng.bos.>
julio 18 09:21:19 srvRH kernel: Command line: BOOT_IMAGE=(hd0,msdos1)/
vmlinuz-4.18.0-348.23.1.el8_5.x86_64 roo>
julio 18 09:21:19 srvRH kernel: x86/fpu: Supporting XSAVE feature 0x001:
'x87 floating point registers'
julio 18 09:21:19 srvRH kernel: x86/fpu: Supporting XSAVE feature 0x002: 'SSE registers'
julio 18 09:21:19 srvRH kernel: x86/fpu: Enabled xstate features 0x3, context size is
576 bytes, using 'standa>
julio 18 09:21:19 srvRH kernel: BIOS-provided physical RAM map:
[...]
```

La opción -e muestra solamente las últimas líneas del registro:

```
journalctl -e
julio 18 09:57:39 srvdebian sshd[804]: Accepted password for pba from 192.168.1.141
port 54833 ssh2
julio 18 09:57:39 srvdebian sshd[804]: pam_unix(sshd:session): session opened for user
pba(uid=1000) by (uid=0)
julio 18 09:57:39 srvdebian systemd-logind[498]: New session 4 of user pba.
julio 18 09:57:39 srvdebian systemd[1]: Started Session 4 of user pba.
julio 18 09:58:34 srvdebian sshd[804]: pam_unix(sshd:session): session closed for user pba
julio 18 09:58:34 srvdebian systemd[1]: session-4.scope: Succeeded.
julio 18 09:58:34 srvdebian systemd-logind[498]: Session 4 logged out. Waiting for
processes to exit.
julio 18 09:58:35 srvdebian systemd-logind[498]: Removed session 4.
```

2.8 Paro y reinicio del sistema por systemd

El comando `systemctl reboot|suspend|hibernate|poweroff` reinicia, suspende, pone en modo hibernación o para el sistema.

3. Recuperación del sistema

En el caso de que haya un problema, el administrador tiene que poder establecer rápidamente el diagnóstico e implementar una solución para reparar y reestablecer la situación.

Para ello, hay que conocer bien las diferentes etapas de arranque del sistema, así como las distintas técnicas que permiten modificar los parámetros de arranque o arrancar a partir de un dispositivo de recuperación.

3.1 Inicio del sistema

Cuando se arranca la máquina en la que está instalado un sistema Linux, un programa inicializa los componentes materiales y después busca un programa de carga del núcleo (*boot loader*).

En las arquitecturas de hardware de tipo PC, este programa puede ser la BIOS o, cada vez más, UEFI, su sustituto más potente y seguro.

3.1.1 BIOS

La BIOS (*Basic Input/Output System*) es un programa almacenado en una memoria EEPROM o flash. Es la encargada de configurar y gestionar los componentes de hardware de bajo nivel de la máquina y de arrancar la carga del sistema operativo.

Cuando se acciona el botón de encendido de la máquina, se ejecuta la BIOS. Ésta efectúa tests llamados POST (*Power-On Self Test*) en los componentes de bajo nivel (memoria, procesador, etc.). Después busca un programa de arranque de un núcleo del sistema operativo (*boot loader*), recorriendo para ello sucesivamente los distintos dispositivos, según un orden configurado. En cuanto encuentra un programa en la ubicación específica del dispositivo (el sector de arranque del disco, el MBR, o el primer sector de la partición activa), lo carga en memoria y este se ejecuta.

La arquitectura de la BIOS es antigua y sus límites están impuestos por las primeras máquinas de tipo PC. Está cada vez menos adaptada a las posibilidades del hardware moderno y da problemas de seguridad.

3.1.2 UEFI

El UEFI (*Unified Extensible Firmware Interface*) fue concebido para reemplazar a la BIOS, ofreciendo más funcionalidades y reforzando la seguridad. Administra una interfaz gráfica de alta resolución, la red y el multiboot (elección de la carga de diferentes sistemas operativos).

El UEFI utiliza un esquema de particionado de discos específico, el GPT (*GUID Partition Table*), que permite gestionar discos de gran tamaño con muchas particiones. En esos discos se pueden crear particiones especiales de arranque, llamadas ESP (*EFI System Partition*), en las que se almacenan los elementos necesarios para cargar el núcleo.

Cuando la máquina arranca, el UEFI puede ejecutar el cargador de arranque o cargar directamente el núcleo configurado, a través de una partición ESP. También puede usar el modo de compatibilidad CSM (*Compatibility Support Module*) para arrancar usando el MBR. Puede, también, detectar automáticamente la presencia de un cargador de arranque en un periférico externo o incluso a través de la red (arranque PXE, *Preboot eXecution Environment*).

El UEFI también puede implementar un procedimiento de carga del sistema con seguridad. Esta funcionalidad reposa en la gestión de claves de autenticación que han firmado el núcleo (o los núcleos) dispuestos a ser cargados. En ese caso, solamente se podrán cargar los núcleos oficiales de los desarrolladores.

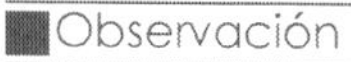

En el caso de Linux, esto implica que el núcleo tiene que ser el que provee la distribución, lo que puede ocasionar problemas si se quiere personalizar este último.

3.1.3 NVMe

Los discos SSD que utilizan la interfaz de comunicación NVMe (*Non-Volatile Memory express*) son particularmente eficientes y, por lo tanto, usados cada vez más. Las versiones de las distribuciones antiguas no sabían gestionar por defecto la carga del núcleo a partir de discos de este tipo. Había que implementar procedimientos relativamente complejos para que pudieran soportar estas configuraciones. Las versiones más recientes integran directamente estos dispositivos.

Para poder cargar el núcleo a partir de un periférico NVMe, hay que usar UEFI.

3.2 El gestor de arranque GRUB

El gestor de arranque (*boot loader*) es un programa ejecutable. Una parte de él se encuentra almacenada en el sector de arranque de un disco (MBR, *Master Boot Record*) y su función es encontrar y cargar en memoria el núcleo de un sistema operativo. Por lo tanto, hay que configurarlo para especificarle la ubicación de uno o varios archivos de núcleo y la partición sistema que tiene que montar cuando cargue el núcleo en cuestión.

En los entornos Linux, el gestor de arranque más utilizado es GRUB (*GRand Unified Boot loader*). Existen dos versiones:

- GRUB Legacy (o GRUB 1): es la versión más antigua, bastante usada todavía en producción, pero tiende a ser obsoleta.
- GRUB 2 (ou GRUB): es la versión por defecto de muchas distribuciones recientes.

3.2.1 Configuración de GRUB Legacy

El archivo de configuración de GRUB Legacy es el archivo /boot/grub/menu.lst o /boot/grub/grub.conf, según las distribuciones.

El archivo está estructurado en secciones, cada una de las cuales constituyen un elemento del menú que será mostrado al inicio de GRUB.

En cada sección figuran la información relativa a la ubicación del núcleo que se cargará, su configuración de carga, la partición de sistema así como la ubicación del archivo initrd asociado.

Sintaxis de una sección

```
title EtiquetaMenú
root partición_Núcleo
kernel RutaNúcleo ro root=ParticiónSistema Opciones
initrd RutaInitrd
```

Con

title EtiquetaMenú	Etiqueta de la elección del menú asociado a la sección.
root partición_Núcleo	Partición que contiene el núcleo, en formato (hdX,N), donde X corresponde al número del disco, y N al número de la partición en el disco, los dos empiezan a partir de 0.
kernel RutaNúcleo	Ruta del núcleo con respecto a su partición.
ro root=ParticiónSistema	Ruta de la partición del sistema, montada en solo lectura (ro).
Opciones	Parámetros utilizados al cargar el núcleo.
initrd RutaInitrd	Ruta de acceso al archivo de imagen de disco que contiene los módulos necesarios para el arranque.

La línea de opción default define el número de la sección que se tiene que cargar por defecto (empieza a partir de 0):

```
default    NúmeroSección
```

La línea de opción timeout define el tiempo en segundos que se mostrará el menú, antes de lanzar un arranque automático con la sección por defecto:

```
timeout    NúmeroSegundos
```

Observación

Esta antigua versión de GRUB no es compatible con UEFI, excepto si este último utiliza el modo de compatibilidad MBR (CSR, Compatibility Support Module).

Ejemplo

Archivo de configuración de GRUB de una distribución RHEL 6:

```
vi /boot/grub/grub.conf
# grub.conf generated by anaconda
#
# Note that you do not have to rerun grub after making changes to this file
# NOTICE:  You have a /boot partition.  This means that
#          all kernel and initrd paths are relative to /boot/, eg.
#          root (hd0,0)
#          kernel /vmlinuz-version ro root=/dev/mapper/vg_RHEL6-lv_root
#          initrd /initrd-[generic-]version.img
#boot=/dev/sda
default=0
timeout=5
splashimage=(hd0,0)/grub/splash.xpm.gz
hiddenmenu
title RHEL 6 (2.6.32-754.el6.x86_64)
        root (hd0,0)
        kernel /vmlinuz-2.6.32-754.el6.x86_64 ro root=/dev/mapper/
vg_RHEL-lv_root rd_NO_LUKS rd_LVM_LV=vg_RHEL/lv_swap rd_NO_MD
LANG=es_ES.UTF-8 SYSFONT=latarcyrheb-sun16 crashkernel=auto rd_LVM_LV=
vg_RHEL/lv_root  KEYBOARDTYPE=pc KEYTABLE=es-pc rd_NO_DM rhgb quiet
        initrd /initramfs-2.6.32-754.el6.x86_64.img
```

3.2.2 Configuración de GRUB 2

La configuración de GRUB 2 se hace en el archivo `/boot/grub/grub.cfg`. Este archivo no se debe modificar. Este archivo se genera automáticamente con el comando `update-grub`, que utiliza scripts almacenados en `/etc/grub.d`. Estos scripts buscan los distintos núcleos de sistemas operativos ejecutables y configuran el menú de arranque de GRUB 2 en consecuencia.

Cuando se instala un nuevo núcleo, la actualización del archivo de configuración final se hace gracias a los comandos `update-grub` o `grub-mkconfig`.

Los elementos que pueden ser modificados por el administrador (modo de visualización del menú, tiempo antes del arranque, etc.) tienen que ser especificados en el archivo `/etc/default/grub`.

Ejemplo

Actualización de la configuración GRUB 2 en una distribución Debian 10:

```
update-grub
Generando un fichero de configuración de grub...
Found background image: /usr/share/images/desktop-base/desktop-grub.png
Encontrada imagen de linux: /boot/vmlinuz-4.19.117-amd64
Encontrada imagen de memoria inicial: /boot/initrd.img-4.19.117-amd64
Encontrada imagen de linux: /boot/vmlinuz-4.19.0-8-amd64
Encontrada imagen de memoria inicial: /boot/initrd.img-4.19.0 how now-8-amd64
hecho
```

El comando ha buscado todos los núcleos ejecutables para generar el archivo de configuración.

Creación de un archivo de configuración de test con el comando `grub-mkconfig`:

```
grub-mkconfig -o grub2-test.cfg
Generando un fichero de configuración de grub...
Found background image: /usr/share/images/desktop-base/desktop-grub.png
Encontrada imagen de linux: /boot/vmlinuz-4.19.117-amd64
Encontrada imagen de memoria inicial: /boot/initrd.img-4.19.117-amd64
Encontrada imagen de linux: /boot/vmlinuz-4.19.0-8-amd64
Encontrada imagen de memoria inicial: /boot/initrd.img-4.19.0 how now-8-amd64
hecho
```

El archivo `/etc/default/grub` contiene la declaración de las variables de configuración para GRUB 2. El administrador puede modificarlo.

Las principales variables son:

GRUB_DEFAULT	Número de la entrada de menú seleccionada por defecto (a partir de 0), o saved (núcleo definido por defecto).
GRUB_TIMEOUT	Duración máxima de la visualización del menú en segundos.
GRUB_CMDLINE_LINUX	Parámetros por defecto usados para lanzar el núcleo Linux.
GRUB_TERMINAL	Si la variable = "console", menú en modo no gráfico.

Ejemplo

Archivo `/etc/default/grub` en una distribución RHEL 8.5:

```
cat /etc/default/grub
GRUB_TIMEOUT=5
GRUB_DISTRIBUTOR="$(sed 's, release .*$,,g' /etc/system-release)"
GRUB_DEFAULT=saved
GRUB_DISABLE_SUBMENU=true
GRUB_TERMINAL_OUTPUT="console"
GRUB_CMDLINE_LINUX="crashkernel=auto resume=/dev/mapper/cl-swap
```

```
rd.lvm.lv=cl/root rd.lvm.lv=cl/swap rhgb quiet"
GRUB_DISABLE_RECOVERY="true"
GRUB_ENABLE_BLSCFG=true
```

3.2.3 Configuración de GRUB 2 en modo UEFI

GRUB 2 es compatible con UEFI. Si la instalación del sistema se ha hecho a partir de un arranque en modo UEFI, GRUB 2 utiliza, en un disco duro particionado en GPT, una partición ESP (tipo de partición ef00), de 35 MB como mínimo, con el flag boot, en la que se ha creado un sistema de archivos FAT32, montado por defecto en `/boot/efi`.

Este sistema de archivos contiene los archivos y directorios necesarios para el arranque del sistema en modo UEFI. Estos son los principales:

- `EFI`: directorio principal.
- `EFI/BOOT`: directorio que contiene los archivos para el arranque UEFI por defecto:

`BOOTX64.EFI`	Ejecutable de carga UEFI por defecto (para Linux, copia de `grubx64.efi` o de `shimx64.efi`).
`mmx64.efi`	Ejecutable de carga UEFI por defecto, en modo seguro.
`fbx64.efi`	Ejecutable para el modo de seguridad.

- `EFI/NombreDistrib` : directorio que contiene los archivos para el cargador GRUB 2 de la distribución:

`BOOTX64.CSV`	Archivo de instalación, para añadir la entrada en NVRAM.
`grub.cfg`	Archivo de configuración de GRUB 2.
`grubx64.efi`	Ejecutable GRUB 2 en modo normal.
`mmx64.efi`	Ejecutable para la firma de la clave en modo de seguridad.
`shimx64.efi`	Ejecutable para el modo de seguridad.

El comando `efibootmgr` permite visualizar y modificar la configuración de la carga en modo UEFI.

Ejemplo

```
efibootmgr
BootCurrent: 0003
      BootNext: 0002
      BootOrder: 0003,0000,0001,0002
      Timeout: 30 seconds
      Boot0000* CD-ROM Drive(device:FF)
      Boot0001* Hard Drive(Device:80)/HD(Part1,Sig00112233)
```

```
Boot0002* PXE Boot: MAC(00D0B7C15D91)
Boot0003* Linux
```

El comando muestra los diferentes sistemas que se pueden arrancar. Linux es el sistema actual y el sistema por defecto en el orden de carga (`BootOrder`).

3.2.4 Uso de GRUB en modo interactivo

Durante el arranque, GRUB (Legacy o GRUB 2) muestra un menú que propone la carga de uno de los núcleos declarados en el archivo de configuración. El usuario puede seleccionar un núcleo o dejar que se cargue el que está definido por defecto.

En caso de problema durante el arranque, se puede usar GRUB en modo interactivo. Esto permite modificar los parámetros de carga del núcleo, o incluso especificar la ubicación del núcleo de recuperación, en un dispositivo externo.

Para ello, solamente hay que pulsar la tecla e, en el momento que se muestra el menú. GRUB se pone en modo de edición. Es posible desplazarse por las líneas de los diferentes menús, y modificarlas presionando de nuevo la tecla e. Después de haber hecho la modificación, hay que pulsar la tecla b (`boot`) (o [Ctrl] x en el caso de GRUB 2) y eso ejecutará la carga del núcleo teniendo en cuenta las especificaciones de la línea editada.

También se puede pulsar la tecla c cuando se muestra el menú. GRUB mostrará una línea de comandos y se pueden ejecutar comandos del shell GRUB.

3.2.5 Reinstalación desde un sistema que no arranca

Si el gestor de arranque GRUB ya no permite cargar correctamente el núcleo, se puede volver a instalar a partir de un sistema Linux de rescate o restauración cargado desde un dispositivo extraíble que contendrá un sistema Linux (Live-CD o un pendrive USB).

Para GRUB Legacy, se puede utilizar el comando `grub` sin argumento de manera interactiva y permite instalar el gestor de arranque usando el comando `setup` y especificando:

- `root (hdX,N)`: partición que contiene el archivo del núcleo.
- `setup (hdX)`: número del disco donde se instalará GRUB.
- `Quit`: salir del comando `grub`.

La reinstalación de GRUB 2 se hace directamente con el comando `grub-install`.

3.2.6 Shell de rescate en el momento del arranque

Si no se puede arrancar el sistema pero el núcleo sí se carga, se puede pedir al núcleo que active un shell básico en lugar de un sistema completo.

En ese caso, el núcleo se inicializa y después ejecuta un shell interactivo, asociado a la cuenta de superusuario, sin necesidad de teclear la contraseña.

Se pueden usar un parámetro al ejecutar el núcleo indicándole que lance un proceso. Para ello, debe editar la línea de carga del núcleo en el menú GRUB y añadir el parámetro `init=/bin/bash`.

Procedimiento:

- Arrancar físicamente el sistema.
- Pasar al modo de edición pulsando la tecla e desde la línea de carga del núcleo en el menú visualizado.
- Añadir el argumento `init=/bin/bash` al final de la línea:
  ```
  kernel archivo_nucleo root=fs_raiz ro init=/bin/bash
  ```
- Cargar el núcleo pulsando la tecla b (o [Ctrl] X en el caso de GRUB 2).

El núcleo será inicializado, este monta el sistema de archivos solo lectura y después ejecutará el proceso bash, asociado al UID 0 (superusuario). En este momento se puede volver a montar el sistema de archivos como lectura y escritura con el comando:

```
mount -rw -o remount /
```

*Este procedimiento permite modificar la contraseña del superusuario, **sin tener que especificar la contraseña actual**. Sin embargo, se puede proteger la edición del menú GRUB con una contraseña específica.*

3.2.7 Modos systemd rescue y emergency

Si la distribución Linux usa `systemd`, en el caso de que haya un problema en el arranque del sistema, se puede especificar el objetivo `systemd` que se tiene que activar, poniéndolo como argumento del comando de carga del núcleo.

Para ello, usando la funcionalidad de edición del menú de GRUB, hay que añadir el argumento siguiente al final de la línea de comandos de la carga del núcleo:

```
systemd.unit=NombreObjetivo
```

Por ejemplo, para arrancar en modo rescate, el argumento sería:

```
systemd.unit=rescue
```

Y para arrancar en modo de urgencia, el argumento sería:

```
systemd.unit=emergency
```

4. Cargadores de arranque alternativos

A parte de GRUB, hay otros métodos que permiten cargar un núcleo Linux:

- SYSLINUX/EXTLINUX: para cargar Linux desde un pendrive USB.
- ISOLINUX: para cargar Linux desde un CD/DVD o un pendrive USB.
- PXE: para cargar un núcleo de sistema operativo desde un servidor en red.
- systemd-boot y U-Boot.

4.1 SYSLINUX y EXTLINUX

SYSLINUX al principio fue un proyecto para permitir cargar Linux (u otro sistema operativo) desde un disquete. Hoy se utiliza principalmente para cargar el núcleo desde un pendrive USB. Viene con el paquete `syslinux`.

SYSLINUX necesita una partición FAT. Para instalar el cargador en el periférico elegido, tiene que usar el comando `syslinux`:

```
syslinux --install ArchivoEspecialDisco
```

La configuración del menú de arranque se hace a través del archivo de texto `syslinux.cfg`, en el dispositivo de arranque (en el directorio `/syslinux` o `/boot/syslinux`).

EXTLINUX es un derivado de SYSLINUX. Con la diferencia de que EXTLINUX usa una partición de tipo ext (ext2, ext3 o ext4). El comando para instalar el cargador es:

```
extlinux --install DirMont
```

donde `DirMont` es el directorio de montaje del dispositivo externo de arranque. El archivo de configuración del cargador es `extlinux.conf`.

4.2 ISOLINUX

ISOLINUX se usa para crear CD/DVD arrancables, en formato ISO 9660.

Forma parte del paquete `syslinux`, y se trata de un conjunto de herramientas que permiten gestionar los cargadores de arranque alternativos (discos extraíbles, PXE, etc.).

Los diferentes archivos que tienen que almacenarse en la imagen ISO arrancable se encuentran en un directorio y, a partir de ese directorio, el comando `mkisofs` permite generar un archivo de imagen de formato ISO 9660. Este archivo se puede grabar en un CD/DVD.

Antes de grabar, se puede montar el archivo en el sistema de archivos para comprobar su contenido, con el comando `mount` y la opción `-t iso9660`.

También se puede crear un pendrive USB arrancable copiando la imagen en el pendrive USB.

Los archivos necesarios para el arranque desde el periférico extraíble son:

`isolinux.bin`	Ejecutable de arranque.
`isolinux.cfg`	Archivo de configuración para el menú de arranque.
`isohdpfx.bin`	Archivo que contiene una parte de un MBR.

Para poder ser utilizado en modo UEFI, el periférico debe contener el archivo:

`efiboot.img`	Archivo de imagen de arranque en modo UEFI.

4.3 PXELINUX

PXE (*Pre-boot eXecution Environnment*) es un protocolo de arranque de un sistema a través de la red. Es necesario tener una tarjeta de red compatible (la mayoría de las tarjetas recientes lo son). Esta funcionalidad también tiene que estar activada en la BIOS de la máquina.

Este método de arranque utiliza un servidor DHCP, para proporcionarle una dirección IP temporal al sistema que se tiene que arrancar, y un servidor TFTP (*Trivial File Transfer Protocol*) configurado para permitir la descarga del núcleo Linux.

Observación

Esta técnica se utiliza a menudo para las instalaciones de sistemas a través de la red.

Principio

El servidor DHCP debe estar configurado con dos opciones específicas para los clientes TFTP, especificando el nombre del archivo inicial de arranque que se tiene que pedir al servidor TFTP, así como la dirección del servidor TFTP (ver capítulo Gestión de los clientes de red, sección Configuración DHCP).

En el servidor TFTP, hay que copiar los archivos necesarios para el arranque del cliente.

Ejemplo

Instalación de una distribución Debian a través de la red:

En la máquina que se instalará el sistema:

- Configurar la BIOS para que se pueda arrancar desde la red, en modo PXE.

Configuración del servidor DHCP:

- Crear un rango de direcciones que se utilizarán para dárselas a las máquinas dónde se instalará el sistema a través de PXE, especificando dos opciones particulares:

```
next-server w.x.y.z ; #Dirección IP del servidor TFTP
filename "pxelinux.0"; #Archivo de arranque en el servidor TFTP
```

Configuración del servidor TFTP:

- Descargar desde un sitio web Debian el archivo de instalación a través de la red de Debian: `netboot/netboot.tar.gz`.
- En el directorio de trabajo del servidor, descomprima el archivo con el comando `tar`.

Los principales archivos y directorios necesarios son:

```
debian-installer
pxelinux.0
pxelinux.cfg
version.info
```

Arrancar la máquina que tiene que instalar.

Ésta debería automáticamente y en PXE:

- Obtener una configuración de red IP desde el servidor DHCP.
- Solicitar el archivo `pxelinux.0` al servidor TFTP.
- Cargar y ejecutar el archivo `pxelinux.0`.
- Solicitar los demás archivos al servidor TFTP.
- Mostrar el menú de arranque de la instalación.

4.4 systemd-boot

systemd-boot (antiguamente gummiboot, creado por empleados de Red Hat, en código abierto) es un programa de arranque UEFI integrado en la suite Systemd y usado por algunas distribuciones como ArchLinux.

El objetivo de este programa es proponer una alternativa a GRUB, en entorno UEFI, con algunas funcionalidades simples. No requiere de un archivo de configuración y detecta automáticamente los elementos que permiten el arranque (núcleo Linux, otros sistemas operativos, otros cargadores de arranque). Durante el lanzamiento, se muestra el menú simple que permite elegir el elemento que se quiera arrancar.

Observación

Gummiboot significa «barco hinchable» en alemán.

4.5 U-Boot

U-Boot es un cargador de arranque para los sistemas Linux embarcados. Aplica un procedimiento de **carga verificada**, que garantiza que los elementos de software cargados (el mismo cargador, el núcleo, el archivo `initramfs`, etc.) no han sido modificados. Para ello utiliza un sistema de autenticación por clave.

Capítulo 2
Sistema de archivos y dispositivos

1. Sistema de archivos y dispositivos

Este capítulo trata de los distintos tipos de sistemas de archivos y de sus configuraciones para formar el sistema de archivos global de un servidor Linux. Más adelante también se mostrarán los sistemas de archivos de los dispositivos extraíbles del sistema.

1.1 Administración del sistema de archivos en Linux

El objetivo de esta sección es de enseñarle a:

- configurar y gestionar el sistema de archivos estándar en Linux, combinando el montaje de distintos sistemas de archivos de diferentes tipos.

1.1.1 Competencias principales

- Configuración a través del archivo `fstab`.
- Herramientas de gestión del espacio swap.
- Identificación y montaje de los sistemas de archivos usando su UUID.
- Comprensión de las unidades de montaje de `systemd`.

1.1.2 Elementos empleados

- /etc/fstab
- /etc/mtab
- /proc/mounts
- mount
- umount
- blkid
- sync
- swapon
- swapoff

1.2 Mantenimiento del sistema de archivos en Linux

El objetivo de esta sección es de enseñarle a:

- administrar el sistema de archivos en Linux con las herramientas que ofrece el sistema para gestionar los tipos de sistemas de archivos estándares y supervisar los dispositivos SMART.

1.2.1 Competencias principales

- Herramientas de gestión de los sistemas de archivos de tipo ext2, ext3 y ext4.
- Herramientas de gestión de base de los sistemas de archivos de tipo Btrfs, incluyendo los subvolúmenes y los snapshots.
- Herramientas de gestión de los sistemas de archivos de tipo XFS.
- Conocimiento de los principios generales de los sistemas de archivos de tipo ZFS.

1.2.2 Elementos empleados

- mkfs (mkfs.*)
- mkswap
- fsck (fsck.*)
- tune2fs, dumpe2fs y debugfs
- btrfs, btrfs-convert
- xfs_info, xfs_check, xfs_repair, xfsdump y xfsrestore
- smartd, smartctl

1.3 Creación y configuración de los sistemas de archivos opcionales

El objetivo de esta sección es de enseñarle a:

- configurar el montaje automático de los sistemas de archivos en dispositivos o en red usando `autofs`;
- crear sistemas de archivos para los CD-ROM y otros dispositivos;
- tener las nociones de sistema de archivos cifrados.

1.3.1 Competencias principales

- Archivos de configuración de `autofs`.
- Unidades `automount`.
- Herramientas UDF e ISO 9660.
- Otros sistemas de archivos para CD-ROM (HFS).
- Extensiones para los sistemas de archivos CD-ROM (Joliet, Rock Ridge, El Torito).
- Nociones de base del cifrado de datos (dm-crypt, LUKS).

1.3.2 Elementos empleados

- `/etc/auto.master`
- `/etc/auto.[dir]`
- `mkisofs`
- `cryptsetup`

2. Administración del sistema de archivos en Linux

Para almacenar archivos y ponerlos a disposición de las aplicaciones, el sistema Linux utiliza una arborescencia global, organizada en directorios que pueden contener otros directorios y/o archivos.

Las aplicaciones pueden acceder al conjunto de los archivos del sistema de archivos en Linux, teniendo en cuenta siempre el control de acceso, sin embargo las aplicaciones no tienen por qué conocer la organización física del almacenaje de esos archivos (en uno o varios discos duros, una o varias particiones de discos, volúmenes lógicos, en una máquina local o en una máquina remota, etc.).

El administrador configura la organización de la arborescencia global del sistema de archivos en Linux usando uno o distintos sistemas de archivos para constituir esta arborescencia.

Algunos espacios de almacenaje siempre son accesibles a través de la arborescencia, otros son extraíbles y pueden ser accesibles dinámicamente por un comando del sistema o de manera automática (montaje automático).

Se pueden incluir en la arborescencia global del sistema de archivos de Linux espacios de almacenaje que se encuentren en otros sistemas.

Por otro lado, una parte del espacio físico del almacenaje de los datos debe estar reservado para las operaciones de swap de la memoria viva.

2.1 Componentes del sistema de archivos en Linux

La arborescencia del sistema de archivos tiene un directorio de salida, el directorio **raíz** (*root*), especificado como /. La arborescencia está constituida por uno o varios sistemas de archivos autónomos, cada uno de ellos montado en uno de los directorios de la arborescencia.

Un sistema de archivos permite estructurar un espacio de almacenaje, bajo la forma de archivos y directorios. Las aplicaciones tienen acceso a esta organización interna en el espacio de almacenaje, bajo la forma de directorios y archivos, gracias a la operación de **montaje** en un directorio de la arborescencia global.

Un sistema de archivos no montado se ve como un conjunto de bytes no estructurado, accesible en su conjunto, sin que sea posible usar su organización en los directorios y los archivos.

Se pueden montar los sistemas de archivos durante el arranque del sistema en la arborescencia global del sistema de archivos, o durante su funcionamiento, de manera manual o automática.

Existen diferentes tipos de sistemas de archivos que pueden ser combinados entre ellos dentro de la arborescencia global del sistema de archivos de Linux.

2.2 Sistema de archivos físicos

Estos sistemas de archivos están asociados al espacio de almacenaje físico. Están organizados en directorios y archivos, los cuales están almacenados en distintos soportes físicos: particiones de discos duros, volúmenes lógicos, dispositivos extraíbles, (CD-ROM, pendrive USB, etc.), espacios de discos gestionados por sistemas remotos (NFS, CIFS, SAN, NAS, etc.).

Observación

Existen muchos tipos de sistemas de archivos físicos que están soportados en Linux, en particular ext2, ext3, ext4, XFS, Btrfs y ZFS.

2.3 Sistemas de archivos virtuales

Algunos tipos de sistemas de archivos son llamados **virtuales**; porque no están asociados a un espacio de almacenamiento, sino que son gestionados directamente en memoria viva. Tienen que ser montados para dar acceso a sus directorios y archivos, pero su duración de vida está limitada a su periodo de montaje: cuando se desmontan (explícitamente o después de haber parado el sistema), se pierde su contenido.

El tipo de sistema de archivos virtual tmpfs ha sido concebido para permitir gestionar en memoria viva los archivos temporales.

Se utiliza por defecto en algunas distribuciones para el contenido del directorio `/tmp`. Este mecanismo permite optimizar los tiempos de acceso para los archivos que no van a ser almacenados de manera permanente.

Linux propone dos sistemas de archivos virtuales estándares: **proc** y **sys**, cuyo objetivo es facilitar la comunicación con el núcleo. Este último expone dinámicamente, bajo la forma de archivos, elementos de su configuración y objetos que él mismo gestiona (procesos archivos, etc.). Estos dos sistemas de archivos se montan por defecto en los directorios `/proc` y `/sys` de la arborescencia global del sistema de archivos.

2.3.1 El sistema de archivos virtual proc

Este sistema de archivos virtual, de tipo **proc**, se monta por defecto en el directorio `/proc`. Es gestionado dinámicamente por el núcleo para permitir supervisar el estado de los procesos activos. Cada proceso está asociado a un directorio cuyo nombre es el identificador del proceso. Cuando el proceso se termina, se elimina el directorio. Este mecanismo permite controlar los diferentes atributos de los procesos del sistema.

Este sistema de archivos virtual también da acceso a numerosas tablas de control del núcleo: particiones, montajes, uso de la memoria, etc. También proporciona información sobre las características del material gestionado por el núcleo.

Ejemplos

Se lanza el editor Vim desde una conexión SSH y se observa las características del proceso que ha sido creado en otra conexión, en el directorio `/proc`:

```
vim /etc/hosts
```

Desde otro terminal:

```
ps -ef | grep vim
pba        14406   14300  0 16:08 pts/0    00:00:00 vi /etc/hosts
```

Se busca el directorio correspondiente al proceso con número de PID 14406, en `/proc`:

```
ls -ld /proc/14406
dr-xr-xr-x. 9 pba pba 0  1 agosto  16:08 /proc/14406
```

Contenido del directorio:

```
ls /proc/14406
arch_status          limits          root
attr                 loginuid        sched
autogroup            map_files       schedstat
auxv                 maps            sessionid
cgroup               mem             setgroups
clear_refs           mountinfo       smaps
cmdline              mounts          smaps_rollup
comm                 mountstats      stack
coredump_filter      net             stat
cpu_resctrl_groups   ns              statm
cpuset               numa_maps       status
cwd                  oom_adj         syscall
environ              oom_score       task
exe                  oom_score_adj   timens_offsets
fd                   pagemap         timers
fdinfo               patch_state     timerslack_ns
gid_map              personality     uid_map
io                   projid_map      wchan
```

Todos esos archivos contienen información acerca del proceso que ejecuta Vim. Por ejemplo, se puede leer la línea de comandos ejecutada por el proceso:

```
cd /proc/14406
cat cmdline
vi/etc/hosts
```

Se puede conocer el directorio actual del proceso:

```
ls -ld cwd
lrwxrwxrwx. 1 pba pba 0 1 agosto  16:10 cwd -> /home/pba
```

`cwd` es un enlace simbólico hacia el directorio actual del proceso.

Salimos del directorio asociado al proceso y cerramos Vi en el otro terminal:

```
cd ..
ls 14406
ls: no se puede acceder a '14406': No existe el fichero o el directorio
```

En el momento en que el proceso termina, el núcleo suprime el directorio correspondiente en el sistema de archivos virtual proc.

En el sistema de archivos virtual proc, se encuentran archivos y directorios relativos a los diferentes materiales y software gestionados por el núcleo:

Para conocer la versión del núcleo:

```
cat version
Linux version 5.10.0-13-amd64 (debian-kernel@lists.debian.org) (gcc-10
(Debian 10.2.1-6) 10.2.1 20210110, GNU ld (GNU Binutils for Debian) 2.35.2)
#1 SMP Debian 5.10.106-1 (2022-03-17)
```

Para obtener datos sobre el (los) proceso(s):

```
cat cpuinfo
processor       : 0
vendor_id       : AuthenticAMD
cpu family      : 15
model           : 104
model name      : AMD Athlon(tm) 64 X2 Dual-Core Processor TK-53tel(R)
Core(TM) i3-7020U CPU @ 2.30 GHz
[...]
processor       : 1
vendor_id       : AuthenticAMD
cpu family      : 15
model           : 104
model name      : AMD Athlon(tm) 64 X2 Dual-Core Processor TK-53
```

2.3.2 El sistema de archivos virtual sys

Este sistema de archivos virtual, de tipo **sysfs**, está montado por defecto en el directorio /sys. Provee los datos relativos a las características de diferentes dispositivos. Algunos pseudoarchivos son accesibles en modo escritura (con la condición de tener derechos de acceso) y permiten modificar parámetros dinámicamente.

Ejemplo

En una distribución Debian:

```
ls /sys
block  bus  class  dev  devices  firmware  fs  hypervisor  kernel
module  power
```

Estos directorios contienen diferentes directorios y archivos que nos permiten conocer los distintos elementos materiales y software gestionados por el núcleo.

```
ls /sys/dev/block
11:0  254:0  254:1  254:2  254:3  254:4  8:0  8:1  8:2  8:5
```

Cada directorio de `/sys/dev/block` corresponde a un dispositivo asociado a un archivo especial en modo bloque. El nombre está compuesto por los números mayor y menor del dispositivo:

```
cd /sys/dev/block/11:0
cat device/model
DVDRW   DVR-K17
```

El archivo especial cuyos números mayor y menor son `11` y `0` está asociado al lector/grabador de DVD de la máquina.

2.4 Identificación de los sistemas de archivos

La identificación de los sistemas de archivos puede hacerse de diferentes maneras: archivo especial asociado, camino de acceso del archivo, etiqueta (label) o UUID.

2.4.1 Archivo especial en modo bloque

Es el método tradicional Unix retomado en Linux. Permite identificar de manera única el sistema de archivos contenido en el espacio de almacenaje asociado al archivo especial en modo bloque.

Observación

En algunos casos, la denominación del archivo especial correspondiente al dispositivo puede cambiar, por ejemplo, si un disco físico es cambiado de conector, o si se modifica el orden de detección de los dispositivos de red.

Ejemplo

Lista de los archivos especiales asociados a discos duros y a sus particiones:

```
ls -l /dev/sd*
brw-rw---- 1 root disk 8,  0 19 julio 15:10 /dev/sda
brw-rw---- 1 root disk 8,  1 19 julio 15:10 /dev/sda1
brw-rw---- 1 root disk 8,  2 19 julio 15:10 /dev/sda2
brw-rw---- 1 root disk 8,  5 19 julio 15:10 /dev/sda5
brw-rw---- 1 root disk 8, 16  1 agosto  16:24 /dev/sdb
brw-rw---- 1 root disk 8, 17  1 agosto  16:24 /dev/sdb1
```

En este sistema, se encuentran dos discos duros, `sda` y `sdb`, cada uno con diferentes particiones: `sda1`, `sda2` y `sda5` para el primer disco y `sdb1` para el segundo.

2.4.2 Label

Algunos tipos de sistemas de archivos utilizan un atributo `label`, que se puede especificar durante su creación y modificarlo después. Esta etiqueta, gestionada por el administrador, permite identificar de manera única el sistema de archivos, independientemente del archivo especial asociado al espacio de almacenaje que lo contiene. Este método, más reciente, es más fiable que el anterior para identificar un sistema de archivos, pero depende del tipo de sistema de archivos. Por otro lado, la unicidad de las etiquetas no es siempre fácil de gestionar.

Ejemplo

Etiqueta de un pendrive USB formateado en *vfat*:

```
/dev/sdc1: LABEL="SONY_32GP" TYPE="vfat"
```

2.4.3 UUID

El UUID (*Universally Unique IDentifier*) es un valor aleatorio asignado automáticamente a la creación de algunos tipos de sistemas de archivos. Normalmente el valor es único y permite identificar cada sistema de archivos independientemente de su espacio de almacenamiento.

2.4.4 Visualizar los identificadores

El comando `blkid` da información sobre los sistemas de archivos contenidos en los dispositivos de tipo bloque, y en particular su etiqueta y su UUID.

Sintaxis

```
blkid [ -L label | -U uuid | ArchivoEspecial ... ArchivoEspecialn]
```

Parámetros principales

`-L` o `--label label`	Etiqueta del sistema de archivos deseado.
`-U` o `--uuid uuid`	UUID del sistema de archivos deseado.
`ArchivoEspecial`	Archivo especial de cada sistema de archivos deseado.

Descripción

El comando muestra los datos del o de los sistemas de archivos buscados, especificados gracias a su archivo especial, su etiqueta o su UUID.

Ejemplo

Características de las particiones de discos duros y de los grupos de volúmenes de un sistema Debian:

```
blkid
/dev/sda1: UUID="3c398d91-fba7-4f61-9199-a0cd8e068292" BLOCK_SIZE="1024"
TYPE="ext2" PARTUUID="a16b55e5-01"
/dev/sda5: UUID="cP9tKU-BYh1-uO3E-Kb2G-EhTW-c7PH-GLbTaM" TYPE="LVM2_member"
PARTUUID="a16b55e5-05"
/dev/mapper/srvdebian--vg-root: UUID="0fbed62e-9b56-4fbd-adc7-a4d4636338ad"
BLOCK_SIZE="4096" TYPE="ext4"
/dev/mapper/srvdebian--vg-var: UUID="e99e697d-4df7-4a18-8e0c-277ec481631c"
BLOCK_SIZE="4096" TYPE="ext4"
/dev/mapper/srvdebian--vg-swap_1: UUID="4a9fec0d-cffa-46e0-9527-c00976a6a59f"
TYPE="swap"
/dev/mapper/srvdebian--vg-tmp: UUID="af275ce9-0f15-47e1-927c-7f8204c9474d"
BLOCK_SIZE="4096" TYPE="ext4"
/dev/mapper/srvdebian--vg-home: UUID="d4c04a59-7dc1-4324-9f0f-67eee6caae63"
BLOCK_SIZE="4096" TYPE="ext4"
/dev/sdb1: UUID="F742-4082" BLOCK_SIZE="512" TYPE="vfat"
```

El comando, sin argumentos da como resultado el archivo especial, el UUID, la etiqueta y el tipo de sistema de archivos para todos los discos, particiones, y volúmenes lógicos LVM.

2.4.5 Gestión de la etiqueta de un sistema de archivos

El administrador, cuando realiza la creación del sistema de archivos, puede especificar la etiqueta. Puede ser creada o modificada usando los comandos específicos del tipo de sistema de archivos.

Comandos ext* y XFS

`tune2fs -L label ArchivoEspecial`	Define la etiqueta `label` en el sistema de archivos ext* asociada a `ArchivoEspecial`.
`xfs_admin -L label ArchivoEspecial`	Define la etiqueta `label` en el sistema de archivos XFS asociada a `ArchivoEspecial`. El sistema de archivos no puede estar montado.

Ejemplos

Definición de una etiqueta para el volumen lógico LVM que contiene un sistema de archivos ext4:

```
tune2fs -L HOME /dev/mapper/srvdebian--vg-home
tune2fs 1.46.2 (28-Feb-2021)
```

Comprobación:

```
blkid --label HOME
/dev/mapper/srvdebian--vg-home
```

La misma operación, pero esta vez para un sistema de archivos XFS (el sistema de archivos no puede estar montado):

```
xfs_admin -L HOME /dev/mapper/cl-home
writing all SBs
new label = "HOME"
```

Comprobación:

```
blkid --label HOME
/dev/mapper/cl-home
```

2.4.6 Gestión del UUID de un sistema de archivos

El UUID se genera automáticamente durante la creación del sistema de archivos. Se trata de un valor aleatorio de 128 bits, con una probabilidad muy baja de no unicidad. Puede ser modificado gracias a los comandos específicos de cada tipo de sistema de archivos.

Comandos de gestión del UUID

`tune2fs -U uuid ArchivoEspecial`	Asigna el UUID `uuid` al sistema de archivos asociado a `ArchivoEspecial`.
`tune2fs -U random ArchivoEspecial`	Asigna un UUID aleatorio al sistema de archivos ext* asociado a `ArchivoEspecial`.
`tune2fs -U time ArchivoEspecial`	Asigna un UUID basado en la hora de creación del sistema de archivos ext* asociado a `ArchivoEspecial`.
`xfs_admin -U uuid ArchivoEspecial`	Asigna el UUID `uuid` del sistema de archivos XFS asociado a `ArchivoEspecial`.

Observación

El sistema de archivos no debe estar montado.

Ejemplos

Definición de un UUID para un volumen lógico LVM que contiene un sistema de archivos ext4:

```
tune2fs -U 01010101-0a0a-0b0b-0c0c-000000000001 /dev/mapper/srvdebian--vg-lvol0
tune2fs 1.46.2 (28-Feb-2021)
```

Comprobación:

```
blkid --uuid 01010101-0a0a-0b0b-0c0c-000000000001
/dev/mapper/srvdebian--vg-lvol0
```

Definición de un UUID para un volumen lógico LVM que contiene un sistema de archivos XFS:

```
xfs_admin -U 01010101-0a0a-0b0b-0c0c-000000000001 /dev/mapper/cl-home
cl-home
Clearing log and setting UUID
writing all SBs
new UUID = 01010101-0a0a-0b0b-0c0c-000000000001
```

Comprobación:

```
blkid --uuid 01010101-0a0a-0b0b-0c0c-000000000001
/dev/mapper/cl-home
```

2.5 Montar y desmontar los sistemas de archivos

La arborescencia interna de un sistema de archivos solamente está accesible a las aplicaciones cuando este ha sido montado en un directorio de la arborescencia global del sistema de archivos Linux.

Esta operación se puede efectuar en el momento del arranque del sistema o manualmente con un comando del sistema. También puede ser ejecutada automáticamente por un servicio del sistema o por aplicaciones, en función de ciertos eventos (conexión de un dispositivo extraíble, acceso a un directorio asociado a un sistema de archivos remoto, etc.).

Por otro lado, un sistema de archivos montado se puede desmontar. Su contenido ya no estará accesible a través de la arborescencia global.

2.5.1 Configuración para montar sistemas de archivos

Los parámetros para montar y desmontar los sistemas de archivos los puede especificar el administrador en el archivo `/etc/fstab`.

Este archivo es leído durante el arranque del sistema y causa el montado de los sistemas de archivos configurados en el montado automático. Este archivo también determina los parámetros que conciernen los espacios de swap que se tienen que activar por defecto. Finalmente, también puede contener informaciones que determinan los parámetros de montado por defecto para los sistemas de archivos extraíbles o de red.

Sintaxis

Cada línea del archivo corresponde a un sistema de archivos y está compuesta de 6 campos. Algunos de ellos son obligatorios, otros pueden estar vacíos:

```
SistArchiv PuntoMont TipoSF Opciones Guardar Orden_fsck
```

Los campos están separados por espacios o tabulaciones.

Campo	Designación
SistArchiv	Identificador del sistema de archivos: archivo especial, etiqueta o UUID.
PuntoMont	Directorio donde se montará el sistema de archivos. Vacío en el caso de un espacio de swap.
TipoSF	Tipo del sistema de archivos: swap para el swap, auto o tipo de sistema de archivos.
Opciones	Opciones de montado que utilizará el comando de montado. No se montará el sistema de archivos automáticamente si se especifica noauto.
Guardar	Facultativo. Si se utiliza el comando dump para el respaldo de los sistemas de archivos, este campo deberá tener el valor 1 para incluir el sistema de archivos en el respaldo. Valor por defecto 0.
Orden_fsck	Facultativo. Indica el orden de comprobación de los sistemas de archivos en el arranque. Valor obligatorio de 1 para el sistema de archivos montado en /, 2 para los otros y 0 si el sistema de archivos no tiene que comprobarse.

Ejemplo

Extractor del contenido del archivo /etc/fstab d'une distribution CentOS después de una instalación por defecto:

```
/dev/mapper/srvdebian--vg-root /                          ext4    errors=remount-ro 0     1
UUID=3c398d91-fba7-4f61-9199-a0cd8e068292 /boot           ext2    defaults          0     2
/dev/mapper/srvdebian--vg-home /home                      ext4    defaults          0     2
/dev/mapper/srvdebian--vg-tmp /tmp                        ext4    defaults          0     2
/dev/mapper/srvdebian--vg-var /var                        ext4    defaults          0     2
/dev/mapper/srvdebian--vg-swap_1 none                     swap    sw                0     0
```

Cuatro volúmenes lógicos son asociados a archivos especiales en /dev/mapper y montados respectivamente en /, /home, /temp y /var.

El quinto volumen lógico es un espacio de swap.

El sistema de archivos montado en /boot está identificado por su UUID.

El sistema de archivos raíz es el primero que tiene que ser comprobado por `fsck` (último campo en `1`), el espacio de swap está excluido del control `fsck` (último campo en `0`), y no debe de ser respaldado por dump (penúltimo campo en `0`).

Todos los sistemas de archivos son de tipo ext4, excepto el espacio de swap y /boot que es de tipo ext2.

2.5.2 Montar un sistema de archivos: mount

Se puede montar un sistema de archivos usando el comando `mount`. Generalmente reservado a los administradores, este comando monta un sistema de archivos en un directorio existente. Este directorio corresponde al directorio raíz del sistema de archivos montado, dando acceso a sus directorios y archivos. Si el directorio donde se encuentra el punto de montaje no estaba vacío en el momento del montaje, su contenido será ocultado por el del sistema de archivos y estará inaccesible, hasta que se desmonte el sistema de archivos.

Sintaxis

```
mount [ -t tipo_fs ] [ -o opciones ] [ -a | -L label | -U uuid | sistAr-
chivo ]
[ punto_montaje ]
```

Parámetros principales

`-t tipo_fs`	Tipo de sistema de archivos que se va a montar.
`-o opciones`	Opciones de montado.
`-a`	Monta todos los sistemas de archivos en `auto` en `/etc/fstab`.
`-L label`	Monta el sistema de archivos con etiqueta `label`.
`-U uuid`	Monta el sistema de archivos con UUID `uuid`.
`sistArch`	Archivo especial o camino del sistema de archivos.
`punto_montaje`	Directorio de montaje.

Descripción

Si no se especifica el punto de montaje o el sistema de archivos, el comando buscará el elemento indicado en el archivo `/etc/fstab` para determinar la información necesaria para el montaje. En ese caso, se usarán las opciones indicadas en `/etc/fstab`.

Con la opción `-a` (*all*), el comando monta todos los sistemas de archivos que no estén montados y que estén declarados en `/etc/fstab` en modo de montaje `auto`, con las opciones especificadas en el archivo.

Solamente los sistemas de archivos declarados en `/etc/fstab` con la opción `user` pueden ser montados por un usuario que no sea administrador del sistema.

Las opciones de montaje pueden ser genéricas o depender del tipo de sistema de archivos que se vaya a montar. Entre las opciones genéricas, independientes del tipo de sistema de archivos, se encuentran:

- `Ro`: solo lectura. En este caso, no se podrá escribir en el sistema de archivos, ni siquiera el administrador (UID=0).
- `Sync`: las escrituras se efectúan directamente, sin pasar por la memoria caché de entrada/salida.
- `nosuid`: los bits `setUID` y `setGID` no son tomados en cuenta en el sistema de archivos.
- `noexec`: los ejecutables que se encuentren en el sistema de archivos no podrán ser ejecutados directamente.
- `remount -o opciones`: vuelve a montar el sistema de archivos que ya estaba montado, aplicando las opciones específicas.
- `loop`: el sistema de archivos montado se encuentra en un archivo y será gestionado por un dispositivo de tipo loop (`/dev/loop*`).

Observación

La opción `sync` permite asegurar las operaciones de escritura, pero penaliza el rendimiento.

Ejemplo

Montaje de un sistema de archivos:

Antes del montaje:

```
ls -lid /var/tools
27 drwxr-xr-x. 2 root root 4096  1 agosto  17:03 /var/tools
```

El directorio tiene el número de inodo `27`, se encuentra en el sistema de archivos montado en `/var`.

```
ls /var/tools
```

El directorio está vacío.

Montaje del sistema de archivos almacenado en `/dev/sdb1`, en el directorio `/var/tools`:

```
mount /dev/sda4 /var/tools
ls -lid /var/tools
1 drwxr-xr-x 3 root root 16384  1 enero  1970 /var/tools
```

El directorio tiene el número de inodo `1`, corresponde a la raíz del sistema de archivos montado en `/var/tools`.

Se crea un archivo en el sistema de archivos montado:

```
cp /etc/hosts /var/tools
ls -l /var/tools/hosts
-rwxr-xr-x. 1 root root 189  1 agosto  17:06 /var/tools/hosts
```

2.5.3 Desmontar un sistema de archivos: umount

Este comando desconecta un sistema de archivos de la arborescencia global del sistema de archivos de Linux. Toma como argumento el punto de montaje o el sistema de archivos que se quiera desmontar. El sistema de archivos no tiene que estar usándose en el momento de desmontarlo.

Este comando está generalmente reservado a los administradores.

Sintaxis

```
umount [ -f | -l ] [ -a | -L label | -U uuid | sistArchivo ]
[ punto_montaje ]
```

Parámetros principales

`-f`	Fuerza el desmontaje.
`-l`	Desmonta con liberación de recursos en diferido.
`-a`	Desmonta los sistemas de archivos declarados en `/etc/fstab`.
`-L label`	Desmonta el sistema de archivos con etiqueta `label`.
`-U uuid`	Desmonta el sistema de archivos con UUID `uuid`.
`sistArchivo`	Archivo especial o camino del sistema de archivos que se quiere desmontar.
`punto_montaje`	Directorio de montaje del sistema de archivos que se quiere desmontar.

Descripción

Las opciones más corrientes son:

- `-a` (*all*): se desmontarán todos los sistemas de archivos montados declarados en `/etc/fstab`.
- `-f` (*force*): fuerza el desmontaje, utilizado para los sistemas de archivos de redes inaccesibles.
- `-l` (*lazy*): se desmonta el sistema de archivos, pero se mantienen los recursos utilizados hasta que ya no sea utilizado.

Un sistema de archivos siendo utilizado no se puede desmontar.

Observación

Basta con que un proceso tenga su directorio en curso en la arborescencia del sistema de archivos que se quiere desmontar para que este último sea considerado como siendo utilizado y, por lo tanto, no desmontable.

El desmontaje de un sistema de archivos es indispensable para poder efectuar la verificación del mismo gracias al comando `e2fsck`.

El sistema de archivos montado en / no se puede desmontar porque siempre está siendo usado. Es posible pedir forzar de su verificación antes de montarlo, en el momento del siguiente arranque de la máquina, usando la opción `-F` del comando `shutdown`:

```
shutdown -F -r now
```

Ejemplo

Desmontado del sistema de archivos montado en el ejemplo precedente:

```
umount /var/tools
ls -l /var/tools/hosts
ls: no se puede acceder a '/var/tools/hosts': No existe el fichero o el directorio
```

El contenido del sistema de archivos ya no está disponible.

2.5.4 Seguimiento de los sistemas de archivos montados

El archivo `/etc/mtab` contiene la lista de los sistemas de archivos efectivamente montados. El pseudoarchivo `/proc/mounts` permite visualizar la tabla del núcleo que gestiona los sistemas de archivos montados.

Ejemplos

Extracto del contenido del archivo */etc/mtab*:

```
sysfs /sys sysfs rw,seclabel,nosuid,nodev,noexec,relatime 0 0
proc /proc proc rw,nosuid,nodev,noexec,relatime 0 0
/dev/mapper/cl-root / xfs rw,seclabel,relatime,attr2,inode64,logbufs=8,
logbsize=32k,noquota 0 0
/dev/mapper/cl-var /var xfs rw,seclabel,relatime,attr2,inode64,logbufs=8,
logbsize=32k,noquota 0 0
/dev/sda1 /boot ext4 rw,seclabel,relatime 0 0
/dev/mapper/cl-home /home xfs rw,seclabel,relatime,attr2,inode64,logbufs=8,
logbsize=32k,noquota 0 0
```

En el archivo gestionado dinámicamente por el sistema, se encuentran todos los sistemas de archivos montados, virtuales y físicos. En el ejemplo, se ven los sistemas de archivos virtuales proc y sysfs, el sistema de archivos ext4 almacenado en la partición `/dev/sda1` para el arranque, y tres volúmenes lógicos LVM que contienen los sistemas de archivos XFS `/`, `var` y `home`.

El archivo `/proc/mounts` da la misma información. En realidad, en la distribución RHEL 8.5, los dos archivos son enlaces al pseudoarchivo `/proc/self/mounts`:

```
ls -l /proc/mounts /etc/mtab /proc/self/mounts
lrwxrwxrwx. 1 root root 19  2 mayo   13:12 /etc/mtab -> ../proc/self/mounts
lrwxrwxrwx. 1 root root 11  1 agosto  16:07 /proc/mounts -> self/mounts
-r--r--r--. 1 root root  0  1 agosto  17:14 /proc/self/mounts
```

Existen distintos comandos que también permiten comprobar el estado de los sistemas de archivos montados.

mount [-v]

El comando `mount` sin argumentos permite visualizar los sistemas de archivos montados. La opción `-v` muestra más información.

Ejemplo

Extracto del resultado generado por el comando `mount -v`:

```
sysfs on /sys type sysfs (rw,nosuid,nodev,noexec,relatime,seclabel)
proc on /proc type proc (rw,nosuid,nodev,noexec,relatime)
[...]
/dev/mapper/cl-root on / type xfs (rw,relatime,seclabel,attr2,inode64,noquota)
[...]
/dev/mapper/cl-root on / type xfs (rw,relatime,seclabel,attr2,inode64,noquota)
[...]
/dev/sda1 on /boot type ext4 (rw,relatime,seclabel)
/dev/mapper/cl-var on /var type xfs (rw,relatime,seclabel,attr2,inode64,noquota)
[...]
/dev/mapper/cl-home on /home type xfs (rw,relatime,seclabel,attr2,inode64,noquota)
```

df

Este comando muestra la lista de los sistemas de archivos montados, dando su punto de montaje, su tamaño, los bloques libres, los bloques utilizados y la tasa de ocupación. Podemos especificar el/los sistema(s) de archivo(s) que se quieran listar.

Ejemplo

```
df
S.ficheros       bloques de 1K  Usados Disponibles Uso% Montado en
devtmpfs               1881520       0     1881520   0% /dev
tmpfs                  1901684       0     1901684   0% /dev/shm
tmpfs                  1901684    9720     1891964   1% /run
tmpfs                  1901684       0     1901684   0% /sys/fs/cgroup
/dev/mapper/cl-root   52403200 4389352    48013848   9% /
/dev/sda1               999320  154716      775792  17% /boot
/dev/mapper/cl-var    52403200  623436    51779764   2% /var
tmpfs                   380336      16      380320   1% /run/user/42
tmpfs                   380336       4      380332   1% /run/user/0
/dev/mapper/cl-home   52591524  412144    52179380   1% /home
```

2.5.5 Vaciado de los cachés de entrada/salida

El comando sync fuerza el vaciado de los cachés de entrada/salida del sistema, para todos los sistemas de archivos montados.

Observación

En caso de riesgo de paro repentino del sistema (mensajes de tipo "panic" en la consola del sistema, problema de alimentación eléctrica, etc.), es prudente ejecutar este comando para limitar los riesgos de pérdida de datos y de corrupción de los sistemas de archivos.

2.6 Montaje por systemd

Al igual que muchas otras acciones relacionadas con el arranque del sistema, los montajes de sistemas de archivos definidos en /etc/fstab los hace systemd.

Este último lee el archivo y crea dinámicamente unidades de montaje systemd que corresponden a las diferentes entradas que se encuentran en dicho archivo.

Observación

El archivo /etc/fstab es facultativo, y podría ser remplazado por unidades de montaje systemd. Se conserva por razones de compatibilidad y de simplicidad de configuración.

2.6.1 Unidad de montaje systemd

Una unidad de montaje systemd define las características y las condiciones de montaje de un sistema de archivos en un punto de montaje. Ésta está constituida por un archivo del mismo formato que los otros tipos de unidades systemd, pero con parámetros suplementarios específicos.

- Ubicación del archivo de unidad de montaje: el archivo debe encontrarse en el directorio de definición de las unidades systemd, por defecto /etc/systemd/system.
- Nombre del archivo de unidad de montaje: el archivo debe tener como sufijo .mount. Su prefijo debe corresponder al punto de montaje, reemplazando el separador de directorio / por el carácter -.

– Sección `mount`: el archivo debe contener esta sección específica, en el formato siguiente:

```
[Mount]
 What=ArchivoEspecial
 Where=PuntoMontaje
 Options=OpcionesMontaje
 Type=TipoFS
```

Con:

– `What=ArchivoEspecial`
  Camino de acceso del archivo especial asociado al sistema de archivos (archivo especial bloque, volumen lógico, camino de red...).

– `Where=PuntoMontaje`
  Punto de montaje del sistema de archivos que tiene que existir.

– `Options=OpcionesMontaje`
  Opciones de montaje (facultativo).

– `Type=TipoFS`
  Tipo de sistema de archivos, `auto` para una detección automática (facultativo).

Ejemplo

Las unidades de montaje creadas automáticamente por *systemd* a partir de `/etc/fstab` se encuentran en el directorio `/run/systemd/generator/`:

```
cat /run/systemd/generator/var.mount
# Automatically generated by systemd-fstab-generator
[Unit]
SourcePath=/etc/fstab
Documentation=man:fstab(5) man:systemd-fstab-generator(8)
Before=local-fs.target
[Mount]
Where=/var
What=/dev/mapper/cl-var
Type=xfs
```

2.6.2 Activación de la unidad de montaje

Una vez creada, la unidad de montaje debe ser activada para que sea tomada en cuenta por `systemd`, con el comando siguiente:

```
systemctl enable NombreUnidad.mount
```

Esta activación solamente se hace una vez (excepto en el caso de que se modifique la unidad); la unidad de montaje será tomada en cuenta por `systemd` en cada arranque.

2.6.3 Montaje/desmontaje manual de la unidad de montaje

Para montar/desmontar manualmente el sistema de archivos, usamos los comandos siguientes:

```
systemctl start NombreUnidad.mount
systemctl stop NombreUnidad.mount
```

2.6.4 Montaje/desmontaje automático de la unidad de montaje

Para un montaje/desmontaje automático durante el arranque/paro del sistema, hay que usar la sección `[Install]` de la unidad de montaje `systemd` para integrarlo en un nivel de ejecución (target).

Por ejemplo:

```
[Install]
 WantedBy=multi-user.target
```

El sistema de archivos se montará cuando el sistema pase al nivel multiusuario y será desmontado cuando baje de este nivel.

2.6.5 Ejemplos

Configuración del montaje a petición del lector CD-ROM por una unidad de montaje `systemd`: lector CD-ROM `/dev/sr0`, punto de montaje `/var/cd`:

Hay que crear el punto de montaje:

```
mkdir /var/cd
```

Se crea el archivo de la unidad de montaje:

```
vi /etc/systemd/system/var-cd.mount
[Unit]
Description=CD-ROM
[Mount]
What=/dev/sr0
Where=/var/cd
```

Se activa la unidad de montaje:

```
systemctl enable var-cd.mount
The unit files have no installation config (WantedBy=, RequiredBy=, Also=,
Alias= settings in the [Install] section, and DefaultInstance= for template
units). This means they are not meant to be enabled using systemctl.
Possible reasons for having this kind of units are:
• A unit may be statically enabled by being symlinked from another unit's
  .wants/ or .requires/ directory.
• A unit's purpose may be to act as a helper for some other unit which has
  a requirement dependency on it.
• A unit may be started when needed via activation (socket, path, timer,
  D-Bus, udev, scripted systemctl call, ...).
• In case of template units, the unit is meant to be enabled with some
  instance name specified.
```

Como no hay sección `[Install]` en el archivo de la unidad de montaje, `systemd` muestra un mensaje de advertencia.

Se monta el sistema de archivos:

```
systemctl start var-cd.mount
```

El sistema de archivos se monta, con las opciones por defecto y el tipo detectado automáticamente:

```
mount | grep sr0
/dev/sr0 on /var/cd type iso9660
(ro,relatime,norock,check=r,map=n,blocksize=2048,iocharset=utf8)
ls /var/cd
Autorun.exe  autorun.ico  autorun.inf  bin  Gfx  Icon  nfo  snd
```

Se desmonta:

```
systemctl stop var-cd.mount
ls /var/cd
```

Configuración del montaje automático en el arranque del lector CD-ROM hecho por una unidad de montaje `systemd`:

Hay que añadir una sección `[Install]` en el archivo de la unidad de montaje:

```
vi /etc/systemd/system/var-cd.mount
[Unit]
Description=CD-ROM
 [Mount]
What=/dev/sr0
Where=/var/cd
[Install]
WantedBy=multi-user.target
```

El montaje se hará cuando el sistema pase al modo multiusuario.

Hay que reactivar la unidad de montaje para que la nueva sección sea tomada en cuenta:

```
systemctl disable var-cd.mount
systemctl enable var-cd.mount
Created symlink /etc/systemd/system/multi-user.target.wants/var-cd.mount ?
/etc/systemd/system/var-cd.mount.
```

Se reinicia el sistema:

```
shutdown -r 0
```

Después de haber reiniciado:

```
systemctl status var-cd.mount
     Loaded: loaded (/etc/systemd/system/var-cd.mount; enabled; vendor preset: enabled)
     Active: active (mounted) since Tue 2022-08-02 10:31:30 CEST; 1min 2s ago
      Where: /var/cd
       What: /dev/sr0
      Tasks: 0 (limit: 4506)
     Memory: 352.0K
        CPU: 19ms
     CGroup: /system.slice/var-cd.mount
agosto 02 10:31:12 srvdebian systemd[1]: Mounting CD-ROM...
agosto 02 10:31:30 srvdebian mount[435]: mount: /var/cd: ATTENTION: fuente protegida en
modo escritura, montado en modo solo lectura.
agosto 02 10:31:30 srvdebian systemd[1]: Mounted CD-ROM.
mount | grep sr0
/dev/sr0 on /var/cd type iso9660 (ro,relatime,norock,check=r,map=n,blocksize=2048,
iocharset=utf8)
ls /var/cd
Autorun.exe  autorun.ico  autorun.inf  bin  Gfx  Icon  nfo  snd
```

2.7 Gestión de las zonas de swap

El swap es un mecanismo que permite transferir temporalmente páginas de la memoria viva hacia un espacio de almacenamiento. Esto permite poner a disposición del sistema y de las aplicaciones más memoria viva de la que hay realmente (memoria virtual). Cuando la memoria viva se utiliza totalmente, algunas páginas asignadas a procesos, pero poco utilizadas, son descargadas en el espacio de swap, lo que permite liberar espacio de memoria para otros procesos. Si un proceso solicita el acceso a una página almacenada en la zona de swap, el núcleo recarga esta página en la memoria viva para que sea de nuevo accesible para el proceso.

Este mecanismo es costoso en recursos y, por lo tanto, debe evitarse en la medida de lo posible. Los sistemas modernos disponen generalmente de una memoria viva de gran calidad, no es común que la zona de swap sea utilizada. No obstante, la configuración de un espacio de swap de un tamaño adecuado es necesario para el buen funcionamiento del sistema.

Observación

La zona de swap también se utiliza cuando el sistema está suspendido (o en hibernación), para copiar las páginas usadas de la memoria viva. Esto ocurre, en la mayoría de los casos, en un ordenador portátil o una estación de trabajo.

2.7.1 Tamaño de la zona de swap

El tamaño óptimo de la zona de swap depende de numerosos parámetros: el tamaño de la memoria viva, el número de procesos, los tipos de aplicaciones, el tamaño y el tiempo de acceso de los dispositivos, etc.

Se usa esta zona cuando el sistema está en estado de hibernación. En ese caso, tiene que ser generalmente el doble de tamaño que la memoria viva utilizada, ya que ésta tiene que ser copiada en la zona de swap.

En general, se considera que la zona de swap deberá corresponder a una o dos veces el tamaño de la memoria viva. Por defecto, será determinada automáticamente cuando se instale el sistema.

Recomendaciones de Red Hat para la zona de swap

Memoria viva	Swap	Swap con hibernación
> 2 GB – 8 GB	= RAM	2 veces la cantidad de RAM
> 8 GB – 64 GB	>= 4 GB	1,5 veces la cantidad de RAM
> 64 GB	>= 4 GB	Hibernación desaconsejada

Recomendaciones de Ubuntu para la zona de swap

Memoria viva	Swap	Swap con hibernación
2 GB	1 GB	3 GB
8 GB	3 GB	11 GB
16 GB	4 GB	20 GB
32 GB	6 GB	38 GB
64 GB	8 GB	72 GB
128 GB	11 GB	139 GB

2.7.2 Configuración de la zona swap

La zona de swap está constituida por uno o distintos espacios de swap, que pueden ser espacios de almacenamiento dedicados a la swap (disco duro partición, volumen lógico) o archivos.

Por defecto, un espacio de swap se crea cuando se instala el sistema. Está declarado en el archivo /etc/fstab para de esta manera ser activado cuando el sistema arranque.

El administrador puede crear otros espacios de swap. Podrá añadirlos en el archivo /etc/fstab para una activación automática o activarlos/desactivarlos manualmente usando comandos específicos.

A cada espacio de swap se le puede asignar una prioridad, que determina el orden de uso de los diferentes espacios que componen la zona de swap.

2.7.3 Visualización de los espacios de swap

El comando swapon con la opción -s permite visualizar el estado de los diferentes espacios de swap activos.

Ejemplo

El comando indica la partición o el archivo utilizado, el tamaño reservado y la cantidad de swap utilizada.

```
swapon -s
Nombre de archivo            Tipo         Tamaño  Utilizado   Prioridad
/dev/dm-2                  partition      999420  0           -2
```

También se puede visualizar la configuración de la swap consultando el contenido del archivo swaps del sistema de archivos virtual /proc.

Ejemplo

```
cat /proc/swaps
Filename           Type           Size      Used     Priority
/dev/dm-2          partition      999420    0        -2
```

2.7.4 Activación de un espacio de swap

Se puede poner a la disposición del núcleo un espacio de swap gracias al comando swapon.

Sintaxis

```
swapon [ -a | -s | --show COL ] |[[ -L label | -U uuid | ArchivoEspecial ]
[-p prioridad]]]
```

Parámetros principales

`-s`	Lista todos los espacios de swap activos y sus características (obsoleto).
`--show COL`	Hace un listado de todos los espacios de swap activos y de sus características con la columna de nombre `COL`.
`-a`	Activa todos los espacios de swap de `/etc/fstab`.
`ArchivoEspecial`	Archivo especial (o camino hacia el archivo) asociado al espacio de swap.
`-L label`	Etiqueta que identifica el espacio de swap.
`-U uuid`	UUID que identifica el espacio de swap.
`-p prioridad`	Prioridad del espacio de swap.

Descripción

La zona de swap que está disponible para el sistema está compuesta del conjunto de los espacios de swap activos. Estos se utilizarán según su prioridad y en orden decreciente.

La opción `-a` provoca la activación de todos los espacios de swap declarados de tipo swap en el archivo `/etc/fstab`.

Ejemplo

Visualización de las características de la zona de swap:

```
swapon -s
Nombre del fichero  Tipo       Tamaño  Utilizado       Prioridad
/dev/dm-2 partition 999420  0      -2
swapon --show SIZE
NAME        TYPE        SIZE  USED    PRIO
/dev/dm-2   partition   976M    0B      -2
```

La zona de swap tiene un solo espacio de swap, con un tamaño de unos 976 MB. Este espacio ha sido activado en el arranque del sistema, porque está declarado en el archivo `/etc/fstab`:

```
grep swap /etc/fstab
/dev/mapper/srvdebian--vg-swap_1 none            swap    sw 0         0
```

Como sucede a menudo, hay un enlace simbólico hacia el archivo especial:

```
ls -l /dev/dm-2 /dev/mapper/srvdebian--vg-swap_1
brw-rw---- 1 root disk 254, 2  8 agosto  08:48 /dev/dm-2
lrwxrwxrwx 1 root root      7  8 agosto  08:48 /dev/mapper/srvdebian--vg-
swap_1 -> ../dm-2
```

2.7.5 Desactivación de un espacio de swap

El comando `swapoff` desactiva un espacio de swap.

Sintaxis

```
swapoff ArchivoEspecial
```

Parámetros principales

`ArchivoEspecial`	Archivo especial (o camino hacia el archivo) asociado al espacio de swap.

Ejemplo

Desactivación de un espacio de swap:

```
swapoff /dev/dm-2
```

Ya no hay ninguna zona de swap activada:

```
swapon -s
```

Como el sistema no está muy cargado, no necesita swap. No obstante, se aconseja reactivar la zona de swap definida en `/etc/fstab`, usando el comando `swapon -a`:

```
swapon -a
swapon -s
Nombre del fichero  Tipo       Tamaño  Utilizado       Prioridad
/dev/dm-2           partition  999420  0               -2
```

3. Mantenimiento de los sistemas de archivos Linux

Los principales sistemas de archivos que constituyen la arborescencia global del sistema de archivos Linux casi siempre son creados durante la instalación del sistema. Sin embargo, el administrador a veces tiene que definir nuevos, cuando por ejemplo se añade hardware o nuevos recursos compartidos en red. Debe seleccionar el tipo de sistema de archivos, según las distintas limitaciones de explotación y los objetivos de utilización (rendimiento, flexibilidad de evolución, fiabilidad, tamaño máximo de los datos que se tienen que gestionar, tipo de material, cantidad de memoria viva, etc.).

Por otro lado, el administrador debe vigilar el estado de los recursos de almacenaje y optimizar su configuración en función de las estadísticas generales de uso.

Para ello dispone de numerosos comandos, unos genéricos y otros específicos para el tipo de sistema de archivos.

3.1 Creación y control de los sistemas de archivos

El comando `mkfs` permite crear un sistema de archivos especificando el tipo. Se trata de un comando genérico que hace una llamada a diferentes comandos en función del tipo de sistema de archivos especificado.

El comando `fsck` también es un comando genérico que permite verificar un sistema de archivos físico de cualquier tipo, siempre y cuando esté desmontado. Se ejecuta automáticamente cuando arranca el sistema, para todos los sistemas de archivos declarados en `/etc/fstab` (o para una unidad de montaje de sistema) con la opción de verificación activada.

3.1.1 Creación de un sistema de archivos: mkfs

La creación del sistema de archivos se hace con el comando `mkfs`.

Sintaxis

```
mkfs [ -t tipo ] [ OpcionesFS ] ArchivoEspecial [ NumeroBloques ]
```

Parámetros principales

`-t tipo`	Tipo de sistema de archivos que se creará.
`OpcionesFS`	Opciones de creación, específicas del tipo de sistema de archivos.
`ArchivoEspecial`	Espacio de almacenamiento en el que se creará el sistema de archivos.
`NumeroBloques`	Tamaño en bloques del sistema de archivos.

Descripción

Este comando genérico permite crear un sistema de archivos de cualquier tipo gestionado por el sistema. Sin la opción `-t`, el comando usa el tipo de sistema de archivos por defecto del sistema.

Según el tipo de sistema de archivos deseado, el comando hará una llamada al comando específico de creación de sistema de archivos de ese tipo, pasándole eventualmente las opciones especificadas mediante el argumento `OpcionesFS`. Si el tamaño no se ha especificado, el sistema de archivos será creado con un tamaño correspondiente al del espacio de almacenamiento.

Observación

Si un sistema de archivos ya existe, el comando solicita la confirmación para sobrescribirlo.

Ejemplo

Creación de un sistema de archivos ext4, con los atributos por defecto, en un espacio de almacenamiento. Como este último ya contiene un sistema de archivos, el comando solicita la confirmación para sobrescribirlo:

```
mkfs -t ext4 /dev/sdb1
mke2fs 1.45.5 (20-Dec-2020)
/dev/sdb1 contains a vfat file system
Proceed anyway? (y,N) y
Creating filesystem with 7511036 1k blocks and 1880480 inodes
Filesystem UUID: 38aba568-79b6-48f3-9a84-4730f5a2bf03
Superblock backups stored on blocks:
       8193, 24577, 40961, 57345, 73729, 1605632, 2654208, 4096000

Allocating group tables: done
Writing inode tables: done
Creating journal (32768 blocks): done
Writing superblocks and filesystem accounting information: done
```

Se comprueba:

```
blkid /dev/sdb1
/dev/sdb1: UUID="38aba568-79b6-48f3-9a84-4730f5a2bf03" BLOCK_SIZE="4096"
TYPE="ext4"
```

3.1.2 Comprobación de los sistemas de archivos

Comprobar un sistema de archivos consiste en controlar la coherencia de las estructuras de gestión de su contenido, los metadatos y, si es posible, corregirlo en caso de problema. En particular, hay que asegurarse de que la tabla de los inodos (archivos y directorios creados en el sistema de archivos) sea coherente con la tabla de bloques de datos atribuidos a los archivos y directorios. Si no es el caso, la herramienta de verificación podrá asociar los bloques "perdidos" a los archivos creados especialmente a ese efecto.

Para los sistemas de archivos transaccionales (journaling), la comprobación por defecto se apoya en el registro de transacciones del sistema de archivos, lo que permite determinar las eventuales operaciones interrumpidas antes de ejecutarlas correctamente. Los riesgos de pérdida de coherencia son, por lo tanto, limitados y la comprobación es muy rápida, ya que ya no es necesario comprobar todos los bloques atribuidos.

La comprobación del sistema de archivos se puede hacer con el comando genérico `fsck`. El sistema de archivos no tiene que estar montado.

Sintaxis

```
fsck -t tipo ArchivoEspecial
```

Parámetros principales

`-t tipo`	Tipo de sistema de archivos para verificar.
`-f`	Verificación completa del sistema de archivos transaccional.
`ArchivoEspecial`	Sistema de archivos para verificar.

Descripción

Para los sistemas de archivos transaccionales, la opción `-f` fuerza una verificación completa de un sistema de archivos, sin limitarse a los elementos del registro de transacciones.

Observación

Incluso si el comando `fsck` gestiona los sistemas de archivos de tipo XFS, es preferible usar los comandos específicos `xfs_check` y `xfs_repair`.

Ejemplo

Comprobación del sistema de archivos creado en el ejemplo anterior:

```
fsck /dev/sdb1
fsck de util-linux 2.33.1
e2fsck 1.45.6 (20-Mar-2020)
/dev/sdb1 : clean, 11/1880480 files, 162083/7511036 blocs
```

Como el sistema de archivos es de tipo ext4, transaccional, la comprobación ha sido rápida, ya que solo utiliza los datos transaccionales. Se puede forzar una verificación completa con la opción `-f` :

```
fsck -f /dev/sdb1
fsck de util-linux 2.33.1
e2fsck 1.45.6 (20-Mar-2020)
Pass 1: Checking inodes, blocks, and sizes
Pass 2: Checking directory structure
Pass 3: Checking directory connectivity
Pass 4: Checking reference counts
Pass 5: Checking group summary information
/dev/sdb1: 11/1880480 files (0.0% non-contiguous), 162083/7511036 blocks
```

Se puede intentar comprobar el sistema de archivos `/dev/sdb1`, montado:

```
fsck /dev/sdb1
fsck de util-linux 2.33.1
e2fsck 1.45.6 (20-Mar-2020)
/dev/sdb1 is mounted.
e2fsck: Cannot continue, aborting.
```

3.2 Creación de una zona de swap

Una zona de swap se define en el momento de la instalación del sistema, con la creación del espacio de swap correspondiente. Sin embargo, el administrador puede modificar posteriormente la configuración de la zona de swap, cambiando el espacio de swap o añadiendo nuevos espacios de swap, de manera puntual o permanente.

3.2.1 Elección de los espacios de swap

Se ha visto que en los sistemas modernos, el mecanismo de swap se utiliza poco: la memoria física y el espacio de disco ya no son recursos caros y las configuraciones de hardware de los servidores están generalmente sobredimensionadas.

A pesar de ello, es posible que haya picos de uso de la memoria viva, que pueden provocar que el sistema consuma swap (por ejemplo, en un pequeño servidor de desarrollo, una compilación compleja o el lanzamiento de una aplicación que necesite mucha memoria, en un servidor de red, un crecimiento brusco del número de conexiones simultáneas o de solicitudes complejas). Para evitar el bloqueo del sistema o incluso su paro en modo *"panic"*, la configuración de la zona de swap debe ser óptima. El administrador debe poder añadir puntualmente espacios de swap en el caso de una saturación de la memoria viva.

La eficacia del swap depende del tamaño de la zona de swap con respecto al de la memoria viva usada por las aplicaciones, y de los tiempos de acceso a esos espacios de almacenamiento.

3.2.2 Tipos de espacio de swap

La zona de swap puede estar compuesta por uno o distintos espacios de swap, de tipos diferentes:

- Partición o volumen lógico dedicado

Es el más frecuente. La partición o el volumen lógico debe ser de un tipo particular (82, swap). Su contenido no está estructurado en directorios y archivos, no existe la operación de montaje ya que las aplicaciones no pueden acceder directamente. El gestor de swap administra su contenido.

- Archivo

Se puede añadir a la zona de swap un archivo de tamaño fijo. Esta solución no es óptima ya que los tiempos de acceso se encuentran degradados, ya que el gestor de swap utiliza los pilotos de los sistemas de archivos para acceder al propio archivo. Normalmente, esta solución se aplica como último recurso y de manera temporal.

La configuración de una zona de swap multiespacio permite especificar las prioridades de uso entre esos mismos espacios. De esta manera se puede privilegiar a los que tengan un buen tiempo de acceso, por ejemplo en este orden: memoria viva, discos SSD, disco locales rápidos dedicados, SAN y archivos.

3.2.3 Creación de un espacio de swap: mkswap

Un espacio de swap debe estar "formateado" específicamente con el comando `mkswap`, para poder ser utilizado.

Sintaxis

```
mkswap espacio_almacenaje
```

Parámetros principales

`/camino/archivo`	Estructura el archivo para que pueda ser explotado como espacio de swap.
`/dev/Archivo_Especial`	Estructura del espacio de almacenamiento designado por el archivo especial para que pueda ser explotado como espacio de swap.
`-L LABEL`	Estructura el espacio de almacenamiento designado por la etiqueta `LABEL` para que pueda ser explotado como espacio de swap.
`-U UUID`	Estructura el espacio de almacenamiento designado por el UUID `UUID` para que pueda ser explotado como espacio de swap.

Ejemplo

En caso de urgencia, se puede utilizar un archivo como espacio de swap. Primero hay que crear un archivo del tamaño deseado:

```
fallocate --length 1GiB /var/miswap
ls -l /var/miswap
-rw-r--r-- 1 root root 1073741824 8  agosto   09:35 /var/miswap
```

Es prudente cambiar los derechos de acceso al archivo:

```
chmod 0600 /var/miswap
```

Después hay que formatear el contenido en espacio de swap:

```
mkswap /var/miswap
Configurando espacio de intercambio versión 1, tamaño = 1024 MiB (1073737728 bytes)
sin etiqueta, UUID=ca2f46d2-e13e-4d3e-bec7-213aad08b3ee
```

Después se puede activar ese espacio para integrarlo en la zona de swap del sistema:

```
swapon /var/miswap
```

Se comprueba:

```
swapon -s
Nombre del
fichero             Tipo            Tamaño  Utilizado       Prioridad
/dev/dm-2                       partition      999420   0                  -2
/var/miswap                     file          1048572   0                  -3
```

Esta operación solo debería ser temporal, porque el tiempo de acceso a un archivo de swap es mucho más lento que el tiempo de acceso una partición de swap. En el próximo arranque, el archivo de swap no será activado, excepto si se declara en el archivo `/etc/fstab`.

3.2.4 Control de la zona de swap

El comando `swapon` con la opción `-s` permite visualizar la configuración de la zona de swap (también podemos utilizar la opción `--show SIZE`, que es más reciente).

También se pueden utilizar las herramientas de seguimiento de los recursos para supervisar el consumo de la memoria viva, el comando `top` por ejemplo.

3.3 Los principales tipos de sistemas de archivos en Linux

Linux soporta numerosos tipos de sistemas de archivos. La elección del tipo de sistema de archivos depende de la naturaleza del soporte físico, de sus capacidades, así como del tipo de uso (lectura, escritura, archivos voluminosos pero poco numerosos, muchos archivos pequeños ...) y de las funcionalidades deseadas (velocidad de acceso en lectura y/o escritura, seguridad, atributos gestionados, número y tamaño de los objetos almacenados).

A continuación se van a describir los principales tipos de sistema de archivos utilizados en Linux.

3.3.1 Sistemas de archivos de tipo ext*

El tipo ext ha evolucionado en distintas versiones a lo largo del tiempo: ext2, ext3 y ext4.

ext2

Los sistemas de archivos de tipo ext2 han sido creados especialmente para Linux. Durante mucho tiempo han sido el tipo de sistema de archivos por defecto en la mayoría de las distribuciones. Permiten gestionar archivos de un tamaño máximo de 2 TB, en volúmenes de 32 TB como máximo. Las fechas de los archivos están soportadas hasta 2038.

Este tipo de sistema de archivos evolucionó hacia ext3 y después ext4, ya casi no se usa hoy en día, excepto por la compatibilidad con las infraestructuras existentes. Su principal inconveniente es que no implementa el registro por diario, lo que puede provocar una alteración de la estructura del mismo sistema de archivos en caso de interrupción brutal durante una modificación, convirtiéndolo en parcial o totalmente inutilizable.

ext3

Se trata de una evolución del tipo de sistema de archivos ext2, que permite implementar un registro por diario de transacciones para asegurar la coherencia de los metadatos del sistema de archivos en caso de interrupción brutal de las escrituras.

Cada operación de escritura está inscrita previamente en el diario, y validada después en ese mismo diario. En caso de problema durante la operación, se puede anular o volver a ejecutar el conjunto de la transacción de escritura: incluso en el caso de que se perdieran los datos que se iban a escribir, el sistema de archivos guardaría una coherencia.

Este mecanismo de registro de diario permite también acelerar las operaciones de comprobación del sistema de archivos, ya que basta con consultar el diario para encontrar las transacciones potencialmente interrumpidas.

El registro del diario es opcional. Un sistema de archivos de tipo ext3 es compatible con ext2 en lectura y escritura.

Los límites de tamaño de los archivos y de los volúmenes son los del tipo ext2, así como las fechas para los archivos.

ext4

Este nuevo tipo de sistema de archivos está destinado a remplazar a ext3. Permite gestionar archivos de 16 TB y volúmenes de 1 EiB. Una nueva técnica de gestión del espacio asignado a los archivos, los *extents*, permite limitar considerablemente la fragmentación. Las fechas de los archivos están soportadas hasta 2514.

Un sistema de archivos de tipo ext3 es compatible con ext4 en lectura y escritura.

Es el tipo de sistema de archivos que se encuentra por defecto en numerosas distribuciones, en particular Debian.

3.3.2 Sistemas de archivos de tipo XFS

XFS es un sistema de archivos concebido por la empresa SGI (*Silicon Graphics Inc*) para los sistemas Unix IRIX. Creado en 1994, disfruta de una experiencia muy importante. Es utilizado, principalmente, en entornos de producción, con servidores que administran una cantidad muy grande de almacenaje de disco.

SGI le ha dado a este sistema de gestión de archivos una licencia GPL en el año 2000, lo que permitió la portabilidad a Linux. Ha sido integrado en el núcleo a partir de la versión 2.4, está disponible en la mayoría de las distribuciones.

Desarrollado, especialmente, para gestionar de manera eficaz grandes volúmenes de disco, sus principales características son las siguientes:

- 64 bits: el límite máximo teórico para el tamaño de un archivo o de un sistema de archivos completo es de 8 exabytes (2 ^ 63 - 1). En la práctica, este tamaño está limitado por parámetros relativos a cada distribución (100 TB para Red Hat 6, 500 TB para Red Hat 7), pero permite superar con mucho margen los 16 TB, tamaño límite del sistema de archivos de tipo ext.
- Registro: las operaciones de escritura en los metadatos se describen en el registro antes de ser ejecutadas, lo que permite garantizar la coherencia del sistema de archivos en caso de avería de tipo material. Para optimizar el rendimiento, es posible posicionar el diario en un volumen físico diferente con respecto a donde se encuentran los datos.
- E/S paralelas: gracias a su organización en **grupos de asignación** (internamente, un sistema de archivos se divide en diferentes subconjuntos independientes), permite efectuar simultáneamente distintas operaciones de entrada/salida en un mismo sistema de archivos, lo que está particularmente adaptado para las aplicaciones de tipo multiproceso.
- Diferentes técnicas permiten asegurar un alto nivel de rendimiento y de evolución: uso de árboles indexados (**B-tree**) para los metadatos, asignación diferida, preasignación para evitar la fragmentación, desfragmentación en línea, asignación por extensiones, etc.
- Las herramientas de comprobación y de corrección de los sistemas de archivos son muy rápidas.
- Atributos extendidos: permiten gestionar **listas de control de acceso** (ACL), además de los derechos de acceso clásicos del mundo Unix/Linux, así como atributos específicos para algunas aplicaciones.

- Sistema de cuotas de uso del espacio muy flexible, por grupo, usuario o "proyecto" (cuotas asociadas a una rama de la arborescencia).
- Gestión de **instantáneas** (*snapshots*): esta técnica permite la toma de una imagen del sistema de archivos en un instante preciso y, por lo tanto, permite efectuar respaldos en línea.
- Extensible en línea: un sistema de archivos puede ser extendido durante su uso (pero no reducido).
- Herramientas de respaldo/restauración específicas para el sistema de archivos.

Este sistema de gestión de archivos está, sobre todo, adaptado para grandes servidores, necesita mucha memoria viva e implica el uso de material fiable y seguro (caché asegurada por una batería).

XFS es el sistema de archivos presente por defecto en las distribuciones de tipo Red Hat, a partir de la versión 7.

3.3.3 Sistemas de archivos de tipo Btrfs

Btrfs (*B-tree File System*, se pronuncia "*báterefes*") es el más reciente de los sistemas de archivos creados para Linux. Implementa conceptos modernos para ofrecer un conjunto de funcionalidades de alto nivel, fruto de la colaboración de grandes actores del mundo Linux (Red Hat, Oracle, SUSE, Intel, etc.).

Se trata de un sistema de gestión de archivos de 64 bits, usando una técnica de **copy on write** (**CoW**: para garantizar la integridad de los datos, una modificación se hace copiando los datos de origen y después modificando la copia), implementando capacidades de compresión, de respaldo en línea, de redundancia de datos, de instantáneas, de redimensionamiento en línea, etc.

Observación

Integrado en el núcleo desde 2008, estaba previsto que se convirtiera a largo plazo en el sistema de archivos por defecto de Linux, pero no está soportado en todas las distribuciones. Red Hat decidió dejar de soportarlo a partir de la versión 8 de su distribución RHEL, al contrario que SUSE que lo utiliza por defecto para el sistema de archivos raíz. Algunas funcionalidades avanzadas todavía no son estables.

Sus principales puntos fuertes son los siguientes:

- Sistema de archivos de 64 bits: tamaño máximo de un sistema de archivos 16 exabytes y tamaño máximo de un archivo 8 exabytes.
- Optimización de la gestión de los archivos pequeños.
- Consideración de las particularidades de los discos SSD.
- Fiabilidad aumentada por checksum de los datos y metadatos.

- Gestión de las instantáneas (snapshots) en lectura y lectura/escritura.
- Gestión de subvolúmenes.
- Algoritmos optimizados de compresión.
- Desfragmentación en línea.
- Gestión integrada del multivolumen (RAID).

3.3.4 Sistemas de archivos de tipo ZFS

ZFS es un tipo de sistema de archivos, de **Sun Microsystems**, desarrollado para el sistema operativo Solaris, de tipo Unix. Sun lo implementó a partir de 2006, con una licencia de tipo software libre, lo que permitió su portabilidad hacia otros sistemas operativos. Oracle adquirió Sun Microsystems en 2010 y optó por una licencia propietaria para ZFS. El proyecto **OpenZFS** fue creado para mantener y hacer progresar una versión libre de ZFS.

Como consecuencia del conflicto de licencia, ZFS no ha sido integrado en el núcleo Linux. Para implementarlo en una plataforma Linux, hay que instalar un módulo del núcleo dinámico facilitado por el proyecto **Zol** (*ZFS on Linux*), desarrollado por el **Lawrence Livermore National Laboratory**.

Observación

A partir de la versión 8 de la distribución RHEL, ZFS ya no está soportado por Red Hat.

Este tipo de sistema de archivos implementa numerosas funcionalidades, integrando la gestión de volúmenes lógicos y de discos RAID. Permite gestionar de manera eficaz los volúmenes muy grandes de manera fiable y eficaz. Propone funcionalidades avanzadas, como las instantáneas (*snapshots*), la copia en escritura (*copy on write*) así como el control y la reparación automática en continuo.

ZFS gestiona el conjunto de los aspectos de almacenamiento, desde los dispositivos utilizados y combinados hasta la estructura interna del sistema de archivos. Eso le permite optimizar el almacenaje, la fiabilidad y el rendimiento de entradas/salidas tomando en cuenta los diferentes niveles (desde el punto de vista de hardware y software) implementados.

Propone funcionalidades de alto nivel, particularmente gracias a la gestión avanzada de las instantáneas (*snapshots*), que permiten el clonado o la marcha atrás hacia una versión anterior del estado del sistema de archivos (*check point rollback*).

Concebido para gestionar grandes volúmenes de datos, necesita sistemas de discos eficientes y servidores que dispongan de mucha memoria viva.

Sus principales puntos fuertes son los siguientes:

- Sistema de archivos de 128 bits, llevando los límites de capacidad más allá de las capacidades físicas de los sistemas actuales: tamaño máximo de un sistema de archivos 16 exabytes, tamaño máximo de un archivo 16 exabytes, número máximo de archivos por directorio 2 ^ 48, etc.
- Mecanismo de checksum jerárquico para garantizar los datos y los metadatos del sistema de archivos.
- Múltiples versiones de un conjunto de datos y metadatos (*snapshots*), que permiten gestionar restauraciones hacia un estado anterior.
- Reparación automática de las incoherencias o errores de escritura, a través del registro, la gestión de la paridad y la redundancia de datos (RAID).
- Gestión de software integrada de los diferentes niveles de RAID.
- Gestión de los dispositivos de caché.
- Gestión de las instantáneas (*snapshots*) para el respaldo y la replicación.
- Gestión de la compresión de datos.
- Gestión de la deduplicación de datos. Esta necesita de una gran cantidad de memoria viva.
- Reconstrucción rápida del sistema de archivos en caso de corrupción.
- Configuración sutil de los parámetros para la optimización.

3.4 Gestión de los sistemas de archivos de tipo ext2, ext3 y ext4

Un conjunto de herramientas específicas permite crear y modificar esos tipos de sistemas de archivos. Esos comandos se aplican en general a las tres versiones, ext 2, 3 o 4, incluso si la mayoría han conservado «e2» en su nombre. Pueden ser llamadas por los comandos genéricos que ya se han visto anteriormente o pueden ser utilizadas directamente.

3.4.1 Creación de un sistema de archivos ext*

El comando `mke2fs` permite crear sistemas de archivos ext2, 3 o 4.

Sintaxis

```
mke2fs [ -j ][ -t tipoFS ] [ -F ] [ -L label ] [ -U uuid ] ArchivoEspecial
```

Parámetros principales

`-t tipoFS`	Tipo de sistema de archivos que se va a crear.
`-j`	Tipo de sistema de archivos que se va a crear: ext3.
`-F`	Fuerza la sobrescritura del sistema de archivos existente.
`-L label`	Etiqueta que se asignará al sistema de archivos.
`-U uuid`	UUID que se asignará al sistema de archivos.
`ArchivoEspecial`	Archivo especial asociado al espacio de almacenaje del sistema de archivos que se va a crear.

Descripción

La opción `-j` (*journal*) fuerza la creación de un sistema de archivos de tipo ext3. También se puede especificar el tipo del sistema de archivos (ext2, ext3 o ext4) con la opción `-t tipoFS`.

Sin una de esas dos opciones, el tipo de sistema de archivos usado por defecto será el configurado en el archivo `/etc/mke2fs.conf`.

Hay muchas opciones que permiten fijar las características detalladas del sistema de archivos (tamaño y número de bloques, número de inodos, ubicación del archivo de registro...).

El argumento `ArchivoEspecial` determina el espacio de almacenamiento usado para el sistema de archivos: archivo especial de tipo bloque, camino de red y volumen lógico LVM.

Ejemplos

Creación de un sistema de archivos ext3 en un volumen lógico:

mke2fs -j /dev/debian10-vg/lvol0

```
mke2fs -j /dev/srvdebian-vg/lvol0
mke2fs 1.46.2 (28-Feb-2021)
Creating filesystem with 12288 1k blocks and 3072 inodes
Filesystem UUID: fc4515e7-6de2-4c79-b9f7-21aa921ab1fc
Superblock backups stored on blocks:
        8193

Allocating group tables: done
Writing inode tables: done
Creating journal (1024 blocks): done
Writing superblocks and filesystem accounting information: done
```

Creación de un sistema de archivos ext4 en una partición de disco, con la opción *-F* para forzar la sobrescritura del sistema de archivos ya existente:

```
mke2fs -Ft ext4 /dev/sdb1
mke2fs 1.45.6 (20-Mar-2020)
/dev/sdb1 contiene un sistema de archivos ext4
        creado el Lunes 4 Agosto 8 09:30:48 2022
Creando un sistema de archivos con 7511036 4k blocs y 1880480 i-nodes.
UUID de sistema de archivos=d2ea1032-32c0-42c6-ab65-7a22641162fd
Superbloques de seguridad almacenados en los bloques:
        32768, 98304, 163840, 229376, 294912, 819200, 884736, 1605632, 2654208,
        4096000

Asignación de grupo de tablas: completado
Escritura de las tablas con i-nodes: completado
Creación del diario (32768 blocs): completado
Escritura de los superbloques y de la información de compatibilidad del sistema de
archivos: completado
```

Comprobación:

```
blkid /dev/sdb1
/dev/sdb1: UUID="d2ea1032-32c0-42c6-ab65-7a22641162fd" BLOCK_SIZE="4096"
TYPE="ext4"
blkid /dev/srvdebian-vg/lvol0
/dev/srvdebian-vg/lvol0: UUID="fc4515e7-6de2-4c79-b9f7-21aa921ab1fc"
SEC_TYPE="ext2" BLOCK_SIZE="1024" TYPE="ext3"
```

3.4.2 Comprobación de un sistema de archivos ext*

El comando `e2fsck` permite comprobar y corregir, si fuera necesario, la estructura de un sistema de archivos ext*.

Sintaxis

```
e2fsck [ -f ] [ -v ] [ -n | -p ] ArchivoEspecial
```

Parámetros principales

`-f`	Fuerza el control completo del sistema de archivos (ext3, ext4).
`-v`	Visualización detallada.
`-n`	Control sin corrección.
`-p`	Corrección automática.
`ArchivoEspecial`	Archivo especial asociado al espacio de almacenamiento del sistema de archivos que se va a comprobar.

Descripción

El comando funciona en modo interactivo por defecto. Controla el sistema de archivos y, para cada anomalía constatada, propone una corrección que tiene que ser validada por el usuario.

Si el sistema de archivos tiene un registro (ext3 o ext4), el comando solamente controla los elementos correspondientes en las transacciones indicadas en curso en el registro. La opción `-f` permite forzar un control completo del sistema de archivos, más allá del registro.

La opción `-n` provoca un control no interactivo, sin corrección.

Por otra parte, la opción `-p` provoca un control con corrección automático y no interactivo.

Observación

Se recomienda encarecidamente ejecutar este comando en un sistema de archivos desmontado.

3.4.3 Gestión de los parámetros de un sistema de archivos con tune2fs

El comando `tune2fs`, que ya se vio anteriormente para gestionar la etiqueta y el UUID, permite mostrar el valor de numerosos parámetros de un sistema de archivos ext* y modificar algunos de ellos.

Sintaxis

```
tune2fs [ -l ] [ -j ] [ -J OpcionesRegistro ] [ -E OpcionesExtendidas ]
[ -L label ] [ -U uuid ] ArchivoEspecial
```

Parámetros principales

`-l`	Lista las características del sistema de archivos.
`-j`	Crea un registro para el sistema de archivos.
`-J OpcionesRegistro`	Modifica las opciones del registro.
`-E OpcionesExtendidas`	Modifica las opciones extendidas del sistema de archivos.
`-L label`	Etiqueta que se asignará al sistema de archivos.
`-U uuid`	UUID que se asignará al sistema de archivos.
`ArchivoEspecial`	Archivo especial asociado al espacio de almacenamiento del sistema de archivos.

Descripción

Este comando permite mostrar y modificar numerosos parámetros de un sistema de archivos ext *. En particular, permite la creación de un registro (opción `-j`) para un sistema de archivos de tipo ext2, lo que lo transforma en tipo ext3.

Ejemplos

Muestra los parámetros de un sistema de archivos en ext4:

```
tune2fs -l /dev/sdb1
tune2fs 1.45.6 (20-Mar-2020)
Filesystem volume name:    <none>
Last mounted on:           <not available>
Filesystem UUID:           ba3e4c89-4abe-431b-b02e-13115648ccca
Filesystem magic number:   0xEF53
Filesystem revision #:     1 (dynamic)
Filesystem features:       has_journal ext_attr resize_inode
dir_index filetype extent 64bit flex_bg sparse_super large_file huge_file
dir_nlink extra_isize metadata_csum
Filesystem flags:          signed_directory_hash
Default mount options:     user_xattr acl
Filesystem state:          clean
Errors behavior:           Continue
Filesystem OS type:        Linux
Inode count:               1880480
Block count:              7511036
Reserved block count:     375551
Free blocks:              7348953
Free inodes:              1880469
First block:              0
Block size:               4096
Fragment size:            4096
Group descriptor size:    64
Reserved GDT blocks:      1024
Blocks per group:         32768
Fragments per group:      32768
Inodes per group:         8176
Inode blocks per group:   511
Flex block group size:    16
Filesystem created:       Mon Aug  8 13:16:38 2022
Last mount time:          n/a
Last write time:          Mon Aug  8 13:16:43 2022
Mount count:              0
Maximum mount count:      -1
Last checked:             Mon Aug  8 13:16:38 2022
Check interval:           0 (<none>)
Lifetime writes:          4178 kB
Reserved blocks uid:      0 (user root)
Reserved blocks gid:      0 (group root)
```

```
First inode:              11
Inode size:               256
Required extra isize:     32
Desired extra isize:      32
Journal inode:            8
Default directory hash:   half_md4
Directory Hash Seed:      847bf654-4428-4eaa-9619-6858fa64247a
Journal backup:           inode blocks
Checksum type:            crc32c
Checksum:                 0x322ae34b
```

En la sección `Filesystem features`, podemos notar la existencia de un registro (`has_journal`), de gestión de los extents (`extent`) y de los archivos voluminosos (`huge_file`), características de un tipo ext4.

Conversión de un sistema de archivos de tipo ext2 a tipo ext3:

```
blkid /dev/debian10-vg/lvol1
/dev/srvdebian-vg/lvol1: UUID="c8e01479-dd9b-47d6-afc6-573048bd77ea"
BLOCK_SIZE="1024" TYPE="ext2"
```

Se convierte en ext3:

```
tune2fs -j /dev/srvdebian-vg/lvol1
tune2fs 1.46.2 (28-Feb-2021)
Creating journal inode: done
```

Se comprueba:

```
blkid /dev/srvdebian-vg/lvol1
/dev/debian10-vg/lvol1: UUID="c8e01479-dd9b-47d6-afc6-573048bd77ea"
SEC_TYPE="ext2" BLOCK_SIZE="1024" TYPE="ext3"
```

3.4.4 Depuración de un sistema de archivos ext*

El comando `debugfs` permite comprobar el estado de un sistema de archivos ext* en modo de depuración.

Sintaxis

```
debugfs [ -w ] ArchivoEspecial
```

Parámetros principales

`-w`	Modo escritura.
`ArchivoEspecial`	Archivo especial asociado al espacio de almacenamiento del sistema de archivos que se quiere depurar.

Descripción

Este comando funciona en modo interactivo. Por defecto, está en modo de solo lectura y no permite modificar el sistema de archivos. La opción `-w` autoriza la modificación.

La herramienta abre el sistema de archivos y muestra una línea de comandos. Numerosos comandos permiten manipular las estructuras y objetos del sistema de archivos, entre ellos:

- `help`

Ayuda.

- `quit`

Cierra `debugfs`.

- `logdump`

Muestra el contenido del registro.

- `show_super_stats`

Muestra el contenido del super bloque y de los descriptores de grupos de bloques.

- `cat archivo`

Muestra el contenido de `archivo`.

- `stat archivo`

Muestra el contenido de la entrada de la tabla de los inodos para `archivo`.

- `icheck block ...`

Lista los inodos utilizando los bloques específicos.

- `set_super_value campo valor`

Modifica el contenido del campo especificado del super bloque.

- `undel numeroInode`

Declara activo el inodo de número `numeroInode`.

- `free archivo`

Libera el inodo `archivo`.

- `kill_file archivo`

Suprime `archivo` y libera sus bloques de datos.

- `rmdir dir`

Suprime el directorio `dir`.

- `unlink CaminoArchivo`

Suprime el enlace entre `CaminoArchivo` y su inodo.

Ejemplo

Comprobación, en modo depuración, de un sistema de archivos ext4:

```
debugfs /dev/debian--vg-home
debugfs 1.46.2 (28-Feb-2021)
debugfs:
```

Se lista el registro de transacciones:

```
debugfs:  logdump
Journal starts at block 1, transaction 474
Found expected sequence 474, type 1 (descriptor block) at block 1
Found expected sequence 474, type 2 (commit block) at block 7
Found expected sequence 475, type 1 (descriptor block) at block 8
Found expected sequence 475, type 2 (commit block) at block 17
Found expected sequence 476, type 1 (descriptor block) at block 18
Found expected sequence 476, type 2 (commit block) at block 32
Found expected sequence 477, type 1 (descriptor block) at block 33
Found expected sequence 477, type 2 (commit block) at block 46
Found expected sequence 478, type 1 (descriptor block) at block 47
Found expected sequence 478, type 2 (commit block) at block 51
Found expected sequence 479, type 1 (descriptor block) at block 52
Found expected sequence 479, type 2 (commit block) at block 61
No magic number at block 62: end of journal.
debugfs:
```

Se han validado todas las transacciones (commit).

Se comprueban los atributos de la raíz:

```
debugfs:  stat /
Inode: 2   Type: directory    Mode:  0755   Flags: 0x80000
Generation: 0    Version: 0x00000000:00000001
User:     0   Group:     0   Project:     0   Size: 4096
File ACL: 0
Links: 4   Blockcount: 8
Fragment:  Address: 0    Number: 0    Size: 0
 ctime: 0x6270052a:8b686a60 -- Mon May  2 18:22:02 2022
 atime: 0x6270052e:80eade60 -- Mon May  2 18:22:06 2022
 mtime: 0x6270052a:8b686a60 -- Mon May  2 18:22:02 2022
crtime: 0x626ffa41:00000000 -- Mon May  2 17:35:29 2022
Size of extra inode fields: 32
Inode checksum: 0xc20e2ea4
EXTENTS:
(0):9264
```

El directorio raíz del sistema de archivos posee el número de inodo *2*. Sus permisos son *0755*, pertenece al usuario root (UID = 0). Tiene cuatro enlaces físicos.

Se sale de la herramienta:

```
debugfs:  quit
```

3.4.5 Respaldo del sistema de archivos ext*

El comando dump gestiona el respaldo de un sistema de archivos de tipo ext*. El respaldo puede ser total o incremental. Se proporciona con el paquete dump.

Sintaxis

```
dump [-nivel#] [-f ArchivoRespaldo] [-v] [-u] SistArchivo
```

Parámetros principales

-nivel#	Nivel de respaldo (de 0 a n).
-f ArchivoRespaldo	Archivo o periférico de respaldo.
-v	Visualización detallada.
-u	Actualización del archivo de fechas de respaldo /etc/dumpdates.
SistArchivo	Sistema de archivos que se va a respaldar.

Descripción

El comando gestiona diferentes niveles de respaldo, numerados de 0 a n, 0 indica un respaldo total. La información (nivel, fecha) de los respaldos efectuados se almacena por defecto en el archivo /etc/dumpdates.

El sistema de archivos que se quiera respaldar puede ser especificado con un archivo especial o se puede especificar con su punto de montaje.

El sistema de archivos puede estar montado o no.

Ejemplo

Ejemplo de respaldo total de un sistema de archivos ext4 con dump:

```
dump -0 -f /root/svg /dev/sdb1
  DUMP: Date of this level 0 dump: Mon Aug  8 13:37:17 2022
  DUMP: Dumping /dev/sdb1 (an unlisted file system) to /root/svg
  DUMP: Label: none
  DUMP: Writing 10 Kilobyte records
  DUMP: mapping (Pass I) [regular files]
  DUMP: mapping (Pass II) [directories]
  DUMP: estimated 485 blocks.
  DUMP: Volume 1 started with block 1 at: Mon Aug  8 13:37:17 2022
  DUMP: dumping (Pass III) [directories]
  DUMP: dumping (Pass IV) [regular files]
  DUMP: Closing /root/svg
```

```
  DUMP: Volume 1 completed at: Mon Aug  8 13:37:17 2022
  DUMP: Volume 1 470 blocks (0.46MB)
  DUMP: 470 blocks (0.46MB) on 1 volume(s)
  DUMP: finished in less than a second
  DUMP: Date of this level 0 dump: Mon Aug  8 13:37:17 2022
  DUMP: Date this dump completed:  Mon Aug  8 13:37:17 2022
  DUMP: Average transfer rate: 0 kB/s
  DUMP: DUMP IS DONE
ls -l /root/svg
-rw-r--r--. 1 root root 481280  8 agosto  13:37 /root/svg
```

En este ejemplo, `0` es el nivel del respaldo (0 para un respaldo completo, n para cada número que se incrementa), la opción `-f` indica el archivo de destino del respaldo y, finalmente, el último parámetro es el sistema de archivos que se va a respaldar.

3.4.6 Restauración de un sistema de archivos ext*

El comando `restore` gestiona la restauración de un sistema de archivos ext*.

Sintaxis

```
restore -r -f ArchivoRespaldo
restore -x -f ArchivoRespaldo [dir]
restore -t -f ArchivoRespaldo [archivos]
restore -C -f ArchivoRespaldo
restore -i -f ArchivoRespaldo
```

Parámetros principales

`-f ArchivoRespaldo`	Archivo o periférico de respaldo.
`-r`	Restauración del sistema de archivos.
`-x`	Restauración de los directorios `dir` del sistema de `archivos`.
`-t`	Lista el contenido del respaldo o los elementos de archivos.
`-C`	Compara el respaldo con el sistema de archivos actual.
`-i`	Restauración en modo interactivo.

Descripción

Este comando permite gestionar un respaldo del sistema de archivos ext* efectuado con el comando `dump`. Se puede listar todo su contenido o una parte (opción `-t`), comparar los archivos y los directorios respaldados con respecto a los del sistema montado (opción `-C`), restaurar todo el sistema de archivos o una parte (opciones `-r` o `-x`), o trabajar en modo interactivo (opción `-i`).

La restauración se hace a partir del directorio actual, por lo tanto hay que desplazarse a la raíz del sistema de archivos destinatario.

Ejemplo

Restauración de un sistema de archivos ext4:

```
cd /var/datos/rest
restore -rvf /root/svg
Verify tape and initialize maps
Input is from a local file/pipe
Input block size is 32
Dump   date: Mon Aug  8 13:37:17 2022
Dumped from: the epoch
Level 0 dump of an unlisted file system on srvRH:/dev/sdb1
Label: none
Begin level 0 restore
Initialize symbol table.
Extract directories from tape
Calculate extraction list.
Make node ./lost+found
Extract new leaves.
Check pointing the restore
Add links
Set directory mode, owner, and times.
Check the symbol table.
Check pointing the restore
```

3.5 Gestión de base de los sistemas de archivos de tipo Btrfs

Para configurar y gestionar un sistema de archivos de tipo Btrfs, hay que usar comandos específicos, proporcionados por el paquete `btrfs-tools` o `btrfs-progs`.

Se verán los diferentes comandos que permiten crear un sistema de archivos Btrfs, comprobar su coherencia y sus parámetros, y cómo crear instantáneas (*snapshots*) y subvolúmenes.

3.5.1 Creación de un sistema de archivos Btrfs

El comando `mkfs.btrfs` permite crear un sistema de archivos Btrfs.

Sintaxis

```
mkfs.btrfs [Opciones] ArchivoEspecial
```

Parámetros principales

`Opciones`	Opciones de creación.
`ArchivoEspecial`	Camino de acceso del espacio de almacenaje.

Descripción

Se pueden especificar numerosas opciones, en particular:

`-f o --force`

Fuerza la sobrescritura del sistema de archivos existente.

`-L o --label label`

Atribuye la etiqueta `label` al sistema de archivos.

`-U o --uuid uuid`

Atribuye el UUID `uuid` al sistema de archivos.

Ejemplo

Creación de un sistema de archivos Btrfs en una partición, con posible sobrescritura y usando los valores por defecto, en una distribución Debian 11:

Se instala el paquete:

```
apt-get install btrfs-progs
Leyendo lista de paquetes... Hecho
Creando árbol de dependencias... Hecho
Leyendo la información de estado... Hecho
Paquetes sugeridos:
 duperemove
Se instalarán los siguientes paquetes NUEVOS:
 btrfs-progs
0 actualizados, 2 nuevos se instalarán, 0 para eliminar y 0 no actualizados.
[...]
mkfs.btrfs -f /dev/sdb1
btrfs-progs v5.10.1
See http://btrfs.wiki.kernel.org for more information.

Label:              (null)
UUID:               8cc16849-d1ee-4313-a04b-a88409136b2c
Node size:          16384
Sector size:        4096
Filesystem size:    28.65GiB
```

```
Block group profiles:
 Data:               single             8.00MiB
 Metadata:           DUP              256.00MiB
 System:             DUP                8.00MiB
SSD detected:         no
Incompat features:   extref, skinny-metadata
Runtime features:
Checksum:            crc32c
Number of devices:   1
Devices:
  ID        SIZE  PATH
   1    28.65GiB  /dev/sdb1
```

El sistema de archivos ha sido creado.

3.5.2 Conversión de sistema de archivos ext* a Btrfs

Otra posibilidad sería convertir un sistema de archivos ext* en sistema de archivos Btrfs, con el comando `btrfs-convert`.

Sintaxis

```
btrfs-convert [Opciones] ArchivoEspecial
```

Parámetros principales

`Opciones`	Opciones de conversión.
`Archivo Especial`	Camino de acceso del espacio de almacenamiento.

Descripción

Esta operación es peligrosa y podría corromper el sistema de archivos existente. Por lo tanto, se aconseja encarecidamente hacer un respaldo antes de ejecutar la operación y comprobar la coherencia del sistema de archivos. El sistema de archivos debería ser desmontado antes de la conversión.

En caso de problema, se puede usar la opción `-r` (*rollback*) para anular la conversión.

La conversión se hace en el sistema de archivos existente, por lo tanto, no debe estar saturado.

Después de haber efectuado la conversión, el sistema de archivos original se encuentra en el directorio `/ext2_saved` del sistema de archivos (en realidad se trata de un subvolumen). En caso de problema, se podría recuperar el contenido.

Ejemplo

Conversión de un sistema de archivos ext4 en Btrfs en una distribución Debian 11:

```
blkid /dev/sdb1
/dev/sdb1: UUID="ba3e4c89-4abe-431b-b02e-13115648ccca" BLOCK_SIZE="4096" TYPE="ext4"
btrfs-convert /dev/sdb1
create btrfs filesystem:
        blocksize: 4096
        nodesize:  16384
        features:  extref, skinny-metadata (default)
        checksum:  crc32c
free space report:
        total:     30765203456
        free:      29514383360 (95.93%)
creating ext2 image file
creating btrfs metadata
copy inodes [o] [          0/       1551]
blkid /dev/sdb1
/dev/sdb1: UUID="3199e2db-510b-4089-8cc8-9f24c64e16d1" UUID_SUB=
"0dc6ff47-db76-43ec-9aff-bc1b2f85db92" BLOCK_SIZE="4096" TYPE="btrfs"
```

3.5.3 Información del sistema de archivos Btrfs

El comando `btrfs` es una caja de herramientas que permite administrar los sistemas de archivos Btrfs. Este admite como argumento numerosos subcomandos, como `filesystem` que permite gestionar diferentes características de los sistemas de archivos Btrfs.

Sintaxis

`btrfs sistemadearchivo sub_comando args`

Parámetros principales

`sub_comando`	Operación que se efectuará.
`args`	Opciones de la operación que se efectuará.

Descripción

Entre los numerosos subcomandos de `btrfs sistemadearchivo`, se encuentran los que muestran elementos de información sobre las características de un subsistema, su estado y su uso:

`show [ opciones ] [ Camino|uuid|ArchivoEspecial|label ]`

Muestra los datos solicitados sobre el sistema de archivos Btrfs especificado por su punto de montaje, su UUID, su archivo especial o su etiqueta, o por todos los sistemas de archivos Btrfs.

`df [ opciones ] Camino`

Muestra el tamaño total y el utilizado por las diferentes zonas (total, metadatos, datos) de un sistema de archivos montado en `Camino`.

`usage [ opciones ] Camino`

Muestra el uso detallado de un sistema de archivos montado en `Camino`.

`du Camino`

Muestra el tamaño de los objetos de un sistema de archivos montado en `Camino`.

`label [ ArchivoEspecial|Camino ] NuevoLabel`

Muestra o modifica la etiqueta de un sistema de archvos Btrfs.

Ejemplo

Se utilizan distintos subcomandos de `btrfs filesystem`:

```
btrfs filesystem show /dev/sdb1
Label: none  uuid: 3199e2db-510b-4089-8cc8-9f24c64e16d1
        Total devices 1 FS bytes used 867.58MiB
        devid    1 size 28.65GiB used 1.21GiB path /dev/sdb1
```

El sistema de archivos no tiene etiqueta, su tamaño es de 28,65 GiB de los cuales 867 KiB son utilizados. Es un monoperiférico.

```
btrfs filesystem df /dev/sdb1
ERROR: not a btrfs filesystem: /dev/sdb1
```

Hay que montar el sistema de archivos:

```
mount /dev/sdb1 datos1
btrfs filesystem df datos1
Data, single: total=1.17GiB, used=865.17MiB
System, single: total=4.00MiB, used=16.00KiB
Metadata, single: total=32.00MiB, used=2.41MiB
GlobalReserve, single: total=3.25MiB, used=0.00B
```

Se ven las diferentes zonas del sistema de archivos, su tamaño total y su ocupación.

```
btrfs filesystem du /datas1
 btrfs filesystem du /datas1
     Total   Exclusive  Set shared  Filename
     0.00B       0.00B           -  /datas1/lost+found
     0.00B       0.00B           -  /datas1/host.conf
     0.00B       0.00B           -  /datas1/hostname
     0.00B       0.00B           -  /datas1/hosts
  36.00KiB       0.00B           -  /datas1/bin/makedb
     0.00B       0.00B           -  /datas1/bin/fc
     0.00B       0.00B           -  /datas1/bin/fg
[...]
```

El comando muestra el tamaño de cada objeto del sistema de archivos.

```
btrfs filesystem usage datos1
Overall:
    Device size:                   28.65GiB
    Device allocated:               1.20GiB
    Device unallocated:            27.45GiB
    Device missing:                   0.00B
    Used:                         867.59MiB
    Free (estimated):              27.77GiB      (min: 27.77GiB)
    Free (statfs, df):             27.77GiB
    Data ratio:                        1.00
    Metadata ratio:                    1.00
    Global reserve:                 3.25MiB      (used: 0.00B)
    Multiple profiles:                   no
Data,single: Size:1.16GiB, Used:865.17MiB (72.60%)
   /dev/sdb1       1.16GiB
Metadata,single: Size:32.00MiB, Used:2.41MiB (7.52%)
   /dev/sdb1      32.00MiB
System,single: Size:4.00MiB, Used:16.00KiB (0.39%)
   /dev/sdb1       4.00MiB
Unallocated:
   /dev/sdb1      27.45GiB
```

El comando muestra los volúmenes libres y utilizados por el sistema de archivos.

Se le da una etiqueta al sistema de archivos:

```
btrfs filesystem label datos1 DATOSBTRFS
```

Se comprueba:

```
btrfs filesystem label datos1
DATOSBTRFS
```

3.5.4 Montaje de un sistema de archivos Btrfs

El montaje de un sistema de archivos de tipo Btrfs se hace como para los otros sistemas de archivos, gracias al archivo `/etc/fstab`, a una unidad de montaje `systemd` o directamente usando el comando `mount`.

En cualquier caso, se pueden especificar muchas opciones para Btrfs, entre las cuales se encuentran:

`Autodefrag`	Desfragmentación en segundo plano.
`compress=zlib`	Compresión minimizando el espacio utilizado.
`compress=lzo`	Compresión minimizando el tiempo de compresión.
`compress=no`	Sin compresión.
`ssd`	Optimización para los discos SSD.

3.5.5 Subvolúmenes Btrfs

Los **subvolúmenes** son subconjuntos de un sistema de archivos Btrfs. Se pueden montar independientemente del sistema de archivos y se ven como directorios. Se pueden hacer instantáneas (*snapshots*) de estos subvolúmenes.

El subcomando `subvolume` del comando `btrfs` permite gestionar los subvolúmenes.

Sintaxis

```
btrfs subvolumen subcomando args
```

Parámetros principales

`subcomando`	Operación que se efectuará en el subvolumen.
`args`	Opciones de la operación que se efectuará.

Descripción

Muchos subcomandos de `btrfs subvolume` permiten administrar los subvolúmenes, entre los cuales:

```
btrfs subvolume create [Dest/]NombreSubVol
```

Crea el subvolumen `NombreSubVol` en el directorio `Dest` (por defecto, en el directorio actual).

```
btrfs subvolume list Camino
```

Muestra la lista de los subvolúmenes del sistema de archivos montado en `Camino`.

```
btrfs subvolume show Camino
```

Muestra las características del subvolumen `Camino`.

```
btrfs subvolume delete NombreSubVol
```

Suprime el subvolumen `NombreSubVol`.

Para montar un subvolumen, hay que usar el comando `mount`, especificando el sistema de archivos Btrfs que contiene el subvolumen y usando la opción de montaje `subvol=`:

```
mount ArchivoEspecialFS -t btrfs -o subvol=NombreSubVol PuntoMontaje
```

Ejemplos

Se crea el subvolumen `etc_sv` en el sistema de archivos Btrfs montado en `/root/datos1`:

```
btrfs subvolume create /root/datos1/etc_sv
Create subvolume '/root/datos1/etc_sv'
```

Listado de los subvolúmenes del sistema de archivos:

```
btrfs subvolume list /root/datos1
ID 256 gen 8 top level 5 path ext2_saved
ID 257 gen 11 top level 5 path etc_sv
```

El subvolumen es visto como un directorio:

```
ls -il /root/datos1
total 28
131071 dr-xr-xr-x. 1 root root 28562  8 agosto  13:42 bin
   256 drwxr-xr-x  1 root root     0  9 agosto  13:11 etc_sv
   256 drwxr-xr-x  1 root root    10  8 agosto  17:20 ext2_saved
   266 -rw-r--r--. 1 root root     9  8 agosto  13:41 host.conf
   267 -rw-r--r--. 1 root root     6  8 agosto  13:41 hostname
   268 -rw-r--r--. 1 root root   197  8 agosto  13:41 hosts
   265 drwx------  1 root root     0  8 agosto  13:16 lost+found
```

Las características del subvolumen:

```
btrfs subvolume list /root/datos1/etc_sv
ID 256 gen 8 top level 5 path ext2_saved
ID 257 gen 11 top level 5 path etc_sv
btrfs subvolume show /root/datas1/etc_sv
etc_sv
        Name:                   etc_sv
        UUID:                   0e050530-24d8-fd4f-a5b6-8c5211832ece
        Parent UUID:            -
        Received UUID:          -
        Creation time:          2022-08-09 13:11:47 +0200
        Subvolume ID:           257
        Generation:             11
        Gen at creation:        11
        Parent ID:              5
        Top level ID:           5
        Flags:                  -
        Snapshot(s):
```

El subvolumen se usa como un directorio:

```
cp /etc/* /root/datos1/etc_sv 2>/dev/null
ls /root/datos1/etc_sv
adduser.conf            inputrc          passwd
adjtime                 issue            passwd-
anacrontab              issue.net        profile
apg.conf                kernel-img.conf  protocols
appstream.conf          ld.so.cache      reportbug.conf
[...]
```

Se puede montar individualmente en la arborescencia global:

```
mount /dev/sdb1 -tbtrfs -osubvol=etc_sv /mnt
```

El comando mount muestra el montaje del subvolumen:

```
mount | grep etc_sv
/dev/sdb1 on /mnt type btrfs
(rw,relatime,space_cache,subvolid=257,subvol=/etc_sv)
```

El directorio de montaje corresponde al del subvolumen:

```
ls -lid /root/datos1/etc_sv/ /mnt
256 drwxr-xr-x 1 root root 1850  9 agosto  13:15 /mnt
256 drwxr-xr-x 1 root root 1850  9 agosto  13:15 /root/datos1/etc_sv/
```

Se puede modificar el subvolumen mediante su directorio en su sistema de archivos o a través de su punto de montaje:

```
echo "void" > /root/datos1/etc_sv/arch_sv.txt
echo "void1" > /mnt/miarch_mnt.txt
ls -l /root/datos1/etc_sv/miarch_mnt.txt /mnt/arch_sv.txt
-rw-r--r-- 1 root root 5 9 agosto  13:17 /mnt/arch_sv.txt
-rw-r--r-- 1 root root 6 9 agosto  13:17 /root/datos1/etc_sv/
miarch_mnt.txt
```

Los dos archivos se encuentran en el subvolumen.

3.5.6 Instantáneas Btrfs

Una instantánea (*snapshot*) permite aislar una «imagen» del sistema de archivos Btrfs (o de un subvolumen) en el momento de la creación de la instantánea. Esta imagen se puede gestionar independientemente del sistema de archivos o del subvolumen. Al contrario que en el caso de una copia, los datos no son duplicados, el piloto Btrfs solamente almacena la diferencia entre el original y la instantánea.

Una instantánea es vista como un directorio. Se puede copiar, respaldar, y si está en modo lectura/escritura, modificar.

Esta potente funcionalidad permite mantener eficazmente diferentes versiones de un sistema de archivos (o de un subvolumen), sin consumo excesivo del espacio en el disco y con un buen rendimiento.

El subcomando snapshot del comando btrfs permite crear un snapshot.

Sintaxis

```
btrfs subvolume snapshot [ -opt ] Origen [ Nombre|Dest/Nombre ] ]
```

Parámetros principales

-opt	Opciones de creación.
Origen	Camino de acceso del sistema de archivos o del subvolumen origen.
Nombre	Nombre de la instantánea que se creará, en el directorio Dest.

Descripción

La opción principal es `-r`, para crear una instantánea en modo de solo lectura.

Sin los argumentos `Nombre` o `Dest/Nombre`, se creará la instantánea en el directorio actual, con el nombre de la parte del directorio (*basename*) de `Origen`.

Una vez creada, la instantánea se manipula como un directorio. Se pueden usar los comandos `cp`, `mv`, `rm`, con las opciones relativas a los directorios.

En realidad, una instantánea es un tipo particular de subvolumen Btrfs. En ese sentido, puede ser montada en la arborescencia global.

Ejemplo

Creación del snapshot `snapshot1`, del sistema de archivos Btrfs montado en `/root/datos1` en el directorio actual `/root/datos1`:

```
cd /root/datos1
btrfs subvolume snapshot /root/datos1 snapshot1
Create a snapshot of '/root/datos1' in './snapshot1'
```

El snapshot ha sido creado en el directorio actual.

```
ls -l
total 28
dr-xr-xr-x. 1 root root 28562  8 agosto  13:42 bin
drwxr-xr-x  1 root root  1898  9 agosto  13:17 etc_sv
drwxr-xr-x  1 root root    10  8 agosto  17:20 ext2_saved
-rw-r--r--. 1 root root     9  8 agosto  13:41 host.conf
-rw-r--r--. 1 root root     6  8 agosto  13:41 hostname
-rw-r--r--. 1 root root   197  8 agosto  13:41 hosts
drwx------  1 root root     0  8 agosto  13:16 lost+found
drwxr-xr-x  1 root root   102  8 agosto  13:42 snapshot1
```

Su contenido corresponde al del sistema de archivos original:

```
ls -l snapshot1
total 12
dr-xr-xr-x. 1 root root 28562  8 agosto  13:42 bin
drwxr-xr-x  1 root root     0  9 agosto  13:20 etc_sv
drwxr-xr-x  1 root root     0  9 agosto  13:20 ext2_saved
-rw-r--r--. 1 root root     9  8 agosto  13:41 host.conf
-rw-r--r--. 1 root root     6  8 agosto  13:41 hostname
-rw-r--r--. 1 root root   197  8 agosto  13:41 hosts
drwx------  1 root root     0  8 agosto  13:16 lost+found
```

Se suprime un repertorio del sistema de archivos:

```
rm -r bin
```

Todavía se encuentra en la instantánea.

```
ls snapshot1/
bin  etc_sv  ext2_saved  host.conf  hostname  hosts  lost+found
```

Se «restaura» el directorio:

```
cp -r snapshot1/bin /root/datos1
ls -l
total 28
dr-xr-xr-x  1 root root 28562  9 agosto  13:21 bin
drwxr-xr-x  1 root root  1898  9 agosto  13:17 etc_sv
drwxr-xr-x  1 root root    10  8 agosto  17:20 ext2_saved
-rw-r--r--. 1 root root     9  8 agosto  13:41 host.conf
-rw-r--r--. 1 root root     6  8 agosto  13:41 hostname
-rw-r--r--. 1 root root   197  8 agosto  13:41 hosts
drwx------  1 root root     0  8 agosto  13:16 lost+found
drwxr-xr-x  1 root root   102  8 agosto  13:42 snapshot1
```

3.6 Gestión de los sistemas de archivos de tipo XFS

El administrador del sistema dispone de comandos específicos para gestionar los sistemas de archivos de tipo XFS.

3.6.1 Creación de un sistema de archivos XFS

El comando genérico `mkfs` hace una llamada específica a `mkfs.xfs` cuando se crea un sistema de archivos con la opción `-t xfs`.

Sintaxis

```
mkfs.xfs [Opciones] ArchivoEspecial
```

Parámetros principales

`Opciones`	Opciones de creación.
`ArchivoEspecial`	Camino de acceso al espacio de almacenamiento.

Descripción

Se pueden especificar muchas opciones, en particular:

`-f`

Fuerza la sobrescritura del sistema de archivos existente.

`-d size=talla`

El tamaño del sistema de archivos en número de bloques, en el caso de que no se quiera usar todo el espacio de almacenamiento.

`-l logdev=LogArchivoEspec`

Permite localizar en el espacio de almacenaje `LogArchivoEspec` el registro de transacciones.

`-L label`

Atribuye la etiqueta `label` al sistema de archivos.

Ejemplo

Creación de un sistema de archivos XFS en un volumen lógico, con posible sobrescritura de los valores por defecto.

```
mkfs.xfs -f /dev/cl/lvdatas
meta-data=/dev/cl/lvdatas        isize=512    agcount=4, agsize=6400 blks
         =                       sectsz=4096  attr=2, projid32bit=1
         =                       crc=1        finobt=1, sparse=1, rmapbt=0
         =                       reflink=1
data     =                       bsize=4096   blocks=38912, imaxpct=25
         =                       sunit=0      swidth=0 blks
naming   =version 2              bsize=4096   ascii-ci=0, ftype=1
log      =internal log           bsize=4096   blocks=1221, version=2
         =                       sectsz=4096  sunit=1 blks, lazy-count=1
realtime =none                   extsz=4096   blocks=0, rtextents=0
```

3.6.2 Gestión de la etiqueta de un sistema de archivos XFS

El comando `xfs_admin` permite mostrar la etiqueta de un sistema de archivos XFS y de modificarla con la condición de que este esté montado.

Sintaxis

`xfs_admin -l`

Muestra la etiqueta del sistema de archivos.

`xfs_admin -L etiqueta`

Atribuye el label `etiqueta` al sistema de archivos (máximo 12 caracteres).

Ejemplo

```
xfs_admin -l /dev/cl/lvdatas
label = ""
xfs_admin -L datos_compta /dev/cl/lvdatas
writing all SBs
new label = "datos_compta"
```

3.6.3 Información de un sistema de archivos XFS

El comando `xfs_info` permite obtener información de un sistema de archivos XFS montado o no.

Sintaxis

```
xfs_info PuntoMontaje
```

o

```
xfs_info ArchivoEspecial
```

Ejemplo

```
xfs_info /dev/cl/lvdatas
meta-data=/dev/cl/lvdatas        isize=512    agcount=4, agsize=6400 blks
         =                       sectsz=4096  attr=2, projid32bit=1
         =                       crc=1        finobt=1, sparse=1, rmapbt=0
         =                       reflink=1
data     =                       bsize=4096   blocks=25600, imaxpct=25
         =                       sunit=0      swidth=0 blks
naming   =version 2              bsize=4096   ascii-ci=0, ftype=1
log      =internal log           bsize=4096   blocks=1221, version=2
         =                       sectsz=4096  sunit=1 blks, lazy-count=1
realtime =none                   extsz=4096   blocks=0, rtextents=0
```

3.6.4 Extensión de un sistema de archivos XFS

El comando `xfs_growfs` permite aumentar el tamaño de un sistema de archivos XFS, con la condición de que esté montado.

Observación

No se puede reducir un sistema de archivos XFS.

Sintaxis

```
xfs_growfs -D NuevaTalla PuntoMontaje
```

o

```
xfs_growfs -D NuevaTalla SistemaArch
```

Cada uno de estos comandos aumenta el sistema de archivos `SistemaArch` (montado en `PuntoMontaje`) hasta el nuevo tamaño especificado, expresado en número de bloques.

o

```
xfs_growfs -d SistemaArch
```

Este comando fuerza el nuevo tamaño al máximo del espacio disponible en el periférico.

Observación

La operación se puede efectuar incluso si el sistema de archivos está siendo utilizado.

Ejemplo

Un sistema de archivos XFS de 100 MB ha sido creado en un volumen lógico. Se aumenta este último a 200 MB, por lo tanto, se puede expandir el sistema de archivos hasta este tamaño.

```
lvextend -L 200M /dev/cl/lvdatas
  Size of logical volume cl/lvdatas changed from 100,00 MiB (25 extents)
to 200,00 MiB (50 extents).
  Logical volume cl/lvdatas successfully resized.
xfs_growfs -d /dev/cl/lvdatas
xfs_growfs: /dev/cl/lvdatas is not a mounted XFS
```

El comando no ha funcionado porque el sistema de archivos no está montado. Se monta el sistema de archivos:

```
mount /dev/cl/lvdatas /var/datos/compta
xfs_growfs -d /var/datos/compta
meta-data=/dev/mapper/cl/lvdatas isize=512    agcount=4, agsize=6400 blks
         =                       sectsz=4096  attr=2, projid32bit=1
         =                       crc=1        finobt=1, sparse=1, rmapbt=0
         =                       reflink=1
data     =                       bsize=4096   blocks=25600, imaxpct=25
         =                       sunit=0      swidth=0 blks
naming   =version 2              bsize=4096   ascii-ci=0, ftype=1
log      =internal log           bsize=4096   blocks=1221, version=2
         =                       sectsz=4096  sunit=1 blks, lazy-count=1
realtime =none                   extsz=4096   blocks=0, rtextents=0
data blocks changed from 25600 to 51200
```

El sistema de archivos ha sido agrandado hasta el tamaño máximo disponible en el volumen lógico, es decir 51200 blocs de 4096 bytes (alrededor de 200 MB).

3.6.5 Respaldo de un sistema de archivos XFS

El comando `xfsdump` permite respaldar un sistema de archivos con la condición de que esté montado.

Sintaxis

```
xfsdump [ Opciones ] -f ArchivoRespaldo ArchivoEspecial
```

Parámetros principales

`-f ArchivoRespaldo`	Camino de acceso hacia el archivo que contendrá el respaldo.
`ArchivoEspecial`	Camino de acceso hacia el sistema de archivos que se quiere respaldar.
`Opciones`	Opciones de respaldo.

Descripción

El respaldo puede ser completo, incremental o parcial. El comando trata distintos niveles de respaldo, el nivel cero indica un respaldo completo. Un respaldo puede ser interrumpido y retomado de nuevo más tarde.

Opciones principales:

`-l nivel`

Nivel de respaldo, `0` para un respaldo total (nivel por defecto).

`-s Camino`

Limita el respaldo al archivo o directorio especificado (camino relativo con respecto al punto de montaje). La opción `-s` puede ser utilizada varias veces.

`-v`

Visualización detallada.

`-E`

Sobrescribe el archivo destino.

`-F`

Modo no interactivo.

`-R`

Vuelve a tomar una ejecución interrumpida.

Ejemplos

Respaldo completo de un sistema de archivos XFS en un archivo.

```
xfsdump -F -E -f /var/datossave.dump /dev/cl/lvdatas
xfsdump: using file dump (drive_simple) strategy
xfsdump: version 3.1.8 (dump format 3.0)
xfsdump: WARNING: no session label specified
xfsdump: ERROR: /dev/cl/lvdatas does not identify a file system [...]
```

El comando no ha funcionado porque el sistema de archivos no está montado.

```
mount /dev/cl/lvdatas /var/datas/compta
xfsdump -F -E -f /var/datassave.dump /dev/cl/lvdatas
xfsdump: using file dump (drive_simple) strategy
xfsdump: version 3.1.8 (dump format 3.0)
xfsdump: WARNING: no session label specified
xfsdump: level 0 dump of srvRH:/var/datas/compta
xfsdump: dump date: Tue Aug  9 13:37:14 2022
xfsdump: session id: 4e6a3c96-b54a-4104-a513-0d8785e5c0c0
xfsdump: session label: ""
xfsdump: ino map phase 1: constructing initial dump list
xfsdump: ino map phase 2: skipping (no pruning necessary)
xfsdump: ino map phase 3: skipping (only one dump stream)
xfsdump: ino map construction complete
```

```
xfsdump: estimated dump size: 20800 bytes
xfsdump: WARNING: no media label specified
xfsdump: creating dump session media file 0 (media 0, file 0)
xfsdump: dumping ino map
xfsdump: dumping directories
xfsdump: dumping non-directory files
xfsdump: ending media file
xfsdump: media file size 21016 bytes
xfsdump: dump size (non-dir files) : 0 bytes
xfsdump: dump complete: 0 seconds elapsed
xfsdump: Dump Summary:
xfsdump:   stream 0 /var/datassave.dump OK (success)
xfsdump: Dump Status: SUCCESS
```

El comando ha hecho un respaldo en el archivo `/var/datossave.dump` de la integralidad del sistema de archivos (nivel 0 por defecto), sin hacer preguntas al operario (`-F`), con la supresión total del contenido del archivo de destino (`-E`).

3.6.6 Restauración de un sistema de archivos XFS

La restauración se hace con el comando `xfsrestore`.

Sintaxis

```
xfsrestore [ Opciones ] -f ArchivoRespaldo Dest
```

Parámetros principales

`-f ArchivoRespaldo`	Camino de acceso al archivo que contiene el respaldo que se quiere restaurar.
`Dest`	Camino de acceso al repertorio donde se quiere restaurar.
`Opciones`	Opciones de restauración.

Descripción

Este comando restaura todo o parte de un sistema de archivos respaldado con un comando.

Principales opciones:

`-v`

Visualización detallada.

`-t`

Lista el contenido del archivo de respaldo, sin restaurarlo.

`-r`

Modo acumulativo, para restaurar respaldos incrementales.

`-i`

Modo interactivo. El comando muestra una línea de comandos y espera diferentes subcomandos.

`-s Camino`

Limita la restauración al archivo o al directorio `Camino`. La opción `-s` puede aparecer varias veces.

`-e`

No sobrescribe los archivos existentes.

`-E`

No sobrescribe los archivos existentes más recientes que los del respaldo.

Ejemplo

Se muestra el contenido del archivo de respaldo:

```
xfsrestore -t -f /var/datossave.dump
xfsrestore: using file dump (drive_simple) strategy
xfsrestore: version 3.1.8 (dump format 3.0) - type ^C for status and
control
xfsrestore: searching media for dump
xfsrestore: examining media file 0
xfsrestore: dump description:
xfsrestore: hostname: srvRH
xfsrestore: mount point: /var/datas/compta
xfsrestore: volume: /dev/mapper/cl-lvdatas
xfsrestore: session time: Tue Aug  9 13:37:14 2022
xfsrestore: level: 0
xfsrestore: session label: ""
xfsrestore: media label: ""
xfsrestore: file system id: 7639d17b-a2d5-4f45-aeaf-1fe7fa080e09
xfsrestore: session id: 4e6a3c96-b54a-4104-a513-0d8785e5c0c0
xfsrestore: media id: 49270e97-9172-4ba5-ba5e-83d0f6aa28ef
xfsrestore: using online session inventory
xfsrestore: searching media for directory dump
xfsrestore: reading directories
xfsrestore: 1 directories and 0 entries processed
xfsrestore: directory post-processing
xfsrestore: table of contents display complete: 0 seconds elapsed
xfsrestore: Restore Summary:
xfsrestore:   stream 0 /var/datossave.dump OK (success)
xfsrestore: Restore Status: SUCCESS
```

Se restaura todo el sistema de archivos en el directorio /var/datos/rest:

```
xfsrestore -f /var/datossave.dump /var/datos/rest
xfsrestore: using file dump (drive_simple) strategy
xfsrestore: version 3.1.8 (dump format 3.0) - type ^C for status and control
xfsrestore: searching media for dump
xfsrestore: examining media file 0
xfsrestore: dump description:
xfsrestore: hostname: srvRH
xfsrestore: mount point: /var/datas/compta
xfsrestore: volume: /dev/mapper/cl-lvdatas
xfsrestore: session time: Tue Aug  9 13:37:14 2022
xfsrestore: level: 0
xfsrestore: session label: ""
xfsrestore: media label: ""
xfsrestore: file system id: 7639d17b-a2d5-4f45-aeaf-1fe7fa080e09
xfsrestore: session id: 4e6a3c96-b54a-4104-a513-0d8785e5c0c0
xfsrestore: media id: 49270e97-9172-4ba5-ba5e-83d0f6aa28ef
xfsrestore: using online session inventory
xfsrestore: searching media for directory dump
xfsrestore: reading directories
xfsrestore: 1 directories and 0 entries processed
xfsrestore: directory post-processing
xfsrestore: restore complete: 0 seconds elapsed
xfsrestore: Restore Summary:
xfsrestore:   stream 0 /var/datossave.dump OK (success)
xfsrestore: Restore Status: SUCCESS
```

3.6.7 Reorganizar un sistema de archivos XFS

El comando xfs_fsr permite reorganizar, para optimizarlo, un sistema de archivos XFS, con la condición de que este esté montado.

Sintaxis

```
xfs_fsr [ -v|d ] [ SisArch | archivo ]
```

Parámetros principales

-v|d	Visualización detallada (-v) o muy detallada (-d).
SisArch	Sistema(s) de archivos.
archivo	Archivos (s).

Descripción

El sistema de archivos debe estar montado.

Sin argumento, el comando se aplica al conjunto de sistemas de archivos XFS montados, pero podemos limitar su acción a uno o distintos sistemas de archivos o archivos XFS.

La ejecución en el conjunto de los sistemas de archivos XFS montados puede tardar bastante tiempo.

Ejemplo

Reorganización de todos los sistemas de archivos XFS montados:

```
xfs_fsr -v
Found 4 mounted, writable, XFS filesystems
xfs_fsr -m /proc/mounts -t 7200 -f /var/tmp/.fsrlast_xfs ...
START: pass=0 ino=0 /dev/mapper/cl-root /
/ start inode=0
ino=68527872
extents before:49 after:47 DONE ino=68527872
ino=101910055
extents before:2 after:1 DONE ino=101910055
/var start inode=0
[...]
/home start inode=0
ino=134
extents before:3 after:1 DONE ino=134
ino=33554615
extents before:6 after:1 DONE ino=33554615
ino=33554566
extents before:3 after:1 DONE ino=33554566
ino=33554567
[...]
/home start inode=0
ino=135
ino=135 already fully defragmented.
/var/datas/compta start inode=0
Completed all 10 passes
```

3.6.8 Comprobar un sistema de archivos XFS

El comando `xfs_check` comprueba un sistema de archivos XFS.

Para evitar errores en el control, el sistema de archivos debería estar desmontado o montado en modo de solo lectura.

En las distribuciones recientes (RHEL 8.5), este comando ha quedado obsoleto. Es mejor utilizar el comando `xfs_repair -n`.

Ejemplo

```
xfs_check /dev/sdb
xfs_check: /dev/sdb contains a mounted and writable sistema de archivos
 fatal error -- couldn't initialize XFS library
```

o

```
xfs_repair -n /dev/cl/lvdatas
xfs_repair: /dev/cl/lvdatas contains a mounted and writable filesystem
fatal error -- couldn't initialize XFS library
```

El sistema de archivos está montado, el comando nos muestra un error.

```
umount /dev/sdb
xfs_check /dev/sdb
```

o

```
umount /dev/cl/lvdatas
xfs_repair -n /dev/cl/lvdatas
Phase 1 - find and verify sup/dev/cl/lvdataserblock...
Phase 2 - using internal log
        - zero log...
        - scan filesystem freespace and inode maps...
        - found root inode chunk
[...]
Phase 7 - verify link counts...
No modify flag set, skipping filesystem flush and exiting.
```

3.6.9 Reparar un sistema de archivos XFS

El comando `xfs_repair` repara un sistema de archivos XFS.

El sistema de archivos tiene que estar desmontado para poder ser reparado correctamente.

Ejemplo

```
xfs_repair /dev/cl/lvdatas
Phase 1 - find and verify superblock...
Phase 2 - using internal log
        - zero log...
        - scan filesystem freespace and inode maps...
        - found root inode chunk
Phase 3 - for each AG...
        - scan (but don't clear agi unlinked lists...
        - process known inodes and perform inode discovery...
        - agno = 0
```

```
        - agno = 1
        - agno = 2
        - agno = 3
        - agno = 4
        - agno = 5
        - agno = 6
        - agno = 7
        - process newly discovered inodes...
Phase 4 - check for duplicate blocks...
        - setting up duplicate extent list...
        - check for inodes claiming duplicate blocks...
        - agno = 0
        - agno = 1
        - agno = 2
        - agno = 3
        - agno = 4
        - agno = 5
        - agno = 6
        - agno = 7
No modify flag set, skipping phase 5
Phase 6 - check inode connectivity...
        - traversing filesystem ...
        - traversal finished ...
        - moving disconnected inodes to lost+found ...
Phase 7 - verify link counts...
No modify flag set, skipping filesystem flush and exiting.
[root@srvRH ~]# xfs_repair /dev/cl/lvdatas
Phase 1 - find and verify superblock...
Phase 2 - using internal log
        - zero log...
        - scan filesystem freespace and inode maps...
        - found root inode chunk
Phase 3 - for each AG...
        - scan and clear agi unlinked lists...
        - process known inodes and perform inode discovery...
        - agno = 0
        - agno = 1
        - agno = 2
        - agno = 3
        - agno = 4
        - agno = 5
        - agno = 6
        - agno = 7
        - process newly discovered inodes...
Phase 4 - check for duplicate blocks...
        - setting up duplicate extent list...
```

```
        - check for inodes claiming duplicate blocks...
        - agno = 0
        - agno = 1
        - agno = 2
        - agno = 3
        - agno = 4
        - agno = 5
        - agno = 6
        - agno = 7
Phase 5 - rebuild AG headers and trees...
        - reset superblock...
Phase 6 - check inode connectivity...
        - resetting contents of realtime bitmap and summary inodes
        - traversing filesystem ...
        - traversal finished ...
        - moving disconnected inodes to lost+found ...
Phase 7 - verify and correct link counts...
done
```

3.7 Supervisión de los dispositivos SMART

El protocolo **SMART** (*Self-Monitoring, Analysis and Reporting Technology*), reconocido e implementado por la mayoría de los proveedores de dispositivos de almacenamiento, permite que una aplicación pueda interrogar al controlador de dispositivos para supervisar el estado de sus dispositivos.

3.7.1 El paquete smartmontools

Este paquete (generalmente incluido por defecto en las distribuciones) instala herramientas muy potentes de seguimiento de recursos de los discos. Implementa el servicio `smartd`, que se puede configurar para seguir el estado de los diferentes dispositivos de almacenamiento, y un comando de control, `smartctl`.

3.7.2 El servicio smartd

El servicio `smartd` está configurado para recabar cada 30 minutos la información sobre los discos de la máquina, escaneados automáticamente. Su archivo de configuración se encuentra, generalmente, en `/etc/smartmontools/smartd.conf` (y `/etc/default/smartmontools` para configurar el arranque en el caso de una distribución Debian).

Una vez iniciado, el servicio supervisa los discos que ha detectado y envía mensajes al administrador en caso de problemas.

Ejemplo

Mensaje generado por `smartd` para el administrador del sistema, donde se le dice que existen sectores defectuosos en un disco:

```
To: root@beta64.localdomain
Subject: SMART error (CurrentPendingSector) detected on host: beta64
User-Agent: Heirloom mailx 12.4 7/29/19
Content-Type: text/plain; charset=us-ascii
From: root@beta64.localdomain (root)
Status: R

This email was generated by the smartd daemon running on:

  host name: beta64
 DNS domain: [Unknown]
 NIS domain: (none)

The following warning/error was logged by the smartd daemon:

Device: /dev/sda [SAT], 8 Currently unreadable (pending) sectors
```

3.7.3 El comando smartctl

Este comando da información de los discos del sistema y, particularmente, de su correcto o incorrecto funcionamiento.

Sintaxis

```
smartctl [ opciones ] ArchivoEspecial
```

Parámetros principales

`--scan`	Detecta los discos.
`-a ArchivoEspecial`	Información completa del disco.
`-i ArchivoEspecial`	Información del disco (modelo, serie, etc.).
`-H ArchivoEspecial`	Información del estado de fiabilidad (*Health*) del disco. Si se indica que el disco tiene un estado problemático, hay que respaldar urgentemente los datos y preparar su reemplazo.
`-c ArchivoEspecial`	Información sobre las capacidades de supervisión SMART del disco.
`-l ArchivoEspecial`	Mensajes de registro de tipo error con relación al disco.

`-t tipo_disco`	Efectúa el autotest del disco en modo `type` (*short*, *long*…).
`-l selftest disco`	Resultados del autotest del disco.

Ejemplo

```
smartctl --scan
/dev/sda -d scsi # /dev/sda, SCSI device
```

Este sistema dispone de un solo disco, `/dev/sda`, de tipo SCSI.

```
smartctl -i /dev/sda
smartctl 6.6 2017-11-05 r4594 [x86_64-linux-4.18.0-147.5.1.el8_1.x86_64]
(local build)
Copyright (C) 2002-17, Bruce Allen, Christian Franke,
www.smartmontools.org

=== START OF INFORMATION SECTION ===
Device Model:     ST320LT020-9YG142
Serial Number:    W043X12J
LU WWN Device Id: 5 000c50 0493da068
Firmware Version: 0002HPM1
User Capacity:    320?072?933?376 bytes [320 GB]
Sector Sizes:     512 bytes logical, 4096 bytes physical
Rotation Rate:    5400 rpm
Device is:        Not in smartctl database [for details use: -P showall]
ATA Version is:   ATA8-ACS T13/1699-D revision 4
SATA Version is:  SATA 2.6, 3.0 Gb/s
Local Time is:    Thu Mar  5 17:13:19 2020 GMT
SMART support is: Available - device has SMART capability.
SMART support is: Enabled
```

Disco SATA de 320 GB.

```
smartctl -H /dev/sda
smartctl 6.6 2017-11-05 r4594 [x86_64-linux-4.18.0-147.5.1.el8_1.x86_64]

(local build)
Copyright (C) 2002-17, Bruce Allen, Christian Franke,
www.smartmontools.org
=== START OF READ SMART DATA SECTION ===
SMART overall-health self-assessment test result: PASSED
```

El disco está en buen estado.

```
smartctl -l error /dev/sda
smartctl 6.6 2017-11-05 r4594 [x86_64-linux-4.18.0-147.5.1.el8_1.x86_64]
(local build)
Copyright (C) 2002-17, Bruce Allen, Christian Franke,
http://smartmontools.sourceforge.net
```

```
=== START OF READ SMART DATA SECTION ===
SMART Error Log Version: 1
ATA Error Count: 10 (device log contains only the most recent five errors)
       CR = Command Register [HEX]
       FR = Features Register [HEX]
       SC = Sector Count Register [HEX]
       SN = Sector Number Register [HEX]
       CL = Cylinder Low Register [HEX]
       CH = Cylinder High Register [HEX]
       DH = Device/Head Register [HEX]
       DC = Device Command Register [HEX]
       ER = Error register [HEX]
       ST = Status register [HEX]
Powered_Up_Time is measured from power on, and printed as
DDd+hh:mm:SS.sss where DD=days, hh=hours, mm=minutes,
SS=sec, and sss=millisec. It "wraps" after 49.710 days.

Error 10 occurred at disk power-on lifetime: 3055 hours (127 days + 7 hours)
 When the command that caused the error occurred, the device was active or idle.

 After command completion occurred, registers were:
 ER ST SC SN CL CH DH
 -- -- -- -- -- -- --
 40 51 00 68 b4 24 e0  Error: UNC at LBA = 0x0024b468 = 2405480

 Commands leading to the command that caused the error were:
 CR FR SC SN CL CH DH DC   Powered_Up_Time  Command/Feature_Name
 -- -- -- -- -- -- -- --  ----------------  --------------------
 25 00 08 67 b4 24 e0 00      00:06:48.670  READ DMA EXT
 25 00 08 5f b4 24 e0 00      00:06:48.670  READ DMA EXT
 25 00 08 57 b4 24 e0 00      00:06:48.670  READ DMA EXT
 25 00 08 4f b4 24 e0 00      00:06:48.670  READ DMA EXT
 25 00 08 47 b4 24 e0 00      00:06:48.670  READ DMA EXT
```

El disco ha presentado varias veces errores de tipo `READ DMA`, probablemente debidos a sectores en mal estado.

```
smartctl -t short /dev/sda
smartctl 6.6 2017-11-05 r4594 [x86_64-linux-4.18.0-147.5.1.el8_1.x86_64]
(local build)
Copyright (C) 2002-17, Bruce Allen, Christian Franke, www.smartmontools.org

=== START OF OFFLINE IMMEDIATE AND SELF-TEST SECTION ===
Sending command: "Execute SMART Short self-test routine immediately in
off-line mode".
Drive command "Execute SMART Short self-test routine immediately in off-line
mode" successful.
Testing has begun.
Please wait 2 minutes for test to complete.
Test will complete after Thu Mar  5 17:19:15 2020

Use smartctl -X to abort test.
```

El test se ejecuta en segundo plano, en modo rápido.

```
smartctl -l selftest /dev/sda
smartctl 6.6 2017-11-05 r4594 [x86_64-linux-4.18.0-147.5.1.el8_1.x86_64]
(local build)
Copyright (C) 2002-17, Bruce Allen, Christian Franke, www.smartmontools.org

=== START OF READ SMART DATA SECTION ===
SMART Self-test log structure revision number 1
Num  Test_Description    Status                  Remaining  LifeTime(hours)
LBA_of_first_error
# 1  Short offline       Completed without error       00%      5888         -
```

Al parecer, no hay ningún error.

Informe completo del disco.

```
smartctl -a /dev/sda
smartctl 6.6 2017-11-05 r4594 [x86_64-linux-4.18.0-147.5.1.el8_1.x86_64]
(local build)
Copyright (C) 2002-17, Bruce Allen, Christian Franke, www.smartmontools.org


=== START OF INFORMATION SECTION ===
Model Family:     Seagate Momentus 5400.3
Device Model:     ST9160821AS
Serial Number:    5MA3G4KT
Firmware Version: 3.BHD
User Capacity:    160 041 885 696 bytes [160 GB]
Sector Size:      512 bytes logical/physical
Device is:        In smartctl database [for details use: -P show]
ATA Version is:   7
ATA Standard is:  Exact ATA specification draft version not indicated
Local Time is:    Wed Jul 16 0?:58:09 2019 CEST
SMART support is: Available - device has SMART capability.
SMART support is: Enabled
[...]
ID# ATTRIBUTE_NAME          FLAG     VALUE WORST THRESH TYPE      UPDATED
WHEN_FAILED RAW_VALUE
  1 Raw_Read_Error_Rate     0x000f   100   253   006    Pre-fail  Always
-       0
  3 Spin_Up_Time            0x0002   100   099   000    Old_age   Always
-       0
  4 Start_Stop_Count        0x0033   099   099   020    Pre-fail  Always
-       1999
  5 Reallocated_Sector_Ct   0x0033   100   100   036    Pre-fail  Always
-       0
  7 Seek_Error_Rate         0x000f   079   060   030    Pre-fail  Always
-       13137936931
  9 Power_On_Hours          0x0032   096   096   000    Old_age   Always
-       3893
 10 Spin_Retry_Count        0x0013   100   100   034    Pre-fail  Always
-       0
 12 Power_Cycle_Count       0x0033   099   099   020    Pre-fail  Always
-       1855
187 Reported_Uncorrect      0x0032   092   092   000    Old_age   Always
-       8
189 High_Fly_Writes         0x003a   100   100   000    Old_age   Always
-       0
190 Airflow_Temperature_Cel 0x0022   046   040   045    Old_age   Always
In_the_past 54 (0 99 55 53 0)
192 Power-Off_Retract_Count 0x0032   100   100   000    Old_age   Always
```

```
-       732
[...]
SMART Selective self-test log data structure revision number 1
SPAN  MIN_LBA  MAX_LBA  CURRENT_TEST_STATUS
   1        0        0  Not_testing
   2        0        0  Not_testing
   3        0        0  Not_testing
   4        0        0  Not_testing
   5        0        0  Not_testing
Selective self-test flags (0x0):
 After scanning selected spans, do NOT read-scan remainder of disk.
If Selective self-test is pending on power-up, resume after 0 minute delay.
```

Se puede comprobar que el disco se ha calentado de manera exagerada (**190 Airflow_Temperature_Cel** ... **In_the_past** ...) y que tiene sectores en error.

4. Creación y configuración de sistemas de archivos opcionales

Se pueden configurar y administrar sistemas de archivos en soportes extraíbles o gestionados por servidores remotos en los sistemas Linux.

4.1 Servicio de montaje automático.

Como se ha visto, el montaje de un sistema de archivos puede ser configurado para que se efectúe durante el arranque del sistema. Sin embargo, algunas categorías de sistemas de archivos pueden ser difícilmente montadas sistemáticamente, en particular:

- Sistemas de archivos en soporte extraíble

  Es el caso de los CD-ROM, pendrive USB y otros soportes físicos que pueden no encontrarse conectados durante el arranque del sistema, o que pueden ser cambiados durante la actividad.
- Sistemas de archivos en red

  Estos sistemas de archivos, gestionados por sistemas remotos, no son obligatoriamente accesibles desde el arranque del sistema, y su inaccesibilidad podría obstaculizar un arranque correcto en caso de configuración en montaje inicial.

Hay que usar otro método, para esas categorías de sistemas de archivos, para hacer que sean accesibles para las aplicaciones. Se puede recurrir al comando `mount`, pero a menudo este comando está reservado a los administradores, y su sintaxis puede no ser sencilla para un usuario normal.

Una solución puede ser configurar esas categorías de sistemas de archivos en montaje automático: esto consiste en asociar un punto de montaje a un directorio; en el momento en que una aplicación solicita acceso a un elemento de ese directorio o al mismo directorio, el sistema de archivos correspondiente se montará.

Esta funcionalidad la realiza un servicio de montaje automático, gestionado por un servicio específico o por `systemd`.

La mayoría de los entornos gráficos de usuario (Gnome, KDE, etc.) pueden gestionar el montaje automático de los sistemas de archivos en soportes extraíbles y en sistemas de archivos en red.

4.1.1 Configuración del servicio autofs/automount

Este servicio lo garantiza el servicio `automountd`. El paquete de software correspondiente se llama `autofs`, que viene del nombre del script de gestión de ese servicio.

Varios archivos de configuración, llamados **archivos de mapa** (*map files*), definen los sistemas de archivos que tienen que ser gestionados automáticamente, sus puntos de montaje y los parámetros de esos montajes.

Hay dos niveles principales de configuración:

- El archivo de mapa principal (*master map*): se lee durante el arranque del servicio, es donde se definen diferentes tipos de montajes.
- Los archivos de mapa secundarios: estos archivos, opcionales, permiten configurar diferentes montajes de sistemas de archivos, en relación con las configuraciones definidas en el archivo de mapa principal.

Mapa principal

Por defecto, se trata del archivo `/etc/auto.master`.

Especifica los diferentes elementos en montaje automático tomados en cuenta por el servicio de montaje automático.

Formato de línea

```
punto_montaje mapa [ -opciones ... ]
```

`punto_montaje`	Camino de accesoy del directorio que se tiene que vigilar o valor predefinido.
`mapa`	Mapa asociado al punto de montaje.
`-opciones`	Opcion(es) de montaje automático.

Descripción

El campo `punto_montaje` contiene a menudo:

- Un camino de acceso de directorio

  Se trata del punto de montaje principal, a partir del cual serán montados los sistemas de archivos definidos en el archivo de mapa especificado en el segundo campo (mapa indirecto) o sistemas de archivos exportados por servidores remotos (mapa de red). Si el directorio no existe, se creará durante el arranque del servicio y será suprimido cuando este servicio se pare.

- /-

  Este valor predefinido se usa cuando el punto de montaje principal está definido en el archivo de mapa especificado en el segundo campo (mapa directo).

El campo `mapa` indica el mapa que se tiene que asociar al punto de montaje. Estos mapas pueden ser de tipos distintos, entre los cuales se encuentran a menudo:

- Camino de acceso del archivo de configuración del mapa que contiene el punto de montaje (mapa directo), el campo anterior contiene el valor predefinido `/-`.
- Camino de acceso al archivo de configuración del mapa indirecto: el punto de montaje principal está definido en el campo anterior, el archivo de mapa define uno o distintos subdirectorios del directorio de ese punto de montaje principal.
- Valor predefinido `-hosts`: mapa de red. Las exportaciones de red (NFS, CIFS...) de un servidor remoto se montarán, en el punto de montaje especificado definido en el campo anterior, en cuanto sea necesario acceder al subdirectorio del punto de montaje principal que lleva el nombre del servidor.

El campo `-opciones` puede contener opciones de montaje automático, como por ejemplo:

```
--timeout numero_segundos
```

Número de segundos de inactividad que se esperará antes de desmontar el sistema de archivos. Sin esta opción, se utilizará el valor por defecto eventualmente definido en `/etc/sysconfig/autofs`. En caso contrario, el valor será de 10 minutos.

Observación

Hay otros formatos de definiciones de montajes automáticos, mapas NIS, LDAP, etc. Para obtener más información, ejecutar el comando `man 5 auto.master`.

Mapa indirecto

Un mapa indirecto (*indirect map*) asocia un sistema de archivos a un subdirectorio de un directorio gestionado por el servicio. Provoca el montaje automático de ese sistema de archivos en ese subdirectorio en el momento en que una aplicación quiera acceder a este subdirectorio. Este último se creará automáticamente si fuera necesario, en este caso será suprimido cuando ya no sea usado (después de un tiempo de espera) y el sistema de archivos se haya desmontado automáticamente.

Formato de línea

```
NombreDir [ opciones ] ArchivoEspecial
```

`NombreDir`	Subdirectorio virtual para el montaje.
`opciones`	Opciones de montaje.
`ArchivoEspecial`	Sistema de archivos que se montará.

Descripción

El campo `NombreDir` contiene el nombre del subdirectorio donde se montará el sistema de archivos.

Las opciones especificadas opcionalmente en el campo `opciones` serán las del montaje del sistema de archivos.

El campo `ArchivoEspecial` define el sistema de archivos que se va a montar. Puede contener el camino de acceso a un archivo especial de tipo bloque o a un volumen lógico, o incluso un camino de acceso de red, lo que permitirá configurar el montaje automático de sistemas de archivos gestionados por sistemas remotos (Linux u otros).

4.1.2 Arranque y paro del servicio

El script de control `/etc/init.d/autofs` (o su equivalente `systemd`) gestiona el servicio de montaje automático `automountd`, el cual es ejecutado en el arranque del sistema.

Observación

Si se modifica el archivo de mapa principal mientras el servicio está activo, habrá que reiniciarlo para que tenga en cuenta las modificaciones hechas.

4.1.3 Ejemplo

Este ejemplo utiliza la configuración por defecto del servicio `automountd` de una distribución CentOS 8.

Instalación del servicio

Si este último no ha sido incluido en la estación inicial, habrá que instalar el paquete `autofs`:

```
yum search autofs
autofs.x86_64 : A tool for automatically mounting and unmounting filesystems
yum install autofs.x86_64
```

La instalación crea dos archivos de configuración: `/etc/auto.master` y `/etc/auto.misc`.

Mapa principal

El archivo de mapa principal `/etc/auto.master` contiene:

```
/net -hosts
/misc   /etc/auto.misc
```

La primera línea define los automontajes de red, en el directorio `/net`. Por ejemplo, si una aplicación quisiera acceder al directorio `/net/srv1`, y que el servidor `srv1` exportara sistemas de archivos de red, estos serían accesibles automáticamente a partir del directorio `/net/srv1` (ver capítulo Compartición de archivos, sección Configuración de un servidor NFS).

La segunda línea define un mapa indirecto. El servicio de auto montaje gestiona el punto de montaje principal `/misc` (creado y suprimido automáticamente si no existiera) y gestionará los montajes automáticos en los subdirectorios de ese punto de montaje en el archivo de mapa indirecto `/etc/auto.misc`.

Mapa indirecto

El archivo de mapa indirecto `/etc/auto.misc` contiene:

```
cd    -fstype=ISO 9660,ro,nosuid,nodev          /dev/cdrom
```

El primer campo especifica el subdirectorio del punto de montaje principal, asociado al sistema de archivos que se va a montar. Si una aplicación solicita acceder al directorio `cd` del punto de montaje principal (es decir `/misc/cd`), el sistema de archivos `/dev/cdrom` se montará automáticamente en ese directorio. Si éste no existe, será creado automáticamente durante el montaje, y suprimido cuando se desmonte. Este desmontaje se efectuará automáticamente una vez que pase el tiempo de inactividad en el interior del subdirectorio.

El segundo campo especifica las opciones de montaje, en particular:

`-fstype=ISO 9660`: tipo de sistema de archivos (CD-ROM).

`ro`: solo lectura.

Gestión del servicio

Comprobar si el servicio está iniciado:

```
service autofs status
not started
```

El servicio no está iniciado.

```
ls -ld /misc
ls: no se puede acceder a '/misc: No existe el fichero o el directorio
```

El punto de montaje principal no existe.

Se inicia el servicio:

```
service autofs start
Redirecting to /bin/systemctl start autofs.service
ls -ld /misc
drwxr-xr-x. 2 root root 0  9 agosto  18:50 /misc
```

El directorio se ha creado automáticamente, está vacío:

```
ls -l /misc
```

Se solicita el acceso al subdirectorio cd:

```
ls -l /misc/cd
total
-r-xr-xr-x. 1 root root 592896 22 junio   2002 Autorun.exe
-r-xr-xr-x. 1 root root   2238  6 enero  2001 autorun.ico
-r-xr-xr-x. 1 root root     47 22 junio   2002 autorun.inf
dr-xr-xr-x. 1 root root   2048  6 enero  2036 bin
dr-xr-xr-x. 1 root root   2048  6 enero  2036 Gfx
dr-xr-xr-x. 1 root root   2048  6 enero  2036 Icon
dr-xr-xr-x. 1 root root   2048  6 enero  2036 nfo
dr-xr-xr-x. 1 root root   2048  6 enero  2036 snd
```

El sistema de archivos del CD-ROM ha sido montado automáticamente en el directorio `/misc/cd` creado también automáticamente.

Después de un minuto:

```
sleep 60
ls -l /misc
```

El sistema de archivos del CD-ROM ha sido desmontado automáticamente y el directorio `/misc/cd` suprimido.

Se para el servicio:

```
service autofs stop
Redirecting to /bin/systemctl stop autofs.service
ls -ld /misc

ls: no se puede acceder a '/misc: No existe el fichero o el directorio
```

El punto de montaje principal ha sido suprimido.

4.2 Montaje automático con systemd

`systemd` también permite gestionar el montaje automático del sistema de archivos. Usa para ello unidades de tipo `automount`.

4.2.1 Unidad de montaje automático systemd

Cada punto de montaje automático es gestionado por un archivo **unidad de montaje automático**, cuyo nombre debe presentarse con un sufijo `.automount` y debe corresponder al camino de acceso del punto de montaje, reemplazando el separador / del camino de acceso por un -.

Por ejemplo, para el punto de montaje `/home/pba/datos/autocd`, el nombre será: `home-pba-datos-autocd.automount`.

Para cada unidad de montaje automático debe haber una **unidad de montaje systemd**.

Por ejemplo, para la unidad de montaje automático `home-pba-datos-autocd.automount`, se debe encontrar una unidad de montaje `home-pba-datos-autocd.mount`.

Una vez que la unidad de montaje ha sido activada e iniciada, en el momento en que una aplicación solicite acceder al punto de montaje, la unidad de montaje correspondiente será activada por `systemd`, lo que provocará el montaje del sistema de archivos correspondiente en el punto de montaje.

La unidad de montaje automático debe contener una sección `[Automount]`. Dicha sección puede contener los campos siguientes:

- `Where=PuntoMontaje`: este campo es obligatorio. `PuntoMontaje` es el camino de acceso al punto de montaje, que debe corresponder al nombre de la unidad de montaje automático. Si el directorio no existe, será creado automáticamente.
- `DirectoryMode=Permisos`: este campo es opcional y define los permisos (en binario) del directorio de montaje si tiene que ser creado. Por defecto: `0755`.

- `TimeoutIdleSec=IdleTime`: este campo, opcional, define la duración del tiempo de inactividad que provocará el desmontaje del sistema de archivos. Se puede especificar `IdleTime` en número de segundos o en formato "`Xmin Ys`", `0` desactiva el desmontaje automático. Por defecto, el desmontaje automático está desactivado.

4.2.2 Ejemplo de montaje automático con systemd

Se utilizará la unidad de montaje del ejemplo relativo a los montajes `systemd`, modificándola para asociarle una unidad de automontaje en el directorio `/var/cd`.

Antes hay que modificar la unidad de montaje para que ya no sea montada automáticamente:

```
vi /etc/systemd/system/var-cd.mount
[Unit]
Description=CD-ROM
 [Mount]
What=/dev/sr0
Where=/var/cd
#### No se montará automáticamente
#[Install]
#WantedBy=multi-user.target
```

Se desmonta el sistema de archivos CD-ROM:

```
umount /var/cd
```

Se reactiva la unidad de montaje para que los cambios sean tomados en cuenta:

```
systemctl disable var-cd.mount
Removed /etc/systemd/system/multi-user.target.wants/var-cd.mount.
systemctl enable var-cd.mount
The unit files have no installation config (WantedBy, RequiredBy, Also, Alias
settings in the [Install] section, and DefaultInstance for template units).
This means they are not meant to be enabled using systemctl.
Possible reasons for having this kind of units are:
1) A unit may be statically enabled by being symlinked from another unit's
  .wants/ or .requires/ directory.
2) A unit's purpose may be to act as a helper for some other unit which has
  a requirement dependency on it.
3) A unit may be started when needed via activation (socket, path, timer,
  D-Bus, udev, scripted systemctl call, ...).
4) In case of template units, the unit is meant to be enabled with some
  instance name specified.
```

Ahora hay que crear la unidad de montaje automático y configurarla para qué se inicie automáticamente en modo multiusuario:

```
vi /etc/systemd/system/var-cd.automount
[Unit]
Description=Montaje automático CD-ROM
[Automount]
Where=/var/cd
DirectoryMode=0444
TimeoutIdleSec=60
[Install]
WantedBy=multi-user.target
```

Se activa la unidad de montaje:

```
systemctl enable var-cd.automount
Created symlink /etc/systemd/system/multi-user.target.wants/
var-cd.automount ? /etc/systemd/system/var-cd.automount.
```

Se comprueba que el directorio `/var/cd` esta vacío y que el sistema de archivos no está montado:

```
ls /var/cd
mount | grep sr0
```

Se inicia manualmente la unidad de montaje automático:

```
systemctl start var-cd.automount
```

Se comprueba que, en cuanto accedemos al directorio `/var/cd`, ya no está vacío:

```
ls /var/cd
Autorun.exe  autorun.ico  autorun.inf  bin  Gfx  Icon  nfo  snd
```

Se espera un minuto.

```
sleep 60
mount | grep sr0
```

El sistema de archivos ha sido desmontado automáticamente.

Un usuario solicita acceso al directorio `/var/cd`, provocando de esta manera el montaje del sistema de archivos:

```
su pba
ls /var/cd
Autorun.exe  autorun.ico  autorun.inf  bin  Gfx  Icon  nfo  snd
exit
```

El CD-ROM ha sido montado automáticamente.

```
mount | grep sr0
/dev/sr0 on /var/cd type ISO 9660 (ro,relatime,rock,check=r,
map=n,blocksize=2048)
```

4.3 Sistemas de archivos de dispositivos extraíbles

Los CD-ROM están generalmente estructurados mediante un sistema de archivos normalizado, de tipo ISO 9660. Este tipo de sistema de archivos está soportado por los diferentes sistemas operativos, lo que permite poder compartir su contenido entre distintas máquinas.

Linux soporta este formato, incluso con algunas extensiones de la norma.

Observación

El formato UDF (Universal Disk Format) es el sucesor de ISO 9660 para los soportes de tipo CD-ROM/DVD y pendrive USB. Permite trabajar con volúmenes y archivos más grandes. También está soportado en Linux.

Se puede copiar la integralidad del sistema de archivos de un CD-ROM, bajo la forma de una imagen ISO almacenada como un archivo. Esta imagen puede ser copiada o descargada desde otro sistema, para ser grabada después en un CD-ROM.

También se puede crear una imagen ISO copiando dentro de ella directorios y archivos desde la arborescencia global del sistema de archivos.

Los sistemas de archivos de los CD-ROM/DVD no son tomados en cuenta de la misma manera por los distintos sistemas aplicativos. Los sistemas operativos implementan extensiones de la norma ISO 9660, la mayoría de estas extensiones pueden ser soportadas por Linux, a menudo a través del uso de opciones. Las principales extensiones son las siguientes:

- El Torito: se trata de una extensión de la norma ISO 9660, que define cómo hacer que un CD-ROM/DVD sea arrancable.
- Joliet: la norma ISO 9660 limita los nombres de los archivos y de los directorios al formato 8.3 (8 caracteres máximo, seguidos opcionalmente por un punto y 3 caracteres máximo). La extensión Joliet, de origen Windows, permite gestionar nombres largos de hasta 64 caracteres UNICODE.
- Rock Ridge: esta extensión de la norma, de origen POSIX, permite gestionar archivos y directorios con atributos de tipo Unix: nombres largos, hasta 255 caracteres, derechos de acceso, propietario y grupo, etc.
- HFS (*Hierarchical File System*): se trata del sistema de archivos desarrollado por Apple para su sistema operativo macOS. Se utiliza en los discos duros, pero también en CD-ROM/DVD.

4.3.1 Recuperar la lista de información de un CD-ROM/DVD

El comando `isoinfo` permite obtener las características de un sistema de archivos de tipo CD-ROM/DVD o de una imagen ISO 9660.

Sintaxis

```
isoinfo [ -d ] [ dev=ArchivoEspecial | -i ArchivoImagen ]
```

Parámetros principales

`-d`	Muestra los atributos del sistema de archivos.
`dev=ArchivoEspecial`	Archivo especial asociado al lector de CD-ROM/DVD.
`-i ArchivoImagen`	Camino de acceso del archivo imagen.

Descripción

El comando muestra los atributos del sistema de archivos del CD-ROM/DVD (opcion `dev=`), o de una imagen ISO (opcion `-i`). La opción `-d` muestra los atributos.

Ejemplo

Se utiliza el comando `lsscsi` para identificar el archivo especial asociado al lector de CD-ROM/DVD:

```
lsscsi
[0:0:0:0]    disk    ATA      ST320LT020-9YG14 HPM1  /dev/sda
[1:0:0r:0]    cd/dvd  hp       DVDRAM GT50N     MP00  /dev/sr0
```

El lector está asociado al archivo especial `/dev/sr0`.

Para mostrar las características del CD-ROM introducido en el lector, se utiliza `isoinfo`:

```
isoinfo -d dev=/dev/sr0
CD-ROM is in ISO 9660 format
System id: LINUX
Volume id: CentOS-8-1-1911-x86_64-dvd
Volume set id:
Publisher id:
Data preparer id:
Application id: GENISOIMAGE ISO 9660/HFS FILESYSTEM CREATOR (C) 1993
E.YOUNGDALE (C) 1997-2006 J.PEARSON/J.SCHILLING (C) 2006-2007 CDRKIT TEAM
Copyright File id:
Abstract File id:
Bibliographic File id:
Volume set size is: 1
Volume set sequence number is: 1
Logical block size is: 2048
Volume size is: 305158
El Torito VD version 1 found, boot catalog is in sector 44
```

```
Joliet with UCS level 3 found
Rock Ridge signatures version 1 found
Eltorito validation header:
   Hid 1
   Arch 0 (x86)
   ID ''
   Key 55 AA
   Eltorito defaultboot header:
       Bootid 88 (bootable)
       Boot media 0 (No Emulation Boot)
       Load segment 0
       Sys type 0
       Nsect 4
       Bootoff 4936B 299883
```

Se ve que se trata de un CD-ROM arrancable (Eltorito), con un tamaño de bloques de 2048 bytes y un tamaño de 305158 bloques, por lo tanto unos 620 MB.

4.3.2 Copia de un CD-ROM/DVD en una imagen ISO

Para copiar el sistema de archivos de un CD-ROM o de un DVD en una imagen ISO en el disco, se puede usar un programa en modo gráfico (GNOME Disks, Brasero...) o usar el comando de gestión de discos de bajo nivel dd.

Observación

Una vez creada la imagen ISO, esta puede ser grabada en un CD-ROM/DVD o montada directamente en la arborescencia global, como si se tratara de un CD-ROM/DVD.

Ejemplo

Se utiliza el comando *dd* para copiar el sistema de archivos del CD-ROM del ejemplo anterior en un archivo de imagen ISO:

```
dd if=/dev/sr0 of=./CentOS-8.1.1911-x86_64-boot.iso
1223256+0 registros leídos
1223256+0 registros escritos
626307072 bytes (626 MB, 597 MiB) copiados, 254,328 s, 2,5 MB/s
ls -l *iso
-rw-r--r--. 1 root root 626307072  5 marzo  18:18 CentOS-8.1.1911-x86_64-boot.iso
```

Se muestran los atributos de la imagen:

```
isoinfo -d -i ./CentOS-8.1.1911-x86_64-boot.iso
CD-ROM is in ISO 9660 format
System id: LINUX
Volume id: CentOS-8-1-1911-x86_64-dvd
Volume set id:
Publisher id:
Data preparer id:
```

```
Application id: GENISOIMAGE ISO 9660/HFS FILESYSTEM CREATOR (C) 1993
E.YOUNGDALE (C) 1997                          -2006 J.PEARSON/J.SCHILLING (C)
2006-2007 CDRKIT TEAM
Copyright File id:
Abstract File id:
Bibliographic File id:
Volume set size is: 1
Volume set sequence number is: 1
Logical block size is: 2048
Volume size is: 305158
El Torito VD version 1 found, boot catalog is in sector 44
Joliet with UCS level 3 found
Rock Ridge signatures version 1 found
Eltorito validation header
   Hid 1
   Arch 0 (x86)
   ID ''
   Key 55 AA
   Eltorito defaultboot header:
       Bootid 88 (bootable)
       Boot media 0 (No Emulation Boot)
       Load segment 0
       Sys type 0
       Nsect 4
       Bootoff 4936B 299883
[root@beta ~]# isoinfo  -i ./CentOS-8.1.1911-x86_64-boot.iso
[root@beta ~]# isoinfo -d -i ./CentOS-8.1.1911-x86_64-boot.iso
CD-ROM is in ISO 9660 format
System id: LINUX
Volume id: CentOS-8-1-1911-x86_64-dvd
Volume set id:
Publisher id:
Data preparer id:
Application id: GENISOIMAGE ISO 9660/HFS FILESYSTEM CREATOR (C) 1993
E.YOUNGDALE (C) 1997 -2006 J.PEARSON/J.SCHILLING (C) 2006-2007 CDRKIT TEAM
Copyright File id:
Abstract File id:
Bibliographic File id:
Volume set size is: 1
Volume set sequence number is: 1
Logical block size is: 2048
Volume size is: 305158
El Torito VD version 1 found, boot catalog is in sector 44
Joliet with UCS level 3 found
Rock Ridge signatures version 1 found
Eltorito validation header:
   Hid 1
```

```
   Arch 0 (x86)
   ID ''
   Key 55 AA
   Eltorito defaultboot header:
       Bootid 88 (bootable)
       Boot media 0 (No Emulation Boot)
       Load segment 0
       Sys type 0
       Nsect 4
       Bootoff 4936B 299883
```

Se monta la imagen:

```
mount CentOS-8.1.1911-x86_64-boot.iso ./cd
mount: /root/cd: ATENCIÓN: origen protegido contra escritura; se monta
como solo lectura.
ls -l cd
total 6
dr-xr-xr-x. 3 root root 2048  3 enero 21:30 EFI
dr-xr-xr-x. 3 root root 2048  3 enero 21:30 images
drwxrwxr-x. 2 root root 2048  3 enero 21:30 isolinux
```

El archivo de imagen contiene un sistema de archivos ISO 9660 coherente.

4.3.3 Creación de una imagen ISO

El comando `mkisofs` permite crear una imagen ISO, no a partir de un CD-ROM o de un DVD, sino a partir de directorios o de archivos de la arborescencia global. Esta imagen ISO creada de esta manera se puede montar con el comando `mount`, se puede grabar en un CD-ROM o DVD, y puede usarse desde una máquina virtual.

Sintaxis

```
mkisofs [ -opciones ] -o imagen directorio
```

Parámetros principales

`-J`	Genera registros para la extensión Joliet.
`-apple`	Asegura la compatibilidad con MacOS.
`-o imagen`	El archivo ISO generado.
`-follow-links`	Seguir los enlaces simbólicos.
`directorio`	Directorio a partir del cual se generará la imagen ISO.

Descripción

La opción `-J` permite una mejor compatibilidad con Windows, la opción `-apple` asegurará una mejor compatibilidad con macOS. La opción `-follow-links` fuerza a copiar los enlaces simbólicos, si no se ignoran.

El directorio especificado estará en la raíz de la imagen y toda arborescencia será copiada.

Observación

`mkisofs` es el nombre histórico del comando. Ha sido renombrado como `genisoimage`. Se mantiene el nombre `mkisofs` para la retrocompatibilidad, bajo la forma de un enlace al ejecutable de `genisoimage`.

Ejemplo

Creación de una imagen ISO a partir de un directorio:

```
mkisofs -follow-links -o srvetc.iso /etc
Warning: -follow-links does not always work correctly; be careful.
I: -input-charset not specified, using utf-8 (detected in locale
settings)
Already cached directory seen (/etc/ssl/certs)
Already cached directory seen (/etc/xdg/systemd/user)
Already cached directory seen (/etc/rc0.d)
Already cached directory seen (/etc/rc1.d)
[...]
 25.66% done, estimate finish Wed Aug 10 13:02:44 2022
 51.38% done, estimate finish Wed Aug 10 13:02:42 2022
 77.01% done, estimate finish Wed Aug 10 13:02:40 2022
Total translation table size: 0
Total rockridge attributes bytes: 0
Total directory bytes: 903168
Path table size(bytes): 6572
Max brk space used 1e7000
19486 extents written (38 MB)
```

Se ha creado la imagen ISO y se muestran sus atributos:

```
isoinfo -d -i ./srvetc.iso
CD-ROM is in ISO 9660 format
System id: LINUX
Volume id: CDROM
Volume set id:
Publisher id:
Data preparer id:
Application id: GENISOIMAGE ISO 9660/HFS FILESYSTEM CREATOR (C) 1993
E.YOUNGDALE (C) 1997-2006 J.PEARSON/J.SCHILLING (C) 2006-2007 CDRKIT TEAM
Copyright File id:
```

```
Abstract File id:
Bibliographic File id:
Volume set size is: 1
Volume set sequence number is: 1
Logical block size is: 2048
Volume size is: 17293
NO Joliet present
NO Rock Ridge present
```

Se monta la imagen:

```
mount srvetc.iso ./cd
mount: /root/cd : ATENCIÓN: origen protegido contra escritura;
se monta como solo lectura.
 ls -l cd | more
total 1343
dr-xr-xr-x. 1 root root   2048  9 agosto   17:44 accounts
-r-xr-xr-x. 1 root root     16  9 agosto   18:13 adjtime
-r-xr-xr-x. 1 root root   1529 15 abril   2020 aliases
dr-xr-xr-x. 1 root root   2048  9 agosto   17:49 alsa
dr-xr-xr-x. 1 root root   2048  9 agosto   17:55 alternat
dr-xr-xr-x. 1 root root   2048  9 agosto   17:47 anaconda
-r-xr-xr-x. 1 root root    541 12 junio    2019 anacront
-r-xr-xr-x. 1 root root     55 14 junio    2021 asound.con
[...]
```

El directorio raíz de la imagen corresponde a `/etc` de la arborescencia global:

```
diff cd/hosts /etc/hosts
```

Los dos archivos son idénticos.

4.4 Cifrado de sistemas de archivos

Los derechos de acceso de un sistema de archivos permiten determinar qué usuarios pueden acceder, escribir, leer o suprimir un archivo o un directorio. Incluso usando atributos extendidos gracias a ACL (*Access Control List*) o a través de los controles suplementarios de SELinux, no se puede asegurar la confidencialidad de los datos almacenados en un sistema de archivos:

- El administrador del sistema (UID 0) siempre podrá acceder al contenido de un directorio o de un archivo, directa o indirectamente.
- Se podría desplazar un disco duro físicamente y conectarlo a otro sistema. Esto haría que el administrador de este sistema pudiese acceder a los datos contenidos en el disco.

Una solución eficaz para proteger los datos almacenados es cifrarlos. Para poder descifrar estos datos hay que proporcionar una clave de descifrado, generalmente bajo la forma de una contraseña (passphrase). Incluso el administrador del sistema (UID 0) deberá proporcionar la clave de descifrado para acceder a los datos y, por lo tanto, aunque el disco se cambie de máquina físicamente, los datos quedarán protegidos.

Se puede hacer el cifrado de datos directamente en el archivo, el espacio de almacenaje o el sistema de archivos. Puede ser transparente para los usuarios o no.

4.4.1 Principios del cifrado en Linux

Hay diferentes técnicas de cifrado de datos implementadas en Linux. Las más usadas se basan en dos estándares:

dm-crypt (device mapper encryption)

Este módulo del núcleo se encarga de las operaciones de gestión del cifrado en un periférico en modo bloque. Puede tratar de manera transparente el cifrado de discos fijos o extraíbles, a nivel de disco, de la partición, del volumen lógico o del archivo.

Solo opera en modo núcleo y puede usarse con dos aplicaciones principales: cryptsetup y cryptmount.

LUKS (Linux Unified Key Setup)

Se trata de una especificación estándar de cifrado de discos. Este modo de cifrado es interoperable con otros sistemas operativos y gestiona contraseñas múltiples para un mismo conjunto de datos. El programa `cryptsetup` de Linux utiliza esta especificación.

4.4.2 Cifrado de un archivo

Para proteger un archivo sensible, una solución simple consiste en cifrar su contenido. Se puede usar para ello un comando de tipo `crypt`.

Observación

El comando `crypt`, originario de Unix, ha sido reemplazado en Linux por una implementación más moderna, `mcrypt`. Este último está presente en las distribuciones Debian en el paquete `libmcrypt4`. En las distribuciones de tipo CentOS, se encuentra en el paquete `mcrypt`, en el repositorio opcional EPEL (Extra Packages for Enterprise Linux). Con el paquete, además del comando `mcrypt`, un script implementa un pseudocomando `crypt`, para asegurar la retrocompatibilidad.

Ejemplo

En una distribución Debian, cifrado de un archivo con el comando `mcrypt`:

Instalación del paquete:

```
apt-get install  mcrypt
Leyendo lista de paquetes... Hecho
Creando árbol de dependencias... Hecho
Leyendo la información de estado... Hecho
Se instalarán los siguientes paquetes adicionales:
 libmcrypt4
Paquetes sugeridos:
 libmcrypt-dev
Se instalarán los siguientes paquetes NUEVOS:
 libmcrypt4 mcrypt
0 actualizados, 2 nuevos se instalarán, 0 para eliminar y 0 no
actualizados.
Se necesita descargar 137 kB de archivos.
Se utilizarán 422 kB de espacio de disco adicional después de esta
operación.
¿Desea continuar? [S/n] SS
[...]
```

Uso del comando por un usuario:

```
cp /etc/hosts mis-hosts.txt
mcrypt mis-hosts.txt
Enter the passphrase (maximum of 512 characters)
Please use a combination of upper and lower case letters and numbers.
Enter passphrase: XXXXXXX
Enter passphrase: XXXXXXX
File mis-hosts.txt was encrypted.
```

El comando ha creado una versión cifrada del archivo original:

```
ls -l mis-hosts.txt*
-rw-r--r-- 1 root root 189 10 agosto  13:13 mon-hosts.txt
-rw------- 1 root root 301 10 agosto  13:13 mon-hosts.txt.nc
od -c  mis-hosts.txt.nc
0000000  \0   m 003   @   r   i   j   n   d   a   e   l   -   1   2   8
0000020  \0      \0   c   b   c  \0   m   c   r   y   p   t   -   s   h
0000040   a   1  \0 025 207 350   w 001 022   / 004 343   @   Z   p 344
0000060   ; 020 373   y   ;   R 307   "   s   h   a   1  \0   w   ? 371
0000100   & 352 030   L 374 004   }   e 320 003 275 230 235   } 310 242
0000120 243 222   v 250 326 265 217   X   6  \t   M 340   ( 253 370 277
0000140   ~ 206 246 177 320 240 372 277 344 342 262 275   Q   m   K 343
0000160 273   V 006 216   ; 223 263 375   ;   | 253 312 261   Z   ) 303
0000200   q 334 215 236  \r   J 233   P 220 035   2   < 207 257 273   |
0000220   !   1 202   t   .   > 210  \a 330   p 240 357 336 227 020 260
0000240   6   ' 354 265 177 321 242 354 340 327 027 364 256   f 324  \b
```

```
0000260 034 375 036   E   y   6   W 230 371 225   5 343 371 265 335   #
0000300 363 245   " 016 361 326 274   x   J 326   #   7   " 234 332 006
0000320   D 223 370 004 231 341 312 340 366 025 020   * 202 363 266 332
0000340 255   _ 335 024 202 004  \t   J   L 326   . 315   j   P   U 250
0000360 227 256 335 362 337   Y 237   ' 263 314   ~   4 203 203   3   -
0000400   U  \n   V 351 302 360 324   x   +  \b   # 234 334   )   q  \b
0000420 024 001 033 204 336 364 371 030 212 027 307 022  \f 313 331 237
0000440   m 375 037   ~ 004 211 213   j 216 347   P   h 201
```

Se renombra el archivo original:

```
mv mis-hosts.txt mis-hosts.txt.ori
```

Para descifrar el archivo, hay que usar el comando `mcrypt`, con la opción `-d` (decrypt) y teclear la frase de la contraseña (passphrase). El comando recreará el archivo original:

```
mcrypt -d mis-hosts.txt.nc
Enter passphrase: XXXXXXX
File mis-hosts.txt.nc was decrypted.
```

Se comprueba que el archivo ha sido descifrado:

```
ls -l mis*
-rw------- 1 root root 189 10 agosto  13:13 mi-hosts.txt
-rw------- 1 root root 301 10 agosto  13:13 mi-hosts.txt.nc
-rw-r--r-- 1 root root 189 10 agosto  13:13 mi-hosts.txt.ori
cmp mis-hosts.txt mis-hosts.txt.ori
```

Los dos archivos son idénticos.

4.4.3 Cifrado del espacio de almacenamiento

Para una protección a la vez general y menos limitada para el usuario, se puede cifrar el espacio de almacenamiento de un sistema de archivos: disco completo, partición y volumen lógico. Esta operación es transparente para las aplicaciones, que siguen pudiendo leer y escribir normalmente los objetos del sistema de archivos, pero estos están almacenados bajo una forma cifrada.

Observación

Este mecanismo puede utilizarse en todos los sistemas de archivos, excepto en el que contiene el núcleo Linux que tendrá que cargarse.

El comando `cryptsetup` permite cifrar un espacio de disco. Tenga precaución, el contenido presente en el disco se perderá.

Sintaxis

`cryptsetup luksFormat [ -opciones ] ArchivoEspecial`

Las opciones permiten especificar los diferentes algoritmos que se utilizarán para el cifrado (`-c`) y el hash (`-h`). El argumento `ArchivoEspecial` indica el espacio de almacenamiento que se cifrará. No tiene que estar montado.

El comando solicita una frase de contraseña que será asociada al cifrado del espacio de almacenamiento. Esta frase de contraseña tendrá que ser tecleada para poder integrar este espacio cifrado en la arborescencia global del sistema de archivos de Linux. Por lo tanto, incluso si el disco que contiene este espacio de almacenamiento se instala en otra máquina, el administrador no podrá acceder a estos datos si no conoce la frase de contraseña.

Ejemplo

En una distribución RHEL 8.5, cifrado de una partición en un pendrive USB:

Cifrado de la partición, con las opciones por defecto:

```
cryptsetup luksFormat /dev/sdb1
AVISO: El dispositivo /dev/sdb1 ya contiene una firma de superbloque
'btrfs'.

WARNING!
========
Esto sobreescribirá los datos en /dev/sdb1 de forma irrevocable.

Are you sure? (Type 'yes' in capital letters): YES
Introduzca la frase contraseña de /dev/sdb1: XXXXXXXX
Verifique la frase contraseña: XXXXXXXX
```

La partición `/dev/sdb1` ha sido cifrada con el formato crypto_LUKS:

```
blkid /dev/sdb1
/dev/sdb1: UUID="ec1a75ca-b2a8-4c9a-acb5-720913c757b1" TYPE="crypto_LUKS"
```

4.4.4 Uso de un espacio de almacenamiento cifrado

Una vez cifrado, el espacio de almacenamiento no puede utilizarse directamente. Primero hay que usar el comando `cryptsetup` con el subcomando `luksOpen`, para crear un archivo especial de bloques particular (gestionado por el device mapper) el cuál será asociado al espacio de almacenamiento y se podrá manipular si tener que teclear la frase de contraseña.

El comando inverso, `cryptsetup` con el subcomando `luksClose`, tiene que ejecutarse después de desmontar el sistema de archivos. Este comando cierra el archivo especial device mapper, haciendo que la partición cifrada ya no sea accesible.

Creación del archivo especial asociado a la partición cifrada

```
cryptsetup luksOpen ArchivoEspecialOrig Nombre
```

El comando asocia el espacio de almacenamiento cifrado `ArchivoEspecialOrig` a un archivo especial llamado `Nombre`, gestionado por el *device mapper* y creado en el directorio `/dev/mapper`. Para realizar esta creación, tendrá que indicar la frase de contraseña asociada al espacio de almacenamiento cifrado.

Una vez creado, el archivo especial puede ser utilizado como si se tratara de un espacio de almacenamiento no cifrado.

Observación

Si el archivo especial device mapper ya existe, el comando "lo abre" para que se pueda acceder a los datos sin cifrar.

Ejemplo

En la partición del pendrive USB cifrado en el ejemplo anterior, se creará un sistema de archivos ext4 y se montará en la arborescencia:

Antes que nada, se intenta montar directamente la partición cifrada:

```
mount /dev/sdb1 /mnt
mount: /mnt: tipo de sistema de ficheros 'crypto_LUKS' desconocido.
```

El montaje ha fallado porque la partición está cifrada.

Primero se tiene que crear el archivo especial device mapper:

```
cryptsetup luksOpen /dev/sdb1 USBSecreta
Introduzca la frase contraseña de /dev/sdb1: XXXXXXXX
```

Ahora hay que crear el sistema de archivos ext4 que será montado en la arborescencia.

```
mkfs -t ext4 /dev/mapper/USBSecreta
mke2fs 1.45.6 (20-Mar-2020)
Creando un sistema de archivos con 7506940 4k bloques y 1876800 i-nodes.
UUID del sistema de archivos=e46fa772-1e9a-419b-b07d-b62cfd24549b
Superbloques de seguridad almacenado en los bloques:
32768, 98304, 163840, 229376, 294912, 819200, 884736, 1605632, 2654208,
4096000
Asignación de las tablas de grupo: hecho
Escritura de las tablas de i-nodes: hecho
Creación del diario (32768 blocs): hecho
Escritura de los superbloques y de la información de compatibilidad del
sistema de archivos: hecho
```

El sistema de archivos ha sido creado:

```
blkid /dev/mapper/USBSecreta
/dev/mapper/USBSecreta: UUID="46fa772-1e9a-419b-b07d-b62cfd24549b"
BLOCK_SIZE="4096" TYPE="ext4"
```

Podemos montarlo y usarlo normalmente; el cifrado de los bloques del espacio de disco es transparente para las aplicaciones.

```
mount /dev/mapper/USBSecreta /mnt
```

Una vez montado, el sistema de archivos es accesible en lectura y escritura, de manera transparente:

```
cp /etc/host* /mnt
cd /mnt cat hosts
127.0.0.1       localhost
localhost.localdomain localhost4 localhost4.localdomain4
::1        localhost localhost.localdomain localhost6
localhost6.localdomain6
192.168.1.108   srvrh
echo "no cifrado" > archivo
cat archivo
no cifrado
```

4.4.5 Cifrado de un sistema de archivos

Otra posibilidad es la de gestionar el cifrado en el interior de un sistema de archivos.

El principio es montar en un directorio del sistema de archivos un tipo de sistema de archivos específico, ecryptfs, gestionado por el núcleo, almacenado en un directorio cifrado. Los datos, cifrados, se encuentran físicamente en el directorio cifrado, pero son accesibles de manera transparente para las aplicaciones, a partir del directorio de montaje.

Para poder efectuar el montaje y poder acceder a los datos descifrados, hay que introducir la frase de contraseña asociada inicialmente al directorio cifrado.

Desde Red Hat Enterprise Linux 7 ecryptfs ya no está incluido en la distribución, sustituido por el modo cifrado LUKS.

Montaje del directorio ecryptfs

```
mount -t ecryptfs  [ -o Opciones ] DirCrypt PuntoMontaje
```

El comando monta el directorio cifrado `DirCrypt` en el directorio `PuntoMontaje`. Sin opciones, el comando solicita una frase de contraseña asociada al directorio cifrado. Esta frase se puede usar como argumento del comando con la opción `-o passphrase_passwd="XXXXX"`. Esto, sin embargo, está desaconsejado por motivos de seguridad. También se puede encontrar en un archivo especificado en el comando con la opción `-o passphrase_passwd_file=CaminoArchivo`.

A menudo, se especifica el mismo directorio para los dos argumentos `DirCrypt` y `PuntoMontaje`, el contenido del directorio es automáticamente descifrado cuando una aplicación necesita acceder a él.

Ejemplo

Cree dos directorios:

```
mkdir /root/datos /root/.datos
```

Se efectúa el montaje cifrado del directorio cifrado `/root/.datos` en el directorio no cifrado `/root/datos`:

```
mount -t ecryptfs /root/.datos /root/datos
Select key type to use for newly created files:
 1) passphrase
 2) tspi
Passphrase:  XXXXXX
Select cipher:
Select cipher:
 1) aes: blocksize = 16; min keysize = 16; max keysize = 32
 2) blowfish: blocksize = 8; min keysize = 16; max keysize = 56
 3) des3_ede: blocksize = 8; min keysize = 24; max keysize = 24
 4) twofish: blocksize = 16; min keysize = 16; max keysize = 32
 5) cast6: blocksize = 16; min keysize = 16; max keysize = 32
 6) cast5: blocksize = 8; min keysize = 5; max keysize = 16
Selection [aes]:
Select key bytes:
 1) 16
 2) 32
 3) 24
Selection [16]:
Enable plaintext passthrough (y/n) [n]:
Enable filename encryption (y/n) [n]:
Attempting to mount with the following options:
  ecryptfs_unlink_sigs
  ecryptfs_key_bytes=16
  ecryptfs_cipher=aes
  ecryptfs_sig=ee406263cc6ae4e7
Mounted eCryptfs
```

Se usa el sistema de archivos cifrado, a través del directorio de montaje:

```
cd /root/datos
echo "Un secreto importante" > cajafuerte
cat cajafuerte
Un secreto importante
```

Se desmonta el sistema de archivos:

```
cd
umount /root/datos
ls /root/.datos
cajafuerte
file /root/.data/cajafuerte
/root/.datos/cajafuerte: data
cat /root/.datos/cajafuerte
¦¦$¦N¦$¦UU??"7¦?¦¦P?g¦f¦|¦¦¦    AOJ¦y¦2¦Z¦¦E??4¦¦¦B¦y33¦¦¦8:¦R¦root@srvdebian:~#
PuTTYPuTTYPuTTYPuTTYPuTTYPuTTYPuTTYPuTTYPuTTYPuTTYPuTTYPuTTYPuTTYPuTTYPuTTYPuTT
YPuTTYPuTTY [...]
```

El contenido del archivo está cifrado.

Capítulo 3
Gestión de dispositivos de almacenamiento

1. Gestión de los dispositivos de almacenamiento

Este capítulo trata de la gestión de los discos RAID, de la configuración de bajo nivel de los discos, de los discos de red de tipo iSCSI, así como del el gestor de volúmenes lógicos LVM.

1.1 Configuración de discos RAID

El objetivo de esta sección es de enseñarle a:

- configurar e implementar software RAID. Esto incluye los niveles de RAID 0, 1 y 5.

1.1.1 Competencias principales

- Archivos de configuración y herramientas de gestión del software RAID.

1.1.2 Elementos empleados

- `mdadm.conf`
- `mdadm`
- `/proc/mdstat`
- Partición de tipo `0xFD`

1.2 Optimizar el acceso a los dispositivos de almacenamiento

El objetivo de esta sección es de enseñarle a:

- configurar el núcleo para administrar diferentes tipos de discos;
- conocer las herramientas de software para listar y modificar la configuración de los dispositivos iSCSI.

1.2.1 Competencias principales

- Herramientas y comandos para configurar el DMA para los dispositivos IDE, incluyendo ATAPI y SATA.
- Herramientas y comandos para configurar discos SSD (*Solid State Drive*), incluyendo AHCI y NVMe.
- Herramientas y comandos para configurar o analizar los recursos del sistema (por ejemplo, las interrupciones).
- Conocimientos básicos del comando `sdparm` y su uso.
- Herramientas y comandos de gestión de dispositivos iSCSI.
- Conocimientos básicos de SAN, incluyendo los protocolos específicos (AoE, FCoE).

1.2.2 Elementos empleados

- `hdparm`, `sdparm`
- `nvme`
- `tune2fs`
- `fstrim`
- `sysctl`
- `/dev/hd*`, `/dev/sd*`, `/dev/nvme*`
- `iscsiadm`, `scsi_id`, `iscsid` y `iscsid.conf`
- `WWID`, `WWN`, `n° LUN`

1.3 Logical Volume Manager

El objetivo de esta sección es de enseñarle a:

- crear y suprimir volúmenes lógicos, grupos de volúmenes y volúmenes físicos. Este objetivo incluye las instantáneas (*snapshots*) y el redimensionamiento de los volúmenes lógicos.

1.3.1 Competencias principales

- Herramientas de la suite LVM.
- Redimensionar, renombrar, crear, suprimir volúmenes lógicos, grupos de volúmenes y volúmenes físicos.
- Crear y mantener instantáneas (*snapshots*).
- Activar grupos de volúmenes.

1.3.2 Elementos empleados

- `/sbin/pv*`
- `/sbin/lv*`
- `/sbin/vg*`
- `mount`
- `/dev/mapper/`
- `lvm.conf`

2. Configuración de los discos RAID

La tecnología RAID (*Redundant Array of Independent Disks*) permite combinar diferentes dispositivos para que sean vistos como un solo espacio de almacenamiento para las aplicaciones. De esta manera se puede mejorar el tiempo de acceso y/o la fiabilidad de los dispositivos de almacenamiento. Las diferentes técnicas empleadas se definen con respecto al nivel de RAID usado. Los niveles más corrientes son RAID 0, 1 y 5; los que se estudiarán en el marco de la certificación.

Se puede administrar el RAID en modo hardware, con los controladores de discos especializados o en modo software, desde el sistema operativo.

Linux implementa un piloto de gestión de software del RAID, el piloto `md` (*Multiple Device piloto*), que gestiona los niveles más corrientes de RAID, 0, 1 y 5.

Observación

Otras soluciones pueden implementarse para gestionar el software RAID en Linux: RAID LVM o RAID directamente soportado por el gestor de sistema de archivos ZFS o Btrfs.

2.1 Los principales niveles de RAID

2.1.1 RAID 0

RAID 0 (agregación de bandas, *striping*) combina distintos discos en un solo conjunto. Los bloques de datos se reparten en bandas de tamaño idéntico que están repartidas uniformemente en los diferentes discos. Las operaciones de entrada/salida pueden ser, por lo tanto, muy rápidas, ya que los controladores de los discos las pueden efectuar de manera simultánea.

Sin embargo, la fiabilidad del conjunto es bastante baja ya que al perder un disco perderá el conjunto de los datos. No hay redundancia en los datos almacenados y la coherencia de los volúmenes lógicos se destruye en el caso de fallo en un disco.

El espacio de almacenamiento útil de un conjunto RAID 0 es igual a la capacidad útil del más pequeño de los discos multiplicado por el número de discos que lo componen, ya que no hay redundancia de datos y que las bandas de datos están repartidas de manera uniforme en los discos (cada disco tiene que tener el mismo número de bandas).

Ventajas:

- Rapidez de lectura y escritura del conjunto de los bloques.
- Uso óptimo del espacio de los discos, siempre y cuando los discos sean del mismo tamaño.

Inconvenientes:

- No hay redundancia de datos, por lo tanto, no hay tolerancia frente a fallos.
- La pérdida de un disco compromete el conjunto de los datos almacenados, la fiabilidad del conjunto es igual a la fiabilidad del menos fiable de los discos utilizados.

2.1.2 RAID 1

RAID 1 (discos en espejo, *mirroring*) combina distintos discos en un solo conjunto. Cada bloque de datos útil está escrito en cada uno de los discos. Esta redundancia asegura una fiabilidad excelente al conjunto, mayor cuanto mayor sea el número de discos. Mientras quede un disco operativo, los datos estarán intactos y mientras el controlador de ese disco funcione, esos datos seguirán estando accesibles.

Las operaciones de lectura pueden ser más rápidas, porque los controladores las pueden efectuar simultáneamente.

El espacio de almacenamiento útil del conjunto RAID 1 es igual a la capacidad útil del más pequeño de los discos.

Ventajas:

- Excelente tolerancia frente a fallos, proporcional al número de discos combinados (y al número de controladores de discos para la accesibilidad).
- Buen rendimiento en lectura.

Inconvenientes:

- El espacio de disco necesario es al menos dos veces el tamaño del espacio de disco útil.
- Puede haber un impacto en el rendimiento en escritura, incluso si en general las escrituras se hacen simultáneamente en los diferentes discos.

2.1.3 RAID 5

RAID 5 (agregación en bandas con paridad) combina al menos tres discos en un solo conjunto. Los bloques de datos están repartidos en bandas de tamaño idéntico, repartidas uniformemente en los diferentes discos, excepto en uno de ellos. Para cada conjunto de bandas, una banda de paridad estará calculada y escrita en el disco restante. La ubicación del conjunto de paridad estará repartida alternativamente en los discos.

En caso de pérdida de una banda de datos, la banda de paridad permitirá reconstituirla, asegurando la tolerancia frente a fallos. Pero este mecanismo solamente es eficaz en el caso en que solamente haya un disco que no esté accesible. Si hubiera dos discos o más que no estuvieran accesibles, habría pérdida de datos en el conjunto de los discos. Mientras que un disco no esté operativo, no habrá tolerancia frente a fallos para las nuevas escrituras. Es por esto por lo que el conjunto de discos en RAID 5 integra generalmente un disco de emergencia (*spare disk*), que solo se utiliza para reemplazar un disco defectuoso.

Cuando el disco defectuoso haya sido reparado o reemplazado, hay que reconstruir el conjunto RAID 5 reconstituyendo los datos y las bandas de paridad para escribirlos en el disco de reemplazo.

Las operaciones de lectura pueden ser muy rápidas, ya que las efectúan diferentes controladores de discos. Las escrituras pueden ser lentas, a causa del cálculo y de la escritura de la banda de paridad.

El espacio de almacenamiento útil de un conjunto RAID 5 es igual a la capacidad del más pequeño de sus discos, multiplicada por el número de discos que lo componen, menos 1 a causa de las bandas de paridad y menos 2 si hay un disco de emergencia (*spare*).

Ventajas:

- Tolerancia frente a fallos limitada a un disco. Mientras haya un disco en fallo, ya no habrá más tolerancia frente a fallos, excepto en el caso de que exista un disco de emergencia.

Inconvenientes:

- Una parte del espacio del disco no puede ser utilizado para los datos.
- El rendimiento en escritura puede verse impactado por el cálculo de la paridad.

2.2 Configuración del RAID

El piloto md es un módulo del núcleo que implementa el software RAID en un conjunto de dispositivos de almacenamiento, discos duros completos y/o particiones de discos duros.

El comando `mdadm` permite configurar volúmenes RAID y administrarlos. Forma parte del paquete `mdadm`.

2.2.1 Creación de un volumen RAID

Un volumen RAID está compuesto por distintos espacios de almacenamiento que pueden ser discos duros enteros o particiones de disco duros.

La creación de un volumen RAID se hace con la opción `-C` del comando `mdadm`. Hay que especificar el nombre del nuevo volumen o su número, el nivel de RAID que se quiera implementar y la lista de los espacios de almacenamiento que se le va a destinar.

Observación

El archivo de configuración del comando, generalmente `/etc/mdadm/mdadm.conf`, es facultativo en las versiones recientes y no se crea durante la instalación del paquete.

Sintaxis

```
mdadm -C ArchivoEspecialVol -l|--level=Nivel -n|--raid-devices=NúmeroDevRaid
[ -x|--spare-devices=NúmEmergencia ] ArchivoEspecial1 ... ArchivoEspecialN
```

Principales parámetros

`-C ArchivoEspecialVol`	Archivo especial del volumen RAID creado.
`-l|--level=Nivel`	Nivel de RAID.

`-n|--raid-devices=NúmeroDevRaid`	Número de espacios de almacenamiento activos.
`-x|--spare-devices=NúmEmergencia`	Número de espacios de almacenamiento de emergencia.
`ArchivoEspecial1 ...ArchivoEspecialN`	Espacios de almacenamiento.

Descripción

La opción `-C` crea un nuevo volumen RAID. El archivo especial que se le asociará, `ArchivoEspecialVol`, se encuentra generalmente bajo la forma `/dev/mdX`, donde `X` es un número, pero esto no es obligatorio.

La opción `-n` especifica el número de espacios de almacenamiento que utilizará el volumen. Debe ser igual o superior al número de elementos de la lista `ArchivoEspecial1...`, `ArchivoEspecialN` menos el número de espacios de almacenamiento de emergencia, indicado con la opción `-x`.

Una vez el volumen RAID creado, este puede ser usado inmediatamente. Es visto como un dispositivo en modo bloque, podemos por lo tanto crear un sistema de archivos o hacer de él un volumen físico LVM.

Ejemplos

Se utilizan dos particiones de discos duros, `/dev/sdb` y `/dev/sdc`, para crear un volumen `RAID` de nivel `1` (espejo). Como las particiones contienen sistemas de archivos y son de tamaños diferentes, el comando muestra una advertencia y solicita una confirmación:

```
mdadm -C /dev/md0 -l 1 -n 2 /dev/sdb1 /dev/sdc1
mdadm: partition table exists on /dev/sdb1
mdadm: partition table exists on /dev/sdb1 but will be lost or
       meaningless after creating array
mdadm: Note: this array has metadata at the start and
   may not be suitable as a boot device.  If you plan to
   store '/boot' on this device please ensure that
   your boot-loader understands md/v1.x metadata, or use
   --metadata=0.90
mdadm: partition table exists on /dev/sdc1
mdadm: partition table exists on /dev/sdc1 but will be lost or
       meaningless after creating array
Continue creating array? y
mdadm: Defaulting to version 1.2 metadata
mdadm: array /dev/md0 started.
```

Se ha creado el volumen RAID:

```
ls -l /dev/md0
brw-rw---- 1 root disk 9, 0 11 agosto  13:49 /dev/md0
El archivo /dev/md0 es un archivo especial de bloques.
```

El comando `blkid` muestra información de los dos espacios de almacenamiento que componen el volumen RAID:

```
blkid /dev/sdb1 /dev/sdc1
/dev/sdb1: UUID="c8b9feb6-f72c-4aa3-08c1-99684961cd64" UUID_SUB=
"d635126c-d86b-44ca-3545-8a68feb4c033" LABEL="srvdebian:0" TYPE=
"linux_raid_member" PARTUUID="2cab24c8-01"
/dev/sdc1: UUID="c8b9feb6-f72c-4aa3-08c1-99684961cd64" UUID_SUB=
"dc72ae20-2586-6536-e0fe-4460ab87385c" LABEL="srvdebian:0" TYPE=
"linux_raid_member" PARTUUID="2cab241f-01"
```

Las dos particiones son de tipo RAID Linux y han recibido una etiqueta `srvdebian:0`, `srvdebian` es el nombre de la máquina.

2.2.2 Tipo de partición RAID

Cuando se crea una partición en un disco duro, se le puede atribuir un tipo bajo la forma de un valor numérico predefinido. Para las particiones que usan el modo de particionamiento tradicional en el mundo del PC, llamado MBR (*Master Boot Record*), los tipos principales son:

`0x82`	Linux swap
`0x83`	Linux
`0xFD`	Linux RAID auto
`0xE8`	LUKS (cifrado)
`0x07`	NTFS
`0x0C`	FAT32

Para las particiones que usan el modo de particionamiento más reciente y general, GPT (*GUID Partition Table*, con *GUID= Globally Unique IDentifier*), el tipo `0xFD00` está reservado para las particiones RAID Linux.

En las antiguas versiones de RAID Linux, el tipo de partición `0xFD` (Linux RAID auto) servía en algunos casos (en particular para la carga inicial del núcleo) para detectar las particiones que componen los conjuntos RAID. Hoy día, este tipo de partición ya no es necesaria para que se activen los volúmenes RAID.

Se puede, sin embargo, fijar con este tipo las particiones usadas en los volúmenes RAID, para reconocerlas cuando se usen herramientas de gestión de particiones u algunas otras herramientas.

Para cambiar el tipo de una partición existente, se pueden usar distintos comandos.

Ejemplo

Para cambiar el tipo de la partición MBR /dev/sdc1 a RAID:

```
sfdisk --id /dev/sdc 1 fd
```

o la sintaxis más reciente:

```
sfdisk --part-type /dev/sdb 1 fd
```

o con el comando interactivo fdisk:

```
fdisk /dev/sdc
t
Partition number (1,2, default 2): 1
Partition type (type L to list all types): fd
```

2.2.3 Estado de un volumen RAID

La opción -D del comando mdadm muestra las características y el estado de un volumen RAID.

Sintaxis

```
mdadm -D|--detail ArchivoEspecialVol
```

Descripción

El comando muestra todas las características del volumen RAID indicado: su nivel de RAID, su estado así como el de sus componentes y el estado de estos.

Ejemplo

Características y estado del volumen RAID nivel 1 /dev/md0:

```
mdadm -D /dev/md0
/dev/md0:
           Version : 1.2
     Creation Time : Thu Aug 11 13:49:06 2022
        Raid Level : raid1
        Array Size : 30026688 (28.64 GiB 30.75 GB)
     Used Dev Size : 30026688 (28.64 GiB 30.75 GB)
      Raid Devices : 2
     Total Devices : 2
       Persistence : Superblock is persistent

       Update Time : Thu Aug 11 14:03:44 2022
             State: clean, resyncing
   Active Devices: 2
  Working Devices: 2
   Failed Devices: 0
```

```
    Spare Devices: 0

Consistency Policy: resync

    Resync Status: 25% complete

             Name: srvdebian:0  (local to host srvdebian)
             UUID: c8b9feb6:f72c4aa3:08c19968:4961cd64
           Events: 4

   Number   Major   Minor   RaidDevice State
      0       8       17        0      active sync   /dev/sdb1
      1       8       33        1      active sync   /dev/sdc1
```

Se puede ver que el volumen RAID está compuesto por dos particiones, `/dev/sda1` y `/dev/sdc1`. El tamaño útil del volumen es de 30,7 GB. Su estado es `resyncing` (sincronizando), porque el volumen acaba de crearse y el piloto `md` copia una partición encima de la otra para establecer el espejo.

Un poco más tarde, el mismo comando da este resultado:

```
mdadm -D /dev/md0

/dev/md0:
          Version: 1.2
    Creation Time: Thu Aug 11 13:49:06 2022
       Raid Level : raid1
       Array Size : 30026688 (28.64 GiB 30.75 GB)
    Used Dev Size : 30026688 (28.64 GiB 30.75 GB)
     Raid Devices : 2
    Total Devices : 2
      Persistence : Superblock is persistent

      Update Time : Thu Aug 11 14:55:58 2022
            State: clean
   Active Devices: 2
  Working Devices: 2
   Failed Devices: 0
    Spare Devices: 0

Consistency Policy: resync

             Name : srvdebian:0  (local to host srvdebian)
             UUID : c8b9feb6:f72c4aa3:08c19968:4961cd64
           Events : 18

   Number   Major   Minor   RaidDevice  State
      0       8       17        0       active sync   /dev/sdb1
      1       8       33        1       active sync   /dev/sdc1
```

Podemos observar ve que el volumen RAID está en estado `clean`, la sincronización de las dos particiones ha terminado.

El archivo `mdstat` del sistema de archivos virtual `proc` provee dinámicamente la información de los volúmenes RAID y su sestado:

Ejemplo

```
cat /proc/mdstat
PPersonalities : [raid1]
md0 : active raid1 sdc1[1] sdb1[0]
      30026688 blocks super 1.2 [2/2] [UU]
unused devices: <none>
```

Se puede ver que el volumen md0 está activo y está compuesto por dos particiones: sdb1 y sdc1.

2.2.4 Paro y supresión de un volumen RAID

El paro de un volumen RAID se hace con la opción `-S` (*stop*) del comando `mdadm`.

Sintaxis

```
mdadm -S ArchivoEspecialVol
```

Descripción

El volumen RAID `ArchivoEspecialVol` no tiene que estar siendo utilizado (sistema de archivos montado).

Una vez que se haya desactivado el volumen RAID, los espacios de almacenamiento que lo constituían pueden volver a ser usados, pero primero hay que suprimir de su superbloque la información relativa al RAID, usando el comando siguiente:

```
mdadm --zero-superblock ArchivoEspecial
```

Ejemplo

Se desactiva un volumen RAID de nivel `1` y se "limpian" los espacios de almacenamiento que lo componen:

```
mdadm -S /dev/md0
mdadm: stopped /dev/md0
ls -l /dev/md0
ls: no se puede acceder a '/dev/md0': No existe el fichero o el directorio
```

El archivo especial del volumen RAID ya no existe, pero sus dos componentes todavía se consideran como formando parte de un volumen RAID:

```
blkid /dev/sdb1 /dev/sdc1
/dev/sdb1: UUID="c8b9feb6-f72c-4aa3-08c1-99684961cd64" UUID_SUB=
"d635126c-d86b-44ca-3545-8a68feb4c033" LABEL="srvdebian:0" TYPE=
"linux_raid_member" PARTUUID="2cab24c8-01"
/dev/sdc1: UUID="c8b9feb6-f72c-4aa3-08c1-99684961cd64" UUID_SUB=
"dc72ae20-2586-6536-e0fe-4460ab87385c" LABEL="srvdebian:0" TYPE=
"linux_raid_member" PARTUUID="2cab241f-01"
```

Se vacían los superbloques de la información RAID:

```
mdadm --zero-superblock /dev/sdb1 /dev/sdc1
blkid /dev/sdb1 /dev/sdc1
/dev/sdb1: LABEL="F1" UUID="2818-6C05" BLOCK_SIZE="512" TYPE="vfat"
PARTUUID="2cab24c8-01"
/dev/sdc1: LABEL="F2" UUID="BA37-5DFB" BLOCK_SIZE="512" TYPE="vfat"
PARTUUID="2cab241f-01"
```

Las dos particiones han vuelto a encontrar sus características iniciales.

2.3 Explotación de un volumen RAID

Una vez que el volumen RAID haya sido creado, se utilizará como un espacio de almacenamiento clásico, a través de su archivo especial. En su interior se puede crear un sistema de archivos o integrarlo en un grupo de volúmenes LVM y después ponerlo a disposición de las aplicaciones de manera transparente.

2.3.1 Reemplazo de un espacio de disco

Si un disco miembro de un volumen RAID ya no está operativo y el volumen RAID soporta la tolerancia frente a fallos (RAID 1 o 5), el volumen sigue estando operativo y utilizable para las aplicaciones.

Una vez que el disco haya sido reemplazado, hay que reactivarlo dentro del volumen RAID, usando la opción `--add` del comando `mdadm`:

```
mdadm --add VolRAID ArchivoEspecialMiembro
```

2.3.2 Ejemplo de uso de un volumen RAID 1

Se crea un volumen RAID de nivel `1`, `/dev/md0`, combinando dos particiones de 8 GB aproximadamente en dos memorias USB distintas, `/dev/sdc1` y `/dev/sdd1`. Las dos particiones han sido creadas de tipo RAID Linux:

```
fdisk -l /dev/sdb /dev/sdc
Disco /dev/sdb: 28,65 GiB, 30765219840 bytes, 60088320 sectores
Modelo de disco:  SanDisk 3.2Gen1
Unidades: sectores de 1 * 512 = 512 bytes
```

```
Tamaño de sector (lógico/físico): 512 bytes / 512 bytes
Tamaño de E/S (mínimo/óptimo): 512 bytes / 512 bytes
Tipo de etiqueta de disco: dos
Identificador del disco: 0x2cab24c8

Disposit.  Inicio Comienzo    Final Sectores Tamaño Id Tipo
/dev/sdb1              32 60088319 60088288  28,7G fd RAID Linux autodetectado

Disco /dev/sdc: 28,65 GiB, 30765219840 bytes, 60088320 sectores
Modelo de disco:  SanDisk 3.2Gen1
Unidades: sectores de 1 * 512 = 512 bytes
Tamaño de sector (lógico/físico): 512 bytes / 512 bytes
Tamaño de E/S (mínimo/óptimo): 512 bytes / 512 bytes
Tipo de etiqueta de disco: dos
Identificador del disco: 0x2cab241f

Disposit.  Inicio Comienzo    Final Sectores Tamaño Id Tipo
/dev/sdc1              32 60088319 60088288  28,7G fd RAID Linux autodetectado
```

Creación del volumen RAID /dev/md0:

```
mdadm -C /dev/md0 -l 1 -n 2 /dev/sdb1 /dev/sdc1
mdadm: partition table exists on /dev/sdb1
mdadm: partition table exists on /dev/sdb1 but will be lost or
       meaningless after creating array
mdadm: Note: this array has metadata at the start and
    may not be suitable as a boot device.  If you plan to
    store '/boot' on this device please ensure that
    your boot-loader understands md/v1.x metadata, or use
    --metadata=0.90
mdadm: partition table exists on /dev/sdc1
mdadm: partition table exists on /dev/sdc1 but will be lost or
       meaningless after creating array
Continue creating array? y
mdadm: Defaulting to version 1.2 metadata
mdadm: array /dev/md0 started.
```

Se crea un sistema de archivos ext4 en el volumen RAID /dev/md0:

```
mkfs -t ext4 /dev/md0
Creating filesystem with 7506672 4k blocks and 1876800 inodes
Filesystem UUID: 5adce244-4741-463e-9a24-df34b840108e
Superblock backups stored on blocks:
        32768, 98304, 163840, 229376, 294912, 819200, 884736, 1605632, 2654208,
        4096000

Allocating group tables: done
Writing inode tables: done
```

Se monta el sistema de archivos:

```
mkdir safe
mount /dev/md0 /root/safe
```

Verificamos el estado del volumen RAID, mientras se sincroniza:

```
mdadm -D /dev/md0
           Version : 1.2
     Creation Time : Thu Aug 11 15:11:09 2022
        Raid Level : raid1
        Array Size : 30026688 (28.64 GiB 30.75 GB)
     Used Dev Size : 30026688 (28.64 GiB 30.75 GB)
      Raid Devices : 2
     Total Devices : 2
       Persistence : Superblock is persistent

       Update Time : Thu Aug 11 16:24:18 2022
             State : clean
    Active Devices : 2
   Working Devices : 2
    Failed Devices : 0
     Spare Devices : 0

Consistency Policy : resync

              Name : srvdebian:0  (local to host srvdebian)
              UUID : 016a3d36:6e17c176:086d9f93:5304f9b1
            Events : 413

    Number   Major   Minor   RaidDevice State
       0       8       17        0      active sync   /dev/sdb1
       1       8       33        1      active sync   /dev/sdc1
```

El volumen es correcto.

Se crean algunos archivos y directorios:

```
mkdir /root/safe/etc /root/safe/datos /root/safe/bin
cp /etc/hosts /etc/passwd /etc/fstab /root/safe/etc
cp /usr/bin/date /root/safe/bin/prog
```

El volumen RAID es correcto.

Desconectamos una de las dos memorias USB y se comprueba el estado del volumen RAID:

```
mdadm -D /dev/md0
/dev/md0:
           Version : 1.2
     Creation Time : Thu Aug 11 15:11:09 2022
        Raid Level : raid1
        Array Size : 30026688 (28.64 GiB 30.75 GB)
     Used Dev Size : 30026688 (28.64 GiB 30.75 GB)
      Raid Devices : 2
```

```
     Total Devices : 1
       Persistence : Superblock is persistent

       Update Time : Thu Aug 11 16:28:32 2022
             State : clean, degraded
    Active Devices : 1
   Working Devices : 1
    Failed Devices : 0
     Spare Devices : 0

Consistency Policy : resync

              Name : srvdebian:0  (local to host srvdebian)
              UUID : 016a3d36:6e17c176:086d9f93:5304f9b1
            Events : 416

    Number   Major   Minor   RaidDevice State
       0       8       17        0      active sync   /dev/sdb1
       -       0        0        1      removed
```

El volumen RAID está en modo degradado, pero utilizable.

Se comprueba que los datos siguen siendo correctos y accesibles:

```
ls -l /root/safe
total 28
drwxr-xr-x 2 root root  4096 11 agosto  15:14 bin
drwxr-xr-x 2 root root  4096 11 agosto  15:14 datas
drwxr-xr-x 2 root root  4096 11 agosto  15:14 etc
drwx------ 2 root root 16384 11 agosto  15:11 lost+found
echo hola > /root/safe/datos/archivo.txt
cat /root/safe/datos/archivo.txt
hola
```

Se vuelve a montar la memoria USB y se reactiva su partición en el volumen RAID:

```
mdadm --add /dev/md0 /dev/sdc1
mdadm: added /dev/sdc1
```

Comprobamos el estado del volumen RAID:

```
mdadm -D /dev/md0
/dev/md0:
           Version : 1.2
     Creation Time : Thu Aug 11 15:11:09 2022
        Raid Level : raid1
        Array Size : 30026688 (28.64 GiB 30.75 GB)
     Used Dev Size : 30026688 (28.64 GiB 30.75 GB)
      Raid Devices : 2
     Total Devices : 2
       Persistence : Superblock is persistent
```

```
        Update Time : Thu Aug 11 16:30:18 2022
              State : active, degraded, recovering
     Active Devices : 1
    Working Devices : 2
     Failed Devices : 0
      Spare Devices : 1

Consistency Policy : resync

     Rebuild Status : 0% complete

               Name : srvdebian:0  (local to host srvdebian)
               UUID : 016a3d36:6e17c176:086d9f93:5304f9b1
             Events : 427

     Number   Major   Minor   RaidDevice State
        0       8       17        0      active sync   /dev/sdb1
        2       8       33        1      spare rebuilding    /dev/sdc1
```

La memoria USB se ha integrado en el volumen RAID y está sincronizándose.

3. Optimizar el acceso a los dispositivos de almacenamiento

Linux puede gestionar una gran variedad de dispositivos de almacenamiento, de tipo local o remoto. Según el tipo de dispositivo y su uso, puede ser necesario modificar la configuración de acceso al dispositivo para optimizar su rendimiento. Existen muchas herramientas y comandos que pueden ayudar al administrador a configurar y monitorear los recursos del almacenamiento de los sistemas.

3.1 Gestión de los discos duros locales

El administrador debe poder determinar los periféricos locales de almacenamiento reconocidos por el sistema, listar sus características y, eventualmente, modificar su configuración para mejorar el rendimiento de las entradas/salidas o corregir conflictos. Debe poder, también, determinar cuáles son los tipos de periféricos de almacenamiento adaptados al sistema, en función de los pilotos instalados y, si fuera necesario, saber instalar nuevos pilotos.

3.1.1 Determinación de los archivos especiales

En Linux, cada periférico de almacenamiento está gestionado por un archivo especial en modo de bloque, asociado al piloto cargado para ese tipo de periférico. La detección de los periféricos de almacenamiento y la creación de los archivos especiales correspondientes se hace, generalmente, de manera automática y durante el arranque del sistema (excepto para los dispositivos extraíbles, detectados automáticamente durante la actividad del sistema).

Esos archivos especiales se encuentran en el directorio `/dev`. Su nombre está determinado por el núcleo, según algunas convenciones de nombres, en función del tipo de dispositivo y del orden de detección del dispositivo con respecto a su tipo.

Un archivo especial Linux no es un archivo de disco, no contiene ningún dato almacenado. En realidad se trata de un punto de comunicación con el piloto del dispositivo, gestionado por el núcleo. Cuando una aplicación «escribe» en el archivo especial, el núcleo transmite los bytes emitidos por la aplicación al piloto del dispositivo en cuestión. A la inversa, cuando una aplicación «lee» el archivo especial, el núcleo le transmite los bytes emitidos por el piloto de dispositivo en cuestión.

Cada archivo especial Linux posee un número mayor (*major*) y un número menor (*minor*). El núcleo hace la conexión entre el archivo especial y el piloto del dispositivo gracias al número mayor del archivo. El número menor del archivo es un dato transmitido por el núcleo al piloto y su significado depende del tipo de piloto.

Ejemplo

En un sistema Linux con un solo disco:

```
ls -l /dev/sd*
brw-rw----. 1 root disk 8, 0 11 agosto  16:39 /dev/sda
brw-rw----. 1 root disk 8, 1 11 agosto 16:39 /dev/sda1
brw-rw----. 1 root disk 8, 2 11 agosto 16:39 /dev/sda2
brw-rw----. 1 root disk 8, 3 11 agosto 16:39 /dev/sda3
brw-rw----. 1 root disk 8, 4 11 agosto 16:39 /dev/sda4
```

Se encuentran cinco archivos especiales en modo de bloque (primera letra de la línea: `b`), que corresponden al mismo disco (`/dev/sda`) y a sus cuatro particiones (`/dev/sda1`, `sda2`, `sda3` y `sda4`). El mayor de cada archivo es `8`, todos son gestionados por el mismo piloto. El menor hace que el piloto puede distinguir los objetos, `0` para el disco entero de número `0`, `0+1`, `0+2`, `0+3` y `0+4` para las particiones del disco 0.

3.1.2 El servicio udev

El problema de los archivos especiales asociados a los dispositivos por el núcleo es que no son perennes. De hecho, el nombre del archivo especial depende del orden de detección de los dispositivos hecha por el núcleo. Por ejemplo, el nombre del archivo especial asociado a un dispositivo USB puede cambiar en función de los dispositivos USB presentes en el momento de la detección por el núcleo.

El servicio `udev` se encarga de interactuar con el núcleo y de crear dinámicamente enlaces simbólicos en el directorio `/dev` hacia los archivos especiales de los dispositivos conectados al sistema. El objetivo es poder acceder a los dispositivos gracias a nombres más explícitos y, sobre todo, perennes,

El servico `udev` usa un conjunto de archivos de configuración, por defecto en el directorio `/etc/udev/rules.d`, donde están especificadas las reglas que permiten definir el nombre asociado a cada dispositivo. El administrador puede modificar los archivos existentes para definir sus propias reglas.

Observación

La sintaxis de declaración de las reglas es compleja y debe ser manipulada con prudencia.

3.1.3 Interactuar con el servicio udev

El servicio `udev` está asegurado por uno de los procesos de systemd, `/usr/lib/systemd/systemd-udevd`. Se puede interactuar con ese proceso gracias al comando `udevadm`.

Para obtener datos detallados de un dispositivo, se puede usar el subcomando `info` del comando `udevadm`.

Sintaxis

```
udevadm info [ -q | --query=TipoInfo ] ArchivoEspecial
```

Parámetros principales

`-q | --query=TipoInfo`	Tipo de información.
`ArchivoEspecial`	Archivo especial del dispositivo.

Descripción

El comando ofrece diferentes características en el periférico asociado al archivo especial `ArchivoEspecial`, incluyendo los enlaces simbólicos creados para él en los sub directorios de `/dev/disk`.

El parámetro `TipoInfo` puede tener como valor:

`name`	Nombre del nodo.
`symlink`	Enlace simbólico hacia el nodo.
`path`	Camino de acceso del dispositivo en `/sys`.
`property`	Propiedades del periférico.
`all`	Toda la información.

Ejemplo

Información del disco duro asociado al archivo especial de bloque `/dev/sda`:

```
udevadm info --query=all /dev/sda
P: /devices/pci0000:00/0000:00:1f.2/ata1/host0/target0:0:0/0:0:0:0/block/sda
N: sda
S: disk/by-id/ata-ST320LT020-9YG142_W043X12J
S: disk/by-id/scsi-0ATA_ST320LT020-9YG14_W043X12J
S: disk/by-id/scsi-1ATA_ST320LT020-9YG142_W043X12J
S: disk/by-id/scsi-35000c500493da068
S: disk/by-id/scsi-SATA_ST320LT020-9YG14_W043X12J
S: disk/by-id/wwn-0x5000c500493da068
S: disk/by-path/pci-0000:00:1f.2-ata-1
E: DEVLINKS=/dev/disk/by-id/scsi-SATA_ST320LT020-9YG14_W043X12J /dev/disk/by-
id/
ata-ST320LT020-9YG142_W043X12J /dev/disk/by-id/wwn-0x5000c500493da068 /dev/
disk/by-id/
scsi-1ATA_ST320LT020-9YG142_W043X12J /dev/disk/by-id/scsi-35000c500493da068 /
dev/disk/
by-path/pci-0000:00:1f.2-ata-1 /dev/disk/by-id/scsi-0ATA_ST320LT020-
9YG14_W043X12J
E: DEVNAME=/dev/sda
E: DEVPATH=/devices/pci0000:00/0000:00:1f.2/ata1/host0/target0:0:0/0:0:0:0/
block/sda
E: DEVTYPE=disk
E: ID_ATA=1
E: ID_ATA_DOWNLOAD_MICROCODE=1
E: ID_ATA_FEATURE_SET_APM=1
E: ID_ATA_FEATURE_SET_APM_CURRENT_VALUE=128
E: ID_ATA_FEATURE_SET_APM_ENABLED=1
E: ID_ATA_FEATURE_SET_PM=1
E: ID_ATA_FEATURE_SET_PM_ENABLED=1
E: ID_ATA_FEATURE_SET_SECURITY=1
E: ID_ATA_FEATURE_SET_SECURITY_ENABLED=0
E: ID_ATA_FEATURE_SET_SECURITY_ENHANCED_ERASE_UNIT_MIN=78
E: ID_ATA_FEATURE_SET_SECURITY_ERASE_UNIT_MIN=78
E: ID_ATA_FEATURE_SET_SECURITY_FROZEN=1
E: ID_ATA_FEATURE_SET_SMART=1
E: ID_ATA_FEATURE_SET_SMART_ENABLED=1
```

```
E: ID_ATA_ROTATION_RATE_RPM=5400
E: ID_ATA_SATA=1
E: ID_ATA_SATA_SIGNAL_RATE_GEN1=1
E: ID_ATA_SATA_SIGNAL_RATE_GEN2=1
E: ID_ATA_WRITE_CACHE=1
E: ID_ATA_WRITE_CACHE_ENABLED=1
E: ID_BUS=ata
E: ID_MODEL=ST320LT020-9YG14
E: ID_MODEL_ENC=ST320LT020-9YG14
E: ID_PART_TABLE_TYPE=dos
E: ID_PART_TABLE_UUID=12deb3a0
E: ID_PATH=pci-0000:00:1f.2-ata-1
E: ID_PATH_TAG=pci-0000_00_1f_2-ata-1
E: ID_REVISION=HPM1
E: ID_SCSI=1
E: ID_SCSI_INQUIRY=1
E: ID_SERIAL=ST320LT020-9YG142_W043X12J
E: ID_SERIAL_SHORT=W043X12J
E: ID_TYPE=disk
E: ID_VENDOR=ATA
E: ID_VENDOR_ENC=ATA\x20\x20\x20\x20\x20
E: ID_WWN=0x5000c500493da068
E: ID_WWN_WITH_EXTENSION=0x5000c500493da068
E: MAJOR=8
E: MINOR=0
E: SCSI_IDENT_LUN_ATA=ST320LT020-9YG142_W043X12J
E: SCSI_IDENT_LUN_NAA_REG=5000c500493da068
E: SCSI_IDENT_LUN_T10=ATA_ST320LT020-9YG142_W043X12J
E: SCSI_IDENT_LUN_VENDOR=W043X12J
E: SCSI_IDENT_SERIAL=W043X12J
E: SCSI_MODEL=ST320LT020-9YG14
E: SCSI_MODEL_ENC=ST320LT020-9YG14
E: SCSI_REVISION=HPM1
E: SCSI_TPGS=0
E: SCSI_TYPE=disk
E: SCSI_VENDOR=ATA
E: SCSI_VENDOR_ENC=ATA\x20\x20\x20\x20\x20
E: SUBSYSTEM=block
E: TAGS=:systemd:
E: USEC_INITIALIZED=19008063
```

Se trata de un disco SATA, en el bus PCI, mayor `8` y menor `0`.

También se puede seguir la actividad del servicio `udev`, usando el subcomando `monitor` del comando `udevadm`. El comando muestra sobre la marcha los eventos detectados por el servicio.

Observación

En las antiguas versiones de distribuciones, el comando se llamaba `udevmonitor`.

Ejemplo

Se ejecuta el comando `udevadm monitor`, y después conectamos una memoria USB:

```
udevadm monitor
monitor will print the received events for:
UDEV - the event which udev sends out after rule processing
KERNEL - the kernel uevent
```

Se inserta la clave:

```
KERNEL[510.448012] remove   /devices/pci0000:00/0000:00:1a.0/usb1/
1-1/1-1.3/1-1.3:1.0/0003:0B05:17A9.0008/input/input28/mouse0 (input)
UDEV  [510.450898] remove   /devices/pci0000:00/0000:00:1a.0/usb1/
1-1/1-1.3/1-1.3:1.0/0003:0B05:17A9.0008/input/input28/mouse0 (input)
KERNEL[510.455314] remove   /devices/pci0000:00/0000:00:1a.0/usb1/
1-1/1-1.3/1-1.3:1.0/0003:0B05:17A9.0008/input/input28/event4 (input)
UDEV  [510.455809] remove   /devices/pci0000:00/0000:00:1a.0/usb1/
1-1/1-1.3/1-1.3:1.0/0003:0B05:17A9.0008/input/input28/event4 (input)
KERNEL[510.457246] remove   /devices/pci0000:00/0000:00:1a.0/usb1/
1-1/1-1.3/1-1.3:1.0/0003:0B05:17A9.0008/input/input28 (input)
UDEV  [510.459757] remove   /devices/pci0000:00/0000:00:1a.0/usb1/
1-1/1-1.3/1-1.3:1.0/0003:0B05:17A9.0008/input/input28 (input)
KERNEL[510.460261] remove   /devices/pci0000:00/0000:00:1a.0/usb1/
1-1/1-1.3/1-1.3:1.0/0003:0B05:17A9.0008/hidraw/hidraw0 (hidraw)
KERNEL[510.460302] unbind   /devices/pci0000:00/0000:00:1a.0/usb1/
1-1/1-1.3/1-1.3:1.0/0003:0B05:17A9.0008 (hid)
[...]
UDEV  [524.081938] add      /devices/pci0000:00/0000:00:1c.7/
0000:27:00.0/
usb4/4-1/4-1:1.0/host6/target6:0:0/6:0:0:0/scsi_generic/sg2
(scsi_generic)
KERNEL[524.085789] add      /devices/pci0000:00/0000:00:1c.7/
0000:27:00.0/
usb4/4-1/4-1:1.0/host6/target6:0:0/6:0:0:0/block/sdb (block)
UDEV  [524.143905] add      /devices/pci0000:00/0000:00:1c.7/
0000:27:00.0/
usb4/4-1/4-1:1.0/host6/target6:0:0/6:0:0:0/block/sdb (block)
CTRL/C
```

Se vuelve a lanzar el comando y se desconecta la memoria USB:

```
udevadm monitor
monitor will print the received events for:
UDEV - the event which udev sends out after rule processing
KERNEL - the kernel uevent

[...]
UDEV  [645.399116] remove    /devices/pci0000:00/0000:00:1c.7/
```

```
0000:27:00.0/usb4/4-1/4-1:1.0 (usb)
UDEV  [645.399159] unbind    /devices/pci0000:00/0000:00:1c.7/
0000:27:00.0/usb4/4-1 (usb)
UDEV  [645.399192] remove    /devices/pci0000:00/0000:00:1c.7/
0000:27:00.0/usb4/4-1 (usb)
```

udev ha detectado correctamente la desconexión de la memoria USB.

3.1.4 Los enlaces simbólicos en /dev/disk

El servicio `udev` crea toda una serie de enlaces simbólicos en los subdirectorios del repertorio `/dev/disk`. Estos enlaces permiten identificar y acceder a los dispositivos de almacenamiento disponibles, discos o particiones, en función de diferentes criterios. Cada criterio corresponde a uno de los subdirectorios de `/dev/disk`:

`by-id`	Por los identificadores del dispositivo (tipo, número de serie, etc.).
`by-label`	Por etiqueta.
`by-partuuid`	Por el UUID de la partición.
`by-path`	Por su camino de acceso a su bus.
`by-uuid`	Por el UUID del dispositivo.

En el interior de esos subdirectorios se encuentran enlaces simbólicos hacia el archivo especial de bloques del disco o de la partición. De esta manera se les puede identificar de manera perenne, independientemente del orden de detección de los dispositivos.

Ejemplo

Los diferentes enlaces creados hacia el lector CD-ROM, archivo especial de bloque `/dev/sr0`, de una máquina RHEL 8.5:

```
ls -l /dev/disk/*/* | grep sr0
lrwxrwxrwx. 1 root root  9 11 agosto  16:39 /dev/disk/by-id/ata-hp_DVDRAM_
GT50N_M8JC2_TK5225 -> ../../sr0
lrwxrwxrwx. 1 root root  9 11 agosto  16:39 /dev/disk/by-id/
wwn-0x5001480000000000 -> ../../sr0
lrwxrwxrwx. 1 root root  9 11 agosto  16:39 /dev/disk/by-path/
pci-0000:00:1f.2-ata-2 -> ../../sr0
```

3.1.5 El sistema de archivos virtuales sysfs

Este sistema de archivos virtuales permite obtener datos de todos los dispositivos del sistema. Algunos pseudo archivos están accesibles en escritura y permiten modificar dinámicamente parámetros de los dispositivos (las modificaciones se hacen en memoria viva y se pierden cuando el sistema se para).

Este sistema de archivos se monta normalmente en el directorio `/sys`.

Para los dispositivos de almacenamiento gestionados en modo de bloque, los datos se presentan bajo la forma de archivos, en los subdirectorios de `dev/block/M:m`, donde `M` es el número mayor y `m` el número menor que identifican el dispositivo.

Ejemplo

Datos del disco duro asociado al archivo especial */dev/sda*, mayor *8*, menor *0*:

```
ls -l /dev/sda
brw-rw----. 1 root disk 8, 0 11 agosto  16:39 /dev/sda
ls /sys
block  bus  class  dev  devices  firmware  fs  hypervisor  kernel  module  power
cd /sys
ls dev/block/8:0
alignment_offset  device             events_poll_msecs  inflight   queue      sda1  size       trace
bdi               discard_alignment  ext_range          integrity  range      sda2  slaves     uevent
capability        events             hidden             mq         removable  sda3  stat
dev               events_async       holders            power      ro         sda4  subsystem
```

Tamaño del disco en bloques:

```
cat dev/block/8:0/size
625142448
```

¿Es extraíble?

```
cat dev/block/8:0/removable
0
```

No.

3.1.6 El comando dmesg

El comando `dmesg` muestra el contenido del buffer de anillo (*ring buffer*) en el que se almacenan los mensajes enviados por el núcleo desde su arranque. Ahí se pueden encontrar los mensajes correspondientes a la detección e inicialización de los dispositivos.

Observación

El buffer se llama de anillo porque su contenido es sobrescrito cuando está lleno, los mensajes más antiguos pueden desaparecer, por lo tanto, rápidamente.

Ejemplo

Mensajes relacionados con el disco duro asociado a `/dev/sda`:

```
dmesg | grep sda | more
[    4.074274] sd 1:0:0:0: [sda] 312581808 512-byte logical blocks: (160 GB/149 GiB)
[    4.074301] sd 1:0:0:0: [sda] Write Protect is off
[    4.074305] sd 1:0:0:0: [sda] Mode Sense: 00 3a 00 00
[    4.074343] sd 1:0:0:0: [sda] Write cache: enabled, read cache: enabled, doesn't
support DPO or FUA
[    4.110752]  sda: sda1 sda2 < sda5 >
[    4.161906] sd 1:0:0:0: [sda] Attached SCSI disk
[   24.146406] EXT4-fs (sda1): mounting ext2 file system using the ext4 subsystem
[   24.293090] EXT4-fs (sda1): mounted filesystem without journal. Opts: (null)
```

3.1.7 Los comandos ls*

Distintos comandos bajo la forma `ls*` permiten mostrar la lista más o menos detallada de los dispositivos de este o aquel tipo. Entre ellos podemos destacar, con respecto a los dispositivos de almacenamiento:

`lsdev`

Instalado con el paquete `procinfo`, es el comando más genérico. Utiliza distintos pseudo archivos del sistema de archivos `proc` y muestra las características de hardware de los diferentes dispositivos: DMA: interrupciones y direcciones de entrada/salida.

`lsscsi [-v]`
`lspci [-v]`
`lsusb [-v]`

Estos comandos muestran los datos de los elementos conectados a los buses SCSI, PCI, o de los dispositivos USB.

Observación

El paquete `procinfo` ya no está presente en los depósitos estándar de CentOS ni de Red Hat para la versión 8 y superiores.

Ejemplo

`lsdev` en una distribución Debian:

```
lsdev
Device            DMA   IRQ  I/O Ports
-----------------------------------------------
0000:00:01.1                 3000-303f   3040-307f   3080-30bf
0000:00:06.0                 0170-0177   01f0-01f7   0376-0376   03f6-03f6   3
0c0-30cf
0000:00:09.0                 30d0-30df   30e0-30e3   30e4-30e7   30e8-30ef   3
0f0-30f7
0000:00:0a.0                 30f8-30ff
ACPI                         1000-1003     1004-1005     1008-100b     1010-
1015      1020-1027      1484-1484
acpi                    9
ahci                         30d0-30df     30e0-30e3     30e4-30e7     30e8-
```

```
30ef      30f0-30f7
ahci[0000:00:09.0]          23
cascade              4
dma                              0080-008f
dma1                             0000-001f
dma2                             00c0-00df
EC                               0062-0062      0066-0066
ehci_hcd:usb2              22
enp0s10                    24
firewire_ohci               5
forcedeth                        30f8-30ff
fpu                              00f0-00ff
i8042                    1 12
keyboard                         0060-0060    0064-0064
mmc0                        7
nForce2_smbus                    3000-303f      3040-307f
nvkm                       16
ohci_hcd:usb4              18
pata_amd                14 15    0170-0177      01f0-01f7      0376-0376      03f6-
03f6      30c0-30cf
PCI                              0000-0cf7 0cf8-0cff 0d00-ffff   4000-4fff
pic1                             0020-0021
pic2                             00a0-00a1
pnp                              0360-0361    04d0-04d1    1000-107f    1080-10ff    1
400-147f    1480-14ff    1800-187f    1880-18ff
PNP0800:00                       0061-0061
PNP0C04:00                       00f0-00f1
PNP0C09:00                       0062-0062    0066-0066
rtc0                        8    0070-0071
snd_hda_intel:card0           21
timer                       0
timer0                           0040-0043
timer1                           0050-0053
vga+                             03c0-03df
```

3.2 Gestión de bajo nivel de los dispositivos de almacenamiento

Distintos comandos, según el tipo de dispositivo de almacenamiento, permiten visualizar, e incluso modificar los parámetros de estos periféricos.

Observación

Estos comandos trabajan en un nivel bajo, tienen que ser usados con precaución en modo modificación, ya que existe el riesgo de disminuir el rendimiento del dispositivo o incluso estropearlo.

3.2.1 El comando hdparm

Este comando permite interactuar con diferentes pilotos de dispositivos de almacenamiento de tipo SATA, IDE, algunos tipos de SCSI y USB...

Soporta numerosas opciones, puede mostrar los parámetros de configuración de los dispositivos y modificar algunos de ellos.

Sintaxis

```
hdparm -opciones ArchivoEspecial
```

Parámetros principales

`-opciones [ valorParámetro ]`	Parámetro para leer, si no se especifica ningún `valorParámetro`, o para posicionar en `valorParámetro`.
`ArchivoEspecial`	Archivo especial del dispositivo.

Descripción

El comando funciona en modo lectura o modificación de los parámetros. Si se utiliza una opción sin argumento, el comando retornará el valor del parámetro correspondiente. Si se utiliza con un argumentó, el comando posicionará este valor en el parámetro.

Algunas opciones son específicas para cierto tipo de discos.

Ejemplo

```
hdparm -v /dev/sda
/dev/sda:
multcount     = 16 (on)
IO_support    =  1 (32-bit)
readonly      =  0 (off)
readahead     = 8192 (on)
geometry      = 38913/255/63, sectors = 625142448, start = 0
```

3.2.2 El comando sdparm

Este comando permite interactuar con diferentes pilotos de dispositivos de almacenamiento de tipo SCSI y similares.

Admite muchas opciones, puede mostrar los parámetros de configuración de los dispositivos y modificar algunos de ellos.

Sintaxis

```
sdparm -opciones ArchivoEspecial
```

Parámetros principales

`-opciones [ valorParámetro ]`	Parámetro para leer, si no se especifica ningún `valorParámetro`, o para posicionar en `valorParámetro`.
`ArchivoEspecial`	Archivo especial del dispositivo.

Descripción

Como hdparm, el comando funciona en modo lectura o modificación de algunos parámetros.

También permite enviar comandos SCSI al controlador de dispositivo.

Ejemplo

Parámetros de un disco duro:

```
sdparm /dev/sda
   /dev/sda: ATA       ST9160821AS       D
Read write error recovery mode page:
 AWRE          1  [cha: n, def:  1]
 ARRE          0  [cha: n, def:  0]
 PER           0  [cha: n, def:  0]
Caching (SBC) mode page:
 IC            0  [cha: n, def:  0]
 WCE           1  [cha: y, def:  1]
 RCD           0  [cha: n, def:  0]
Control mode page:
 TST           0  [cha: n, def:  0]
 SWP           0  [cha: n, def:  0]
```

Utilización con un lector de CD-ROM:

```
sdparm /dev/sr0
   /dev/sr0: PIONEER   DVDRW   DVR-K17   1.05  [cd/dvd]
Read write error recovery mode page:
 AWRE          1  [cha: y, def:  1, sav:  1]
 ARRE          0  [cha: n, def:  0, sav:  0]
 PER           0  [cha: y, def:  0, sav:  0]
Write parameters (MMC) mode page:
 BUFE          1  [cha: y, def:  1, sav:  1]
 WR_T          0  [cha: y, def:  0, sav:  0]
 MULTI_S       3  [cha: y, def:  3, sav:  3]
Caching (SBC) mode page:
 IC            0  [cha: n, def:  0, sav:  0]
Power condition mode page:
 PM_BG         0  [cha: n, def:  0, sav:  0]
Power consumption mode page:
 ACT_LEV       0  [cha: y, def:  0, sav:  0]
SAT ATA Power condition mode page:
 APMP          0  [cha: y, def:  0, sav:  0]
Timeout and protect (MMC) mode page:
 WORMM         0  [cha: n, def:  0, sav:  0]
CD/DVD (MM) capabilities and mechanical status (MMC) mode page:
 D_RAM_R       1  [cha: n, def:  1, sav:  1]
```

Se puede utilizar el comando para expulsar el CD del lector:

```
sdparm --command=unlock /dev/sr0
   /dev/sr0: PIONEER   DVDRW   DVR-K17   1.05  [cd/dvd]
sdparm --command=eject /dev/sr0
   /dev/sr0: PIONEER   DVDRW   DVR-K17   1.05  [cd/dvd]
```

3.2.3 Gestión de los discos SSD

Los discos SSD (*Solid State Drive*) se utilizan cada vez más, por su rendimiento excepcional en tiempo de acceso, particularmente en lectura.

Tienen una duración de vida limitada en función del número de escrituras.

En Linux, los discos SSD, conectados a un bus PCI express, son gestionados por el piloto NVMe (*Non-Volatile Memory express*, nombre de la especificación de la gestión de los dispositivos SSD), integrado en el núcleo.

Los periféricos SSD gestionados por ese piloto se asocian a archivos especiales cuyo nombre tiene la forma de `/dev/nvme*`.

Observación

La especificación NVMe concierne a los discos SSD conectados a un bus PCI express, método más específico pero que muestra mejor rendimiento comparado con el uso de un bus más clásico, de tipo AHCI (Advanced Host Controller Interface), peor adaptado a las particularidades de los discos SSD.

El paquete `nvme-cli` instala el comando `nvme`, que permite interactuar con el piloto que gestiona los discos SSD PCI express:

Sintaxis

```
nvme Comando ArchivoEspecial [ Args ]
```

Parámetros principales

`Comando`	Subcomando que se ejecuta.
`ArchivoEspecial`	Archivo especial del dispositivo.
`Args`	Argumentos del subcomando.

Descripción

El comando funciona en modo lectura o modificación de los parámetros del dispositivo SSD especificado. También puede enviar comandos al controlador del dispositivo (lectura de bloques, escritura de bloques).

Ejemplo

Lista de los discos SSD:

```
nvme list
Node             SN                   Model                            Namespace
Usage                      Format           FW Rev
---------------- -------------------- ----------------------------------------
------------------------ ---------------- --------
/dev/nvme0n1     YZ38451820           SAMSUNG MZVPV512HDGL   1
5.3  GB / 512.11  GB    512   B +  0 B   CD24ZRT
```

Características del controlador:

```
nvme id-ctrl -H /dev/nvme0
NVME Identify Controller:
vid     : 0x144d
ssvid   : 0x144d
sn      : YZ38451820
mn      : SAMSUNG MZVPV512HDGL
fr      : CD24ZRT
rab     : 2
ieee    : 002538
cmic    : 0
 [2:2]: 0 PCI
 [1:1]: 0 Single Controller
 [0:0]: 0 Single Port
mdts    : 5
cntlid : 1
ver     : 0
rtd3r   : 0
[...]
```

Los pilotos SSD implementan técnicas elaboradas para optimizar el uso de las células de escritura y aumentar la vida del dispositivo. Para ello, las versiones recientes implementan generalmente de manera automática una operación de *trimming*.

Si fuera necesario, esta operación podría ser ejecutada manualmente en un sistema de archivos de un disco SSD montado, usando el comando siguiente:

```
fstrim PuntoMontaje
```

3.2.4 Gestión de los bloques defectuosos

El comando `badblocks` hace referencia a los bloques físicamente defectuosos en un disco o en una partición.

Sintaxis

```
badblocks [ Opciones ] ArchivoEspecial
```

Parámetros principales

`Opciones`	Opciones.
`ArchivoEspecial`	Archivo especial del dispositivo.

Descripción

Por defecto, el comando comprueba los sectores del periférico especificado y muestra la lista de los bloques defectuosos. Esta lista puede almacenarse en un archivo, que podrá ser utilizado después con otros comandos de comprobación de los sistemas de archivos (de tipo `e2fsck`).

Ejemplo

Detección de los bloques en error del disco `/dev/sda` (la ejecución del comando puede tomar bastante tiempo):

```
badblocks /dev/sda
```

3.2.5 Identificador SCSI

El comando `scsi_id` permite visualizar el identificador SCSI único de un disco SCSI.

Sintaxis

```
/lib/udev/scsi_id -g ArchivoEspecial
```

Parámetros principales

`-g`	Fuerza el modo whitelisted.
`ArchivoEspecial`	Archivo especial del dispositivo.

Descripción

El comando con la opción `-g` permite obtener el identificador único del disco especificado. Este identificador sirve en algunas aplicaciones para garantizar la identidad del disco que se debe tratar.

Ejemplo

En una distribución Debian 11:

```
/lib/udev/scsi_id -g /dev/sda
1ATA   ST9160821AS     5MA3G4KT
```

Con una distribución RHEL 8.5:

```
/lib/udev/scsi_id -g /dev/sda
35000c500493da068
```

3.3 Las redes de almacenamiento SAN

Una red de almacenamiento SAN (*Storage Area Network*) permite acceder a los recursos de almacenamiento a través de una red. Los recursos se ven como espacios de almacenamiento locales, discos o volúmenes físicos LVM, en los que se pueden crear particiones, volúmenes lógicos LVM y sistemas de archivos.

La comunicación con los recursos de almacenamiento remotos se hace gracias a los comandos de bajo nivel, de tipo SCSI o ATA, encapsulados en un protocolo que puede ser de nivel de enlace de datos (Ethernet) o de red (IP). Los protocolos que permiten esta comunicación son, respectivamente, iSCSI (*Internet SCSI*) y AoE (*ATA over Ethernet*).

También se pueden utilizar redes de fibra óptica (*Fibre Channel*) o encapsular el protocolo en Ethernet para poder acceder a las bahías de almacenamiento de fibra óptica a través de una red Ethernet (protocolo FCoE, *Fibre Channel over Ethernet*).

3.4 Gestión de los discos iSCSI

SCSI (*Small Computer System Interface*) es una familia de protocolos de comunicación destinados a los dispositivos de entrada/salida. Se trata de un protocolo cliente-servidor, que permite al cliente (el sistema) enviar solicitudes al servidor (el controlador SCSI), que es el encargado de gestionar las unidades de almacenamiento (discos, lectores de bandas, etc.).

iSCSI (*Internet SCSI*) es una extensión de red del protocolo SCSI que permite enviar comandos SCSI a través de una red TCP/IP. De esta manera se pueden administrar a distancia accesos a discos de bajo nivel, normalmente en una topología de tipo Ethernet. Este protocolo estándar está definido en la RFC 3720.

iSCSI se utiliza en el marco de redes de almacenamiento (*Storage Area Network*) en TCP/IP, solución menos onerosa que las redes SAN en fibra óptica.

Open-iSCSI es una implementación de software libre de este protocolo, que funciona en Linux. Este software permite a un sistema Linux utilizar este protocolo como cliente (acceder a los servidores de almacenamiento de discos iSCSI).

Linux también puede hacer el rol de servidor de almacenamiento iSCSI; en este caso la máquina administrada por Linux pondrá algunos de sus discos a disposición exclusiva de los clientes iSCSI remotos.

3.4.1 Terminología

Un **cliente** iSCSI se llama iniciador iSCSI (*iSCSI Initiator*). Está definido por un identificador único, con formato WWN (*World Wide Name*).

Un **objetivo** iSCSI (*iSCSI target*) corresponde a una interfaz de un servidor de almacenamiento. Está identificada por un identificador único, en formato WWN. Un objetivo puede estar asociado a distintas direcciones IP y, a la inversa, una dirección IP puede corresponder a distintos objetivos.

Un objetivo iSCSI administra **unidades lógicas** de almacenamiento, identificadas por un número de unidad lógica LUN (*Logical Unit Number*). Cada LUN es visto por el sistema cliente como un dispositivo físico de almacenamiento (disco duro, cartucho).

Un **portal de red** (*Network Portal*) es un elemento iSCSI asociable a una conexión TCP/IP. Un servidor de portal de red escucha en una dirección IP y en un puerto TCP. El puerto bien conocido reservado a iSCSI es el número 3260.

Los nombres iSCSI utilizando un formato de nombre de tipo WWN (*World Wide Name*), de manera que se asegure su unicidad. Este formato es el siguiente:

```
iqn.AAAA-MM.Dominio:cadena_ident
```

donde:

`iqn.`	Prefijo que especifica el espacio de nombres (*iSCSI qualified name*).
`AAAA-MM.`	Fecha (Año-Mes) que debe corresponder al primer mes de atribución del nombre de dominio utilizado por la autoridad que gestiona este WWN.
`Dominio`	Nombre de dominio, en orden inverso, de la autoridad que gestiona este WWN.
`:cadena_ident`	Opcionalmente, identificador del elemento designado por éste nombre. La unicidad de este identificador es responsabilidad de la autoridad que gestiona WWN.

Ejemplo

```
iqn.2020-01.no.net:cloud1.target1
```

Objetivo `target1` del servidor iSCSI `cloud1` del dominio `no.net`, declarado desde junio de 2020.

3.4.2 Paquetes de software iSCSI

Los componentes de software iSCSI no se suministran generalmente por defecto con las distribuciones, habrá que instalarlos por separado. Los paquetes son distintos para el cliente o para el servidor.

Paquetes para los clientes iSCSI

Para las distribuciones de tipo Red Hat, el paquete se llama `iscsi-initiator-utils`.

Para las distribuciones de tipo Debian, el paquete se llama `open-iscsi`.

Ejemplo

Instalación del paquete en una distribución de tipo Red Hat:

```
dnf install iscsi-initiator-utils
```

Instalación del paquete en una distribución Debian:

```
apt install open-iscsi
```

Paquetes de servidores iSCSI

Para las distribuciones de tipo Red Hat versión 7, el paquete se llama `scsi-target-utils` y es necesario que el repositorio EPEL (*Extra Packages for Enterprise Linux*) esté activado.

Para las distribuciones de tipo Red Hat versión 8, el paquete se llama `targetcli` e implementa un nuevo servidor iSCSI.

Para las distribuciones de tipo Debian, el paquete se llama `tgt`.

Ejemplo

Instalación del paquete en una distribución RHEL 8.5:

```
dnf install targetcli
```

Instalación del paquete en una distribución Debian:

```
apt install tgt
```

La mayoría de las veces, Linux se utiliza como un cliente iSCSI, ya que utilizará discos remotos proporcionados por un equipo especializado que hace el rol de servidor iSCSI.

3.4.3 Linux como cliente iSCSI

La implementación de un cliente iSCSI en Linux, para que el sistema pueda usar discos remotos a través de una red TCP/IP, se hace con tres conjuntos de elementos:

- Un módulo del núcleo que administra las interfaces de red TCP/IP.
- Un módulo de tipo servidor que asegura la comunicación con los servidores de almacenamiento destinatarios.
- Comandos de gestión que permiten administrar las unidades lógicas de almacenamiento puestas a disposición por los servidores destinatarios iSCSI.

El término servidor es confuso en el caso de `iscsid`. De hecho, aunque sea un "servidor" desde el punto de vista del sistema, se comporta como cliente (iniciador) de un servidor de almacenamiento iSCSI, enviando solicitudes de acceso a un dispositivo de almacenamiento.

Arranque del servidor iscsid

El archivo de configuración por defecto del servidor `iscsid` está en `/etc/iscsi/iscsid.conf`. Para un uso simple, no es necesario modificar su contenido por defecto.

Observación

Si los recursos remotos tienen el acceso protegido, habrá que configurar en ese archivo la cuenta del usuario y la contraseña que tendrá que enviarse al servidor remoto.

Por defecto, el programa servidor `iscsid` arranca automáticamente en cuanto el comando le hace una llamada.

Se puede arrancar el servidor en modo manual usando el comando:

```
systemctl iscsid start
```

Ejemplo

```
systemctl start iscsid
ps -ef | grep iscsi
root 1945       2  0 11:36 ? 00:00:00 [iscsi_eh]
root 1946       2  0 11:36 ? 00:00:00 [iscsi_conn_clea]
root 2072       1  0 11:36 ? 00:00:00 /sbin/iscsid
root 2073       1  0 11:36 ? 00:00:00 /sbin/iscsid
```

Acceso a recursos de disco remotos

Para acceder la primera vez a un dispositivo gestionado por un servidor iSCSI remoto, primero hay que solicitar que `iscsid` haga un descubrimiento (*discover*) de este servidor.

Después, habrá que dar los elementos para conectarse a uno de los recursos remotos propuestos por el servidor iSCSI:

- WWN del recurso.
- Opcionalmente, el nombre de usuario y la contraseña, si el acceso del recurso está protegido.

Una vez que esta conexión haya sido efectuada, el dispositivo iSCSI podrá ser utilizado como un dispositivo de disco local: será incluido en el grupo de volúmenes LVM o creado directamente en un sistema de archivos.

Para automatizar estas conexiones y que perduren en el tiempo, se declaran (automáticamente) en la base de datos del servidor iSCSI, y éste será configurado para ser arrancado durante el inicio del sistema.

Descubrimiento de un servidor iSCSI

El descubrimiento de un servidor iSCSI se hace a través de su portal de red, identificado por una dirección IP (y opcionalmente un puerto, si el puerto bien conocido no es usado).

La opción `-m discovery` del comando `iscsiadm` permite descubrir los objetivos iSCSI expuestos por un servidor de almacenamiento iSCSI remoto.

Ejemplo

```
iscsiadm -m discovery -t sendtargets -p 192.168.1.140
192.168.1.140:3260,1 iqn.2008-09.com.example:server.target1
```

En este ejemplo, se interroga al servidor `192.168.1.140` enviándole los identificadores WWN de clientes locales (Initiator WWN). El servidor remoto responde indicando el WWN de un objetivo accesible `iqn.2008-09.com.example:server.target1`.

Conexión a un objetivo iSCSI

Después de haber hecho el descubrimiento, hay que conectarse al objetivo deseado. Si esta conexión funciona, se guardará en la base de datos del servidor `icsid` y será posible volver a conectarse automáticamente.

Las opciones `-m nodo`, `-T objetivo`, `-p portal` y `--login` del comando `iscsiadm` permiten solicitar la conexión a un objetivo.

Ejemplo

```
iscsiadm -m node -T iqn.2008-09.com.example:server.target1 -p 192.168.1.140 --login
Logging in to [iface: default, target: iqn.2008-09.com.example:server.target1, portal:
192.168.1.140,3260]
Login to [iface: default, target: iqn.2008-09.com.example:server.target1, portal:
192.168.1.140,3260] successful.
```

Si la conexión ha sido aceptada, las unidades de almacenamiento remotas gestionadas por el objetivo serán asociadas a archivos especiales locales en modo de bloque, como si se tratara de dispositivos locales.

Se puede comprobar con el comando `fdisk` o consultando los mensajes de `iscsid` en el archivo del registro general (`/var/log/messages`).

Ejemplo

```
tail /var/log/messages
Aug 12 13:48:13 srvrh kernel: scsi 7:0:0:0: RAID
IET      Controller       0001 PQ: 0 ANSI: 5
Aug 12 13:48:13 srvrh kernel: scsi 7:0:0:0: Attached scsi generic sg3 type 12
```

```
Aug 12 13:48:13 srvrh kernel: scsi 7:0:0:1: Direct-Access
IET      VIRTUAL-DISK     0001 PQ: 0 ANSI: 5
Aug 12 13:48:13 srvrh kernel: sd 7:0:0:1: Attached scsi generic sg4 type 0
Aug 12 13:48:13 srvrh kernel: sd 7:0:0:1: Power-on or device reset occurred
Aug 12 13:48:13 srvrh kernel: sd 7:0:0:1: [sdc] 60088320 512-byte logical
blocks: (30.8 GB/28.7 GiB)
Aug 12 13:48:13 srvrh kernel: sd 7:0:0:1: [sdc] Write Protect is off
Aug 12 13:48:13 srvrh kernel: sd 7:0:0:1: [sdc] Write cache: enabled,
read cache: enabled, supports DPO and FUA
Aug 12 13:48:13 srvrh kernel: sdc: sdc1
Aug 12 13:48:13 srvrh kernel: sd 7:0:0:1: [sdc] Attached SCSI disk
```

El archivo especial `/dev/sdc` ahora puede utilizarse como disco local.

```
fdisk -l /dev/sdc
Disco /dev/sdc : 28,7 GiB, 30765219840 bytes, 60088320 sectores
Unidades: sectores 1 × 512 = 512 bytes
Tamaño de sector (lógico/físico): 512 bytes / 512 bytes
Tamaño de E/S (mínimo/óptimo): 512 bytes / 512 bytes
Tipo de etiqueta de disco: dos
Identificador de disco: 0x2cab24c8
Disposit.  Inicio Comienzo    Final Sectores Tamaño Id Tipo
/dev/sdc1                32 60088319 60088288  28,7G  c W95 FAT32 (LBA)
```

Uso del dispositivo iSCSI

El dispositivo ya se puede declarar como disco físico de un grupo de volúmenes o se puede usar directamente para almacenar uno o distintos sistemas de archivos.

Se puede usar como un disco entero o particionarlo.

Ejemplo

Uso del disco remoto `/dev/sdc`:

```
mkfs -t ext4 /dev/sdc
mke2fs 1.45.6 (20-Mar-2020)
mke2fs 1.44.5 (15-Dec-2018)
Found a dos partition table in /dev/sd
Proceed anyway? (y,N) y
Creating filesystem with 7511040 4k blocks and 1880480 inodes
Filesystem UUID: cb046291-40da-4886-9069-88ff6e2b1952
Superblock backups stored on blocks:
        32768, 98304, 163840, 229376, 294912, 819200, 884736, 1605632,
2654208, 40960000

Allocating group tables: done
Writing inode tables: done
Creating journal (32768 blocks): done
Writing superblocks and filesystem accounting information: done
```

```
mkdir /var/bigdatos
mount /dev/sdc /var/bigdatos
df /var/bigdatos
S.ficheros     bloques de 1K  Usados Disponibles Uso% Montado en
/dev/sdc            29440908   45080   27877236   1% /var/bigdatos
```

En este ejemplo, se ha usado el disco entero como un sistema de archivos ext4, y después se ha montado en el directorio /var/bigdatos. Tiene una capacidad aproximada de 29 GB.

Perdurabilidad de la conexión

Generalmente es necesario hacer que el sistema de archivos sea accesible en cada inicio del sistema, siendo activado por systemd:

```
systemctl enable iscsid.service
```

Después, se puede configurar en montaje automático en el archivo /etc/fstab, añadiendo esta línea:

```
/dev/sdc /var/bigdatos ext4 _netdev 0 0
```

La opcion _netdev especifica el modo de acceso de red del sistema de archivos.

Ejemplo

Declaramos el sistema de archivos remoto en /etc/fstab:

```
/dev/sdc /var/bigdatos ext4 _netdev 0 0
```

Se desmonta:

```
umount /dev/sdc
```

Se monta usando el archivo /etc/fstab:

```
mount /var/bigdatos
```

Comprobamos su montaje:

```
mount | grep /var/bigdatos
/dev/sdc on /var/bigdatos type ext4 (rw,relatime,seclabel,_netdev)
```

Después de haber reiniciado el sistema:

```
mount | grep /var/bigdatos
/dev/sdd on /var/bigdatos type ext4 (rw,relatime,seclabel,_netdev)
```

Comprobamos que el servicio iscsid ha sido iniciado automáticamente:

```
systemctl status iscsid
● iscsid.service - Open-iSCSI
  Loaded: loaded (/usr/lib/systemd/system/iscsid.service; enabled; vendor
preset: disabled)
  Active: active (running) since Sun 2022-08-15 11:52:21 GMT; 8h ago
[...]
marzo 15 19:26:41 beta iscsid[1298]: iscsid: Connection1:0 to [target:
iqn.2008-09.com.example:server.target>
```

```
[...]
ps -ef | grep scsid
root       1298      1  0 11:52?        00:00:00 /usr/sbin/iscsid -f
root       8544   7866  0 20:08 pts/1    00:00:00 grep --color=auto scsid
```

El sistema de archivos remoto es operativo:

```
cp /etc/hosts /var/bigdatos/archivo1
ls -l /var/bigdatos/archivo1
-rw-r--r--. 1 root root 179 12 agosto  14:15 /var/bigdatos/archivo1
```

Desconexión de un recurso iSCSI

En el caso en que un dispositivo remoto iSCSI tenga que dejar de ser utilizado por el sistema, es posible solicitar a `iscsid` que lo desconecte, usando la opción `--logout` del comando `iscsiadm`, después de asegurarse de que no estaba montado.

Ejemplo

```
iscsiadm -m node -T iqn.2008-09.com.example:server.target1 -p
192.168.1.140 --logout
Logging out of session [sid: 1, target: iqn.2008-09.com.example:server.target1,
portal: 192.168.1.140,3260]
Logout of [sid: 1, target: iqn.2008-09.com.example:server.target1, portal:
192.168.1.140,3260] successful.
```

3.4.4 Linux como servidor iSCSI

Esta funcionalidad se utiliza de manera menos frecuente, pero es posible poner a disposición de los clientes iSCSI remotos dispositivos de almacenamiento administrados por el sistema Linux local. Estos periféricos pueden ser discos o particiones físicas, o incluso volúmenes lógicos (LVM). También podrían ser lectores de bandas.

Observación

Los accesos remotos son accesos de bajo nivel, por lo tanto es necesario que estos discos no se utilicen localmente y que, salvo casos excepcionales, un disco solamente sea utilizado por un cliente.

Principio

Una vez que el programa servidor iSCSI haya sido iniciado como servicio, se pondrá a la escucha de solicitudes de los clientes iSCSI (los iniciadores), por defecto en el número de puerto bien conocido 3260. Este administrará uno o distintos objetivos y, por cada objetivo, una o distintas unidades lógicas (LUN). Respondiendo a un comando iSCSI de un cliente, transmite la solicitud al controlador del dispositivo local y devuelve la respuesta al cliente.

La configuración es diferente para las distribuciones de tipo Debian y Red Hat 8, pero el principio es el mismo.

Ejemplo con el servidor `tgt`

En las distribuciones de tipo Debian, el servicio servidor iSCSI se llama `tgt.service` y lo administra `systemd`.

Se empieza por parar el servicio antes de modificar su configuración:

```
systemctl stop tgt
```

Se añade un archivo de configuración `mytarget.conf`, en el directorio `/etc/tgt/conf.d` para declarar un objetivo local:

```
vi /etc/tgt/conf.d/mytarget.conf:
<target iqn.2008-09.com.example:server.target1>
   backing-store /dev/sdb
</target>
```

Este archivo asocia el disco local `/dev/sdb` al objetivo, cuyo WWN es:

`iqn.2008-09.com.example:server.target1`

El dispositivo no debe estar montado en el momento de la activación del objetivo iSCSI.

Se reinicia el servicio, y después se configura en arranque automático.

```
systemctl start tgt
```

Se hace perdurable (arranque automático en modo multiusuario):

```
systemctl enable tgt
```

Para seguir el estado del servicio del servidor iSCSI e interactuar con él, se usa el comando `tgtadm`. El comando siguiente muestra la lista de los objetivos administrados por el servidor:

```
tgtadm --mode target --op show
   LUN information:
       LUN: 0
           Type: controller
           SCSI ID: IET     00010000
           SCSI SN: beaf10
           Size: 0 MB, Block size: 1
           Online: Yes
           Removable media: No
           Prevent removal: No
           Readonly: No
           SWP: No
           Thin-provisioning: No
           Backing store type: null
           Backing store path: None
           Backing store flags:
       LUN: 1
           Type: disk
```

```
            SCSI ID: IET     00010001
            SCSI SN: beaf11
            Size: 30765 MB, Block size: 512
            Online: Yes
            Removable media: No
            Prevent removal: No
            Readonly: No
            SWP: No
            Thin-provisioning: No
            Backing store type: rdwr
            Backing store path: /dev/sdb
            Backing store flags:
    Account information:
    ACL information:
        ALL
```

La LUN 0 corresponde al controlador, la LUN 1 al disco `/dev/sdb`.

Desde una máquina donde el cliente iSCSI ha sido instalado (incluyendo la máquina local), se pide hacer un descubrimiento hacia el portal de redes del servidor iSCSI, para asegurarse de que esté bien accesible y de que proponga los objetivos configurados.

```
iscsiadm -m discovery -t sendtargets -p 192.168.1.140
192.168.1.140:3260,1 iqn.2008-09.com.example:server.target1
```

El servidor que tiene la dirección IP 192.168.1.140 propone efectivamente el objetivo configurado.

Observación

Preste atención al firewall del sistema, hay que configurarlo para que acepte las solicitudes de conexiones entrantes hacia el puerto asociado al servidor iSCSI (3260 por defecto). Para los tests, se puede desactivar el firewall temporalmente con el comando `systemctl stop firewalld`.

Ejemplo con el servidor `target`

En las distribuciones de tipo Red Hat 8.x, el servicio servidor iSCSI se llama `target.service` y es gestionado por `systemd`. Usa achivos de configuración en el formato JSON, que se pueden crear en modo interactivo con el comando `targetcli`.

Se empieza por parar el servicio, antes de modificar la configuración:

```
systemctl stop target
```

Se usa el comando interactivo *`targetcli`* para configurar el objetivo iSCSI:

```
targetcli
Warning: Could not load preferences file /root/.targetcli/prefs.bin.
targetcli shell version 2.1.53
```

```
Copyright 2011-2013 by Datera, Inc and others.
For help on commands, type 'help'.
/>
```

Se entra en el directorio de los dispositivos `backstores` en modo de bloque:

```
cd /backstores/block
/backstores/block>
```

Se crea un objeto `LUN0`, asociado al disco `/dev/sdb`:

```
create name=LUN0 dev=/dev/sdb
Created block storage object LUN0 using /dev/sdb.
```

Entramos en el directorio `/iscsi` para declarar un objetivo local:

```
cd /iscsi
/iscsi> create iqn.2022-08.com.example:server
Created target iqn.2022-08.com.example:server.
Created TPG 1.
Global pref auto_add_default_portal=true
Created default portal listening on all IPs (0.0.0.0), port 3260.
```

Se entra en el directorio del objetivo creado:

```
cd iqn.2022-08.com.example:server
/iscsi/iqn.20...xample:server>
```

Se lista el directorio:

```
ls
o- iqn.2022-08.com.example:server ...............[TPGs: 1]
 o- tpg1 ........................................[no-gen-acls, no-auth]
   o- acls ...................................... [ACLs: 0]
   o- luns ...................................... [LUNs: 0]
   o- portals ................................... [Portals: 1]
     o- 0.0.0.0:3260 ............................ [OK]
```

Entramos en el directorio de declaración de los LUN del objetivo:

```
cd tpg1/luns
/iscsi/iqn.20...ver/tpg1/luns>
```

Se crea el LUN asociándolo al backstore `LUN0` creado:

```
create /backstores/block/LUN0
Created LUN 0.
```

Se vuelve a la raíz y se guarda la configuración:

```
cd /
saveconfig
Configuration saved to /etc/target/saveconfig.json
```

Salimos:

```
exit
Global pref auto_save_on_exit=true
Last 10 configs saved in /etc/target/backup/.
Configuration saved to /etc/target/saveconfig.json
```

El archivo de configuración, que se puede modificar, se encuentra en: `/etc/target/saveconfig.json`.

Se inicia el servicio:

```
systemctl start target
```

Se pregunta al servidor local:

```
iscsiadm -m discovery -t sendtargets -p 127.0.0.1
127.0.0.1:3260,1 iqn.2022-08.com.example:server
```

El servidor local propone correctamente el objetivo configurado.

Desde una máquina remota:

```
iscsiadm -m discovery -t sendtargets -p 192.168.1.108
192.168.1.108:3260,1 iqn.2022-08.com.example:server
```

4. Logical Volume Manager

La gestión tradicional de los discos que consiste en una o distintas particiones por disco, pudiendo contener cada una un sistema de archivos o un espacio de swap, impone límites en términos de flexibilidad de uso y de evolución, en particular:

- Un sistema de archivos no puede ocupar distintos discos (exceptuando las técnicas de RAID).
- El tamaño máximo de un sistema de archivos depende del tamaño de la partición que lo contiene y es delicado aumentar el tamaño de una partición y, por lo tanto, de su sistema de archivos.

Estas distintas limitaciones y restricciones han llevado a proponer una nueva herramienta de gestión del espacio de almacenamiento, el **Gestor de volúmenes** lógicos (LVM, *Logical Volume Manager*).

El principio es de implementar una capa lógica intermediaria entre los gestores de sistemas de archivos y el material de almacenamiento. El gestor de sistemas de archivos ve los volúmenes lógicos en lugar de las particiones o discos. Estos volúmenes lógicos son administrados por el gestor LVM, que hace de enlace entre los dispositivos usados. De esta manera, podemos dejar atrás la mayoría de las limitaciones evocadas anteriormente:

- Un sistema de archivos puede extenderse entre distintos discos físicos.

- Se puede, mucho más fácilmente, aumentar el tamaño máximo de un sistema de archivos.
- Se pueden combinar controladores de discos de tecnologías diferentes, o discos locales y remotos dentro de un sistema de archivos.
- Se puede añadir un disco físico en caliente y utilizarlo para agrandar un sistema de archivos existente.

Se puede combinar perfectamente el RAID de hardware o software con LVM, permitiendo el beneficio de la tolerancia de fallos y la flexibilidad de los volúmenes lógicos.

La tecnología LVM, originaria de Linux, se implementó en el núcleo Linux en los años 2000 y se utiliza a gran escala en entornos de producción desde hace años. La versión actual se llama LVM2.

Observación

El Gestor de volúmenes lógicos Linux LVM puede gestionar por sí mismo diferentes niveles de RAID de software o apoyarse en el módulo de gestión del RAID visto anteriormente, `md`*..*

4.1 Arquitectura de los volúmenes lógicos

Ejemplo de arquitectura LVM con seis discos duros, organizados en dos grupos de volúmenes y sieste volúmenes lógicos:

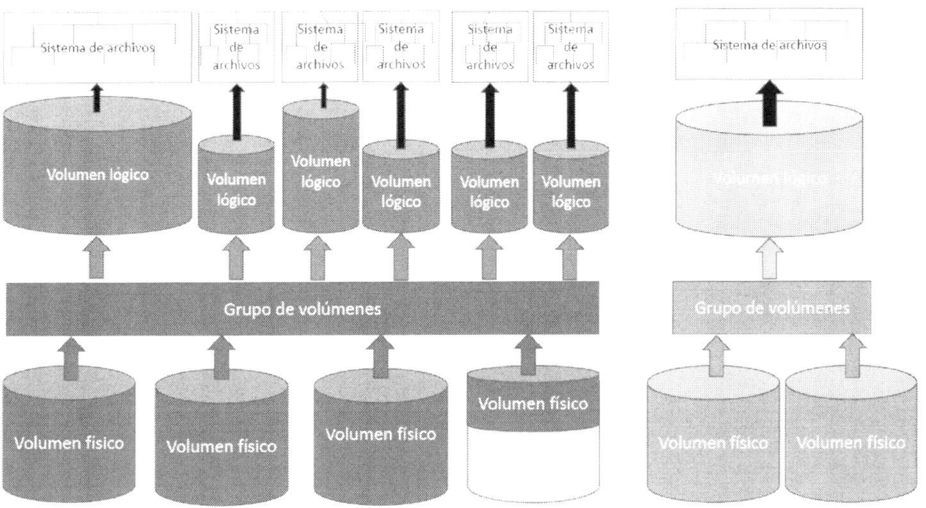

La arquitectura de los volúmenes lógicos LVM está estructurada en tres niveles:

- Los periféricos de almacenamiento, que pueden ser discos enteros (lo más aconsejado) o particiones de discos, gestionados por LVM, se llaman **volúmenes físicos**. Un volumen físico está dividido en conjuntos del mismo tamaño llamados extensiones físicas (PE, *Physical Extents*).
- Un **grupo de volúmenes** agrupa a uno o distintos volúmenes físicos, administra una tabla del conjunto de las extensiones físicas disponibles dentro de los volúmenes físicos del grupo.
- Los **volúmenes lógicos** del grupo de volúmenes. Cuando se crea un volumen lógico, éste está constituido por conjuntos del mismo tamaño llamados extensiones lógicas (LE, *Logical Extents*). El gestor de volúmenes lógicos reparte las extensiones lógicas asignadas a un volumen lógico usando las extensiones físicas de los volúmenes del grupo. Un volumen lógico puede, por lo tanto, estar repartido en uno o distintos volúmenes físicos. Mientras haya extensiones físicas disponibles, se podrán crear nuevos volúmenes lógicos o extender los volúmenes lógicos existentes.

Un volumen lógico está asociado a un archivo especial en modo de bloque, que puede ser utilizado para crear un sistema de archivos (o declararlo espacio de swap).

4.2 Configuración del gestor LVM

El archivo de configuración por defecto del gestor LVM se encuentra en `/etc/lvm/lvm.conf`. Aunque el archivo está documentado, su sintaxis es compleja: modificar su contenido debe hacerse prudentemente.

El comando `lvmconfig` permite mostrar o modificar dinámicamente la configuración actual del gestor LVM.

Ejemplo

Configuración por defecto en una distribución RHEL 8.5:

```
lvmconfig
config {
        checks=1
        abort_on_errors=0
        profile_dir="/etc/lvm/profile"
}
local {
}
dmeventd {
}
activation {
        checks=0
```

```
        udev_sync=1
        udev_rules=1
        retry_deactivation=1
        missing_stripe_filler="error"
        raid_region_size=2048
        raid_fault_policy="warn"
        mirror_image_fault_policy="remove"
        mirror_log_fault_policy="allocate"
        snapshot_autoextend_threshold=100
        snapshot_autoextend_percent=20
        thin_pool_autoextend_threshold=100
        thin_pool_autoextend_percent=20
        monitoring=1
        activation_mode="degraded"
}
global {
        umask=63
        test=0
        units="r"
        si_unit_consistency=1
        suffix=1
        activation=1
        proc="/proc"
        etc="/etc"
        wait_for_locks=1
        locking_dir="/run/lock/lvm"
        prioritise_write_locks=1
        abort_on_internal_errors=0
        metadata_read_only=0
        mirror_segtype_default="raid1"
        raid10_segtype_default="raid10"
        sparse_segtype_default="thin"
        use_lvmlockd=0
        system_id_source="none"
        use_lvmpolld=1
        notify_dbus=1
}
shell {
        history_size=100
}
backup {
        backup=1
        backup_dir="/etc/lvm/backup"
        archive=1
        archive_dir="/etc/lvm/archive"
        retain_min=10
```

```
        retain_days=30
}
log {
        verbose=0
        silent=0
        syslog=1
        overwrite=0
        level=0
        command_names=0
        prefix="  "
        activation=0

 debug_classes=["memory","devices","io","activation","allocation",
"metadata","cache","locking","lvmpolld","dbus"]
}
allocation {
        maximise_cling=1
        use_blkid_wiping=1
        wipe_signatures_when_zeroing_new_lvs=1
        mirror_logs_require_separate_pvs=0
}
devices {
        dir="/dev"
        scan="/dev"
        obtain_device_list_from_udev=1
        external_device_info_source="none"
        sysfs_scan=1
        scan_lvs=0
        multipath_component_detection=1
        md_component_detection=1
        fw_raid_component_detection=0
        md_chunk_alignment=1
        data_alignment_detection=1
        data_alignment=0
        data_alignment_offset_detection=1
        ignore_suspended_devices=0
        ignore_lvm_mirrors=1
        require_restorefile_with_uuid=1
        pv_min_size=2048
        issue_discards=0
        allow_changes_with_duplicate_pvs=0
        allow_mixed_block_sizes=0
}
```

4.3 Sintaxis general de los comandos LVM

Los comandos de gestión de los objetos LVM (volúmenes físicos, grupos de volúmenes y volúmenes lógicos) tienen un nombre de la forma siguiente:

`ObjetoAcción [-Opciones]`

o

`[pv|vg|lv]s`

Donde:

`Objeto`	Tipo de objeto LVM: `pv` (*physical volume*), `vg` (*volume group*) o `lv` (*logical volume*).
`Acción`	Acción aplicable al objeto: `create`, `display`, `remove`...
`-Opciones`	Opciones comunes o específicas del objeto.

Descripción

Los 3 comandos principales tienen una forma simplificada: `pvs`, `vgs` o `lvs`, que muestra el conjunto de las características del tipo de objeto especificado.

En las opciones comunes a los tres comandos, encontramos:

`[ -h | --help ]`	Ayuda.
`[ -v | --verbose ]`	Modo detallado.
`[ -q |--quiet ]`	Modo silencioso, sin mostrar nada en la pantalla.
`[ -y | --yes ]`	Responder afirmativamente a todas las preguntas.
`[ -t | --test ]`	Comprobación sin ejecutar nada.
`[ -d | --debug ]`	Modo depuración.

Ejemplo

Síntesis de la configuración de tres tipos de objetos LVM, en una distribución RHEL 8.5:

```
pvs
 PV          VG        Fmt  Attr PSize      PFree
 /dev/sda2   cl        lvm2 a--  <154,09g        79.80g
```

El sistema dispone de un volumen físico, en un grupo de volúmenes.

```
vgs
 VG        #PV #LV #SN Attr   VSize     VFree
 cl          1   4   0 wz--n- <154,09g        79.80g
```

El sistema dispone de un grupo de volúmenes que tiene un volumen físico y cinco volúmenes lógicos.

```
lvs
 LV    VG       Attr       LSize   Pool Origin Data%  Meta%  Move Log
Cpy%Sync
Convert
  home    cl -wi-ao----  20,18g
  lvdatas cl -wi-a----- 200,00m
  root    cl -wi-ao----  0,00g
  swap    cl -wi-a-----   3,91g
  var     cl -wi-ao----  30,00g
```

Hay cinco volúmenes lógicos.

De la misma manera, se pueden usar comandos de búsqueda de objetos LVM:

```
[pv|vg|lv]scan
```

Ejemplo

Búsqueda de los 3 tipos de objetos LVM, en una distribución Debian 11:

```
pvscan
  PV /dev/sda5   VG srvdebian-vg    lvm2 [148,57 GiB / 69,44 GiB free]
  Total: 1 [148,57 GiB] / in use: 1 [148,57 GiB] / in no VG: 0 [0   ]
vgscan
 Found volume group "srvdebian-vg" using metadata type lvm2
lvscan
  ACTIVE            '/dev/srvdebian-vg/root' [22,68 GiB] inherit
  ACTIVE            '/dev/srvdebian-vg/swap_1' [976,00 MiB] inherit
  ACTIVE            '/dev/srvdebian-vg/tmp' [1,39 GiB] inherit
  ACTIVE            '/dev/srvdebian-vg/var' [<35,38 GiB] inherit
  ACTIVE            '/dev/srvdebian-vg/home' [18,62 GiB] inherit
  ACTIVE            '/dev/srvdebian-vg/datas' [100,00 MiB] inherit
```

4.4 Los volúmenes físicos

Un disco físico (o una partición de disco), para poder ser administrado por LVM debe contener estructuras específicas de gestión de información LVM, que lo definen como un volumen físico LVM. Después, hay que incluirlo en un grupo de volúmenes.

Observación

El disco puede ser un disco real o una partición de disco. También se puede tratar de un volumen RAID gestionado por `md`, compuesto de muchos discos; será considerado como un solo volumen físico LVM.

4.4.1 Creación de un volumen físico

El comando `pvcreate` permite crear un volumen físico LVM.

Sintaxis

```
pvcreate [ Opciones ] ArchivoEspecial
```

Parámetros principales

`Opciones`	Opciones.
`ArchivoEspecial`	Archivo especial del dispositivo.

Descripción

El comando escribe las estructuras de gestión LVM necesarias en el espacio de almacenamiento asociado al archivo especial `ArchivoEspecial`. Puede tratarse de un disco entero de una partición o de un volumen RAID gestionado por `md`. El comando escribe una etiqueta particular LVM y un UUID en el espacio de almacenamiento e inicializa los metadatos necesarios.

Numerosas opciones permiten especificar las características técnicas deseadas para el volumen físico.

Observación

Si el disco o la partición contiene un sistema de archivos, aunque no esté montado, el comando puede fallar mostrando el error "`Device /dev/xxx excluded by a filter`". En ese caso, hay que suprimir las estructuras del sistema de archivos en el disco, usando por ejemplo el comando `wipefs -a /dev/xxx`.

Ejemplo

Creación de un volumen físico en un disco entero:

Como el disco ya ha servido para diferentes tests, se suprimirá un hipotético sistema de archivos residual:

```
wipefs -a /dev/sdb
/dev/sdb : 4 bytes eliminados en el índice 0x00000000 (xfs): 58 46 53 42
```

Se crea el volumen físico:

```
pvcreate /dev/sdb  Physical volume "/dev/sdb" successfully created.
```

Se comprueba:

```
blkid /dev/sdb
/dev/sdb: UUID="0317OY-Jz6F-VNZP-XTEc-iwSE-ZDcS-z70ONr" TYPE="LVM2_member"
```

El disco se ve como de tipo LVM2.

Se comprueba el conjunto de los volúmenes físicos existentes:

```
pvs
  PV         VG Fmt  Attr PSize    PFree
  /dev/sda2  cl lvm2 a--  <154,09g 79,80g
  /dev/sdb      lvm2 ---    28,65g 28,65g
```

4.4.2 Datos en los volúmenes físicos

El comando `pvdisplay` muestra las características de uno o distintos volúmenes físicos LVM.

Sintaxis

```
pvdisplay [ Opciones ] [ Volfísico ... ]
```

Parámetros principales

`Opciones`	Opciones.
`Volfísico`	Archivos especiales del volumen o de los volúmenes físicos.

Descripción

El comando muestra las características de los volúmenes especificados o de todos los volúmenes físicos reconocidos si no existe el argumento `Volfísico`. El comando acepta las opciones generales de los comandos LVM, y otros más específicos para los volúmenes físicos.

Ejemplo

Lista detallada de los volúmenes físicos del sistema:

```
pvdisplay
 --- Physical volume ---
 PV                    /dev/sda2
 VG Name               cl
 PV Size               154,09 GiB / not usable 4,00 MiB
 Allocatable           yes
 PE Size               4,00 MiB
 Total PE              39447
 Free PE               20429
 Allocated PE          19018
 PV UUID               Jlyv1F-7nhy-3mej-SwLJ-x03U-SOpl-q47hCQ

 "/dev/sdb" is a new physical volume of "28,65 GiB"
 --- NEW Physical volume ---
 PV Name               /dev/sdb
 VG Name
 PV Size               28,65 GiB
```

```
Allocatable           NO
 PE Size               0
 Total PE              0
 Free PE               0
 Allocated PE          0
 PV UUID               0317OY-Jz6F-VNZP-XTEc-iwSE-ZDcS-z70ONr
```

Se puede ver que el sistema tiene dos volúmenes físicos. El primero, /dev/sda2, es una partición a un grupo de volúmenes cl. El tamaño de sus extensiones físicas (PE) es 4 MiB.

El segundo volumen físico, el disco entero /dev/sdb, todavía no es miembro de ningún grupo de volúmenes, de momento no se puede explotar.

4.4.3 Supresión de un volumen físico

El comando pvremove permite suprimir uno o distintos volúmenes físicos LVM.

Sintaxis

```
pvremove [ Opciones ] Volfísico [...]
```

Parámetros principales

Opciones	Opciones.
Volfísico [...]	Archivos especiales del volumen o volúmenes físicos.

Descripción

El comando suprime las estructuras de gestión LVM del volumen o de los volúmenes físicos especificados. Se perderán los datos.

Para que el comando se ejecute correctamente, ningún volumen lógico debe estar asociado al volumen físico, y tampoco tiene que pertenecer a un grupo de volúmenes (ver el comando vgreduce).

Las opciones -f y -ff permiten forzar la supresión de un volumen físico.

4.5 Los grupos de volúmenes

Los grupos de volúmenes permiten establecer un enlace entre los volúmenes físicos y los volúmenes lógicos. Deben contener al menos un volumen físico. Se les puede añadir dinámicamente volúmenes físicos, o retirarlos a condición de que el volumen físico no sea asignado y que al menos quede un volumen físico en el grupo.

Se podrán crear o ampliar volúmenes lógicos en un grupo de volúmenes mientras queden extensiones físicas disponibles.

4.5.1 Creación de un grupo de volúmenes

Sintaxis

```
vgcreate [ Opciones ] NombreGrp Volfísico [ Volfísico ... ]
```

Parámetros principales

`Opciones`	Opciones.
`Volfísico`	Volumen o volúmenes físicos que se incluirán en el grupo.

Descripción

Comando para crear un grupo de volúmenes `NombreGrp`, que tiene, al menos, un volumen físico `Volfísico`.

Observación

Si el o los espacios de almacenamiento `Volfísico` no son volúmenes físicos, el comando propondrá inicializarlos como volúmenes físicos.

El gestor LVM mantiene una tabla de extensiones físicas y una tabla de extensiones lógicas para el grupo de volúmenes creados. Podrá, de esta manera, asignar extensiones lógicas a cada volumen lógico, que estarán asociadas a extensiones físicas (una extensión lógica puede corresponder a una o a distintas extensiones físicas).

Numerosas opciones, además de las opciones comunes LVM, permiten especificar las características técnicas deseadas para el grupo de volúmenes. Entre ellas:

`-l|--maxlogicalvolumes Número`	Número máximo de volúmenes lógicos.
`-p|--maxphysicalvolumes Número`	Número máximo de volúmenes físicos.
`-s|--physicalextentsize Tamaño`	Tamaño de una extensión física.

Ejemplo

Creación de un grupo de volúmenes con un volumen físico:

```
vgcreate miaplicacion /dev/sdb
Volume group "miaplicacion" successfully created
```

Comprobamos la creación del grupo de volúmenes `miaplicacion`:

```
vgs miaplicacion
 VG           #PV #LV #SN Attr   VSize VFree
 miaplicacion   1   0   0 wz--n- <28,65g <28,65g
```

Se muestran las características del volumen físico:

```
pvdisplay /dev/sdb
  --- Physical volume ---
  PV Name               /dev/sdb
  VG Name               miapli
  PV Size               28,65 GiB / not usable 4,00 MiB
  Allocatable           yes
  PE Size               4,00 MiB
  Total PE              7334
  Free PE               7334
  Allocated PE          0
  PV UUID               0317OY-Jz6F-VNZP-XTEc-iwSE-ZDcS-z70ONr
```

Forma parte del grupo de volúmenes, con un tamaño de extensiones físicas de 4 MiB, todas disponibles.

4.5.2 Datos de los grupos de volúmenes

El comando `vgdisplay` muestra las características de uno o distintos grupos de volúmenes LVM.

Sintaxis

```
vgdisplay [ Opciones ] [ NombreGrp ... ]
```

Parámetros principales

`Opciones`	Opciones.
`NombreGrp`	Grupo(s) de volumen(es).

Descripción

El comando muestra las características de los grupos de volúmenes especificados, o de todos si no se han utilizado argumentos `NombreGrp`. El comando acepta las opciones generales de los comandos LVM, y de otros más específicos con respecto a los grupos de volúmenes.

Ejemplo

Datos del grupo de volúmenes creado en el ejemplo anterior:

```
vgdisplay miaplicacion
 --- Volume group ---
 VG Name               miaplicacion
 System ID
 Format                lvm2
 Metadata Areas        1
 Metadata Sequence No  1
```

```
VG Access             read/write
VG Status             resizable
MAX LV                0
Cur LV                0
Open LV               0
Max PV                0
Cur PV                1
Act PV                1
VG Size               <28,65 GiB
PE Size               4,00 MiB
Total PE              7334
Alloc PE / Size       0 / 0
Free  PE / Size       7334 / <28,65 GiB
VG UUID               JOzuWp-9KJ6-0OzP-U6lF-7Fz4-98nl-ZWRsyW
```

El campo `MAX LV` con un valor de 0 significa que no hay número máximo de volúmenes configurados, igual que para los volúmenes físicos con `Max PV`.

4.5.3 Incorporación/retiro de un volumen físico

Uno de los principales intereses de la gestión LVM del espacio de disco reside en su capacidad evolutiva. Así, se puede añadir dinámicamente un nuevo volumen físico a un grupo de volúmenes existente, lo que nos permitirá crear nuevos volúmenes lógicos o agrandar los ya existentes.

Sintaxis

```
vgextend [ Opciones ] NombreGrp Volfísico [...]
```

Parámetros principales

`Opciones`	Opciones.
`NombreGrp`	Grupo de volúmenes que se van a extender.
`Volfísico [...]`	Volumen(es) físico(s) que se incluirán.

Descripción

El comando añade el/los volumen(es) físico(s) en el grupo de volúmenes, inicializándolos si no han sido creados por el comando `pvcreate`.

Ejemplo

Incorporación de un volumen físico en el grupo de volúmenes creado en el ejemplo anterior:

```
vgextend miaplicacion /dev/sdc
Physical volume "/dev/sdc" successfully created.
Volume group "miaplicacion" successfully extended
```

Como el disco no era un volumen físico, el comando lo ha inicializado como volumen físico y lo ha añadido al grupo de volúmenes.

Se comprueba el nuevo estado del grupo de volúmenes:

```
vgdisplay miaplicacion
 --- Volume group ---
 VG Name               miaplicacion
 System ID
 Format                lvm2
 Metadata Areas        2
 Metadata Sequence No  2
 VG Access             read/write
 VG Status             resizable
 MAX LV                0
 Cur LV                0
 Open LV               0
 Max PV                0
 Cur PV                2
 Act PV                2
 VG Size               <43,11 GiB
 PE Size               4,00 MiB
 Total PE              11035
 Alloc PE / Size       0 / 0
 Free  PE / Size       11035 / <43,11 GiB
 VG UUID               JOzuWp 9KJG-0OzF-U61F-7Fz4-98nl-ZWRsyW
```

El volumen contiene dos volúmenes físicos. Se pueden mostrar las características del nuevo volumen físico `/dev/sdc`:

```
pvdisplay /dev/sdc
 --- Physical volume ---
 PV Name               /dev/sdc
 VG Name               miaplicacion
 PV Size               <14,46 GiB / not usable 2,00 MiB
 Allocatable           yes
 PE Size               4,00 MiB
 Total PE              3701
 Free PE               3701
 Allocated PE          0
 PV UUID               TJ2kye-T1tA-RyFJ-DCSn-GRhe-4Xx3-OmQDDe
```

Ha sido creado correctamente.

Por otra parte, si un volumen físico se considera inutilizado, podemos retirarlo del grupo de volúmenes, por ejemplo, para incluirlo en otro grupo.

Sintaxis

```
vgreduce [ Opciones ] NombreGrp Volfísico [...]
```

Parámetros principales

`Opciones`	Opciones
`NombreGrp`	Grupo de volúmenes.
`Volfísico [...]`	Volumen(es) físico(s) que se retirará(n).

Descripción

El comando retira el/los volumen(es) físico(s) del grupo de volúmenes, a condición de que ninguna extensión física no haya sido asignada a un volumen lógico.

Ejemplo

Retirada de un volumen físico del grupo de volúmenes del ejemplo anterior:

```
vgreduce miaplicacion /dev/sdc
 Removed "/dev/sdc" from volume group "miaplicacion"
```

Se comprueba el nuevo estado del grupo de volúmenes:

```
vgdisplay miaplicacion
 --- Volume group ---
 VG Name               miaplicacion
 System ID
 Format                lvm2
 Metadata Areas        1
 Metadata Sequence No  3
 VG Access             read/write
 VG Status             resizable
 MAX LV                0
 Cur LV                0
 Open LV               0
 Max PV                0
 Cur PV                1
 Act PV                1
 VG Size               <28,65 GiB
 PE Size               4,00 MiB
 Total PE              7334
 Alloc PE / Size       0 / 0
 Free  PE / Size       7334 / <28,65 GiB
 VG UUID               JOzuWp-9KJ6-0OzP-U6lF-7Fz4-98nl-ZWRsyW
```

El volumen físico ha sido retirado del grupo de volúmenes. Podemos mostrar las características para asegurarnos:

```
pvdisplay /dev/sdc
 "/dev/sdc" is a new physical volume of "<14,46 GiB"
 --- NEW Physical volume ---
 PV Name               /dev/sdc
 VG Name
 PV Size               <14,46 GiB
 Allocatable           NO
 PE Size               0
 Total PE              0
 Free PE               0
 Allocated PE          0
 PV UUID               TJ2kye-T1tA-RyFJ-DCSn-GRhe-4Xx3-OmQDDe
```

4.5.4 Supresión de grupos de volúmenes

El comando `vgremove` permite suprimir uno o distintos grupos de volúmenes LVM.

Sintaxis

```
vgremove [ Opciones ] NombreGrp [...]
```

Parámetros principales

`Opciones`	Opciones.
`NombreGrp [...]`	Nombre del o de los grupos de volúmenes.

Descripción

El comando suprime uno o distintos grupos de volúmenes. Si contienen todavía volúmenes lógicos, el comando solicita una confirmación.

4.6 Los volúmenes lógicos

Un volumen lógico está compuesto por un conjunto de extensiones lógicas (LE, *logical extent*) asignado a un grupo de volúmenes. El nombre del volumen es libre.

Un volumen lógico se utiliza como los otros espacios de almacenamiento. Se puede usar como un espacio de swap, en modo bruto (*raw*), o crear en él un sistema de archivos. Una vez montado en la arborescencia global del sistema de archivos Linux, este último se encuentra a disposición de las aplicaciones.

Los volúmenes lógicos dan mucha flexibilidad y capacidad evolutiva a la gestión del almacenamiento. Proporcionan una capa lógica suplementaria entre las aplicaciones y los dispositivos de almacenamiento. Se pueden extender dinámicamente, incluso en distintos discos.

4.6.1 Creación de un volumen lógico

El comando `lvcreate` permite crear un volumen lógico dentro de un grupo de volúmenes.

Sintaxis

```
lvcreate [ Opciones ] [ -n NombreVol ] NombreGrp [ Volfísico ... Volfísico
]
```

Parámetros principales

`Opciones`	Opciones.
`[ -n NombreVol ]`	Nombre del volumen lógico (opcional).
`NombreGrp`	Nombre del grupo de volúmenes.
`[ Volfísico ... Volfísico ]`	Volumen(es) físico(s) que serán usados para el volumen lógico.

Descripción

El comando crea un volumen lógico en el grupo de volúmenes `NombreGrp`. Si no se especifica ningún nombre, el comando utilizará un nombre por defecto: `lvolX`, donde `X` es un valor entero que todavía no ha sido usado en el grupo de volúmenes.

El gestor LVM asignará las extensiones lógicas asociándolas a extensiones físicas. Por defecto, puede usar cualquier volumen físico del grupo de volúmenes, pero se pueden especificar los volúmenes físicos que se utilizarán (argumento(s) al final de la línea de `Volfísico ... Volfísico`). Algunas opciones fuerzan el uso de varios volúmenes físicos.

Las numerosas opciones, aparte de las opciones comunes de LVM, permiten especificar las características técnicas deseadas para el volumen lógico. Entre ellas:

`-L|--size Tamaño[k|m|g]`	Tamaño del volumen (en Kb, Mb o Gb).
`-m|--mirrors NúmeroEspejo`	Número de espejos además del volumen original.
`-i|--stripes NúmeroVolfísico`	Número de volúmenes físicos para las bandas del volumen lógico.
`--type mirror|raid[0|1|5]`	Tipo de volumen lógico: espejo, RAID 0, 1, 5.

Con:

`-L|--size Tamaño [k|m|g]`

Se trata del tamaño útil del volumen lógico, en KB, MB o GB (por defecto, en MB). Si el volumen lógico está en RAID1 o RAID5, el tamaño realmente usado será más importante.

`-m|--mirrors NúmeroEspejo`

El volumen lógico se duplicará en `NúmeroEspejo + 1` ejemplares.

`-i|--stripes NúmeroVolfísico`

El volumen lógico está repartido en bandas de datos en `NúmeroVolfísico` volúmenes físicos.

`--type mirror|raid[0|1|5]`

El volumen lógico es gestionado por LVM en espejo o en RAID de nivel 0, 1 o 5.

Observación

El gestor LVM administra otros niveles de RAID, poco habituales.

Ejemplo

Creación de tres volúmenes lógicos en un grupo de volúmenes:

```
lvcreate -L 100 -n bin miaplicacion
 Logical volume "bin" created.
lvcreate -L 1000k -n tmp miaplicacion
 Rounding up size to full physical extent 4,00 MiB
 Logical volume "tmp" created.
lvcreate -L 1G -n datos miaplicacion
 Logical volume "datos" created.
```

Se comprueba la creación de los volúmenes lógicos:

```
lvs miaplicacion
 LV    VG           Attr       LSize   Pool Origin Data%  Meta%  Move Log Cpy%Sync Convert
 bin   miaplicacion -wi-a----- 100,00m
 datos miaplicacion -wi-a-----   1,00g
 tmp   miaplicacion -wi-a-----   4,00m
```

Se comprueba el grupo de volúmenes:

```
vgdisplay miaplicacion
 --- Volume group ---
 VG Name               miaplicacion
 System ID
 Format                lvm2
 Metadata Areas        1
 Metadata Sequence No  6
 VG Access             read/write
 VG Status             resizable
 MAX LV                0
```

```
 Cur LV                 3
 Open LV                0
 Max PV                 0
 Cur PV                 1
 Act PV                 1
 VG Size                <28,65 GiB
 PE Size                4,00 MiB
 Total PE               7334
 Alloc PE / Size        282 / 1,10 GiB
 Free  PE / Size        1649 / 6,44 GiB
 VG UUID                JOzuWp-9KJ6-0OzP-U6lF-7Fz4-98nl-ZWRsyW
```

El grupo de volúmenes tiene tres volúmenes lógicos.

4.6.2 Información acerca de los volúmenes lógicos

El comando `lvdisplay` muestra las características de uno o distintos volúmenes lógicos LVM.

Sintaxis

```
lvdisplay [ Opciones ] [ NombreGrp[/NombreLV] ... ]
```

Parámetros principales

`Opciones`	Opciones.
`NombreGrp[/NombreLV]`	Grupo(s) de volumen(es) o volúmenes lógicos.

Descripción

El comando muestra las características de los volúmenes lógicos especificados, o de los volúmenes lógicos de los grupos de volúmenes especificados o de todos los volúmenes lógicos si no hay argumento de tipo `NombreGrp`. El comando acepta las opciones generales de los comandos LVM, y otras más específicas de los volúmenes lógicos.

Ejemplo

Información acerca de los volúmenes lógicos creados en el ejemplo anterior:

```
lvdisplay miaplicacion
 --- Logical volume ---
 LV Path                /dev/miaplicacion/bin
 LV Name                bin
 VG Name                miaplicacion
 LV UUID                wBI26g-LRqQ-SCoQ-zZ0i-5rrV-ASzx-hgEIq3
 LV Write Access        read/write
 LV Creation host, time srvrh.localdomain, 2022-08-16 15:54:30 +0200
 LV Status              available
 # open                 0
```

```
LV Size                100,00 MiB
Current LE             25
Segments               1
Allocation             inherit
Read ahead sectors     auto
- currently set to     8192
Block device           253:6

--- Logical volume ---
LV Path                /dev/miaplicacion/tmp
LV Name                tmp
VG Name                miaplicacion
LV UUID                3m2n3U-hHBy-C8bg-Dhus-YJRd-Tyoo-G9mk3U
LV Write Access        read/write
LV Creation host, time srvrh.localdomain, 2022-08-16 15:54:41 +0200
LV Status              available
# open                 0
LV Size                4,00 MiB
Current LE             1
Segments               1
Allocation             inherit
Read ahead sectors     auto
- currently set to     8192
Block device           253:6

--- Logical volume ---
LV Path                /dev/miaplicacion/datos
LV Name                datos
VG Name                miaplicacion
LV UUID                8sXqAu-h6o6-Et1A-oNwb-5UAQ-L1uI-AeufFe
LV Write Access        read/write
LV Creation host, time beta, 2020-03-18 20:14:04 +0000
LV Status              available
# open                 0
LV Size                1,00 GiB
Current LE             256
Segments               1
Allocation             inherit
Read ahead sectors     auto
- currently set to     8192
Block device           253:7
```

Se observa que los volúmenes lógicos pueden ser designados por los caminos de acceso: `/dev/miaplicacion/bin`, `/dev/miaplicacion/tmp` y `/dev/miaplicacion/datos`.

Cuando se crea el primer volumen lógico, el gestor LVM crea un directorio con el nombre del grupo de volúmenes, en el directorio `/dev`. Dentro de ese directorio crea un enlace simbólico por cada volumen lógico, con el nombre del volumen lógico. Se puede, por lo tanto, indicar un volumen lógico mediante el camino de acceso siguiente:

```
/dev/NombreGrupo/NombreVol
```

El enlace simbólico apunta a un archivo especial en modo de bloque cuyo camino de acceso tiene la forma:

```
/dev/dm-N
```

donde `N` es un número entero.

También nos podemos referir a los volúmenes lógicos mediante otro camino, bajo la forma:

```
/dev/mapper/NombreGrupo-NombreVol
```

`NombreGrupo-NombreVol` es un enlace simbólico que apunta también hacia un archivo especial en modo de bloque, que ya se ha visto anteriormente.

Ejemplo

He aquí los distintos directorios, archivos especiales y enlaces simbólicos después de la creación de los tres volúmenes lógicos del ejemplo anterior:

```
ls -ld /dev/miaplicacion
drwxr-xr-x. 2 root root 100 16 agosto  15:54 /dev/miaplicacion
ls -ld /dev/miaplicacion/*
lrwxrwxrwx. 1 root root 7 16 agosto  15:54 /dev/miaplicacion/bin -> ../dm-5
lrwxrwxrwx. 1 root root 7 16 agosto  15:54 /dev/miaplicacion/datos -> ../dm-7
lrwxrwxrwx. 1 root root 7 16 agosto  15:54 /dev/miaplicacion/tmp -> ../dm-6
ls -l /dev/mapper/miaplicacion-*
lrwxrwxrwx. 1 root root 7 16 agosto  15:54 /dev/mapper/miaplicacion-bin -> ../dm-5
lrwxrwxrwx. 1 root root 7 16 agosto  15:54 /dev/mapper/miaplicacion-datos -> ../dm-7
lrwxrwxrwx. 1 root root 7 16 agosto  15:54 /dev/mapper/miaplicacion-tmp -> ../dm-6
ls -l /dev/dm-[567]
brw-rw----. 1 root disk 253, 5 16 agosto  15:54 /dev/dm-5
brw-rw----. 1 root disk 253, 6 16 agosto  15:54 /dev/dm-6
brw-rw----. 1 root disk 253, 7 16 agosto  15:54 /dev/dm-7
```

4.6.3 Extensión de un volumen lógico

Se puede aumentar dinámicamente el tamaño de un volumen lógico mientras no haya extensiones físicas disponibles en los volúmenes físicos de su grupo de volúmenes.

Sintaxis

```
lvextend -L[+]Tamaño [ -r|--resizefs ] VolLog [ Volfísico ... ]
```

Parámetros principales

`-L[+]Tamaño[k|m|g]`	Tamaño final o que se tendrá que añadir.
`-r|--resizefs`	Extiende el sistema de archivos del volumen lógico.
`VolLog`	Volumen lógico que se extenderá.
`[Volfísico ...]`	Volumen(es) físico(s) que será(n) usado(s) para llevar a cabo la extensión.

Descripción

El comando aumenta el tamaño del volumen lógico, hasta el nuevo tamaño especificado con la opción `-L`, o el número de bytes especificado con la opción `-L+`.

El volumen lógico es un espacio de almacenamiento. Si contiene un sistema de archivos, habrá que extender este último para que pueda usar el nuevo espacio disponible. Si se usa la opción `-r` o `--resizefs`, el sistema de archivos se extiende a la vez que el volumen lógico.

Se puede especificar uno o distintos volúmenes físicos que se usarán para realizar la extensión.

Ejemplo

Se extiende a 100 MB el tamaño del volumen lógico `tmp` del grupo de volúmenes `miaplicacion`:

```
lvextend -L 100m miaplicacion/tmp
 Size of logical volume miaplicacion/tmp changed from 4,00 MiB (1
extents)
to 100,00 MiB (25 extents).
 Logical volume miaplicacion/tmp successfully resized.
```

Comprobamos:

```
lvdisplay miaplicacion/tmp
 --- Logical volume ---
 LV Path                /dev/miaplicacion/tmp
 LV Name                tmp
 VG Name                miaplicacion
 LV UUID                3m2n3U-hHBy-C8bg-Dhus-YJRd-Tyoo-G9mk3U
 LV Write Access        read/write
 LV Creation host, time srvrh.localdomain, 2022-08-16 15:54:41 +0200
 LV Status              available
 # open                 0
 LV Size                100,00 MiB
 Current LE             25
 Segments               2
 Allocation             inherit
 Read ahead sectors     auto
```

```
 - currently set to     256
 Block device           253:6
```

Ahora el volumen lógico tiene un tamaño de 100 MB.

4.6.4 Reducción de un volumen lógico

También se puede disminuir dinámicamente el tamaño de un volumen lógico, con precaución, porque existe el riesgo de perder datos.

Sintaxis

```
lvreduce -L[-]Tamaño [ -r|--resizefs ] VolLog
```

Parámetros principales

`-L[-]Tamaño[k|m|g]`	Tamaño final o que tendrá que disminuirse.
`-r|--resizefs`	Reduce el sistema de archivos del volumen lógico.
`VolLog`	Volumen lógico que se quiere reducir.

Descripción

El comando disminuye el tamaño del volumen lógico, hasta el nuevo tamaño especificado con la opción `-L`, o el número de bytes especificado con la opción `-L-`.

El volumen lógico es un espacio de almacenamiento. Si contiene un sistema de archivos habrá que reducirlo previamente para evitar perder datos. Si se usa la opción `-r` o `--resizefs`, el sistema de archivos será reducido a la vez que el volumen lógico.

Ejemplo

Se reduce de 50 MB el tamaño del volumen lógico `tmp` del grupo de volúmenes `miaplicacion`:

```
lvreduce -L 50m miaplicacion/tmp
 Rounding size to boundary between physical extents: 52,00 MiB.
 WARNING: Reducing active logical volume to 52,00 MiB.
 THIS MAY DESTROY YOUR DATA (filesystem etc.)
Do you really want to reduce miaplicacion/tmp? [y/n]: y
 Size of logical volume miaplicacion/tmp changed from 100,00 MiB (25 extents)
to 52,00 MiB (13 extents).
 Logical volume miaplicacion/tmp successfully resized.
```

Ya que el volumen lógico no estaba utilizado completamente, no había ningún riesgo de pérdida de datos. Se comprueba el nuevo estado del volumen:

```
lvdisplay miaplicacion/tmp
 --- Logical volume ---
 LV Path                /dev/miaplicacion/tmp
 LV Name                tmp
 VG Name                miaplicacion
 LV UUID                3m2n3U-hHBy-C8bg-Dhus-YJRd-Tyoo-G9mk3U
 LV Write Access        read/write
 LV Creation host, time srvrh.localdomain, 2022-08-16 15:54:41 +0200
 LV Status              available
 # open                 0
 LV Size                52,00 MiB
 Current LE             13
 Segments               2
 Allocation             inherit
 Read ahead sectors     auto
 - currently set to     256
 Block device           253:6
```

4.6.5 Supresión de volúmenes lógicos

El comando `lvremove` permite suprimir un volumen lógico de un grupo de volúmenes LVM.

Sintaxis

```
lvremove [ Opciones ] NombreVol [...]
```

Parámetros principales

`Opciones`	Opciones.
`NombreVol [...]`	Nombre del o de los volúmenes lógicos.

Descripción

El comando suprime uno o distintos volúmenes lógicos. Su sistema de archivos no tiene que estar montado. Los datos se perderán.

4.6.6 Volúmenes lógicos y sistema de archivos

Los volúmenes lógicos son espacios de almacenamiento, exactamente igual que los discos duros, las particiones o los volúmenes RAID administrador por `md`. Se usan de la misma manera, para almacenar directorios y archivos, como espacio de swap o como espacio bruto gestionado directamente por una aplicación (modo *raw*).

La mayoría de las veces se les usa creando un sistema de archivos, que se monta después en la arborescencia para ponerlo a disposición de las aplicaciones.

Para designar un volumen lógico en un comando que espera como argumento la ubicación de un espacio de almacenamiento (`mkfs` por ejemplo), se pueden especificar diferentes caminos de acceso:

- `/dev/NombreGrupo/NombreVol`

  Es el camino de acceso más explícito, porque el administrador lo puede asignar al grupo de volúmenes y al volumen lógico de los nombres que corresponden a su uso.
- `/dev/mapper/NombreGrupo-NombreVol`

  Este camino de acceso diferente también es relativamente explícito, ya que usa el nombre del grupo de volúmenes y el del volumen lógico, elegidos por el administrador. Si el nombre de grupo o volumen comporta un guion, hay que poner un guion doble para no confundirlo con el guion de separación.
- `/dev/dm-N`

  Es el camino de acceso del archivo especial en modo de bloque asociado al volumen lógico, `N` es un número entero único. Los otros caminos de acceso son enlaces simbólicos hacia ese archivo.

Ejemplo

Se crea un sistema de archivos ext4 en el volumen lógico `bin` del grupo de volúmenes `miaplicacion`. Se monta manualmente y se crean directorios y archivos:

```
ls -l /dev/miaplicacion/bin /dev/mapper/miaplicacion-bin
lrwxrwxrwx. 1 root root 7 16 agosto  15:54 /dev/mapper/miaplicacion-bin -> ../dm-6
lrwxrwxrwx. 1 root root 7 16 agosto  15:54 /dev/miaplicacion/bin -> ../dm-6
```

El volumen lógico puede ser designado como `/dev/miaplicacion/bin`, `/dev/mapper/miaplicacion-bin` o `/dev/dm-6`.

```
mkfs -t ext4 /dev/miaplicacion/bin
mke2fs 1.45.6 (20-Mar-2020)
Creating filesystem with 102400 1k blocks and 25688 inodes
Filesystem UUID:bfdc95a6-28e1-4efd-8792-290abb0abf7e
Superblock backups stored on blocks:
       8193, 24577, 40961, 57345, 73729
Allocating group tables: done
Writing inode tables: done
Creating journal (4096 blocks): done
Writing superblocks and filesystem accounting information: done
```

El sistema de archivos creado ocupa todo el espacio del volumen lógico. Se va a montar en un directorio usando uno de los caminos de acceso del volumen lógico:

```
mkdir /opt/application1
mount /dev/mapper/miaplicacion-bin /opt/application1
```

El sistema de archivos del volumen lógico está montado. Se crea en él una arborescencia:

```
cd /opt/application1
mkdir exe lib tools
cp /usr/bin/vim exe/miaplicacion
cp /usr/bin/z* tools
cp /usr/lib64/sssd/lib* lib/
```

Se comprueba el porcentaje de ocupación del sistema de archivos:

```
df .
S.ficheros                  bloques de 1K  Usados Disponibles Uso% Montado en
/dev/mapper/miaplicacion-bin     95054   8821       79065  11%  /opt/application1
```

El comando `df` designa el volumen lógico usando otro de sus caminos de acceso.

Considerando que el volumen lógico es demasiado grande con respecto a lo que se necesitaría, se decide reducirlo, reduciendo también el sistema de archivos que contiene:

```
lvreduce -L 50m --resizefs miaplicacion/bin
 Rounding size to boundary between physical extents: 52,00 MiB.
Do you want to unmount "/opt/application1"? [Y|n] n
fsadm: Cannot proceed with mounted filesystem "/opt/application1".
 /usr/sbin/fsadm failed: 1
 Filesystem resize failed.
```

El comando falla, porque el sistema de archivos está montado. Lo desmontamos y comenzamos de nuevo:

```
cd
umount /dev/miaplicacion/bin
lvreduce -L 50m --resizefs miaplicacion/bin
 Rounding size to boundary between physical extents: 52,00 MiB.
fsck de util-linux 2.32.1
/dev/mapper/miaplicacion-bin: 55/25688 files (1.8% non-contiguous),
16167/102400 blocks
resize2fs 1.45.6 (20-Mar-2020)
Resizing the filesystem on /dev/mapper/miaplicacion-bin to 53248 (1k)
blocks.
The filesystem on /dev/mapper/miaplicacion-bin is now 53248 (1k) blocks
long.

 Size of logical volume miaplicacion/bin changed from 100,00 MiB (25 extents)
to 52,00 MiB (13 extents).
 Logical volume miaplicacion/bin successfully resized.
```

El volumen lógico ha sido reducido y el sistema de archivos también, se comprueba el sistema de archivos:

```
e2fsck /dev/miaplicacion/bin
e2fsck 1.45.6 (20-Mar-2020)
/dev/miaplicacion/bin: clean, 55/13832 files, 14157/53248 blocks
```

El sistema de archivos está limpio, se vuelve a montar:

```
mount /dev/mapper/miaplicacion-bin /opt/application1
df /opt/application1
S.ficheros                   bloques de 1K  Usados Disponibles Uso% Montado en
/dev/mapper/miaplicacion-bin         47400    8309       35365  20% /opt/application1
```

Se ha reducido correctamente el tamaño del sistema de archivos.

Se rellena completamente el sistema de archivos:

```
for nb in 1 2 3 4 5 6 7 8 9 10 11 12 13 14
do
cp /opt/application1/exe/miaplicacion /opt/application1/tools/
herramienta$nb done
cp: error al escribir en '/opt/application1/tools/herramienta13': No queda
espacio en el dispositivo
cp: error al escribir en '/opt/application1/tools/herramienta14': No queda
espacio en el dispositivo
df /opt/application1
S.ficheros                   bloques de 1K  Usados Disponibles Uso% Montado en
/dev/mapper/miaplicacion-bin         47400   46333           0 100% /opt/application1
```

El sistema de archivos está ocupado al 100 %, las últimas copias han fallado. Vamos a intentar ampliar el volumen lógico y el sistema de archivos, sin desmontarlo:

```
lvextend -L 100m --resizefs /dev/miaplicacion/bin
  Size of logical volume miaplicacion/bin changed from 52,00 MiB (13 extents)
to 100,00 MiB (25 extents).
  Logical volume miaplicacion/bin successfully resized.
resize2fs 1.45.5 (20-Dec-2020)
Filesystem at /dev/mapper/miaplicacion-bin is mounted on /opt/application1;
on-line resizing required
old_desc_blocks = 1, new_desc_blocks = 1
The filesystem on /dev/mapper/miaplicacion-bin is now 102400 (1k) blocks long.
```

Comprobamos:

```
lvdisplay miaplicacion/bin
  --- Logical volume ---
  LV Path                /dev/miaplicacion/bin
  LV Name                bin
  VG Name                miaplicacion
  LV UUID                wBI26g-LRqQ-SCoQ-zZ0i-5rrV-ASzx-hgEIq3
  LV Write Access        read/write
  LV Creation host, time srvrh.localdomain, 2022-08-16 15:54:30 +0200
  LV Status              available
  # open                 1
```

```
LV Size                 100,00 MiB
Current LE              25
Segments                1
Allocation              inherit
Read ahead sectors      auto
- currently set to      256
Block device            253:5
```

El volumen lógico tiene 100 Mb.

```
df /opt/application1
S.ficheros                 bloques de 1K  Usados Disponibles Uso% Montado en
/dev/mapper/miaplicacion-bin       95054   46845       42681  53% /opt/application1
```

Se ha podido ampliar el sistema de archivos, sin tener que desmontarlo. Se pueden terminar las copias anteriores:

```
for nb in 11 12 13 14
do cp /opt/application1/exe/miaplicacion /opt/application1/tools/
herramienta$nb
done
ls -l /opt/application1/tools/ut*
-rwxr-xr-x. 1 root root 3063632 16 agosto  16:05 /opt/application1/tools/util1
-rwxr-xr-x. 1 root root 3063632 16 agosto  16:05 /opt/application1/tools/util10
-rwxr-xr-x. 1 root root 3063632 16 agosto  16:10 /opt/application1/tools/util11
-rwxr-xr-x. 1 root root 3063632 16 agosto  16:10 /opt/application1/tools/util12
-rwxr-xr-x. 1 root root 3063632 16 agosto  16:10 /opt/application1/tools/util13
-rwxr-xr-x. 1 root root 3063632 16 agosto  16:10 /opt/application1/tools/util14
-rwxr-xr-x. 1 root root 3063632 16 agosto  16:05 /opt/application1/tools/util2
-rwxr-xr-x. 1 root root 3063632 16 agosto  16:05 /opt/application1/tools/util3
-rwxr-xr-x. 1 root root 3063632 16 agosto  16:05 /opt/application1/tools/util4
-rwxr-xr-x. 1 root root 3063632 16 agosto  16:05 /opt/application1/tools/util5
-rwxr-xr-x. 1 root root 3063632 16 agosto  16:05 /opt/application1/tools/util6
-rwxr-xr-x. 1 root root 3063632 16 agosto  16:05 /opt/application1/tools/util7
-rwxr-xr-x. 1 root root 3063632 16 agosto  16:05 /opt/application1/tools/util8
-rwxr-xr-x. 1 root root 3063632 16 agosto  16:05 /opt/application1/tools/util9
```

La copia se ha efectuado correctamente.

4.7 Instantánea LVM (snapshot)

Una instantánea (*snapshot*) LVM es un volumen lógico que permite mantener una copia exacta del estado de otro volumen lógico en el momento de la creación de la instantánea.

Al principio, el volumen lógico instantáneo no contiene casi ningún dato. El gestor LVM registrará en este volumen lógico, poco a poco, las modificaciones efectuadas en el volumen lógico destino. De esta manera, siempre será posible reconstituir el estado inicial del volumen lógico a partir de su contenido y del diferencial almacenado en el volumen instantáneo.

Se puede usar un volumen lógico instantáneo para respaldar el estado de un volumen lógico. El volumen lógico instantáneo se usa como un volumen lógico clásico, se puede montar en la arborescencia global del sistema de archivos de Linux, donde aparecerá como un conjunto de directorios y de archivos. Se podrá usar como respaldo, gracias a las herramientas clásicas de respaldo, permitiendo continuar la explotación del volumen lógico original durante este respaldo, mientras se optimiza el espacio de disco consumido.

4.7.1 Creación de un volumen lógico instantáneo

Para crear un volumen lógico instantáneo, se usa la opción `-s` del comando `lvcreate`:

Sintaxis

```
lvcreate -L Tamaño -s -n NombreVolInst VolOriginal
```

Parámetros principales

`-L Tamaño[k|m|g]`	Tamaño del volumen lógico instantáneo.
`-s`	Creación de una instantánea (*snapshot*).
`-n NombreVolInst`	Nombre del volumen lógico instantáneo.
`VolOriginal`	Volumen lógico original.

Descripción

El comando crea un volumen lógico instantáneo `NombreVolInst`, de un tamaño `Tamaño`, "copia" del volumen lógico `VolOriginal`.

Ejemplo de uso de un volumen lógico instantáneo

Se crea un volumen lógico instantáneo:

```
lvcreate -L 20m -s -n miaplicacion/bin-snap miaplicacion/bin
Logical volume "bin-snap" created.
```

Se muestran las características del volumen lógico instantáneo:

```
lvdisplay miaplicacion/bin-snap
--- Logical volume ---
 LV Path                /dev/miaplicacion/bin-snap
 LV Name                bin-snap
 VG Name                miaplicacion
 LV UUID                P3gD0L-Gm27-3VTT-dLn6-aEeD-RDmS-htuSBQ
 LV Write Access        read/write
 LV Creation host, time srvrh.localdomain, 2022-08-16 16:11:11 +0200
 LV snapshot status     active destination for bin
 LV Status              available
```

```
 # open                  0
 LV Size                 100,00 MiB
 Current LE              25
 COW-table size          20,00 MiB
 COW-table LE            5
 Allocated to snapshot   0,06%
 Snapshot chunk size     4,00 KiB
 Segments                1
 Allocation              inherit
 Read ahead sectors      auto
 - currently set to      256
 Block device            253:10
```

El volumen lógico instantáneo es una imagen del volumen lógico `bin`, consume 0,06 % del tamaño de `bin`. Su tamaño (`COW-table size`, Copy On Write) es 20 MB.

Se pueden modificar distintos objetos en el sistema de archivos del volumen lógico original, y después mostrar las características del volumen lógico instantáneo:

```
rm -f /opt/application1/tools/z*
cp /usr/bin/d* /opt/application1/tools
echo "Read the Fine Manual" > /opt/application1/lib/HOWTO
lvdisplay miaplicacion/bin-snap
 --- Logical volume ---
 LV Path                /dev/miaplicacion/bin-snap
 LV Name                bin-snap
 VG Name                miaplicacion
 LV UUID                P3gD0L-Gm27-3VTT-dLn6-aEeD-RDmS-htuSBQ
 LV Write Access        read/write
 LV Creation host, time srvrh.localdomain, 2022-08-16 16:11:11 +0200
 LV snapshot status     active destination for bin
 LV Status              available
 # open                 0
 LV Size                100,00 MiB
 Current LE             25
 COW-table size         20,00 MiB
 COW-table LE           5
 Allocated to snapshot  0,06%
 Snapshot chunk size    4,00 KiB
 Segments               1
 Allocation             inherit
 Read ahead sectors     auto
 - currently set to     256
 Block device           253:10
```

La ocupación del volumen lógico instantáneo no ha aumentado.

Se monta el volumen lógico instantáneo y se observa su contenido:

```
mount /dev/miaplicacion/bin-snap /mnt
ls /mnt
exe  lib  lost+found  tools
ls /mnt/tools/z*
/mnt/tools/zcat    /mnt/tools/zfgrep    /mnt/tools/zipgrep   /mnt/tools/zmore
/mnt/tools/zcmp    /mnt/tools/zforce    /mnt/tools/zipinfo   /mnt/tools/znew
/mnt/tools/zdiff   /mnt/tools/zgrep     /mnt/tools/zipnote   /mnt/tools/zsoelim
/mnt/tools/zegrep  /mnt/tools/zip       /mnt/tools/zipsplit
/mnt/tools/zenity  /mnt/tools/zipcloak  /mnt/tools/zless
ls /mnt/lib/HOWTO
ls: no se puede acceder a '/mnt/lib/HOWTO': No existe el fichero o el directorio
du -ks /mnt
49229   /mnt
```

Las modificaciones efectuadas en el volumen lógico original no han sido efectuadas en el volumen lógico instantáneo. Una vez montado, corresponde a 49 229 KB de datos, mientras que el tamaño del volumen lógico solamente es 20 MB.

Capítulo 4
Configuración de red

1. Configuración de red

En este capítulo se presenta la configuración de base de redes, las opciones avanzadas y el diagnóstico de problemas.

1.1 Configuración básica de redes

El objetivo de esta sección es de enseñarle a:

- configurar una interfaz de red conectada a una red local, por cable o wifi, o a una red extendida;
- en particular, configurar subredes en IPv4 e IPv6.

1.1.1 Competencias principales

- Configurar y administrar tarjetas Ethernet.
- Configuración básica de redes wifi.

1.1.2 Elementos empleados

- `ip`
- `ifconfig`
- `route`
- `arp`
- `iw`

- `iwconfig`
- `iwlist`

1.2 Configuración avanzada de redes

El objetivo de esta sección es de enseñarle a:

- implementar diferentes métodos de autenticación de conexión de red;
- configurar un sistema incluido en diferentes redes y resolver diferentes problemas de comunicación.

1.2.1 Competencias principales

- Gestión de las tablas de enrutamiento.
- Herramientas de configuración y de gestión de interfaces de red Ethernet.
- Herramientas de análisis del estado de las interfaces de red.
- Herramientas de supervisión y de análisis del tráfico TCP/IP.

1.2.2 Elementos empleados

- `ip`
- `ifconfig`
- `route`
- `arp`
- `ss`
- `netstat`
- `lsof`
- `ping, ping6`
- `nc`
- `tcpdump`
- `nmap`

1.3 Resolución de problemas de red

El objetivo de esta sección es de enseñarle a:

- identificar y resolver problemas de red corrientes, para ello se necesitará un buen conocimiento de los distintos archivos de configuración y de los comandos de red básicos.

1.3.1 Competencias principales

- Archivos de configuración del control de acceso.
- Herramientas de configuración y de gestión de las interfaces de red Ethernet.
- Herramientas de administración de las tablas de enrutamiento.
- Herramientas de supervisión del estado de la red.
- Herramientas de monitoreo de la configuración de red.
- Método para determinar los periféricos de red reconocidos por el sistema operativo y su uso.
- Archivos de configuración de la inicialización del sistema (`systemd` y `init System V`).
- Apropiación de `NetworkManager` y de su rol en la configuración de redes.

1.3.2 Elementos empleados

- `ip`
- `ifconfig`
- `route`
- `ss`
- `netstat`
- `/etc/network/`, `/etc/sysconfig/network-scripts/`
- `ping`, `ping6`
- `traceroute`, `traceroute6`
- `mtr`
- `hostname`
- Registros del sistema como `/var/log/syslog`, `/var/log/messages` y el `registro systemd`
- `dmesg`
- `/etc/resolv.conf`
- `/etc/hosts`
- `/etc/hostname`, `/etc/HOSTNAME`
- `/etc/hosts.allow`, `/etc/hosts.deny`

2. Configuración básica de redes

Linux es un sistema operativo particularmente orientado a redes. La mayoría de los protocolos de redes modernos se encuentran implementados en él, y la mayoría de los servidores de aplicaciones de red corren hoy día Linux.

Esta parte versa sobre la configuración básica de red de un sistema Linux, con conexiones de tipo Ethernet y wifi en IPv4 e IPv6.

Para conectar una tarjeta de interfaz de red en una red IP hay que especificar, como mínimo, dos o tres parámetros: una dirección IP, una máscara de red y una pasarela por defecto (excepto si se trata de una red estrictamente local).

2.1 Direcciones IPv4 e IPv6

Existen dos versiones utilizadas del protocolo IP:

- IPv4, la más antigua, con direcciones en 32 bits.
- IPv6, con direcciones en 128 bits.

Un sistema Linux puede trabajar con las dos versiones del protocolo y tener una o varias direcciones para cada uno de los protocolos.

Por otra parte, independientemente de la versión del protocolo IP, puede haber distintas combinaciones entre dirección IP, interfaz de red y sistema:

- Un sistema puede tener una interfaz de red y una dirección IP.
- Un sistema puede tener distintas interfaces de red y distintas direcciones IP.
- Una interfaz de red puede tener una sola dirección IP.
- Una interfaz de red puede tener varias direcciones IP.
- Distintas interfaces de red pueden utilizar solamente una dirección IP.

Observación

Tradicionalmente se usa el término dirección IP de host (host address). Este término puede llevar a confusión porque una máquina puede tener distintas interfaces de red, en distintas redes IP, y presentar, por lo tanto, direcciones IP de host diferentes. Se debería decir más bien dirección IP de interfaz de red, aunque, en algunos casos, distintas interfaces de red pueden usar la misma dirección IP.

2.2 Configuración básica de una conexión IPv4

2.2.1 Red/subred

El protocolo IP (*Internet Protocol*) permite conectar distintas redes entre ellas. Para ello, es necesario disponer de equipos (de hardware o software) que estén integrados en distintas redes y sean capaces de transferir un paquete IP de una red a otra (función de enrutamiento).

Las redes IP están organizadas en tres clases, A, B y C, caracterizadas por el tamaño de su identificador de red: 1 byte para la clase A, 2 bytes para la clase B y 3 bytes para la clase C.

Dos redes IP pueden comunicarse entre ellas si están conectadas por, al menos, un router y atravesando, opcionalmente, una serie de redes y de routers intermediarios.

Cuando el número de redes interconectadas comenzó a ser importante, se tuvo que extender la noción de red para permitir que las organizaciones puedan dividir su red en conjuntos interconectados: las subredes. Estas son las reglas que aseguran la comunicación entre las subredes:

- Las subredes son transparentes para las otras redes, que solamente necesitan conocer el identificador de red y del host de destino en su red para comunicarse con él, sea cual sea su subred.
- Dos subredes de una misma red no pueden comunicarse entre ellas si no están conectadas por, al menos, un router, atravesando opcionalmente una serie de subredes y de routers intermediarios.

Para identificar las diferentes subredes, se usa una parte del identificador de red del host además de su identificador de red. Por lo tanto, leyendo una dirección IP no se puede saber a qué subred pertenece. Hay que configurar un dato suplementario: el número de bits de la parte de red/subred de la dirección. Este parámetro se llama **máscara de subred** (*subnet mask*).

En la documentación se pueden encontrar distintos términos para máscara de red (*net mask*) o máscara de subred (*subnet mask*). Son equivalentes, el primero es más antiguo y viene de la época en que las subredes se utilizaban muy poco.

Observación

Más generalmente, también se pueden agregar distintas redes entre ellas, para organizar una especie de subred, división lógica en redes. En ese caso se habla de direcciones CIDR (Classless Inter Domain Routing).

2.2.2 Dirección IP

Se trata de la dirección IP clásica, en 32 bits. Está dividida en dos partes: la dirección de red/subred, seguida de la dirección del host. La dirección de red/subred identifica la red/subred en la que está integrado el host, la dirección de red de host identifica de manera única un elemento de red que está integrado en una red/subred.

El reparto de los 32 bits de la dirección de red entre la parte de red/subred y la parte host es variable y está definido por la máscara de subred.

Se puede especificar una dirección IPv4 usando la sintaxis siguiente:

```
w.x.y.z[/NúmbitsMáscara]
```

Se trata de cuatro valores enteros en notación decimal separados por un punto (notación decimal punteada), especificando la dirección de red propiamente dicha, seguidos, si fuera necesario, de un carácter / y del número de bits de la parte de red/subred, notación llamada CIDR (*Classless Internet Domain Routing*).

2.2.3 Máscara de subred

La máscara de subred permite determinar la parte de la dirección de red que identifica la red/subred a la que pertenece la dirección de red.

Se puede escribir de dos maneras:

Notación clásica «máscara de subred» (*subnet mask*): todos los bits del identificador red/subred valen 1, los del identificador del host valen 0.

Notación CIDR: se indica el identificador de red/subred, todos los bits del identificador del host en cero, seguido de un / y del número de bits del identificador de red/subred.

Ejemplo

Para un identificador de red/subred en `10.1`:

Identificador de red/subred: `10.1.0.0` y máscara de subred: `255.255.0.0`

Notación CIDR: `10.1.0.0/16`

2.2.4 Pasarela por defecto

Si la red/subred no está conectada a otras redes/subredes, no habrá pasarela por defecto. En caso contrario, la pasarela por defecto designa la dirección IP hacia la que se enviarán los paquetes IP dirigidos hacia otra red/subred. Si este parámetro no está especificado, el host no podrá comunicar a través de esta tarjeta de red con otros hosts de otras redes/subredes.

2.3 Configuración básica de una conexión IPv6

2.3.1 Dirección IPv6

La versión 6 del protocolo IP tiene como objetivo aumentar las funcionalidades del protocolo y atenuar algunas de sus limitaciones. El paso a una dirección de 128 bits permite, en particular, responder al riesgo de escasez de direcciones IP en Internet.

Representación de una dirección IPv6

Una dirección IPv6 tiene un tamaño de 128 bits, es decir 16 bytes. Se representa generalmente bajo la forma de ocho elementos de 2 bytes. El valor de cada elemento está expresado en hexadecimal, y cada elemento está separado por el carácter `:`.

Una simplificación en su escritura consiste en reemplazar una única serie de campos con cero en la dirección de red por dos caracteres de dos puntos seguidos `::` .

Ejemplo

Observemos la dirección IPv6 de un servidor Google:

```
host www.google.com
www.google.com has address 216.58.215.36
www.google.com has IPv6 address 2a00:1450:4007:80c::2004
```

La dirección IPv6 mostrada corresponde a la dirección de red completa siguiente:

2a00:1450:4007:080c:0000:0000:0000:2004

Estructura de una dirección IPv6

Una dirección IPv6 se compone de tres partes, de izquierda a derecha:

- Un prefijo, compuesto por 6 bytes.
- Un identificador de subred, compuesto por 2 bytes.
- Un identificador de host, compuesto por 8 bytes.

Ejemplo

Observemos la dirección IPv6 de un servidor Google:

```
host www.google.com
www.google.com has address 216.58.215.36
www.google.com has IPv6 address 2a00:1450:4007:80c::2004
```

La dirección IPv6 presenta la siguiente estructura:

Prefijo: `2a00:1450:4007`

Identificador de subred: `80c`

Identificador de host: `0000:0000:0000:2004`

Los seis primeros bytes constituyen el prefijo de sitio, e identifican la red dentro de su red.

El campo siguiente, de dos 2 bytes, identifica una subred dentro de su red.

Los ocho últimos bytes identifican el host dentro de su subred.

También se usa esta división:

- Topología pública: está constituida por los seis primeros bytes de la dirección, está definida en relación a una autoridad externa que administra las redes (a menudo se trata del proveedor de acceso a la organización). Una dirección global de red, es decir, enrutable a través de las redes interconectadas, tiene un prefijo de red que empieza por 2 o 3.
- Topología privada: se trata de los diez últimos bytes de la dirección de red y están definidos por la organización responsable de la red interna, que gestiona la división en subredes (prefijo de subred) que reagrupan los hosts.

Identificador de host

La parte del host de la dirección de red (llamada también *token* o identificador de interfaz), compuesta por ocho bytes, se puede definir de distintas maneras:

- Automáticamente a partir de la dirección de red MAC de la interfaz de red que corresponde al host.
- Manualmente, a partir del plan de direccionamiento IP definido por la red privada.

Mapping de una dirección IPv4 en una dirección IPv6

Se puede generar una dirección IPv6 a partir de una dirección IPv4, con el objetivo de facilitar la integración de redes IPv4 en el interior de una IPv6. Esta técnica consiste en crear automáticamente una dirección IPv6, que corresponderá a una dirección IPv4.

Para ello se usa un prefijo particular, seguido de los cuatro bytes de la dirección IPv4:

Los 80 primeros bits de la dirección de red se fijan a 0, los 16 siguientes a 1, lo que nos da: `::ffff:wx:yz` donde `w`, `x`, `y` y `z` representan el valor en hexadecimal de los 4 bytes de la dirección IPv4.

Observación

Para facilitar la lectura de la dirección de red mapeada, a menudo se representan los 4 bytes en notación decimal punteada, es decir: `::ffff:w.x.y.z`

Dirección de sitio local

Esta dirección permite que las máquinas de una misma red puedan comunicar entre ellas. No se puede usar para comunicar con otras redes conectadas.

Está compuesta por dos partes:

- El prefijo de sitio local: en 10 bits, vale `FEC0`. Está seguido de 48 bits a cero.
- El identificador de subred: en 16 bits.
- El identificador de host: en 54 bits, también está codificado a partir de los 48 bits de la dirección de red MAC de la interfaz de red del host, usando el método EUI-64, descrito a continuación.

Dirección de enlace local

Esta dirección se genera automáticamente y permite que las máquinas compartan un mismo enlace local para que se comuniquen entre ellas. Esta dirección no se puede utilizar para comunicar con otras redes/subredes interconectadas.

Está constituida por:

- El prefijo de enlace local: en 10 bits, con un valor `FE80`. Seguido de 64 bits a cero.
- El identificador de host: en 54 bits, generalmente está codificado a partir de los 48 bits de la dirección de red MAC de la interfaz de red del host, usando el método EUI-64.

Dirección EUI-64

Una dirección EUI-64 (EUI, *Extended Unique Identifier*), es un método de generación de una dirección IPv6 única dentro de una red local (dirección de enlace local), por la definición de un prefijo común y de un identificador de host en 64 bits.

Para generar la dirección de red, se toma la dirección de red MAC de la interfaz, en 6 bytes:

`a.b.c.d.e.f`

Se usa el prefijo de enlace local en de 64 bits: `FE80:0000:0000:0000`

Para el identificador de host en 8 bytes, se toma, de izquierda a derecha:

- Los tres primeros bytes de la dirección de red MAC: `a.b.c`
- Un valor fijo de dos bytes: `FF.FE`
- Los tres últimos bytes de la dirección de red MAC: `d.e.f`

Se obtiene: `a.b:c.FF:FE.d:e.f`

Finalmente, se le añade 1 al valor del séptimo bit (empezando por la izquierda) del primer byte de la dirección de red MAC (el byte `a`).

Ejemplo

Dirección de enlace local de una interfaz de red Ethernet:

```
Dirección MAC:
 00:1b:24:6a:78:14
Dirección IPv6:
 fe80::21b:24ff:fe6a:7814
```

El prefijo es `fe80::`.

El primer byte de la dirección de red MAC vale `0`. Con el séptimo bit (de valor `2^1`), `0` al que se le añade `1`, vale `2`. Después están los dos bytes siguientes de la dirección de red MAC, lo que nos da `021b:24`.

Después vienen los dos bytes convencionales `FF` y `FE`, seguidos de los tres últimos bytes de la dirección de red MAC: `6a`, `78` y `14`.

Dirección de loopback

La dirección de red de loopback IPv6, reservada para uso interno, presenta todos los bits a cero, excepto el último bit de peso menos significativo, es decir:

```
0000:0000:0000:0000:0000:0000:0000:0001
```

Se denota de la manera siguiente:

```
::1
```

2.3.2 Máscara de subred

Una dirección IPv6 contiene un campo específicamente asignado al identificador de subred: los dos bytes que siguen a los 6 bytes del prefijo de red.

El prefijo de red/subred está constituido por 64 bits, excepto en los casos particulares.

Para especificar el número de bits que lo componen, se usa la notación CIDR (*Classless Inter Domain Routing*):

```
Identificador/NúmeroBitsID
```

Ejemplo

Configuración IPv6 de una interfaz de red:

```
inet6 2a01:e35:2439:1510:c56c:74cd:b67e:eb07/64
```

La máscara está especificada con una longitud de prefijo de 64 bits.

2.3.3 Pasarela por defecto

La pasarela por defecto tiene la misma función en IPv6 y en IPv4, determina el nodo de red por el que se deberá de transferir el paquete cuyo destinatario no forme parte de la subred del emisor y para la red/subred que no sea conocida a través de ruta específica declarada en el emisor.

Ejemplo

Ruta por defecto de una interfaz de red en IPv6:

```
default via fe80::f6ca:e5ff:fe44:8658
```

La ruta por defecto está asociada a una dirección de enlace local (prefijo en `fe80`) y designa un nodo en la subred, que debe ser capaz de enrutar los paquetes hacia otras redes/subredes. Generalmente se detecta y configura automáticamente.

2.4 Configurar dinámicamente una interfaz de red Ethernet

La configuración de los parámetros mínimos para conectar una interfaz de red Ethernet en una red IP, dirección IP, máscara de subred y, si fuera necesario, pasarela por defecto, se puede hacer usando distintos comandos, capaces de administrar las dos versiones del protocolo, IPv4 e IPv6.

Estos comandos permiten modificar **dinámicamente** la configuración de las tarjetas de interfaz de red, estas modificaciones se perderán al reiniciar el sistema o la configuración de redes.

Observación

Algunos de estos comandos, históricamente procedentes del mundo Unix, están considerados como en vía de obsolescencia y no siempre están presentes por defecto en las versiones recientes de las distribuciones. Sin embargo, es preferible conocerlos porque todavía se utilizan mucho en producción.

2.4.1 Nombre de una interfaz de red

En las versiones recientes de las distribuciones Linux, se ha hecho una evolución en la denominación de las interfaces de red. Se trata de un nuevo método, llamado ifnames, que permite realizar denominaciones previsibles (*Predictable Network Interfaz Device Name*).

El antiguo método atribuía nombres genéricos simples (`eth0`, `eth1`, etc.) pero inestables, porque dependían del orden de detección de los periféricos durante el arranque del sistema.

El nuevo método se basa en distintos criterios (la configuración BIOS, el tipo de interfaz, el tipo de bus, la posición en el bus, etc.), para determinar un nombre que sea lo más estable posible. El lado negativo es que este nombre es mucho menos intuitivo, por ejemplo `enp38s0` o `wlo1`.

Las reglas de denominación inicial son las siguientes:

Dos caracteres para el tipo de interfaz:

`en` Ethernet.

`wl` Inalámbrica local (Wi-Fi).

`ww` Inalámbrica extendida.

Después se encuentra un conjunto que determina la unicidad del nombre de la interfaz con respecto a las otras interfaces del mismo tipo. Podemos encontrar:

`oNúm`

Número de la tarjeta con respecto a las otras tarjetas del mismo tipo.

`sUbicación [fFunción][dDevId]`

Número de ubicación para una interfaz en un bus PCI Express, seguido opcionalmente del número de función y de un número de tarjeta.

`xMACadr`

Identificador para la dirección de red MAC (por defecto, este tipo de nombre no se utiliza).

`[Pdominio]pNúmBussUbicación [fFunción][dDevId]`

Para un periférico en un bus PCI.

`[Pdominio]pNumBussUbicación [fFunción][uPuerto][..][cConfig][iInterfaz]`

Para un periférico en una cadena de hubs USB.

Observación

Estos nombres pueden modificarse a través de `udev`, configurando reglas `udev` específicas para la denominación de las interfaces.

2.4.2 El comando ip

Se trata del comando estándar de configuración dinámica de las interfaces de red de tipo Ethernet, para conexiones en una red IP, versión 4 y versión 6. Dispone de muchos subcomandos para visualizar y configurar los diferentes niveles de atributos (llamados objetos) de una interfaz, según diferentes niveles del protocolo, incluyendo los datos de enrutamiento.

Observación

Este comando reemplaza el antiguo comando `ifconfig`, en vía de obsolescencia.

Sintaxis

```
ip [Opciones] Objeto SubComando ArgSubComando
```

Parámetros principales

`-f Proto`	Familia de protocolo que se utilizará: inet, inet6...
`-4`	Modo IPv4.
`-6`	Modo IPv6.
`-br`	Vista condensada.
`-h`	Vista fácil de leer para un humano.
`-s`	Vista de las estadísticas complementarias.
`-s`	Vista detallada.
`-r`	Muestra los nombres de los hosts en lugar de las direcciones.
`Objeto`	Tipo de objeto.
`SubComando`	Subcomando que se ejecutará.
`ArgSubComando`	Argumentos del subcomando.

Descripción

Las opciones indicadas se aplican a todos los objetos y a sus subcomandos. Un objeto es un atributo de una tarjeta de interfaz de red: dirección de enlace, dirección IP, enrutamiento, etc.

Ejemplo

El objeto `link` y el comando `show` permiten mostrar la lista de las interfaces de red conocidas por el sistema, con sus características de nivel de enlace:

```
ip link show
1: lo: <LOOPBACK,UP,LOWER_UP> mtu 65536 qdisc noqueue state UNKNOWN mode
DEFAULT group default qlen 1000
   link/loopback 00:00:00:00:00:00 brd 00:00:00:00:00:00
2: enp38s0: <BROADCAST,MULTICAST,UP,LOWER_UP> mtu 1500 qdisc fq_codel state
UP mode DEFAULT group default qlen 1000
   link/ether e4:11:5b:50:13:32 brd ff:ff:ff:ff:ff:ff
3: wlo1: <NO-CARRIER,BROADCAST,MULTICAST,UP> mtu 1500 qdisc noqueue
state DOWN mode DORMANT group default qlen 1000
    link/ether 56:d0:6d:d0:b9:ab brd ff:ff:ff:ff:ff:ff permaddr 9c:b7:0d:bb:2b:67
```

Este sistema dispone de la pseudo interfaz de loopback `lo`, así como de dos tarjetas de interfaz de red: `enp38s0` (Ethernet) y `wlo1` (Wi-Fi), ambas activas (`state UP`).

2.4.3 Gestionar las direcciones IP: ip address

El comando `ip` con el objeto `address` permite configurar dinámicamente la dirección de una tarjeta de interfaz de red.

Sintaxis

```
ip [Opciones] [ address|a|addr ] [ SubComando ] [ Arg SubComando ]
```

Parámetros principales

`SubComando`	Subcomando que se ejecutará.
`ArgSubComando`	Argumentos del subcomando.

Descripción

Este subcomando permite administrar (crear, mostrar, modificar y suprimir) una dirección IPv4 o IPv6 asignada a una tarjeta de interfaz de red. Una tarjeta puede tener una dirección IPv4 y/o IPv6. También puede tener varias direcciones en la misma versión = del protocolo.

Sin subcomando, muestra la configuración de todas las tarjetas de interfaz de red.

Las direcciones especificadas tienen que seguir la sintaxis usual IPv4 o IPv6:

- w.x.y.z[/LgMáscara]

  Notación decimal para las direcciones IPv4 (y si fuera necesario con la notación CIDR para la máscara de subred, si es diferente de la determinada por la clase).
- [0 a FFFF]: [0 a FFFF]: [...] [/LgPrefijo]

  Notación hexadecimal, completa o simplificada, para las direcciones IPv6 (opcionalmente seguida de la longitud del prefijo).

Los principales subcomandos y argumentos son:

```
show [ dev Interfaz ]
```

Muestra la configuración de la tarjeta de interfaz de red `Interfaz`, o de todas las tarjetas de interfaz de red. Es el subcomando por defecto.

```
add Dirección dev Interfaz
```

Añade la dirección IPv4 o IPv6 `Dirección` a la tarjeta de `interfaz` de red `Interfaz`.

```
delete dev Interfaz [ Dirección ]
```

Suprime la dirección de red `Dirección` de la tarjeta de interfaz de red `Interfaz`, o, sin dirección, de su primera dirección.

```
flush dev Interfaz [ Arg ]
```

Suprime las direcciones de la tarjeta de interfaz de red `Interfaz`, todas ellas o según el criterio `Arg` especificado.

Ejemplos

Mostrar la información de dirección de todas las tarjetas de interfaz de red:

```
ip a show
1: lo: <LOOPBACK,UP,LOWER_UP> mtu 65536 qdisc noqueue state UNKNOWN group default
qlen 1000
   link/loopback 00:00:00:00:00:00 brd 00:00:00:00:00:00
   inet 127.0.0.1/8 scope host lo
      valid_lft forever preferred_lft forever
   inet6::1/128 scope host
      valid_lft forever preferred_lft forever
2: enp38s0: <BROADCAST,MULTICAST,UP,LOWER_UP> mtu 1500 qdisc fq_codel state UP
group default qlen 1000
   link/ether e4:11:5b:50:13:32 brd ff:ff:ff:ff:ff:ff
   inet 192.168.0.4/24 brd 192.168.0.255 scope global dynamic noprefixroute
enp38s0
      valid_lft 24479sec preferred_lft 24479sec
   inet6 fe80::5508:86a9:e923:75b3/64 scope link noprefixroute
      valid_lft forever preferred_lft forever
3: wlo1: <BROADCAST,MULTICAST,UP,LOWER_UP> mtu 1500 qdisc noqueue state UP group
default qlen 1000
   link/ether 9c:b7:0d:bb:2b:67 brd ff:ff:ff:ff:ff:ff
   inet 192.168.0.5/24 brd 192.168.0.255 scope global dynamic noprefixroute wlo1
      valid_lft 24481sec preferred_lft 24481sec
   inet6 2a01:e35:2439:1510:be93:7dd3:8725:3060/64 scope global dynamic
noprefixroute
      valid_lft 86025sec preferred_lft 86025sec
   inet6 fe80::7f4c:37c9:66fd:4292/64 scope link noprefixroute
      valid_lft forever preferred_lft forever
4: virbr0: <NO-CARRIER,BROADCAST,MULTICAST,UP> mtu 1500 qdisc noqueue state DOWN
group default qlen 1000
   link/ether 52:54:00:a2:5f:41 brd ff:ff:ff:ff:ff:ff
   inet 192.168.122.1/24 brd 192.168.122.255 scope global virbr0
      valid_lft forever preferred_lft forever
5: virbr0-nic: <BROADCAST,MULTICAST> mtu 1500 qdisc fq_codel master virbr0 state
DOWN group default qlen 1000
   link/ether 52:54:00:a2:5f:41 brd ff:ff:ff:ff:ff:ff
```

Parece que el sistema operativo tiene varias tarjetas de interfaz. En realidad, dispone de una tarjeta Ethernet `enp38s0` (nº *2*) y de una interfaz Wi-Fi `wlo1` (nº*3*). Cada una gestiona dos direcciones útiles en IPv4 e IPv6. La interfaz nº *1*, `lo`, es una pseudo interfaz de loopback interna. Finalmente, las dos, interfaces nº4 y 5, `virbr0` y `virbr0-nic` solamente son usadas por programas de virtualización (han sido creadas por la biblioteca `libvirtd`).

Para visualizar solamente la interfaz de red `enp38s0`:

```
ip a show enp38s0
2: enp38s0: <BROADCAST,MULTICAST,UP,LOWER_UP> mtu 1500 qdisc fq_codel state UP group
default qlen 1000
   link/ether e4:11:5b:50:13:32 brd ff:ff:ff:ff:ff:ff
  inet 192.168.1.108/24 brd 192.168.1.255 scope global dynamic noprefixroute enp38s0
```

```
       valid_lft 40424sec preferred_lft 40424sec
    inet6 2a01:e0a:32c:9940:e611:5bff:fe50:1332/64 scope global dynamic noprefixroute
       valid_lft 86327sec preferred_lft 86327sec
    inet6 fe80::e611:5bff:fe50:1332/64 scope link noprefixroute
       valid_lft forever preferred_lft forever
```

El comando muestra las características de la tarjeta de interfaz de red, activa (`state UP`), entre ellas:

su dirección MAC: `e4:11:5b:50:13:32`

sy dirección IPv4 CIDR: `192.168.1.108/24`

su dirección IPv6 CIDR: `fe80::e611:5bff:fe50:1332/64` (dirección de enlace local)

Se puede usar el formato de visualización abreviado con la opción `-br`:

```
ip -br a show enp38s0
enp38s0          UP          192.168.1.108/24
2a01:e0a:32c:9940:e611:5bff:fe50:1332/64 fe80::e611:5bff:fe50:1332/64
```

La tarjeta está activa y tiene dos direcciones IP, una en versión 4 y la otra en versión 6.

Definir una nueva dirección IPv4:

Una tarjeta de interfaz de red puede tener distintas direcciones, IPv4 y/o IPv6, y podemos querer añadir la dirección IPv4 `10.1.0.5` a una tarjeta de interfaz de red Ethernet, con una máscara de subred de 16 bits (subred 1 de la red `10`).

Se muestran las interfaces Ethernet disponibles y sus direcciones IPv4:

```
ip -br -4 a
lo               UNKNOWN          127.0.0.1/8
enp38s0          UP               192.168.1.108/24
virbr0           DOWN             192.168.122.1/24
```

Se añade la dirección de red deseada a la tarjeta Ethernet:

```
ip a add 10.1.0.5/16 dev enp38s0
```

Se hace una comprobación:

```
ip -br -4 a show dev enp38s0
enp38s0          UP               192.168.1.108/24 10.1.0.5/16
```

A partir de ahora, la tarjeta tiene dos direcciones IPv4.

Se comprueba una comunicación hacia una dirección existente en la subred `10.1`:

```
ping 10.1.0.39
PING 10.1.0.39 (10.1.0.39) 56(84) bytes of data.
64 bytes from 10.1.0.39: icmp_seq=1 ttl=64 time=0.401 ms
64 bytes from 10.1.0.39: icmp_seq=2 ttl=64 time=0.192 ms
64 bytes from 10.1.0.39: icmp_seq=3 ttl=64 time=0.228 ms
64 bytes from 10.1.0.39: icmp_seq=4 ttl=64 time=0.220 ms
```

```
^C
--- 10.1.0.39 ping statistics ---
4 packets transmitted, 4 received, 0% packet loss, time 72ms
rtt min/avg/max/mdev = 0.192/0.260/0.401/0.083 ms
```

Una vez hecho el test, se decide suprimir esta dirección:

```
ip a del 10.1.0.5/16 dev enp38s0
```

Comprobamos las direcciones de la tarjeta de red:

```
ip -br -4 a show dev enp38s0
enp38s0          UP              192.168.1.108/24
```

2.4.4 Gestionar las direcciones IP: ifconfig

Este comando también permite administrar dinámicamente la configuración de la dirección de una tarjeta de interfaz de red.

Observación

Este comando ya no está instalado por defecto en las versiones recientes de las distribuciones de tipo Red Hat o Debian, forma parte del paquete `net-tools`.

Sintaxis

```
ifconfig [-v | -a | -s] [Interfaz]
```

o

```
ifconfig [-v] Interfaz [IDproto] Opciones | Dirección ...
```

Parámetros principales

`-v`	Vista detallada.
`-a`	Todas las interfaces, activas o no.
`-s`	Vista de las estadísticas de utilización.
`Interfaz`	Tarjeta de interfaz de red.
`IDproto`	Tipo de protocolo.
`Opciones`	Opciones de configuración.
`Dirección`	Dirección IPv4 o IPv6.

Descripción

En la primera sintaxis, el comando muestra la información de todas las interfaces activas (por defecto) o la de la interfaz especificada.

La segunda sintaxis permite asignar una dirección, IPv4 o IPv6, añadir una nueva, modificar una dirección existente o suprimirla.

Los usos más corrientes son los siguientes:

- Asignar una dirección a la tarjeta Interfaz:

```
ifconfig Interfaz[:Ident] Dirección [netmask Máscara]
```

Para IPv4, la dirección de red debe estar representada en notación decimal punteada. Si la máscara de subred no es la de la clase de la dirección de red, hay que especificarla con el argumento `netmask Máscara`.

Para IPV6, la dirección de red tiene que estar representada en notación hexadecimal (completa o simplificada) (opcionalmente seguida de la longitud del prefijo).

Si la tarjeta ya tenía una dirección de la misma versión IP, será remplazada por la nueva. Si una instancia de tarjeta ha sido especificada con el sufijo: `Ident`, será creada si no existe, en el caso contrario, su dirección de la misma versión IP será modificada.

- Añadir una dirección a la tarjeta `Interfaz`:

```
ifconfig Interfaz[:Ident] add Dirección [netmask Máscara]
```

En IPv4, el comando crea una nueva instancia de la interfaz, identificada por el sufijo: `Ident` (por defecto, un valor entero), asociada a la dirección de red especificada.

En IPv6 las direcciones están asociadas directamente a la interfaz.

- Suprimir la dirección de red `Dirección` de la instancia de tarjeta `Interfaz[:Ident]`:

```
ifconfig Interfaz[:Ident] del Dirección
```

Ejemplos

Mostrar la información de dirección de todas las tarjetas de interfaz de red:

```
ifconfig
enp0s10: flags=4163<UP,BROADCAST,RUNNING,MULTICAST>  mtu 1500
        inet 192.168.1.140  netmask 255.255.255.0  broadcast 192.168.1.255
        inet6 fe80::21b:24ff:fe6a:7814  prefixlen 64  scopeid 0x20<link>
        inet6 2a01:e0a:32c:9940:21b:24ff:fe6a:7814  prefixlen 64  scopeid 0x0<global>
        inet6 2a01:e0a:32c:9940:2f42:8dd1:58d2:b158  prefixlen 64  scopeid 0x0<global>
        ether 00:1b:24:6a:78:14  txqueuelen 1000  (Ethernet)
        RX packets 3241  bytes 930112 (908.3 KiB)
        RX errors 0  dropped 12  overruns 0  frame 0
        TX packets 1142  bytes 117066 (114.3 KiB)
        TX errors 0  dropped 0 overruns 0  carrier 0  collisions 0

lo: flags=73<UP,LOOPBACK,RUNNING>  mtu 65536
        inet 127.0.0.1  netmask 255.0.0.0
        inet6 ::1  prefixlen 128  scopeid 0x10<host>
        loop  txqueuelen 1000  (Boucle locale)
        RX packets 50  bytes 5633 (5.5 KiB)
        RX errors 0  dropped 0  overruns 0  frame 0
        TX packets 50  bytes 5633 (5.5 KiB)
        TX errors 0  dropped 0 overruns 0  carrier 0  collisions 0
```

Este sistema dispone de una tarjeta Ethernet `enp0s10` y de la pseudo interfaz de loopback interna, `lo`.

La tarjeta Ethernet dispone de una dirección IPv4, `192.168.1.140`, con una máscara de subred de 3 bytes. Tiene varias direcciones IPv6, una de enlace local (`scopeid link`) y dos globales (`scopeid global`).

Modificar una dirección IPv4:

Se quiere reemplazar la dirección IPv4 existente de la tarjeta de interfaz de red Ethernet por la dirección de red `192.168.0.38`, con una máscara de subred de 3 bytes.

Evidentemente, esta operación no se realiza en un servidor activo. Para ello, sería necesario desactivar previamente el firewall del sistema.

```
ifconfig enp0s10 192.168.0.38 netmask 255.255.255.0
```

Se comprueba:

```
ifconfig enp0s10
enp0s10: flags=4163<UP,BROADCAST,RUNNING,MULTICAST>  mtu 1500
        inet 192.168.0.38  netmask 255.255.255.0  broadcast 192.168.0.255
        inet6 2a01:e35:2439:1510:6d68:6c8b:8d6c:b9f7  prefixlen 64  scopeid
0x0<global>
        inet6 fe80::21b:24ff:fe6a:7814  prefixlen 64  scopeid 0x20<link>
        inet6 2a01:e35:2439:1510:21b:24ff:fe6a:7814  prefixlen 64  scopeid
0x0<global>
        ether 00:1b:24:6a:78:14  txqueuelen 1000  (Ethernet)
        RX packets 3242  bytes 352229 (343.9 KiB)
        RX errors 0  dropped 0  overruns 0  frame 0
        TX packets 1293  bytes 158636 (154.9 KiB)
        TX errors 0  dropped 0 overruns 0  carrier 0  collisions 0
```

La dirección IPv4 existente ha sido reemplazada por la nueva dirección.

Se restablece la dirección IP original:

```
ifconfig enp0s10 192.168.1.140 netmask 255.255.255.0
```

Añadir una dirección IPv4:

Se quiere añadir la dirección IPv4 `10.1.0.39` a la tarjeta de interfaz de red Ethernet, con una máscara de subred de 16 bits (subred *1* de la red `10`).

```
ifconfig enp0s10 add 10.1.0.39 netmask 255.255.0.0
```

Comprobamos:

```
ifconfig
enp0s10: flags=4163<UP,BROADCAST,RUNNING,MULTICAST>  mtu 1500
        inet 192.168.1.140  netmask 255.255.0.0  broadcast 192.168.255.255
        inet6 fe80::21b:24ff:fe6a:7814  prefixlen 64  scopeid 0x20<link>
        inet6 2a01:e0a:32c:9940:21b:24ff:fe6a:7814  prefixlen 64  scopeid 0x0<global>
        inet6 2a01:e0a:32c:9940:6171:fb0c:5a2d:c32c  prefixlen 64  scopeid 0x0<global>
        ether 00:1b:24:6a:78:14  txqueuelen 1000  (Ethernet)
        RX packets 685  bytes 122038 (119.1 KiB)
        RX errors 0  dropped 0  overruns 0  frame 0
        TX packets 853  bytes 311938 (304.6 KiB)
        TX errors 0  dropped 0 overruns 0  carrier 0  collisions 0

enp0s10:0: flags=4163<UP,BROADCAST,RUNNING,MULTICAST>  mtu 1500
        inet 10.1.0.39  netmask 255.255.255.0  broadcast 192.168.1.255
        ether 00:1b:24:6a:78:14  txqueuelen 1000  (Ethernet)
[...]
```

Ahora la tarjeta tiene dos direcciones IPv4. El comando ha creado una nueva instancia de tarjeta, con sufijo:`0`.

Se hace un test de comunicación hacia una dirección existente en la subred `10.1`:

```
ping 10.1.0.4
PING 10.1.0.4 (10.1.0.4) 56(84) bytes of data.
64 bytes from 10.1.0.4: icmp_seq=1 ttl=64 time=0.481 ms
64 bytes from 10.1.0.4: icmp_seq=2 ttl=64 time=0.248 ms
64 bytes from 10.1.0.4: icmp_seq=3 ttl=64 time=0.352 ms
64 bytes from 10.1.0.4: icmp_seq=4 ttl=64 time=0.361 ms
^C
--- 10.1.0.4 ping statistics ---
4 packets transmitted, 4 received, 0% packet loss, time 71ms
rtt min/avg/max/mdev = 0.248/0.360/0.481/0.084 ms
```

Una vez que la prueba ha sido efectuada, se decide suprimir esta dirección:

```
ifconfig enp0s10 del 10.1.0.39
```

Comprobamos:

```
ifconfig
enp0s10: flags=4163<UP,BROADCAST,RUNNING,MULTICAST>  mtu 1500
        inet 192.168.1.140  netmask 255.255.0.0  broadcast 192.168.255.255
        inet6 fe80::21b:24ff:fe6a:7814  prefixlen 64  scopeid 0x20<link>
        inet6 2a01:e0a:32c:9940:21b:24ff:fe6a:7814  prefixlen 64  scopeid 0x0<global>
        inet6 2a01:e0a:32c:9940:6171:fb0c:5a2d:c32c  prefixlen 64  scopeid 0x0<global>
        ether 00:1b:24:6a:78:14  txqueuelen 1000  (Ethernet)
        RX packets 775  bytes 131669 (128.5 KiB)
        RX errors 0  dropped 2  overruns 0  frame 0
        TX packets 929  bytes 321915 (314.3 KiB)
        TX errors 0  dropped 0 overruns 0  carrier 0  collisions 0

lo: flags=73<UP,LOOPBACK,RUNNING>  mtu 65536
        inet 127.0.0.1  netmask 255.0.0.0
        inet6 ::1  prefixlen 128  scopeid 0x10<host>
        loop  txqueuelen 1000  (Boucle locale)
        RX packets 28  bytes 3555 (3.4 KiB)
        RX errors 0  dropped 0  overruns 0  frame 0
```

```
        TX packets 28  bytes 3555 (3.4 KiB)
        TX errors 0  dropped 0 overruns 0  carrier 0  collisions 0
```

La instancia :0 ha sido suprimida.

Añadir una dirección IPv6:

Se quiere añadir la dirección IPv6 fe80::21b:24ff:fe6a:ff01/64 a la tarjeta de interfaz de red Ethernet.

```
ifconfig enp0s10 inet6 add fe80::21b:24ff:fe6a:ff01/64
```

Se comprueba:

```
ifconfig enp0s10
enp0s10: flags=4163<UP,BROADCAST,RUNNING,MULTICAST>  mtu 1500
        inet 192.168.1.140  netmask 255.255.0.0  broadcast 192.168.255.255
        inet6 fe80::21b:24ff:fe6a:ff01  prefixlen 64  scopeid 0x20<link>
        inet6 fe80::21b:24ff:fe6a:7814  prefixlen 64  scopeid 0x20<link>
        inet6 2a01:e0a:32c:9940:21b:24ff:fe6a:7814  prefixlen 64  scopeid
0x0<global>
        inet6 2a01:e0a:32c:9940:6171:fb0c:5a2d:c32c  prefixlen 64  scopeid
0x0<global>
        ether 00:1b:24:6a:78:14  txqueuelen 1000  (Ethernet)
        RX packets 802  bytes 134424 (131.2 KiB)
        RX errors 0  dropped 12  overruns 0  frame 0
        TX packets 951  bytes 325827 (318.1 KiB)
        TX errors 0  dropped 0 overruns 0  carrier 0  collisions 0
[...]
```

Se ha añadido la dirección de red directamente a la tarjeta de interfaz de red, sin crear una nueva instancia.

Se comprueba la dirección de red desde otra máquina:

```
ping6 fe80::21b:24ff:fe6a:ff01
PING fe80::21b:24ff:fe6a:ff01(fe80::21b:24ff:fe6a:ff01) 56 data bytes
64 bytes from fe80::21b:24ff:fe6a:ff01%enp38s0: icmp_seq=1 ttl=64 time=0.548 ms
64 bytes from fe80::21b:24ff:fe6a:ff01%enp38s0: icmp_seq=2 ttl=64 time=0.351 ms
64 bytes from fe80::21b:24ff:fe6a:ff01%enp38s0: icmp_seq=3 ttl=64 time=0.319 ms
^C
--- fe80::21b:24ff:fe6a:ff01 ping statistics ---
3 packets transmitted, 3 received, 0% packet loss, time 2034ms
rtt min/avg/max/mdev = 0.319/0.406/0.548/0.101 ms
```

Se suprime esta dirección:

```
ifconfig enp0s10 inet6 del fe80::21b:24ff:fe6a:ff01/64
```

2.4.5 Configurar la pasarela por defecto: ip route

El comando ip con el objeto route permite configurar dinámicamente el enrutamiento de las tarjetas de interfaz de red.

Sintaxis

```
ip [ -6 ] [ Opciones ] [ route|r ] [ SubComando ] [ ArgSubComando ]
```

Parámetros principales

`-6`	Para IPv6.
`Opciones`	Opciones.
`SubComando`	Subcomando que se ejecutará.
`ArgSubComando`	Argumentos del subcomando.

Descripción

Este subcomando permite administrar (crear, mostrar, modificar y suprimir) la tabla de enrutamiento del sistema, en IPv4 y en IPv6.

Sin subcomando, muestra la tabla de enrutamiento IPv4.

Para visualizar o modificar la tabla de enrutamiento IPv6, hay que usar la opción `-6`.

Los principales subcomandos y argumentos para administrar la pasarela por defecto son:

Protocolo IPv4:

`add default via Dirección [ dev Interfaz ]`

Añade como pasarela por defecto la dirección de red `Dirección`, especificando opcionalmente qué tarjeta de interfaz de red se debe usar para alcanzarla.

`show default`

Muestra la pasarela por defecto.

`change default via Dirección [ dev Interfaz ]`

Modifica la pasarela por defecto.

`delete default`

Suprime la pasarela por defecto.

Protocolo IPv6:

Los comandos son los mismos, pero hay que especificar la opción `-6`. En general, la pasarela por defecto se detecta automáticamente en el enlace local y no es necesario configurarla.

Ejemplos

Gestión de la pasarela por defecto IPv4:

Vista de la pasarela por defecto:

```
ip r show default
default via 192.168.1.254 dev enp0s10 proto dhcp metric 100
```

Configurar la pasarela por defecto en un sistema dónde no está configurada:

```
ip r show default
```

Ninguna pasarela definida.

Se define la pasarela por defecto:

```
ip r add default via 192.168.1.254
ip r show default
default via 192.168.1.254 dev enp0s10
```

Para modificar la pasarela existente, hay que usar el subcomando `change`:

```
ip r change default via 192.168.0.250
ip r show default
default via 192.168.1.250 dev enp0s10
```

Supresión de la pasarela por defecto:

```
ip r delete default
ip r show default
```

No hay ninguna pasarela definida.

Gestión de la pasarela por defecto IPv6:

Vista de la pasarela por defecto:

```
ip -6 r show default
default via fe80::e97:eaff:fe38:c317 dev enp0s10 proto ra metric 100 pref
medium
```

Configurar la pasarela por defecto IPv6, en un sistema donde no está configurada:

```
ip -6 r show default
```

No hay ninguna pasarela definida.

Se define la pasarela por defecto:

```
ip -6 r add default via fe80::f6ca:e5ff:fe44:8658 dev enp0s10
ip -6 r show default
default via fe80::f6ca:e5ff:fe44:8658 dev enp0s10 metric 1024 pref medium
```

Se ha definido la pasarela por defecto (el argumento dev Interfaz es obligatorio en IPv6).

Para modificar la pasarela existente, hay que usar el subcomando `change`:

```
ip -6 r change default via fe80::f6ca:e5ff:fe44:ff01 dev enp0s10
ip -6 r show default
default via fe80::f6ca:e5ff:fe44:ff01 dev enp0s10 metric 1024 pref medium
```

Supresión de la pasarela por defecto:

```
ip -6 r delete default
ip -6 r show default
```

Ya no hay ninguna pasarela IPv6 definida.

2.4.6 Configurar la pasarela por defecto: route

El comando `route` permite administrar dinámicamente la tabla de enrutamiento IPv4 e IPv6.

Observación

Este comando ya no está instalado por defecto en las versiones recientes de las distribuciones de tipo Red Hat o Debian, forma parte del paquete `net-tools`.

Sintaxis

```
route [ Opciones ] [ SubComando ] [ ArgSubComando ]
```

Parámetros principales

`Opciones`	Opciones.
`SubComando`	Subcomando que se ejecutará
`ArgSubComando`	Argumentos del subcomando.

Descripción

Este comando permite administrar (crear, mostrar, modificar y suprimir) la tabla de enrutamiento del sistema, en IPv4 y en IPv6.

Sin subcomando, muestra la tabla de enrutamiento IPv4.

Para visualizar o modificar la tabla de enrutamiento IPv6, hay que usar la opción `-6` o `-A inet6`.

Por defecto, el comando intenta usar los nombres de máquina o los nombres lógicos antes que las direcciones. La opción `-n` fuerza el uso de los valores numéricos (direcciones).

En este caso, la dirección de red correspondiente al destino por defecto es `0.0.0.0` (`[::]/0` en IPv6).

Los principales subcomandos y argumentos para administrar la pasarela por defecto son:

Protocolo IPv4:

`add default gw Dirección`

Añade como pasarela por defecto la dirección de red `Dirección`.

`del default`

Suprime la pasarela por defecto.

Protocolo IPv6:

Los comandos son los mismos, pero hay que especificar la opción `-6` o `-A inet6`. En general, la pasarela por defecto es detectada automáticamente en el enlace local y no necesita ser configurada.

Ejemplos

Gestión de la pasarela por defecto IPv4:

Vista de la tabla de enrutamiento:

```
route -n
Destination     Passerelle      Genmask         Indic Metric Ref    Use Iface
0.0.0.0         192.168.1.254   0.0.0.0         UG    0      0        0 enp0s10
169.254.0.0     0.0.0.0         255.255.0.0     U     1000   0        0 enp0s10
192.168.1.0     0.0.0.0         255.255.255.0   U     100    0        0 enp0s10
```

La pasarela por defecto tiene la dirección `192.168.1.254`.

Se define la pasarela por defecto para un sistema que no presenta ninguna:

```
route -n
Kernel IP routing table
Destination     Passerelle      Genmask         Indic Metric Ref Use Iface
169.254.0.0     0.0.0.0         255.255.0.0     U     1000   0   0 enp0s10
192.168.1.0     0.0.0.0         255.255.255.0   U     100    0   0 enp0s10
route add default gw 192.168.1.251
route -n
Kernel IP routing table
Destination     Passerelle      Genmask         Indic Metric Ref    Use Iface
0.0.0.0         192.168.1.251   0.0.0.0         UG    0      0        0 enp0s10
169.254.0.0     0.0.0.0         255.255.0.0     U     1000   0        0 enp0s10
192.168.1.0     0.0.0.0         255.255.255.0   U     100    0        0 enp0s10
```

Para modificar la pasarela existente, hay que suprimirla y volverla a crear:

```
route del default
route add default gw 192.168.1.254
route -n
Kernel IP routing table
Destination     Passerelle      Genmask         Indic Metric Ref    Use Iface
0.0.0.0         192.168.1.254   0.0.0.0         UG    0      0        0 enp0s10
169.254.0.0     0.0.0.0         255.255.0.0     U     1000   0        0 enp0s10
192.168.1.0     0.0.0.0         255.255.255.0   U     100    0        0 enp0s10
```

Vista de la pasarela por defecto IPv6:

Vista de la tabla de enrutamiento:

```
route -6n
Kernel IPv6 routing table
Destination                    Next Hop                   Flag Met  Ref Use If
::1/128                        ::                         U    256  2     0 lo
2a01:e0a:32c:9940::/64         ::                         U    100  1     0 enp0s10
fe80::/64                      ::                         U    100  1     0 enp0s10
::/0                           fe80::f6ca:e5ff:fe44:ff01  UG   1024 2     0 enp0s10
::1/128                        ::                         Un   0    5     0 lo
2a01:e0a:32c:9940:21b:24ff:fe6a:7814/128 ::               Un   0    3     0 enp0s10
2a01:e0a:32c:9940:26b2:2a6:dde4:bf36/128 ::               Un   0    4     0 enp0s10
fe80::21b:24ff:fe6a:7814/128   ::                         Un   0    3     0 enp0s10
```

```
ff00::/8                        ::                        U    256  4     0 enp0s10
::/0                            ::                        !n   -1   1     0 lo
```

La pasarela por defecto tiene como dirección de enlace local `fe80::f6-ca:e5ff:fe44:ff01`. Es detectada automáticamente.

2.4.7 ping y ping6

Estos comandos usan el protocolo ICMP (*Internet Control Message Protocol*) y permiten efectuar pruebas elementales de conectividad hacia hosts IPv4 o IPv6 remotos.

Observación

En la medida en que las máquinas remotas pueden estar configuradas para no contestar a las solicitudes de echo ICMP, hay que ser prudente en cuanto a las conclusiones que se puedan obtener de la ausencia de respuesta al uso de estos comandos.

Sintaxis

```
ping[6] [-6] [ -c Núm ] [ -i Intervalo ] [ -I interfaz ] DirecciónIP|NombreDest
```

Parámetros principales

`-6`	IPv6.
`-v`	Vista detallada.
`-c Núm`	Número de mensajes que se enviarán.
`-i Intervalo`	Número de segundos entre dos emisiones.
`-I interfaz`	Interfaz de red que se utilizará.
`-b`	Modo broadcast.
`DirecciónIP|NombreDest`	Dirección IP o nombre del host de destino.

Descripción

Por defecto, el comando envía una solicitud de echo ICMP por segundo hacia la dirección de red o la máquina especificada. Este comando se termina con [Ctrl] /C y muestra las estadísticas de envío/recepción.

La dirección de red de destino puede ser una dirección de host (*unicast*) o, usando la opción `-b`, una dirección de destino de una subred o de una red (*broadcast*).

El o los hosts de destino configurados para responder a las solicitudes de echo ICMP responden dando su propia dirección IP.

Observación

El comando `ping6` es equivalente a `ping -6`.

Ejemplo

Solicitud ICMP para un envío hacia una dirección existente:

```
ping -c 1 192.168.1.108
PING 192.168.1.108 (192.168.1.108) 56(84) bytes of data.
64 bytes from 192.168.1.108: icmp_seq=1 ttl=64 time=0.450 ms
--- 192.168.1.108 ping statistics ---
1 packets transmitted, 1 received, 0% packet loss, time 0ms
rtt min/avg/max/mdev = 0.450/0.450/0.450/0.000 ms
```

Solicitud ICMP para un envío hacia una dirección inactiva (o que no responde a las solicitudes ICMP):

```
ping -c 1 192.168.1.100
PING 192.168.1.100 (192.168.1.100) 56(84) bytes of data.
From 192.168.1.140 icmp_seq=1 Destination Host Unreachable

--- 192.168.1.100 ping statistics ---
1 packets transmitted, 0 received, +1 errors, 100% packet loss, time 0ms
```

Solicitud ICMP para envío hacia un host de otra red/subred:

```
ping -c 1 www.google.com
PING www.google.com(par10s38-in-x04.1e100.net
(2a00:1450:4007:805::2004))
56 data bytes
64 bytes from par10s38-in-x04.1e100.net (2a00:1450:4007:805::2004):
icmp_seq=1 ttl=116 time=1.78 ms
--- www.google.com ping statistics ---
1 packets transmitted, 1 received, 0% packet loss, time 0ms
rtt min/avg/max/mdev = 1.777/1.777/1.777/0.000 ms
```

Solicitud ICMP para envío, hacia una subred desconocida por parte del router:

```
ping -c1 192.168.2.1
PING 192.168.1.1 (192.168.2.1) 56(84) bytes of data.
From 192.168.1.254 icmp_seq=1 Destination Host Unreachable
--- 192.168.2.1 ping statistics ---
1 packets transmitted, 0 received, +1 errors, 100% packet loss, time 0ms
```

El router responde a la solicitud ICMP con un mensaje de error ICMP: `Destination Host Unreachable`.

Solicitud, en IPv6, hacia un host de otra red/subred:

```
ping6 -c 1 www.centos.org
PING www.centos.org(2a05:d01c:c6a:cc02:e4d3:88b0:60da:6fb4
(2a05:d01c:c6a:cc02:e4d3:88b0:60da:6fb4)) 56 data bytes
64 bytes from 2a05:d01c:c6a:cc02:e4d3:88b0:60da:6fb4
(2a05:d01c:c6a:cc02:e4d3:88b0:60da:6fb4): icmp_seq=1 ttl=225 time=10.5 ms
--- www.centos.org ping statistics ---
1 packets transmitted, 1 received, 0% packet loss, time 0ms
```

```
rtt min/avg/max/mdev = 10.515/10.515/10.515/0.000 ms
```

Petición en modo broadcast (10 envíos) para la subred de la máquina:

```
ping -c10 -b 192.168.1.255
WARNING: pinging broadcast address
PING 192.168.1.255 (192.168.1.255) 56(84) bytes of data.
64 bytes from 192.168.1.115: icmp_seq=1 ttl=64 time=6.01 ms
64 bytes from 192.168.1.180: icmp_seq=1 ttl=64 time=71.7 ms
64 bytes from 192.168.1.115: icmp_seq=2 ttl=64 time=3.02 ms
64 bytes from 192.168.1.180: icmp_seq=2 ttl=64 time=52.2 ms
64 bytes from 192.168.1.115: icmp_seq=3 ttl=64 time=5.59 ms
64 bytes from 192.168.1.180: icmp_seq=3 ttl=64 time=33.6 ms
64 bytes from 192.168.1.115: icmp_seq=4 ttl=64 time=5.69 ms
64 bytes from 192.168.1.180: icmp_seq=4 ttl=64 time=15.9 ms
64 bytes from 192.168.1.115: icmp_seq=5 ttl=64 time=2.84 ms
64 bytes from 192.168.1.180: icmp_seq=5 ttl=64 time=242 ms
64 bytes from 192.168.1.115: icmp_seq=6 ttl=64 time=2.89 ms
64 bytes from 192.168.1.180: icmp_seq=6 ttl=64 time=224 ms
64 bytes from 192.168.1.115: icmp_seq=7 ttl=64 time=5.33 ms
64 bytes from 192.168.1.180: icmp_seq=7 ttl=64 time=206 ms
64 bytes from 192.168.1.115: icmp_seq=8 ttl=64 time=2.85 ms
64 bytes from 192.168.1.180: icmp_seq=8 ttl=64 time=188 ms
64 bytes from 192.168.1.115: icmp_seq=9 ttl=64 time=2.88 ms
64 bytes from 192.168.1.180: icmp_seq=9 ttl=64 time=170 ms
64 bytes from 192.168.1.115: icmp_seq=10 ttl=64 time=55.0 ms

--- 192.168.1.255 ping statistics ---
10 packets transmitted, 10 received, +9 duplicates, 0% packet loss, time 9013ms
rtt min/avg/max/mdev = 2.838/68.210/241.899/85.730 ms
```

Dos máquinas han respondido, aunque hay varias máquinas activas en esa subred.

2.4.8 Resolución de dirección IPv4/MAC usando ARP

El protocolo ARP (*Address Resolution Protocol*) permite establecer la correspondencia entre una dirección IPv4 y una dirección MAC.

Cuando un host IP tiene que enviar una trama a través de una red, tiene que conocer la dirección de red de la capa de enlace de datos de la máquina con la que quiere contactar. Obtendrá esta dirección de la manera siguiente:

- Si el host IP de destino se encuentra en la misma subred que el emisor, este último buscará la relación de dirección IP de destino/dirección MAC en su tabla ARP. Si la dirección no se encuentra en la tabla, enviará un mensaje ARP en broadcast en la capa de enlace, este mensaje contendrá la dirección IP del destinatario de la trama. La máquina que reconocerá su dirección IP responderá dando su dirección MAC. La máquina emisora actualizará su tabla ARP y emitirá la trama.

- Si el host IP de destino no se encuentra en la misma subred que el emisor, este último buscará en su tabla ARP la dirección de red MAC asociada a la dirección IP del router que conducirá la trama a la red/subred donde se encuentra la máquina destino de la trama (o a la pasarela por defecto si no existe ninguna ruta específica en la tabla de enrutamiento). Si la dirección MAC no se encuentra en esta tabla, enviará un mensaje ARP en broadcast en la capa de enlace que contendrá la dirección IP del router/pasarela por defecto. El router responde dando son dirección MAC. La máquina emisora actualizará su tabla ARP y emitirá la trama.

Las entradas de la tabla ARP tienen una duración de vida limitada.

El comando `arp` permite administrar la tabla ARP.

Observación

Este comando forma parte del paquete `net-tools`.

Sintaxis

```
arp [ -vn ] [ -d DirIp | -s DirIp DirMAC ]
```

Parámetros principales

`-n`	Utiliza las direcciones en lugar de los nombres de hosts.
`-v`	Vista detallada.
`-d DirIp`	Suprime la entrada para la dirección de red `DirIp`.
`-s DirIp DirMAC`	Añade o modifica la entrada entre `DirIp` y `DirMAC`.

Descripción

El comando permite visualizar el contenido de la tabla ARP y, opcionalmente, modificarlo. La opción `-n` usa las direcciones IP en lugar de los nombres de hosts, lo que evita que el comando solicite una resolución de nombres de host para cada dirección IP encontrada en la tabla. La opción `-d` permite eliminar una entrada de la tabla, la opción `-s` añade o modifica una entrada.

Ejemplo

Se muestra la tabla ARP:

```
arp -n
Address                  HWtype  HWaddress           Flags Mask            Iface
192.168.1.141            ether   20:1e:88:30:16:e1   C                     enp38s0
192.168.1.254            ether   8c:97:ea:38:c3:17   C                     enp38s0
192.168.1.140            ether   00:1b:24:6a:78:14   C                     enp38s0
```

Se envía una trama a una máquina en la misma subred:

```
ping 192.168.1.95
PING 192.168.1.95 (192.168.1.95) 56(84) bytes of data.
64 bytes from 192.168.1.95: icmp_seq=1 ttl=64 time=0.969 ms
64 bytes from 192.168.1.95: icmp_seq=2 ttl=64 time=0.464 ms
64 bytes from 192.168.1.95: icmp_seq=3 ttl=64 time=0.594 ms
64 bytes from 192.168.1.95: icmp_seq=4 ttl=64 time=0.595 ms
64 bytes from 192.168.1.95: icmp_seq=5 ttl=64 time=0.558 ms
^C
--- 192.168.1.95 ping statistics ---
5 packets transmitted, 5 received, 0% packet loss, time 4056ms
rtt min/avg/max/mdev = 0.464/0.636/0.969/0.173 ms
```

Se vuelve a mostrar la tabla ARP.

```
arp -n
Address                  HWtype  HWaddress           Flags Mask            Iface
192.168.1.254            ether    8c:97:ea:38:c3:17   C                    enp38s0
192.168.1.140            ether    00:1b:24:6a:78:14   C                    enp38s0
192.168.1.95             ether    a8:20:66:2f:81:96   C                    enp38s0
192.168.1.141            ether    20:1e:88:30:16:e1   C                    enp38s0
```

Hay una nueva entrada en la tabla ARP.

Se modifica la entrada de esta máquina, con una dirección Ethernet inexistente:

```
arp -s 192.168.1.95 00:1b:24:6a:78:01
arp -n
Address                  HWtype  HWaddress           Flags Mask            Iface
192.168.1.254            ether   8c:97:ea:38:c3:17   C                     enp38s0
192.168.1.140            ether   00:1b:24:6a:78:14   C                     enp38s0
192.168.1.95             ether   00:1b:24:6a:78:01   C                     enp38s0
192.168.1.141            ether   20:1e:88:30:16:e1   C                     enp38s0
```

Se intenta enviar una trama a esta máquina:

```
ping 192.168.1.95
ping 192.168.1.95
PING 192.168.1.95 (192.168.1.95) 56(84) bytes of data.
^C
--- 192.168.1.95 ping statistics ---
11 packets transmitted, 0 received, 100% packet loss, time 10253ms
```

La máquina ya no es accesible.

Se elimina la entrada de la tabla y se vuelve a empezar:

```
arp -d 192.168.1.95
ping -c1 192.168.1.95
PING 192.168.1.95 (192.168.1.95) 56(84) bytes of data.
64 bytes from 192.168.1.95: icmp_seq=1 ttl=64 time=0.727 ms

--- 192.168.1.95 ping statistics ---
1 packets transmitted, 1 received, 0% packet loss, time 0ms
rtt min/avg/max/mdev = 0.727/0.727/0.727/0.000 ms
arp -n
Address                  HWtype  HWaddress           Flags Mask            Iface
```

```
192.168.1.254          ether    8c:97:ea:38:c3:17    C                   enp38s0
192.168.1.140          ether    00:1b:24:6a:78:14    C                   enp38s0
192.168.1.95           ether    a8:20:66:2f:81:96    C                   enp38s0
192.168.1.141          ether    20:1e:88:30:16:e1    C                   enp38s0
```

La tabla se ha actualizado dinámicamente.

2.4.9 Resolución de dirección IPv6/MAC con NDP

En IPv6, el protocolo NDP (*Neighbor Discovery Protocol*) permite, entre otras cosas, establecer la correspondencia entre una dirección IPv6 y una dirección MAC.

Este protocolo gestiona un conjunto de funcionalidades que cubren las del protocolo ARP y las del protocolo ICMP en IPv4. Permite, en particular, realizar la resolución de una dirección IPv6 con la dirección de red MAC correspondiente.

El comando `ip neigh` permite administrar la tabla de resolución de las direcciones IPv6/MAC.

Sintaxis

```
ip neigh [ show | add| change | del | flush ] [ dev Interfaz ]
```

Parámetros principales

`[show	add	change	del	flush]`	Subcomando que se ejecutará.
`[ dev Interfaz ]`	Interfaz en cuestión.

Descripción

El subcomando `show` (subcomando por defecto) permite visualizar el contenido de la tabla de resolución de direcciones, en todas las interfaces o en la interfaz especificada. Los subcomandos `add`, `change`, `delete` y `flush` permiten modificarlas.

Ejemplo

Visualización de la tabla de resolución de todas las interfaces:

```
ip neigh
192.168.1.254 dev enp38s0 lladdr 8c:97:ea:38:c3:17 REACHABLE
192.168.1.141 dev enp38s0 lladdr 20:1e:88:30:16:e1 REACHABLE
fe80::8e97:eaff:fe38:c317 dev enp38s0 lladdr 8c:97:ea:38:c3:17 router REACHABLE
```

Se vacía la tabla de la interfaz `enp38s0`:

```
ip neigh flush dev enp38s0
```

Se visualiza la tabla de resolución de la interfaz *enp38s0*:

```
192.168.1.141 lladdr 20:1e:88:30:16:e1 REACHABLE
```

Se envía una trama IPv6 hacia un nodo local:

```
ping6 fe80::21b:24ff:fe6a:7814
PING fe80::21b:24ff:fe6a:7814(fe80::21b:24ff:fe6a:7814) 56 data bytes
64 bytes from fe80::21b:24ff:fe6a:7814%enp38s0: icmp_seq=1 ttl=64 time=0.858 ms
64 bytes from fe80::21b:24ff:fe6a:7814%enp38s0: icmp_seq=2 ttl=64 time=0.285 ms
64 bytes from fe80::21b:24ff:fe6a:7814%enp38s0: icmp_seq=3 ttl=64 time=0.303 ms
64 bytes from fe80::21b:24ff:fe6a:7814%enp38s0: icmp_seq=4 ttl=64 time=0.545 ms
^C
--- fe80::21b:24ff:fe6a:7814 ping statistics ---
4 packets transmitted, 4 received, 0% packet loss, time 3053ms
rtt min/avg/max/mdev = 0.285/0.497/0.858/0.233 ms
```

Se vuelve a visualizar la tabla de resolución de la interfaz `enp38s0`:

```
ip neigh show dev enp38s0
192.168.1.254 lladdr 8c:97:ea:38:c3:17 STALE
192.168.1.141 lladdr 20:1e:88:30:16:e1 REACHABLE
fe80::21b:24ff:fe6a:7814 lladdr 00:1b:24:6a:78:14 REACHABLE
fe80::8e97:eaff:fe38:c317 lladdr 8c:97:ea:38:c3:17 router DELAY
```

2.5 Configurar una interfaz de red inalámbrica

Los comandos vistos anteriormente para la gestión de las interfaces de red Ethernet se aplican para las interfaces de red inalámbricas.

Sin embargo, algunos comandos permite administrar las características específicas de estas interfaces.

Observación

Para las distribuciones de tipo Red Hat, los comandos específicos para las redes inalámbricas forman parte del paquete opcional `iw`. Los antiguos comandos (`iwconfig`, `iwlist`) están considerados como obsoletos a partir de la versión 8. En la versión 7, se pueden instalar gracias al repositorio EPEL y al paquete `wireless-tools`.

2.5.1 El comando iw

Se trata del comando estándar de configuración dinámica de las interfaces de red inalámbricas, para conexiones en una red IP, versión 4 y versión 6. Presenta muchos subcomandos para visualizar y configurar los diferentes niveles de atributos de una interfaz, según los diferentes niveles del protocolo, incluyendo la información de enrutamiento.

Observación

Este comando reemplaza el antiguo comando `iwconfig`, en vía de obsolescencia.

Sintaxis

```
iw [ dev | phy(#] ] IdInterfaz SubComando ArgSubComando
```

Parámetros principales

`dev IdInterfaz`	Interfaz que se administrará, usando su archivo especial.
`Phy[#] IdInterfaz`	Interfaz que se administrará, por su nombre o por su número de índice.
`SubComando`	Subcomando que se ejecutará.
`ArgSubComando`	Argumentos del subcomando.

Descripción

Este comando permite visualizar o modificar los parámetros de una o todas las tarjetas de interfaz de red inalámbricas.

Se puede especificar una interfaz gracias a su archivo especial (`dev Interfaz`), su nombre (`phy Nombre`) o su índice de interfaz (`phy# Número`). Si el identificador es único, se puede omitir la palabra clave `dev` o `Número`.

Subcomandos principales:

`dev`	Sin subcomando, muestra todas las interfaces de red inalámbricas.
`list`	Muestra las características de todas las interfaces de red inalámbricas.
`dev|phy[#] IdDev info`	Muestra las características de la interfaz especificada.
`[dev|phy[#]]IdDev channels`	Muestra los canales disponibles para la interfaz especificada.
`[dev] IdDev link`	Estado de la conexión actual.
`[dev] IdDev scan`	Búsqueda de redes disponibles.
`[dev|phy[#]]IdDev add`	Añade una interfaz.

Ejemplos

Lista de las interfaces de red inalámbricas:

```
iw dev
phy#0
       Interface wlo1
               ifindex 3
               wdev 0x1
               addr 9c:b7:0d:bb:2b:67
               ssid adri
               type managed
               channel 11 (2462 MHz), width: 20 MHz, center1: 2462 MHz
               txpower 15.00 dBm
```

El sistema dispone de una tarjeta de interfaz de red inalámbrica, `wlo1`, índice `0`, conectada a la red de SSID (Service Set Identifier) `adri`.

Lista de las interfaces inalámbricas, con todas sus características. La vista cubre varias pantallas:

iw list | more:

```
Wiphy phy0
        max # scan SSIDs: 4
        max scan IEs length: 2257 bytes
        max # sched scan SSIDs: 0
        max # match sets: 0
        Retry short limit: 7
        Retry long limit: 4
        Coverage class: 0 (up to 0m)
        Device supports RSN-IBSS.
        Device supports AP-side u-APSD.
        Device supports T-DLS.
        Supported Ciphers:
                * WEP40 (00-0f-ac:1)
                * WEP104 (00-0f-ac:5)
                * TKIP (00-0f-ac:2)
                * CCMP-128 (00-0f-ac:4)
                * CCMP-256 (00-0f-ac:10)
                * GCMP-128 (00-0f-ac:8)
                * GCMP-256 (00-0f-ac:9)
                * CMAC (00-0f-ac:6)
                * CMAC-256 (00-0f-ac:13)
                * GMAC-128 (00-0f-ac:11)
                * GMAC-256 (00-0f-ac:12)
        Available Antennas: TX 0x1 RX 0x1
        Configured Antennas: TX 0x1 RX 0x1
        Supported interface modes:
                * IBSS
                * managed
                * AP
                * AP/VLAN
                * monitor
                * P2P-client
                * P2P-GO
                * outside context of a BSS
        Band 1:
                Capabilities: 0x11ce
                        HT20/HT40
                        SM Power Save disabled
                        RX HT40 SGI
                        TX STBC
```

```
                        RX STBC 1-stream
                        Max AMSDU length: 3839 bytes
                        DSSS/CCK HT40
[...]
        Supported RX frame types:
                 * IBSS: 0x40 0xb0 0xc0 0xd0
                 * managed: 0x40 0xb0 0xd0
                 * AP: 0x00 0x20 0x40 0xa0 0xb0 0xc0 0xd0
                 * AP/VLAN: 0x00 0x20 0x40 0xa0 0xb0 0xc0 0xd0
                 * mesh point: 0xb0 0xc0 0xd0
                 * P2P-client: 0x40 0xd0
                 * P2P-GO: 0x00 0x20 0x40 0xa0 0xb0 0xc0 0xd0
```

Características de una interfaz de red inalámbrica, identificada por su índice (0):

```
iw phy#0 info | head
Wiphy phy0
        max # scan SSIDs: 4
        max scan IEs length: 2257 bytes
        max # sched scan SSIDs: 0
        max # match sets: 0
        Retry short limit: 7
        Retry long limit: 4
        Coverage class: 0 (up to 0m)
        Device supports RSN-IBSS.
        Device supports AP-side u-APSD.
```

Características de una interfaz de red inalámbrica, identificada por su nombre lógico (phy0):

```
iw phy0 info | head
Wiphy phy0
        max # scan SSIDs: 4
        max scan IEs length: 2257 bytes
        max # sched scan SSIDs: 0
        max # match sets: 0
        Retry short limit: 7
        Retry long limit: 4
        Coverage class: 0 (up to 0m)
        Device supports RSN-IBSS.
        Device supports AP-side u-APSD.
```

Características de una interfaz de red inalámbrica, identificada por su archivo especial (wlo1):

```
iw dev wlo1 info | head
Interfaz wlo1
        ifindex 3
        wdev 0x1
        addr be:85:9a:cd:8d:5a
```

```
        type managed
        wiphy 0
        txpower 15.00 dBm
```

Información sobre la conexión actual:

```
iw dev wlo1 link
Connected to 00:07:cb:02:18:44 (on wlo1)
        SSID: adri
        freq: 2462
        RX: 23705701 bytes (228929 packets)
        TX: 90468 bytes (912 packets)
        signal: -36 dBm
        tx bitrate: 1.0 MBit/s

        bss flags:      short-slot-time
        dtim period:    2
        beacon int:     96
```

Búsqueda de redes disponibles:

```
iw dev wlo1 scan | more
BSS dc:00:b0:f2:53:60(on wlo1)
        TSF: 9079991918429 usec (105d, 02:13:11)
        freq: 2462
        beacon interval: 120 TUs
        capability: ESS Privacy ShortSlotTime RadioMeasure (0x1411)
        signal: -53.00 dBm
        last seen: 83 ms ago
        Information elements from Probe Response frame:
        SSID: Freebox-38C317
        Supported rates: 1.0* 2.0* 5.5* 11.0* 6.0 9.0 12.0 18.0
        DS Parameter set: channel 11
        ERP: Barker_Preamble_Mode
        Extended supported rates: 24.0 36.0 48.0 54.0
        RSN:    * Version: 1
                * Group cipher: CCMP
                * Pairwise ciphers: CCMP
                * Authentication suites: PSK
                * Capabilities: 16-PTKSA-RC 1-GTKSA-RC (0x000c)
[...]
BSS b8:26:6c:c1:b4:c2(on wlo1)
        TSF: 454326351814 usec (5d, 06:12:06)
        freq: 2462
        beacon interval: 100 TUs
        capability: ESS Privacy ShortPreamble (0x0031)
        signal: -77.00 dBm
        last seen: 195 ms ago
```

```
        SSID: Livebox-B4C2
        Supported rates: 1.0* 2.0* 5.5* 11.0* 6.0 9.0 12.0 18.0
[...]
BSS 92:95:04:b1:a0:9d(on wlo1)
        TSF: 619761561551 usec (7d, 04:09:21)
        freq: 2412
        beacon interval: 100 TUs
        capability: ESS ShortSlotTime (0x0401)
        signal: -64.00 dBm
        last seen: 2618 ms ago
        Information elements from Probe Response frame:
        SSID: SFR WiFi FON
        Supported rates: 1.0* 2.0* 5.5* 11.0* 18.0 24.0 36.0 54.0
        DS Parameter set: channel 1
        ERP: Barker_Preamble_Mode
[...]
```

2.5.2 Los comandos iwconfig y iwlist

Estos comandos permiten visualizar y configurar las tarjetas de interfaz de red inalámbricas (`iwconfig`), o listar las redes inalámbricas accesibles (`iwlist`). Aunque son considerados como en vías de obsolescencia, todavía se utilizan en algunos entornos de producción.

Sintaxis

```
iwconfig  Interfaz SubComando ArgSubComando
```

Parámetros principales

`Interfaz`	Interfaz que se gestionará, usando su archivo especial.
`SubComando`	Subcomando que se ejecutará.
`ArgSubComando`	Argumentos del subcomando.

Descripción

Este comando permite visualizar o modificar los parámetros de una o todas las tarjetas de interfaz de red inalámbricas. Por defecto, muestra las interfaces de red inalámbricas disponibles. Una interfaz puede ser especificada por su archivo especial.

Los subcomandos permiten configurar distintos parámetros de la tarjeta de interfaz de red.

Ejemplo

```
iwconfig wlo1
wlo1      IEEE 802.11-DS  ESSID:"WIFITEST" 1
          Mode:Managed2  Frequency:2.442 GHz3  Access Point: 00:0E:20:7C:E7:C88
          Bit Rate:11 Mb/s   Tx-Power=20 dBm   Sensitivity=0/65535
          Retry limit:16   RTS thr:off   Fragment thr:off
          Power Management:off
          Link Quality=100/100  Signal level=-34 dBm  Noise level=-90 dBm
          Rx invalid nwid:9418  Rx invalid crypt:0  Rx invalid frag:0
          Tx excessive retries:0  Invalid misc:54513   Missed beacon:0
```

Sintaxis

```
iwlist [ Interfaz ] scanning
```

Parámetros principales

`Interfaz`	Interfaz que se gestionará, usando su archivo especial.

Descripción

Este comando permite visualizar las redes inalámbricas disponibles. Por defecto, muestra las redes inalámbricas disponibles para todas las interfaces. Se puede especificar una interfaz gracias a su archivo especial.

Ejemplo

```
iwlist wlo1 scan
          Cell 01 - Address: BF:9C:1A:16:B4:32
                    ESSID:"LABORATORIO"
                    Mode:Managed
                    Frequency:2.427 GHz (Channel 4)
                    Quality:1/5  Signal level:-83 dBm  Noise level:-84 dBm
                    Encryption key:off
                    Bit Rates:1 Mb/s; 2 Mb/s; 5.5 Mb/s; 11 Mb/s; 9 Mb/s
                              18 Mb/s; 36 Mb/s; 54 Mb/s; 6 Mb/s; 12 Mb/s
                              24 Mb/s; 48 Mb/s
```

3. Configuración avanzada de las redes

Esta parte vuelve a abordar, profundizando, diferentes elementos tratados en el estudio del tema anterior: gestión de las tarjetas de interfaz de red, tablas de enrutamiento y comandos básicos de test. Volveremos a estudiar algunos comandos, en un marco más técnico: integración en distintas redes, enrutamiento entre tarjetas de interfaz y conexión a redes seguras.

La ultima parte concierne los comandos y herramientas de supervisión de la actividad de las redes, lo que permitirá hacer un diagnóstico de diferentes problemas de redes.

3.1 Conexión a una red inalámbrica

Por su propia naturaleza, las redes inalámbricas presentan riesgos importantes para la seguridad. Una persona malintencionada puede obtener fácilmente la lista de las redes activas alrededor de su sistema e intentar conectarse usando una interfaz inalámbrica.

Para evitar estas intrusiones, la mayoría de las redes inalámbricas están protegidas con mecanismos de autenticación y de cifrado según distintos protocolos. Para poder conectarse a la red, hay que enviar una clave cifrada al punto de acceso. Además, todos los mensajes que circulan en la red están cifrados.

Se pueden implementar distintos protocolos de protección, configurables a través de distintas herramientas en Linux.

Observación

Por defecto, en la mayoría de las distribuciones Linux, las interfaces de red inalámbricas son configuradas automáticamente usando el servicio `NetworkManager`. Si, en el marco de un test, desea gestionarlas dinámicamente desde la consola, deberá desactivar temporalmente este servicio, o configurarlo para que no administre las tarjetas que usted está usando.

3.1.1 Redes inalámbricas no seguras

Algunas redes son de libre acceso y no cifran los intercambios. Se aconseja encarecidamente no conectarse a ellas, en especial en los lugares públicos.

Para conectarse en alguna de esas redes, puede usar los comandos `iw` o `iwconfig`, vistos anteriormente.

La conexión completa se hace en distintas etapas:

- Comprobar que la red está activa

  Para ello, se pueden escanear las redes accesibles a través de la tarjeta de interfaz de red: `iwlist` o `iw dev scan`.

- Conectar la tarjeta a punto de acceso de red

  Usando los comandos `iw` o `iwconfig`, especificando el ESSID (*Extended Service Set Identification*) de la red de destino.

- Comprobar la conexión

  Visualizando el estado de la tarjeta de interfaz de red, usando los comandos `iw dev` o `iwconfig`.

- Configurar la dirección IP de la tarjeta de interfaz de red

  La mayoría de las redes Wi-Fi disponen de un servidor DHCP, que puede distribuir dinámicamente una dirección IP a la tarjeta de interfaz de red, en respuesta al comando `dhclient`. Si no es el caso, se puede configurar dinámicamente la tarjeta usando los comandos `ip address` o `ifconfig`.
- Comprobar la conectividad IP

  Visualizando el estado IP de la tarjeta (dirección, máscara de subred y pasarela por defecto), con los comandos `ip address` e `ip route`, o `ifconfig` y `route`, y comprobando después la conexión hacia la pasarela por defecto con el comando `ping`.

Desconexión de la red:

El comando `iw` usado con el subcomando `disconnect` permite desconectarse de la red actual.

Ejemplo con el comando `iw`

Conexión en una red Wi-Fi no segura desde un sistema RHEL 8.5.

Se desactiva temporalmente el servicio `NetworkManager`, para evitar interferencias con los tests:

```
systemctl stop NetworkManager
```

Se muestra el estado de la tarjeta de interfaz de red inalámbrica:

```
iw dev
phy#0
        Interface wlo1
                ifindex 3
                wdev 0x1
                addr 9c:b7:0d:bb:2b:67
                type managed
                txpower 15.00 dBm
```

La tarjeta no tiene ningún ESSID asociado.

Se buscan los SSID de las redes inalámbricas accesibles:

```
iw dev wlo1 scan
BSS e4:9e:12:11:18:9c(on wlp3s0)
        TSF: 0 usec (0d, 00:00:00)
        freq: 2427
        beacon interval: 96 TUs
        capability: ESS ShortSlotTime (0x0401)
        signal: -66.00 dBm
        last seen: 0 ms ago
        Information elements from Probe Response frame:
        SSID: FreeWifi
        Supported rates: 1.0* 2.0* 5.5* 11.0* 22.0 6.0 9.0 12.0
[...]
```

La red de SSID `FreeWifi` se encuentra accesible, no es segura (no se menciona ningún protocolo de autenticación).

Se conecta la tarjeta de interfaz de red:

```
iw wlo1 connect FreeWifi
```

Se comprueba el estado de la tarjeta de interfaz de red:

```
iw dev
phy#0
        Interfaz wlo1
                ifindex 3
                wdev 0x1
                addr 12:c4:77:51:b1:3c
                ssid FreeWifi
                type managed
                channel 11 (2462 MHz), width: 20 MHz, center1: 2462 MHz
                txpower 15.00 dBm
```

La tarjeta está conectada en la capa enlace a la red `FreeWifi`, canal `11`.

Se muestra la configuración IP de las diferentes tarjetas de interfaz de red:

```
ip -br a
lo              UNKNOWN     127.0.0.1/8::1/128
enp38s0         UP          192.168.0.4/24 fe80::5508:86a9:e923:75b3/64
wlo1            UP          fe80::10c4:77ff:fe51:b13c/64
```

Podemos ver que la tarjeta de interfaz de red inalámbrica, `wlo1`, no tiene dirección IPv4, su dirección IPv6 es la del enlace local.

Se solicita una dirección IP dinámica al servidor DHCP de la red *FreeWifi*:

```
dhclient wlo1
ip -br a
lo              UNKNOWN     127.0.0.1/8::1/128
enp38s0         UP          192.168.0.4/24 fe80::5508:86a9:e923:75b3/64
wlo1            UP          10.48.63.50/13 fe80::10c4:77ff:fe51:b13c/64
```

La tarjeta tiene ahora una dirección IPv4.

Se muestran las pasarelas por defecto:

```
ip route list default
default via 10.55.255.254 dev wlo1
default via 192.168.0.254 dev enp38s0 proto dhcp metric 100
```

La pasarela por defecto de la red inalámbrica es `10.55.255.254`.

Comprobamos la comunicación con la pasarela por defecto:

```
ping -c1 10.55.255.254
PING 10.55.255.254 (10.55.255.254) 56(84) bytes of data.
64 bytes from 10.55.255.254: icmp_seq=1 ttl=64 time=158 ms
--- 10.55.255.254 ping statistics ---
1 packets transmitted, 1 received, 0% packet loss, time 0ms
rtt min/avg/max/mdev = 157.816/157.816/157.816/0.000 ms
```

Nos desconectamos de la red inalámbrica:

```
iw wlo1 disconnect
iw dev
phy#0
        Interfaz wlo1
                ifindex 3
                wdev 0x1
                addr 12:c4:77:51:b1:3c
                type managed
                txpower 15.00 dBm
```

Ejemplo con el comando `iwconfig`

Conexión en la red Wi-Fi no segura usando un sistema Debian 10.

Desactivamos temporalmente el servicio `NetworkManager`, para evitar interferencias en nuestras comprobaciones:

```
systemctl stop NetworkManager
```

Se muestra el estado de la tarjeta de interfaz de red inalámbrica:

```
iwconfig
wlp3s0    IEEE 802.11  ESSID:off/any
         Mode:Managed  Access Point: Not-Associated   Tx-Power=200 dBm
         Retry short limit:7   RTS thr:off   Fragment thr:off
         Encryption key:off
         Power Management:off
enp0s10   no wireless extensions.
lo        no wireless extensions.
```

La tarjeta no está asociada con ningún ESSID.

Buscamos las redes inalámbricas accesibles, incluyendo `FreeWifi`:

```
iwlist scanning
[...]
          Cell 08 - Address: 00:07:CB:02:18:45
                    Channel:11
                    Frequency:2.462 GHz (Channel 11)
                    Quality=70/70  Signal level=-40 dBm
                    Encryption key:off
                    ESSID:"FreeWifi"
```

```
                  Bit Rates:1 Mb/s; 2 Mb/s; 5.5 Mb/s; 11 Mb/s; 22 Mb/s
                            6 Mb/s; 9 Mb/s; 12 Mb/s
                  Bit Rates:18 Mb/s; 24 Mb/s; 36 Mb/s; 48 Mb/s; 54 Mb/s
                   Mode:Master
[...]
```

La red es accesible y no es segura (`Encryption key:off`).

Conectamos la tarjeta de interfaz de red:

```
iwconfig wlp3s0 essid "FreeWifi"
```

Se comprueba el estado de la tarjeta de interfaz de red:

```
iwconfig
wlp3s0   IEEE 802.11  ESSID:"FreeWifi"
         Mode:Managed  Frequency:2.462 GHz  Access Point:
00:07:CB:02:18:45
         Bit Rate=54 Mb/s   Tx-Power=200 dBm
         Retry short limit:7   RTS thr:off   Fragment thr:off
         Encryption key:off
         Power Management:off
         Link Quality=70/70  Signal level=-40 dBm
         Rx invalid nwid:0  Rx invalid crypt:0  Rx invalid frag:0
         Tx excessive retries:0  Invalid misc:0   Missed beacon:0
```

La tarjeta está conectada en la capa enlace de la red `FreeWifi`.

Mostramos la configuración IP de la tarjeta de interfaz de red:

```
ifconfig wlp3s0
wlp3s0: flags=4163<UP,BROADCAST,RUNNING,MULTICAST>  mtu 1500
      inet6 fe80::21a:73ff:fe7e:147b  prefixlen 64  scopeid 0x20<link>
       ether 00:1a:73:7e:14:7b  txqueuelen 1000  (Ethernet)
       RX packets 0  bytes 0 (0.0 B)
       RX errors 0  dropped 0  overruns 0  frame 22777
       TX packets 0  bytes 0 (0.0 B)
       TX errors 0  dropped 0 overruns 0  carrier 0  collisions 0
       device interrupt 19
```

La tarjeta de interfaz de red inalámbrica no tiene dirección IPv4, su dirección IPv6 es la del enlace local.

Se solicita una dirección IP dinámica al servidor DHCP de la red `FreeWifi`:

```
dhclient wlp3s0
ifconfig wlp3s0
wlp3s0: flags=4163<UP,BROADCAST,RUNNING,MULTICAST>  mtu 1500
      inet 10.59.43.115  netmask 255.248.0.0  broadcast 10.63.255.255
      inet6 fe80::21a:73ff:fe7e:147b  prefixlen 64  scopeid 0x20<link>
      ether 00:1a:73:7e:14:7b  txqueuelen 1000  (Ethernet)
      RX packets 2 bytes 684 (684.0 B)
```

```
RX errors 0  dropped 0  overruns 0  frame 32404
TX packets 10  bytes 2306 (2.2 KiB)
TX errors 0  dropped 0 overruns 0  carrier 0  collisions 0
device interrupt 19
```

La tarjeta presenta ahora una dirección IPv4, `10.59.43.115`.

Mostramos la tabla de enrutamiento:

```
route -n
Kernel IP routing table
Destination     Gateway         Genmask         Flags Metric Ref    Use Iface
0.0.0.0         10.63.255.254   0.0.0.0         UG    0      0        0 wlp3s0
0.0.0.0         192.168.0.254   0.0.0.0         UG    100    0        0 enp0s10
10.56.0.0       0.0.0.0         255.248.0.0     U     0      0        0 wlp3s0
169.254.0.0     0.0.0.0         255.255.0.0     U     1000   0        0 enp0s10
192.168.0.0     0.0.0.0         255.255.255.0   U     100    0        0 enp0s10
```

La pasarela por defecto de la red inalámbrica es `10.63.255.254`.

Comprobamos la comunicación con la pasarela por defecto:

```
ping -c1 10.63.255.254
PING 10.63.255.254 (10.63.255.254) 56(84) bytes of data.
64 bytes from 10.63.255.254: icmp_seq=1 ttl=64 time=160 ms
--- 10.63.255.254 ping statistics ---
1 packets transmitted, 1 received, 0% packet loss, time 0ms
rtt min/avg/max/mdev = 160.470/160.470/160.470/0.000 ms
```

Nos desconectamos de la red inalámbrica:

```
iw wlp3s0 disconnect
iwconfig wlp3s0
wlp3s0    IEEE 802.11  ESSID:off/any
          Mode:Managed  Access Point: Not-Associated   Tx-Power=200 dBm
          Retry short limit:7   RTS thr:off   Fragment thr:off
          Encryption key:off
          Power Management:off
```

3.1.2 Redes inalámbricas seguras

Las redes inalámbricas seguras utilizan diferentes protocolos de autenticación y de cifrado de las comunicaciones:

WEP (Wired Equivalent Privacy)

Aunque forme parte de la norma IEEE 802.11, este protocolo presenta distintos fallos que comprometen gravemente su seguridad. Su uso no está aconsejado.

WPA (Wi-Fi Protected Access)

Ha sido concebido para reemplazar al protocolo WEP, este protocolo existe en dos versiones, WPA y WPA2.

WPA usa el protocolo de cifrado TKIP. Aunque es más seguro que WEP, puede presentar algunos puntos débiles.

WPA2 es la versión «definitiva» del protocolo. Esta versión usa el protocolo de cifrado CCMP, más seguro que TKIP.

Las dos versiones del protocolo pueden funcionar a través de un servidor de autenticación y el protocolo de autenticación EAP (*Extensible Authentication Protocol*) o, de manera menos segura, con una clave compartida (modo PSK, *Pre Shared Key*).

La versión WAP2 es la más segura y la más usada hoy en día.

3.1.3 Configuración de una conexión segura WPA/WPA2

Los comandos `wpa_passphrase` y `wpa_supplicant` permiten configurar y activar una conexión a una red segura WPA o WPA2.

Observación

Estos comandos forman parte del paquete de software `wpa_supplicant`.

Los comandos se usan en dos fases diferentes: primero generar la clave de autenticación con una `wpa_passphrase`, y después usar `wpa_supplicant` para conectar una interfaz de red a la red inalámbrica WPA o WPA2.

Generación de la clave de autenticación

Sintaxis

```
wpa_passphrase Essid [ FraseContraseña ] [ > ArchivoClave ]
```

Parámetros principales

`Essid`	Identificador de la red segura.
`[FraseContraseña]`	Frase de contraseña sin cifrar.
`[ > ArchivoClave ]`	Redirección hacia el archivo de texto ArchivoClave.

Descripción

Por defecto el comando muestra en la salida estándar la configuración necesaria para conectarse a la red segura cuyo ESSID (*Extended Service Set Identification*) se ha especificado, a partir de la frase de contraseña que se ha dado como argumento. Si ésta no ha sido facilitada como argumento, se tiene que teclear.

Observación

La configuración generada contiene, como comentario, la frase de contraseña sin cifrar. Una vez que la conexión se haya realizado, por prudencia, es preferible suprimir ese comentario.

Ejemplo

Definición de la configuración de conexión hacia una red WPA, ESSID Freebox 38C317, con la frase de contraseña "`Un4 fr42e c0ntr4_23nn4`":

```
wpa_passphrase SecWIFI "w4z4wqdckxqntz6vq69kdf" > ./wpa_Freebox-38C317.conf
cat ./wpa_Freebox-38C317
network={
        ssid="Freebox-38C317"
        #psk="w4z4wqdckxqntz6vq69kdf"
        psk=d95f92b0ff59497a3f6a49179df9de977d143d5516c38fbdc356dfc59d2a4814
}
```

Uso de la clave de autenticación

Sintaxis

```
wpa_supplicant [ -B ] -i Interfaz -c ArchConf
```

Parámetros principales

`[ -B ]`	Proceso en segundo plano.
`-i Interfaz`	Interfaz que se querrá conectar.
`-c ArchConf`	Archivo de configuración para la interfaz.

Descripción

El comando se ejecuta lanzando un proceso cargado para administrar la fase de autenticación para la conexión de la interfaz especificada a la red cuyo ESSID está configurado en el archivo indicado. El comando gestiona la autentificación WPA y WPA2, en modo de servidor de autenticación o en modo PSK.

Ejemplo

Conexión de la tarjeta de interfaz de red `wlo1` en la red WPA con ESSID Freebox 38C317, con la clave configurada en el ejemplo anterior:

```
iw dev
phy#0
        Interface wlo1
                ifindex 3
                wdev 0x1
                addr 9c:b7:0d:bb:2b:67
                type managed
                txpower 15.00 dBm
```

La tarjeta de interfaz de red no está conectada a ninguna red inalámbrica.

Se solicita la conexión, con el archivo de configuración creado en el ejemplo anterior:

```
cat ./wpa_Freebox-38C317.conf
network={
        ssid="Freebox-38C317"
        #psk="w4z4wqdckxqntz6vq69kdf"
        psk=d95f92b0ff59497a3f6a49179df9de977d143d5516c38fbdc356dfc59d2a481
4
}

wpa_supplicant -B -i wlp3s0 -c ./wpa_Freebox-38C317.conf
Successfully initialized wpa_supplicant
ps -ef | grep wpa
root 1035 1  0 10:58 ? 00:00:00 /usr/sbin/wpa_supplicant -c ./wpa_Freebox-
38C317.conf -u -s
root 2355 1  0 11:23 ? 00:00:00 wpa_supplicant -B -i wlo1 -c ./wpa_Freebox-
38C317.conf
```

El comando ha ejecutado un proceso `/sbin/wpa_supplicant` en segundo plano.

```
iw dev
phy#0
        Interface wlo1
                ifindex 3
                wdev 0x1
                addr 9c:b7:0d:bb:2b:67
                ssid Freebox-38C317
                type managed
                channel 11 (2462 MHz), width: 20 MHz, center1: 2462 MHz
                txpower 15.00 dBm
```

La tarjeta de interfaz de red está conectada a la red Freebox-38C317.

Mostramos la configuración IP:

```
ip a show dev wlo1
3: wlo1: <BROADCAST,MULTICAST,UP,LOWER_UP> mtu 1500 qdisc pfifo_fast
state UP group default qlen 1000
    link/ether 9c:b7:0d:bb:2b:67 brd ff:ff:ff:ff:ff:ff
```

La tarjeta no tiene configurada una dirección IPv4.

Usamos el servidor DHCP de la red inalámbrica:

```
dhclient wlo1
ip -4 a show dev wlo1
3: wlo1: <BROADCAST,MULTICAST,UP,LOWER_UP> mtu 1500 qdisc noqueue state UP
group default qlen 1000
    inet 192.168.1.84/24 brd 192.168.1.255 scope global dynamic wlo1
       valid_lft 41958sec preferred_lft 41958sec
```

La tarjeta ahora está configurada en IP, con la dirección de red `192.168.1.84`.

Se muestra la pasarela por defecto:

```
ip route
default via 192.168.1.254 dev wlo1
[...]
```

La pasarela por defecto es `192.168.0.254`.

Se comprueba la comunicación con la pasarela por defecto:

```
ping -c1 192.168.1.254 -I wlo1
PING 192.168.1.254 (192.168.1.254) from 192.168.1.84 wlo1: 56(84) bytes of data.
64 bytes from 192.168.1.254: icmp_seq=1 ttl=64 time=1.35 ms
--- 192.168.1.254 ping statistics ---
1 packets transmitted, 1 received, 0% packet loss, time 0ms
rtt min/avg/max/mdev = 1.351/1.351/1.351/0.000 ms
```

Desde una máquina remota:

```
ssh pba@192.168.1.84
The authenticity of host '192.168.1.84 (192.168.1.84)' can't be established.
ECDSA key fingerprint is SHA256:m5UMjgk69OBfbP6YQslAD4Y1sGQ+BxEzH9oJfUPE5Vo.
Are you sure you want to continue connecting (yes/no/[fingerprint])? yes
Warning: Permanently added '192.168.1.84' (ECDSA) to the list of known hosts.
pba@192.168.1.84's password:
Activate the web console with: systemctl enable --now cockpit.socket

Register this system with Red Hat Insights: insights-client --register
Create an account or view all your systems at https://red.ht/insights-dashboard
Last login: Wed Aug 10 12:51:26 2022
```

Se ha establecido la comunicación.

3.2 Conexión en distintas redes

Un sistema Linux se puede conectar a distintas redes, del mismo tipo o de tipos diferentes, como un simple host o con la función de un router, a través de distintas tarjetas de interfaz de red.

Una tarjeta de interfaz de red también puede ser configurada para estar integrada en distintas redes/subredes, y opcionalmente, realizar el enrutamiento entre ellas.

3.2.1 Configuración multiredes (multihomed)

Un sistema Linux puede encontrarse en distintas redes a través de distintas tarjetas de interfaz de red. En ese caso, basta con configurar cada tarjeta de interfaz de red con los parámetros adaptados a la red IP en la que se encuentra dicha tarjeta: dirección IP y máscara de subred. Se configurará una pasarela por defecto y, opcionalmente, rutas específicas hacia algunas redes/subredes. Esto permite que el sistema pueda comunicarse con diferentes redes.

Ejemplo

Configuración de un sistema con dos redes IP, una en Ethernet y la otra en Wi-Fi.

Las dos redes son privadas, una en `10.1.0.0/16`, la otra en `192.168.0.0/24`. Las máquinas de una red no se comunicarán con las de la otra red.

El sistema Linux tendrá dos direcciones: `10.1.0.1` en la red Ethernet, `192.168.0.5` en la red Wi-Fi.

La tarjeta de interfaz de red Wi-Fi ya está configurada.

Se muestran las interfaces de red disponibles:

```
ip link
ip link
1: lo: <LOOPBACK,UP,LOWER_UP> mtu 65536 qdisc noqueue state UNKNOWN
                                        mode DEFAULT group default qlen 1000
   link/loopback 00:00:00:00:00:00 brd 00:00:00:00:00:00
2: enp38s0: <BROADCAST,MULTICAST,UP,LOWER_UP> mtu 1500 qdisc fq_codel state UP
                                        mode DEFAULT group default qlen 1000
   link/ether e4:11:5b:50:13:32 brd ff:ff:ff:ff:ff:ff
3: wlo1: <BROADCAST,MULTICAST,UP,LOWER_UP> mtu 1500 qdisc noqueue state UP
                                        mode DORMANT group default qlen 1000
   link/ether 9c:b7:0d:bb:2b:67 brd ff:ff:ff:ff:ff:ff
```

El sistema dispone de dos interfaces de red físicas, `enp38s0` (Ethernet) y `wlo1` (Wi-Fi).

Se muestran las direcciones IP configuradas:

```
ip -br a
lo               UNKNOWN        127.0.0.1/8 ::1/128
enp38s0          UP             2a01:e0a:32c:9940:e611:5bff:fe50:1332/
64 fe80::e611:5bff:fe50:1332/64
wlo1             UP             192.168.1.84/24
2a01:e0a:32c:9940:9eb7:
dff:febb:2b67/64 fe80::9eb7:dff:febb:2b67/64
```

La tarjeta de interfaz de red Wi-Fi ya está configurada en IP.

Hay que configurar la tarjeta de interfaz de red Ethernet:

```
ip a add 10.1.0.1/16 dev enp38s0
ip -br a
lo               UNKNOWN        127.0.0.1/8 ::1/128
enp38s0          UP             10.1.0.1/16 2a01:e0a:32c:9940:e611:
5bff:fe50:1332/64 fe80::e611:5bff:fe50:1332/64
wlo1             UP             192.168.1.84/24 2a01:e0a:32c:9940:9eb7:
*dff:febb:2b67/64 fe80::9eb7:dff:febb:2b67/64
```

La tarjeta de interfaz de red posee ahora una dirección IP.

Se muestra la tabla de enrutamiento:

```
ip r show
default via 192.168.1.254 dev wlo1
10.1.0.0/16 dev enp38s0 proto kernel scope link src 10.1.0.1
192.168.1.0/24 dev wlo1 proto kernel scope link src 192.168.1.84
```

La pasarela por defecto se encuentra en la red Wi-Fi `192.168.1.0/24`.

Se comprueba la comunicación en las dos redes:

```
ping -c1 192.168.1.254
PING 192.168.1.254 (192.168.1.254) 56(84) bytes of data.
64 bytes from 192.168.1.254: icmp_seq=1 ttl=64 time=3.39 ms
--- 192.168.1.254 ping statistics ---
1 packets transmitted, 1 received, 0% packet loss, time 0ms
rtt min/avg/max/mdev = 3.386/3.386/3.386/0.000 ms
```

Se puede acceder a la pasarela por defecto.

```
ping -c1 10.1.0.2
PING 10.1.0.2 (10.1.0.2) 56(84) bytes of data.
64 bytes from 10.1.0.2: icmp_seq=1 ttl=64 time=0.239 ms
--- 10.1.0.2 ping statistics ---
1 packets transmitted, 1 received, 0% packet loss, time 0ms
rtt min/avg/max/mdev = 0.239/0.239/0.239/0.000 ms
```

Se puede acceder a la máquina `10.1.0.2`.

Nos conectamos en la máquina `10.1.0.2`:

```
ssh pba@10.1.0.2
pba@10.1.0.2's password: XXXX
Linux alpha 4.19.0-8-amd64 #1 SMP Debian 4.19.98-1 (2020-01-26) x86_64
The programs included with the Debian GNU/Linux system are free
software; the exact distribution terms for each program are described
in the individual files in /usr/share/doc/*/copyright. Debian GNU/Linux
comes with ABSOLUTELY NO WARRANTY, to the exten permitted by
applicable law.
No mail.
Last login: Fri Apr  3 12:57:53 2020 from 10.1.0.1
```

El sistema remoto es una distribución Debian 11.

Se muestra la tabla de enrutamiento:

```
ip route show
10.1.0.0/16 dev enp0s10 proto kernel scope link src 10.1.0.2
```

El sistema no tiene pasarela por defecto, por lo tanto no puede comunicar fuera de su red/subred:

```
ping -c1 10.1.0.1
PING 10.1.0.1 (10.1.0.1) 56(84) bytes of data.
64 bytes from 10.1.0.1: icmp_seq=1 ttl=64 time=0.156 ms
--- 10.1.0.1 ping statistics ---
1 packets transmitted, 1 received, 0% packet loss, time 0ms
rtt min/avg/max/mdev = 0.156/0.156/0.156/0.000 ms
ping -c1 192.168.1.254
connect: La red es inaccesible
```

3.2.2 Configuración de una interfaz multiredes

Un sistema Linux también puede pertenecer a distintas redes/subredes IP a través de una sola tarjeta de interfaz de red. Las diferentes redes/subredes comparten una misma red física, Ethernet por ejemplo. El sistema multired (*multihomed*) estará integrado en diferentes redes y podrá realizar o no el enrutamiento entre ellas, según su configuración y la de los otros elementos en las redes/subredes.

Para ello, hay que configurar la tarjeta de interfaz de red con los parámetros adaptados a las diferentes redes IP en las que está integrado: dirección IP y máscara de subred. Configuraremos una pasarela por defecto y, opcionalmente, rutas específicas hacia algunas redes/subredes. Esto permitirá que el sistema pueda comunicarse con las diferentes redes.

Ejemplo

Configuración de un sistema con dos redes IP a través de una tarjeta de interfaz de red Ethernet.

Se usará la red Ethernet para las dos redes IP: `192.168.1.0/24` y `10.1.0.0/16`.

Hay tres máquinas en la red Ethernet:

- Un router con una dirección IP `192.168.1.254`, que no tiene ninguna ruta hacia la red `10.1.0.0/16`.
- Un servidor RHEL 8.5 con acceso a las dos redes, a través de la misma tarjeta de interfaz de red:
  - `192.168.1.4108/24`
  - `10.1.0.1/16`

  Pasarela por defecto: `192.168.1.254`
- Un servidor `Debian 11` que solamente tiene acceso a la red `10.1.0.0/16`:

  `10.1.0.2/16`

  Pasarela por defecto: `192.168.1.4108`

Configuración multired del servidor RHEL 8.5:

Se muestran las tarjetas de interfaz existentes:

```
ip -br a
lo               UNKNOWN        127.0.0.1/8::1/128
enp38s0          UP             192.168.V/64
wlo1             DOWN
```

La tarjeta Wi-Fi no está activa (`DOWN`), la tarjeta Ethernet `enp38s0` tiene una dirección IP de la red `192.168.1.0/24`.

Se muestra la ruta por defecto:

```
ip route show default
default via 192.168.1.254 dev enp38s0 proto dhcp metric 100
```

Añadimos la dirección de red `10.1.0.1/16`:

```
ip a add 10.1.0.1/16 dev enp38s0
ip -br a
lo               UNKNOWN        127.0.0.1/8 ::1/128
enp38s0          UP             192.168.1.108/24 10.1.0.1/16 2a01:e0a:
32c:9940:e611:5bff:fe50:1332/64 fe80::e611:5bff:fe50:1332/64
wlo1             DOWN
```

El sistema tiene acceso a las dos redes IP a través de la misma tarjeta de interfaz de red Ethernet.

Se comprueba la comunicación con el router IP `192.168.1.254/24`:

```
ping -c 1 192.168.1.254
PING 192.168.1.254 (192.168.1.254) 56(84) bytes of data.
64 bytes from 192.168.1.254: icmp_seq=1 ttl=64 time=0.327 ms

--- 192.168.1.254 ping statistics ---
1 packets transmitted, 1 received, 0% packet loss, time 0ms
rtt min/avg/max/mdev = 0.327/0.327/0.327/0.000 ms
```

Configuración del servidor `Debian 11`:

Se muestran las tarjetas de interfaz de red y sus configuraciones:

```
ip -br a
lo               UNKNOWN        127.0.0.1/8::1/128
enp0s10          UP             10.1.0.2/16 2a01:e0a:32c:9940:89e2:fa71:ca6f:
4c32/64 2a01:e0a:32c:9940:21b:24ff:fe6a:7814/64 fe80::21b:24ff:fe6a:7814/64
```

El sistema tiene una tarjeta de interfaz de red Ethernet activa, cuya dirección IP es `10.1.0.2/16`.

Se muestra su pasarela por defecto:

```
ip route show default
```

El sistema no tiene pasarela por defecto, por lo tanto no puede comunicar fuera de su red 10.1.0.0/16.

Se comprueba la comunicación con el servidor RHEL 8.5 en la red IP *10.1.0.0/16*:

```
ping -c 1 10.1.0.1
PING 10.1.0.1 (10.1.0.1) 56(84) bytes of data.
64 bytes from 10.1.0.1: icmp_seq=1 ttl=64 time=0.425 ms
--- 10.1.0.1 ping statistics ---
1 packets transmitted, 1 received, 0% packet loss, time 0ms
rtt min/avg/max/mdev = 0.425/0.425/0.425/0.000 ms
```

Los dos sistemas pueden comunicar en la red 10.1.0.0/16.

Se comprueba la comunicación con la otra dirección IP del servidor RHEL 8.5, 192.168.1.108/16:

```
ping -c 1 192.168.1.108
connect: La red es inaccesible
```

La comunicación es imposible porque las dos direcciones no pertenecen a la misma red IP y el servidor Debian 11 no tiene pasarela por defecto.

3.2.3 Enrutamiento estático a través de un servidor multired

Un sistema Linux que está integrado en distintas redes/subredes IP puede realizar o no el enrutamiento entre ellas, según su configuración y la de los otros elementos presentes en las redes/subredes.

Si el enrutamiento (*forwarding*) entre las diferentes redes en las que participa está activo, cuando el sistema recibe un paquete IP destinado a una dirección IP que no forme parte de las suyas, el núcleo consultará su tabla de enrutamiento y, si encuentra una ruta, enviará el paquete a través de la interfaz correspondiente a dicha ruta.

Observación

Para que dos sistemas con redes diferentes puedan comunicar a través de un sistema multired, es necesario que sus tablas de enrutamiento respectivas estén configuradas correctamente.

La activación/desactivación de este enrutamiento estático depende de un parámetro dinámico del núcleo: ip_forward. Si este parámetro tiene un valor de 1 o 0, el enrutamiento estará activado o desactivado.

Este parámetro se puede modificar dinámicamente escribiendo 0 o 1 en el pseudoarchivo /proc/sys/net/ipv4/ip_forward.

Observación

Se dice que el enrutamiento es estático porque el sistema multiredes no intercambia su información de enrutamiento con otros routers de su red. Existen diferentes programas en Linux que gestionan un protocolo de enrutamiento dinámico.

Otra condición para que el sistema pueda enrutar los paquetes entre las redes/subredes es configurar el servicio de cortafuegos para autorizar este enrutamiento (reglas de *forwarding*).

Ejemplo

En el ejemplo anterior, se configuró un sistema RHEL 8.5 en multired. Este pertenecía a dos redes, `10.1.0.0/16` y `192.168.1.0/24`, y vamos a utilizarlo para enrutar paquetes entre esas dos redes.

Sistema RHEL 8.5:

Para evitar posibles bloqueos durante nuestros tests, pararemos el servicio `firewalld`:

```
systemctl stop firewalld
```

¿Está activado el enrutamiento estático?

```
cat /proc/sys/net/ipv4/ip_forward
0
```

El enrutamiento no está activo. Procedemos a activarlo dinámicamente:

```
echo 1 > /proc/sys/net/ipv4/ip_forward
```

Se muestra la tabla de enrutamiento:

```
ip -br route show
default via 192.168.1.254 dev enp38s0 proto dhcp metric 100
10.1.0.0/16 dev enp38s0 proto kernel scope link src 10.1.0.1
192.168.1.0/24 dev enp38s0 proto kernel scope link src 192.168.1.108
metric 100
```

El sistema tiene una pasarela por defecto, y una ruta para cada red en la que participa.

En el servidor Debian 11 del ejemplo anterior:

Para evitar posibles bloqueos durante nuestros tests, pararemos el servicio `firewalld`:

```
systemctl stop firewalld
```

Mostramos las tarjetas de interfaz de red y su configuración:

```
ip -br a
lo              UNKNOWN         127.0.0.1/8::1/128
enp0s10         UP              10.1.0.2/16 2a01:e0a:32c:9940:89e2:fa71:
ca6f:4c32/64 2a01:e0a:32c:9940:21b:24ff:fe6a:7814/64 fe80::21b:24ff:fe6a:7814/64
```

El sistema tiene una tarjeta de interfaz de red Ethernet activa, con la dirección IP 10.1.0.2/16.

Comprobamos la comunicación con el servidor RHEL 8.5 en la red IP 10.1.0.0/16:

```
ping -c 1 10.1.0.1
PING 10.1.0.1 (10.1.0.1) 56(84) bytes of data.
64 bytes from 10.1.0.1: icmp_seq=1 ttl=64 time=0.365 ms
--- 10.1.0.1 ping statistics ---
1 packets transmitted, 1 received, 0% packet loss, time 0ms
rtt min/avg/max/mdev = 0.365/0.365/0.365/0.000 ms
```

Los dos sistemas pueden comunicar en la red 10.1.0.0/16.

Se comprueba la comunicación con la otra dirección IP del servidor RHEL 8.5, 192.168.1.108/16:

```
ping -c 1 192.168.1.108
connect: La red es inaccesible
```

La comunicación no se puede realizar, porque las dos máquinas no se encuentran en la misma red IP y el servidor Debian 11 no tiene pasarela por defecto:

```
ip route show
10.1.0.0/16 dev enp0s10 proto kernel scope link src 10.1.0.2
169.254.0.0/16 dev enp0s10 scope link metric 1000
```

Añadimos una pasarela por defecto, la dirección de red del servidor RHEL 8.5 en la red 10.1.0.0/16:

```
ip route add default via 10.1.0.1
ip route show
default via 10.1.0.1 dev enp0s10
10.1.0.0/16 dev enp0s10 proto kernel scope link src 10.1.0.2
169.254.0.0/16 dev enp0s10 scope link metric 1000
```

Se comprueba de nuevo la comunicación:

```
ping -c 1 192.168.1.108
PING 192.168.1.108 (192.168.1.108) 56(84) bytes of data.
64 bytes from 192.168.1.108: icmp_seq=1 ttl=64 time=0.424 ms
--- 192.168.1.108 ping statistics ---
1 packets transmitted, 1 received, 0% packet loss, time 0ms
rtt min/avg/max/mdev = 0.424/0.424/0.424/0.000 ms
```

En una tercera maquina (Windows) de la red 192.168.1.0/16, añadimos en la tabla de enrutamiento una entrada hacia la red 10.1.0.0/16, a través de la dirección de red 192.168.1.108.

Se comprueba la comunicación con el servidor Debian 11 de la red `10.1.0.0/16`:

```
ping 10.1.0.2
Haciendo ping a 10.1.0.2 con 32 bytes de datos:
Respuesta de 10.1.0.2 : bytes=32 tiempo=3 ms TTL=63
Respuesta de 10.1.0.2 : bytes=32 tiempo=4 ms TTL=64
Respuesta de 10.1.0.2 : bytes=32 tiempo=21 ms TTL=64
Estadísticas de ping para 10.1.0.2:
   Paquetes: enviados = 3, recibidos = 3, perdidos = 0 (0% perdidos),
Tiempos aproximados de ida y vuelta en milisegundos:
   Mínimo = 3ms, Máximo = 21ms, Media = 9ms
```

Nos conectamos desde la máquina Windows, en SSH, en el servidor Debian 11:

```
ssh pba@10.1.0.2
The authenticity of host '10.1.0.2 (10.1.0.2)' can't be established.
ECDSA key fingerprint is SHA256:QEDkD3sXvAd86CfYpocJqa3I3opcViLDyG4AYGwwzIY.
Are you sure you want to continue connecting (yes/no/[fingerprint])? yes
Warning: Permanently added '10.1.0.2' (ECDSA) to the list of known hosts.
pba@10.1.0.2's password:
Linux srvdebian 5.10.0-16-amd64 #1 SMP Debian 5.10.127-2 (2022-07-23) x86_64
The programs included with the Debian GNU/Linux system are free software;
the exact distribution terms for each program are described in the
individual files in /usr/share/doc/*/copyright.
Debian GNU/Linux comes with ABSOLUTELY NO WARRANTY, to the extent
permitted by applicable law.
You have no mail.
Last login: Sun Aug 21 16:50:41 2022 from 10.1.0.1
```

En el servidor RHEL 8.5, se desactiva dinámicamente el enrutamiento:

```
echo 0 > /proc/sys/net/ipv4/ip_forward
```

Se comprueba de nuevo la comunicación entre la máquina Windows de la red `192.1.0.0/24` y el servidor Debian 11 de la red `10.1.0.0/16`:

```
ping 10.1.0.2
Haciendo ping a 10.1.0.2 con 32 bytes de datos:
Tiempo de espera agotado para esta solicitud.
Estadísticas de ping para 10.1.0.2:
   Paquetes: enviados = 1, recibidos = 0, perdidos = 1 (100% perdidos),
Ctrl+C
```

El servidor RHEL 8.5 ya no enruta los paquetes entre las dos redes.

3.3 Herramientas de diagnóstico y de supervisión de la actividad de las redes

Un cierto número de comandos y de herramientas permiten supervisar la actividad de las redes de un sistema Linux, comprobar su buen funcionamiento o establecer un diagnóstico en caso de problemas.

Ya se han estudiado los comandos `arp` para la supervisión de la tabla ARP y `ping` para comprobar la comunicación con hosts remotos usando mensajes ICMP.

- Se puede supervisar la actividad de red con los comandos `netstat`, `ss` y `lsof` en distintos niveles de protocolos.
- Distintas herramientas permiten capturar el tráfico de red de la máquina local y de las máquinas remotas (`tcpdump`, `wireshark`) y comprobar las capacidades de comunicación con una máquina remota (`nc`, `nmap`).

Observación

Algunos de estos comandos (`tcpdump`, `nmap`...) permiten registrar intercambios de información de otras máquinas en las redes y someter a tests a máquinas remotas que podrían ser considerados potencialmente como intrusivos. Por lo tanto, tienen que ser utilizados con prudencia y respetando estrictamente las leyes.

3.3.1 Supervisión de la actividad con netstat

El comando `netstat` permite visualizar el estado y la actividad de la red del sistema local en diferentes niveles, gracias a sus numerosas opciones.

Observación

Este comando está considerado como en vía de obsolescencia y ya no se encuentra instalado por defecto en las versiones recientes de la mayoría de las distribuciones. Forma parte del paquete `net-tools` del que ya se ha hablado. Este comando ha sido reemplazado esencialmente por el comando `ss`, que será visto más adelante.

Sintaxis

```
netstat [ -Opciones ]
```

Parámetros principales

`--inet[6]`	Solamente muestra la información IPv4 (v6), y no la relativa al tipo Unix.
`-n`	Muestra los valores numéricos en lugar de los nombres.
`-i`	Actividad de las interfaces de red.

`-r`	Tabla de enrutamiento.
`-s`	Estadísticas por protocolo.
`-a`	Conexiones y sockets.
`-p`	Procesos vinculados a los sockets.
`-l`	Sockets con un proceso en escucha.
`-c`	Vista en continuo, actualizada cada segundo.

Descripción

Sin argumento, el comando muestra todos los sockets activos, de tipo red o de tipo Unix.

Las opciones principales son:

`-n`

No hace ninguna resolución de nombres, el comando solo mostrará las direcciones IP. Esto limita el tráfico de red y hace más eficiente la vista en pantalla.

`--inet[6]`

Solamente mostrará la información relativa al tipo red, sin mostrar las vinculadas a los sockets de modo Unix, usados para la comunicación entre procesos internos.

`-i`

Muestra la información y las estadísticas de actividad de las diferentes interfaces de red.

`-r`

Muestra la tabla de enrutamiento del núcleo, con el estado de las diferentes rutas.

`-s`

Muestra las estadísticas de uso por protocolo.

`-a`

Muestra todos los sockets activos, así como los sockets en los que se encuentra un proceso en espera, o en escucha (proceso servidor en espera de una conexión TCP, o mensaje UDP).

`-p`

Muestra todos los procesos vinculados a los sockets.

Ejemplos

Se usa el comando `netstat` con, si fuera necesario, las opciones `-n` (sin resolución de nombres) e `--inet` (solamente los sockets de red), en una distribución RHEL 8.5.

Vista de la información en las diferentes interfaces:

```
netstat -in
Iface          MTU    RX-OK RX-ERR RX-DRP RX-OVR    TX-OK TX-ERR TX-DRP TX-OVR Flg
enp38s0       1500    12406      0     60 0          2373      0      0      0 BMRU
lo           65536      199      0      0 0           199      0      0      0 LRU
wlo1          1500        0      0      0 0             0      0      0      0 BMU
```

El sistema dispone de dos interfaces de red, además de la de loopback `lo`. Se puede ver la actividad en la red, mensajes transmitidos (`TX`) y recibidos (`RX`). Los indicadores (flags) muestran el estado y la configuración de las interfaces: `U` activa (Up), `L` loopback, `B` broadcast activo, `M` multicast activo y `R` enrutamiento activo.

Vista de la información de enrutamiento:

```
netstat -rn
Kernel IP routing table
Destination     Gateway         Genmask         Flags   MSS Window  irtt Iface
0.0.0.0         192.168.1.254   0.0.0.0         UG        0 0          0 enp38s0
10.1.0.0        0.0.0.0         255.255.0.0     U         0 0          0 enp38s0
192.168.1.0     0.0.0.0         255.255.255.0   U         0 0          0 enp38s0
```

El sistema está presente en dos redes IP, `192.168.0.0/24` y `10.1.0.0/16`. La pasarela por defecto (`Destination = 0.0.0.0`) es la dirección de red `192.168.0.254`. Los indicadores indican el estado de la ruta: `U` activa (Up), `G` mediante una pasarela (Gateway).

Vista de la información correspondiente a los sockets de red, incluyendo los que tienen procesos en espera, con los procesos asociados a dichos sockets:

```
netstat --inet -nap
Connexions Internet actives (servers and established)
Proto Recv-Q Send-Q Local Address       Foreign Address     State       PID/Program name
tcp        0      0 0.0.0.0:111          0.0.0.0:*           LISTEN      1/systemd
tcp        0      0 0.0.0.0:22           0.0.0.0:*           LISTEN      1001/sshd
tcp        0      0 127.0.0.1:631        0.0.0.0:*           LISTEN      1002/cupsd
tcp        0      0 192.168.1.108:22     192.168.1.141:63681 ESTABLISHED 1835/sshd: root [pr
tcp        0    272 192.168.1.108:22     192.168.1.141:64368 ESTABLISHED 4462/sshd: root [pr
tcp        0      0 10.1.0.1:44730       10.1.0.2:22         ESTABLISHED 4391/ssh
udp        0      0 0.0.0.0:5353         0.0.0.0:*                       929/avahi-daemon: r
udp        0      0 0.0.0.0:53008        0.0.0.0:*                       929/avahi-daemon: r
udp        0      0 192.168.1.108:68     192.168.1.254:67    ESTABLISHED 984/NetworkManager
udp        0      0 0.0.0.0:111          0.0.0.0:*                       1/systemd
```

Observamos conexiones SSH activas. Si la dirección de red local tiene un puerto `22`, se trata de una conexión entrante hacia el servidor SSH; si el puerto es un número elevado, se trata de un puerto atribuido dinámicamente a un cliente SSH, y es una conexión entrante. Esto se puede confirmar gracias al proceso vinculado al socket, `sshd` en el caso del servidor y `ssh` en el caso del cliente.

Varios servidores se encuentran a la espera de solicitudes (dirección remota con * en el número del puerto) en distintos puertos, en TCP: `sshd`, `systemd` y `cupsd`, en UDP: `avahi-daemon`, `NetworkManager` y `systemd`.

3.3.2 Supervisión de la actividad con ss

Este comando (*socket statistics*) permite visualizar el estado de la actividad de la red del sistema local, en lo que respecta a los sockets.

Observación

Este comando reemplaza en gran medida a `netstat` y proporciona funcionalidades suplementarias. Las opciones de `netstat` que no son relativas a los sockets (`-i`, `-r`...) han sido reemplazadas por el comando `ip` y los objetos `link`, `address` y `route`.

Sintaxis

```
ss [ -Options ]
```

Parámetros principales

`-f FamSoc`	Solamente muestra los datos para el tipo de socket `FamSoc` (`inet`, `inet6`, *`unix`*).
`-n`	Muestra los valores numéricos en lugar de los nombres.
`-s`	Estadísticas por protocolo.
`-a`	Conexiones y sockets.
`-l`	Sockets con un proceso en escucha.
`-p`	Procesos vinculados a los sockets.
`-i`	Información detallada de la capa TCP.

Descripción

Sin ningún argumento, el comando muestra todos los sockets activos, de red o de tipo Unix.

Las opciones principales son:

`-n`

Permite no hacer resoluciones de nombres; el comando solo muestra las direcciones, lo que limita el tráfico de red y mejora el rendimiento de la visualización.

`-f FamSoc`

Limita la información a `FamSoc`: `-f inet` y/o `-f inet6`, no muestra la información relativa a los sockets en modo Unix, utilizada para la comunicación de los procesos locales.

`-s`

Muestra las estadísticas de uso por protocolo.

-a

Muestra todos los sockets activos, así como los sockets en los que un proceso está en espera (proceso en modo servidor que espera una conexión TCP, o un mensaje UDP).

-l

Muestra los sockets en los que un proceso está en espera (proceso en modo servidor que espera una conexión TCP, o un mensaje UDP).

-p

Muestra los procesos vinculados a los sockets.

-i

Muestra información detallada, en la capa TCP, para las conexiones activas.

Ejemplos

(Este ejemplo está basado en el anterior, usando los nuevos comandos en lugar de netstat.)

Se usa el comando ss, con las opciones -n (sin resolución de nombres) y -f inet (solamente los sockets IPv4), en una distribución RHEL 8.5.

Se comprueba primero la configuración de las interfaces y la tabla de enrutamiento, usando para ello el comando ip:

Vista de la información en las diferentes interfaces:

```
ip -br link
lo              UNKNOWN        00:00:00:00:00:00 <LOOPBACK,UP,LOWER_UP>
enp38s0         UP             e4:11:5b:50:13:32 <BROADCAST,MULTICAST,UP,LOWER_UP>
wlo1            DOWN           e6:7e:b5:40:84:e8 <NO-CARRIER,BROADCAST,MULTICAST,UP>
```

El sistema dispone de dos interfaces de red, además de la de loopback lo.

Vista de la información de enrutamiento:

```
ip route
default via 192.168.1.254 dev enp38s0 proto dhcp metric 100
10.1.0.0/16 dev enp38s0 proto kernel scope link src 10.1.0.1
192.168.1.0/24 dev enp38s0 proto kernel scope link src 192.168.1.108 metric
100
```

El sistema está presente en dos redes IP diferentes, 192.168.1.0/24 y 10.1.0.0/16. La pasarela por defecto (Destino = 0.0.0.0) es la dirección IP 192.168.1.254.

Vista de la información de los sockets de red, incluyendo aquellos donde los procesos se encuentran en espera, con los procesos asociados:

```
ss -f inet -nap
Netid   State     Recv-Q    Send-Q                Local Address:Port
Peer Address:Port        Process
udp     UNCONN    0          0                    0.0.0.0:5353
0.0.0.0:*                users:(("avahi-daemon",pid=929,fd=15))
udp     UNCONN    0          0                    0.0.0.0:53008
0.0.0.0:*                users:(("avahi-daemon",pid=929,fd=17))
```

```
udp       ESTAB     0         0                  192.168.1.108%enp38s0:68
192.168.1.254:67        users:(("NetworkManager",pid=984,fd=26))
udp       UNCONN    0         0                  0.0.0.0:111
0.0.0.0:*               users:(("rpcbind",pid=848,fd=5),("systemd",pid=1,fd=95))
tcp       LISTEN    0         128                0.0.0.0:111
0.0.0.0:*               users:(("rpcbind",pid=848,fd=4),("systemd",pid=1,fd=94))
tcp       LISTEN    0         128                0.0.0.0:22
0.0.0.0:*               users:(("sshd",pid=1001,fd=5))
tcp       LISTEN    0         5                  127.0.0.1:631
0.0.0.0:*               users:(("cupsd",pid=1002,fd=10))
tcp       ESTAB     0         0                  192.168.1.108:22
192.168.1.141:63681     users:(("sshd",pid=1853,fd=5),("sshd",pid=1835,fd=5))
tcp       ESTAB     0         0                  192.168.1.108:22
192.168.1.141:64368     users:(("sshd",pid=4466,fd=5),("sshd",pid=4462,fd=5))
tcp       ESTAB     0         0                  10.1.0.1:44730
10.1.0.2:22             users:(("ssh",pid=4391,fd=5))
```

Observamos conexiones SSH activas. Si la dirección de red local tiene un puerto `22`, se trata de una conexión entrante hacia el servidor SSH; si el puerto es un número elevado, se trata de un puerto atribuido dinámicamente a un cliente SSH, y es una conexión saliente. Esto se puede confirmar gracias al proceso ligado al socket, `sshd` en el caso del servidor, `ssh` en el caso del cliente.

Varios servidores se encuentran a la espera de solicitudes (dirección remota con * en el número del puerto) en distintos puertos, en TCP: `sshd`, `systemd` y `cupsd`, en UDP: `avahi-daemon`, `NetworkManager` y `systemd`.

3.3.3 Supervisión de los sockets abiertos usando lsof -i

El comando `lsof` permite obtener información sobre los archivos abiertos por el sistema.

Entre sus numerosas opciones, la opción `-i` permite seleccionar solamente los archivos abiertos de tipo socket de red. Se puede completar la opción con diferentes criterios de selección de los sockets (versión IP, dirección asociada, etc.).

La opción `-n` permite desactivar la resolución de nombres, lo que acelera la vista.

Ejemplo

Archivos de tipo sockets abiertos en un sistema Debian 11:

lsof -ni

```
root@srvdebian:~# lsof -ni
COMMAND   PID       USER   FD   TYPE DEVICE SIZE/OFF NODE NAME
systemd     1       root  35u   IPv4   1930      0t0  TCP *:sunrpc (LISTEN)
systemd     1       root  36u   IPv4   1931      0t0  UDP *:sunrpc
systemd     1       root  37u   IPv6   1934      0t0  TCP *:sunrpc (LISTEN)
systemd     1       root  38u   IPv6   1937      0t0  UDP *:sunrpc
rpcbind   562       _rpc   4u   IPv4   1930      0t0  TCP *:sunrpc (LISTEN)
rpcbind   562       _rpc   5u   IPv4   1931      0t0  UDP *:sunrpc
rpcbind   562       _rpc   6u   IPv6   1934      0t0  TCP *:sunrpc (LISTEN)
rpcbind   562       _rpc   7u   IPv6   1937      0t0  UDP *:sunrpc
avahi-dae 568      avahi  12u   IPv4  15161      0t0  UDP *:mdns
avahi-dae 568      avahi  13u   IPv6  15162      0t0  UDP *:mdns
```

```
avahi-dae  568       avahi   14u  IPv4  15163      0t0  UDP *:36390
avahi-dae  568       avahi   15u  IPv6  15164      0t0  UDP *:38576
NetworkMa  570        root   23u  IPv4  15312      0t0  UDP 192.168.1.140:
                                                         bootpc->192.168.1.254:bootps
cupsd      611        root    6u  IPv6  15279      0t0  TCP [::1]:ipp (LISTEN)
cupsd      611        root    7u  IPv4  15280      0t0  TCP 127.0.0.1:ipp (LISTEN)
sshd       622        root    3u  IPv4  17578      0t0  TCP *:ssh (LISTEN)
sshd       622        root    4u  IPv6  17580      0t0  TCP *:ssh (LISTEN)
cups-brow  626        root    7u  IPv4  15316      0t0  UDP *:631
exim4      928 Debian-exim    4u  IPv4  18553      0t0  TCP 127.0.0.1:smtp (LISTEN)
exim4      928 Debian-exim    5u  IPv6  18554      0t0  TCP [::1]:smtp (LISTEN)
apache2    931        root    4u  IPv6  17923      0t0  TCP *:http (LISTEN)
apache2    932    www-data    4u  IPv6  17923      0t0  TCP *:http (LISTEN)
apache2    934    www-data    4u  IPv6  17923      0t0  TCP *:http (LISTEN)
apache2    935    www-data    4u  IPv6  17923      0t0  TCP *:http (LISTEN)
sshd       991        root    4u  IPv4  17967      0t0  TCP 192.168.1.140:ssh->
                                                        192.168.1.141:63673
(ESTABLISHED)
sshd      1032         pba    4u  IPv4  17967      0t0  TCP 192.168.1.140:ssh->
                                                        192.168.1.141:63673
(ESTABLISHED)
sshd      1363        root    4u  IPv4  20262      0t0  TCP 10.1.0.2:ssh->
                                                         10.1.0.1:44730 (ESTABLISHED)
sshd      1372         pba    4u  IPv4  20262      0t0  TCP 10.1.0.2:ssh->
                                                        10.1.0.1:44730 (ESTABLISHED)
sshd      1412        root    4u  IPv4  20344      0t0  TCP 10.1.0.2:ssh->
                                                        192.168.1.141:64390
(ESTABLISHED)
sshd      1421         pba    4u  IPv4  20344      0t0  TCP 10.1.0.2:ssh->
                                                        192.168.1.141:64390 (ESTABLISHED)
```

3.3.4 Pruebas de comunicación con ncat (nc)

El comando `ncat` o `nc` (*netcat*) es una herramienta multiusos que permite establecer comunicaciones a través de sockets, locales o de red en TCP y en UDP, en IPv4 o IPv6, en modo cliente o servidor, especificando el puerto que se tiene que usar.

Con sus numerosas opciones, este comando permite comprobar diferentes tipos de comunicación, en particular a través de las redes.

Observación

Existen diferentes programas que implementan el comando `nc`, con opciones diferentes. El que se describe aquí es `ncat`, que se encuentra en el paquete de software `nmap-ncat`.

Sintaxis

`ncat|nc [ -Opciones ] [ Host ] [ Puerto ]`

Parámetros principales

`Host`	Dirección o nombre de máquina.
`Puerto`	Número de puerto (por defecto `31337` o `37379`).
`-n`	Muestra los valores numéricos en lugar de los nombres.
`-4|6`	IPv4 o IPv6.
`-u`	UDP en lugar de TCP.

`-l`	Modo escucha (servidor).
`-c Cmd`	Ejecuta el comando `Cmd`.
`-p Puerto`	Número de puerto origen.
`-s Dir`	Dirección origen.

Descripción

Como argumento, según el caso de uso, el comando espera una dirección IP o un nombre de host y/o un número de puerto. Por defecto, usa el protocolo de transporte TCP. El número de puerto por defecto es 31337.

En modo cliente, el comando envía al servidor cada línea tecleada. En modo servidor, muestra cada línea recibida del cliente.

Las principales opciones del comando son:

`-n`

Sin resolución de nombres (*noDNS*), el comando solamente usa direcciones, lo que limita el tráfico de red y mejora el rendimiento de la visualización.

`-4|6`

Especifica la versión de IP que se usará.

`-u`

Usa el protocolo de transporte UDP.

`-l`

El comando se pone en espera en el número de puerto especificado o 31337 (o 37379) por defecto.

`-c Cmd`

Ejecuta el comando `Cmd` cuando la conexión se ha establecido.

`-p`

Especifica el número de puerto de origen que se usará.

`-s`

Especifica la dirección de origen que se usará.

Ejemplos

Test de comunicación en TCP, en el puerto por defecto de `nc`, entre dos hosts.

(Para evitar cualquier riesgo de interferencias, se ha desactivado el firewall en las máquinas de test.)

En la máquina RHEL 8.5, de dirección `10.1.0.1`, se usa `nc` en modo servidor, en ell puerto por defecto:

```
nc -l
```

En la máquina Debian 11, nos conectamos hacia la máquina RHEL 8.5, en el puerto por defecto:

```
nc 10.1.0.1 31337
Prueba de comunicación
```

En el lado RHEL 8.5, se ve lo siguiente:

```
Prueba de comunicación
```

Tecleamos una línea en el servidor:

```
aaaaa
```

En el lado del cliente, el comando muestra:

```
aaaaa
```

Los dos sistemas están conectados en TCP, en el puerto del servidor por defecto. Se puede comprobar desde otra ventana de terminal en la máquina RHEL 8.5:

```
ss -inet -p | grep nc
ESTAB 0      0            10.1.0.1:31337      10.1.0.2:47332
users:(("nc",pid=4825,fd=5)) ino:58049 sk:1002 <->
```

Vemos que la conexión está activa (`ESTAB`) entre las direcciones IP `10.1.0.1` y `10.1.0.2`, el puerto del servidor es 31337 y el puerto del cliente (atribuido dinámicamente) es 7332.

Para terminar la conexión, tecleamos [Ctrl] D, en el client.

Uso de la opción `-c`:

Esta opción permite ejecutar un comando dentro de la conexión. Desde el cliente, el comando se ejecuta escribiendo su salida estándar en el socket de la conexión. Desde el servidor, el comando se ejecuta utilizando el socket conexión como entrada estándar.

Utilizamos esta opción, desde el cliente, para enviar al servidor la lista de procesos activos:

En el servidor:

```
nc -l
```

En el cliente:

```
nc -c "ps -ef" 10.1.0.1 31337
```

Vista desde el servidor:

```
UID          PID    PPID  C STIME TTY          TIME CMD
root           1       0  0 12:49 ?        00:00:03 /sbin/init
root           2       0  0 12:49 ?        00:00:00 [kthreadd]
root           3       2  0 12:49 ?        00:00:00 [rcu_gp]
root           4       2  0 12:49 ?        00:00:00 [rcu_par_gp]
root           6       2  0 12:49 ?        00:00:00 [kworker/0:0H-events_highpri]
root           8       2  0 12:49 ?        00:00:00 [kworker/0:1H-events_highpri]
root           9       2  0 12:49 ?        00:00:00 [mm_percpu_wq]
root          10       2  0 12:49 ?        00:00:00 [rcu_tasks_rude_]
root          11       2  0 12:49 ?        00:00:00 [rcu_tasks_trace]
[...]
root        1515    1379  0 17:39 pts/1    00:00:00 sh -c ps -ef
root        1516    1515  0 17:39 pts/1    00:00:00 ps -ef
```

Se ha obtenido el resultado correctamente del comando `ps -ef` ejecutado desde el cliente.

Uso del comando para comprobar la accesibilidad a un servidor HTTP:

Nos conectamos en el puerto 80 de uno de los servidores HTTP de Google y solicitamos la página de inicio por el comando `GET /`:

```
GET/ nc www.google.com 80
HTTP/1.0 200 OK
Date: Sun, 21 Aug 2022 15:50:01 GMT
Expires: -1
Cache-Control: private, max-age=0
Content-Type: text/html; charset=ISO-8859-1
Server: gws
X-XSS-Protection: 0
X-Frame-Options: SAMEORIGIN
Set-Cookie: AEC=AakniGNR9KGmRj9u3xvCbdwZU-agzp-7bte434H400s0B0IzaR862ohoLA;
expires=Fri, 17-Feb-2023 15:50:01 GMT; path=/; domain=.google.com; Secure;
HttpOnly; SameSite=lax
Accept-Ranges: none
Vary: Accept-Encoding
[...]
```

3.3.5 Comprobar los puertos abiertos remotos: el comando nmap

El comando `nmap` (*Network Mapper*), integrado en el paquete `nmap`, es una herramienta muy potente de exploración de una red y de auditoría de seguridad. Permite determinar las máquinas activas en la red y los servicios de redes disponibles en esas máquinas.

El comando permite obtener, en particular, una tabla de los puertos de cada máquina objetivo, con su estado (abierto, cerrado o filtrado por un firewall). También puede opcionalmente buscar y mostrar información más detallada: sistema operativo, programa en escucha en cada puerto abierto, incluyendo los números de versión.

Observación

El uso de este comando tiene que hacerse con prudencia y respetando las obligaciones legales, porque comprobar el estado de los puertos de una máquina sin autorización puede ser considerado como un intento de acceso ilícito y ser objeto de procedimientos penales.

Sintaxis

```
nmap [ Typescan ] [ -Opciones ] [ Objetivos ]
```

Parámetros principales

`TypeScan`	Tipo de test.
`Objetivos`	Dirección(es) o nombre(s) de máquina(s).
`-Opciones`	Opciones del escaneo.

Descripción

El comando puede explorar máquinas activas en una red y/o comprobar el estado de los puertos en esas máquinas (*scan*).

Los objetivos puede ser direcciones o nombres de máquinas, identificadores de red o subred y rangos de direcciones.

La exploración puede durar bastante tiempo. En modo interactivo, teclear CTRL/D provoca la visualización de la información del estado del escaneo y los resultados obtenidos.

Existe un gran número de opciones que permiten especificar el tipo de exploración o de escaneo y configurarlos.

Algunas opciones habituales:

`-T[0-5]`

Grado de velocidad/agresividad/eficacia de la exploración. Por defecto, el nivel es `3`. Los niveles `4` y `5` presuponen una red muy eficiente. Los niveles `0` y `1` son muy lentos.

`-A`

Detección del sistema operativo y de las versiones de los programas.

`-sL`

Da la lista de las máquinas objetivo.

`-sP`

Comprueba las máquinas activas.

`-sV`

Comprueba los puertos abiertos, el programa que está en escucha y la versión de este.

`-n`

No hace resolución de los nombres de hosts.

`-p NúmPuertos`

Solamente hará un escáner de la lista de puertos o del rango especificado `NúmPuertos`.

`-exclude Hosts`

Excluye las máquinas de la lista `Hosts`.

Ejemplo

Exploración de un rango de direcciones:

```
nmap -A 192.168.1.100-254
nmap -A 192.168.1.100-254
Starting Nmap 7.70 ( https://nmap.org ) at 2022-08-21 17:54 CEST
Stats: 0:20:11 elapsed; 147 hosts completed (7 up), 7 undergoing SYN Stealth Scan
SYN Stealth Scan Timing: About 100.00% done; ETC: 18:14 (0:00:00 remaining)
Nmap scan report for 192.168.1.115
Host is up (0.0038s latency).
Not shown: 996 closed ports
PORT    STATE SERVICE      VERSION
80/tcp  open  http         Canon Pixma printer http config (KS_HTTP 1.0)
|_http-title: Site doesn't have a title.
139/tcp open  microsoft-ds CANON microsoft-ds
| fingerprint-strings:
|   SMBProgNeg:
|_     SMBr
515/tcp open  printer
631/tcp open  http          Canon Pixma printer http config (KS_HTTP 1.0)
MAC Address: D8:49:2F:25:04:A3 (Canon)
Device type: printer
Running: Canon embedded
OS details: Canon PIXMA printer
Network Distance: 1 hop
Service Info: Device: printer
[...]

TRACEROUTE
HOP RTT     ADDRESS
1   3.78 ms 192.168.1.115

Nmap scan report for 192.168.1.141
Host is up (0.0056s latency).
Not shown: 995 filtered ports
PORT     STATE SERVICE       VERSION
135/tcp  open  msrpc         Microsoft Windows RPC
139/tcp  open  netbios-ssn   Microsoft Windows netbios-ssn
445/tcp  open  microsoft-ds?
5357/tcp open  http          Microsoft HTTPAPI httpd 2.0 (SSDP/UPnP)
|_http-server-header: Microsoft-HTTPAPI/2.0
|_http-title: Service Unavailable
6646/tcp open  tcpwrapped
MAC Address: 20:1E:88:30:16:E1 (Unknown)
Warning: OSScan results may be unreliable because we could not find at least 1 open
and 1 closed port
Aggressive OS guesses: Microsoft Windows 10 (94%), Microsoft Windows Server 2008 SP1
```

```
(89%), Microsoft Windows 10 1703 (87%), Microsoft Windows 10 1511 - 1607 (87%), FreeBSD
6.2-RELEASE (87%), Microsoft Windows Phone 7.5 or 8.0 (86%), Microsoft Windows 10 1511
(86%), Microsoft Windows Server 2008 R2 or Windows 8.1 (86%), Microsoft Windows Server
2016 (86%), Microsoft Windows 7 Professional or Windows 8 (86%)
No exact OS matches for host (test conditions non-ideal).
Network Distance: 1 hop
Service Info: OS: Windows; CPE: cpe:/o:microsoft:windows

[...]

TRACEROUTE
HOP RTT     ADDRESS
1   1.72 ms 192.168.1.168

Nmap scan report for 192.168.1.180
Host is up (0.0022s latency).
Not shown: 995 closed ports
PORT     STATE SERVICE      VERSION
22/tcp   open  ssh          OpenSSH 8.1 (protocol 2.0)
[...]
Device type: phone
Running: Apple iOS 11.X
OS CPE: cpe:/o:apple:iphone_os:11.0
OS details: Apple iOS 11.0
Network Distance: 1 hop

[...]
TRACEROUTE
HOP RTT      ADDRESS
1   14.26 ms 192.168.1.182

Nmap scan report for 192.168.1.254
Host is up (0.00025s latency).
Not shown: 984 filtered ports
[...]
80/tcp   open   http          nginx
| http-robots.txt: 1 disallowed entry
|_/
|_http-server-header: nginx
|_http-title: Freebox OS

[...]

Network Distance: 1 hop
Service Info: OSs: Unix, Linux 2.6; Devices: media device, WAP; CPE:
cpe:/o:linux:linux_kernel:2.6

TRACEROUTE
HOP RTT     ADDRESS
1   0.25 ms 192.168.1.254

[...]
Device type: general purpose
Running: Linux 3.X
OS CPE: cpe:/o:linux:linux_kernel:3
OS details: Linux 3.7 - 3.10
Network Distance: 0 hops

Post-scan script results:
| clock-skew:
```

```
|   Os:
|     192.168.1.141
|_    192.168.1.254
OS and Service detection performed. Please report any incorrect results at
https://nmap.org/submit/ .
Nmap done: 155 IP addresses (8 hosts up) scanned in 1475.29 seconds
```

La exploración ha detectado ocho direcciones en el rango especificado, éstas pertenecen a diferentes sistemas: Windows, Linux, Apple iOS, OS de impresora. Existen diferentes puertos abiertos en esos sistemas (HTTP, SSH, RPC...).

3.3.6 Captura de tráfico de red: tcpdump

Existen diferentes herramientas en Linux, con interfaz gráfica o en modo de línea de comandos, que permiten capturar el tráfico de red, de la máquina local y/o de las máquinas remotas. La mayoría de estas herramientas se basan en una biblioteca especializada, `libpcap`.

El comando `tcpdump` se usa en modo de línea de comandos.

Sintaxis

```
tcpdump [ -Opciones ] [ Selección ]
```

Parámetros principales

`Selección`	Criterios de selección de los paquetes.
`-Opciones`	Opciones.

Descripción

Por defecto, el comando muestra en la salida estándar un informe por cada paquete capturado, con datos sobre la captura (fecha, emisor y receptor). Para interrumpir la captura, hay que teclear CTRL/C o enviar al proceso una señal INT o TERM.

También se puede guardar el tráfico en un archivo, y después se puede interpretar dicho archivo con el mismo comando.

La cadena de caracteres `Selección` permite definir los criterios de selección de los paquetes que se quieran capturar: emisor, receptor, protocolo, red..., dichos criterios pueden ser combinados con operadores lógicos (`or`, `and`), con valores numéricos o umbrales.

Algunas opciones habituales:

`-n`

Sin resolución de nombres.

`-v|vv|vvv`

Vista detallada, muy detallada, realmente detallada.

`-c nb`

Número máximo de paquetes que se capturarán.

`-i Interf`

Tarjeta de interfaz de red que se utilizará para la captura.

`-w Archivo`

Almacenamiento de los paquetes capturados en el archivo `Archivo`, para un posterior análisis.

`-r Archivo`

Análisis de los paquetes guardados en el archivo `Archivo`.

`-A`

Vista del contenido del paquete en ASCII.

`-e`

Vista del encabezado del nivel de enlace.

Ejemplo

Captura de tráfico de red entre dos hosts que están comunicando a través del comando `nc`.

En el sistema de captura:

```
tcpdump -nvA 'ip src 192.168.1.140 or src 192.168.1.108'
```

En el servidor (`192.168.1.108`):

```
nc -l
Hola desde srvdebien
Hola desde srvrh
```

En el sistema cliente (`192.168.1.140`):

```
nc 192.168.1.108 31337
Hola desde srvdebian
Hola desde srvrh
```

Interpretación (parcial) de la vista resultante en el sistema de captura:

```
09:34:34.170776 IP (tos 0x0, ttl 64, id 9775, offset 0, flags [DF], proto TCP (6), length 60)
    192.168.1.140.48934 > 192.168.1.108.31337: Flags [S], cksum 0xf78f (correct),
seq 861305836, win 64240, options [mss 1460,sackOK,TS val 4258392721 ecr 0,nop,wscale 7],
length 0
[...]
09:34:34.170869 IP (tos 0x0, ttl 64, id 0, offset 0, flags [DF], proto TCP (6), length 60)
    192.168.1.108.31337 > 192.168.1.140.48934: Flags [S.], cksum 0x8477 (incorrect ->
0x90c1), seq 3791392623, ack 861305837, win 28960, options [mss 1460,sackOK,TS val
2675138478 ecr 4258392721,nop,wscale 7], length 0
[...]
09:34:34.171085 IP (tos 0x0, ttl 64, id 9776, offset 0, flags [DF], proto TCP (6), length 52)
    192.168.1.140.48934 > 192.168.1.108.31337: Flags [.], cksum 0x2eb8 (correct), ack 1,
win 502, options [nop,nop,TS val 4258392721 ecr 2675138478], length 0
```

Estos tres paquetes corresponden al inicio de una comunicación TCP, un primer paquete del cliente `192.168.1.140`, puerto de origen dinámico `48934`, hacia el servidor `192.168.1.108` y puerto por defecto de *nc* 31337.

```
09:34:41.055422 IP (tos 0x0, ttl 64, id 9777, offset 0, flags [DF], proto TCP (6), length 73)
    192.168.1.140.48934 > 192.168.1.108.31337: Flags [P.], cksum 0x57ba (correct), seq 1:22,
ack 1, win 502, options [nop,nop,TS val 4258399606 ecr 2675138478], length 21
E..I&1@.@..5.......l.&zi3V{....p....W......
...v.s_.Hola de srvdebian
Paquete TCP de datos, del cliente hacia el servidor.

[...]

09:34:50.424113 IP (tos 0x0, ttl 64, id 21530, offset 0, flags [DF], proto TCP (6), length 69)
    192.168.1.108.31337 > 192.168.1.140.48934: Flags [P.], cksum 0x8480 (incorrect -> 0xcf13),
seq 1:18, ack 22, win 227, options [nop,nop,TS val 2675154731 ecr 4258399606], length 17
E..ET.@.@.bP...l....zi.&...p3V|...........
.s.+...Hola de srvrh
```

Paquete TCP de datos, del servidor al cliente.

```
[...]
^C
16 packets captured
16 packets received by filter
packets dropped by kernel
```

Observación

Distintas herramientas gráficas permiten capturar el tráfico de red. Wireshark es una de las más utilizadas en Linux.

4. Depuración de la red

Nos vamos a concentrar en los diferentes aspectos de la configuración de las capas de red que pueden provocar problemas de comunicación en la red, así como en los diferentes registros (*logs*) útiles para el diagnóstico de los problemas que se puedan presentar:

- Gestión de la red con `NetworkManager`.
- Archivos de configuración de red durante el inicio del sistema.
- Archivos de configuración de la resolución de nombres.
- Archivos de configuración relativos al control de accesos a los servicios en red.
- Archivos de registro del sistema.
- Problemas de enrutamiento remoto.

4.1 El servicio NetworkManager

NetworkManager es un servicio implementado desde hace unos años en Linux, cuyo objetivo es simplificar y automatizar la configuración de las interfaces de red.

Puede detectar interfaces de red disponibles, del tipo que sean (Ethernet, Wi-Fi), activarlas y proporcionar automáticamente una configuración de redes completa y adaptada al entorno de red actual, conjuntamente con un servidor DHCP.

Este servicio es particularmente interesante para los ordenadores portátiles y para un uso orientado a puesto de trabajo (cliente de red).

NetworkManager está compuesto por un proceso, cuyo inicio y paro están gestionados por systemd, y por comandos que permiten interactuar con él, en modo gráfico (control-center, nm-connection-editor) o en línea de comandos (nmcli, nmtui).

En un sistema servidor, que necesita generalmente una configuración de red estable y permanente, el uso del servicio NetworkManager para configurar dinámicamente las interfaces de red tiene poco interés y puede provocar problemas.

Observación

Con las versiones recientes de las distribuciones de tipo Red Hat, este servicio es el que inicia la red, usando para ello archivos de configuración tradicionales (en /etc/sysconfig/network-scripts). Los scripts de inicio de red tradicionales ya no están presentes por defecto. Sin embargo, se pueden implementar instalando el paquete network-scripts.

Ejemplo

Un sistema Linux corriendo una distribución Debian 10 presenta una interfaz Wi-Fi, configurada a través de la interfaz gráfica de NetworkManager y otra interfaz Ethernet no configurada, conectada en una red sin servidor DHCP.

Después del inicio del sistema, se muestra con el comando nmcli la configuración de las tarjetas de interfaz tomadas en cuenta automáticamente por NetworkManager:

```
nmcli device
DEVICE   TYPE     STATE        CONNECTION
wlp3s0   wifi     conectado    wifiLAB
enp0s10  ethernet desconectado --
lo       loopback sin gestión  --
```

Para gestionar la configuración de las tarjetas a través de `NetworkManager`, se puede usar el comando interactivo en modo semi gráfico `nmtui`:

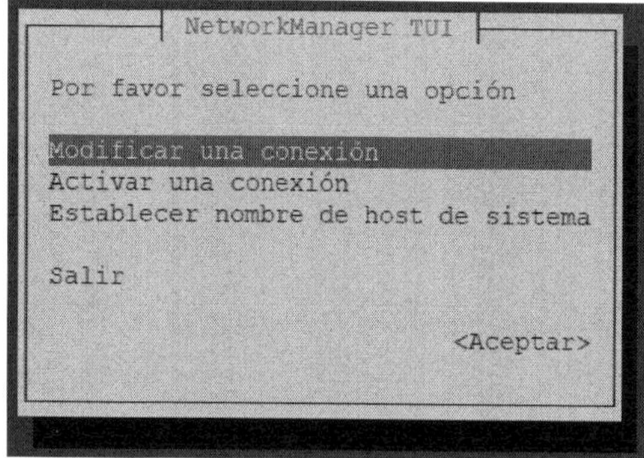

Ahora podemos configurar en modo manual (no DHCP) la interfaz Ethernet:

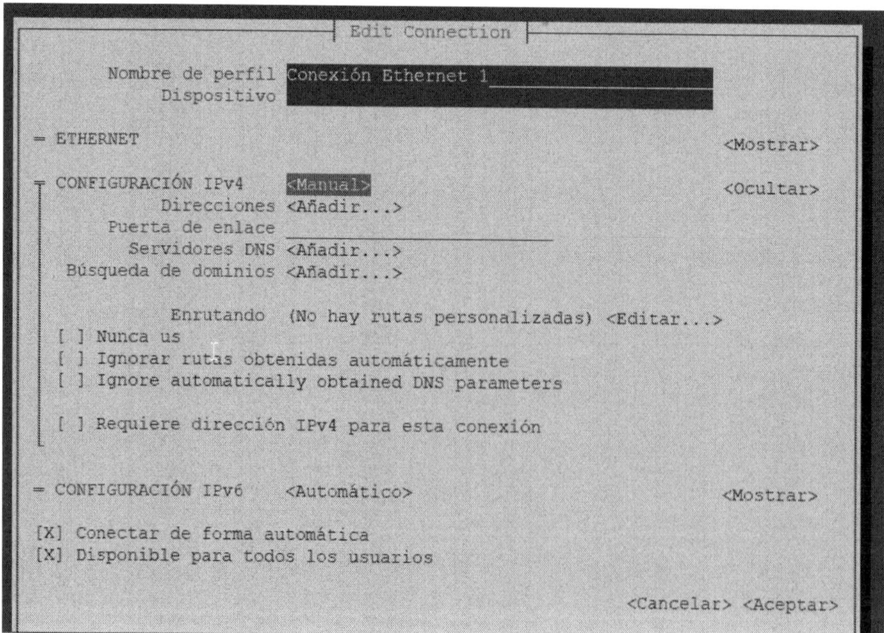

4.2 Configuración del arranque de la red

La inicialización de la red durante el arranque del sistema operativo puede ser gestionada de manera diferente según la distribución utilizada, según las versiones e incluso según el propio criterio del administrador del sistema.

Sin embargo, podemos considerar dos maneras de configurar e inicializar la red, en función del tipo de distribución: Debian y derivadas o Red Hat y derivadas.

Para cada tipo, también habrá que distinguir entre el método «clásico» de arranque de la red usando scripts y el nuevo enfoque de `NetworkManager`.

El arranque de la red permite inicializar las diferentes tarjetas de interfaz de red, determinar la tabla de enrutamiento del núcleo y configurar la resolución de nombres (nombre de host local, métodos de resolución, servidores de nombres). Una vez que la inicialización haya sido efectuada, los servicios de redes de alto nivel podrán iniciarse.

4.3 Configuración de redes de tipo Debian

Con respecto a las distribuciones Debian y derivadas (Ubuntu y otras), la configuración de las tarjetas de interfaces de red, durante el arranque del sistema, está definida esencialmente en el contenido de un solo archivo: `/etc/network/interfaces`, opcionalmente completado por la inclusión de otros archivos que se encuentran en el directorio `/etc/network/interfaces.d/`.

4.3.1 El archivo /etc/network/interfaces

Este archivo contiene los parámetros de las tarjetas de interfaz de red, incluyendo las que tendrán que inicializarse automáticamente durante el inicio de la red.

Observación

Para evitar conflictos, `NetworkManager` no gestiona ninguna tarjeta de interfaz de red que esté declarada en este archivo.

Los parámetros pueden ser aprendidos dinámicamente por DHCP cuando la interfaz de red se inicializa o estar fijados estáticamente por directivas dentro del archivo.

Los parámetros IPv6 pueden ser gestionados dinámicamente por los métodos propios a IPv6 (descubrimiento de la red, enlace local, etc.), por DHCP o estar fijados estáticamente en el archivo.

Une interfaz de red puede estar asociada a distintos conjuntos de parámetros, en el caso en que deba gestionar distintas direcciones IP.

El archivo está constituido por conjuntos, llamados secciones (*stanzas*), cuyo formato general es el siguiente:

```
# Comentarios
NombreStanza NombreInterf [Params]
     [ OpciónId Params ]
     ...
     [ OpciónId Params ]
```

Donde:

`NombreStanza`: identificador del tipo de configuración para la interfaz (`iface`, `auto`, `allow-*`...).

`NombreInterf`: identificador de la tarjeta de interfaz de red.

`OpciónId`: identificador de la opción configurada (`address`, `netmask`, `gateway`, etc.).

Las principales secciones (*stanzas*) son:

`source /etc/network/interfaces.d/*`	Inclusión de los archivos del directorio especificado.
`auto NombreInterf`	Interfaz que deberá activarse durante el arranque del sistema.
`allow-hotplug NombreInterf`	Interfaz que deberá arrancarse en cuanto sea detectada.
`iface NombreInterf Params`	Definición de una instancia de la interfaz.

La sección `iface` permite definir los diferentes parámetros de una instancia de interfaz. Los parámetros en la línea `iface` definen el protocolo (`inet` para IPv4 e `inet6` para IPv6) y el método de configuración (`dhcp` o `static`). Las líneas, opcionales, se encuentran justo después de la sección que define los parámetros de configuración (dirección estática, pasarela por defecto, etc.).

Observación

Si una interfaz utiliza IPv4 e IPv6, hay que declararla en las dos secciones, una con un parámetro `inet` y la otra con un parámetro `inet6`.

Ejemplos

Configuración estática de una interfaz de red en IPv4:

```
iface enp0s10 inet static
 address 192.168.1.2/24
 gateway 192.168.1.1
```

Configuración dinámica de una interfaz de red en IPv4:

`iface enp0s10 inet dhcp`

Los principales parámetros opcionales de una sección `iface` son:

`address DirecciónCIDR`	Dirección (preferentemente en formato CIDR), IPv4 o IPv6.
`netmask Máscara`	Máscara de subred (en vía de obsolescencia).
`gateway Dirección`	Pasarela por defecto.

Este archivo se usa para la configuración inicial de la red. En caso de modificación de su contenido, hay que reiniciar la red o forzar a que el servicio vuelva a cargar la nueva configuración.

Ejemplo

Archivo de configuración de un sistema Debian 11, con una interfaz de red Ethernet `enp0s10` configurada para ser activada durante el arranque del sistema, con una dirección IPv4 estática.

Archivo `/etc/network/interfaces`:

```
# This file describes the network interfaces available on your system
# and how to activate them. For more information, see interfaces(5).
source /etc/network/interfaces.d/*
# The loopback network interfaz
auto lo
iface lo inet loopback
# Interfaz Ethernet IPv4 statique
auto enp0s10
iface enp0s10 inet static
  address 192.168.1.201/24
  gateway 192.168.1.254
```

Después del arranque del sistema, mostramos el estado de las interfaces de red:

```
ip -br a
lo               UNKNOWN        127.0.0.1/8 ::1/128
enp0s10          UP             192.168.1.201/24
2a01:e0a:32c:9940:21b:24ff:fe6a:7814/64 fe80::21b:24ff:fe6a:7814/64
```

La interfaz de red Ethernet, `enp0s10`, ha sido configurada correctamente con su dirección estática. `NetworkManager` no ha gestionado ninguna interfaz de red como muestra el comando `nmcli`:

```
nmcli

enp0s10: sin gestión
        "NVIDIA MCP67"
        ethernet (forcedeth), 00:1B:24:6A:78:14, hw, mtu 1500

lo: sin gestión
       "lo"
       loopback (unknown), 00:00:00:00:00:00, sw, mtu 65536
[...]
```

4.3.2 Interfaz con distintas direcciones IP de la misma versión

Para configurar una interfaz de red con diferentes direcciones IP de la misma versión, se pueden usar dos métodos.

- El primero consiste en definir distintas instancias de una tarjeta de interfaz de red, poniendo como sufijo su nombre con `:n`, donde `n` es el número de índice de la instancia. Cada instancia de una tarjeta tiene su propia sección con sus parámetros. Cada instancia será vista como una interfaz lógica distinta.
- El segundo consiste en declarar varias secciones para la misma tarjeta de interfaz de red, con los parámetros propios de cada dirección IP. La tarjeta de interfaz de red será vista como una sola instancia con distintas direcciones.

Ejemplos

Configuración estática multidirección IPv4, con distintas instancias de interfaz:

```
auto eth0
allow-hotplug eth0
iface eth0 inet static
   address 192.168.1.1/24
   gateway 192.168.1.254

auto eth0:0
allow-hotplug eth0:0
iface eth0:0 inet static
   address 192.168.2.1/24
   gateway 192.168.2.254
```

Configuración estática multidirección IPv4, con una sola instancia de interfaz:

```
auto eth0
allow-hotplug eth0
iface eth0 inet static
   address 192.168.1.1/24
   gateway 192.168.1.254
iface eth0 inet static
   address 192.168.2.1/24
   gateway 192.168.2.254
```

4.3.3 Arranque de la red usando el script networking

La inicialización de las tarjetas de red y el arranque de la red se pueden hacer combinando el script clásico, `networking`, y el script de arranque de `NetworkManager`, `network-manager`. Estos dos scripts pueden ser tomados en cuenta según el antiguo método `init System V`, o por `systemd`. Los dos se encuentran en el directorio de los scripts de gestión de servicios, `/etc/init.d`.

El script de arranque de `NetworkManager` no gestiona las interfaces ausentes del archivo de configuración `/etc/network/interfaces`. Se usa poco en los servidores, los cuales necesitan configuraciones estables para las diferentes interfaces de red.

El script de arranque « clásico » de la red, `/etc/init.d/networking`, usa el archivo de configuración `/etc/network/interfaces`. Si este último se modifica después del arranque de la red, se puede recargar la configuración usando el comando siguiente:

```
systemctl restart networking
```

En las antiguas versiones sin `systemd`, se puede usar:

```
/etc/init.d/networking reload
```

o

```
service networking reload
```

Ejemplo

Modificamos la pasarela por defecto configurada en el archivo `/etc/network/interfaces`:

```
# This file describes the network interfaces available on your system
# and how to activate them. For more information, see interfaces(5).

source /etc/network/interfaces.d/*

# The loopback network interfaz
auto lo
iface lo inet loopback
```

```
# Interfaz Ethernet IPv4 statique
auto enp0s10
iface enp0s10 inet static
       address 192.168.1.201/24
       gateway 192.168.1.253
```

Mostramos la configuración activa:

```
ip route show default
default via 192.168.1.254 dev enp0s10 onlink
```

La modificación no ha sido tomada en cuenta.

Se reinicia la red:

```
systemctl restart networking
ip route show default
default via 192.168.1.253 dev enp0s10 onlink
```

La modificación ha sido aplicada.

4.4 Configuración de red de tipo Red Hat

Para las distribuciones Red Hat y derivadas (CentOS, Fedora y otras), la configuración de las tarjetas de interfaz de red, durante el arranque del sistema, está definida ya sea a través de `NetworkManager`, o a través de archivos de nombre `ifcfg-NombreInterf`, uno para cada interfaz `NombreInterf` que se tendrá que inicializar, en el directorio `/etc/sysconfig/network-scripts`.

4.4.1 Los archivos /etc/sysconfig/network-scripts/ifcfg*

Estos archivos contienen los parámetros de las tarjetas de interfaz de red, incluyendo las que se inicializarán automáticamente durante al arranque de la red. Hay un archivo para cada tarjeta de interfaz de red.

Los parámetros pueden ser proporcionados dinámicamente por DHCP cuando la interfaz de red se inicializa o estar fijados por directivas dentro del archivo.

Los parámetros IPv6 pueden ser gestionados dinámicamente por los métodos propios a IPv6 (descubrimiento de la red, enlace local, etc.), por DHCP o estar fijados estáticamente en el archivo.

Si una interfaz de red tiene que estar asociada a distintos conjuntos de parámetros, en el caso de que tenga que gestionar distintas direcciones IP, habrá que definir tantos archivos como direcciones presente la interfaz, añadiendo un sufijo al nombre de la interfaz con su índice (:1, etc.).

El archivo está constituido por un conjunto de líneas, cada una define una variable de configuración. Estas variables serán utilizadas en los scripts de arranque o de paro de las interfaces (`ifup`, `ifdown`...).

Ejemplos

Archivo `/etc/sysconfig/network-scripts/ifcfg-enp38s0`:

Configuración estática de una interfaz de red en IPv4 únicamente:

```
DEVICE=enp38s0
BOOTPROTO=none
ONBOOT=yes
IPADDR=192.168.1.202
PREFIX=24
GATEWAY=192.168.1.254
```

Configuración dinámica de una interfaz de red en IPv4:

```
DEVICE=enp38s0
BOOTPROTO=dhcp
```

Las principales variables de configuración son:

`DEVICE=`	Nombre de la interfaz de red.
`BOOTPROTO=`	Protocolo de configuración (`dhcp`, `none`).
`ONBOOT=`	Activación en el arranque del sistema (`yes`, `no`).
`NETMASK=`	Máscara de subred en notación decimal punteada (obsoleto).
`PREFIX=`	Tamaño del identificador de red/subred en bits (reemplaza a la anterior).
`IPADDR=`	Dirección IPv4 en notación decimal punteada.
`GATEWAY=`	Pasarela por defecto en notación decimal punteada.
`IPV6INIT=`	Configuración IPv6 (`yes`, `no`).
`IPV6ADDR=`	Dirección IPv6 en notación CIDR.
`NM_CONTROLLED=`	Interfaz gestionada por `NetworkManager` (`yes`, `no`).

Este archivo se usa para la configuración inicial de la red. En caso de modificación de su contenido, hay que reiniciar la red o forzar que el servicio cargue la nueva configuración.

Observación

Si el script `/etc/init.d/network` existe (RHEL 7, por defecto) y se quiere evitar que `NetworkManager` gestione una interfaz, hay que posicionar la variable `NM_CONTROLLED` a `no` en el archivo de configuración de esta interfaz. Sin embargo, si el script de arranque del sistema no existe (RHEL 8 y siguientes, por defecto), no hay que posicionar esta variable a `no`, si no la tarjeta no será activada en el arranque de la red.

Ejemplo

Archivo de configuración de un sistema RHEL 8.5 con una sola interfaz de red, de tipo Ethernet, `enp38s0`, configurada para ser activada durante el arranque del sistema, con una dirección IPv4 estática.

Archivo `/etc/sysconfig/network-scripts/ifcfg-enp38s0`:

```
NAME=enp38s0
UUID=e3663eb4-d72c-4dec-82c9-3920dda8e0b3
DEVICE=enp38s0
BOOTPROTO=none
ONBOOT=yes
IPADDR=192.168.1.202
PREFIX=24
GATEWAY=192.168.1.254
```

Después de arrancar el sistema, mostramos las interfaces de red:

```
ip -br a
lo               UNKNOWN        127.0.0.1/8 ::1/128
enp38s0          UP             192.168.1.202/24
2a01:e0a:32c:9940:e611:5bff:fe50:1332/64 fe80::e611:5bff:fe50:1332/64
```

La interfaz de red Ethernet, `enp0s3`, ha sido configurada correctamente con su dirección IPv4 estática.

La pasarela por defecto también se ha configurado:

```
ip route show default
default via 192.168.1.254 dev enp38s0 proto static metric 100
```

4.4.2 Interfaz con distintas direcciones IP de la misma versión

Para configurar una interfaz de red con distintas direcciones IP de la misma versión, hay que declarar distintas instancias de direcciones, la palabra clave del parámetro contiene como sufijo el número de índice de la dirección de red.

Ejemplo

Configuración estática multidirección IPv4, archivo `ifcfg-enp1s0`:

```
DEVICE=enp1s0
BOOTPROTO=none
ONBOOT=yes
IPADDR=10.1.0.3
PREFIX=24
GATEWAY=10.1.0.1
IPADDR1=10.2.0.3
PREFIX1=24
GATEWAY1=10.2.0.254
```

4.4.3 Arranque de la red

La inicialización de las tarjetas de interfaz de red y el arranque de la red se pueden hacer combinando un script clásico, `network`, y el servicio `NetworkManager`, gestionado directamente por `systemd`.

El script `network` se puede gestionar según el antiguo método `init System V`, o con `systemd`. Se encuentra en el directorio de los scripts de gestión de los servicios, `/etc/init.d`.

Si el script `network` no existe en el directorio `/etc/init.d` y el sistema usa `systemd` para iniciar los servicios, este último lanzará directamente `NetworkManager`, lo que activará todas las interfaces de red que presenten un archivo de configuración en `/etc/sysconfig/network-scripts`, con la variable `ONBOOT` con el valor `yes`, excepto aquellas que presenten explícitamente una variable `NM_CONTROLLED` con el valor `no`. También activará las interfaces no definidas en este directorio, usando para ello sus propios archivos de configuración.

Observación

Las versiones 8 y superiores de las distribuciones de tipo Red Hat ya no presentan el script por defecto `network`.

Ejemplo

En un sistema RHEL 8.5, añadimos una dirección IPv4 en el archivo de configuración de la interfaz de red `enp38s0`, `/etc/sysconfig/network-scripts/ifcfg-enp38s0`:

```
NAME=enp38s0
UUID=e3663eb4-d72c-4dec-82c9-3920dda8e0b3
DEVICE=enp38s0
BOOTPROTO=none
ONBOOT=yes
IPADDR=192.168.1.202
PREFIX=24
GATEWAY=192.168.1.254
# Dirección estática IPv4:
IPADDR1=10.1.0.1
PREFIX1=24
```

Mostramos el estado IPv4 de las tarjetas de de interfaz de red:

```
ip -br -4 a
lo               UNKNOWN        127.0.0.1/8
enp38s0          UP             192.168.1.3/202
```

La modificación no ha sido tomada en cuenta, la tarjeta solamente tiene una dirección IPv4.

Después de reiniciar el sistema:

```
ip -4 -br a
lo               UNKNOWN          127.0.0.1/8
enp38s0          UP               192.168.1.202/24 10.1.0.1/24
```

La modificación ha sido aplicada.

4.5 Control del enrutamiento

Si la comunicación dentro de la red/subred funciona correctamente pero el sistema no consigue comunicar fuera de su red/subred, es posible que se trate de un problema de enrutamiento. Diferentes comandos permiten obtener datos sobre la configuración del enrutamiento y el estado de los diferentes routers.

4.5.1 Los comandos ip route y route

Estos comandos, que ya han sido estudiados anteriormente para la configuración de una pasarela por defecto, permiten mostrar la tabla de enrutamiento gestionada por el núcleo. Esto permite comprobar los elementos de enrutamiento conocidos por el núcleo, para acceder a las diferentes redes/subredes, así como las rutas por defecto de las diferentes interfaces.

Ejemplo

Vista de la tabla de enrutamiento del núcleo (`-n` para mostrar las direcciones en lugar de los nombres) de un sistema que se encuentra en la red `192.168.1.0/24`:

```
route -n
Kernel IP routing table
Destination     Gateway         Genmask         Flags Metric Ref    Use Iface
0.0.0.0         192.168.1.254   0.0.0.0         UG    0      0        0 enp0s10
192.168.1.0     0.0.0.0         255.255.255.0   U     0      0        0 enp0s10
```

La pasarela por defecto (destination `0.0.0.0`) es `192.168.0.254`.

Vista de la tabla de enrutamiento del núcleo (`-r` para mostrar las direcciones en lugar de los nombres) de otros sistema que también se encuentra en la red `192.168.0.0/24`, que no consigue comunicar con el exterior de la red:

```
ip route
default via 192.168.1.14 dev enp0s10 onlink
192.168.1.0/24 dev enp0s10 proto kernel scope link src 192.168.1.201
```

La pasarela por defecto es incorrecta, `192.168.0.14`. Podemos modificarla dinámicamente, luego habrá que corregir el archivo de configuración de la interfaz:

```
ip route change default via 192.168.1.254
ip r show
default via 192.168.1.254 dev enp0s10 onlink
192.168.1.0/24 dev enp0s10 proto kernel scope link src 192.168.1.201
```

4.5.2 traceroute

Este comando ofrece datos sobre las rutas recorridas para llegar hasta un host remoto. Puede permitir identificar un problema en un router remoto (rendimiento, bloqueo...).

Observación

Este comando debe utilizarse con moderación, porque solicita los routers intermediarios que no tienen por qué estar administrados dentro de la organización donde se encuentra el sistema local. Por otro lado, el comando usa el protocolo ICMP, y algunos routers pueden estar configurados para no contestar a esos mensajes, lo que puede hacer que el diagnóstico no sea correcto.

Sintaxis

```
traceroute [ -Opciones ] Dest
```

Parámetros principales

`Dest`	Dirección o nombre de host destino.
`-n`	Sin resolución de nombres.
`-4|6`	Versión de IP.
`-i Interf`	Interfaz.
`-m max_salto`	Número máximo de routers que se podrán atravesar (por defecto 30).

Descripción

Sin ninguna opción, el comando intenta contactar con el host especificado interrogando sucesivamente a cada router intermediario. Muestra las estadísticas de cada segmento que atraviesa hasta el destino o hasta el último router accesible.

Ejemplo

Vista de la información sobre las diferentes redes y routers hasta llegar al servidor HTTP de Google:

```
traceroute www.google.com
 1  _gateway (192.168.1.254)  0.214 ms  0.145 ms  0.113 ms
 2  station9.multimania.isdnet.net (194.149.174.106)  1.973 ms  1.917 ms  1.975 ms
 3  194.149.166.62 (194.149.166.62)  1.779 ms  1.767 ms  2.045 ms
 4  72.14.221.62 (72.14.221.62)  2.050 ms 72.14.211.26 (72.14.211.26)  1.780 ms 72.14.221.62
(72.14.221.62)  1.950 ms
 5  * * *
 6  108.170.238.106 (108.170.238.106)  2.048 ms 108.170.245.1 (108.170.245.1)  3.092 ms
142.251.64.124 (142.251.64.124)  2.072 ms
 7  108.170.244.197 (108.170.244.197)  2.978 ms 216.239.48.43 (216.239.48.43)  2.163 ms
108.170.244.198 (108.170.244.198)  2.573 ms
 8  * 108.170.238.162 (108.170.238.162)  3.338 ms 209.85.255.106 (209.85.255.106)  4.400 ms
 9  209.85.253.216 (209.85.253.216)  3.825 ms 108.170.235.98 (108.170.235.98)  2.451 ms *
10  108.170.244.161 (108.170.244.161)  2.367 ms * 108.170.244.225 (108.170.244.225)  2.838 ms
11  216.239.48.43 (216.239.48.43)  1.795 ms * 216.239.48.1 (216.239.48.1)  1.906 ms
[...]
```

4.6 Configuración de la resolución de nombres de host

Cuando la capa de red IP ya ha sido inicializada para las distintas interfaces, las aplicaciones pueden usar las direcciones IP para comunicarse entre ellas. Sin embargo, usan generalmente nombres de host para identificar el sistema con el que desean hacer un intercambio de mensajes. Esto conlleva una fase suplementaria, anterior al intercambio de datos, que consiste en asociar una dirección IP a un nombre de host. Esta fase se llama resolución de nombres y puede utilizar distintos métodos, según la configuración del sistema.

4.6.1 Configuración de un nombre de host

El comando `hostname Nombre` permite asignar dinámicamente el nombre de host `Nombre` al sistema local. Esta modificación es tomada en cuenta inmediatamente pero no se queda guardada, se perderá cuando el sistema se pare. Sin argumento, el comando muestra el nombre de red del sistema.

Observación

No se aconseja modificar dinámicamente el nombre de host de un sistema con servicios de red activos, esta ación puede perturbar el funcionamiento de estos.

Ejemplo

Vista del nombre de host:

```
hostname
srvdebian
```

Para usar el nombre de host durante el arranque del sistema, hay que declararlo en un archivo de configuración. El procedimiento es diferente según la distribución y la versión.

- Distribución de tipo Debian o Red Hat (versión 7 y superiores): el nombre de host está declarado en el archivo `/etc/hostname`.
- Distribución de tipo Red Hat antes de la versión 7: el nombre de host está declarado en la variable `HOSTNAME`, ella misma se ha declarado en el archivo `/etc/sysconfig/network`.

Ejemplo

Configuración del nombre del host:

```
cat /etc/hostname
srvdebian
```

4.6.2 Configuración de la resolución de nombres

Existen numerosos métodos de resolución de nombres de host. Estos métodos están configurados para ser utilizados por una biblioteca de resolución de nombres (resolver), implementando funciones de búsqueda del nombre de host o de dirección, dicha biblioteca es utilizada por la mayoría de las aplicaciones de red.

Los métodos más habituales son:

- Búsqueda estática en el archivo `/etc/hosts`:

  Es el método más antiguo. Cada sistema define en ese archivo de texto la relación entre la dirección IP y el nombre de host de los sistemas. Este método está muy limitado, y solamente se utiliza para declarar el nombre o los nombres de host de la máquina local.

  El archivo `/etc/hosts` es un archivo de texto, cada línea define una dirección IP asociada a un nombre de host y a veces también a alias de ese mismo nombre, con la sintaxis:

  ```
  DirecciónIP    NombreHost    [Alias1 ... AliasN]
  ```

  Si la máquina forma parte de un dominio DNS, el segundo campo debe ser su nombre DNS completo (FQDN, *Fully Qualified Domain Name*).

- Servidores DNS:

  Es el método más versátil y el más utilizado. Cuando una aplicación necesita resolver un nombre de host o una dirección IP, la biblioteca de resolución de nombres interroga a uno o distintos servidores DNS.

- Servidores de nombre no DNS:

  Un sistema puede también usar servidores de nombres que no sean de DNS, por ejemplo un servidor de anuario LDAP un servidor de configuración centralizada NIS (*Network Information Service*).

Estos métodos pueden ser combinados para ser usados sucesivamente hasta satisfacer la resolución.

Los métodos que se utilizarán se encuentran configurados en el archivo `/etc/nsswitch.conf`.

En ese archivo de texto, la línea `hosts` define los métodos que se utilizarán, y el orden en el que se hará, por ejemplo:

```
hosts: files dns
```

La biblioteca de resolución de nombres buscará primero en el archivo local `/etc/hosts` (método `files`). Si no encuentra la resolución en ese archivo, utilizará un servidor DNS.

4.6.3 Configuración de un cliente DNS

El archivo de configuración de un cliente DNS es `/etc/resolv.conf`. Se trata de un archivo de texto donde se define el dominio DNS de la máquina local (directiva `domain`) y los servidores DNS que se utilizarán para la resolución de nombres (directiva `nameserver`), siguiendo este orden de interrogación.

Observación

Si la configuración DNS es suministrada por un servidor DHCP, el cliente DHCP actualizará el contenido de ese archivo.

Sintaxis

```
domain          DominioDNS
nameserver      Dirección1
[nameserver     Dirección2]
```

Observación

También se pueden declarar en ese archivo los sufijos de búsqueda de los nombres para los nombres simples, con la palabra clave `search` *seguida de una lista de prefijos DNS.*

Ejemplo

Configuración de la resolución de nombres.

Comprobamos la configuración de los métodos de resolución de nombres en el archivo `/etc/nsswitch.conf`:

```
grep hosts /etc/nsswitch.conf
#     hosts: files dns
#     hosts: files dns  # from user file
# Valid databases are: aliases, ethers, group, gshadow,
hosts:      files dns myhostname
```

El sistema usa primero su archivo `/etc/hosts`, y después DNS.

Configuración del cliente DNS:

```
cat /etc/resolv.conf
nameserver 192.168.1.254
```

El sistema interroga a un solo servidor de nombres.

Comprobamos el funcionamiento con el comando `host`:

```
host www.google.com
www.google.com has address 216.58.213.68
www.google.com has IPv6 address 2a00:1450:4007:80d::2004
```

La resolución de nombres DNS funciona.

Modificamos el archivo de configuración `/etc/resolv.conf`:

```
vi /etc/resolv.conf
nameserver 192.168.1.250
```

Comprobamos el funcionamiento:

```
host www.google.com
;; connection timed out; no servers could be reached
```

El servidor de DNS no responde.

4.7 Restricción de acceso a los servicios de red

El control de acceso a los servicios de red se puede hacer en distintos niveles. En la mayoría de las distribuciones hay módulos de firewall implementados, administrados la mayoría de las veces por el núcleo, para filtrar los mensajes entrantes y salientes según distintos criterios (dirección origen o destino, número de puerto de destino, etc.).

Los módulos de autentificación y de conexión PAM (*Pluggable Authentication Method*) realizan también un control, aplicación por aplicación, con respecto a las solicitudes de conexión, en función de distintos criterios (nombre de usuario, máquina origen, etc.).

Algunos servicios de red se basan en una capa de software intermediaria entre los sockets y el servidor de red destinatario, esta capa es proporcionada por una biblioteca llamada `tcp_wrappers`. Recibe las solicitudes de conexión a los puertos TCP o UDP y aplica reglas para determinar si debe transmitir o no la solicitud de conexión al servidor destinatario.

Observación

Incluso aunque este método de control de redes tienda a hacerse obsoleto y ya casi nunca se utiliza, hay que conocerlo para diagnosticar posibles problemas de conexión a servidores.

4.7.1 Configuración de TCP Wrappers

La biblioteca `tcp_wrappers` permite controlar los accesos a diferentes servicios de red, según las direcciones o los nombres de host de los clientes. Para ello, se tiene que administrar una lista para cada servicio con los clientes autorizados y/o una lista para los clientes no autorizados:

- `/etc/hosts.allow` define los clientes autorizados.
- `/etc/hosts.deny` define los clientes no autorizados.

Distintos softwares utilizan esta biblioteca, y en particular el servicio `tcpd`. El rol de este servicio es comprobar que el cliente está autorizado a comunicarse con el servicio de red solicitado. Aplica las reglas de autorización o de bloqueo configuradas. Si el cliente está autorizado, activa el servidor correspondiente, en caso contrario deniega la solicitud.

La sintaxis de una línea de configuración es la siguiente:

```
ListaServicios: ListaClientes
```

Donde:

`ListaServicios`	Uno o distintos nombres de servicios de red.
`ListaClientes`	Uno o distintos conjuntos de direcciones o de nombres de host.

Para definir la lista de los clientes, se pueden utilizar palabras clave predefinidas (`ALL`, `NONE`, `LOCAL`...) y los caracteres comodín (`*`, `?`). Cada conjunto está separado por un espacio o por una coma.

Para determinar si un cliente está autorizado o no a acceder a un servicio, se aplicará la regla siguiente:

```
Si el archivo /etc/hosts.allow existe
   Si el cliente está autorizado por el servicio, solicitud aceptada.
   Si no, solicitud denegada.
Si no
Si el archivo /etc/hosts.deny existe
   Si el cliente es bloqueado por el servicio, solicitud denegada.
   Si no, solicitud aceptada.
Si no, solicitud aceptada.
```

Observación

El control de acceso de la biblioteca `tcp_wrappers` puede ser utilizado, directamente o a través de `tcpd`, por los superservidores como `inetd` o el más reciente `xinetd`, para controlar el acceso a los servicios de redes administrados por ellos mismos.

Ejemplo

Archivo `/etc/hosts.allow`:

```
# Todas las direcciones que comienzan por 10.1 o 10.2
# están autorizadas a acceder al servidor ftp local
ftpd: 10.1. , 10.2.
# Solamente la dirección de red 10.1.0.1 puede conectarse al servidor sshd local:
sshd: 10.1.0.1
# La dirección de red de loopback interna puede acceder a todos los servidores locales
ALL: 127.0.0.1
```

4.8 Archivos de registro

Incluso aunque los servicios de red tienen generalmente sus propios archivos de registro de eventos (*logs*), también se pueden encontrar registros relativos a las actividades de red en el archivo del registro general del sistema, así como en el gestionado por `systemd`.

4.8.1 Archivos de registro del sistema

Los archivos del registro del sistema están gestionados por un servicio de registro del sistema, el viejo `syslogd` o el más reciente `rsyslogd`. Su archivo de configuración determina en qué archivos guardará los registros, para qué tipo de evento y en qué formato.

En las versiones recientes de las distribuciones de tipo Debian y Red Hat, el servicio utilizado es `rsyslogd`. Su archivo de configuración es `/etc/rsyslog.conf`.

En este archivo encontramos la ubicación del archivo del registro general del sistema. Por defecto, se trata del archivo /var/log/messages, como se puede ver a continuación:

Extracto del archivo /etc/rsyslog.conf:

```
# Log anything (except mail) of level info or higher.
# Don't log private authentication messages!
*.info;mail.none;authpriv.none;cron.none /var/log/messages
```

Las distribuciones de tipo Debian usan también un archivo de registro específico para cada servicio, por defecto /var/log/daemon.log:

Extracto del archivo /etc/rsyslog.conf de una distribución Debian:

```
daemon.*        -/var/log/daemon.log
```

Estos archivos se archivan regularmente en su directorio, se les pone un sufijo con la fecha de archivo.

En caso de fallo de la red, pueden aportar elementos de información importantes para el diagnóstico del problema.

Ejemplo

```
grep -i error /var/log/messages
Aug 22 13:18:07 srvrh iscsiadm[1192]: iscsiadm: initiator reported error
(8 - connection timed out)
Aug 22 13:18:07 srvrh iscsiadm[1192]: iscsiadm: initiator reported error
(8 - connection timed out)
```

En este sistema, hay un problema de conexión de un periférico iSCSI.

4.8.2 El registro de systemd

systemd implementa su propio mecanismo de registro de eventos en su archivo de registro. Este archivo no es un archivo de texto, tiene formato binario y no se puede leer directamente. Hay que usar el comando journalctl para poder consultarlo.

Sintaxis

```
journalctl [ -Opciones ] [ Criterios ]
```

Parámetros principales

-Opciones	Opciones.
Criterios	Criterios de selección de eventos.

Descripción

Sin ninguna opción ni criterio, el comando muestra todos los eventos guardados en el registro, con el formato por defecto, y marcando un espacio entre las páginas. Las opciones permiten especificar los campos que se mostrarán, el orden de la vista, etc. Los criterios de forma CAMPO=VALOR, permiten seleccionar los eventos según diferentes criterios combinables.

Ejemplo

Vista de los eventos registrados por `systemd` para la gestión de la interfaz de red `enp38s0` por `NetworkManager`, en una distribución RHEL 8.5:

```
journalctl _SYSTEMD_UNIT=NetworkManager.service --grep enp38s0 --no-pager
agosto 22 14:29:13 srvrh NetworkManager[989]: <info>  [1661171353.6063] manager: (enp38s0):
new Ethernet device (/org/freedesktop/NetworkManager/Devices/2)
agosto 22 14:29:13 srvrh NetworkManager[989]: <info>  [1661171353.6072] device (enp38s0):
state change: unmanaged -> unavailable (reason 'managed', sys-iface-state: 'external')
agosto 22 14:29:14 srvrh NetworkManager[989]: <info>  [1661171354.0608] device (enp38s0):
state change: unavailable -> disconnected (reason 'none', sys-iface-state: 'managed')
agosto 22 14:29:14 srvrh NetworkManager[989]: <info>  [1661171354.0697] policy:
auto-activating connection 'enp38s0' (e3663eb4-d72c-4dec-82c9-3920dda8e0b3)
agosto 22 14:29:14 srvrh NetworkManager[989]: <info>  [1661171354.0728] device (enp38s0):
Activation: starting connection 'enp38s0' (e3663eb4-d72c-4dec-82c9-3920dda8e0b3)
agosto 22 14:29:14 srvrh NetworkManager[989]: <info>  [1661171354.0738] device (enp38s0):
state change: disconnected -> prepare (reason 'none', sys-iface-state: 'managed')
agosto 22 14:29:14 srvrh NetworkManager[989]: <info>  [1661171354.0810] device (enp38s0):
state change: prepare -> config (reason 'none', sys-iface-state: 'managed')
agosto 22 14:29:15 srvrh NetworkManager[989]: <info>  [1661171355.5072] device (enp38s0):
carrier: link connected
agosto 22 14:29:16 srvrh NetworkManager[989]: <info>  [1661171356.5120] device (enp38s0):
state change: config -> ip-config (reason 'none', sys-iface-state: 'managed')
agosto 22 14:29:16 srvrh NetworkManager[989]: <info>  [1661171356.5249] device (enp38s0):
state change: ip-config -> ip-check (reason 'none', sys-iface-state: 'managed')
agosto 22 14:29:16 srvrh NetworkManager[989]: <info>  [1661171356.5280] device (enp38s0):
state change: ip-check -> secondaries (reason 'none', sys-iface-state: 'managed')
agosto 22 14:29:16 srvrh NetworkManager[989]: <info>  [1661171356.5283] device (enp38s0):
state change: secondaries -> activated (reason 'none', sys-iface-state: 'managed')
agosto 22 14:29:16 srvrh NetworkManager[989]: <info>  [1661171356.5291] policy:
set 'enp38s0' (enp38s0) as default for IPv4 routing and DNS
agosto 22 14:29:16 srvrh NetworkManager[989]: <info>  [1661171356.5292] device (enp38s0):
Activation: successful, device activated.
agosto 22 14:29:18 srvrh NetworkManager[989]: <info>  [1661171358.2626] policy:
set 'enp38s0' (enp38s0) as default for IPv6 routing and DNS
```

Vista de los eventos registrados por `systemd` para el arranque de la red por el script `network`, en una distribución CentOS 7:

```
journalctl _SYSTEMD_UNIT=network.service
--Logs begin at vie. 2020-04-10 12:22:17 CEST, end
at vie. 2020-04-10 16:01:01 CEST. --
abril 10 15:02:32 centos7-1 network[1957]: Activación de la interfaz loopback:  [  OK  ]
abril 10 15:02:32 centos7-1 network[1957]: Activación de la interfaz enp0s3:
abril 10 15:02:34 centos7-1 dhclient[2103]: DHCPDISCOVER on enp0s3 to 255.255.255.255
port 67 interval 5 (xid=0xbecab44)
abril 10 15:02:34 centos7-1 dhclient[2103]: DHCPREQUEST on enp0s3 to 255.255.255.255
port 67 (xid=0xbecab44)
abril 10 15:02:34 centos7-1 dhclient[2103]: DHCPOFFER from 192.168.0.254
abril 10 15:02:36 centos7-1 dhclient[2103]: DHCPACK from 192.168.0.254 (xid=0xbecab44)
abril 10 15:02:38 centos7-1 network[1957]: Definición de la información IP para enp0s3.
hecho.
abril 10 15:02:39 centos7-1 network[1957]: [  OK  ]
```

Podemos ver cómo el cliente DHCP solicita y obtiene una dirección de un servidor DHCP.

Capítulo 5
Mantenimiento del sistema

1. Mantenimiento del sistema

En este capítulo se estudia la instalación de aplicaciones a partir sus códigos fuente, las herramientas de respaldo y de restauración, así como los comandos y los archivos que permiten ofrecer información a los usuarios.

1.1 Compilación e instalación de programas a partir de sus archivos de código fuente

El objetivo de esta sección es de enseñarle a:

- compilar e instalar un programa ejecutable a partir de su código fuente. Este objetivo incluye la extracción de código fuente desde un archivo comprimido.

1.1.1 Competencias principales

- Extraer los archivos de código fuente desde los archivos generados por herramientas estándar de compresión.
- Comprender el uso básico del comando `make` para compilar programas.
- Utilizar argumentos en un script de configuración.
- Conocer las ubicaciones por defecto de los archivos de código fuente.

1.1.2 Elementos empleados

- `/usr/src/`
- `gunzip`
- `gzip`
- `bzip2`
- `xz`
- `tar`
- `configure`
- `make`
- `uname`
- `install`
- `patch`

1.2 Respaldos

El objetivo de esta sección es de enseñarle a:

- utilizar herramientas del sistema para respaldar datos importantes.

1.2.1 Competencias principales

- Conocer los directorios que se deben incluir en los respaldos.
- Conocimientos de base de las soluciones de respaldo de red como Amanda, Bacula, Bareos y BackupPC.
- Conocer las ventajas y desventajas de los soportes de respaldo, bandas, CD grabables, discos y otros tipos de soportes.
- Efectuar respaldos manuales y parciales.
- Comprobar la integridad de los respaldos.
- Efectuar restauraciones completas y parciales.

1.2.2 Elementos empleados

- `/bin/sh`
- `dd`
- `tar`
- `/dev/st*` y `/dev/nst*`
- `mt`

- `rsync`

1.3 Mantener informados a los usuarios de eventos del sistema

El objetivo de esta sección es de enseñarle a:

- informar a los usuarios de eventos relativos al sistema.

1.3.1 Competencias principales

- Automatizar la comunicación con los usuarios a través de mensajes cuando se conecten al sistema.
- Advertir a los usuarios conectados de una operación de mantenimiento del sistema.

1.3.2 Elementos empleados

- `/etc/issue`
- `/etc/issue.net`
- `/etc/motd`
- `wall`
- `shutdown`
- `systemctl`

2. Compilación e instalación de programas a partir de las fuentes

Las distribuciones Linux disponen de mecanismos que se ocupan de la instalación de paquetes de programas a partir de los repositorios (*repositories*) disponibles en la red. Esto permite una gestión completa de los elementos de software implementados en un sistema: listado, actualización y desinstalación.

Sin embargo, a veces es necesario instalar un programa a partir de sus archivos de código fuente, copiando estos últimos en el sistema local y compilándolos para poder generar los programas ejecutables correspondientes.

Observación

Este procedimiento solo debe ser utilizado como último recurso, cuando no exista ningún paquete para la distribución que estamos utilizando que contenga el programa que se quiere instalar o la versión deseada. Este tipo de instalación no será asumida por el gestor de aplicaciones estándar, que no conservará ninguna huella del elemento instalado y no podrá ni actualizarlo ni desinstalarlo.

También puede ser necesario aplicar parches (*patches*) a algunos programas instalados, en particular si son relativos a problemas de seguridad.

2.1 Instalación a partir de los archivos de código fuente

Para facilitar la instalación de una aplicación a partir de sus archivos de código fuente, un procedimiento estándar de compilación ha sido creado en el marco del proyecto GNU (*Gnu is Not Unix*). Este procedimiento uniformiza la operación para los diferentes programas de código libre y permite a usuarios que no tengan el perfil de programador poder hacerlo.

Este tipo de instalación generalmente requiere que las herramientas de desarrollo estén presentes en el sistema (paquete de software "build-essential" para distribuciones de tipo Debian, grupo de software "Development tools" para distribuciones de tipo Red Hat).

2.1.1 Búsqueda y descarga del código fuente

Generalmente, los archivos de código fuente de una aplicación pueden descargarse, bajo la forma de un archivo comprimido (*tarball file*).

La primera etapa consiste en descargar este archivo en el directorio donde se vaya a efectuar la compilación.

Después hay que descomprimir y restaurar el archivo, con el o los comandos estándares que soportan los formatos utilizados en la creación y compresión del archivo comprimido.

Después de esta operación encontraremos, generalmente en el directorio de instalación, un archivo de texto llamado `README`, el cual tiene que ser leído imperativamente antes de seguir el procedimiento. Puede contener información sobre el programa que se va a instalar e instrucciones para su configuración y su compilación.

Observación

Si se trata de una aplicación de código libre, deberíamos encontrar también en la raíz del directorio de instalación un archivo llamado `LICENSE`, que contendrá la información acerca de licencia del programa.

2.1.2 Descompresión de los archivos del código fuente

La mayoría de las veces, el archivo que contiene los archivos de código fuente está comprimido en alguno de los formatos diferentes que pueden identificarse gracias a la extensión del archivo:

`Archivo.tar.Z`

Archivo TAR, comprimido usando `compress`. Se descomprime usando el comando `uncompress Archivo.tar.Z` o con la opción `-Z` del comando `tar`.

`Archivo.tar.gz`

Archivo TAR, comprimido usando `gzip`. Se descomprime usando el comando `gunzip Archivo.tar.gz` o con la opción `-z` del comando `tar`.

`Archivo.tar.bz2`

Archivo TAR, comprimido usando `bzip2`. Se descomprime usando el comando `bunzip2 Archivo.tar.bz` o con la opción `-j` del comando `tar`.

`Archivo.tar.xz`

Archivo TAR, comprimido usando `xz`. Se descomprime usando el comando `unxz Archivo.tar.xz` o con la opción `-J` el comando `tar`.

El archivo descomprimido ya no presenta ninguna extensión de archivo, el archivo original se pierde.

2.1.3 Restauración del archivo comprimido

El formato estándar para archivos comprimidos en Linux es el utilizado por el comando `tar`. Para restaurar el contenido de un archivo comprimido, una vez que haya sido descomprimido, se procede de la manera siguiente:

- Nos trasladamos al directorio de trabajo: la restauración de un archivo comprimido TAR crear los archivos y los directorios comprimidos en el directorio actual, por lo tanto hay que situarse en el directorio donde queramos ejecutar el procedimiento de generación de los ejecutables, y no en el directorio de instalación definitiva.

Observación

Es necesario tener derecho de escritura en ese directorio, sin embargo no se aconseja realizar el procedimiento siendo el superusuario del sistema (UID 0), ya que no es necesario y además es peligroso.

- Ejecutar el comando `tar`:

La línea de comando habitual es la siguiente:

```
tar [-]xvf archivo.tar
```

Donde:

`x`	Extracción del contenido del archivo comprimido.
`v`	Visualización detallada.
`f archivo.tar`	Archivo comprimido que se va a restaurar.

Observación

Si el archivo no ha sido descomprimido y el comando `tar` soporta el formato de compresión, habrá que añadir la opción correspondiente (`Z` para un archivo comprimido por `compress`, `z` para un archivo comprimido por `gzip`, `j` para un archivo comprimido por `bzip2` y `J` para un archivo comprimido por `xz`).

Ejemplo

Queremos instalar la última versión estable del servidor HTTP Nginx (versión 1.22.0). Decidimos instalarla a partir del código fuente, ya que el paquete de esta versión todavía no está disponible en nuestra distribución.

El archivo comprimido se encuentra en la URL http://nginx.org/download.

Descargamos el archivo comprimido `nginx-1.22.0.tar.gz`:

```
wget http://nginx.org/download/nginx-1.22.0.tar.gz
--2022-08-23 10 :32 :31  --  http://nginx.org/download/nginx-1.17.10.tar.gz
Resolviendo nginx.org (nginx.org)... 2a05:d014:edb:5702::6,
2a05:d014:edb:5704::6, 52.58.199.22, ...
Conectando con nginx.org (nginx.org)|2a05:d014:edb:5702::6|:80... conectado.
Petición HTTP enviada, esperando respuesta... 200 OK
Longitud: 1073322 (1,0M) [application/octet-stream]
Grabando a: "nginx-1.22.0.tar.gz"

nginx-1.22.0.tar.gz    100%[=========================================>]
1,02M  --.-KB/s    ds 0,1s

2022-08-23 10:32:31 (9,66 MB/s) — « nginx-1.22.0.tar.gz »
guardado [1073322/1073322] —

ls -l nginx*
-rw-r—r--- 1 root root 1073322 24 mayo   16:29 nginx-1.22.0.tar.gz—
```

Antes de restaurar el archivo comprimido, es prudente hacer un listado de su contenido. El archivo comprimido tiene un una extensión `tar.gz`, se trata probablemente de un archivo TAR comprimido usando el comando `gzip`. Podemos usar la opción `z` del comando `tar` para gestionar la descompresión, y la opción `t` (*table of contents*) que mostrará el contenido del archivo sin restaurarlo:

```
tar tvzf nginx-1.22.0.tar.gz
drwxr-xr-x mdounin/mdounin    0 2022-05-24 01:59 nginx-1.22.0/
drwxr-xr-x mdounin/mdounin    0 2022-05-24 01:59 nginx-1.22.0/auto/
drwxr-xr-x mdounin/mdounin    0 2022-05-24 01:59 nginx-1.22.0/conf/
drwxr-xr-x mdounin/mdounin    0 2022-05-24 01:59 nginx-1.22.0/contrib/
drwxr-xr-x mdounin/mdounin    0 2022-05-24 01:59 nginx-1.22.0/src/
-rwxr-xr-x mdounin/mdounin 2590 2022-05-24 01:59 nginx-1.22.0/configure
-rw-r--r-- mdounin/mdounin 1397 2022-05-24 01:59 nginx-1.22.0/LICENSE
-rw-r--r-- mdounin/mdounin   49 2022-05-24 01:59 nginx-1.22.0/README
drwxr-xr-x mdounin/mdounin    0 2022-05-24 01:59 nginx-1.22.0/html/
drwxr-xr-x mdounin/mdounin    0 2022-05-24 01:59 nginx-1.22.0/man/
[...]
```

Todos los archivos incluidos en el archivo comprimido se encuentran en el directorio `nginx-1.17.10`, que será restaurado en el directorio actual. A priori, no hay ningún riesgo a la hora de restaurar el contenido del archivo, especialmente porque no se efectúa con la cuenta del usuario `root`:

```
tar xvzf nginx-1.22.10.tar.gz
[...]
nginx-1.22.0/auto/cc/gcc
nginx-1.22.0/auto/cc/icc
nginx-1.22.0/auto/cc/msvc
nginx-1.22.0/auto/cc/name
nginx-1.22.0/auto/cc/owc
nginx-1.22.0/auto/cc/sunc
```

El archivo comprimido ha sido restaurado en el subdirectorio `nginx-1.22.0` del directorio actual:

```
ls -l nginx-1.22.0
total 824
drwxr-xr-x 6 1001 1001   4096 23 agosto  10:35 auto
-rw-r--r-- 1 1001 1001 317070 24 mayo    01:59 CHANGES
-rw-r--r-- 1 1001 1001 484445 24 mayo    01:59 CHANGES.ru
drwxr-xr-x 2 1001 1001   4096 23 agosto  10:35 conf
-rwxr-xr-x 1 1001 1001   2590 24 mayo    01:59 configure
drwxr-xr-x 4 1001 1001   4096 23 agosto  10:35 contrib
drwxr-xr-x 2 1001 1001   4096 23 agosto  10:35 html
-rw-r--r-- 1 1001 1001   1397 24 mayo    01:59 LICENSE
drwxr-xr-x 2 1001 1001   4096 23 agosto  10:35 man
-rw-r--r-- 1 1001 1001     49 24 mayo    01:59 README
drwxr-xr-x 9 1001 1001   4096 23 agosto  10:35 src
```

2.1.4 Configuración de la compilación

Antes de proceder a la compilación propiamente dicha, hay que efectuar una configuración en función del sistema donde se hará la compilación y de las diferentes opciones deseadas.

De esta configuración se encarga un script llamado `configure`, situado en el directorio donde vamos a extraer el archivo comprimido. Este script comprobará que el entorno necesario para la compilación es correcto (versión del sistema, presencia de bibliotecas necesarias, etc.), y si fuera necesario, solicitará los valores de distintos parámetros, y después creará un archivo de texto conteniendo el conjunto de las instrucciones necesarias para la generación de los programas ejecutables que constituyen el programa: el archivo `Makefile`. Este archivo, que tiene que respetar una sintaxis específica, será leído e interpretado por el comando `make`.

La operación de configuración previa a la compilación se efectúa, por lo tanto, solicitando la ejecución del archivo `./configure`.

El script puede necesitar, opcionalmente, algunos argumentos de configuración cuando se ejecute. Hay que asegurarse de ello leyendo el archivo `README`, o lanzándolo con la opción `--help`.

Observación

Esta parte de la instalación no requiere derechos de administración del sistema. Por lo tanto, no se aconseja ejecutar el script de configuración con la cuenta del superusuario (UID 0).

El procedimiento de compilado depende del tipo de sistema objetivo. Frecuentemente hay que especificar el tipo de distribución y la versión del sistema local. El comando `uname -a` (*all*) permite mostrar las características del sistema.

Ejemplo

Uso del comando en una distribución Debian 10:

```
uname -a
Linux srvdebian 5.10.0-16-amd64 #1 SMP Debian 5.10.127-2 (2022-07-23) x86_64
GNU/Linux
```

Ejemplo

Continuamos con la instalación de una versión de Nginx a partir de los archivos de código fuente, empezada en el ejemplo anterior.

Entramos en el directorio raíz de la instalación y hacemos un listado de su contenido:

```
cd nginx-1.22.0
ls -l
total 824
drwxr-xr-x 6 1001 1001   4096 23 agosto  10:35 auto
```

```
-rw-r--r-- 1 1001 1001 317070 24 mayo    01:59 CHANGES
-rw-r--r-- 1 1001 1001 484445 24 mayo    01:59 CHANGES.ru
drwxr-xr-x 2 1001 1001   4096 23 agosto  10:35 conf
-rwxr-xr-x 1 1001 1001   2590 24 mayo    01:59 configure
drwxr-xr-x 4 1001 1001   4096 23 agosto  10:35 contrib
drwxr-xr-x 2 1001 1001   4096 23 agosto  10:35 html
-rw-r--r-- 1 1001 1001   1397 24 mayo    01:59 LICENSE
drwxr-xr-x 2 1001 1001   4096 23 agosto  10:35 man
-rw-r--r-- 1 1001 1001     49 24 mayo    01:59 README
drwxr-xr-x 9 1001 1001   4096 23 agosto  10:35 src
```

El archivo `configure` está configurado con el derecho de ejecución para cualquier usuario, por eso se podrá solicitar su ejecución directamente.

Leemos el contenido del archivo `README`:

```
vi README
Documentation is available at http://nginx.org
```

Se puede comprobar que el script comprueba el tipo de sistema en el que se hará la instalación con el comando `uname` y diferentes opciones:

```
grep uname configure
   NGX_SYSTEM=`uname -s 2>/dev/null`
   NGX_RELEASE=`uname -r 2>/dev/null`
   NGX_MACHINE=`uname -m 2>/dev/null`
```

Ejecutamos el script de configuración de la instalación:

```
./configure
checking for OS
 + Linux 5.10.0-16-amd64 x86_64
checking for C compiler ... found
 + using GNU C compiler
 + gcc version: 10.2.1 20210110 (Debian 10.2.1-6)
checking for gcc -pipe switch ... found
checking for -Wl,-E switch ... found
checking for gcc builtin atomic operations ... found
[...]
checking for PCRE library in /usr/local/ ... not found
checking for PCRE library in /usr/include/pcre/ ... not found
checking for PCRE library in /usr/pkg/ ... not found
checking for PCRE library in /opt/local/ ... not found

./configure:error:the HTTP rewrite module requires the PCRE library.
You can either disable the module by using --without-http_rewrite_module
option, or install the PCRE library into the system, or build the PCRE
library statically from the source with nginx by using
--with-pcre=<path> option.
```

Como suele producirse a menudo, el script detecta la ausencia de un elemento requerido para la instalación del servidor y termina en error. Hay que proceder a la instalación del elemento necesario y volver a ejecutar el procedimiento. En este caso, consideramos que el módulo ausente no será necesario y desactivamos su integración en Nginx:

```
./configure --without-http_rewrite_module
[...]
./configure:error:the HTTP gzip module requires the zlib library.
You can either disable the module by using --without-http_gzip_module
option, or install the zlib library into the system, or build the zlib library
statically from the source with nginx by using --with-zlib=<path> option.
```

Esta vez falta el módulo HTTP `gzip`. Consideramos que tampoco será necesario para nuestro servidor Ngnix y relanzamos el procedimiento.

```
 ./configure --without-http_rewrite_module  --without-http_gzip_module
[...]

Configuration summary
 + PCRE library is not used
 + OpenSSL library is not used
 + zlib library is not used

 nginx path prefix:"/usr/local/nginx"
 nginx binary file:"/usr/local/nginx/sbin/nginx"
 nginx modules path:"/usr/local/nginx/modules"
 nginx configuration prefix:"/usr/local/nginx/conf"
 nginx configuration file:"/usr/local/nginx/conf/nginx.conf"
 nginx pid file:"/usr/local/nginx/logs/nginx.pid"
 nginx error log file:"/usr/local/nginx/logs/error.log"
 nginx http access log file:"/usr/local/nginx/logs/access.log"
 nginx http client request body temporary files:"client_body_temp"
 nginx http proxy temporary files:"proxy_temp"
 nginx http fastcgi temporary files:"fastcgi_temp"
 nginx http uwsgi temporary files:"uwsgi_temp"
 nginx http scgi temporary files:"scgi_temp"
```

La configuración de la instalación ha terminado.

```
ls -lt
total 832
-rw-r--r-- 1 root root    438 25 agosto  09:25 Makefile
drwxr-xr-x 3 root root   4096 25 agosto  09:25 objs
drwxr-xr-x 6 1001 1001   4096 23 agosto  10:35 auto
drwxr-xr-x 2 1001 1001   4096 23 agosto  10:35 conf
drwxr-xr-x 4 1001 1001   4096 23 agosto  10:35 contrib
drwxr-xr-x 2 1001 1001   4096 23 agosto  10:35 html
drwxr-xr-x 9 1001 1001   4096 23 agosto  10:35 src
drwxr-xr-x 2 1001 1001   4096 23 agosto  10:35 man
```

```
-rw-r--r-- 1 1001 1001 317070 24 mayo    01:59 CHANGES
-rw-r--r-- 1 1001 1001 484445 24 mayo    01:59 CHANGES.ru
-rwxr-xr-x 1 1001 1001   2590 24 mayo    01:59 configure
-rw-r--r-- 1 1001 1001   1397 24 mayo    01:59 LICENSE
-rw-r--r-- 1 1001 1001     49 24 mayo    01:59 README
```

El script ha creado un archivo `Makefile`, que será usado para la fase de compilación e instalación.

2.1.5 Compilación

Una vez que el archivo `Makefile` haya sido generado, la compilación se hace lanzando el comando `make`. Tenemos que estar seguros de estar en el directorio correcto, porque el comando leerá el archivo `Makefile` del directorio actual.

Dependiendo de la aplicación que haya que generar, el comando puede durar más o menos tiempo, ocupar más o menos espacio y solicitar más o menos tiempo al procesador.

Los archivos ejecutables generados por el comando se encuentran en la arborescencia dentro del directorio actual y no en los directorios definitivos de instalación.

Observación

Esta parte de la instalación no precisa ningún derecho de administración del sistema. Por lo tanto se aconseja ejecutar el script con una cuenta normal y no con la cuenta del superusuario (UID 0).

Ejemplo

Siguiendo los ejemplos precedentes, procedemos a la compilación de la aplicación servidor HTTP Nginx.

Examinamos el contenido del archivo `Makefile`:

```
vi Makefile
default:      build
clean:
       rm -rf Makefile objs
.PHONY: default clean
build:
       $(MAKE) -f objs/Makefile
install:
       $(MAKE) -f objs/Makefile install
modules:
       $(MAKE) -f objs/Makefile modules
upgrade:
       /usr/local/nginx/sbin/nginx -t
       kill -USR2 `cat /usr/local/nginx/logs/nginx.pid`
```

```
	sleep 1
	test -f /usr/local/nginx/logs/nginx.pid.oldbin
	kill -QUIT `cat /usr/local/nginx/logs/nginx.pid.oldbin`
.PHONY: build install modules upgrade
```

La sintaxis del archivo es específica para el comando `make`. Los objetivos (una palabra seguida del carácter ":") describen diferentes operaciones y líneas de comandos que se tienen que ejecutar para generarlos. Sin argumento, el comando `make` ejecutará el objetivo especificado en `default`, aquí `build`, es decir, la generación de los ejecutables.

Ejecutamos el comando `make`:

```
make
make -f objs/Makefile
make[1] : se entra en el directorio '/root/nginx-1.22.0'
cc -c -pipe  -O -W -Wall -Wpointer-arith -Wno-unused-parameter -Werror -g
-I src/core -I s#ventoent -I s#ventoent/modules -I src/os/unix -I objs \
        -o objs/src/core/nginx.o \
        src/core/nginx.c
cc -c -pipe  -O -W -Wall -Wpointer-arith -Wno-unused-parameter -Werror -g
-I src/core -I s#ventoent -I s#ventoent/modules -I src/os/unix -I objs \
        -o objs/src/core/ngx_log.o \
        src/core/ngx_log.c
cc -c -pipe  -O -W -Wall -Wpointer-arith -Wno-unused-parameter -Werror -g
-I src/core -I s#ventoent -I s#ventoent/modules -I src/os/unix -I objs \
        -o objs/src/core/ngx_palloc.o \
        src/core/ngx_palloc.c
[...]
sed -e "s|%%PREFIX%%|/usr/local/ngi"x|" \
        "-e "s|%%PID_PATH%%|/usr/local/nginx/logs/nginx.p"d|" \
        "-e "s|%%CONF_PATH%%|/usr/local/nginx/conf/nginx.co"f|" \
        "-e "s|%%ERROR_LOG_PATH%%|/usr/local/nginx/logs/error.l"g|" \
        < man/nginx.8 > objs/nginx.8
make[1] : se sale del directorio '/root/nginx-1.22.0'
```

La compilación se ha terminado. Los módulos objetos y los ejecutables se encuentran en el subdirectorio `objs`:

```
ls -ltr objs
total 4368
-rw-r--r-- 1 root root     657 25 agosto  09:24 ngx_auto_headers.h
-rw-r--r-- 1 root root   18235 25 agosto  09:25 autoconf.err
-rw-r--r-- 1 root root    5544 25 agosto  09:25 ngx_modules.c
drwxr-xr-x 9 root root    4096 25 agosto  09:25 src
-rw-r--r-- 1 root root   39124 25 agosto  09:25 Makefile
-rw-r--r-- 1 root root    6852 25 agosto  09:25 ngx_auto_config.h
-rw-r--r-- 1 root root   33920 25 agosto  09:29 ngx_modules.o
-rwxr-xr-x 1 root root 4339496 25 agosto  09:29 nginx
-rw-r--r-- 1 root root    5537 25 agosto  09:29 nginx.8
```

```
file objs/nginx
objs/nginx: ELF 64-bit LSB pie executable, x86-64, version 1 (SYSV),
dynamically linked, interpreter /lib64/ld-linux-x86-64.so.2,
BuildID[sha1]=68cbf038cf53285be70ecf75153063206af64a04,
for GNU/Linux 3.2.0, with debug_info, not stripped
```

El ejecutable es `objs/nginx`.

2.1.6 Instalación de los ejecutables

La etapa siguiente consiste en instalar los diferentes elementos de la aplicación (ejecutables, archivos de configuración y documentación) en sus directorios definitivos. Para ello, lanzamos el comando `make install`.

Observación

En esta parte de la instalación se necesitan, en general, los derechos de administración del sistema.

Ejemplo

Procedemos a la instalación del servidor Nginx compilado en el ejemplo anterior.

```
make install
make -f objs/Makefile install
make[1] : se entra en el directorio «/root/nginx-1.22.0»
test -d '/usr/local/nginx' || mkdir -p '/usr/local/nginx'
test -d '/usr/local/nginx/sbin' \
       || mkdir -p '/usr/local/nginx/sbin'
test ! -f '/usr/local/nginx/sbin/nginx' \
       || mv '/usr/local/nginx/sbin/nginx' \
               '/usr/local/nginx/sbin/nginx.old'
cp objs/nginx '/usr/local/nginx/sbin/nginx'
test -d '/usr/local/nginx/conf' \
       || mkdir -p '/usr/local/nginx/conf'
cp conf/koi-win '/usr/local/nginx/conf'
cp conf/koi-utf '/usr/local/nginx/conf'
cp conf/win-utf '/usr/local/nginx/conf'
test -f '/usr/local/nginx/conf/mime.types' \
       || cp conf/mime.types '/usr/local/nginx/conf'
cp conf/mime.types '/usr/local/nginx/conf/mime.types.default'
test -f '/usr/local/nginx/conf/fastcgi_params' \
       || cp conf/fastcgi_params '/usr/local/nginx/conf'
cp conf/fastcgi_params \
       '/usr/local/nginx/conf/fastcgi_params.default'
test -f '/usr/local/nginx/conf/fastcgi.conf' \
       || cp conf/fastcgi.conf '/usr/local/nginx/conf'
cp conf/fastcgi.conf '/usr/local/nginx/conf/fastcgi.conf.default'
```

```
test -f '/usr/local/nginx/conf/uwsgi_params' \
       || cp conf/uwsgi_params '/usr/local/nginx/conf'
cp conf/uwsgi_params \
       '/usr/local/nginx/conf/uwsgi_params.default'
test -f '/usr/local/nginx/conf/scgi_params' \
       || cp conf/scgi_params '/usr/local/nginx/conf'
cp conf/scgi_params \
       '/usr/local/nginx/conf/scgi_params.default'
test -f '/usr/local/nginx/conf/nginx.conf' \
       || cp conf/nginx.conf '/usr/local/nginx/conf/nginx.conf'
cp conf/nginx.conf '/usr/local/nginx/conf/nginx.conf.default'
test -d '/usr/local/nginx/logs' \
       || mkdir -p '/usr/local/nginx/logs'
test -d '/usr/local/nginx/logs' \
       || mkdir -p '/usr/local/nginx/logs'
test -d '/usr/local/nginx/html' \
       || cp -R html '/usr/local/nginx'
test -d '/usr/local/nginx/logs' \
       || mkdir -p '/usr/local/nginx/logs'
make[1]: se sale del directorio '/home/ROOT/nginx-1.22.0'
```

La aplicación se ha instalado en el directorio `/usr/local/nginx`:

```
ls -l /usr/local/nginx
total 16
drwxr-xr-x 2 root root 4096 25 agosto  09:31 conf
drwxr-xr-x 2 root root 4096 25 agosto  09:31 html
drwxr-xr-x 2 root root 4096 25 agosto  09:31 logs
drwxr-xr-x 2 root root 4096 25 agosto  09:31 sbin
```

El ejecutable es: `/usr/local/nginx/sbin/nginx`

```
ls -l /usr/local/nginx/sbin/nginx
-rwxr-xr-x 1 root root 4339496 25 agosto  09:31 /usr/local/nginx/sbin/nginx
```

Podemos comprobar la versión del ejecutable lanzándolo con la opción `-V`:

```
/usr/local/nginx/sbin/nginx -V
nginx version:nginx/1.22.10
built by gcc 10.2.1 20210110 (Debian 10.2.1-6)
configure arguments:--without-http_rewrite_module --without-http_gzip_module
```

2.1.7 Limpieza de los archivos de código fuente

En caso de problema durante la instalación, a veces es necesario volver a ejecutar el procedimiento desde el principio. Pero antes habrá que "limpiar" el directorio de instalación y su arborescencia suprimiendo los elementos que han sido generados anteriormente.

Para ello, según el grado de reinicialización deseado del procedimiento de instalación, se pueden ejecutar los comandos `make clean` o `make mrproper`.

`make clean`

Este comando suprime los archivos de tipo objeto ejecutables generados por el comando `make`.

`make mrproper`

Este comando suprime todos los archivos generados por el uso del comando `make` (archivos de tipo objeto, ejecutables, archivos de configuración y de dependencia, etc.).

Ejemplo

Queremos suprimir los archivos creados durante una compilación anterior de los archivos fuente de `nginx`.

Examinamos el archivo `Makefile`:

```
cat Makefile
default:	build
clean:
	rm -rf Makefile objs
.PHONY: default clean
build:
	$(MAKE) -f objs/Makefile
install:
	$(MAKE) -f objs/Makefile install
modules:
	$(MAKE) -f objs/Makefile modules
upgrade:
	/usr/local/nginx/sbin/nginx -t
	kill -USR2 `cat /usr/local/nginx/logs/nginx.pid`
	sleep 1
	test -f /usr/local/nginx/logs/nginx.pid.oldbin
	kill -QUIT `cat /usr/local/nginx/logs/nginx.pid.oldbin`
.PHONY: build install modules upgrade
```

Hay un objetivo `clean`, pero no existe el objetivo `mrproper`. Solo podemos "limpiar" con el comando `make clean`:

```
ls -l
total 832
drwxr-xr-x 6 1001 1001   4096 23 agosto  10:35 auto
-rw-r--r-- 1 1001 1001 317070 24 mayo    01:59 CHANGES
-rw-r--r-- 1 1001 1001 484445 24 mayo    01:59 CHANGES.ru
drwxr-xr-x 2 1001 1001   4096 23 agosto  10:35 conf
-rwxr-xr-x 1 1001 1001   2590 24 mayo    01:59 configure
drwxr-xr-x 4 1001 1001   4096 23 agosto  10:35 contrib
drwxr-xr-x 2 1001 1001   4096 23 agosto  10:35 html
-rw-r--r-- 1 1001 1001   1397 24 mayo    01:59 LICENSE
-rw-r--r-- 1 root root    438 25 agosto  09:25 Makefile
drwxr-xr-x 2 1001 1001   4096 23 agosto  10:35 man
drwxr-xr-x 3 root root   4096 25 agosto  09:29 objs
-rw-r--r-- 1 1001 1001     49 24 mayo    01:59 README
drwxr-xr-x 9 1001 1001   4096 23 agosto  10:35 src
```

Ejecutamos el comando:

```
make clean
rm -rf Makefile objs
ls -l
total 824
drwxr-xr-x 6 1001 1001   4096 23 agosto  10:35 auto
-rw-r--r-- 1 1001 1001 317070 24 mayo    01:59 CHANGES
-rw-r--r-- 1 1001 1001 484445 24 mayo    01:59 CHANGES.ru
drwxr-xr-x 2 1001 1001   4096 23 agosto  10:35 conf
-rwxr-xr-x 1 1001 1001   2590 24 mayo    01:59 configure
drwxr-xr-x 4 1001 1001   4096 23 agosto  10:35 contrib
drwxr-xr-x 2 1001 1001   4096 23 agosto  10:35 html
-rw-r--r-- 1 1001 1001   1397 24 mayo    01:59 LICENSE
drwxr-xr-x 2 1001 1001   4096 23 agosto  10:35 man
-rw-r--r-- 1 1001 1001     49 24 mayo    01:59 README
drwxr-xr-x 9 1001 1001   4096 23 agosto  10:35 src
```

El comando ha suprimido el directorio `objs` y su contenido, así como el archivo `Makefile`.

2.1.8 Desinstalación de un programa

El comando `make uninstall` permite desinstalar los elementos instalados por el comando `make install`. Se tiene que ejecutar desde el directorio desde el que se lanzó la instalación.

El objetivo del comando `make` es posible que no exista. En ese caso, hay que consultar la documentación de la aplicación para obtener el procedimiento de desinstalación.

2.2 Instalación de correctivos de software (patches)

Algunas aplicaciones a veces se actualizan utilizando archivos de corrección, llamados patches. Estos parches, a menudo relativos a problemas de seguridad que hay que corregir rápidamente, modifican directamente los archivos de código fuente para generar una nueva versión del ejecutable. Se aplican usando el comando `patch`.

Sintaxis

```
patch [Opciones] < ArchivoPatch
```

Parámetros principales

`Opciones`	Opciones.
`ArchivoPatch`	Archivo con el parche que se aplicará.

Descripción

El comando aplica los parches contenidos en el archivo `ArchivoPatch`.

Las opciones más corrientes son:

`-p[de 0 a n]`

Suprime de `0` a n niveles en los caminos de acceso contenidos en el parche. Por ejemplo, si el parche se refiere a `/usr/dev/src/main.c`, la opción `-p3` usará `src/main.c`.

`-b`

Hace una copia de respaldo (*backup*) de los archivos originales.

`--dry-run`

Muestra los resultados del parche, pero sin aplicarlo realmente.

`-f`

Fuerza (*force*) la ejecución en modo silencioso del parche, respondiendo "sí" a todas las preguntas.

`--verbose`

Visualización detallada.

`-R`

Supresión del parche. El comando anula el parche aplicado.

Un archivo de parche es el resultado del comando `diff`, aplicado a diferentes versiones de los archivos. Aplicando el parche, ejecutamos las operaciones necesarias para que los archivos originales sean idénticos a los archivos de destino.

Ejemplo

Aplicación de un parche a versión 1.17.10 DE Nginx.

En la rama de desarrollo `nginx`, en el sitio de desarrollo GitHub, recuperamos un archivo de parche para esta versión de `Nginx` en la dirección:
https://github.com/kn007/patch/blob/master/nginx.patch

Leemos el contenido del archivo, que indica en sus primeras líneas cómo aplicar el parche:

```
vi nginx.patch
Add HTTP2 HPACK Encoding Support.
Add Dynamic TLS Record support.

Using:patch -p1 < nginx.patch

diff -uNr a/auto/modules b/auto/modules
[...]
```

Comprobamos el parche sin aplicarlo realmente:

```
patch --dry-run -p1 < nginx.patch
checking file auto/modules
checking file auto/options
checking file src/core/ngx_murmurhash.c
checking file src/core/ngx_murmurhash.h
checking file src/event/ngx_event_openssl.c
checking file src/event/ngx_event_openssl.h
checking file src/http/modules/ngx_http_ssl_module.c
checking file src/http/modules/ngx_http_ssl_module.h
checking file src/http/v2/ngx_http_v2.c
checking file src/http/v2/ngx_http_v2_encode.c
checking file src/http/v2/ngx_http_v2_filter_module.c
checking file src/http/v2/ngx_http_v2.h
checking file src/http/v2/ngx_http_v2_table.c
```

Ejecutamos el parche, como se especifica en el archivo, y con la opción de respaldo -b:

```
patch -b -p1 < nginx.patch
patching file auto/modules
patching file auto/options
patching file src/core/ngx_murmurhash.c
patching file src/core/ngx_murmurhash.h
patching file src/event/ngx_event_openssl.c
patching file src/event/ngx_event_openssl.h
patching file src/http/modules/ngx_http_ssl_module.c
patching file src/http/modules/ngx_http_ssl_module.h
patching file src/http/v2/ngx_http_v2.c
patching file src/http/v2/ngx_http_v2_encode.c
patching file src/http/v2/ngx_http_v2_filter_module.c
patching file src/http/v2/ngx_http_v2.h
patching file src/http/v2/ngx_http_v2_table.c
```

Podemos ver los archivos modificados y las copias de respaldo con la extensión .orig:

```
ls -l src/http/v2/
total 632
-rw-r--r-- 1 pba pba 132369 abril 15 16:58 ngx_http_v2.c
-rw-r--r-- 1 pba pba 132034 abril 14 16:19 ngx_http_v2.c.orig
-rw-r--r-- 1 pba pba   1177 abril 15 16:58 ngx_http_v2_encode.c
-rw-r--r-- 1 pba pba   1191 abril 14 16:19 ngx_http_v2_encode.c.orig
-rw-r--r-- 1 pba pba  56559 abril 15 16:58 ngx_http_v2_filter_module.c
-rw-r--r-- 1 pba pba  58000 abril 14 16:19 ngx_http_v2_filter_module.c.orig
-rw-r--r-- 1 pba pba  17146 abril 15 16:58 ngx_http_v2.h
-rw-r--r-- 1 pba pba  13553 abril 14 16:19 ngx_http_v2.h.orig
-rw-r--r-- 1 pba pba 128803 abril 14 16:19 ngx_http_v2_huff_decode.c
-rw-r--r-- 1 pba pba  12829 abril 14 16:19 ngx_http_v2_huff_encode.c
-rw-r--r-- 1 pba pba  16454 abril 14 16:19 ngx_http_v2_module.c
-rw-r--r-- 1 pba pba   1261 abril 14 16:19 ngx_http_v2_module.h
-rw-r--r-- 1 pba pba  25450 abril 15 16:58 ngx_http_v2_table.c
-rw-r--r-- 1 pba pba  11697 abril 14 16:19 ngx_http_v2_table.c.orig
```

Respaldamos la versión actual del ejecutable (con la cuenta de root):

```
cp /usr/local/nginx/sbin/nginx /usr/local/nginx/sbin/nginx-nopatch
```

Generamos el nuevo ejecutable (si hemos ejecutado anteriormente el comando `make clean`, habrá que ejecutar primero el script `configure` para volver a crear el archivo `Makefile`):

```
make
[...]
-Wl,-E
sed -e "s|%%PREFIX%%|/usr/local/nginx|" \
       -e "s|%%PID_PATH%%|/usr/local/nginx/logs/nginx.pid|" \
       -e "s|%%CONF_PATH%%|/usr/local/nginx/conf/nginx.conf|" \
       -e "s|%%ERROR_LOG_PATH%%|/usr/local/nginx/logs/error.log|" \
       < man/nginx.8 > objs/nginx.8
make[1]: se sale del directorio '/home/pba/nginx-1.17.10'
```

Instalamos el nuevo ejecutable:

```
make install
[...]
test -d '/usr/local/nginx/logs' \
       || mkdir -p '/usr/local/nginx/logs'
make[1]: se sale del directorio '/home/pba/nginx-1.17.10'
```

Se ha creado una nueva versión:

```
ls -l /usr/local/nginx/sbin
total 14172
-rwxr-xr-x 1 root root 4835696 abril 15 17:03 nginx
-rwxr-xr-x 1 root root 4833592 abril 15 17:00 nginx-nopatch
-rwxr-xr-x 1 root root 4833592 abril 15 16:06 nginx.old
```

3. Respaldos

El respaldo de los sistemas y de los datos que se incluyen en ellos es una de las responsabilidades del administrador del sistema. Los procedimientos que se tienen que implementar y la elección de las herramientas dependen de numerosos factores, que pueden ser a menudo complejos.

Vamos a estudiar diferentes comandos y herramientas de Linux que permiten efectuar respaldos y restauraciones, totales o parciales, y también vamos a evocar algunas aplicaciones especializadas en este ámbito.

3.1 ¿ Qué hay que respaldar ?

Los respaldos deben incluir diferentes elementos: los datos de los usuarios, los datos de las aplicaciones (archivos y bases de datos), los archivos ejecutables y de configuración de las aplicaciones instaladas y los archivos ejecutables y de configuración del sistema operativo. Estos distintos elementos no necesitan las mismas estrategias de respaldo (frecuencia, tipo de respaldo y soportes que se deberán utilizar) ni las mismas herramientas de respaldo.

3.1.1 Sistemas de archivos

La mayoría de los sistemas Linux estructuran su arborescencia global de directorios y de archivos asociando diferentes sistemas de archivos. Una de las ventajas de esta organización es permitir respaldos autónomos de los diferentes sistemas de archivos. Podemos, prácticamente, desmontarlos todos y respaldarlos individualmente. Si se encuentran en volúmenes lógicos LVM o en sistemas de archivos que lo permiten, se puede usar la técnica de instantáneas (snapshots) para salvaguardar su estado en el momento del respaldo.

Sin embargo, algunos directorios necesarios para el arranque del sistema no pueden estar situados en los sistemas de archivos que no se encuentren en la raíz. Este es el caso particular del directorio `/etc`, que contiene archivos de configuraciones esenciales, y el directorio `/bin` que contiene ejecutables indispensables para inicializar el sistema (por ejemplo, el programa shell `/bin/sh`). Por lo tanto, no podemos desmontar el sistema de archivos que los contiene para hacer un respaldo.

3.1.2 Directorios

Los diferentes directorios en la raíz del sistema tienen que ser o no respaldados, y los que lo necesiten pueden serlo con una frecuencia diferente. He aquí una lista de los principales directorios y sus características de respaldo típicas:

`/home` Directorios de los usuarios, respaldo regular.

`/opt` Directorio de las aplicaciones y de sus datos, respaldo regular.

`/var` Archivos de registro, spools, archivos de cola, etc., respaldo regular (excepto `/var/tmp`).

`/etc` Directorio de archivos de configuración, respaldo regular.

`/usr` Directorio de ejecutables del sistema y de las aplicaciones, respaldo puntual.

`/bin` Directorio de ejecutables y de las aplicaciones, respaldo puntual.

`/sbin` Directorio de ejecutables, respaldo puntual.

`/lib` Directorio de bibliotecas del sistema y de las aplicaciones, respaldo puntual.

`/lib64` Directorio de bibliotecas del sistema y de las aplicaciones, respaldo puntual.

`/boot` Directorio del núcleo, respaldo puntual.

`/dev` Directorio de archivos especiales, no es necesario respaldarlo.

`/media` Directorio de montaje de periféricos, no es necesario respaldarlo.

`/mnt` Directorio de montaje temporal, no es necesario respaldarlo.

`/net` Directorio de montaje temporal, no es necesario respaldarlo.

`/srv` Directorio de montaje temporal, no es necesario respaldarlo.

`/proc` Directorio de montaje de sistema de archivos virtual, no es necesario respaldarlo.

`/run` Directorio de montaje del sistema de archivos virtual, no es necesario respaldarlo.

`/sys` Directorio de montaje del sistema de archivos virtual, no es necesario respaldarlo.

`/tmp` Directorio de archivos temporales, no es necesario respaldarlo.

Observación

Estos consejos tienen carácter indicativo, pero pueden ajustarse en función del tipo de uso del sistema (puesto de trabajo o servidor; servidor de aplicaciones, de redes, de bases de datos, de almacenamiento de datos de los usuarios, etc.).

3.2 ¿En qué soporte habría que hacer los respaldos?

Existen diferentes tipos de soportes de respaldo, cada uno presenta ventajas e inconvenientes De nuevo, debe hacerse un estudio para determinar qué tipo de soportes habría que utilizar para qué tipo de respaldo.

3.2.1 Cinta magnética

La cinta magnética es un soporte barato que puede almacenar volúmenes importantes de datos. Su vida útil estimada es de tipo medio y demandan un riguroso mantenimiento.

Se trata de soportes lentos de lectura y escritura que necesitan un material específico relativamente caro.

Cada lector de cintas está asociado a dos archivos especiales: `/dev/stX` y `/dev/nstX`, donde `X` es un número de índice que empieza por 0. El primero es un archivo especial de acceso al lector en modo de rebobinado automático, mientras que el segundo no efectúa rebobinado al final de la escritura (`n` de *no rewind*), lo que permite almacenar distintos archivos comprimidos en la cinta.

Para facilitar el uso del lector de cintas, un archivo `/dev/tape` se asocia a menudo al lector por defecto del sistema `/dev/stX`.

El comando `mt` (*magnetic tape*) permite administrar lectores de cintas.

Sintaxis

```
mt [ -f ArchivoEspecial ] Cmd [ Núm ]
```

Parámetros principales

`-f Archivoespecial`	Archivo especial asociado al lector de cintas.
`Cmd`	Comando que se ejecutará.
`Núm`	Número usando como argumento del comando.

Descripción

El comando permite gestionar un lector de cintas. Sin la opción `-f`, usará el lector por defecto, `/dev/tape`.

Las opciones más habituales son:

`status`

Muestra la información sobre el estado del cartucho.

`fsf`

Avanza la posición actual con el `Núm` de archivos (1 por defecto).

`bsf`

Retrocede la posición actual con el `Núm` de archivos (1 por defecto).

`rewind`

Rebobina la cinta.

`erase`

Borra la cinta.

3.2.2 Disco duro

También se podría efectuar el respaldo en un archivo comprimido almacenado en un disco duro. Este disco puede ser extraíble o no.

Esta solución tiene muchas ventajas: velocidad de lectura y escritura, volumen importante de datos y soporte asequible.

La gestión del almacenamiento puede ser compleja si hay que conservar durante mucho tiempo los archivos de respaldo.

3.2.3 Disco óptico

Se pueden usar CD/DVD grabables para efectuar respaldos. La velocidad del respaldo será media, así como la de restauración. La vida útil de los CD/DVD es buena y su almacenamiento fácil. Los inconvenientes son el volumen de almacenamiento limitado y no reutilizable.

3.2.4 Redes

El respaldo a través de la red puede efectuarse hacia sistemas remotos o redes de almacenamiento. Esta solución presenta muchas ventajas, la velocidad del respaldo y de restauración puede ser buena según el tipo de red (Ethernet banda ancha y fibra óptica), el espacio de almacenamiento puede situarse en un sitio geográficamente remoto y se pueden mutualizar equipos caros.

3.3 Estrategias de respaldo

Es necesario implementar una estrategia de respaldo para salvaguardar el sistema y los datos con regularidad. Esto se hará en función de los objetivos de seguridad y sostenibilidad de la información respaldada, del volumen de respaldos y de la velocidad de respaldo y de restauración.

Combinamos generalmente diferentes tipos de respaldos para implementar una estrategia periódica de respaldo.

- Respaldo completo: se respalda un conjunto de elementos (archivos, directorios, sistemas de archivos).
- Respaldo parcial (incremental o diferencial): se respaldan únicamente los elementos modificados desde el último respaldo parcial (modo incremental) o desde el último respaldo completo (modo diferencial).

Para restaurar todos los datos o una parte de ellos, utilizamos el último respaldo completo, opcionalmente seguido del último respaldo diferencial, o de respaldos incrementales sucesivos desde el último respaldo completo.

Para implementar estas estrategias, podemos definir distintos niveles de respaldo, generalmente un número de índice de `0` a `n`. Los comandos estándares de Linux, `tar` y `cpio`, saben gestionar este tipo de respaldo.

Ejemplos

Estrategia de respaldo incremental en una semana:

`domingo`	Respaldo completo, nivel 0.
`lunes`	Respaldo incremental, nivel 1.
`martes`	Respaldo incremental, nivel 2.
`miércoles`	Respaldo incremental, nivel 3.
`jueves`	Respaldo incremental, nivel 4.
`viernes`	Respaldo incremental, nivel 5.
`sábado`	Respaldo incremental, nivel 6.

Se guardará cada día lo que ha sido modificado desde el respaldo del día anterior. En el caso de que hubiera algún problema, habría que restaurar el respaldo del domingo anterior y, sucesivamente, cada respaldo diario hasta el último respaldo efectuado.

Estrategia de respaldo diferencial en una semana:

`domingo`	Respaldo completo, nivel 0.
`lunes`	Respaldo diferencial, nivel 1.
`martes`	Respaldo diferencial, nivel 1.
`miércoles`	Respaldo diferencial, nivel 1.
`jueves`	Respaldo diferencial, nivel 1.
`viernes`	Respaldo diferencial, nivel 1.
`sábado`	Respaldo diferencial, nivel 1.

Se guardará cada día lo que ha sido modificado desde el respaldo completo del domingo. En el caso de que haya algún problema, habría que restaurar el respaldo del domingo anterior, y después el último respaldo efectuado.

3.4 Los comandos de respaldo y de restauración

Linux dispone de distintos comandos estándares de respaldo y de restauración. Permiten efectuar respaldos completos o parciales y trabajan en el nivel de la arborescencia de directorios y archivos.

Estos comandos existen en todas las distribuciones, con el mismo formato de almacenaje. Es por esto por lo que podemos restaurar una distribución completa o una parte de ella desde un respaldo efectuado en otra distribución.

Observación

Estos comandos existen en todos los sistemas de tipo Unix y, en principio, son compatibles entre sistemas de tipos diferentes.

3.4.1 El comando tar

El comando `tar` es un estándar de Linux para el intercambio de archivos comprimidos entre sistemas. Permite efectuar el respaldo y la restauración, completa o parcial, de un conjunto de archivos y/o directorios.

Sintaxis

```
tar [ Opciones ] [-]f ArchivoComprimido [ Dir Archivos ]
```

Parámetros principales

`Opciones`	Opciones (con o sin guion).
`[-]f ArchivoComprimido`	Archivo comprimido.
`Dir Archivos`	Directorio(s) y/o archivo(s) para comprimir o restaurar.

Descripción

El comando permite gestionar el respaldo o la restauración de directorios (con toda la arborescencia incluida) y de archivos. Por defecto, el comando almacena en un archivo el camino de acceso a los objetos sin el carácter / inicial. La restauración, por defecto, se hace en el directorio actual.

El nombre del archivo comprimido es libre, pero se aconseja ponerle una extensión para poder reconocer su origen (`.tar`) y el modo de compresión si fuera necesario (`.gz`, `.bz2`, etc.).

Las opciones pueden estar especificadas con o sin guion, excepto las opciones de tipo GNU que tienen que llevar delante un doble guion.

Hay muchas opciones distintas, he aquí las más usadas:

`t|x|c`

Tipo de operación que se efectuará: `t` (*table of contents*) para listar el contenido del archivo comprimido, `x` (*eXtract*) para restaurar todo el archivo una parte de él, `c` (*create*) para crear el archivo comprimido.

`z|Z|j|J|`

Tipo de compresión: `z` para `gzip`, `Z` para `compress`, `j` para `bzip2`, `J` para `xz`.

`v`

Visualización detallada.

`k`

Restauración sin machacar los archivos existentes.

`--keep-newer-files`

Restauración sin machacar los archivos existentes más recientes que los del archivo comprimido.

`-g ArchivoInfo`

Modo incremental. El archivo `ArchivoInfo` contiene la información sobre el último respaldo (efectuado con la opción `-g ArchivoInfo`).

Ejemplos

Respaldo y restauración de un directorio que contiene los archivos de código fuente de la versión 1.7.10 de `nginx`, en el directorio actual del usuario:

```
ls -l nginx-1.22.0
total 824
drwxr-xr-x 6 1001 1001   4096 23 agosto  10:35 auto
-rw-r--r-- 1 1001 1001 317070 24 mayo    01:59 CHANGES
-rw-r--r-- 1 1001 1001 484445 24 mayo    01:59 CHANGES.ru
drwxr-xr-x 2 1001 1001   4096 23 agosto  10:35 conf
-rwxr-xr-x 1 1001 1001   2590 24 mayo    01:59 configure
drwxr-xr-x 4 1001 1001   4096 23 agosto  10:35 contrib
drwxr-xr-x 2 1001 1001   4096 23 agosto  10:35 html
-rw-r--r-- 1 1001 1001   1397 24 mayo    01:59 LICENSE
drwxr-xr-x 2 1001 1001   4096 23 agosto  10:35 man
-rw-r--r-- 1 1001 1001     49 24 mayo    01:59 README
drwxr-xr-x 9 1001 1001   4096 23 agosto  10:35 src
```

Se crea un archivo comprimido con formato `xz`, en el directorio actual:

```
tar cvJf nginx-1.22.0.tar.xz nginx-1.22.0
nginx-1.22.0/
nginx-1.22.0/html/
nginx-1.22.0/html/index.html
nginx-1.22.0/html/50x.html
```

```
nginx-1.22.0/contrib/
[...]
nginx-1.22.0/conf/koi-utf
nginx-1.22.0/CHANGES.ru
nginx-1.22.0/man/
nginx-1.22.0/man/nginx.8
```

Se hace un listado del contenido del archivo:

```
tar tvJf nginx-1.22.0.tar.xz nginx-1.22.0
drwxr-xr-x 1001/1001         0 2022-08-25 09:35 nginx-1.22.0/
drwxr-xr-x 1001/1001         0 2022-08-23 10:35 nginx-1.22.0/html/
-rw-r--r-- 1001/1001       615 2022-05-24 01:59 nginx-1.22.0/html/index.html
-rw-r--r-- 1001/1001       497 2022-05-24 01:59 nginx-1.22.0/html/50x.html
drwxr-xr-x 1001/1001         0 2022-08-23 10:35 nginx-1.22.0/contrib/
drwxr-xr-x 1001/1001         0 2022-05-24 01:59 nginx-1.22.0/contrib/vim/
[...]
-rw-r--r-- 1001/1001      2837 2022-05-24 01:59 nginx-1.22.0/conf/koi-utf
-rw-r--r-- 1001/1001    484445 2022-05-24 01:59 nginx-1.22.0/CHANGES.ru
drwxr-xr-x 1001/1001         0 2022-08-23 10:35 nginx-1.22.0/man/
-rw-r--r-- 1001/1001      5480 2022-05-24 01:59 nginx-1.22.0/man/nginx.8
nginx-1.22.0/objs/Makefile
nginx-1.22.0/Makefile
```

Se puede observar que el archivo ha guardado los caminos de acceso en modo relativo, sin la / inicial. Es por esto por lo que la restauración tendrá lugar, por defecto, en el directorio actual.

Con la cuenta de usuario `root` y en el directorio de conexión de este usuario, restauramos el archivo:

```
tar xJvf ~pba/nginx-1.22.0.tar.xz
nginx-1.22.0/
nginx-1.22.0/html/
nginx-1.22.0/html/index.html
nginx-1.22.0/html/50x.html
nginx-1.22.0/contrib/
nginx-1.22.0/contrib/vim/
nginx-1.22.0/contrib/vim/syntax/
[...]
nginx-1.22.0/conf/koi-utf
nginx-1.22.0/CHANGES.ru
nginx-1.22.0/man/
nginx-1.22.0/man/nginx.8
```

Se hace un listado del nuevo directorio:

```
ls -l nginx-1.22.0
ls -l nginx-1.22.0
drwxr-xr-x 6 pba pba   4096 23 agosto  10:35 auto
-rw-r--r-- 1 pba pba 317070 24 mayo    01:59 CHANGES
-rw-r--r-- 1 pba pba 484445 24 mayo    01:59 CHANGES.ru
```

```
drwxr-xr-x 2 pba pba  4096 23 agosto  10:35 conf
-rwxr-xr-x 1 pba pba  2590 24 mayo    01:59 configure
drwxr-xr-x 4 pba pba  4096 23 agosto  10:35 contrib
drwxr-xr-x 2 pba pba  4096 23 agosto  10:35 html
-rw-r--r-- 1 pba pba  1397 24 mayo    01:59 LICENSE
drwxr-xr-x 2 pba pba  4096 23 agosto  10:35 man
-rw-r--r-- 1 pba pba    49 24 mayo    01:59 README
drwxr-xr-x 9 pba pba  4096 23 agosto  10:35 src
```

Observamos que los objetos restaurados han conservado sus atributos (propietario, grupo y fechas).

Respaldo y restauración diferencial:

Efectuamos un respaldo completo del directorio de la aplicación `nginx`, guardándolo como si fuera de nivel 0 en un archivo de información:

```
tar cvJf nginx-0.tar.xz -g ./nginx-lasttar /usr/local/nginx/
tar: /usr/local/nginx: El directorio es nuevo
tar: /usr/local/nginx/conf: El directorio es nuevo
tar: /usr/local/nginx/html: El directorio es nuevo
tar: /usr/local/nginx/logs: El directorio es nuevo
tar: /usr/local/nginx/sbin: El directorio es nuevo
tar: Eliminando la «/» inicial de los nombres
/usr/local/nginx/
/usr/local/nginx/conf/
/usr/local/nginx/html/
/usr/local/nginx/logs/
/usr/local/nginx/sbin/
/usr/local/nginx/conf/fastcgi.conf
/usr/local/nginx/conf/fastcgi.conf.default
/usr/local/nginx/conf/fastcgi_params
/usr/local/nginx/conf/fastcgi_params.default
/usr/local/nginx/conf/koi-utf
/usr/local/nginx/conf/koi-win
/usr/local/nginx/conf/mime.types
/usr/local/nginx/conf/mime.types.default
/usr/local/nginx/conf/nginx.conf
/usr/local/nginx/conf/nginx.conf.default
/usr/local/nginx/conf/scgi_params
/usr/local/nginx/conf/scgi_params.default
/usr/local/nginx/conf/uwsgi_params
/usr/local/nginx/conf/uwsgi_params.default
/usr/local/nginx/conf/win-utf
/usr/local/nginx/html/50x.html
/usr/local/nginx/html/index.html
/usr/local/nginx/sbin/nginx
```

Se hace un listado de los dos archivos que resultan del comando:

```
ls -l ./nginx-lasttar
-rw-r--r-- 1 root root 626 25 agosto  14:04 ./nginx-lasttar
ls -l nginx-0.tar.xz
-rw-r--r-- 1 root root 952300 25 agosto  14:04 nginx-0.tar.xz
```

Modificamos el contenido del archivo de configuración de `nginx`:

```
vi /usr/local/nginx/conf/nginx.conf
######################################################################

##### MODIFICACIÓN EFECTUADA DESPUÉS DEL RESPALDO DE NIVEL 0 #########
######################################################################

#user  nobody;
worker_processes  1;

#error_log  logs/error.log;
#error_log  logs/error.log  notice;
#error_log  logs/error.log  info;
[...]
```

Efectuamos un respaldo diferencial:

```
tar cvJf nginx-1.tar.xz -g ./nginx-lasttar /usr/local/nginx/
tar: Eliminando la «/» inicial de los nombres
/usr/local/nginx/
/usr/local/nginx/conf/
/usr/local/nginx/html/
/usr/local/nginx/logs/
/usr/local/nginx/sbin/
/usr/local/nginx/conf/nginx.conf
```

Se hace un listado de los dos archivos que resultan del comando:

```
 ls -l nginx-lasttar nginx-1.tar.xz
-rw-r--r-- 1 root root 1396 25 agosto  14:06 nginx-1.tar.xz
-rw-r--r-- 1 root root  626 25 agosto  14:06 nginx-lasttar
```

El archivo comprimido es pequeñito, el archivo de información se ha actualizado.

Se hace un listado del contenido del archivo comprimido:

```
tar tvJf nginx-1.tar.xz
drwxr-xr-x root/root    25 2022-08-25 09:31 usr/local/nginx/
drwxr-xr-x root/root   238 2022-08-25 14:05 usr/local/nginx/conf/
drwxr-xr-x root/root    23 2022-08-25 09:31 usr/local/nginx/html/
drwxr-xr-x root/root     1 2022-08-25 09:31 usr/local/nginx/logs/
drwxr-xr-x root/root     8 2022-08-25 09:31 usr/local/nginx/sbin/
-rw-r--r-- root/root  2871 2022-08-25 14:05 usr/local/nginx/conf/
nginx.conf
```

Solamente contiene el archivo modificado `usr/local/nginx/conf/nginx.conf`.

Queremos efectuar una restauración completa del directorio guardado en otro directorio. Para ello, primero habrá que restaurar el nivel `0`:

```
mkdir /opt/nginxbis
cd /opt/nginxbis
tar xvJf ~root/nginx-0.tar.xz
usr/local/nginx/
usr/local/nginx/conf/
usr/local/nginx/html/
usr/local/nginx/logs/
usr/local/nginx/sbin/
[...]
usr/local/nginx/conf/fastcgi.conf
usr/local/nginx/conf/fastcgi.conf.default
usr/local/nginx/conf/fastcgi_params
usr/local/nginx/conf/fastcgi_params.default
usr/local/nginx/conf/koi-utf
usr/local/nginx/conf/koi-win
usr/local/nginx/conf/mime.types
usr/local/nginx/conf/mime.types.default
usr/local/nginx/conf/nginx.conf
usr/local/nginx/conf/nginx.conf.default
usr/local/nginx/conf/scgi_params
usr/local/nginx/conf/scgi_params.default
usr/local/nginx/conf/uwsgi_params
usr/local/nginx/conf/uwsgi_params.default
usr/local/nginx/conf/win-utf
usr/local/nginx/html/50x.html
usr/local/nginx/html/index.html
usr/local/nginx/sbin/nginx
```

Mostramos el contenido del archivo `nginx.conf` restaurado:

```
vi usr/local/nginx/conf/nginx.conf
#user  nobody;
worker_processes  1;
[...]
```

Aplicamos después la restauración del archivo comprimido diferencial:

```
tar xvJf ~root/nginx-1.tar.xz
usr/local/nginx/
usr/local/nginx/conf/
usr/local/nginx/html/
usr/local/nginx/logs/
usr/local/nginx/sbin/
usr/local/nginx/conf/nginx.conf
```

Mostramos el contenido del archivo nginx.conf restaurado:

```
vi usr/local/nginx/conf/nginx.conf
######################################################################
##### MODIFICACIÓN EFECTUADA DESPUÉS DEL RESPALDO DE NIVEL 0 #########
######################################################################
#user  nobody;
worker_processes  1;
[...]
```

La restauración ha funcionado correctamente.

3.4.2 El comando cpio

`cpio` es otro comando, también de origen Unix, que permite hacer respaldos y restauraciones. Se usa menos frecuentemente que `tar`, porque sus diferentes formatos de archivo comprimido no siempre son compatibles entre diferentes implementaciones.

Sintaxis

```
cpio [-Opciones] [ListaArchivos] [<ListaArchivos|ArchivoComprimido]
[>ArchivoComprimido]
```

Parámetros principales

`Opciones`	Opciones.
`ListaArchivos`	Lista de los directorios(s) y/o archivo(s) que se van a restaurar.
`> ArchivoComprimido`	Archivo comprimido qué se va a crear.
`< ListaArchivos| ArchivoComprimido`	Lista de los directorio(s) y/o archivo(s) que se van a comprimir, o archivo comprimido que se va a restaurar.

Descripción

El comando permite realizar el respaldo o la restauración de directorios (incluyendo toda la arborescencia) y de archivos.

El nombre del archivo comprimido es libre, pero para facilitar su uso, se acostumbra a ponerle una extensión para precisar su origen (`.cpio`). El comando no soporta los formatos de compresión estándares.

Por defecto, el comando utiliza la salida estándar para generar el archivo comprimido, y su entrada estándar para leer la lista de los archivos y/o directorios que se tendrán que respaldar. Se usa generalmente el comando `find` para generar la lista de los objetos que se tienen que respaldar, lista que será enviada al comando `cpio` usando un pipe, por ejemplo:

```
find . | cpio -ov > archivo.cpio
```

Las opciones son muy numerosas, he aquí las más usadas:

`t|i|o`

Tipo de operación que se efectuará: `t` (*table of contents*) para listar el contenido del archivo comprimido, `i` (*input*) para restaurar el archivo comprimido completo o una parte de él, `o` (*output*) para crear un archivo comprimido.

`v`

Visualización detallada.

Ejemplo

Respaldo y restauración de un directorio que contiene los archivos de código fuente de la versión 1.7.10 de `nginx`, en el directorio actual del usuario:

```
ls -l nginx-1.22.0
total 824
drwxr-xr-x 6 pba pba   4096 23 agosto  10:35 auto
-rw-r--r-- 1 pba pba 317070 24 mayo    01:59 CHANGES
-rw-r--r-- 1 pba pba 484445 24 mayo    01:59 CHANGES.ru
drwxr-xr-x 2 pba pba   4096 23 agosto  10:35 conf
-rwxr-xr-x 1 pba pba   2590 24 mayo    01:59 configure
drwxr-xr-x 4 pba pba   4096 23 agosto  10:35 contrib
drwxr-xr-x 2 pba pba   4096 23 agosto  10:35 html
-rw-r--r-- 1 pba pba   1397 24 mayo    01:59 LICENSE
drwxr-xr-x 2 pba pba   4096 23 agosto  10:35 man
-rw-r--r-- 1 pba pba     49 24 mayo    01:59 README
drwxr-xr-x 9 pba pba   4096 23 agosto  10:35 src
```

Se crea un archivo comprimido en el directorio actual:

```
find  nginx-1.22.0 | cpio -ov > nginx-1.22.0.cpio
nginx-1.22.0
nginx-1.22.0/contrib
```

```
nginx-1.22.0/contrib/unicode2nginx
nginx-1.22.0/contrib/unicode2nginx/win-utf
nginx-1.22.0/contrib/unicode2nginx/unicode-to-nginx.pl
nginx-1.22.0/contrib/unicode2nginx/koi-utf
nginx-1.22.0/contrib/geo2nginx.pl
nginx-1.22.0/contrib/vim
[...]
nginx-1.22.0/src/event/modules/ngx_poll_module.c
nginx-1.22.0/src/event/modules/ngx_epoll_module.c
nginx-1.22.0/src/event/modules/ngx_win32_poll_module.c
nginx-1.22.0/src/event/ngx_event_posted.h
nginx-1.22.0/src/event/ngx_event_pipe.c
12684 blocs
```

Comparamos el tamaño del archivo `cpio` con el tamaño de formato `tar.xz` del ejemplo anterior:

```
ls -l nginx-1.22.0.cpio nginx-1.22.0.tar.xz
-rw-r--r-- 1 pba pba   6494208 25 agosto  14:14 nginx-1.22.0.cpio
-rw-r--r-- 1 pba pba   690056  25 agosto  13:55 nginx-1.22.0.tar.xz
```

El archivo comprimido `tar.xz` es mucho menos voluminoso.

Listamos el contenido del archivo comprimido:

```
cpio -tv < nginx-1.22.0.cpio
drwxr-xr-x   8 pba   pba        0 Aug 25 09:35 nginx-1.22.0
drwxr-xr-x   4 pba   pba        0 Aug 23 10:35 nginx-1.22.0/contrib
drwxr-xr-x   2 pba   pba        0 Aug 23 10:35 nginx-1.22.0/contrib/unicode2nginx
[...]
-rw-r--r--   1 pba   pba     1939 May 24 01:59 nginx-1.22.0/src/event/ngx_event_posted.h
-rw-r--r--   1 pba   pba    28280 May 24 01:59 nginx-1.22.0/src/event/ngx_event_pipe.c
12684 blocs
```

Podemos observar que el archivo comprimido ha guardado los caminos de acceso en modo relativo, sin la / inicial. La restauración tendrá lugar, por defecto, en el directorio actual.

Usando la cuenta de usuario `root` y en su directorio de conexión, restauramos el archivo comprimido:

```
cpio -iv < ~pba/nginx-1.22.0.cpio
[...]
nginx-1.22.0/src/event/modules/ngx_win32_poll_module.c
nginx-1.22.0/src/event/ngx_event_posted.h
nginx-1.22.0/src/event/ngx_event_pipe.c
12684 blocs
```

Hacemos un nuevo listado del directorio:

```
ls -l nginx-1.22.0
total 824
drwxr-xr-x 6 pba pba   4096 25 agosto  14:17 auto
-rw-r--r-- 1 pba pba 317070 25 agosto  14:17 CHANGES
-rw-r--r-- 1 pba pba 484445 25 agosto  14:17 CHANGES.ru
```

```
drwxr-xr-x 2 pba pba  4096 25 agosto  14:17 conf
-rwxr-xr-x 1 pba pba  2590 25 agosto  14:17 configure
drwxr-xr-x 4 pba pba  4096 25 agosto  14:17 contrib
drwxr-xr-x 2 pba pba  4096 25 agosto  14:17 html
-rw-r--r-- 1 pba pba  1397 25 agosto  14:17 LICENSE
drwxr-xr-x 2 pba pba  4096 25 agosto  14:17 man
-rw-r--r-- 1 pba pba    49 25 agosto  14:17 README
drwxr-xr-x 9 pba pba  4096 25 agosto  14:17 src
```

Se puede observar que los objetos restaurados han conservado sus atributos (propietario, grupo y fechas).

3.5 Los softwares de respaldo

Para aplicar una estrategia periódica de respaldo de uno o varios sistemas, la mayoría de las veces, se implementará una aplicación dedicada para ello. En el entorno Linux, existen diferentes soluciones de tipo open source.

3.5.1 Bacula y Bareos

Bacula es una solución completa de respaldo, bajo licencia open source, que permite respaldar localmente o en red, en discos o en cintas, los datos de los sistemas Linux, Unix y Windows. Es el más utilizado de los softwares libres de gestión de respaldos. Ha sido desarrollado principalmente por Kern Sibbald.

Bacula usa su propio formato de compresión.

Bareos es el resultado de un fork del software Bacula, en 2010. Existe una versión libre y otra comercial.

3.5.2 AMANDA

AMANDA (*Advanced Maryland Automatic Network Disk Archiver*) es una aplicación potente de respaldo, creada inicialmente por la Universidad de Maryland bajo licencia BSD. Está disponible en licencia abierta (gratis) o comercial. AMANDA realiza respaldos locales o en red, en discos o en cintas, de los sistemas Linux, Unix y Windows.

AMANDA usa el formato de compresión estándar (TAR).

3.5.3 BackupPC

BackupPC es una solución de respaldo en red, bajo licencia GPL, que permite respaldar en discos o en cintas los datos de los sistemas Linux, Unix o Windows. No precisa de un software de tipo cliente, el servidor proporciona una interfaz web.

3.5.4 Softwares comerciales

La mayoría de los softwares comerciales de respaldo en red (ArcServe, Backup Exec, EMC NetWorker, IBM Tivoli Storage Manager y NetBackup) funcionan con Linux y permiten integrar los respaldos Linux con los de otros tipos de sistemas.

3.6 Duplicación de disco: el comando dd

El comando `dd` (*disk duplication*) permite realizar copias de bajo nivel, completas o parciales, de un espacio de almacenamiento, disco, cinta, partición o volumen lógico.

Este comando multiuso puede ser empleado para respaldar un espacio de almacenamiento duplicándolo.

Sintaxis

```
dd if=ArchivoOrig of=ArchivoDest [bs=TamañoBloque] [count=NúmBloques]
```

Parámetros principales

`if=ArchivoOrig`	Archivo especial del espacio de almacenamiento que se va a duplicar.
`of=ArchivoDest`	Archivo destino de la duplicación.
`[bs=TamañoBloque]`	Tamaño de los bloques.
`[count=NúmBloques]`	Número de bloques que se copiarán.
`[skip=NúmBloques]`	Número de bloques que se saltarán al principio del archivo de entrada.
`[seek=NúmBloques]`	Número de bloques que se saltarán al principio del archivo de salida.

Descripción

El comando copia el archivo de entrada `ArchivoOrig` en el archivo de salida `ArchivoDest`. El parámetro `bs=` permite indicar el tamaño de bloques del archivo de entrada, el parámetro `count=` el número de bloques que se copiarán, el parámetro `skip=` el número de bloques del archivo de entrada que se saltarán antes de empezar la copia, `seek=` el número de bloques del archivo de salida que se saltarán antes de empezar la copia.

Los archivos de entrada y de salida pueden ser archivos especiales asociados a periféricos o archivos normales del sistema de archivos global. También se puede copiar el sistema de archivos de un disco, de una partición o de un volumen lógico, en un archivo almacenado en un disco, este último puede ser montado en la arborescencia como sistema de archivos de origen.

Ejemplos

Copia del primer sector de un disco duro (MBR) hacia un archivo.

```
dd if=/dev/sda of=mbr.sv bs=512 count=1
1+0 registros leídos
1+0 registros escritos
512 bytes copied, 0,0092806 s, 55,2 kB/s
 ls -l mbr.sv
-rw-r--r--. 1 root root 512 25 agosto  14:19 mbr.sv
```

Creación de un archivo vacío (lleno por bytes a 0) de 10 MB:

```
dd if=/dev/zero of=archivo10M bs=1024 count=10000
10000+0 registros leídos
10000+0 registros escritos
10240000 bytes (10 MB, 9,8 MiB) copied, 0,0310072 s, 330 MB/s
ls -l fic10M
-rw-r--r--. 1 root root 10240000 25 agosto  14:20 fic10M
```

Copia de un disco duro `/dev/sdb` de 8 GB en un archivo:

```
dd if=/dev/sdb of=sdb.sv
15820800+0 registros leídos
15820800+0 registros escritos
8100249600 bytes (8,1 GB, 7,5 GiB) copiados, 389,812 s, 20,8 MB/s
ls -l sdb.sv
-rw-r--r--. 1 root root 8100249600 25 agosto  14:29 sdb.sv
```

Montamos el archivo para comprobar su contenido:

```
mount sdb.sv /mnt
mount: /mnt : Atención: periférico protegido en modo escritura,
montado en modo solo lectura.
ls -l /mnt
total 1190
-r--r--r--. 1 root root    146 26 marzo  12:26 autorun.inf
dr-xr-xr-x. 1 root root   2048 26 marzo  12:26 boot
dr-xr-xr-x. 1 root root   2048 26 marzo  12:26 css
lr-xr-xr-x. 1 root root      1 26 marzo  12:26 debian -> .
dr-xr-xr-x. 1 root root   2048 26 marzo  12:26 dists
dr-xr-xr-x. 1 root root   4096 26 marzo  12:26 doc
dr-xr-xr-x. 1 root root   2048 26 marzo  12:26 EFI
dr-xr-xr-x. 1 root root   2048 26 marzo  12:27 firmware
-r--r--r--. 1 root root 184032 22 marzo  18:37 g2ldr
-r--r--r--. 1 root root   8192 22 marzo  18:37 g2ldr.mbr
dr-xr-xr-x. 1 root root   2048 26 marzo  12:26 install
dr-xr-xr-x. 1 root root   2048 26 marzo  12:26 install.amd
dr-xr-xr-x. 1 root root   6144 26 marzo  12:26 isolinux
-r--r--r--. 1 root root 609703 26 marzo  13:56 md5sum.txt
dr-xr-xr-x. 1 root root   4096 26 marzo  12:26 pics
dr-xr-xr-x. 1 root root   2048 26 marzo  12:29 pool
-r--r--r--. 1 root root   9123 26 marzo  13:56 README.html
```

```
-r--r--r--. 1 root root    291  4 marzo   2017 README.mirrors.html
-r--r--r--. 1 root root     86  4 marzo   2017 README.mirrors.txt
-r--r--r--. 1 root root    543 26 marzo  12:26 README.source
-r--r--r--. 1 root root   5716 26 marzo  13:56 README.txt
-r--r--r--. 1 root root 364571 22 marzo  18:37 setup.exe
dr-xr-xr-x. 1 root root   2048 26 marzo  12:26 tools
-r--r--r--. 1 root root    233 26 marzo  12:26 win32-loader.ini
```

3.7 Sincronización de datos: el comando rsync

El comando `rsync` permite sincronizar arborescencias de directorios y archivos entre ellas. Se utiliza a menudo como herramienta de respaldo de datos a través de una red, porque solo se transfieren las diferencias entre la arborescencia de origen y la de destino, lo que limita el tráfico de red y optimiza el rendimiento del respaldo.

Este comando puede funcionar en dos modos distintos:

- Modo servidor `rsync`: el servidor `rsync` debe correr y estar en escucha en un puerto TCP. En el cliente, el comando `rsync` se conecta al servidor especificado gracias al número de puerto usado por el servicio y ejecuta la sincronización de datos solicitada.
- Modo `ssh`: el comando `rsync` se conecta al servidor `ssh` especificado y ejecuta la sincronización de datos solicitada. Es el modo más seguro y por lo tanto el más usado.

3.7.1 Sintaxis

El comando permite sincronizar el sistema remoto hacia el sistema local o del sistema local hacia el remoto.

```
rsync [Opciones] -e ssh [[Usuario@]Host:]Origen [[Usuario@]Host:]Destino
```

Parámetros principales

`Opciones`	Opciones.
`-e ssh`	Modo `ssh`.
`[Usuario@]Host`	Cuenta de usuario y servidor remoto.
`Origen`	Arborescencia de referencia.
`Destino`	Arborescencia que será sincronizada.

Descripción

El comando sincroniza los elementos entre `Destino` y `Origen`. Por defecto, se usa la cuenta de usuario local, excepto si se especifica otra cuenta con el argumento `Usuario@`. En modo `ssh`, el comando `rsync` debe existir en el sistema remoto.

Las opciones más usadas son las siguientes:

`-v`

Visualización detallada.

`-a`

Modo archivo, los derechos y las fechas se preservarán.

`-z`

Los datos serán comprimidos para el envío.

3.7.2 Ejemplo

Respaldo usando `rsync` de un directorio incluido en el directorio de conexión del usuario `pba`, de un sistema Debian 11 hacia un sistema RHEL 8.5.

En el sistema `srvdebian` Debian 11:

```
mkdir dir_actual
cp -r nginx-1.22.0 dir_actual
echo "DIR_ACTUAL" >dir_actual/README.txt
ls -l dir_actual
total 8
drwxr-xr-x 8 pba pba 4096 25 agosto  14:43 nginx-1.22.0
-rw-r--r-- 1 pba pba    9 25 agosto  14:44 README.txt
rsync -avze ssh ./dir_actual srvrh:
pba@srvrh password: XXXX
sending incremental file list
created directory srvrh
dir_actual/
dir_actual/README.txt
dir_actual/nginx-1.22.0/
[...]
dir_actual/nginx-1.22.0/src/stream/ngx_stream_variables.h
dir_actual/nginx-1.22.0/src/stream/ngx_stream_write_filter_module.c
sent 1,227,155 bytes  received 7,912 bytes  117,625.43 bytes/sec
total size is 6,464,000  speedup is 5.23
```

En el sistema de destino `srvrh` RHEL 8.5, el directorio `dir_actual` ha sido creado dentro del directorio de conexión del usuario `pba`:

```
ls -ld /home/pba/dir_actual
drwxr-xr-x. 3 pba pba 44 25 agosto   14:55 /home/pba/dir_actual
ls -l /home/pba/dir_actual
total 4
drwxr-xr-x. 8 pba pba 158 25 agosto  14:43 nginx-1.22.0
-rw-r--r--. 1 pba pba   9 25 agosto  14:44 README.txt
```

La copia ha sido efectuada.

En el sistema `srvdebian` Debian 11, añadimos un archivo en el directorio `dir_actual`:

```
echo "Nuevo" > dir_actual/archivo
```

Sincronizamos la copia del servidor `srvrh` RHEL 8.5:

```
rsync -ae ssh ./dir_actual srvrh:
pba@srvrh password: XXXX
```

Mostramos el contenido del directorio sincronizado en el servidor `srvrh` RHEL 8.5:

```
ls -l /home/pba/dir_actual
total 8
-rw-r—r--.  1 pba pba   8 25 agosto  14 :57 archivo
drwxr-xr-x. 8 pba pba 158 25 agosto  14 :43 nginx-1.22.0
-rw-r—r--.  1 pba pba   9 25 agosto  14 :44 README.txt
cat /home/pba/dir_actual/archivo
Nuevo
```

La sincronización se ha efectuado correctamente.

4. Informar a los usuarios

Esta parte punto explicamos los diferentes medios de comunicación que permiten al administrador del sistema informar a los usuarios conectados, o a los que quieran conectarse, con respecto a elementos o eventos del sistema.

Estas herramientas se utilizan cada vez menos, porque la mayoría de los sistemas funcionan en modo cliente/servidor y por lo tanto hay pocos usuarios conectados a un servidor a través de un terminal.

4.1 Los archivos /etc/issue y /etc/issue.net

El contenido de esos archivos se muestra en la pantalla del terminal antes de la conexión del usuario.

En los terminales locales de la máquina (incluyendo las consolas virtuales) se muestra el contenido de `/etc/issue` antes de la solicitud de identificación. Este archivo puede contener secuencias de caracteres que tengan un significado particular, dentro de las cuales:

`\d` Fecha.

`\s` Nombre del sistema.

`\n` Nombre de red del sistema.

`\r` Versión del sistema.

Se muestra el contenido de `/etc/issue.net`, antes de la solicitud de identificación, en los terminales conectados a través de `telnet`. No obstante, se desaconseja encarecidamente el uso de ese protocolo por razones de seguridad.

Por defecto, las conexiones a través de `ssh` no muestran el contenido de ese archivo. Se puede modificar la configuración del servidor `ssh` para que use ese archivo. Para ello hay que modificar la línea "*Banner*" del archivo de configuración de `ssh`, `/etc/ssh/sshd_config`:

```
Banner /etc/issue.net
```

Después habrá que reiniciar el servicio `sshd`.

Observación

Desafortunadamente, el servidor `sshd` no interpreta las secuencias especiales del archivo `issue.net`.

Ejemplo

Se implementa un archivo de encabezado para las conexiones `ssh` en el servidor `srvrh` RHEL 8.5:

```
vi /etc/issue.net
Bienvenido al servidor srvrh (RHEL 8.5).
El acceso está reservado a personas autorizadas.
vi /etc/ssh/sshd_config
[...]
#Banner none
Banner /etc/issue.net
[...]
```

Se reinicia el servidor `sshd`:

```
systemctl reload sshd
```

Nos conectamos al servidor `srvrh` RHEL 8.5 desde un sistema remoto:

```
ssh srvrh RHEL 8.5
Bienvenido al servidor srvrh RHEL 8.5.
El acceso está reservado a personas autorizadas.
pba@srvrh's password:XXXX
```

Se muestra el encabezado.

4.2 El archivo /etc/motd

Se muestra el contenido del archivo `/etc/motd` (*Message Of The Day*) después de la conexión, ya sea local o remota. Sin embargo, no se mostrará en los entornos gráficos ni en las ventanas de terminal.

El administrador puede usar este archivo para informar a los usuarios de una operación de mantenimiento próxima, para recordarles el rol del servidor, etc.

Observación

Ya que el contenido se muestra después de la apertura de la conexión, este está dirigido a usuarios autorizados y no provoca problemas de seguridad.

Ejemplo

Se modifica el contenido del archivo en el servidor `srvrh` RHEL 8.5.

```
vi /etc/motd
Bienvenido al servidor srvrh (RHEL 8.5)
¡Que te vaya bien en el trabajo!
Actualización del servidor prevista el 18/09/2022 a partir de las 19h30.
```

Nos conectamos al servidor `srvrh` RHEL 8.5 desde un sistema remoto:

```
ssh srvrh RHEL 8.5
Bienvenido al servidor srvrh RHEL 8.5.
¡Que te vaya bien en el trabajo!
Actualización del servidor prevista el 18/09/2022 a partir de las 19h30.
Last login:Thu Apr 16 17:35:40 2020 from 192.168.0.70
Activate the web console with: systemctl enable --now cockpit.socket
Register this system with Red Hat Insights: insights-client --register
Create an account or view all your systems at https://red.ht/insights-dashboard
Last login: Sun Aug 21 11:50:08 2022 from 192.168.1.140
[pba@srvrh ~]$
```

Se muestran los dos encabezados, antes de la conexión y después de la conexión.

4.3 El comando wall

El comando `wall` muestra en la pantalla de todos los terminales conectados el texto que se utilizará como argumento. El administrador del sistema puede de esta manera advertir de un problema a los usuarios conectados a través de un terminal.

El mensaje no se mostrará en las pantallas de los usuarios que trabajen en modo gráfico ni en las ventanas de terminal de esos entornos.

Observación

Este comando también puede ser usado por los usuarios. Un usuario puede rehusar la visualización de esos mensajes en su terminal usando el comando `mesg no`*, pero esta acción no tiene efecto para los mensajes enviados por el usuario* `root` *(UID=0).*

Ejemplo

Envío de un mensaje general advirtiendo del desmontaje de un sistema de archivos:

```
wall "El contenido del directorio /datos no estará disponible a partir de
las de 14h30, durante unos 20 minutos."
```

El mensaje aparece de esta manera en la pantalla de un usuario que trabaja con Vim:

```
#include <stdio.h>
#include <stdlib.h>
int main(int argc,char * argv[])
{
        printf("Principio del tratamiento\n");
        return 0;

Mensaje de difusión general (broadcast) de root@srvrh.localdomain (pts/0)
(Thu Aug 25 15:04:48 202
 El contenido del directorio /datos no estará disponible a partir de
 las de 14:30, durante unos 20 minutos.


~
```

(En Vim, el usuario podrá volver a tener su pantalla normal tecleando CTRL/L).

4.4 Advertir antes del paro del sistema

Si un administrador tiene que parar o reiniciar manualmente el sistema, deberá prevenir con anterioridad a los usuarios conectados para que estos puedan cerrar las aplicaciones que estén usando y después desconectarse.

El comando tradicional para parar el sistema es el comando `shutdown`. El programa `systemd` también permite parar el sistema a través del comando `systemctl`.

4.4.1 Paro del sistema con el comando shutdown

El administrador usa el comando `shutdown` para parar o reiniciar el sistema, inmediatamente después del tiempo especificado. El comando acepta como último argumento un mensaje que se enviará a todos los usuarios conectados a través de un terminal.

Con la opción `-k`, el comando envía el mensaje usado como argumento pero no para el sistema.

La opción `-c` permite anular una operación solicitada anteriormente por el comando `shutdown`.

Ejemplo

El administrador solicita el paro del sistema dentro de 5 minutos, advirtiendo a todos los usuarios:

```
shutdown -h +5 "Preste atención, el sistema se parará dentro de 5 minutos.
Cierre sus aplicaciones y desconéctese."
```

El mensaje aparecerá de esta manera en la pantalla de un usuario que está trabajando con Vim:

```
#include <stdio.h>
#include <stdlib.h>
int main(int argc,char * argv[])
{
       printf("Principio del tratamiento\n");
       return 0;
       return
Broadcast message from root@srvrh.localdomain on pts/0 (Thu 2022-08-25
15 15:06:14 BST):

Preste atención, el sistema se parará dentro de 5 minutos. Cierre sus
aplicaciones y desconéctese.
The system is going down for poweroff at Thu 2022-08-25 15:11:14 CEST!
```

El administrador anula el paro del sistema:

```
shutdown -c
```

El usuario recibirá este mensaje en su pantalla:

```
Broadcast message from root@srvrh.localdomain on pts/0 (Thu 2022-08-25
15:07:27 CEST):
The system shutdown has been cancelled
```

4.4.2 Paro del sistema con el comando systemctl

El comando `systemctl` también puede ser usado para solicitar a `systemd` que pare el sistema. Sin embargo, es menos flexible que el comando `shutdown` porque no permite especificar el lapsus de tiempo antes de la operación, y envía un mensaje que no se puede configurar (este mensaje se puede desactivar con la opción `--nowall`).

La opción `--message=Mensaje` permite escribir en el registro de `systemd` el mensaje `Mensaje`, asociado al evento de paro o de reinicio del sistema.

Los comandos principales de paro o de reinicio son los siguientes:

`systemctl halt`

Paro del sistema sin apagar la máquina eléctricamente.

`systemctl poweroff`

Paro del sistema apagando la máquina eléctricamente.

`systemctl hibernate`

Paro del sistema en modo ahorro de energía.

`systemctl reboot`

Reinicio del sistema.

Observación

Con la opción `-H [usuario@]host`, el comando usa `ssh` para solicitar el paro o el reinicio del sistema al servicio `systemd` de un servidor remoto.

Ejemplo

Paro de un sistema remoto.

Desde el sistema `srvdebian` Debian 11, reiniciamos el servidor `srvrh` RHEL 8.5:

```
systemctl -H srvrh reboot
Bienvenido al servidor srvrh (RHEL 8.5).
El acceso está reservado a personas autorizadas.
root@srvrh's password:XXXX
```

El servidor `srvrh` RHEL 8.5 se reiniciará.

Capítulo 6
El núcleo Linux

1. El núcleo Linux

Este capítulo trata del núcleo y su compilación, de la gestión de sus módulos así como de su configuración dinámica.

1.1 Los componentes del núcleo

El objetivo de esta sección es de enseñarle a:

- implementar los componentes del núcleo necesarios para el material específico, los drivers, los recursos y las necesidades del sistema. Esto incluye la instalación de diferentes tipos de imágenes del núcleo, la comprensión de las versiones estables y mantenidas a largo plazo del núcleo y de los parches, así como el uso de los módulos del núcleo.

1.1.1 Competencias principales

Documentación de las versiones del núcleo 2.6.x, 3.x y 4.x.

1.1.2 Elementos empleados

- `/usr/src/linux/`
- `/usr/src/linux/Documentation/`
- `zImage`
- Compresión `xz`

1.2 Compilación del núcleo

El objetivo de esta sección es de enseñarle a:

- configurar un núcleo incluyendo o excluyendo funcionalidades dependiendo de las necesidades del sistema. Esto incluye compilar y recompilar el núcleo si fuera necesario, actualizar y documentar las modificaciones de un nuevo núcleo, crear una imagen `initrd` e instalar nuevos núcleos.

1.2.1 Competencias principales

- `/usr/src/linux/`
- Archivos `Makefile` del núcleo.
- Objetivos `make` para los núcleos 2.6.x, 3.x y 4.x.
- Personalizar la configuración del núcleo actual.
- Construir un nuevo núcleo y los módulos apropiados.
- Instalar un nuevo núcleo con sus módulos.
- Comprobar que el gestor de arranque puede acceder al nuevo núcleo y a los archivos asociados.
- Archivos de configuración de los módulos.
- Usar `DKMS` para compilar los módulos del núcleo.
- Conocimiento básico de `dracut`.

1.2.2 Elementos empleados

- `mkinitrd`
- `mkinitramfs`
- `make`
- Objetivos de `make` (`all`, `config`, `xconfig`, `menuconfig`, `gconfig`, `oldconfig`, `mrproper`, `zImage`, `bzImage`, `modules`, `modules_install`, `rpm-pkg`, `binrpm-pkg` y `deb-pkg`)
- `gzip`
- `bzip2`
- Herramientas de gestión de los módulos
- `/usr/src/linux/.config`
- `/lib/modules/kernel-version/`
- `depmod`
- `dkms`

1.3 Gestión y reparación del núcleo

El objetivo de esta sección es de enseñarle a:

- gestionar el estatuto y la configuración dinámica de un núcleo 2.6.x, 3.x o 4.x y de los módulos de núcleo;
- diagnosticar y resolver problemas corrientes del proceso de arranque y del funcionamiento del núcleo;
- conocer el funcionamiento de la detección y de la gestión de dispositivos hecho por `udev`. Esto incluye la resolución de problemas con respecto a las reglas `udev`.

1.3.1 Competencias principales

- Saber usar las herramientas que nos darán información acerca del núcleo cargado en tiempo real y de los módulos.
- Carga y descarga manual de los módulos.
- Determinar si se puede descargar un módulo.
- Determinar los valores autorizados para los parámetros de un módulo.
- Configurar los nombres de carga de los módulos, distintos de los nombres de archivos.
- Sistema de archivos `/proc`.
- Contenido de `/`, `/boot/` y `/lib/modules/`.
- Herramientas de información y de análisis del material.
- Reglas `udev`.

1.3.2 Elementos empleados

- `/lib/modules/kernel-version/modules.dep`
- Archivos de configuración de los módulos en `/etc`
- `/proc/sys/kernel/`
- `/sbin/depmod`
- `/sbin/rmmod`
- `/sbin/modinfo`
- `/bin/dmesg`
- `/sbin/lspci`
- `/usr/bin/lsdev`
- `/sbin/lsmod`

- `/sbin/modprobe`
- `/sbin/insmod`
- `/bin/uname`
- `/usr/bin/lsusb`
- `/etc/sysctl.conf`, `/etc/sysctl.d/`
- `/sbin/sysctl`
- `udevmonitor`
- `udevadm monitor`
- `/etc/udev/`

2. Los componentes del núcleo

El núcleo Linux se encarga de administrar los recursos materiales de la máquina y de ponerlos a disposición de los diferentes programas que se ejecutan en esta máquina. De entre sus principales tareas, podemos citar:

- Gestión del o de los microprocesadores: da acceso al procesador o a los procesadores a los diferentes programas, en función de su prioridad para que todos puedan acceder al recurso y que un programa no monopolice el o los procesadores (**multitarea apropiativa**).
- Gestión de dispositivos: junto con los drivers de los dispositivos (*drivers*), gestiona los diferentes dispositivos de software y trata las solicitudes de los programas que quieren acceder a ellos.
- Gestión de la memoria física y virtual: determina el reparto de memoria entre él mismo y los programas, y gestiona un mecanismo de memoria virtual que permite asignar más memoria de la que dispone físicamente la máquina.
- Gestión del almacenamiento: gestiona el conjunto de los dispositivos de almacenamiento (con drivers de dispositivos y drivers de sistemas de archivos) y presenta a los programas una interfaz de acceso único, bajo la forma de una arborescencia de directorios y de archivos, construida a partir de diferentes sistemas de archivos.
- Gestión de la red: toma en cuenta la comunicación en las redes en las que la máquina participa, a través de la tarjeta de interfaz de red y de sus drivers y permite que los diferentes programas emitan y reciban mensajes.

- Gestión de los procesos: asegura la carga, la ejecución, el control y la finalización de los programas, bajo la forma de **procesos**, lo que les permite ejecutarse en simultaneidad aparente o real (según las capacidades del procesador de la máquina). Gestiona la seguridad mediante el control del acceso a los recursos en función de las habilitaciones de los procesos y a través del aislamiento de las zonas de memoria que le son asignadas.
- Gestión del control de acceso a los recursos: con un modelo de seguridad basado en las nociones de cuenta de usuario y de grupo, proporciona un mecanismo que permite definir y controlar los permisos de acceso a los diferentes recursos que gestiona.

Para realizar estas tareas, el núcleo puede usar módulos de tipo software especializados, que pueden estar incluidos directamente en el código del núcleo o ser independientes, cargables y descargables dinámicamente (LKM, *Loadable Kernel Module*).

La mayoría de los drivers de dispositivos son módulos LKM, independientes del programa principal del núcleo (*core kernel*), lo que facilita su mantenimiento y evita tener que cargarlos durante el arranque del sistema si no son utilizados.

El núcleo está constituido por el conjunto de imagen del núcleo y de los módulos.

2.1 El núcleo

Lo que podemos llamar el programa principal del núcleo (*core kernel*), es la parte esencial del núcleo. Está almacenado en un archivo de imagen comprimido, que será descomprimido y cargado en memoria durante el arranque del sistema. Este programa se hace cargo de las funciones esenciales del núcleo e incluye algunos módulos estáticos.

2.2 Los módulos de núcleo

Los módulos de núcleo se ocupan de los dispositivos de hardware o conjuntos de funciones (gestión de un tipo de sistema de archivos, de una forma de almacenamiento, de un protocolo de red ...). Funcionan en modo núcleo, pero constituyen programas independientes del programa principal del núcleo.

Existen dos tipos de módulos de núcleo:

- Algunos módulos necesarios permanentemente para el buen funcionamiento del sistema están integrados directamente en el archivo imagen del núcleo y son, por lo tanto, cargados junto a él durante el arranque. Se trata de **módulos estáticos**.
- Los otros módulos están cargados en memoria dinámicamente, en función de las necesidades, y pueden ser descargados de la memoria si ya no se utilizan. Se les llama módulos LKM (*Loadable Kernel Module*). Cada módulo LKM esta almacenado en un archivo específico.

Si instalamos un nuevo tipo de hardware, o si queremos usar una nueva funcionalidad (un tipo de sistema de archivos, por ejemplo), es posible que el módulo de software correspondiente no esté integrado en el núcleo usado ni instalado como módulo dinámico. En ese caso hay que instalar el nuevo módulo si es dinámico, o integrarlo en el núcleo y generar una nueva imagen de este último.

2.3 Las versiones del núcleo

El núcleo Linux, creado por **Linus Torvalds** en 1991, es un programa de software libre, proporcionado gratuitamente bajo licencia GNU GPL v2 (GNU *General Public License*). Su desarrollo está mantenido por una fundación, *The Linux Foundation*, financiada por numerosas empresas y organizaciones.

El desarrollo del núcleo está asegurado por una gran comunidad de programadores, a través de Internet, bajo la dirección técnica de Linus Torvalds y del desarrollador principal, **Greg Kroah-Hartman**.

El núcleo Linux está en constante evolución para corregir problemas, optimizar las funciones ya existentes e integrar nuevos dispositivos o nuevas funcionalidades. Se publican nuevas versiones frecuentemente, cada dos o cuatro meses de media.

Para asegurar el mantenimiento de las versiones en producción, la fundación Linux soporta versiones del núcleo estables en curso y versiones estables mantenidas a largo plazo, proporcionando correcciones de bugs o de problemas de seguridad. Actualmente hay dos versiones en curso estables y seis versiones de núcleo de soporte a largo plazo, soportadas durante dos años, como mínimo.

Las versiones del núcleo están numeradas bajo la forma X.Y.Z.

X proporciona el número de versión mayor (*major*).

Y proporciona el nivel en curso de la versión principal (*minor*). El conjunto X.Y identifica una versión principal del núcleo.

Z es un índice, aumentado en cada evolución menor de la versión principal (correcciones de bugs, nuevos dispositivos ...).

En las primeras versiones del núcleo, las versiones de producción tenían un valor menor Y par, las que estaban siendo desarrolladas y en modo test presentaban un valor impar. Esta convención ha sido abandonada.

En 2011 apareció la versión 3.0, hecho que fue más destacado por el vigésimo aniversario del núcleo que por aportar una evolución mayor al sistema.

La versión principal actual es la 5.Y.

Ejemplo

La página www.kernel.org proporciona actualmente la tabla siguiente para las versiones estables y de soporte a largo plazo:

stable	5.19.6
stable	5.18.19
longterm	5.15.64
longterm	5.10.140
longterm	5.4.211
longterm	4.19.256
longterm	4.14.291
longterm	4.9.236

Las distribuciones integran versiones del núcleo generalmente más antiguas que las versiones en curso, porque integrar una versión nueva del núcleo demanda muchas pruebas complejas.

El comando `uname -r` permite mostrar la versión del núcleo que se está ejecutando.

Ejemplo

Versión de núcleo en una distribución RHEL 8.5 y en una distribución Debian 11:

RHEL 8.5:

```
uname -r
4.18.0-348.23.1.el8_5.x86_64
```

Debian 11:

```
uname -r
5.10.0-16-amd64
```

La versión presenta un guion e información sobre la versión de la distribución (`el8`: Enterprise Linux 8) y la arquitectura del procesador (Intel 64 bits y AMD 64 bits).

2.4 Los archivos imágenes del núcleo

El archivo imagen del núcleo contiene el programa principal del núcleo, incluyendo los módulos estáticos comprimidos. Este archivo se descomprimirá dinámicamente y se cargará en memoria durante el arranque del sistema.

Puede haber algunos archivos imágenes del núcleo en un mismo sistema, diferenciados generalmente por un sufijo que identificará la versión.

Existen dos formatos de archivos imágenes del núcleo, dependiendo de la versión del núcleo y de las características del hardware de la máquina en cuestión:

`zImage`

Usado en las antiguas versiones del núcleo, este formato presupone que el tamaño máximo de la imagen (descomprimida) será inferior a 512 KB. La compresión se hace en formato gzip o bzip2. Este tipo de imagen solo se utiliza en sistemas antiguos o en máquinas específicas (routers y sistemas embarcados) que disponen de poca memoria viva.

`bzImage`

Es el formato estándar para las versiones recientes. El límite de tamaño de la imagen descomprimida es alto. Al contrario de lo que podríamos pensar, la compresión no se hace obligatoriamente en formato bzip2, `bz` significa *big z-image*.

Para saber cuál es el tipo de un archivo de imagen, podemos usar el comando `file`.

Ejemplo

Tipo y tamaño de una imagen de núcleo en una distribución RHEL 8.5:

```
file /boot/vmlinuz-4.18.0-348.23.1.el8_5.x86_64
/boot/vmlinuz-4.18.0-348.23.1.el8_5.x86_64: Linux kernel x86 boot executable
bzImage, version 4.18.0-348.23.1.el8_5.x86_64 (mockbuild@x86-vm-07.build.
eng.bos.redhat.com) #1 SMP Tue Apr 12 1, RO-rootFS, swap_dev 0x9, Normal VGA
ls -l /boot/vmlinuz-4.18.0-348.23.1.el8_5.x86_64
-rwxr-xr-x. 1 root root 10214768 12 abril 17:44 /boot/
vmlinuz-4.18.0-348.23.1.el8_5.x86_64
```

Se trata de una imagen reciente, para una arquitectura Intel de 64 bits. Su formato es `bzImage`, su tamaño comprimido es 10 MB, aproximadamente.

Las versiones recientes de archivos de imágenes del núcleo pueden usar diferentes formatos de compresión, entre los que se encuentra el del comando `xz`.

2.5 El archivo disco virtual complementario del núcleo

Algunos módulos dinámicos LKM pueden ser necesarios en el momento de la carga y de la inicialización del núcleo, con el objetivo de ocuparse de ciertos dispositivos. Estos módulos están agrupados en un archivo de disco virtual (*RAM disk*), cargado en memoria y en el núcleo a la vez.

Tradicionalmente, este archivo presentaba el formato `initrd`, que necesitaba que un driver de sistema de archivos (ext2) fuera integrado en el núcleo. Cada vez más a menudo, el archivo presenta el formato `initramfs`, lo que hace que no se necesite ningún driver de sistema de archivos integrado en el núcleo, lo que resulta en una optimización.

2.6 La documentación del núcleo

La documentación del núcleo resulta a menudo útil, a veces indispensable, para configurar y generar una nueva versión ejecutable del núcleo.

En las antiguas versiones, estaba incluida en el código fuente del núcleo, e instalada por defecto en el directorio `/usr/src/linux/Documentation`.

Desde la versión 3.0 del núcleo, la documentación se proporciona aparte, en el paquete `kernel-doc`. Este último instala la documentación, por defecto, en el directorio específico de la versión del núcleo: `/usr/share/doc/kernel-doc*/Documentation`.

La URL https://www.kernel.org/doc da acceso a toda la documentación referente al núcleo.

Observación

Esta documentación es muy técnica. Está constituida por muchos archivos de texto, en inglés, con nombres a veces enigmáticos. Sin embargo es muy completa y está muy detallada.

Ejemplo

Instalación de la documentación del núcleo en una distribución de tipo tipo Red Hat:

```
dnf install kernel-doc

[...]
Instalado:
  kernel-doc-4.18.0-372.19.1.el8_6.noarch

Terminado
ls -l /usr/share/doc/kernel-doc-4.18.0-372.19.1.el8_6/Documentation/
-r--r--r--.  1 root root  14465 18 julio   16:05 00-INDEX
drwxr-xr-x.  7 root root     92 31 agosto  19:25 ABI
drwxr-xr-x.  2 root root     22 31 agosto  19:25 accelerators
drwxr-xr-x.  2 root root    121 31 agosto  19:25 accounting
drwxr-xr-x.  4 root root   4096 31 agosto  19:25 acpi
drwxr-xr-x.  9 root root   4096 31 agosto  19:25 admin-guide
drwxr xr x.  2 root root    112 31 agosto  19:25 aoe
drwxr-xr-x. 17 root root   4096 31 agosto  19:25 arm
drwxr-xr-x.  2 root root   4096 31 agosto  19:25 arm64
-r--r--r--.  1 root root   9349 18 julio   16:05 asm-annotations.rst
[...]
drwxr-xr-x.  4 root root   4096 31 agosto  19:25 x86
-r--r--r--.  1 root root  18065 18 julio   16:05 xillybus.txt
```

```
drwxr-xr-x.  2 root root     40 31 agosto  19:25 xtensa
-r--r--r--.  1 root root   5660 18 julio   16:05 xz.txt
-r--r--r--.  1 root root   2971 18 julio   16:05 zorro.txt
```

El último archivo de la lista, con el extraño nombre de `zorro.txt`, está relacionado con un bus específico de las máquinas Amiga.

El archivo `cdrom/ide-cd` contiene la documentación del driver del lector de CD CD IDE:

```
vi /usr/share/doc/kernel-doc-4.18.0-372.19.1.el8_6/Documentation/cdrom/ide-cd
IDE-CD driver documentation
Originally by scott snetder  <snetder@fnald0.fnal.gov> (19 May 1996)
Carrying on the torch is: Erik Andersen <andersee@debian.org>
New maintainers (19 Oct 1998): Jens Axboe <axboe@image.dk>
1. Introduction
---------------
The ide-cd driver should work with all ATAPI ver 1.2 to ATAPI 2.6 compliant
CDROM drives which attach to an IDE interface.  Note that some CDROM vendors
(including Mitsumi, Sony, Creative, Aztech, and Goldstar) have made
both ATAPI-compliant drives and drives which use a proprietary
interface.  If your drive uses one of those proprietary interfaces,
this driver will not work with it (but one of the other CDROM drivers
probably will).  This driver will not work with `ATAPI' drives which
attach to the parallel port.  In addition, there is at least one drive
(CyCDROM CR520ie) which attaches to the IDE port but is not ATAPI;
this driver will not work with drives like that either (but see the
aztcd driver).
[...]
```

3. Compilación del núcleo

No es muy frecuente compilar una nueva versión del núcleo a partir de los archivos fuente. Esto puede ir en contra del contrato de soporte de la distribución usada.

Sin embargo podemos querer modificar los parámetros del núcleo, añadir o quitar componentes estáticos o módulos dinámicos, para integrar nuevos tipos de dispositivos, corregir algunos errores u optimizar el rendimiento y la ocupación de la memoria.

En este caso, el procedimiento que se tiene que seguir presenta distintas etapas, la configuración del núcleo que se generará es la más delicada. La compilación efectiva puede durar algunas decenas de minutos, o incluso más tiempo según el tipo de procesador y la memoria disponible. Cuando el nuevo núcleo haya sido generado, hay que probarlo con mucho cuidado antes de considerar ponerlo en producción.

3.1 Descarga de las fuentes del núcleo

Los archivos fuentes del núcleo están disponibles bajo dos formas: paquetes de software o archivos comprimidos.

3.1.1 Paquete

La distribución de la máquina objetivo proporciona generalmente paquetes de software que contienen los archivos fuentes del núcleo soportado por su versión de distribución. Si el paquete corresponde a la versión que desea compilar, es el método que deberá usar preferiblemente.

Los archivos fuentes del núcleo se instalarán en uno de los directorios en `/usr/src/kernels` o en el directorio `/usr/src/linux*`, el nombre del directorio corresponderá a la versión del núcleo.

Distribuciones de tipo Red Hat

A menudo, la compilación del núcleo está vinculada con un módulo del núcleo y no con el núcleo completo.

En este caso, las distribuciones de tipo Red Hat proponen un paquete de software adaptado: `kernel-devel`.

Si necesita compilar una versión personalizada del núcleo, tendrá que usar el método por archivo comprimido.

Ejemplo

Instalación del paquete `kernel-devel` en una distribución RHEL 8.5:

```
dnf install kernel-devel
Se ha instalado el paquete kernel-devel-4.18.0-372.19.1.el8_6.x86_64.
Resolviendo dependencias.
¡Listo!.
```

La versión del núcleo es algo más reciente que el del sistema:

```
uname -r
4.18.0-348.23.1.el8_5.x86_64
```

Los archivos están instalados en un directorio de `/usr/src/kernels`:

```
ls -l /usr/src/kernels
drwxr-xr-x. 23 root root 4096 25 agosto  09:26 4.18.0-372.19.1.el8_6.x86_64
ls -l /usr/src/kernels/4.18*
total 7908
drwxr-xr-x.  26 root root    4096 25 agosto  09:26 arch
drwxr-xr-x.   3 root root      78 25 agosto  09:26 block
drwxr-xr-x.   2 root root      37 25 agosto  09:26 certs
drwxr-xr-x.   4 root root      76 25 agosto  09:26 crypto
drwxr-xr-x. 137 root root    4096 25 agosto  09:26 drivers
```

```
drwxr-xr-x.  2 root root      22 25 agosto  09:26 firmware
drwxr-xr-x. 73 root root    4096 25 agosto  09:26 fs
drwxr-xr-x. 32 root root    4096 25 agosto  09:26 include
drwxr-xr-x.  2 root root      37 25 agosto  09:26 init
drwxr-xr-x.  2 root root      22 25 agosto  09:26 ipc
-rw-r--r--.  1 root root     600 18 julio 17:29 Kconfig
-rw-r--r--.  1 root root     388 18 julio 17:29 Kconfig.redhat
drwxr-xr-x. 18 root root    4096 25 agosto  09:26 kernel
drwxr-xr-x. 21 root root    4096 25 agosto  09:26 lib
-rw-r--r--.  1 root root   61923 18 julio 17:29 Makefile
-rw-r--r--.  1 root root    2337 18 julio 17:29 Makefile.rhelver
drwxr-xr-x.  3 root root      71 25 agosto  09:26 mm
-rw-r--r--.  1 root root 1366391 18 julio 17:29 Module.symvers
drwxr-xr-x. 72 root root    4096 25 agosto  09:26 net
drwxr-xr-x. 27 root root    4096 25 agosto  09:26 samples
drwxr-xr-x. 13 root root    8192 25 agosto  09:26 scripts
drwxr-xr-x. 11 root root     187 25 agosto  09:26 security
drwxr-xr-x. 27 root root    4096 25 agosto  09:26 sound
-rw-r--r--.  1 root root 4360468 18 julio 17:29 System.map
drwxr-xr-x. 29 root root    4096 25 agosto  09:26 tools
drwxr-xr-x.  2 root root      37 25 agosto  09:26 usr
drwxr-xr-x.  4 root root      44 25 agosto  09:26 virt
-rw-r--r--.  1 root root 2229811 18 julio 17:29 vmlinux.h
-rw-r--r--.  1 root root      41 18 julio 17:29 vmlinux.id
```

Distribuciones de tipo Debian

Las distribuciones de tipo Debian presentan un paquete de software que contiene las fuentes de la última versión del núcleo, incluyendo las modificaciones propias Debian: `linux-source`.

Ejemplo

Instalación del paquete `linux-source` en una distribución Debian 11:

```
apt-get install linux-source
[...]
Se van a instalar los nuevos paquetes:
  bison flex libfl-dev libfl2 libsigsegv2 linux-config-5.10 linux-source
linux-source-5.10 m4
[...]
Procesando disparadores para man-db (2.9.4-2) ...
Procesando disparadores para libc-bin (2.31-13+deb11u3) ...
```

La versión del micro corresponde a la del sistema:

```
uname -r
5.10.0-16-amd64
```

Varios archivos se instalan en los directorios de `/usr/src`. Los archivos comprimidos de las fuentes y de los parches se encuentran en `/usr/src`:

```
ls -dl /usr/src/lin*
drwxr-xr-x 2 root root      4096 31 agosto  21:44 /usr/src/linux-config-5.10
-rw-r--r-- 1 root root    163060 13 agosto  15:25 /usr/src/linux-patch-5.10-rt.patch.xz
-rw-r--r-- 1 root root 120418860 13 agosto  15:25 /usr/src/linux-source-5.10.tar.xz
```

3.1.2 Archivo comprimido

El sitio www.kernel.org proporciona distintas versiones del núcleo, pudiendo ser descargadas gratuitamente, bajo la forma de archivos comprimidos.

Cuando el archivo se haya descargado, hay que posicionarse en el directorio de instalación de las fuentes (generalmente `/usr/src`) y descomprimir el archivo.

Ejemplo

Se quiere comprobar una versión del núcleo con soporte a largo plazo, cercana a la versión instalada en un servidor Debian 11.

Comprobamos la versión del núcleo actual:

```
uname -r
5.10.0-16-amd64
```

En la página web https://www.kernel.org/, buscamos una versión longterm 5.10.x:

mainline:	6.0-rc3	2022-08-28	[tarball]		[patch]	[inc. patch]	[view diff]	[browse]	
stable:	5.19.6	2022-08-31	[tarball]	[pgp]	[patch]	[inc. patch]	[view diff]	[browse]	[changelog]
stable:	5.18.19 [EOL]	2022-08-21	[tarball]	[pgp]	[patch]	[inc. patch]	[view diff]	[browse]	[changelog]
longterm:	5.15.64	2022-08-31	[tarball]	[pgp]	[patch]	[inc. patch]	[view diff]	[browse]	[changelog]
longterm:	5.10.140	2022-08-31	[tarball]	[pgp]	[patch]	[inc. patch]	[view diff]	[browse]	[changelog]
longterm:	5.4.211	2022-08-25	[tarball]	[pgp]	[patch]	[inc. patch]	[view diff]	[browse]	[changelog]
longterm:	4.19.256	2022-08-25	[tarball]	[pgp]	[patch]	[inc. patch]	[view diff]	[browse]	[changelog]
longterm:	4.14.291	2022-08-25	[tarball]	[pgp]	[patch]	[inc. patch]	[view diff]	[browse]	[changelog]
longterm:	4.9.326	2022-08-25	[tarball]	[pgp]	[patch]	[inc. patch]	[view diff]	[browse]	[changelog]

La versión 5.10.140 es la más cercana a la versión instalada.

Se descarga el archivo comprimido (tarball):

```
linux-5.10.140.tar.xz
ls -l linux*
-rw-r--r-- 1 pba pba  120465880 31 agosto  21:55 linux-5.10.140.tar.xz
```

El archivo está comprimido en formato xz.

Con la cuenta de superusuario, copiamos el archivo en /usr/src y, ubicándonos en este directorio, restauramos el archivo (opción J de tar para la descompresión de un formato xj):

```
cp -p ~pba/linux-5.10.140.tar.xz /usr/src
cd /usr/src
tar xJf linux-5.10.140.tar.xz
ls -ld linux-5.10.140*
drwxrwxr-x 24 root root      4096 31 agosto  17:15 linux-5.10.140
-rw-r--r--  1 pba  pba  120465880 31 agosto  21:55 linux-5.10.140.tar.xz
```

El archivo ha sido restaurando creando el directorio linux-5.10.140:

```
ls -l linux-5.10.140
total 840
drwxrwxr-x  26 root root   4096 31 agosto  17:15 arch
drwxrwxr-x   3 root root   4096 31 agosto  17:15 block
drwxrwxr-x   2 root root   4096 31 agosto  17:15 certs
-rw-rw-r--   1 root root    496 31 agosto  17:15 COPYING
-rw-rw-r--   1 root root 100478 31 agosto  17:15 CREDITS
drwxrwxr-x   4 root root   4096 31 agosto  17:15 crypto
drwxrwxr-x  81 root root   4096 31 agosto  17:15 Documentation
drwxrwxr-x 140 root root   4096 31 agosto  17:15 drivers
drwxrwxr-x  79 root root   4096 31 agosto  17:15 fs
drwxrwxr-x  29 root root   4096 31 agosto  17:15 include
drwxrwxr-x   2 root root   4096 31 agosto  17:15 init
drwxrwxr-x   2 root root   4096 31 agosto  17:15 ipc
-rw-rw-r--   1 root root   1327 31 agosto  17:15 Kbuild
-rw-rw-r--   1 root root    555 31 agosto  17:15 Kconfig
drwxrwxr-x  20 root root   4096 31 agosto  17:15 kernel
drwxrwxr-x  21 root root  12288 31 agosto  17:15 lib
drwxrwxr-x   6 root root   4096 31 agosto  17:15 LICENSES
-rw-rw-r--   1 root root 576805 31 agosto  17:15 MAINTAINERS
-rw-rw-r--   1 root root  65311 31 agosto  17:15 Makefile
drwxrwxr-x   3 root root   4096 31 agosto  17:15 mm
drwxrwxr-x  72 root root   4096 31 agosto  17:15 net
-rw-rw-r--   1 root root    727 31 agosto  17:15 README
drwxrwxr-x  32 root root   4096 31 agosto  17:15 samples
drwxrwxr-x  17 root root   4096 31 agosto  17:15 scripts
drwxrwxr-x  13 root root   4096 31 agosto  17:15 security
drwxrwxr-x  26 root root   4096 31 agosto  17:15 sound
drwxrwxr-x  36 root root   4096 31 agosto  17:15 tools
drwxrwxr-x   3 root root   4096 31 agosto  17:15 usr
drwxrwxr-x   4 root root   4096 31 agosto  17:15 virt
```

3.2 Configuración y compilación del núcleo

La fase de configuración tiene como objetivo definir los componentes y los parámetros del nuevo núcleo, creando a partir de ellos un archivo `.config` que será usado para la compilación.

3.2.1 Limpieza del directorio de compilación

Si ya se han hecho otras compilaciones en este directorio, puede ser necesario eliminar los archivos generados en estas operaciones. Existen diferentes niveles de limpieza efectuados por el comando `make`:

`make clean`

Limpieza mínima. Supresión de la mayoría de los archivos generados, pero se conserva la selección de la configuración y los elementos para los módulos externos.

`make mrproper`

Limpieza más completa. Supresión de la mayoría de los archivos generados, del archivo de configuración y de los distintos elementos guardados.

`make distclean`

Limpieza completa. Además de las supresiones del nivel `mrproper`, suprime el archivo de respaldo del editor y los archivos de parches (*patches*).

3.2.2 Generación de un archivo de respuesta

La configuración de la compilación está determinada por el contenido del archivo de texto `.config`, creado en el directorio de compilación.

El archivo `.config` permite especificar, para cada elemento del núcleo, si tiene que estar integrado directamente en el núcleo, generado bajo la forma de un módulo dinámico LKM, o si no debe ser usado, así como los valores de los diferentes parámetros del núcleo.

Varios comandos, en modo de carácter, semigráfico o gráfico, permiten gestionar ese archivo:

`make config`	Modo en línea de comandos: una solicitud por cada elemento.
`make menuconfig`	Modo semi-gráfico: menú de configuración de los elementos.
`make xconfig`	Interfaz gráfica de tipo X Window.
`make gconfig`	Interfaz gráfica de tipo Gnome.
`make defconfig`	Crea un archivo `.config` por defecto.

`make oldconfig` Genera un archivo `.config` a partir del una versión del núcleo precedente.

Esta fase es particularmente delicada, hay varias centenas de elementos configurables.

Observación

Por defecto, el archivo de configuración del núcleo actual sirve de base del comando `make menuconfig` para el nuevo archivo de configuración. Este archivo se encuentra generalmente en el directorio de arranque `/boot`.

Ejemplo

En una distribución Debian 11 para una plataforma AMD 64 bits:

```
ls -l /boot/config*
-rw-r--r-- 1 root root 236134 24 julio 00:32 /boot/config-5.10.0-16-amd64
```

Este archivo de texto corresponde al archivo `.config` del núcleo `5.10.0-16` instalado.

3.2.3 Ejemplo de configuración

En este ejemplo utilizamos el comando en modo semi-gráfico, `make menuconfig`. Se efectúan una o distintas modificaciones, por ejemplo desactivando el soporte de los sistemas de archivos de tipo ReiserFS.

Nos posicionamos en el directorio de compilación del nuevo núcleo:

```
cd /usr/src/linux-5.10.140
```

Lanzamos el comando `make menuconfig`:

```
make menuconfig
```

Mediante la opción de menú `File systems  --->`, desactivamos el soporte del tipo de sistema de archivos ReiserFS:

```
<M> Reiserfs support
```

Reemplazado por:

```
< > Reiserfs support
```

Salimos del menú, guardando las modificaciones en el archivo `.config`.

Comparamos el archivo creado con el del núcleo actual:

```
diff .config /boot/config-5.10.0-16-amd64 | wc -l
57
```

Las modificaciones son solo conciernen a ReiserFS.

3.2.4 Compilación del núcleo

Para poder compilar el núcleo, es necesario haber instalado diferentes paquetes de desarrollo.

La compilación del núcleo se hace generalmente usando el comando `make bzImage`.

Esta fase puede durar mucho tiempo, de algunas decenas de minutos hasta algunas horas.

Observación

Para algunas versiones del núcleo y de arquitectura de software, utilizamos el comando `makezImage`, que crea una imagen comprimida usando un tipo de compresión más antiguo, a condición de que el tamaño del núcleo descomprimido sea inferior a 512 KB.

Ejemplo

Compilación del núcleo configurado anteriormente.

Para evitar errores durante la compilación con esta versión del núcleo, habrá que modificar el archivo `.config` posicionando los parámetros siguientes:

```
cd /usr/src/linux-5.10.140
vi .config
CONFIG_SYSTEM_TRUSTED_KEYS=""
CONFIG_RYPOLINE=y
```

Lanzamos la compilación en segundo plano:

```
nohup make bzImage > bz.log 2>&1 &
```

Alrededor de una hora después, el tratamiento se termina (en caso de error, puede ser necesario instalar ciertas librerías o módulos que falten, antes de volver a lanzar el comando):

```
vi bz.log
nohup: no se tendrá en cuenta la entrada
  SYNC    include/config/auto.conf.cmd
  CALL    scripts/checksyscalls.sh
  CALL    scripts/atomic/check-atomics.sh
  DESCEND objtool
  CHK     include/generated/compile.h
  LDS     arch/x86/kernel/vmlinux.lds
[...]
  OBJCOPY arch/x86/boot/setup.bin
  OBJCOPY arch/x86/boot/vmlinux.bin
  HOSTCC  arch/x86/boot/tools/build
  BUILD   arch/x86/boot/bzImage
Kernel: arch/x86/boot/bzImage is ready  (#1)
```

Los elementos compilados se encuentran en el subdirectorio `arch/x86/boot`:

```
ls arch/x86/boot
a20.c         compressed  ctype.h                  Makefile         printf.o    tty.o        video-vesa.c
a20.o         copy.o      early_serial_console.c   memory.c         regs.c   #inux#nion.c   video-vesa.o
apm.c         copy.S      early_serial_console.o   memory.o         regs.o   #inux#nion.o   video-vga.c
bioscall.o    cpu.c       edd.c                    mkcpustr         setup.bin   vesa.h       video-vga.o
bioscall.S    cpucheck.c  edd.o                    mkcpustr.c       setup.elf   video-bios.c vmlinux.bin
bitops.h      cpucheck.o  genimage.sh              mtools.conf.in   setup.ld    video-bios.o voffset.h
boot.h        cpuflags.c  header.o                 pm.c             string.c    video.c      zoffset.h
bzImage       cpuflags.h  header.S                 pmjump.o         string.h    video.h
cmdline.c     cpuflags.o  install.sh               pmjump.S         string.o    video-mode.c
cmdline.o     cpu.o       main.c                   pm.o           #inuxols      video-mode.o
code16gcc.h   cpustr.h    main.o                   printf.c         tty.c       video.o
```

El archivo imagen es `arch/x86/boot/bzImage`:

```
ls -l arch/x86/boot/bzImage
-r-r--- 1 root root 6113376  1 septiembre 16:31 arch/x86/boot/bzImage
file arch/x86/boot/bzImage
arch/x86/boot/bzImage: Linux kernel x86 boot executable bzImag#inux#nion

5.10.140 (root@srvdebian) #2 SMP Thu Sep 1 16:29:53 CEST 2022, RO-rootFS,

swap_dev 0x5, Normal VGA
```

3.2.5 Compilación de los módulos del núcleo

La etapa siguiente consiste en compilar los módulos externos del núcleo, usando el comando `make modules`.

Este comando puede durar mucho tiempo, incluso algunas horas.

Ejemplo

Compilación de los módulos del núcleo configurado anteriormente:

```
cd /usr/src/linux-5.10.140
nohup make modules > mod.log 2>&1 &
vi mod.log
nohup: no se tendrá en cuenta la entrada
  CALL    scripts/checksyscalls.sh
  CALL    scripts/atomic/check-atomics.sh
  DESCEND  objtool
  CHK     include/generated/compile.h
  CC [M]  arch/x86/events/amd/power.o
[...]
  CC [M]  sound/usb/usx2y/snd-usb-us122l.mod.o
  LD [M]  sound/usb/usx2y/snd-usb-us122l.ko
  CC [M]  sound/usb/usx2y/snd-usb-usx2y.mod.o
  LD [M]  sound/usb/usx2y/snd-usb-usx2y.ko
  CC [M]  sound/x86/snd-hdmi-lpe-audio.mod.o
  LD [M]  sound/x86/snd-hdmi-lpe-audio.ko
  CC [M]  sound/xen/snd_xen_front.mod.o
```

```
  LD [M]  sound/xen/snd_xen_front.ko
  CC [M]  virt/lib/irqbypass.mod.o
  LD [M]  virt/lib/irqbypass.ko
```

La generación se ha terminado, después de algunas horas de tratamiento.

3.2.6 Gestión de los módulos del núcleo por DKMS

El paquete de software DKMS (*Dynamic Kernel Module Support*) ofrece un conjunto de herramientas que permiten facilitar la generación de los módulos LKM en caso de implementación de una nueva versión del núcleo.

Las fuentes de los módulos existentes se pueden poner en formato DKMS gracias al comando `dkms`. También se pueden instalar los módulos proporcionados en formato DKMS en paquetes de software (cuyo nombre generalmente termina por `dkms`).

El comando `dkms` y sus numerosos subcomandos permiten listar los módulos existentes, y volver a crearlos para la versión actual del núcleo o para una nueva versión.

3.3 Instalación del nuevo núcleo

Una vez que se haya generado el archivo imagen del núcleo y los módulos, hay que instalar el conjunto en diferentes directorios del sistema, generar un archivo de tipo disco virtual (*RAM DISK*) `initramfs`, y configurar el gestor de arranque para que proponga en su menú de arranque la carga del nuevo núcleo.

3.3.1 Instalación de los módulos

El comando `make modules_install` realiza la instalación de los módulos generados. Son copiados en el directorio `/lib/modules`, en un subdirectorio que corresponde a la versión del núcleo.

Ejemplo

Se instalan los módulos anteriormente generados:

```
cd /usr/src/linux-5.10.140
nohup make modules_install > modinst.log 2>&1 &
vi modinst.log
nohup: no se tendrá en cuenta la entrada
  INSTALL arch/x86/crypto/aegis128-aesni.ko
  INSTALL arch/x86/crypto/aesni-intel.ko
  INSTALL arch/x86/crypto/blake2s-x86_64.ko
  INSTALL arch/x86/crypto/blowfish-x86_64.ko
[...]
  INSTALL sound/x86/snd-hdmi-lpe-audio.ko
```

```
INSTALL sound/xen/snd_xen_front.ko
INSTALL virt/lib/irqbypass.ko
DEPMOD  5.10.140
```

Después de algunos minutos, los módulos se encuentran instalados.

```
ls /lib/modules/5.10.140
build              modules.builtin                modules.dep       modules.softdep
kernel             modules.builtin.alias.bin     modules.dep.bin   modules.symbols
modules.alias      modules.builtin.bin           modules.devname   modules.symbols.bin
modules.alias.bin  modules.builtin.modinfo       modules.order     source
```

3.3.2 Instalación del núcleo

Para que el archivo imagen del núcleo pueda ser cargado durante el arranque del sistema, hay que copiarlo en el directorio `/boot`. El nombre del archivo destino es libre, pero generalmente se usa la forma `vmlinuz-X.Y.Z-IdArch` donde `X.Y.Z` corresponde a la versión del núcleo y `IdArch` al tipo de arquitectura del procesador.

Observación

También se puede copiar el archivo `.config` en un archivo `config- X.Y.Z-IdArch` para conservar la configuración del núcleo generado.

Ejemplo

Instalación del archivo imagen generado anteriormente:

```
cp arch/x86/boot/bzImage /boot/vmlinuz-5.10.140-amd64
```

3.3.3 Creación del archivo de disco virtual de los módulos

En el momento de la carga, el núcleo necesita un cierto número de módulos. Para ello, creamos un archivo de disco virtual que contenga esos módulos, archivo que será cargado en memoria como un sistema de archivos virtuales.

Se pueden usar dos comandos para crear este archivo, según el tipo de archivo de disco virtual deseado.

`mkinitrd ArchivoImg Versión`

Este comando es el más antiguo. Genera un archivo de tipo `initrd`. Tiende poco a poco a convertirse en obsoleto en las versiones recientes de las distribuciones.

`mkinitramfs [ -c TipoComp ] -o ArchivoImg` *`Versión`*

Este comando genera un archivo de tipo tipo `initramfs`. Hace una llamada automática al comando `dracut`.

El argumento `ArchivoImg` corresponde al camino de acceso completo del archivo imagen que se va a crear. El argumento `Versión` corresponde a la versión del núcleo que se va a instalar y al directorio correspondiente en el directorio de los módulos `/lib/modules`.

La opción `-c TipoComp` permite especificar el tipo de compresión `TipoComp`; por defecto se usa el formato gzip.

El archivo de configuración `/etc/initramfs-tools/initramfs.conf` permite configurar el comando, en particular la elección de los módulos que se incluirán estará determinada por la línea:

```
MODULES=[most | dep]
```

El valor `dep` limita el número de módulos que se incluirán y el tamaño del archivo de disco virtual; por defecto es `most`, es decir, el máximo de módulos.

Observación

Las versiones recientes de las distribuciones de tipo Red Hat usan el comando `mkinitrd` en lugar del comando `mkinitramfs`, pero genera un archivo de disco virtual de tipo `initramfs`.

Ejemplo

Creación del archivo de disco virtual para los módulos del núcleo generado anteriormente.

```
mkinitramfs -c xz -o initrd.img-5.10.140-amd64 5.10.140
[...]
```

El archivo ha sido generado:

```
ls -l initrd.img-5.10.140-amd64
-r-r--- 1 root root 307912724  2 septiembre 10:27 initrd.img-5.10.140-amd64
file initrd.img-5.10.140-amd64
initrd.img-5.10.140-amd64: XZ compressed data
```

Está comprimido en formato `xz`.

Lo copiamos en `/boot`:

```
cp initrd.img-5.10.140-amd64 /boot
```

3.3.4 Configuración del gestor de arranque

La última etapa consiste en modificar el archivo de configuración del gestor de arranque para añadir la posibilidad de cargar el nuevo núcleo. El procedimiento que se tiene que seguir depende del tipo de gestor de arranque utilizado (ver el capítulo relativo al arranque del sistema).

Observación

Es prudente asegurarse de que el núcleo actual sigue siendo el núcleo cargado por defecto, hasta que el nuevo núcleo no haya sido completamente comprobado y validado.

Ejemplo

El gestor de arranque GRUB 2 proporciona un comando que actualiza automáticamente el menú de arranque con los nuevos archivos de imágenes de núcleo detectados en el directorio /boot:

```
update-grub
Generating grub configuration file ...
Found background image: /usr/share/images/desktop-base/desktop-grub.png
Found linux image: /boot/vmlinuz-5.10.140-amd64
Found initrd image: /boot/initrd.img-5.10.140-amd64
Found linux image: /boot/vmlinuz-5.10.0-16-amd64
Found initrd image: /boot/initrd.img-5.10.0-16-amd64
done
```

El comando ha encontrado la nueva imagen del núcleo y lo ha añadido al menú de arranque, como núcleo por defecto.

Se reinicia el sistema:

```
shutdown -r 0
```

El sistema se reinicia cargando la nueva versión del núcleo. Sin embargo, la antigua versión del núcleo sigue siendo propuesta en la elección del menú de arranque **Opciones avanzadas para Debian**.

Después del reinicio, comprobamos la versión del núcleo cargado:

```
uname -r  5.10.140
```

El nuevo núcleo ha sido cargado. Ahora solamente queda comprobarlo.

4. Gestión y depuración del núcleo

Este tema es relativo al seguimiento y a la configuración dinámica del núcleo y sus módulos dinámicos. Estudiaremos diferentes comandos y herramientas que permiten listar, cargar y descargar los módulos LKM, visualizar y modificar dinámicamente los parámetros de los módulos y del núcleo, y forzar esos parámetros para aplicarlos durante el arranque del sistema.

Observación

El servicio udev y los comandos que permiten seguir el estado de los dispositivos detectados por el sistema son tratados en la sección Gestión de los discos duros locales del capítulo Gestión de dispositivos de almacenamiento.

4.1 Gestión de los módulos de núcleo LKM

Los módulos de núcleo dinámicos (LKM, *Loadable Kernel Module*), definidos en la compilación del núcleo, son gestionados automáticamente. Algunos, necesarios durante la carga y la inicialización del núcleo, se cargan en memoria mediante el archivo de disco virtual `initramfs`. El núcleo carga también sistemáticamente durante el arranque todos los módulos específicados en un archivo de configuración.

Otros módulos se cargan en el momento que sean solicitados, la primera vez que un programa hace una llamada al sistema cuando necesita su uso. Por otro lado, se pueden descargar de la memoria los módulos que ya no estén siendo utilizados.

Si una aplicación necesita la carga de un módulo que no ha sido tomado en cuenta por el núcleo, éste generará un error en respuesta a su solicitud. Para que la aplicación pueda funcionar, habrá que copiar el archivo del módulo en el sistema (si todavía no se ha hecho), cargarlo manualmente y configurarlo en carga automática.

Distintos comandos y archivos de configuración permiten controlar el funcionamiento de los módulos, gestionar su carga y descarga, así como sus parámetros.

4.1.1 Ubicacion de los módulos

Los archivos que contienen el código ejecutable de los módulos están almacenados en la arborescencia en `/lib/modules`. Cada versión del núcleo instalado en el sistema tiene su propio directorio de almacenamiento de los módulos.

Ejemplo

Version del núcleo de una distribución RHEL 8.5:

```
uname -r
4.18.0-348.23.1.el8_5.x86_64
```

Directorio de los módulos de esta versión del núcleo:

```
ls -l /lib/modules/4.18.0-348.23.1.el8_5.x86_64
total 18276
-r—r--r--.  1 root root      343 12 abril 17:44 bls.conf
lrwxrwxrwx. 1 root root       45 12 abril 17:44 build -> /usr/src/kernels/
4.18.0-348.23.1.el8_5.x86_64
-r—r--r--.  1 root root   193934 12 abril   17:44 config
drwxr-xr-x. 13 root root     141  9 agosto  17:41 kernel
-r—r--r--.  1 root root   894912  9 agosto  18:01 modules.alias
-r—r--r--.  1 root root   856995  9 agosto  18:01 modules.alias.bin
-r—r--r--.  1 root root      478 12 abril   17:44 modules.block
-r—r--r--.  1 root root     7883 12 abril   17:44 modules.builtin
-r—r--r--.  1 root root    10109  9 agosto  18:01 modules.builtin.bin
-r—r--r--.  1 root root   317979  9 agosto  18:01 modules.dep
-r—r--r--.  1 root root   431552  9 agosto  18:01 modules.dep.bin
```

```
-r-r--r--.  1 root root       365  9 agosto  18:01 modules.devname
-r-r--r--.  1 root root       153 12 abril   17:44 modules.drm
-r-r--r--.  1 root root        34 12 abril   17:44 modules.modesetting
-r-r--r--.  1 root root      1644 12 abril   17:44 modules.networking
-r-r--r--.  1 root root    106044 12 abril   17:44 modules.order
-r-r--r--.  1 root root       712  9 agosto  18:01 modules.softdep
-r-r--r--.  1 root root    447506  9 agosto  18:01 modules.symbols
-r-r--r--.  1 root root    543253  9 agosto  18:01 modules.symbols.bin
lrwxrwxrwx.  1 root root        5 12 abril   17:44 source -> build
-r-r--r--.  1 root root    375436 12 abril   17:44 symvers.gz
-rw-------.  1 root root  4261206 12 abril   17:44 System.map
drwxr-xr-x.  2 root root        6 12 abril   17:43 updates
drwxr-xr-x.  2 root root       40  9 agosto  17:41 vdso
-rwxr-xr-x.  1 root root 10214768 12 abril   17:44 vmlinuz
drwxr-xr-x.  3 root root       23  9 agosto  17:55 weak-updates
```

Los archivos objeto de los módulos se encuentran en el subdirectorio `kernel`, estructurado en subdirectorios que corresponden al tipo de módulo:

```
ls -l /lib/modules/4.18.0-348.23.1.el8_5.x86_64/kernel
total 20
drwxr-xr-x.  3 root root   17  9 agosto  17:41 arch
drwxr-xr-x.  2 root root   26  9 agosto  17:41 block
drwxr-xr-x.  3 root root 4096  9 agosto  17:41 crypto
drwxr-xr-x. 74 root root 4096  9 agosto  17:41 drivers
drwxr-xr-x. 24 root root 4096  9 agosto  17:41 fs
drwxr-xr-x.  4 root root   56  9 agosto  17:41 kernel
drwxr-xr-x.  8 root root 4096  9 agosto  17:41 lib
drwxr-xr-x.  2 root root   35  9 agosto  17:42 mm
drwxr-xr-x. 39 root root 4096  9 agosto  17:41 net
drwxr-xr-x. 13 root root  184  9 agosto  17:42 sound
drwxr-xr-x.  3 root root   17  9 agosto  17:41 virt
```

Los módulos son archivos que presentan una extensión `.ko` (`.o` en las antiguas versiones del núcleo), eventualmente comprimidos en formato `xz`.

Ejemplo

Módulo LKM del driver del sistema de archivos de tipo ext4.

En una distribución Debian 11:

```
ls -l /lib/modules/5.10.0-16-amd64/kernel/fs/ext4
total 1708
-r-r--- 1 root root 1745427 24 julio 00:32 ext4.ko
```

En una distribución RHEL 8.5:

```
ls -l /lib/modules/4.18.0-348.23.1.el8_5.x86_64/kernel/fs/ext4
total 260
```

4.1.2 Lista de los módulos LKM cargados en memoria

El comando `lsmod` muestra la lista de los módulos cargados en memoria. Este comando no presenta ninguna opción.

La primera columna indica el nombre del módulo, la segunda su tamaño en bytes.

La última columna indica el número de elementos que utilizan este módulo. Puede tratarse de procesos, del núcleo o de otros módulos. En el último caso, el nombre de los módulos dependientes está indicado. Un módulo no puede ser descargado de la memoria si su número es igual a cero.

Ejemplo

```
lsmod
Module                  Size  Used by
iscsi_tcp              24576  0
libiscsi_tcp           28672  1 iscsi_tcp
libiscsi               61440  2 libiscsi_tcp,iscsi_tcp
scsi_transport_iscsi  122880  4 libiscsi_tcp,iscsi_tcp,libiscsi
nft_fib_inet           16384  1
nft_fib_ipv4           16384  1 nft_fib_inet
[...]
ext4                  761856  1
[...]
```

También se puede obtener la lista de los módulos del núcleo cargados actualmente en memoria, usando el pseudoarchivo `/proc/modules`.

Ejemplo

```
more /proc/modules
iscsi_tcp 24576 0 - Live 0xffffffffc11dd000
libiscsi_tcp 28672 1 iscsi_tcp, Live 0xffffffffc11d5000
libiscsi 61440 2 iscsi_tcp,libiscsi_tcp, Live 0xffffffffc11c0000
scsi_transport_iscsi 122880 4 iscsi_tcp,libiscsi_tcp,libiscsi, Live 0xffffffffc11a1000
nft_fib_inet 16384 1 - Live 0xffffffffc119c000
```

4.1.3 Descarga de un módulo

El comando `rmmod NombreMódulo` descarga el módulo LKM `NombreMódulo` de la memoria, siempre y cuando no sea necesario para un proceso o para el núcleo, y que no esté vinculado a otro módulo.

El comando `modprobe -r NombreMódulo` descarga el módulo LKM `NombreMódulo` de la memoria así como los módulos de los que depende, siempre y cuando ninguno esté siendo usado por un proceso o por el núcleo.

Ejemplo

Buscamos los módulos cargados y no usados:

```
lsmod | grep '0$'
iscsi_tcp              24576  0
ip_set                 49152  0
intel_rapl_msr         16384  0
x86_pkg_temp_thermal   16384  0
intel_powerclamp       16384  0
coretemp               16384  0
[...]
joydev                 24576  0
[...]
```

El módulo `joydev` (*driver de joystick*) no parece que sea indispensable por el momento, lo descargaremos de la memoria viva:

```
rmmod joydev
lsmod | grep joydev
```

El módulo se ha descargado.

Intentamos descargar el módulo `cdrom`:

```
rmmod cdrom
rmmod: ERROR: Module cdrom is in use by: sr_mod
```

El módulo es una dependencia de otro módulo, el comando falla.

Y, sin embargo, el módulo `sr_mod` no está siendo usado:

```
lsmod | grep sr_mod
sr_mod                 28672  0
cdrom                  65536  1 sr_mod
```

Usamos el comando `modprobe -r` para descargar el módulo `sr_mod`:

```
modprobe -r sr_mod
lsmod | grep sr_mod
lsmod | grep cdrom
```

El comando ha descargado de la memoria los dos módulos.

4.1.4 Carga de un módulo

El comando `insmod ArchivoMód` carga en memoria el módulo LKM cuyo camino de acceso es `ArchivoMód`, siempre y cuando los módulos de los que depende estén cargados.

Hay que cargar sucesivamente los módulos que tengan una relación de dependencia con otros módulos, esto puede ser difícil de gestionar.

El comando `modprobe NombreMódulo` carga en memoria el módulo LKM `NombreMódulo` así como los módulos de los que depende, si no han sido cargados todavía. Este comando tiene un uso más fácil que el anterior.

Ejemplo

Para comprobar una nueva versión del juegos desarrollado por la empresa, necesitamos recargar el driver `joydev` descargado anteriormente de la memoria.

Primero lo intentamos con el comando `insmod`:

```
insmod joydev
insmod: ERROR: could not load module joydev: No such file or directory
```

El comando falla porque necesita el camino de acceso al archivo del módulo:

```
find /lib/modules -name 'joydev*'
/lib/modules/4.18.0-348.23.1.el8_5.x86_64/kernel/drivers/input/
joydev.ko.xz
insmod /lib/modules/4.18.0-348.23.1.el8_5.x86_64/kernel/drivers/input/
joydev.ko.xz
lsmod | grep joydev
joydev                 24576  0
```

La carga ha funcionado correctamente.

Se carga el módulo `sr_mod`, que depende del módulo `cdrom`.

Comprobamos que no estén cargados:

```
lsmod | grep sr_mod
lsmod | grep cdrom
```

Usamos el comando `modprobe` para cargar el módulo `sr_mod`:

```
modprobe sr_mod
lsmod | grep sr_mod
sr_mod                 28672  0
cdrom                  65536  1 sr_mod
```

El comando ha cargado los dos módulos.

4.1.5 Carga de los módulos durante el arranque del sistema

La mayoría de los módulos LKM se cargan durante el arranque del sistema, vinculados a la detección del hardware.

Se puede forzar la carga de un módulo durante el arranque del sistema, declarándolo en el archivo `/etc/modules`.

Ejemplo

En una distribución Debian 11:

```
cat /etc/modules
# /etc/modules: kernel modules to load at boot time.
#
# This file contains the names of kernel modules that should be loaded
# at boot time, one per line. Lines beginning with "#" are ignored.
firewire-sbp2
```

En una distribución RHEL 8.5, ese archivo no existe.

4.1.6 Configuración de la carga de los módulos

Los archivos que se encuentran en el directorio `/etc/modprobe.d` definen las características de carga/descarga de los módulos.

También permiten definir **alias** para los nombres de los módulos, alias que pueden ser utilizados por los comandos de carga/descarga de los módulos (ver `man modprobe.d`).

La sintaxis de declaración de un alias es la siguiente:

```
alias NombreAlias NombreMódulo
```

Donde:

`NombreAlias`: alias que se puede usar en los comandos de gestión de módulos.

`NombreMódulo`: nombre del módulo.

4.1.7 Instalación manual de un módulo LKM

La mayor parte de las veces, los módulos nuevos se instalan y se configuran automáticamente gracias al paquete de software de una aplicación o de un driver de dispositivo.

Si fuera necesario hacer una instalación manual, habría que copiar el archivo que contiene el código ejecutable del módulo en uno de los directorios del directorio `/lib/modules/VersionNúcleo/kernel/` de la versión actual del núcleo.

Después habría que ejecutar el comando `depmod`, que va a controlar las dependencias entre todos los módulos y actualizar el archivo de gestión de esas dependencias, `modules.dep`, y su versión binaria `modules.dep.bin`.

4.1.8 Configuración de los módulos: modinfo, modprobe

El comando `modinfo NombreMódulo` muestra la información y la configuración autorizadas para el módulo `NombreMódulo`.

Ejemplo

Características y parámetros del módulo `cdrom`:

```
modinfo cdrom
filename:       /lib/modules/4.18.0-348.23.1.el8_5.x86_64/kernel/drivers/
cdrom/cdrom.ko.xz
license:        GPL
rhelversion:    8.5
srcversion:     E195CB9A85911F073C22F73
depends:
intree:         Y
name:           cdrom
vermagic:       4.18.0-348.23.1.el8_5.x86_64 SMP mod_unload modversions
sig_id:         PKCS#7
signer:         Red Hat Enterprise Linux kernel signing key
sig_key:        66:3E:4C:07:18:3E:A8:AB:F2:55:EF:BC:99:95:16:94:D1:89:C6:5C
sig_hashalgo:   sha256
signature:      09:81:16:5B:38:07:86:3A:CD:DC:F0:99:61:3B:86:92:63:6D:C8:46:

[...]
parm:           debug:bool
parm:           autoclose:bool
parm:           autoeject:bool
parm:           lockdoor:bool
parm:           check_media_type:bool
parm:           mrw_format_restart:bool
```

El módulo acepta seis parámetros, todos ellos de tipo booleano (0 o 1).

Se pueden modificar dinámicamente los parámetros de un módulo LKM, usando el comando `modprobe`. Para ello es necesario descargarlo antes, y cargarlo de nuevo con el comando `modprobe` pasándole como argumentos los parámetros con su valor, según la sintaxis siguiente:

```
modprobe NombreMódulo parám1=Val1 ... parámN=ValN
```

Esta configuración es temporal, y será conservada hasta la siguiente carga del módulo.

4.2 Configuración dinámica usando /proc/sys

El sistema de archivos virtual proc, normalmente montado en el directorio `/proc`, permite comunicar dinámicamente con el núcleo y con los módulos de núcleo.

El directorio `/proc/sys` presenta una arborescencia de gestión de los parámetros del núcleo y de los módulos cargados en memoria. A través de diferentes pseudoarchivos, podemos leer o modificar estos parámetros dinámicamente. Estas modificaciones se hacen efectivas inmediatamente y son conservadas hasta la próxima modificación o hasta la próxima carga de los módulos y/o del núcleo.

Observación

Hay que ser prudente en caso de modificación, ya que un valor incorrecto puede comprometer el buen funcionamiento del núcleo o de los módulos que se estén utilizando actualmente.

Ejemplos

En una distribución RHEL 8.5, vamos a explorar el directorio `/proc/sys` y modificar algunos parámetros.

Directorio presentes en `/proc/sys`:

```
cd /proc/sys
ls -l
total 0
dr-xr-xr-x. 1 root root 0  2 septiembre 11:13 abi
dr-xr-xr-x. 1 root root 0  2 septiembre 10:55 crypto
dr-xr-xr-x. 1 root root 0  2 septiembre 11:13 debug
dr-xr-xr-x. 1 root root 0  2 septiembre 11:13 dev
dr-xr-xr-x. 1 root root 0  2 septiembre 10:55 fs
dr-xr-xr-x. 1 root root 0  2 septiembre 10:55 kernel
dr-xr-xr-x. 1 root root 0  2 septiembre 10:55 net
dr-xr-xr-x. 1 root root 0  2 septiembre 11:13 sunrpc
dr-xr-xr-x. 1 root root 0  2 septiembre 11:13 user
dr-xr-xr-x. 1 root root 0  2 septiembre 10:56 vm
```

El directorio `/proc/sys/kernel` da acceso a la configuración de diferentes parámetros del núcleo:

```
cd kernel
ls -1
-rw-r--r--. 1 root root 0  2 septiembre 11:13 acct
-rw-r--r--. 1 root root 0  2 septiembre 11:13 acpi_video_flags
-rw-r--r--. 1 root root 0  2 septiembre 11:13 auto_msgmni
-r--r--r--. 1 root root 0  2 septiembre 11:13 bootloader_type
-r--r--r--. 1 root root 0  2 septiembre 11:13 bootloader_version
-rw-r--r--. 1 root root 0  2 septiembre 11:13 bpf_stats_enabled
-rw-------. 1 root root 0  2 septiembre 11:13 cad_pid
[...]
```

La mayoría de estos elementos son pseudoarchivos, accesibles para lectura y escritura.

Nombre de red del sistema local:

```
cat hostname
srvrh.localdomain
```

Versión del núcleo:

```
cat osrelease
4.18.0-348.23.1.el8_5.x86_64
```

Valor máximo de un identificador de proceso:

```
cat pid_max
4194304
```

El directorio `/proc/sys/net/` da acceso a numerosos parámetros de la gestión de red.

Por defecto, el sistema no responde a las solicitudes ICMP en broadcast, solicitadas por el comando `ping -b`:

```
ping -b -c1 127.0.0.0
WARNING: pinging broadcast address
PING 127.0.0.0 (127.0.0.0) 56(84) bytes of data.
--- 127.0.0.0 ping statistics ---
1 packets transmitted, 0 received, 100% packet loss, time 0ms
```

El sistema no responde, aunque su dirección de loopback, `127.0.0.1`, pertenezca a la red solicitada.

Efectivamente, el parámetro `icmp_echo_ignore_broadcasts` está posicionado a `1`:

```
cat /proc/sys/net/ipv4/icmp_echo_ignore_broadcasts 1
```

Si pasamos este parámetro a 0 y volvemos a lanzar el comando:

```
echo 0 > /proc/sys/net/ipv4/icmp_echo_ignore_broadcasts
ping -b -c1 127.0.0.0
WARNING: pinging broadcast address
PING 127.0.0.0 (127.0.0.0) 56(84) bytes of data.
64 bytes from 127.0.0.1: icmp_seq=1 ttl=64 time=0.106 ms
--- 127.0.0.0 ping statistics ---
1 packets transmitted, 1 received, 0% packet loss, time 0ms
rtt min/avg/max/mdev = 0.106/0.106/0.106/0.000 ms
rtt min/avg/max/mdev = 0.073/0.073/0.073/0.000 ms
```

El sistema responde ahora a las solicitudes ICMP en broadcast.

4.3 El comando sysctl

Un método más seguro para gestionar la configuración dinámica del núcleo y de los módulos consiste en usar el comando `sysctl`. Este controla los parámetros antes de modificarlos a través del sistema de archivos virtual proc.

4.3.1 Visualización de los parámetros del núcleo y de los módulos

La opción `-a` del comando `sysctl` muestra el conjunto de los parámetros del núcleo y de los módulos LKM cargados. Muestra un camino de acceso para cada elemento en la raíz `/proc/sys`, reemplazando el / separador por un punto.

Ejemplo

```
sysctl -a | head
abi.vsyscall32 = 1
crypto.fips_enabled = 0
debug.exception-trace = 1
debug.kprobes-optimization = 1
dev.cdrom.autoclose = 1
dev.cdrom.autoeject = 0
dev.cdrom.check_media = 0
dev.cdrom.debug = 0
dev.cdrom.info = CD-ROM information, Id: cdrom.c 3.20 2003/12/17
dev.cdrom.info =
```

El elemento `dev.cdrom.autoeject` corresponde al archivo `/proc/sys/dev/cdrom/autoeject`:

```
cat /proc/sys/dev/cdrom/autoeject
0
```

El comando `sysctl CaminoParám` muestra la información con respecto al objeto cuyo camino se ha pasado como argumento. Si se trata de un parámetro, mostrará su valor; si se trata de un módulo, mostrará todos sus parámetros y sus valores. El camino usa el formato presentado más adelante.

Ejemplo

Un parámetro del driver de CD-ROM:

```
sysctl dev.cdrom.autoclose
dev.cdrom.autoclose = 1
```

Parámetros de red:

```
sysctl net
net.core.bpf_jit_enable = 1
net.core.bpf_jit_harden = 1
net.core.bpf_jit_kallsyms = 1
net.core.bpf_jit_limit = 264241152
net.core.busy_poll = 0
net.core.busy_read = 0
net.core.default_qdisc = fq_codel
net.core.dev_weight = 64
net.core.dev_weight_rx_bias = 1
net.core.dev_weight_tx_bias = 1
[...]
net.ipv4.icmp_echo_ignore_broadcasts = 0
[...]
```

4.3.2 Modificación de los parámetros del núcleo y de los módulos

La sintaxis siguiente permite asignar dinámicamente un nuevo valor a uno o distintos parámetros:

```
sysctl CaminoParám1=Val1 ... CaminoParámN=ValN
```

Estas modificaciones son inmediatas pero temporales. Para que sean aplicadas durante el arranque del sistema y por lo tanto hacer que sean permanentes, habrá que declararlas usando el archivo de configuración `/etc/sysctl.conf`.

Los parámetros que se tendrán que forzar, tienen que estar declarados con la sintaxis siguiente:

```
CaminoParám = Valor
```

Donde `CaminoParám` respeta el formato usado por el comando `sysctl`.

Dependiendo de las distribuciones, hay que declarar los parámetros y su valor directamente en el archivo `/etc/sysctl.conf` o en un archivo del directorio `/etc/sysctl.d` (ver `man sysctl.d`).

Ejemplo

En una distribución RHEL 8.5, las modificaciones permanentes de los parámetros tienen que ser declaradas en un archivo dentro del directorio `/etc/sysctl.d`:

Forzar el parámetro `icmp_echo_ignore_broadcasts` a `0`:

```
vi /etc/sysctl.d/99-sysctl.conf
# sysctl settings are defined through files in
# /usr/lib/sysctl.d/, /run/sysctl.d/, and /etc/sysctl.d/.
#
# Vendors settings live in /usr/lib/sysctl.d/.
# To override a whole file, create a new file with the same in
# /etc/sysctl.d/ and put new settings there. To override
# only specific settings, add a file with a lexically later
# name in /etc/sysctl.d/ and put new settings there.
#
# For more information, see sysctl.conf(5) and sysctl.d(5).
# Responder a las solicitudes icmp broadcast
net.ipv4.icmp_echo_ignore_broadcasts=0
```

Después de haber reiniciado el sistema:

```
sysctl net.ipv4.icmp_echo_ignore_broadcasts
net.ipv4.icmp_echo_ignore_broadcasts = 0
ping -b -c1 127.0.0.0
WARNING: pinging broadcast address
PING 127.0.0.0 (127.0.0.0) 56(84) bytes of data.
64 bytes from 127.0.0.1: icmp_seq=1 ttl=64 time=0.082 ms
--- 127.0.0.0 ping statistics ---
1 packets transmitted, 1 received, 0% packet loss, time 0ms
rtt min/avg/max/mdev = 0.082/0.082/0.082/0.000 ms
```

El sistema responde a las solicitudes ICMP en broadcast.

Capítulo 7
Planificación de la capacidad

1. Planificación de la capacidad

Este capítulo trata el monitoreo del uso de recursos del sistema y de la gestión provisional de la evolución de los recursos del sistema.

1.1 Medida y uso de los recursos y depuración

El objetivo de esta sección es de enseñarle a:

- medir el uso de los recursos materiales y del ancho de banda, identificar y resolver los problemas relativos a los recursos.

1.1.1 Competencias principales

- Medir el uso del procesador.
- Medir el consumo de la memoria.
- Medir las entradas/salidas de los discos.
- Medir las entradas/salidas de la red.
- Medir la capacidad de tratamiento del firewall y del enrutamiento.
- Evaluar el consumo de ancho de banda de los clientes.
- Asociar los síntomas y los problemas probables.
- Estimar la capacidad de tratamiento e identificar los cuellos de botella del sistema y de las redes.

1.1.2 Elementos empleados

- `iostat`
- `iotop`
- `vmstat`
- `netstat`
- `ss`
- `iptraf`
- `pstree`, `ps`
- `w`
- `lsof`
- `top`
- `htop`
- `uptime`
- `sar`
- `swap`
- Procesos bloqueados en entrada/salida.
- Bloques en entrada.
- Bloques en salida.

1.2 Planificación prospectiva de los recursos

El objetivo de esta sección es de enseñarle a:

- seguir la evolución del uso de los recursos para anticipar las necesidades en el futuro.

1.2.1 Competencias principales

- Saber utilizar las herramientas de supervisión y de toma de medidas para controlar el uso de la infraestructura informática.
- Determinar el umbral de saturación de una configuración.
- Seguir la progresión del consumo de los recursos.
- Mostrar gráficamente las tendencias de consumo de los recursos.
- Conocimiento básico de las soluciones de supervisión: Icinga2, Nagios, collectd, MRTG y Cacti.

1.2.2 Elementos empleados

- Diagnosticar los problemas de recursos.
- Anticipar el aumento del consumo.
- Prevenir el agotamiento de los recursos.

2. Medida de uso de los recursos y depuración

El administrador del sistema tiene que ser capaz de hacer un censo de los recursos que se encuentran a disposición del sistema y vigilar su uso por el sistema y por las aplicaciones.

2.1 Tipos de recursos

Existen cuatro tipos principales de recursos:

- El o los procesadores.
- La memoria viva.
- El espacio de almacenamiento.
- La red.

Cada una de estas categorías de recursos sirve para permitir que las aplicaciones se ejecuten correctamente, presentando un rendimiento y funcionalidades que puedan satisfacer a los usuarios. Si uno de estos aspectos no fuera suficiente, podría hacer que el funcionamiento del conjunto no fuera correcto, provocando un "cuello de botella".

2.2 Fuentes de información sobre los recursos

El administrador del sistema debe poder cuantificar cada tipo de recurso y vigilar en tiempo real su uso. Para ello, Linux ofrecen diferentes fuentes de información, como las interfaces de comunicación con el núcleo, los comandos o los archivos de registro.

2.2.1 Los pseudo-sistemas de archivos proc y sysfs

El núcleo gestiona los recursos de tipo material y los pone a disposición de las aplicaciones. Para ello, se ocupa de los recursos principales (memoria y procesador) y coordina los pilotos de dispositivos encargados de los otros recursos de tipo material. Por lo tanto, sigue en tiempo real los recursos disponibles y su uso.

Linux dispone de un mecanismo muy potente que permite una comunicación dinámica con el núcleo: los pseudo-sistemas de archivos proc y sysfs (también llamados procfs y sys). Se trata de una interfaz, bajo la forma de un arborescencia de directorios y de archivos especiales, gestionada por el núcleo. Esto permite obtener información sobre el estado del sistema incluyendo los procesos activos, e incluso enviar información al núcleo con el objetivo de modificar dinámicamente algunos de sus parámetros.

Estos pseudo-sistemas de archivos son una fuente esencial de información sobre los recursos de la máquina así como sobre su uso.

Los elementos que ofrecen información general se encuentran directamente en el directorio de montaje de `proc`, o en su subdirectorio `sys`.

El pseudo-sistema de archivos sysfs permite la gestión unificada de los buses, controladores y dispositivos a partir de una arborescencia virtual. Sobre todo es usado por los controladores de los dispositivos y por aplicaciones especializadas.

En general, el pseudo-sistema de archivos proc está montado en `/proc`, el pseudo-sistema de archivos sysfs está montado en `/sys`, lo podemos comprobar gracias al comando `mount`.

Ejemplo

```
mount
[...]
proc on /proc type proc (rw)
sysfs on /sys type sysfs (rw)
[...]
```

Dos pseudo-sistemas de archivos están montados, en lectura y escritura: proc y sysfs.

El directorio de montaje del pseudo-sistema de archivos proc, `/proc`, contiene numerosos archivos y directorios.

Ejemplo

```
ls /proc
1      15     1904  23    asound       modules
10     1530   1906  24    buddyinfo    mounts
1004   1562   1910  25    bus          mpt
1036   1571   1914  26    cgroups      mtd
1038   1572   1917  27    cmdline      mtrr
1039   16     1928  270   cpuinfo      net
1040   162    1931  271   crypto       pagetypeinfo
1041   1620   1947  28    devices      partitions
1042   1621   2     29    diskstats    sched_debug
1043   1624   20    294   dma          schedstat
1046   1625   2017  295   driver       scsi
1048   163    2018  3     execdomains  self
1049   164    2020  30    fb           slabinfo
1053   1649   2023  303   filesystems  softirqs
1057   1667   2027  31    fs           stat
1059   17     2045  32    interrupts   swaps
```

```
11    1738  2047  37    iomem        sys
12    177   2049  386   ioports      sysrq-trigger
13    178   2056  39    ipmi         sysvipc
1334  179   2057  4     irq          timer_list
1353  18    2058  40    kallsyms     timer_stats
1360  1818  2059  5     kcore        tty
14    1824  2061  6     keys         uptime
141   1825  2062  7     key-users    version
1410  1842  2071  71    kmsg         vmallocinfo
142   1852  2075  8     kpagecount   vmstat
1425  1853  2079  850   kpageflags   zoneinfo
1436  1861  21    851   loadavg
1440  1872  2118  896   locks
1455  1884  2122  897   mdstat
1467  1899  2188  9     meminfo
1483  19    22    acpi  misc
```

Los directorios cuyo nombre es un número están asociados a los procesos activos del sistema, este número corresponde al PID del proceso.

Para acceder a una información, basta con leer el archivo correspondiente. No es un archivo de disco, sino un archivo especial gestionado por el núcleo. Una solicitud de lectura de este archivo envía un mensaje al núcleo y este responde bajo la forma de un conjunto de caracteres.

Ejemplo

Para obtener la versión del núcleo cargado en memoria, basta con leer el contenido del archivo /proc/version.

```
cat /proc/version
Linux version 4.18.0-348.23.1.el8_5.x86_64 (mock-build@x86-vm-07.build.eng.bos.redhat.com) (gcc version 8.5.0 20210514 (Red Hat 8.5.0-4) (GCC)) #1 SMP Tue Apr 12 11:20:32 EDT 2022
```

El directorio /proc/sys contiene especialmente, bajo la forma de pseudo-archivos, información sobre la configuración del núcleo, organizada en directorios por categoría de recursos. Algunos de estos pseudo-archivos pueden ser editados, para poder modificar dinámicamente la configuración del núcleo.

Ejemplos

```
ls /proc/sys
abi   crypto  debug  dev  fs  kernel  net  sunrpc  user  vm
```

Para saber si el enrutamiento IPv4 está activo:

```
cat /proc/sys/net/ipv4/ip_forward
0
```

El núcleo devuelve cero como respuesta a una solicitud de lectura: el enrutamiento no está autorizado. Para activarlo, basta con escribir `1` en el archivo:

```
echo 1 > /proc/sys/net/ipv4/ip_forward
cat /proc/sys/net/ipv4/ip_forward
1
```

Observación

Esta modificación de la configuración es dinámica, pero como se hace directamente en la memoria viva, se perderá en el siguiente reinicio del sistema.

Los directorios dinámicos de procesos

Cada proceso está representado por un directorio en el pseudo-sistema de archivos proc, cuyo nombre es el PID del proceso. Dentro de este directorio se encuentran archivos especiales, gestionados en tiempo real por el núcleo y que dan información sobre las procesos.

En cuanto el proceso se termina, el sistema suprime este directorio.

Ejemplo

En su directorio de conexión, el usuario `becario` abre un archivo `archivo` con Vim. El proceso que ha sido creado tiene como PID 1989.

```
ls -lcd /proc/1989
dr-xr-xr-x. 9 stage stage 0  8 septiembre 13:42 /proc/1989
```

Vemos que el proceso ha sido creado el `08/09` a las `13:42` (fecha de creación del directorio).

```
cd /proc/1989
ls
attr                 fdinfo       oom_adj         stack
autogroup            gid_map      oom_score       stat
auxv                 io           oom_score_adj   statm
cgroup               limits       pagemap         status
clear_refs           loginuid     patch_state     syscall
cmdline              map_files    personality     task
comm                 maps         projid_map      timens_offsets
coredump_filter      mem          root            timers
cpu_resctrl_groups   mountinfo    sched           timerslack_ns
cpuset               mounts       schedstat       uid_map
cwd                  mountstats   sessionid       wchan
environ              net          setgroups
exe                  ns           smaps
fd                   numa_maps    smaps_rollup
```

Todos los archivos y directorios proporcionan información en tiempo real sobre el proceso.

```
cat cmdline
vim archivo
```

El comando ejecutado es: `vim archivo`.

```
cat environ
[...]
PWD=/home/stage
[...]
SSH_ASKPASS=/usr/libexec/openssh/gnome-ssh-askpassHOME=/home/
stageSSH_CLIENT=192.168.1.141 65470
22SELINUX_LEVEL_REQUESTED=XDG_DATA_
DIRS=/home/stage/.local/share/flatpak/exports/share:/var/lib/flatpak/
exports/share:/usr/local/share:/usr/shareSSH_TTY=/dev/pts/0MAIL=/var/
spool/mail/stageTERM=xtermSHELL=/bin/bash
```

Este archivo especial da acceso (en solo lectura) a todas las variables de entorno del proceso. Vemos, por ejemplo, el contenido de la variable `PWD: /home/becario`.

```
ls fd
0  1  2  3  4
cat fd/4
3210#"! Utad hello a todos
```

El directorio `fd` contiene la información sobre los archivos abiertos del proceso: las tres entradas/salidas estándares (`0`, `1` y `2`), así como un archivo abierto por vim. El comando `cat` muestra el "contenido" de este archivo abierto, el archivo temporal de vim.

```
cat status
Name:   vim
Umask:  0002
State:  S (sleeping)
Tgid:   1989
Ngid:   0
Pid:    1989
PPid:   1910
TracerPid:      0
Uid:    1001    1001    1001    1001
Gid:    1001    1001    1001    1001
FDSize: 256
Groups: 1001
[...)
```

El archivo `status` muestra la información sobre el estado del proceso.

Cuando el usuario cierra vim, el pseudo-directorio se suprime automáticamente:

```
pwd
/proc/1989
ls
ls: no se puede acceder a .: No existe el fichero o el directorio
```

2.2.2 Los registros del sistema

El sistema y las aplicaciones usan los servicios de un daemon de gestión de registros `rsyslogd` (o de otro equivalente). Se puede encontrar mucha información acerca del uso de los recursos y de los problemas que pueden ser ocasionados consultando los archivos de registro generados por este daemon.

Durante el inicio del sistema, el núcleo debe determinar los recursos materiales de los que dispone. Para ello, activa un componente de software encargado de esta detección, `udev`. Después mostrará en consola los mensajes relativos a estas detecciones y los almacena también en memoria viva, porque el daemon de gestión de registros todavía no está activo y los sistemas de archivos no están posiblemente accesibles en escritura todavía.

Esta información de inicialización podrá ser leída posteriormente, usando el comando `dmesg`. Sin embargo, como el buffer en el cual están almacenados los mensajes es circular, es posible que los mensajes iniciales hayan desaparecido, si el sistema funciona desde hace mucho tiempo o si un controlador de un periférico señala errores de manera recurrente.

Observación

La mayoría de estos mensajes son recuperados de hecho por `rsyslogd` a partir del momento en el que es iniciado y son escritos en el archivo de registro principal (generalmente `/var/log/messages`).

Ejemplo

```
dmesg | more
[    0.000000] microcode: microcode updated early to revision 0x2f,
date = 2019-02-17
[    0.000000] Linux version 4.18.0-348.23.1.el8_5.x86_64 (mock-build@x86-vm-07.build.
eng.bos.redhat.com) (gcc version 8.5.0 20210514 (Red Hat 8.5.0-4) (GCC)) #1 SMP Tue A
pr 12 11:20:32 EDT 2022
[    0.000000] Command line: BOOT_IMAGE=(hd0,msdos1)/vmlinuz-4.18.0-348.23.1.el8_5.x8
6_64 root=/dev/mapper/cl-root ro crashkernel=auto resume=/dev/mapper/cl-swap rd.lvm.l
v=cl/root rd.lvm.lv=cl/swap rhgb quiet
[    0.000000] x86/fpu: Supporting XSAVE feature 0x001: 'x87 floating point registers
'
[    0.000000] x86/fpu: Supporting XSAVE feature 0x002: 'SSE registers'
[    0.000000] x86/fpu: Enabled xstate features 0x3, context size is 576 bytes, using
 'standard' format.
[    0.000000] BIOS-provided physical RAM map:
[...]
[    0.000000] Memory: 2589412K/4127088K available (12293K kernel code, 2261K
rwdata,7880K rodata, 2492K init, 13944K bss, 434124K reserved, 0K cma-reserved)
[...]
```

Encontramos mucha información sobre el material detectado durante el arranque del sistema.

El archivo de registro `/var/log/messages` contiene también información sobre el estado de los diferentes recursos, particularmente cuando hay algún problema.

2.2.3 Los comandos de monitorización en tiempo real

El comando `ps`, con sus múltiples opciones, permite determinar el estado de los procesos existentes en el momento de la ejecución del comando, así como mostrar información sobre el uso de diferentes recursos (memoria y procesador).

El comando `top` o alguna de sus variantes (`htop`...) permite seguir en tiempo real la evolución de los procesos y su consumo de recursos del sistema (memoria, procesador y entradas/salidas).

También existen numerosas herramientas gráficas que permiten hacer un seguimiento de los recursos, como el **Monitor del sistema**.

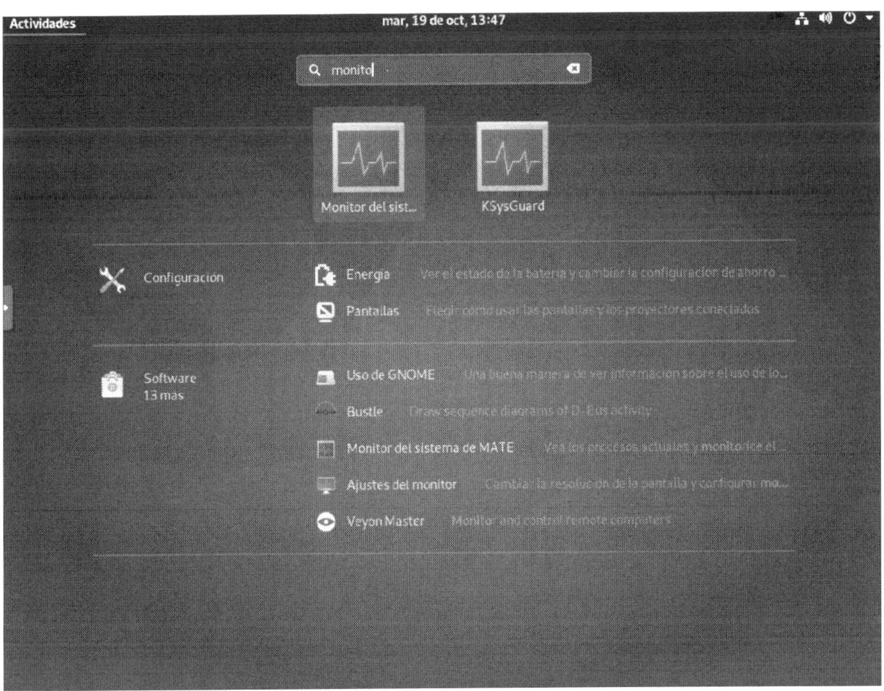

Se pueden instalar paquetes de software especializados en la monitorización de los recursos del sistema, como `sysstat` o `collectd`.

2.3 Monitoreo y seguimiento de los recursos del procesador

Los recursos del procesador de la máquina permiten gestionar correctamente las aplicaciones, ejecutando el código con un rendimiento satisfactorio.

Para ello, es necesario que la potencia de tratamiento sea suficiente. También es necesario que el tiempo de espera de acceso a los procesadores no sea demasiado elevado. Estos dos elementos de velocidad del tratamiento y paralelismo dependen del tipo de procesador y del número de procesadores.

2.3.1 Información sobre los recursos del procesador

Linux permite obtener de diferentes maneras la información sobre las capacidades de tratamiento de la máquina.

Para conocer el número y el tipo de procesadores de la máquina, basta con leer el contenido de `/proc/cpuinfo`.

Ejemplo

```
more /proc/cpuinfo
processor       : 0
vendor_id       : GenuineIntel
cpu family      : 6
model           : 42
model name      : Intel(R) Pentium(R) CPU B950 @ 2.10GHz
stepping        : 7
microcode       : 0x2f
cpu MHz         : 821.240
cache size      : 2048 KB
[...]
processor       : 1
vendor_id       : GenuineIntel
cpu family      : 6
model           : 42
model name      : Intel(R) Pentium(R) CPU B950 @ 2.10GHz
stepping        : 7
microcode       : 0x2f
cpu MHz         : 2100.000
cache size      : 2048 KB
```

Este ejemplo muestra una máquina biprocesador, de tipo Intel Pentium.

```
more /proc/cpuinfo
processor       : 0
vendor_id       : AuthenticAMD
cpu family      : 15
model           : 104
model name      : AMD Athlon(tm) 64 X2 Dual-Core Processor TK-53
stepping        : 1
microcode       : 0x83
cpu MHz         : 800.000
cache size      : 256 KB
[...]
processor       : 1  processor       : 1
vendor_id       : AuthenticAMD
cpu family      : 15
model           : 104
model name      : AMD Athlon(tm) 64 X2 Dual-Core Processor TK-53
stepping        : 1
microcode       : 0x83
cpu MHz         : 800.000
cache size      : 256 KB
```

En este ejemplo se muestra una máquina con dos procesadores, de tipo AMD, 64 bits.

También se puede obtener esta información en el resultado del comando dmesg, donde se lee la información de arranque del núcleo.

Ejemplo

```
dmesg
[...]
SMP disabled
Performance Events: unsupported p6 CPU model 42 no PMU driver, software
events only.
Brought up 1 CPUs
Total of 1 processors activated (3342.33 BogoMIPS).
```

En modo gráfico, el **Monitor del sistema** permite conocer el número de procesadores y seguir su actividad.

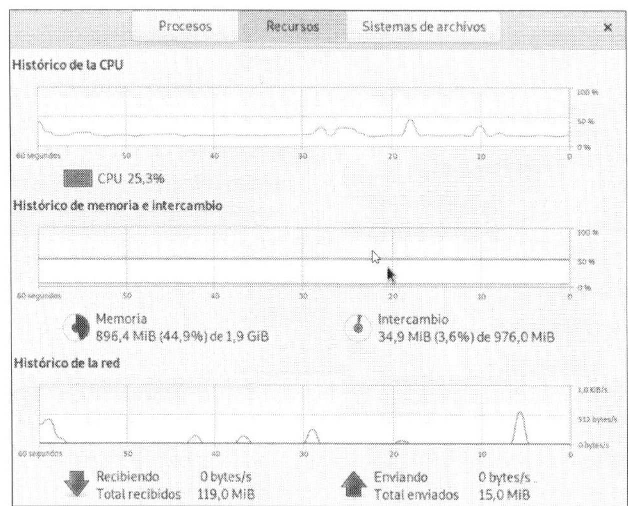

2.3.2 Uso de los recursos del procesador

Existen muchos comandos que permiten seguir en tiempo real el consumo de los recursos del procesador por el sistema y las aplicaciones.

El comando w

Este comando, variante del comando `who`, permite seguir el consumo de los recursos del procesador por los diferentes usuarios.

Sintaxis

```
w [usuario]
```

Ejemplo

```
w
 14:09:20 up 30 min,  2 users,  load average: 0,00, 0,00, 0,05
USER     TTY      FROM              LOGIN@   IDLE   JCPU   PCPU WHAT
root     pts/1    192.168.1.141     13:40    3.00s  0.10s  0.01s w
stage    pts/0    192.168.1.141     13:42   17:38   0.04s  0.04s -bash
```

El comando ps

Este comando, con sus múltiples opciones, permite determinar el estado de los procesos existentes en el momento de la ejecución de dicho comando, así como la obtención de información sobre el uso de los recursos del procesador:

Sintaxis

```
ps [-] [lujsvmaxScefwhrnu] [tTerm] [PIDs]
```

El comando acepta distintas sintaxis:

- La sintaxis Unix, con opciones usando un guion.
- La sintaxis BSD, con opciones sin guion.
- La sintaxis GNU, con opciones con un doble guion.

Se pueden mezclar las sintaxis, pero puede haber un riesgo de conflicto (¡algunas letras corresponden a opciones diferentes!).

Parámetros principales

`tTerm`	Mostrar solamente los procesos vinculados al terminal `Term` (número o nombre de archivo especial asociado:`-t1` para `/dev/tty1` o `/dev/pts/1`, `-tpts/2` para `/dev/pts/2`.
`PIDs`	PID del o de los procesos que se van a examinar.
`-u Usuarios`	Solamente los procesos asociados a los usuarios (nombres o UID) de la lista.
`-e`	Todos los procesos (por defecto, solamente los que están asociados al terminal actual).
`-f`	Visualización detallada.
`-l`	Visualización extensa.
`-w`	Visualización detallada (*wide*).
`U Usuarios`	Solamente los procesos asociados a los usuarios (nombre o UID) de la lista.
`a`	Todos los procesos asociados a un terminal.
`x`	Todos los procesos no asociados a un terminal.
`l`	Visualización extensa.
`u`	Visualización extensa, usuario.
`w`	Visualización detallada (*wide*).

Ejemplos

Sintaxis Unix

```
ps -l -t1
F S   UID     PID     PPID  C PRI  NI ADDR SZ WCHAN  TTY          TIME CMD
0 S     0    1326     1319  0  80   0 -  6923 -      pts/1    00:00:00 bash
0 R     0    2271     1326  0  80   0 - 11372 -      pts/1    00:00:00 ps
```

Lista detallada (`-l`) de los procesos asociados al terminal `/dev/pts/1`.

Columnas mostradas:

`F`	Flags de los atributos del proceso.
`S`	Estado del proceso (`S` sleep,`R` running).
`UID`	Propietario del proceso.
`PID`	Identificador del proceso.
`PPID`	Identificador del proceso padre del proceso.
`C`	Clase de prioridad.
`PRI`	Prioridad del proceso.
`NI`	Valor de `nice` del proceso.
`ADDR`	Dirección del proceso.
`SZ`	Tamaño de la memoria aproximada del proceso.
`WCHAN`	Dirección de la función núcleo que espera el proceso.
`TTY`	Archivo especial del terminal asociado al proceso (`?` si se trata de una tarea en segundo plano).
`TIME`	Tiempo de procesador acumulado del proceso.
`CMD`	Ejecutable.

```
ps -ef
UID          PID    PPID  C STIME TTY          TIME CMD
root           1       0  0 13:38 ?        00:00:02 /usr/lib/systemd/systemd --switch
ed-root --system --deserialize 18
root           2       0  0 13:38 ?        00:00:00 [kthreadd]
root           3       2  0 13:38 ?        00:00:00 [rcu_gp]
root           4       2  0 13:38 ?        00:00:00 [rcu_par_gp]
root           6       2  0 13:38 ?        00:00:00 [kwork-er/0:0H-events_highpri]]
[...]
stage       2291    1910  0 14:12 pts/0    00:00:00 vim fic
root        2301     954  0 14:12 ?        00:00:00 sleep 60
root        2302    1326  0 14:12 pts/1    00:00:00 ps -ef
root        2303    1326  0 14:12 pts/1    00:00:00 tail
```

Lista detallada (`-f`) de todos los procesos (`-e`).

Columnas mostradas:

UID	Propietario del proceso.
PID	Identificador del proceso.
PPID	Identificador del proceso padre del proceso.
C	Clase de prioridad.
STIME	Fecha de creación (Start time) del proceso.
TTY	Archivo especial del terminal asociado al proceso (? si se trata de una tarea en segundo plano).
CMD	Ejecutable o línea de comando ejecutada.

Sintaxis BSD

```
ps l t1
F   UID    PID    PPID PRI  NI    VSZ   RSS WCHAN  STAT TTY        TIME COMMAND
0     0    1326   1319  20   0  27692  5396 -       Ss   pts/1      0:00 -bash
0     0    2304   1326  20   0  45488  3756 -       R+   pts/1      0:00 ps l t1
```

Lista detallada (l) de los procesos asociados al terminal /dev/pts/1.

Columnas mostradas:

F	Flags de los atributos del proceso.
UID	Propietario del proceso.
PID	Identificador del proceso.
PPID	Identificador del proceso padre del proceso.
PRI	Prioridad del proceso.
NI	Valor de nice del proceso.
VSZ	Tamaño de la memoria virtual del proceso.
RSS	Tamaño de la memoria residente del proceso.
WCHAN	Dirección de la función del núcleo que espera el proceso.
STAT	Estado del proceso (S sleep,R running).
TTY	Archivo especial del terminal asociado al proceso (? si se trata de una tarea en segundo plano).
CMD	Comando ejecutado.
TIME	Tiempo de procesador acumulado del proceso.

```
ps axu
USER PID %CPU %MEM    VSZ   RSS TTY STAT START   TIME COMMAND
root   1  0.1  0.3 175484 14064 ?   Ss   13:38   0:02 /usr/lib/systemd/
systemd --switched-root
[...]
stage       2291  0.0  0.2  47244  8620 pts/0    S+   14:12   0:00 vim fic
root        2335  0.0  0.1  58744  4108 pts/1    R+   14:16   0:00 ps axu
```

Lista detallada (u) de todos los procesos (ax).

Columnas mostradas:

USER	Propietario del proceso (nombre).
PID	Identificador del proceso.
%CPU	Porcentaje de ocupación acumulada del procesador.
%MEM	Porcentaje de ocupación de memoria acumulada del proceso.
VSZ	Tamaño de la memoria virtual del proceso.
RSS	Tamaño de la memoria residente del proceso.
TTY	Archivo especial de terminal asociado al proceso (? si se trata de una tarea en segundo plano).
STAT	Estado del proceso (S sleep, R running).
START	Fecha de creación del proceso.
TIME	Tiempo de procesador acumulado del proceso.
COMMAND	Comando ejecutado.

Existe una variante del comando, `pstree`, que muestra la arborescencia de los procesos (un proceso creado por otro proceso constituye una arborescencia de padres e hijos).

Ejemplo

```
pstree
systemd─┬─ModemManager───2*[{ModemManager}]
        ├─NetworkManager───2*[{NetworkManager}]
        ├─agetty
        ├─apache2─┬─apache2
        │         └─2*[apache2───26*[{apache2}]]
        ├─automount───2*[{automount}]
        ├─avahi-daemon───avahi-daemon
        ├─cron
        ├─dbus-daemon
[...]
        ├─systemd-udevd
```

```
├─udisksd───4*[{udisksd}]
├─unattended-upgr───{unattended-upgr}
├─upowerd───2*[{upowerd}]
└─wpa_supplicant
```

El comando top

El comando `top` (o alguna de sus variantes) permite seguir a intervalos regulares la evolución de los procesos y su consumo de recursos del sistema (memoria, procesador y entradas/salidas).

El comando es interactivo, basta con teclear `q` para salir, se obtiene la ayuda tecleando `h`.

Sintaxis

```
top -hv|-bcHisS -d período -n lim -u|U usuarios -p PIDs -w [columnas]
```

Parámetros principales

`-d período`	Período de actualización, en segundos.décimas (por defecto: 3 segundos).
`-n límite`	Número máximo de actualizaciones.
`-u usuarios`	Solamente los procesos asociados a los usuarios (nombres o UID) de la lista.
`-p PID,...,PID`	Solamente los procesos cuyo PID se usan como argumento en la lista.
`-H`	Visualización por threads.

Ejemplo

```
top
top - 14:20:56 up 44 min,  1 user,  load average: 0,00, 0,00, 0,00
Tasks: 151 total, 1 running, 150 sleeping, 0 stopped, 0 zombie
%Cpu(s: 5,3 ut, 5,3 sy, 0,0 ni, 89,5 id, 0,0 wa, 0,0 hi,  0,0 si, 0,0
st MiB Mem: 3867,1 total, 3375,2 free, 188,0 used,  303,9 buff/cache
MiB Swap:  976,0 total,  976,0 free,    0,0 util. 3448,6 dispo Mem

PID  USER    PR    NI  VIRT     RES    SHR   S   %CPU  %MEM  TIME+  COMMAND
1095  root    20     0  10228     3764  3240  R      5,9  0,1  0:00.04  top
    1  root  20     0  98604    10396  7628  S      0,0  0,3  0:03.64  systemd
    2  root  20     0          0          0       0  S      0,0  0,0  0:00.01
kthreadd
[...]
```

El comando existe también en modo gráfico (pestaña **Procesos** del **Monitor del Sistema**).

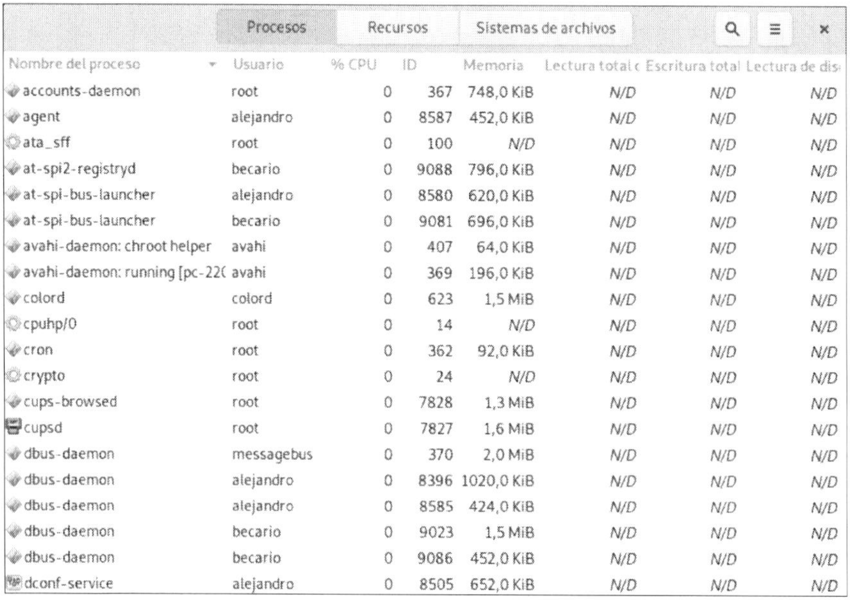

Procesos Recursos Sistemas de archivos

Nombre del proceso	Usuario	% CPU	ID	Memoria	Lectura total c	Escritura total	Lectura de dis
accounts-daemon	root	0	367	748,0 KiB	N/D	N/D	N/D
agent	alejandro	0	8587	452,0 KiB	N/D	N/D	N/D
ata_sff	root	0	100	N/D	N/D	N/D	N/D
at-spi2-registryd	becario	0	9088	796,0 KiB	N/D	N/D	N/D
at-spi-bus-launcher	alejandro	0	8580	620,0 KiB	N/D	N/D	N/D
at-spi-bus-launcher	becario	0	9081	696,0 KiB	N/D	N/D	N/D
avahi-daemon: chroot helper	avahi	0	407	64,0 KiB	N/D	N/D	N/D
avahi-daemon: running [pc-22(	avahi	0	369	196,0 KiB	N/D	N/D	N/D
colord	colord	0	623	1,5 MiB	N/D	N/D	N/D
cpuhp/0	root	0	14	N/D	N/D	N/D	N/D
cron	root	0	362	92,0 KiB	N/D	N/D	N/D
crypto	root	0	24	N/D	N/D	N/D	N/D
cups-browsed	root	0	7828	1,3 MiB	N/D	N/D	N/D
cupsd	root	0	7827	1,6 MiB	N/D	N/D	N/D
dbus-daemon	messagebus	0	370	2,0 MiB	N/D	N/D	N/D
dbus-daemon	alejandro	0	8396	1020,0 KiB	N/D	N/D	N/D
dbus-daemon	alejandro	0	8585	424,0 KiB	N/D	N/D	N/D
dbus-daemon	becario	0	9023	1,5 MiB	N/D	N/D	N/D
dbus-daemon	becario	0	9086	452,0 KiB	N/D	N/D	N/D
dconf-service	alejandro	0	8505	652,0 KiB	N/D	N/D	N/D

El comando strace

Para seguir un proceso, se puede utilizar la información de su directorio virtual en el sistema de archivos proc.

También se pueden conocer todas las llamadas que hace al sistema, con sus parámetros, trazándolas con el comando `strace`.

Este comando se puede usar para lanzar la ejecución de una línea de comandos en modo trazado, o para seguir el trazado de un proceso que ya esté ejecutándose.

Sintaxis

```
strace comando [ arg ... ]
```

o

```
strace -ppid
```

Parámetros principales

`comando arg`	Comando en el que se va a hacer un trazado.
`-ppid`	Identificador del proceso.

Observación

El programa strace no está incluido por defecto en la distribución Debian, hay que instalar el paquete `strace`.

Ejemplo

```
strace ls -l /etc/hosts
execve("/usr/bin/ls", ["ls", "-l", "/etc/hosts"], 0x7ffe2c4b8c30 /* 28 vars
*/) = 0
[...]
openat(AT_FDCWD, "/etc/passwd", O_RDONLY|O_CLOEXEC) = 5
[...]
openat(AT_FDCWD, "/etc/group", O_RDONLY|O_CLOEXEC) = 6
[...]
write(1, "-rw-r--r--. 1 root root 221 22 a"..., 55-rw-r--r--. 1 root root
221 22 agosto  18:02 /etc/hosts
) = 55
close(1)                                                        = 0
close(2)                                                        = 0
close(4)                                                        = 0
exit_group(0)                                                   = ?
+++ exited with 0 +++
```

Podemos constatar que el shell ejecuta `/usr/bin/ls`. El programa lee `/etc/passwd` y `/etc/group`, para poder mostrar los nombres del propietario y del grupo del archivo, usando para ello el UID y el GID.

```
ps -ef | grep sshd
stage        1906    1876  0 13:42 ?        00:00:00 sshd: stage@pts/0
strace -p 3879 1906
strace: Process 1906 attached
select(19, [5 12 18], [], NULL, NULL)   = 1 (in [5])
rt_sigprocmask(SIG_BLOCK, [CHLD], [], 8) = 0
rt_sigprocmask(SIG_SETMASK, [], NULL, 8) = 0
read(5, "\251\361G\177m\22\20\216ekJ\250_3\306\270*\177\22\367\f3\214m\
327 3\336|-\343u"..., 16384) = 64
select(19, [5 12 18], [14], NULL, NULL)  = 1 (out [14])
rt_sigprocmask(SIG_BLOCK, [CHLD], [], 8) = 0
rt_sigprocmask(SIG_SETMASK, [], NULL, 8) = 0
write(14, ":", 1)                        = 1
[...]
^C
strace: Process 1906 detached
 <detached ...>
```

Seguimiento de un proceso que está ejecutándose actualmente. Aquí se puede ver que el proceso 1906, una conexión entrante `ssh`, gestiona las entradas-salidas (llamadas al sistema `read` y `write`).

```
ls -l /proc/1906/fd/14
lrwx------. 1 root root 64  8 septiembre 15:18 /proc/1906/fd/14 -> /dev/ptmx
```

El descriptor de archivo `4` está asociado a un pseudo-terminal.

El comando uptime

Este comando permite conocer desde cuándo el sistema ha sido iniciado y también nos permite obtener información sobre la carga del procesador y el número de usuarios conectados.

Ejemplo

```
uptime
15:20:07 up  1:44,  1 user,   load average: 0,01, 0,05, 0,06
```

Los 3 últimos valores indican el número medio de procesos en espera de un procesador, desde hace 1, 5 y 15 minutos. Esta información nos permite constatar una posible anomalía, en el caso de que estos valores sean demasiado elevados o si van aumentando progresivamente. Hay que ponderarlos en función del número de procesadores: un valor de 4 es normal para una máquina con cuatro procesadores, no lo será tanto para un una máquina con un solo procesador.

2.3.3 Diagnosticar un uso excesivo del procesador

Si el rendimiento global de las aplicaciones actuales parece ralentizarse sensiblemente, o las nuevas conexiones son lentas o rechazadas, es posible que haya una un consumo excesivo de tiempo de procesador por uno o distintos procesos.

Combinando los elementos que hemos visto anteriormente, el administrador debe intentar acotar el problema para después determinar las causas. Hay que identificar los procesos responsables y ver si puede actuar para disminuir los accesos al o a los procesadores.

En el ejemplo siguiente, constatamos una ralentización del sistema.

Ejemplo

El administrador buscará primero información general sobre el consumo de los recursos de tipo procesador, gracias al comando `top`.

```
top
top - 16:21:20 up  2:42,  2 users,  load average: 0,25, 0,08, 0,02
Tasks: 168 total,   2 running, 166 sleeping,   0 stopped,   0 zombie
%Cpu(s): 50,0 us,  0,0 sy,  0,0 ni, 49,8 id,  0,0 wa,  0,2 hi,  0,0 si,  0,0 st
MiB Mem :   3670,1 total,  2598,5 free,    309,5 used,     762,1 buff/cache
MiB Swap:      0,0 total,     0,0 free,      0,0 used.  3098,1 avail Mem
PID USER PR  NI    VIRT    RES     SHR S  %CPU  %MEM     TIME+ COMMAND
3763 root 20  0    4228    808     740 R  99,7   0,0   0:18.63 myproc
3764 root 20  0   65448   4624    3976 R   0,7   0,1   0:00.04 top
1319 root 20  0  172936   6544    5116 S   0,3   0,2   0:00.30 sshd
[...]
```

Se puede constatar que el procesador está siendo bastante solicitado. Está siendo ocupado en un `50 %`, en modo usuario (`us`).

Al mirar las líneas mostradas por cada proceso, se puede constatar que el proceso 3763, que ejecuta el programa `myproc`, es el que más tiempo de procesador consume.

```
ps -lp 3763
F S   UID     PID    PPID  C PRI  NI ADDR SZ WCHAN  TTY    TIME CMD
0 R     0    3763    3719 99  80   0 -  1057 -      pts/0 00:03:16 myproc
```

El comando `ps` precisa que el proceso está en estado de ejecución (R running) y que no está en espera de una respuesta de llamada de sistema (`WCHAN`).

```
strace -p 3763
strace: Process 3763 attached
[ Process PID=3763 runs in x32 mode. ]
^C
Process 3763 detached
```

¡El comando `strace` muestra que el proceso 3763 no hace ninguna llamada sistema!

Podemo suponer que está en un bucle sin instrucción de entrada ni salida. Puede tratarse de un cálculo puro, o de un error de programación.

El administrador va a enviar una señal para terminar el proceso (`15`).

```
kill 3763
ps -p 3763
    PID TTY          TIME CMD
```

Proceso terminado.

```
top
top - 16:27:31 up  2:48,  2 users,  load average: 0,31, 0,54, 0,28
Tasks: 164 total, 1 running, 163 sleeping, 0 stopped, 0 zombie
%Cpu(s):  0,2 us, 0,2 sy, 0,0 ni, 99,5 id, 0,0 wa, 0,0 hi, 0,2 si,  0,0 st
MiB Mem : 3670,1 total, 2599,0 free, 308,9 used, 762,1 buff/cache
MiB Swap: 0,0 total, 0,0 free, 0,0 used.  3098,6 avail Mem

PID USER   PR  NI   VIRT    RES   SHR S  %CPU  %MEM     TIME+ COMMAND
3700 root 20   0      0      0     0 I   0,3   0,0   0:00.04 kwork-er/1:3-
events_power_efficient
   1 root 20   0 175624  14072 9008 S   0,0   0,4   0:02.62 systemd
```

La carga vuelve a ser normal.

He aquí el archivo fuente en lenguaje C del programa implicado:

```
#include <stdio.h>
#include <unistd.h>

int main(void)
{
        int cpt = 0;
        while(cpt < 100);
```

```
        {
                sleep(100);
                printf("En bucle \n");
                cpt++;
        }
        printf("Salida del bucle \n");
        return 0;
}
```

Un bucle infinito sin ninguna instrucción, error clásico: un ";" después del paréntesis que cierra la condición del `while`.

2.4 Monitorización y seguimiento de la memoria viva

La memoria viva es un recurso esencial, compartido por el núcleo, el sistema y las aplicaciones. Determina el número de aplicaciones que pueden ejecutarse correctamente de manera simultánea, el número de conexiones simultáneas posibles, así como el rendimiento de entradas/salidas y de las aplicaciones.

Es importante conocer el tipo de memoria física utilizada, porque esto tiene un impacto en los tiempos de acceso a esta memoria, así como las posibilidades de corrección de error de tipo material. Por otro lado, el tipo de memoria implica un precio más o menos elevado y, por lo tanto, una posibilidad de evolución más o menos factible.

2.4.1 Información acerca de la memoria

El archivo especial `meminfo` del pseudo-sistema de archivos proc proporciona información en tiempo real sobre la capacidad de memoria y su uso.

Ejemplo

```
more /proc/meminfo
MemTotal:        3959904 kB
MemFree:         2871292 kB
MemAvailable:    3470688 kB
Buffers:          162068 kB
Cached:           579948 kB
SwapCached:            0 kB
Active:           281592 kB
Inactive:         559164 kB
Active(anon):        960 kB
Inactive(anon):   109820 kB
Active(file):     280632 kB
Inactive(file):   449344 kB
Unevictable:       11988 kB
Mlocked:           11988 kB
SwapTotal:        999420 kB
[...]
```

Este sistema dispone de alrededor de 3,95 GB de memoria viva, de los cuales 2,8 GB están libres. La capacidad total de la zona de swap es de alrededor de 999 MB, y no está siendo utilizada.

El comando dmesg permite leer los mensajes de inicialización y, entre ellos, los relativos a la memoria.

Ejemplo

```
dmesg | more
[...]
[    0.191898] Memory: 3260112K/4127668K available (12295K kernel code, 2536K
rwdata, 7568K rodata, 2424K in it, 3680K bss, 284716K reserved,
0K cma-reserved)
[...]
```

Para la capacidad de swap, podemos usar el comando swapon con la opción -s.

Ejemplo

```
swapon -s
Filename                Type            Size    Used    Priority
/dev/dm-1               partition       999420  0       1
```

Este sistema dispone de una sola zona de swap activa, no usada.

2.4.2 Uso de la memoria

Existen muchos comandos que permiten seguir en tiempo real el consumo de memoria por el sistema y las aplicaciones.

El comando free

Este comando da información sobre el uso de la memoria.

Ejemplo

```
free -k
       total   used    free   shared  buff/cache available
Mem: 3758168 315672 2661996    9440  780500       3173636
Swap:       0      0       0
```

La opción -k fuerza una visualización en KB.

El comando vmstat

Este comando ofrece información sobre la memoria y su uso desde el arranque del sistema (y también acerca de las entradas/salidas y la actividad CPU).

Si le indicamos un intervalo de tiempo t y un número de medidas n, también mostrará la actividad durante cada intervalo, con n medidas cada t segundos.

La opción -S unidad permite elegir la unidad de visualización (k miles de bytes, K kB, m millones de bytes, M MB).

Ejemplo

```
vmstat -S M
 r  b   swpd  free buffer  cache   si    so    bi    bo   in   cs   us sy id  wa s.t
 0  0         3356   26     262     0     0  1194   109  334  447  5   7 42  46 0
```

Se trata aquí de un sistema muy poco solicitado.

La información mostrada acerca de la actividad media desde el inicio del sistema está clasificada por categorías:

Proceso

`R`	En espera del procesador (*runnable*).
`B`	Durmiendo (espera ininterrumpible).

Memoria

`swpd`	Memoria virtual usada.
`free`	Memoria física disponible.
`buff`	Memoria usada por los buffers.
`cache`	Tamaño de la caché de entradas/salidas.

Swap

`si`	Tamaño de la memoria leída desde la zona de swap de disco.
`so`	Tamaño de la memoria almacenada en la zona de swap de disco.

Entradas/salidas

`bi`	Número de bloques por segundo en lectura.
`bo`	Número de bloques por segundo en escritura.

Sistema

`in`	Número de interrupciones por segundo.
`cs`	Número de cambios de contexto por segundo.

Procesadore(s)

`us`	% del tiempo en modo usuario.
`sy`	% del tiempo en modo núcleo.
`id`	% del tiempo inactivo.
`wa`	% del tiempo en espera de entradas/salidas.

La opción `-s` muestra una tabla que recapitula el uso de la memoria desde el arranque del sistema.

Ejemplo

```
vmstat -s -S M
         3867 M total memory
          192 M used memory
           77 M active memory
          274 M inactive memory
         3383 M free memory
           26 M buffer memory
          264 M swap cache
          975 M total swap
            0 M used swap
          975 M free swap
         1013 non-nice user cpu ticks
          143 nice user cpu ticks
         1609 system cpu ticks
        27849 idle cpu ticks
        10962 IO-wait cpu ticks
            0 IRQ cpu ticks
           39 softirq cpu ticks
            0 stolen cpu ticks
       282994 pages paged in
        28285 pages paged out
            0 pages swapped in
            0 pages swapped out
        83181 interrupts
       111723 CPU context switches
   1662990883 boot time
          935 forks
```

El comando top y la memoria

El comando `top` ofrece también información interesante sobre el consumo de memoria global y proceso por proceso.

Cuando el comando se ejecuta, muestra, por defecto, los procesos ordenados en orden decreciente sobre su consumo de procesador, pero basta con teclear `M` para obtener un orden decreciente por consumo de memoria.

Ejemplo

```
top
top - 15:52:09 up  1:27,  3 users, load average: 0,41, 0,63, 0,71
Threads: 307 total,  1 running, 306 sleeping, 0 stopped, 0 zombie
%Cpu(s):  2,9 us, 22,8 sy,  0,0 ni, 74,0 id,  0,0 wa,  0,0 hi,  0,3 si,  0,0 st
KiB Mem:   1026012 total, 944424 used, 81588 free, 56436 buffers
KiB Swap:  1535996 total,   7164 used, 1528832 free.454904 cached Mem

 PID USER      PR  NI    VIRT    RES    SHR S %CPU %MEM     TIME+ COMMAND
5271 toto      20   0  347024 118096  36248 S 14,4 11,5   4:54.74 compiz
5280 toto      20   0  347024 118096  36248 S  0,0 11,5   0:00.44 gmain
5313 toto      20   0  347024 118096  36248 S  0,0 11,5   0:00.34 dconf worker
5315 toto      20   0  347024 118096  36248 S  0,0 11,5   0:07.18 gdbus
7005 toto      20   0  347024 118096  36248 S  0,0 11,5   0:00.00 pool
7222 toto      20   0  320340  83212  54240 S  0,6  8,1   0:17.94 soffice.bin
7223 toto      20   0  320340  83212  54240 S  0,0  8,1   0:00.02 rtl_cache_wsupd
7225 toto      20   0  320340  83212  54240 S  0,0  8,1   0:00.00 OfficeIPCThread
7226 toto      20   0  320340  83212  54240 S  0,0  8,1   0:00.01 dconf worker
7227 toto      20   0  320340  83212  54240 S  0,0  8,1   0:00.64 gdbus
```

Visualización del comando top con los procesos ordenados por su consumo de memoria. Se trata de un sistema Ubuntu, con alrededor de 1GB de memoria viva, un usuario conectado en modo gráfico y usando LibreOffice Writer.

El comando ps y la memoria

El comando ps dispone de opciones de visualización que permiten obtener información detallada sobre el consumo de memoria de uno o de distintos procesos.

Ejemplo

Podemos usar la opción o de ps, seguida de los identificadores de las columnas de información que queremos mostrar. Aquí, se quiere ver el consumo de memoria de un proceso que está ejecutando la aplicación LibreOffice Writer en un sistema Ubuntu.

```
ps -ef | grep libreoff
toto      7203  4925  0 15:46 ?        00:00:01
/usr/lib/libreoffice/program/oosplash --writer
toto      7222  7203  2 15:46 ?        00:00:21
/usr/lib/libreoffice/program/soffice.bin --writer --splash-pipe=5
toto      7290  7091  0 16:01 pts/2    00:00:00
grep --color=auto libreoff
```

El proceso tiene el PID 7222.

```
ps o user,size,rss,pcpu,pmem,vsz,cmd 7222
USER      SIZE   RSS %CPU %MEM    VSZ CMD
toto    109092 83212 2.2  8.1 320340 /usr/lib/libreoffice/program/
soffice.bin --writer --splash-pipe=5
```

Se solicita la información siguiente:

`user`	Nombre del propietario del proceso.
`rss`	Tamaño de la memoria residente del proceso, en kB.
`pmem`	% de ocupación de la memoria total.
`size`	Tamaño total aproximado de la memoria usada por el proceso, en kB.
`vsz`	Tamaño de la memoria virtual asignada al proceso, en kB.
`cmd`	Comando ejecutado por el proceso.
`pcpu`	% de uso de los recursos del procesador.

En este ejemplo, LibreOffice Writer usa alrededor de 109 MB, de los cuales 83 MB son residentes, para una asignación total de alrededor de 320 MB.

El pseudo-sistema de archivos proc y la memoria

El pseudo-sistema de archivos proc permite obtener información sobre el consumo de la memoria de un proceso. Para ello, basta con leer algunos archivos especiales en el directorio del proceso.

Ejemplo

En este caso, queremos ver el consumo de memoria del proceso de PID 7222, ejecutando la aplicación LibreOffice Writer en un sistema Ubuntu.

```
cat /proc/7222/status
Name:   soffice.bin
State:  S (sleeping)
Pid:    7222
PPid:   7203
VmPeak:   325728 kB
VmSize:   320340 kB
VmHWM:     88660 kB
VmRSS:     83212 kB
VmData:   108888 kB
VmStk:       204 kB
VmExe:         4 kB
VmLib:    137928 kB
VmPTE:       400 kB
VmSwap:        0 kB
Threads:        8
[...]
```

Encontramos la información sobre la memoria virtual.

2.4.3 Diagnosticar un consumo excesivo de la memoria

En este ejemplo, vamos a seguir la evolución cuando un proceso consume cada vez más memoria (hemos suprimido la información del proceso, sistema y procesador).

Usamos el comando `vmstat`.

```
vmstat -S K
----------memory--------- ---swap-- -----io----
swpd   free   buff  cache   si   so    bi    bo
  0 445568 148076 252432    0    0    53     9
```

Al principio, el sistema tiene una media de 445 568 kb disponibles, con un cache de entradas/salidas de 252 432 kb y una zona de buffers de 148 076 kb. No hay uso de swap.

El programa que consumirá memoria se ejecuta.

Posicionamos el intervalo de tiempo de la medición a 5 segundos, para 10 mediciones máximas.

```
vmstat -S K 5 10
----------memory--------- ---swap-- -----io----
  swpd   free   buff  cache   si    so    bi    bo
     0 167420 148356 253076    0     0    51     8
     0  35736 142768 119696    0     0     0     0
   600  12192  77348  60120    0   118     0   119
 10084  12368  14680  15688    0  1875   171  1875
 62084  12092     56   5448    0 10402    38 10402
149060  12168     56   5376   58 17407   218 17407
195796  12360     56   6004  307  9391   848  9391
223848  12176     56   6200   66  5645   423  5645
286548  12472     56   5696  127 12574   171 12574
336856  12452     56   5968  143 10082   197 10082
```

Primero se constata una disminución sensible de la memoria disponible (167 MB). Después el núcleo reduce considerablemente el tamaño de la caché de entradas/salidas (119 MB en la línea 2). A continuación, disminuye también el tamaño de la zona de los buffers (77 MB en la línea 3).

Cuando ya solo queda como memoria disponible alrededor de 12 MB, empieza a swappear, después de haber reducido al mínimo la zona de buffers y el caché de entradas/salidas.

Paralelamente al swap, vemos que la actividad en el disco empieza a crecer considerablemente, sobre todo en escritura. El rendimiento se degrada rápidamente.

Después de que haya terminado el programa, los valores vuelven a ser más normales:

```
vmstat -S K
----------memory--------- ---swap--
 swpd   free   buff  cache   si   so
46040 909920   6540  27888    2  131
```

Notamos, sin embargo, una disminución clara del tamaño de la caché y de la zona de los buffers, y por lo tanto un claro aumento del tamaño de la memoria disponible. La caché va a volver a llenarse de nuevo progresivamente, ya que queda mucha memoria disponible. Podemos observar también una persistencia en el swap, algunas páginas almacenadas en el disco todavía no han sido reutilizadas.

2.5 Monitorización y seguimiento de los recursos de los discos

Las capacidades de almacenamiento de la máquina deben permitir gestionar correctamente los datos de los usuarios, de las aplicaciones y de los componentes de software del sistema y de las aplicaciones. Para ello, es necesario que la capacidad de almacenamiento sea suficiente. También es necesario que los tiempos de acceso sean correctos y que las colas de espera de acceso a los discos no sean demasiado largas. Estos dos elementos, espacio disponible y tiempo de acceso, dependen mucho del tipo de discos y del número de esos discos.

2.5.1 Información sobre los recursos de los discos

Linux dispone de muchos comandos y herramientas que permiten obtener información sobre las capacidades de almacenamiento de la máquina.

El comando fdisk

Este comando se usa principalmente para crear particiones en los discos. Sin embargo, con la opción `-l` se obtiene la lista de los discos duros reconocidos por el sistema, así como la tabla de particiones y los volúmenes lógicos LVM.

Ejemplo

```
Disco /dev/sda : 149,05 GiB, 160041885696 bytes, 312581808 sectores
Modelo de disco: ST9160821AS
Unidades: sector de 1 × 512 = 512 bytes
Tamaño del sector (lógico/físico): 512 bytes/512 bytes
Tamaño de E/S (mínima/óptima): 512 bytes/512 bytes
Tipo de etiqueta de disco: dos
Identificador de disco: 0x22020a3d

Dispositivo Inicio  Comienzo     Final  Sectores Tamaño Id Tipo
/dev/sda1    *          2048    999423    997376   487M 83 Linux
/dev/sda2            1001470 312580095 311578626 148,6G  5 Extendido
```

```
/dev/sda5           1001472 312580095 311578624 148,6G 8e LVM Linux

Disco /dev/mapper/srvdebian--vg-root: 80 GiB, 85899345920 bytes,
167772160 sectores
Unidades: sector de 1 × 512 = 512 bytes
Tamaño de sector (lógico/físico): 512 bytes/512 bytes
Tamaño de E/S (mínimo/óptimo): 512 bytes/512 bytes

Disco /dev/mapper/srvdebian--vg-swap_1: 976 MiB,
1023410176 bytes, 1998848 sectores
Unidades: sector de 1 × 512 = 512 bytes
Tamaño de sector (lógico/físico): 512 bytes/512 bytes
Tamaño de E/S (mínimo/óptimo): 512 bytes/512 bytes
Disco /dev/mapper/srvdebian--vg-tmp: 1,39 GiB,
1497366528 bytes, 2924544 sectores
Unidades: sector de 1 × 512 = 512 bytes
Tamaño de sector (lógico/físico): 512 bytes/512 bytes
Tamaño de E/S (mínimo/óptimo): 512 bytes/512 bytes

Disco /dev/mapper/srvdebian--vg-var: 35,38 GiB,
37983617024 bytes, 74186752 sectores
Unidades: sector de 1 × 512 = 512 bytes
Tamaño de sector (lógico/físico): 512 bytes/512 bytes
Tamaño de E/S (mínimo/óptimo): 512 bytes/512 bytes

Disco /dev/mapper/srvdebian--vg-home: 18,63 GiB,
19998441472 bytes, 39059456 sectores
Unidades: sector de 1 × 512 = 512 bytes
Tamaño de sector (lógico/físico): 512 bytes/512 bytes
Tamaño de E/S (mínimo/óptimo): 512 bytes/512 bytes

Disco /dev/mapper/srvdebian--vg-datas: 100 MiB,
104857600 bytes, 204800 sectores
Unidades: sector de 1 × 512 = 512 bytes
Tamaño de sector (lógico/físico): 512 bytes/512 bytes
Tamaño de E/S (mínimo/óptimo): 512 bytes/512 bytes

Disco /dev/mapper/srvdebian--vg-lvlib: 600 MiB,
629145600 bytes, 1228800 sectores
Unidades: sector de 1 × 512 = 512 bytes
Tamaño de sector (lógico/físico): 512 bytes/512 bytes
Tamaño de E/S (mínimo/óptimo): 512 bytes/512 bytes
```

Este sistema dispone de un solo disco, `/dev/sda`.

El comando lsusb

Permite obtener la lista de los dispositivos USB conectados al sistema, entre ellos los dispositivos de almacenamiento.

Ejemplo

```
lsusb
Bus 002 Device 002: ID 04f2:b015 Chicony Electronics Co., Ltd VGA 24fps UVC Webcam
Bus 002 Device 001: ID 1d6b:0002 Linux Foundation 2.0 root hub
Bus 004 Device 001: ID 1d6b:0001 Linux Foundation 1.1 root hub
Bus 001 Device 002: ID 0781:5581 SanDisk Corp. Ultra
Bus 001 Device 001: ID 1d6b:0002 Linux Foundation 2.0 root hub
Bus 003 Device 001: ID 1d6b:0001 Linux Foundation 1.1 root hub
```

Este sistema ha detectado una memoria USB de `SanDisk Corp`.

Los pseudo-sistemas de archivos proc y sysfs

La información del núcleo relativa a los dispositivos de almacenamiento es accesible a través de diferentes archivos especiales en estos dos sistemas de archivos.

`/sys/block`

Este subdirectorio del sistema de archivos sysfs contiene subdirectorios para cada dispositivo en modo de bloques. Aquí se encontrará información sobre los discos duros y los lectores CD/DVD o cintas magnéticas.

Ejemplo

```
ls /sys/block
dm-0  dm-1  dm-2  dm-3  dm-4  dm-5  dm-6  sda  sdb  sr0
cd /sys/block/sda
cat size
312581808
cat uevent
MAJOR=8
MINOR=0
DEVNAME=sda
DEVTYPE=disk
cat device/uevent
DEVTYPE=scsi_device
DRIVER=sd
MODALIAS=scsi:t-0x00
cd sda1
cat size
997376
cat uevent
MAJOR=8
MINOR=1
DEVNAME=sda1
DEVTYPE=partition
```

```
PARTN=1
```

En este ejemplo encontramos información sobre el disco asociado al archivo especial `/dev/sda`, así como sobre su partición `1`.

`/proc/partitions`

Este archivo da acceso en modo lectura a la tabla de las particiones del núcleo.

Ejemplo

```
cat /proc/partitions
major minor  #blocks  name

  11        0    1048575 sr0
   8        0  156290904 sda
   8        1     498688 sda1
   8        2          1 sda2
   8        5  155789312 sda5
 254        0   83886080 dm-0
 254        1     999424 dm-1
 254        2    1462272 dm-2
 254        3   37093376 dm-3
 254        4   19529728 dm-4
 254        5     102400 dm-5
 254        6     614400 dm-6
   8       16   30044160 sdb
```

El paquete smartmontools

Este paquete (generalmente incluido por defecto en las distribuciones) instala herramientas muy potentes para el seguimiento de los recursos de los discos. Usa el protocolo SMART (*Self-Monitoring, Analysis and Reporting Technology*), reconocido e implementado por la mayoría de los proveedores de dispositivos de almacenamiento.

El daemon smartd

El daemon smartd está configurado para recoger cada 30 minutos información sobre los discos de la máquina, que escanea automáticamente. Su archivo de configuración es generalmente `/etc/smartd.conf` (y `/etc/default/smartmontools` para configurar el arranque en el caso de una distribución Debian).

Una vez iniciado, el daemon monitorea los discos que ha detectado y envía mensajes al superusuario en caso de problema.

Ejemplo

```
To: root@beta64.localdomain
Subject: SMART error (CurrentPendingSector) detected on host: beta64
User-Agent: Heirloom mailx 12.4 7/29/08
Content-Type: text/plain; charset=us-ascii
From: root@beta64.localdomain (root)
Status: R

This email was generated by the smartd daemon running on:

  host name: beta64
 DNS domain: [Unknown]
 NIS domain: (none)

The following warning/error was logged by the smartd daemon:

Device: /dev/sda [SAT], 8 Currently unreadable (pending) sectors
```

El comando smartctl

Este comando proporciona información sobre los discos del sistema y particularmente sobre su funcionamiento, correcto o no.

Sintaxis

```
smartctl [opciones] disco
```

Parámetros principales

`--scan`	Detecta los discos.
`-a disco`	Toda la información sobre el disco.
`-i disco`	Información sobre el disco (modelo, serie, etc.).
`-H disco`	Información sobre el estado de fiabilidad (*Health*) del disco. Si el disco es señalado como que tiene un problema, hay que respaldar urgentemente los datos y preparar su sustitución.
`-c disco`	Información sobre las capacidades del monitorización SMART del disco.
`-l error disco`	Mensajes de registro de tipo error relativos al disco.
`-t tipo disco`	Efectúa el auto-test del disco en modo `type` (*short, long*...).
`-l selftest disco`	Resultados del auto-test del disco.

Ejemplo

```
smartctl -scan
/dev/sda -d scsi # /dev/sda, SCSI device
```

Este sistema dispone solamente de un disco, `/dev/sda`, de tipo SCSI.

```
smartctl -i /dev/sda
smartctl 7.1 2020-04-05 r5049 [x86_64-linux-4.18.0-348.23.1.el8_5.x86_64]
(local build)
Copyright (C) 2002-19, Bruce Allen, Christian Franke,
www.smartmontools.org
=== START OF INFORMATION SECTION ===
Device Model:       ST320LT020-9YG142
Serial Number:      W043X12J
LU WWN Device Id: 5 000c50 0493da068
Firmware Version: 0002HPM1
User Capacity:      320 072 933 376 bytes [320 GB]
Sector Sizes:       512 bytes logical, 4096 bytes physical
Rotation Rate:      5400 rpm
Device is:          Not in smartctl database [for details use: -P
showall]
ATA Version is:     ATA8-ACS T13/1699-D revision 4
SATA Version is:    SATA 2.6, 3.0 Gb/s
Local Time is:      Mon Sep 12 16:18:50 2022 CEST
SMART support is:   Available - device has SMART capability.
SMART support is:   Enabled
```

Disco Seagate de 320 GB.

```
smartctl -H /dev/sda
smartctl 7.1 2020-04-05 r5049 [x86_64-linux-4.18.0-348.23.1.el8_5.x86_64]
(local build)
Copyright (C) 2002-19, Bruce Allen, Christian Franke, www.smartmontools.org

=== START OF READ SMART DATA SECTION ===
SMART overall-health self-assessment test result: PASSED
```

El disco está en buen estado.

```
smartctl -l error /dev/sda
smartctl 7.1 2020-04-05 r5049 [x86_64-linux-4.18.0-348.23.1.el8_5.x86_64]
(local build)
Copyright (C) 2002-19, Bruce Allen, Christian Franke, www.smartmontools.org

=== START OF READ SMART DATA SECTION ===
SMART overall-health self-assessment test result: PASSED

root@srvrh ~]# smartctl -l error /dev/sda
smartctl 7.1 2020-04-05 r5049 [x86_64-linux-4.18.0-348.23.1.el8_5.x86_64]
(local build)
Copyright (C) 2002-19, Bruce Allen, Christian Franke, www.smartmontools.org

=== START OF READ SMART DATA SECTION ===
SMART Error Log Version: 1
No Errors Logged
```

El disco no ha presentado ningún error registrado.

```
smartctl -t short /dev/sda
smartctl 7.1 2020-04-05 r5049 [x86_64-linux-4.18.0-348.23.1.el8_5.x86_64]
(local build)
Copyright (C) 2002-19, Bruce Allen, Christian Franke, www.smartmontools.org

=== START OF OFFLINE IMMEDIATE AND SELF-TEST SECTION ===
Sending command: "Execute SMART Short self-test routine immediately in
off-line mode".
Drive command "Execute SMART Short self-test routine immediately in off-line
mode" successful.
Testing has begun.
Please wait 2 minutes for test to complete.
Test will complete after Mon Sep 12 16:27:30 2022 CEST

Use smartctl -X to abort test.
```

La comprobación se ejecuta en segundo plano, en modo corto.

```
smartctl -l selftest /dev/sda
smartctl 7.1 2020-04-05 r5049 [x86_64-linux-4.18.0-348.23.1.el8_5.x86_64]
(local build)
Copyright (C) 2002-19, Bruce Allen, Christian Franke, www.smartmontools.org
=== START OF READ SMART DATA SECTION ===
SMART Self-test log structure revision number 1
Num  Test_Description    Status                  Remaining  LifeTime(hours)
LBA_of_first_error
# 1  Short offline       Completed without error     00%      7724         -
# 2  Short offline       Completed without error     00%      6487         -
# 3  Short offline       Completed without error     00%      5888
```

Al parecer, no hay ningún error.

Resumen completo del estado del disco:

```
smartctl -a /dev/sda
smartctl 7.1 2020-04-05 r5049 [x86_64-linux-4.18.0-348.23.1.el8_5.x86_64]
(local build)
Copyright (C) 2002-19, Bruce Allen, Christian Franke, www.smartmontools.org

=== START OF INFORMATION SECTION ===
Device Model:     ST320LT020-9YG142
Serial Number:    W043X12J
LU WWN Device Id: 5 000c50 0493da068
Firmware Version: 0002HPM1
User Capacity:    320 072 933 376 bytes [320 GB]
Sector Sizes:     512 bytes logical, 4096 bytes physical
Rotation Rate:    5400 rpm
Device is:        Not in smartctl database [for details use: -P showall]
ATA Version is:   ATA8-ACS T13/1699-D revision 4
SATA Version is:  SATA 2.6, 3.0 Gb/s
Local Time is:    Mon Sep 12 16:28:40 2022 CEST
SMART support is: Available - device has SMART capability.
SMART support is: Enabled
[...]
SMART Error Log Version: 1
No Errors Logged

SMART Self-test log structure revision number 1
Num  Test_Description    Status                  Remaining  LifeTime(hours)  LBA_of_first_error
```

```
# 1  Short offline       Completed without error       00%      7724         -
# 2  Short offline       Completed without error       00%      6487         -
# 3  Short offline       Completed without error       00%      5888         -

SMART Selective self-test log data structure revision number 1
 SPAN  MIN_LBA  MAX_LBA  CURRENT_TEST_STATUS
    1        0        0  Not_testing
    2        0        0  Not_testing
    3        0        0  Not_testing
    4        0        0  Not_testing
    5        0        0  Not_testing
Selective self-test flags (0x0):
  After scanning selected spans, do NOT read-scan remainder of disk.
If Selective self-test is pending on power-up, resume after 0 minute delay.
```

El disco parece que está en buen estado.

2.5.2 Uso de los recursos de discos

Existen muchos comandos que permiten seguir en tiempo real el consumo de los recursos de discos por el sistema y las aplicaciones.

El comando iostat

Este comando ofrece información sobre la actividad de los discos desde el arranque del sistema. Si se le indica un intervalo de tiempo `t` y un número de medidas `n`, muestra también la actividad durante cada intervalo, con `n` medidas cada `t` segundos.

Observación

Este comando forma parte del paquete `sysstat`, que no se encuentra obligatoriamente incluido por defecto en la instalación del sistema.

Ejemplo

```
iostat
Linux  4.18.0-348.23.1.el8_5.x86_64  (srvrh.localdomain)   12/09/2022       _x86_64_
(2  CPU)

avg-cpu:    %user      %nice  %system  %iowait     %steal      %idle
             0,24       0,06     0,29     0,80       0,00      98,61

Device          tps        kB_read/s         kB_wrtn/s       kB_read         kB_wrtn
sda            2,60          108,62             10,81       686073           68288
scd0           0,00            0,00             0,00             1               0
dm-0           1,81           38,55              3,30       243468           20840
dm-1           0,02            0,33             0,00          2088               0
dm-2           0,05            0,75              0,33          4768            2096
dm-3           0,70           59,40              7,56        375196           47728
dm-4           0,01            0,17              0,00          1044               0
```

Además de la información sobre la actividad del procesador, `iostat` ofrece informes de cada partición y de cada disco, de lectura y escritura, del número de bloques por segundo y del volumen. Así podemos identificar qué elemento de almacenamiento da problemas, y para qué tipo de uso.

Por ejemplo, si la partición más solicitada es la de swap, podemos llegar a la conclusión de que la falta de memoria es probablemente la causa de la ralentización del sistema.

Ejemplo

```
iostat 5 3
Linux 3.2.0-4-486 (alpha)        19/07/2022      _i686_  (1 CPU)
avg-cpu:  %user   %nice %system %iowait  %steal   %idle
           0,11    0,00    1,27    1,81    0,00   96,80
Device:         tps    kB_read/s    kB_wrtn/s    kB_read    kB_wrtn
sdc            0,02         0,08         0,00        800          0
sdb            3,77        45,87        23,66     443331     228709
sdd            0,02         0,08         0,00        800          0
sda            0,02         0,08         0,00        736          0
scd1           0,01         0,06         0,00        570          0
dm-0           5,40        43,35        23,66     418965     228700
dm-1           0,01         0,05         0,00        528          0
avg-cpu:  %user   %nice %system %iowait  %steal   %idle
           0,21    0,00    5,37   94,42    0,00    0,00
Device:         tps    kB_read/s    kB_wrtn/s    kB_read    kB_wrtn
sdc            0,00         0,00         0,00          0          0
sdb           51,86       267,77      2185,12       1296      10576
sdd            0,00         0,00         0,00          0          0
sda            0,00         0,00         0,00          0          0
scd1           0,00         0,00         0,00          0          0
dm-0          94,01       271,90      2185,12       1316      10576
dm-1           0,00         0,00         0,00          0          0
avg-cpu:  %user   %nice %system %iowait  %steal   %idle
           0,00    0,00    4,52   95,48    0,00    0,00

Device:         tps    kB_read/s    kB_wrtn/s    kB_read    kB_wrtn
sdc            0,00         0,00         0,00          0          0
sdb           84,39       152,77       676,80        744       3296
sdd            0,00         0,00         0,00          0          0
sda            0,00         0,00         0,00          0          0
scd1           0,00         0,00         0,00          0          0
dm-0         198,77       148,67       676,80        724       3296
dm-1           0,00         0,00         0,00          0          0
```

Uso del comando durante un respaldo hecho con `tar`, para 3 mediciones cada 5 segundos. Vemos que las entradas/salidas son relativas esencialmente al disco `/dev/sdb`. El disco está solicitado tanto en lectura como en escritura, ya que el respaldo se efectúa hacia el mismo disco que contiene los elementos que se deben guardar.

El comando iotop

Este comando, incluido en el paquete `iotop`, muestra la actividad del disco, proceso por proceso.

La opción `-o` permite mostrar solamente los threads que hacen efectivamente entradas/salidas, la opción `-P` solo muestra los procesos.

El comando también permite seguir los procesos bloqueados en espera de entradas/salidas.

Ejemplo

```
iotop
Total DISK READ: 4.13 M/s | Total DISK WRITE: 575.40 K/s
 PID  PRIO  USER DISK READ  DISK WRITE  SWAPIN IO>     COMMAND
5871 be/4   root  4.12 M/s    3.56 M/s  0.00 % 82.43 % tar cvf
[...]
```

Uso del comando durante un respaldo con `tar`.

El comando lsof

Ofrece la lista de los archivos abiertos y puede ayudarnos a aislar la aplicación o el componente del sistema que se encuentra en el origen del problema de saturación de las entradas/salidas.

Este comando presenta muchas opciones. Gestiona archivos de todo tipo, incluyendo los sockets Unix o la red.

Ejemplos

Todos los archivos abiertos:

```
COMMAND     PID  TID TASKCMD       USER   FD      TYPE          DEVICE SIZE/OFF     NODE NAME
systemd       1                    root  cwd       DIR           254,0     4096        2 /
systemd       1                    root  rtd       DIR           254,0     4096        2 /
systemd       1                    root  txt       REG           254,0  1739200   789446 /
usr/lib/systemd/systemd
systemd       1                    root  mem       REG           254,0   149576   785888 /
usr/lib/x86_64-linux-gnu/libgpg-error.so
.0.29.0
systemd       1                    root  mem       REG           254,0  3076992   785251 /
usr/lib/x86_64-linux-gnu/libcrypto.so.1.
1
[...]
init        1      root   mem       REG       253,0    156928    398785 /lib64/
ld-2.12.so
init        1      root    0u       CHR                    1,3       0t0       3788 /dev/null
init        1      root    1u       CHR                    1,3       0t0       3788 /dev/null
init        1      root    2u       CHR                    1,3       0t0       3788 /dev/null
init        1      root    3r      FIFO                    0,8       0t0       8686 pipe
init        1      root    4w      FIFO                    0,8       0t0       8686 pipe
init        1      root    5r       DIR                   0,10         0          1 inotify
init        1      root    6r       DIR                   0,10         0          1 inotify
init        1      root    7u      unix 0xffff88012973b680       0t0       8687 socket
init        1      root    9u      unix 0xffff88012ccbbc80       0t0      13957 socket
kthreadd    2      root   cwd       DIR                  253,0      4096          2 /
[...]
```

```
lsof      1645                          root  txt       REG             254,0   171488
796143 /usr/bin/lsof
lsof      1645                          root  mem       REG             254,0  3041456
785270 /usr/lib/locale/locale-archive
lsof      1645                          root  mem       REG             254,0   149520
785564 /usr/lib/x86_64-linux-gnu/libpthread-2.31.so
lsof      1645                          root  mem       REG             254,0    18688
785551 /usr/lib/x86_64-linux-gnu/libdl-2.31.so
lsof      1645                          root  mem       REG             254,0   617128
787104 /usr/lib/x86_64-linux-gnu/libpcre2-8.so.0.10.1
lsof      1645                          root  mem       REG             254,0  1839792
784929 /usr/lib/x86_64-linux-gnu/libc-2.31.so
lsof      1645                          root  mem       REG             254,0   166120
787111 /usr/lib/x86_64-linux-gnu/libselinux.so.1
lsof      1645                          root  mem       REG             254,0   177928
784924 /usr/lib/x86_64-linux-gnu/ld-2.31.so
lsof      1645                          root    4r      FIFO             0,12      0t0
29930 pipe
lsof      1645                          root    7w      FIFO             0,12      0t0
29931 pipe
```

Todos los archivos abiertos del disco `/dev/sdb`:

```
lsof /dev/sdb
COMMAND  PID USER  FD   TYPE DEVICE SIZE/OFF NODE NAME
bash    1680  pba  cwd   DIR   0,41       32  256 /mnt
vi      1687  pba  cwd   DIR   0,41       32  256 /mnt
vi      1687  pba   4u   REG   0,41    12288  261 /mnt/.fic1.swp
```

Todos los archivos abiertos por el usuario `pba`, en línea de comandos y habiendo abierto un archivo en `vi`:

```
lsof -u pba
COMMAND    PID USER   FD      TYPE        DEVICE SIZE/OFF       NODE NAME
systemd    776  pba  cwd       DIR         254,0     4096          2 /
systemd    776  pba  rtd       DIR         254,0     4096          2 /
systemd    776  pba  txt       REG         254,0  1739200     789446 /usr/lib/systemd/
systemd
systemd    776  pba  mem       REG         254,0   149576     785888 /usr/lib/x86_64-
linux-gnu/libgpg-error.so.0.29.0
systemd    776  pba  mem       REG         254,0  3076992     785251 /usr/lib/x86_64-
linux-gnu/libcrypto.so.1.1
[...]
vi        1687  pba   0u       CHR         136,1      0t0          4 /dev/pts/1
vi        1687  pba   1u       CHR         136,1      0t0          4 /dev/pts/1
vi        1687  pba   2u       CHR         136,1      0t0          4 /dev/pts/1
vi        1687  pba   4u       REG          0,41    12288        261 /mnt/.fic1.swp
```

Vemos que Vi ha abierto un archivo temporal, `.fic1.swp`, en el directorio actual del usuario.

El proceso ha abierto el archivo `/etc/passwd`:

```
lsof /etc/passwd
COMMAND  PID USER   FD   TYPE DEVICE SIZE/OFF    NODE NAME
more    1705  pba   4r   REG  254,0     2354   295220 /etc/passwd
```

El archivo ha sido abierto en solo lectura (`4r`), por el programa `more`.

Todos los sockets de Internet abiertos:

```
lsof -i
COMMAND     PID     USER   FD   TYPE DEVICE SIZE/OFF NODE NAME
systemd       1     root  115u  IPv4  11962      0t0  TCP *:sunrpc (LISTEN)
systemd       1     root  116u  IPv4  11963      0t0  UDP *:sunrpc
systemd       1     root  117u  IPv6  11966      0t0  TCP *:sunrpc (LISTEN)
systemd       1     root  118u  IPv6  11969      0t0  UDP *:sunrpc
rpcbind     567     _rpc    4u  IPv4  11962      0t0  TCP *:sunrpc (LISTEN)
rpcbind     567     _rpc    5u  IPv4  11963      0t0  UDP *:sunrpc
rpcbind     567     _rpc    6u  IPv6  11966      0t0  TCP *:sunrpc (LISTEN)
rpcbind     567     _rpc    7u  IPv6  11969      0t0  UDP *:sunrpc
avahi-dae   573    avahi   12u  IPv4  15244      0t0  UDP *:mdns
avahi-dae   573    avahi   13u  IPv6  15245      0t0  UDP *:mdns
avahi-dae   573    avahi   14u  IPv4  15246      0t0  UDP *:47610
avahi-dae   573    avahi   15u  IPv6  15247      0t0  UDP *:44636
sshd        673     root    3u  IPv4  17499      0t0  TCP *:ssh (LISTEN)
sshd        673     root    4u  IPv6  17501      0t0  TCP *:ssh (LISTEN)
apache2     711     root    4u  IPv6  18583      0t0  TCP *:http (LISTEN)
apache2     712 www-data    4u  IPv6  18583      0t0  TCP *:http (LISTEN)
apache2     714 www-data    4u  IPv6  18583      0t0  TCP *:http (LISTEN)
apache2     715 www-data    4u  IPv6  18583      0t0  TCP *:http (LISTEN)
sshd        773     root    4u  IPv4  17690      0t0  TCP srvdebian:ssh->
192.168.1.141:51598 (ESTABLISHED)
sshd        801      pba    4u  IPv4  17690      0t0  TCP srvdebian:ssh->
192.168.1.141:51598 (ESTABLISHED)
sshd       1670     root    4u  IPv4  24014      0t0  TCP srvdebian:ssh->
192.168.1.141:51923 (ESTABLISHED)
sshd       1679      pba    4u  IPv4  24014      0t0  TCP srvdebian:ssh->
192.168.1.141:51923 (ESTABLISHED)
```

Podemos observar cuatro conexiones SSH abiertas desde la máquina que tiene la dirección IP `192.168.1.141`.

Le pseudo-sistema de archivos proc y los archivos

El pseudo-sistema de archivos proc permite obtener información sobre el uso de archivos por un proceso. Para ello, basta con leer algunos archivos especiales en el directorio virtual del proceso.

Ejemplo

En este caso, queremos ver los archivos usados por el proceso que ejecuta el comando `reader`.

```
ps -ef
pba       38682   38375  0 18:22 pts/0    00:00:00 ./reader /etc/passwd
```

Se trata del proceso 38682.

```
cd /proc/38682
ls fd
0  1  2  3
```

El proceso ha abierto cuatro archivos, los tres primeros son probablemente entradas/salidas estándares.

```
ls -l fd/3
lr-x------. 1 pba pba 64 12 septiembre 18:23 fd/3 -> /etc/passwd
```

El proceso ha abierto el archivo `/etc/passwd` en solo lectura (`lr-`).

2.6 Monitorización y seguimiento de los recursos de red

La red es un elemento esencial, particularmente en el caso de Linux ya que es un sistema operativo muy orientado para redes. Para que los usuarios puedan acceder a las aplicaciones que se ejecutan en la máquina, y a los datos administrados por estas aplicaciones, es necesario que los recursos de red sean suficientes, capaces de gestionar un número de solicitudes simultáneas aceptable y con un apropiado tiempo de respuesta.

El sistema es, por supuesto, dependiente de la arquitectura general de la red y de sus componentes, soportes de comunicación y elementos intermediarios (routers, concentradores, conmutadores, firewalls, etc.). También depende de sus propios recursos materiales, las tarjetas de interfaz de red.

2.6.1 Información acerca de los recursos de red

Linux propone muchos comandos y herramientas que permiten obtener información sobre las interfaces de red de la máquina.

Observación

La mayoría de los comandos han sido presentados en detalle en el capítulo Configuración de red. Aquí solamente haremos un pequeño recordatorio, dando preferencia a la búsqueda de información sobre las capacidades de red del sistema.

El comando ip address

Este comando, con su subcomando `address (a)`, permite obtener la configuración de todas las interfaces de red reconocidas por el sistema.

Ejemplo

```
ip a show
1: lo: <LOOPBACK,UP,LOWER_UP> mtu 65536 qdisc noqueue state UNKNOWN group
default qlen 1000
   link/loopback 00:00:00:00:00:00 brd 00:00:00:00:00:00
   inet 127.0.0.1/8 scope host lo
      valid_lft forever preferred_lft forever
   inet6::1/128 scope host
      valid_lft forever preferred_lft forever
2: enp38s0: <BROADCAST,MULTICAST,UP,LOWER_UP> mtu 1500 qdisc fq_codel state
UP group default qlen 1000
   link/ether e4:11:5b:50:13:32 brd ff:ff:ff:ff:ff:ff
    inet 192.168.1.202/24 brd 192.168.1.255 scope global noprefixroute enp38s0
```

```
       valid_lft forever preferred_lft forever
    inet6 2a01:e0a:32c:9940:e611:5bff:fe50:1332/64 scope global dynamic mngtmpaddr
       valid_lft 86102sec preferred_lft 86102sec
    inet6 fe80::e611:5bff:fe50:1332/64 scope link
       valid_lft forever preferred_lft forever
```

El sistema presenta una tarjeta de interfaz de red de tipo Ethernet, configurada para IPv4 y IPv6.

El pseudo-sistema de archivos proc

La información del núcleo con respecto a las interfaces de red está accesible a través de archivos especiales en este sistema de archivos.

/proc/net

Este subdirectorio del sistema de archivos proc contiene archivos especiales que ofrecen información sobre la actividad de la red.

Ejemplos

cat /proc/net/dev

Da información sobre la actividad de las interfaces.

```
Inter-|   Receive                                                |  Transmit
 face |bytes    packets errs drop fifo frame compressed multicast|bytes
packets errs drop fifo colls carrier compressed
    lo:    8012      126    0    0    0     0          0         0     8012
126    0    0    0     0       0          0
enp38s0: 1942492    6893    0   38    0     0          0      3114   442648
2602    0    0    0     0       0          0
  wlo1:       0        0    0    0    0     0          0         0        0
0    0    0    0     0       0          0
```

cat /proc/net/arp

Muestra la tabla ARP.

```
IP address       HW type     Flags       HW address            Mask     Device
192.168.1.140    0x1         0x0         00:00:00:00:00:00     *        enp38s0
192.168.1.254    0x1         0x2         8c:97:ea:38:c3:17     *        enp38s0
192.168.1.141    0x1         0x2         20:1e:88:30:16:e1     *        enp38s0
```

cat /proc/net/sockstat

Da información sobre los sockets de red.

```
sockets: used 313
TCP: inuse 5 orphan 0 tw 0 alloc 8 mem 1
UDP: inuse 3 mem 0
UDPLITE: inuse 0
RAW: inuse 0
FRAG: inuse 0 memory 0
```

/proc/sys/net/ipv4

Este directorio contiene archivos especiales en lectura y escritura que permiten fijar dinámicamente la configuración de red del núcleo.

Ejemplo

```
cat /proc/sys/net/ipv4/tcp_keepalive_time
7200
```

Este archivo permite leer o modificar el parámetro que fija la duración máxima de inactividad antes de el envío de un `keep alive TCP` (en segundos).

El comando lspci

Permite obtener información acerca de todos los periféricos conectados a buses PCI, por lo tanto posiblemente tarjetas de interfaz de red. La opción `-vmm` ofrece una visualización detallada.

Ejemplo

```
lspci -vmm
[...]
Slot:   26:00.0
Class:  Ethernet controller
Vendor: Realtek Semiconductor Co., Ltd.
Device: RTL8111/8168/8411 PCI Express Gigabit Ethernet Controller
SVendor:        Hewlett-Packard Company
SDevice:        Device 167c
Rev:    06
```

2.6.2 Monitorización y diagnóstico de los recursos de red

Numerosos comandos permiten seguir en tiempo real la actividad de la red.

El comando netstat

Este comando, aunque esté en vía de obsolescencia, sigue siendo a menudo utilizado. Dispone de numerosas opciones. Vamos a presentar aquí las más habituales en el marco de la monitorización de la actividad de red.

Interfaces de red

`netstat -i`

Esta opción muestra la actividad de todas las interfaces de red configuradas.

Ejemplo

```
netstat -i
Kernel Interface table
Iface       MTU    RX-OK RX-ERR RX-DRP RX-OVR    TX-OK TX-ERR TX-DRP TX-OVR Flg
enp0s10   1500     9051      0     50 0         7858      0      0      0 BMRU
lo       65536       17      0      0 0           17      0      0      0 LRU
```

Tabla de enrutamiento: `netstat -r`

Esta opción muestra la tabla de enrutamiento (opción `n` para sustituir los nombres de los hosts o de las redes por las direcciones).

Ejemplo

```
netstat -rn
Kernel IP routing table
Destination     Gateway         Genmask         Flags   MSS Window  irtt Iface
0.0.0.0         192.168.1.254   0.0.0.0         UG        0 0          0 enp38s0
192.168.1.0     0.0.0.0         255.255.255.0   U         0 0          0 enp38s0
```

Conexiones y servidores

```
netstat -a
```

Esta opción muestra todas las conexiones actuales, así como los servidores en espera en los números de puerto. El comando reemplaza, si es posible, las direcciones y números de puerto con sus nombres lógicos (`-n` para guardar la visualización digital).

Ejemplo

```
netstat -a | more
Active Internet connections (servers and established)
Proto Recv-Q Send-Q Local Address           Foreign Address         State
tcp        0      0 0.0.0.0:ssh              0.0.0.0:*               LISTEN
tcp        0      0 localhost:ipp            0.0.0.0:*               LISTEN
tcp        0      0 0.0.0.0:sunrpc           0.0.0.0:*               LISTEN
tcp        0     64 srvrh:ssh                192.168.1.141:51627     ESTABLISHED
tcp        0      0 srvrh:ssh                192.168.1.141:51948     ESTABLISHED
tcp6       0      0 [::]:ssh                 [::]:*                  LISTEN
tcp6       0      0 localhost:ipp            [::]:*                  LISTEN
tcp6       0      0 [::]:sunrpc              [::]:*                  LISTEN
udp        0      0 0.0.0.0:sunrpc           0.0.0.0:*
udp        0      0 0.0.0.0:mdns             0.0.0.0:*
udp        0      0 0.0.0.0:42878            0.0.0.0:*
udp6       0      0 [::]:sunrpc              [::]:*
udp6       0      0 [::]:mdns                [::]:*
udp6       0      0 [::]:51007               [::]:*
[...]
```

Vemos dos conexiones SSH, desde la misma dirección IP `192.168.1.141`. También se ven los diferentes servidores de la máquina, en espera de una conexión.

Seguimiento de la actividad con ss

Este comando (*socket statistics*) permite visualizar el estado y la actividad de red del sistema local, con respecto a los sockets.

Observación

Este comando sustituye en gran parte a `netstat` y ofrece funcionalidades suplementarias.

Sintaxis

```
ss [ -Opciones ]
```

Parámetros principales

`-f FamSoc`	Solamente muestra la información por tipo de socket `FamSoc` (`inet`, `inet6` o `unix`).
`-n`	Muestra los valores numéricos en lugar de los nombres.
`-s`	Estadísticas por protocolo.
`-a`	Conexiones y sockets.
`-l`	Sockets con un proceso en escucha.
`-p`	Procesos vinculados a los sockets.
`-i`	Información detallada de la capa TCP.

Descripción

Sin argumento, el comando muestra todos los sockets activos, de red o de tipo Unix.

Las opciones principales son:

`-n`

Permite no solicitar la resolución de nombres, el comando solamente muestra las direcciones, lo que limita el tráfico de red y mejora el rendimiento de la visualización.

`-f FamSoc`

Limita la información a la del tipo `FamSoc: -f inet` y/o `-f inet6`, no muestra la información relativa a los sockets en modo Unix, usados para la comunicación entre procesos locales.

`-s`

Muestra las estadísticas de uso por protocolo.

`-a`

Muestra todos los sockets que están activos, así como los sockets en los que un proceso está en espera (proceso servidor esperando una conexión TCP un mensaje UDP).

`-l`

Muestra los sockets en los que se encuentra un proceso en espera (proceso servidor esperando una conexión TCP, o un mensaje UDP).

`-p`

Muestra los procesos vinculados a los sockets.

`-i`

Muestra la información detallada, de la capa TCP, para las conexiones activas.

Ejemplos

Muestra la información relativa a los sockets de red:

```
ss -f inet -nap
Netid      State       Recv-Q     Send-Q          Local Address:Port              Peer
Address:Port           Process
udp        UNCONN      0          0                     0.0.0.0:111
0.0.0.0:*            users:(("rpcbind",pid=847,fd=5),("systemd",pid=1,fd=126))
udp        UNCONN      0          0                     0.0.0.0:5353
0.0.0.0:*            users:(("avahi-daemon",pid=878,fd=15))
udp        UNCONN      0          0                     0.0.0.0:42878
0.0.0.0:*            users:(("avahi-daemon",pid=878,fd=17))
tcp        LISTEN      0          128                   0.0.0.0:22
0.0.0.0:*            users:(("sshd",pid=1008,fd=5))
tcp        LISTEN      0          5                   127.0.0.1:631
0.0.0.0:*            users:(("cupsd",pid=1011,fd=10))
tcp        LISTEN      0          128                   0.0.0.0:111
0.0.0.0:*            users:(("rpcbind",pid=847,fd=4),("systemd",pid=1,fd=125))
tcp        ESTAB       0          0               192.168.1.202:22
192.168.1.141:51627        users:(("sshd",pid=1324,fd=5),("sshd",pid=1289,fd=5))
tcp        ESTAB       0          0               192.168.1.202:22
192.168.1.141:51948        users:(("sshd",pid=38374,fd=5),("sshd",pid=38354,fd=5))
```

Observamos conexiones SSH activas. Si la dirección local tiene un puerto 22, es una conexión entrante hacia un servidor SSH. Si el número de puerto es elevado, se trata de un puerto dinámicamente atribuido a un cliente SSH, y por lo tanto es una conexión saliente. Esto se confirma por el proceso vinculado al socket, `sshd` para un servidor y `ssh` para un cliente.

Algunos servidores están en espera de solicitudes (dirección remota con * como número de puerto) en distintos puertos, en TCP: `sshd`, `rcpbind` y `cupsd`, en UDP: `avahi-daemon`.

El comando ping

Este comando permite la emisión de paquetes usando el protocolo de bajo nivel ICMP para efectuar comprobaciones básicas sobre el funcionamiento de la capa de red.

Observación

Algunos sistemas están configurados para no responder a las solicitudes ICMP "echo request" por razones de seguridad. En este caso, el comando `ping` no nos permitirá comprobar la conectividad con estas máquinas.

Ejemplos

Comprobación de la pasarela por defecto.

```
netstat -rn
Destination      Gateway       Genmask          Flag   MSS Window irtt Iface
0.0.0.0          192.168.1.254   0.0.0.0          UG          0 0          0 enp38s0
192.168.1.0      0.0.0.0         255.255.255.0    U           0 0          0 enp38s0
ping 192.168.1.254
PING 192.168.1.254 (192.168.1.254) 56(84) bytes of data.
64 bytes from 192.168.1.254: icmp_seq=1 ttl=64 time=0.312 ms
```

```
64 bytes from 192.168.1.254: icmp_seq=2 ttl=64 time=0.335 ms
64 bytes from 192.168.1.254: icmp_seq=3 ttl=64 time=0.343 ms
64 bytes from 192.168.1.254: icmp_seq=4 ttl=64 time=0.338 ms
^C
--- 192.168.1.254 ping statistics ---
4 packets transmitted, 4 received, 0% packet loss, time 3107ms
rtt min/avg/max/mdev = 0.312/0.332/0.343/0.011 ms
```

El comando `netstat -rn` muestra la tabla de enrutamiento. El comando `ping` permite que podamos comprobar que la pasarela esté accesible y nos da algunas estadísticas sobre el tiempo de comunicación entre los dos hosts.

Comprobar (de manera poco refinada) un acceso de red: envío a la dirección remota de 100 solicitudes ICMP (`-c` 100) de 1000 bytes (`-s` 972 + 28 bytes de encabezado), en modo silencioso (`-q`).

```
ping -c 100 -s 972 -q 192.168.1.254
PING 192.168.1.254 (192.168.1.254) 972(1000) bytes of data.

--- 192.168.1.254 ping statistics ---
100 packets transmitted, 100 received, 0% packet loss, time 101398ms
rtt min/avg/max/mdev = 0.622/0.663/0.711/0.023 ms
```

El comando muestra el tiempo de transmisión al final de la prueba.

Detectar las máquinas activas en una subred : enviamos una solicitud ICMP en modo `broadcast`, a todas las máquinas de una subred (tenga cuidado, muchos sistemas no responden a este tipo de solicitudes ICMP en `broadcast`, por lo tanto no es un test muy fiable).

```
ping -b 192.168.1.255
WARNING: pinging broadcast address
PING 192.168.1.255 (192.168.1.255) 56(84) bytes of data.
64 bytes from 192.168.1.32: icmp_seq=1 ttl=64 time=61.0 ms
64 bytes from 192.168.1.28: icmp_seq=2 ttl=64 time=7.45 ms
64 bytes from 192.168.1.27: icmp_seq=8 ttl=64 time=186 ms
[...]
```

Tres máquinas han contestado al comando `ping` en `broadcast`.

El comando traceroute

Este comando permite identificar los diferentes segmentos que separan la máquina local de una máquina remota, mostrando estadísticas con respecto a la duración de la transmisión entre cada router. Permite identificar los problemas de enrutamiento o de acceso de red degradado. Sin embargo, muchos routers y firewalls están configurados para bloquear los paquetes usados por `traceroute`, lo que hace que su utilidad sea limitada.

Ejemplo

```
traceroute www.google.com
traceroute to www.google.com (216.58.204.100), 30 hops max, 60 byte packets
1  _gateway (192.168.1.1)  0.468 ms  0.538 ms  0.641 ms
2  1.103.19.109.rev.sfr.net (109.19.103.1)  6.200 ms  6.189 ms  6.354 ms
3  113.170.96.84.rev.sfr.net (84.96.170.113)  6.970 ms  7.080 ms  7.288 ms
4  186.144.6.194.rev.sfr.net (194.6.144.186)  14.550 ms  14.479 ms  14.393 ms
5  186.144.6.194.rev.sfr.net (194.6.144.186)  14.382 ms  14.515 ms  14.603 ms
6  74.125.146.198 (74.125.146.198)  15.709 ms  12.904 ms  12.887 ms
7  108.170.244.161 (108.170.244.161)  12.782 ms 108.170.244.225 (108.170.244.225)
 12.729 ms 108.170.244.161 (108.170.244.161)  12.208 ms
8  108.170.236.97 (108.170.236.97)  12.233 ms  12.595 ms 108.170.235.37
(108.170.235.37)  12.567 ms
9  par10s28-in-f100.1e100.net (216.58.204.100)  12.673 ms  11.743 ms  11.737 ms
```

El sistema local atraviesa 9 routers para llegar a uno de los servidores de Google.

El comando iptraf

Este comando (instalado en las distribuciones recientes bajo el nombre de iptraf-ng) lo proporciona el paquete de software iptraf. Permite hacer un seguimiento del tráfico de red, desde un terminal, en modo semigráfico.

Por defecto, ejecutado sin opciones, funcionará en modo interactivo.

Ejemplo

Estadísticas de actividad de una tarjeta de red (actualizaciones en tiempo real):

```
iptraf-ng 1.1.4
 Statistics for ens18

                  Total      Total   Incoming   Incoming   Outgoing   Outgoing
                Packets      Bytes    Packets      Bytes    Packets      Bytes
 Total:            6867     783078       1270      70114       5597     712964
 IPv4:             6861     775299       1264      62335       5597     712964
 IPv6:                6        723          6        723          0          0
 TCP:              6796     762848       1212      50976       5584     711872
 UDP:                43      10838         43      10838          0          0
 ICMP:               26       2184         13       1092         13       1092
 Other IP:            2        152          2        152          0          0
 Non-IP:              0          0          0          0          0          0


 Total rates:         131.28 kbps          Broadcast packets:          0
                         145 pps           Broadcast bytes:            0

 Incoming rates:       11.74 kbps
                          27 pps
                                           IP checksum errors:         0
 Outgoing rates:      119.54 kbps
                         117 pps
```

3. Planificación prospectiva de los recursos

El administrador del sistema tiene que asegurarse de que las máquinas que administra estén operativas y ofrezcan un servicio de calidad a los usuarios, en función de los objetivos de rendimiento y de fiabilidad asignados.

Pero también tiene que anticipar la evolución de las necesidades, para poder de esta manera prevenir posibles saturaciones de recursos (cuellos de botella) adaptando, para ello, las configuraciones. Para llevarlo a cabo, tiene que implementar herramientas de recogida de datos y de seguimiento del rendimiento.

3.1 El paquete sysstat

El paquete `sysstat` ofrece un conjunto de herramientas de monitorización del estado de los recursos gestionados por el sistema, en particular del comando `sar`, de origen Unix, y del comando `iostat` para vigilar las entradas/salidas.

3.1.1 La recogida de información con sysstat

Una vez que el paquete haya sido instalado, posiblemente haya que configurarlo para que la herramienta `sysstat` recoja información con un intervalo regular.

Debian: activar la herramienta gracias al archivo `/etc/default/sysstat` (`ENABLED` a `true`).

Red Hat: la recogida de información está configurada por defecto para guardar 28 horas. El archivo de configuración es `/etc/sysconfig/sysstat`, variable `HISTORY`.

La recogida de información es ejecutada por una tarea `cron`, que puede estar definida en `cron.daily` o mediante `/etc/cron.d/sysstat`.

La información se guarda en un archivo de registro del directorio `/var/log/sysstat` o `/var/log/sa`. La rotación de esos archivos de registro es automática, una vez al mes.

3.1.2 El comando sar

Este comando funciona en dos modos:

Inmediato

Si le indicamos un intervalo de medida `t` y un número de medidas `n`. Mostrará el consumo de recursos instantáneo, con `n` medidas cada `t` segundos.

Diferido

Sin intervalo de medida `t`, el comando analiza los registros generados por `sysstat`.

Sus opciones permiten seleccionar los diferentes tipos de recursos, incluyendo visualizar el uso (procesador, memoria, entradas/salidas y red).

Procesador

Es el recurso visualizado por defecto, cuando el comando `sar` se utiliza sin opción.

Ejemplo

```
sar 3 5
Linux 4.18.0-348.23.1.el8_5.x86_64 (srvrh.localdomain)  12/09/
2022  _x86_64_    (2 CPU)
18:48:45        CPU     %user     %nice   %system   %iowait    %steal     %idle
18:48:48        all      0,00      0,00      0,00      0,00      0,00    100,00
18:48:51        all      0,00      0,00      0,17      0,00      0,00     99,83
18:48:54        all      0,00      0,00      0,00      0,00      0,00    100,00
^C
Media:          all      0,00      0,00      0,06      0,00      0,00     99,94
```

Uso de `sar` en modo instantáneo, 5 medidas de la actividad del procesador, cada 3 segundos.

Memoria

La opción `-r` permite monitorear el uso de la memoria viva:

```
sar -r
Linux 4.18.0-348.23.1.el8_5.x86_64 (srvrh.localdomain)  12/09/2022     _x86_64_    (2
CPU)

13:29:02          LINUX RESTART

14:29:13          LINUX RESTART

14:30:01     kbmemfree kbmemused  %memused kbbuffers  kbcached  kbcommit   %commit
14:40:01       3409348    447560     11,60     33092    219008    205828      2,62
Media  :       3409348    447560     11,60     33092    219008    205828      2,62
```

Los valores de ocupación de la memoria pueden llevar a engaño, debido a la caché de las entradas/salidas. Linux intenta optimizar el uso de la memoria viva. Cada vez que lee los datos desde un espacio de almacenamiento, conserva en la medida de lo posible su caché de entradas/salidas. Mientras siga habiendo memoria viva disponible, la caché de entradas/salidas irá aumentando. Si un aumento de carga necesita más memoria, el núcleo reducirá automáticamente el tamaño de la caché para poder asignar la memoria solicitada.

Por lo tanto, es normal tener poca memoria viva disponible si el tamaño de la caché de entradas/salidas es importante. Para estimar el margen de maniobra del núcleo, es más lógico observar el conjunto de memoria disponible + caché de entradas/salidas.

El comando `top` clasifica por defecto los procesos según su consumo de tiempo de procesador, pero al pulsar la tecla `M`, podemos solicitar una clasificación sobre el consumo de la memoria.

Por otro lado, un problema de memoria puede traducirse en un aumento de las colas de espera de entradas/salidas. De hecho, si el sistema tiene muy poca memoria viva, almacenará en el disco cada vez más páginas de memoria (swap), lo que ralentizará considerablemente el rendimiento, hará crecer la solicitud de acceso a los discos y provocará una espiral de saturación: cada vez habrá más procesos en espera de entradas/salidas.

Discos

La opción `-b` permite vigilar el uso de los discos:

```
sar -b
Linux 4.18.0-348.23.1.el8_5.x86_64 (srvrh.localdomain)  12/09/
2022    _x86_64_    (2 CPU)

13:29:02          LINUX RESTART

14:29:13          LINUX RESTART

14:30:01           tps       rtps       wtps   bread/s   bwrtn/s
14:40:01          0,31       0,01       0,31      0,56      2,47
Media:            0,31       0,01       0,31      0,56      2,47
```

Otras opciones

La opción `-A` permite obtener el conjunto de la información recogida.

La opción `-f` permite especificar qué archivos se utilizarán para recoger esta información.

Las opciones `-s` (*start*) y `-e` (*end*) permiten limitar el período de observación.

Ejemplo

```
sar -r -s 19:00:00 -e 19:30:00 -f /var/log/sa/sa12
Linux 4.18.0-348.23.1.el8_5.x86_64 (srvrh.localdomain)  12/09/2022   _x86_64_   (2 CPU)

19:30:01    kbmemfree kbmemused  %memused kbbuffers  kbcached  kbcommit   %commit
19:40:01      3409348    447560     11,60     33092    219008    205828      2,62
```

Estado de la memoria el 12 de septiembre de 2022 entre las 19:00 h y las 19:30 h.

3.2 El daemon collectd

`collectd` es un programa, open source, de recogida de datos de la actividad del sistema. Se trata de un daemon que mide a intervalos regulares (10 segundos por defecto) los valores de diferentes contadores que reflejan el rendimiento del sistema, que almacena en archivos.

Su objetivo es analizar el rendimiento (falta de recursos y cuellos de botella) y la planificación prospectiva de recursos (seguimiento de la evolución del consumo de recursos).

`collectd` no permite explotar directamente la información obtenida, pero puede realizar archivos de recogida de la información según diferentes formatos estándares, que pueden ser manipulados por aplicaciones de presentación de datos. Por defecto, usa el formato RRD (*Round Robin Database*), formato muy usado por las aplicaciones de presentación gráfica de datos estadísticos.

`collectd` es muy eficiente y consume pocos recursos. Está escrito en C y concebido de manera muy modular. Dispone de muchos plug-ins para conectarlo a otras aplicaciones, ya sea para monitorearlas o para que integren sus resultados (Apache, DNS, MySQL, Oracle, Nagios...).

`collectd` puede funcionar en red, enviando datos a uno o varios servidores (en modo *push*, es decir, por iniciativa de los sistemas locales y sin *polling* desde un servidor). La transferencia de datos puede hacerse en IPv4 o IPv6, en modo unicast o multicast, o incluso también a través de un proxy. También puede funcionar en modo local, sin necesidad de ninguna configuración de red.

3.2.1 Instalación

La instalación puede hacerse a partir de los archivos fuente (ver http://collectd.org) o de un paquete en formato Debian o Red Hat.

Ejemplo

```
yum install collectd
[...]
Instalar  1 Paquete

Tamaño total de la descarga: 716 k
Tamaño de los paquetes instalados: 2.3 M
¿Desea continuar? [S/N]: S
Descargando paquetes:
collectd-5.9.0-5.el8.x86_64.rpm                1.4 MB/s | 716 kB     00:00
-----------------------------------------------------------------------------
Total                                          833 kB/s | 716 kB     00:00
[...]                                          1/1
Productos instalados actualizados.

Instalado:
  collectd-5.9.0-5.el8.x86_64

¡Listo!
```

3.2.2 Configuración

La configuración por defecto permite ejecutar inmediatamente el daemon. Para un uso más personalizado, habría que modificar el archivo de configuración, /etc/collectd.conf o /etc/collectd/collectd.conf.

Ejemplo

Archivo de configuración por defecto, después de una instalación en una distribución Debian (sin comentarios).

```
vi /etc/collectd/collectd.conf
# sin comentarios
FQDNLookup true
LoadPlugin syslog
<Plugin syslog>
       LogLevel info
</Plugin>
LoadPlugin battery
LoadPlugin cpu
LoadPlugin df
LoadPlugin disk
LoadPlugin entropy
LoadPlugin interface
LoadPlugin irq
LoadPlugin load
LoadPlugin memory
LoadPlugin processes
LoadPlugin rrdtool
LoadPlugin swap
LoadPlugin users
<Plugin df>
       FSType rootfs
       FSType sysfs
       FSType proc
       FSType devtmpfs
       FSType devpts
       FSType tmpfs
       FSType fusectl
       FSType cgroup
       IgnoreSelected true
</Plugin>
<Plugin rrdtool>
       DataDir "/var/lib/collectd/rrd"
</Plugin>
<Include "/etc/collectd/collectd.conf.d">
       Filter "*.conf"
```

```
</Include>
```

Los diferentes elementos que se tienen que monitorear están especificados a través de plug-ins específicos (CPU, disco, memoria, interfaces de red, procesos, etc.). El formato de salida es RRD, el directorio de los datos es `/var/lib/collectd/rrd`.

En el directorio de recogida de datos, encontramos un subdirectorio para cada servidor monitoreado.

```
ls -l /var/lib/collectd/rrd/srvdebian/
total 120
drwxr-xr-x 2 root root 4096 12 septiembre 19:07 battery-0
drwxr-xr-x 2 root root 4096 12 septiembre 19:07 cpu-0
drwxr-xr-x 2 root root 4096 12 septiembre 19:07 cpu-1
drwxr-xr-x 2 root root 4096 12 septiembre 19:07 df-boot
drwxr-xr-x 2 root root 4096 12 septiembre 19:07 df-home
drwxr-xr-x 2 root root 4096 12 septiembre 19:07 df-root
drwxr-xr-x 2 root root 4096 12 septiembre 19:07 df-tmp
drwxr-xr-x 2 root root 4096 12 septiembre 19:07 df-var
drwxr-xr-x 2 root root 4096 12 septiembre 19:07 disk-dm-0
drwxr-xr-x 2 root root 4096 12 septiembre 19:07 disk-dm-1
drwxr-xr-x 2 root root 4096 12 septiembre 19:07 disk-dm-2
drwxr-xr-x 2 root root 4096 12 septiembre 19:07 disk-dm-3
drwxr-xr-x 2 root root 4096 12 septiembre 19:07 disk-dm-4
drwxr-xr-x 2 root root 4096 12 septiembre 19:07 disk-dm-5
drwxr-xr-x 2 root root 4096 12 septiembre 19:07 disk-dm-6
drwxr-xr-x 2 root root 4096 12 septiembre 19:07 disk-sda
drwxr-xr-x 2 root root 4096 12 septiembre 19:07 disk-sda1
drwxr-xr-x 2 root root 4096 12 septiembre 19:07 disk-sda2
drwxr-xr-x 2 root root 4096 12 septiembre 19:07 disk-sda5
drwxr-xr-x 2 root root 4096 12 septiembre 19:07 disk-sdb
drwxr-xr-x 2 root root 4096 12 septiembre 19:07 disk-sr0
drwxr-xr-x 2 root root 4096 12 septiembre 19:07 entropy
drwxr-xr-x 2 root root 4096 12 septiembre 19:07 interface-enp0s10
drwxr-xr-x 2 root root 4096 12 septiembre 19:07 interface-lo
drwxr-xr-x 2 root root 4096 12 septiembre 19:07 irq
drwxr-xr-x 2 root root 4096 12 septiembre 19:07 load
drwxr-xr-x 2 root root 4096 12 septiembre 19:07 memory
drwxr-xr-x 2 root root 4096 12 septiembre 19:07 processes
drwxr-xr-x 2 root root 4096 12 septiembre 19:07 swap
drwxr-xr-x 2 root root 4096 12 septiembre 19:07 users
```

En el directorio del servidor local, encontramos toda una serie de directorios para los diferentes recursos de los que se recoge.

Inicio

El daemon está instalado como un servicio, por lo tanto puede ser activado manualmente gracias al comando:

```
systemctl start collectd
```

A continuación puede ser configurado en arranque automático:

```
systemctl enable collectd
```

Ejemplo

```
systemctl status collectd
systemctl status collectd
● collectd.service - Statistics collection and monitoring daemon
  Loaded: loaded (/lib/systemd/system/collectd.service; enabled;
vendor preset: enabled)
     Active: active (running) since Mon 2022-09-12 19:07:06 CEST; 13h ago
       Docs: man:collectd(1)
             man:collectd.conf(5)
             https://collectd.org
    Process: 1703 ExecStartPre=/usr/sbin/collectd
-t (code=exited, status=0/SUCCESS)
   Main PID: 1704 (collectd)
      Tasks: 12 (limit: 4503)
     Memory: 38.2M
        CPU: 5min 4.805s
     CGroup: /system.slice/collectd.service
             └─1704 /usr/sbin/collectd
[...]
```

3.2.3 Explotación de los datos de collectd

Como se ha visto, `collectd` no permite explotar directamente la información obtenida. Hay que conectarlo a aplicaciones de presentación de datos, programas específicos u otro tipo de software.

Usa por defecto el formato RRD (*Round Robin database*), formato estándar para los archivos de datos estadísticos. Puede generar gráficos o tablas, con programas de tipo RRDtool, kcollectd o drraw, o con programas específicos usando las bibliotecas especializadas (Python, Perl, C, Java...).

collection3

collection 3 es una aplicación de presentación de datos recogidos por `collectd`, está integrada en el paquete `collectd`. El paquete `collectd` contiene, a título de ejemplo, un conjunto de scripts CGI de generación de gráficos, escritos en Perl.

Ejemplo

Después de haber instalado el paquete Debian.

```
cd /usr/share/doc/collectd/examples
ls-1
total 288
-rwxr-xr-x 1 root root   1106  3 septiembre  2020 add_rra.sh
-rw-r--r-- 1 root root   6063  3 septiembre  2020 collectd2html.pl
-rw-r--r-- 1 root root  36107  1 junio   2021 collectd.conf
-rw-r--r-- 1 root root   9638  3 septiembre  2020 collectd_network.py
-rw-r--r-- 1 root root   8067  3 septiembre  2020 collectd_unixsock.py
drwxr-xr-x 6 root root   4096 12 septiembre 19:06 collection3
-rwxr-xr-x 1 root root 105502 14 julio  2021 collection.cgi
-rwxr-xr-x 1 root root   9196  3 septiembre  2020 cussh.pl
-rwxr-xr-x 1 root root   1920  3 septiembre  2020 exec-ksm.sh
-rw-r--r-- 1 root root     98  3 septiembre  2020 exec-munin.conf
-rwxr-xr-x 1 root root   6386  3 septiembre  2020 exec-munin.px
-rw-r--r-- 1 root root    289 14 julio  2021 exec-nagios.conf
-rwxr-xr-x 1 root root  11325  3 septiembre  2020 exec-nagios.px
-rwxr-xr-x 1 root root   1784  3 septiembre  2020 exec-smartctl
-rw-r--r-- 1 root root    656  1 junio   2021 filters.conf
-rw-r--r-- 1 root root   6684  3 septiembre  2020 GenericJMX.conf
drwxr-xr-x 2 root root   4096 12 septiembre 19:06 iptables
-rw-r--r-- 1 root root   1677  3 septiembre  2020 network-proxy.py
drwxr-xr-x 2 root root   4096 12 septiembre 19:06 php-collection
drwxr-xr-x 2 root root   4096 12 septiembre 19:06 postgresql
-rw-r--r-- 1 root root  12767  3 septiembre  2020 snmp-data.conf
-rwxr-xr-x 1 root root   9348  3 septiembre  2020 snmp-probe-host.px
drwxr-xr-x 2 root root   4096 12 septiembre 19:06 SpamAssassin
-rw-r--r-- 1 root root    836  1 junio   2021 thresholds.conf
ls collection3
bin  etc  lib  README  share
```

El directorio `collection3` se tiene que implementar usando un directorio virtual gestionado por un servidor web. Los scripts en Perl necesitan la instalación previa de diferentes bibliotecas y módulos Perl (ver el archivo `README`).

3.3 Las soluciones de supervisión

La monitorización de la actividad de servidores múltiples en el seno de una red compleja es difícil y necesita generalmente herramientas especializadas. Se pueden implementar soluciones globales, que cubran el conjunto de elementos de hardware interconectados (switches, routers, firewalls, bahías de almacenamiento, servidores, etc.), con ayuda de agentes que utilizan protocolos de supervisión (SNMP) y proporcionan información en tiempo real hacia los servidores de supervisión.

Estos programas complejos pueden ser propietarios (HP Openview o IBM Tivoli) u open source, los más conocidos en esta última categoría son Nagios, MRTG, Cacti e Icinga2 (originalmente un fork de Nagios).

Ejemplo

Consola de supervisión de Nagios:

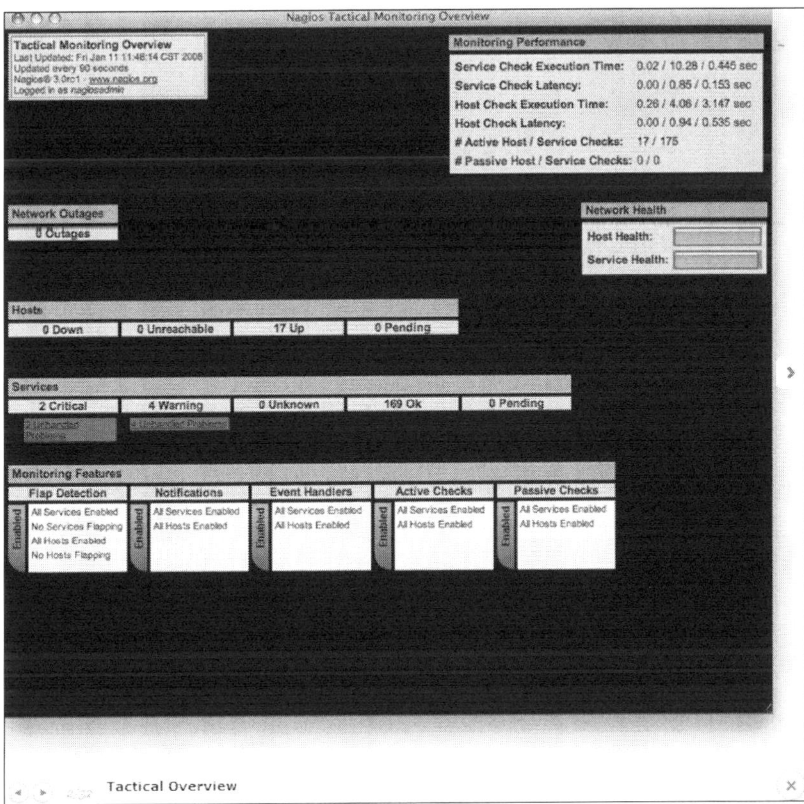

Capítulo 8
Domain Name Server

1. Domain Name Server

Este capítulo trata de la gestión de un servidor DNS Linux, de su configuración básica, de la definición de las zonas de nombres de dirección y de su seguridad.

1.1 Configuración básica de un servidor DNS

El objetivo de esta sección es de enseñarle a:

- configurar un servidor BIND autoritativo en una zona DNS y un servidor de caché recursivo. Esto incluye la gestión de la actividad del servidor y la configuración de los registros.

1.1.1 Competencias principales

- Terminología, archivos de configuración y herramientas de BIND 9.x.
- Determinación de la ubicación de los archivos de zona en la configuración de BIND.
- Recarga de los archivos de configuración y de zona después de haber hecho una modificación.
- Conocer otros servidores DNS: dnsmasq, djbdns y PowerDNS.

1.1.2 Elementos empleados

- `/etc/named.conf`
- `/var/named/`
- `rndc`
- `named-checkconf`
- `kill`
- `host`
- `dig`

1.2 Creación y gestión de las zonas DNS

El objetivo de esta sección es de enseñarle a:

- crear un archivo de zona para una zona directa o inversa y un archivo de declaración de servidores de nivel raíz. Esto incluye la configuración correcta de los registros, la incorporación de nombres de hosts en una zona y de zonas en DNS. Delegación de zonas con respecto a otro servidor DNS.

1.2.1 Competencias principales

- Terminología, archivos de configuración y herramientas de BIND 9.x.
- Herramientas de interrogación de un servidor DNS.
- Formato, contenido y ubicación de los archivos de zona DNS.
- Diferentes métodos para añadir un host en un archivo de zona y de zona inversa.

1.2.2 Elementos empleados

- `/var/named/`
- Sintaxis de un archivo de zona.
- Formato de los registros.
- `named-checkzone`
- `named-compilezone`
- `masterfile-format`
- `dig`
- `nslookup`
- `host`

1.3 Seguridad de un servidor DNS

El objetivo de esta sección es de enseñarle a:

- configurar un servidor BIND sin los derechos de superusuario y en un entorno restringido (*chroot jail*). Esto incluye el intercambio cifrado de datos entre servidores DNS.

1.3.1 Competencias principales

- Archivos de configuración de BIND 9.
- Configurar BIND en un entorno restringido (*chroot jail*).
- Fraccionar la configuración de BIND usando directivas de transferencia.
- Configurar y usar firmas de transacciones (TSIG).
- Conocimientos sobre DNSSEC y sus herramientas básicas.
- Conocimientos sobre DANE y los registros asociados.

1.3.2 Elementos empleados

- `/etc/named.conf`
- `/etc/passwd`

DNSSEC

- `dnssec-keygen`
- `dnssec-signzone`

2. Configuración básica de un servidor DNS

DNS (*Domain Name System*) es un protocolo de resolución de nombres que permite hacer la relación entre un nombre de host y una dirección IP. Fue creado en 1983 por **Paul Mockapetris** y **Jon Postel**, y definido originalmente en las RFC 882 y 883 (que fueron después reemplazadas por las RFC 1034 y 1035). Se ha convertido en el estándar de facto para la resolución de nombres en Internet.

2.1 Principios de DNS

DNS es un sistema de resolución de nombres estructurado en arborescencia. Esta arborescencia virtual está organizada en dominios y en subdominios. Cada dominio o subdominio constituye un nudo de la arborescencia y puede contener nombres asociados a direcciones IP. Existe también una rama de la arborescencia que permite resolver direcciones IP en nombres de host o de servicios (resolución inversa).

Los dominios y subdominios los gestionan servidores de nombres DNS que cooperan entre ellos para dar a los clientes DNS la relación entre nombres y direcciones IP. Estas últimas pueden ser direcciones IPv4 o IPv6.

La arborescencia DNS puede ser privada o pública. La arborescencia DNS más grande es la de Internet.

2.1.1 Clientes y servidores DNS

Un **cliente DNS** (*resolver*) interroga a un servidor DNS para conocer la o las direcciones IP que corresponden a un nombre (resolución de nombre), o al contrario, para conocer el o los nombres que corresponden a una dirección IP (resolución de dirección o resolución inversa). El servidor DNS responde si tiene elementos suficientes, en caso contrario interrogará a otros servidores DNS y responderá al final a su cliente, ofreciéndole los elementos solicitados o un código de respuesta de fallo de la resolución.

Un nombre puede ser el nombre de máquina (nombre de host) o un nombre de servicio (por ejemplo, servidor de nombres, servidor de mensajería ...). Un nombre puede corresponder a distintas direcciones IP, una dirección IP puede corresponder a distintos nombres.

Para poder gestionar un gran número de nombres, en evolución perpetua, de manera fiable y descentralizada, el sistema DNS está estructurado en un arborescencia que combina diferentes conjuntos independientes, gestionados por servidores DNS responsables de una parte de la arborescencia y cooperando entre ellos.

Esta organización ofrece muchas ventajas:

- Gestión dinámica y descentralizada: la actualización de la información se hace únicamente en el servidor DNS responsable de la parte correspondiente a la actualización.
- Tolerancia a fallos: los servidores DNS responsables de una zona pueden replicar sus datos hacia uno o varios servidores DNS, asegurando la tolerancia a fallos (excepto para las actualizaciones) y el reparto de la carga.

– Autonomía de gestión: el conjunto de los nombres/direcciones que se tienen que gestionar está distribuido entre entidades independientes entre ellas, pero que cooperan. No es necesaria una organización centralizada y única que administre el conjunto de los servidores. Si una parte de la arborescencia presenta un problema o está mal configurada, no afectará a las otras partes que se encuentran en el mismo nivel de la arborescencia.

2.1.2 Nombres de dominios completos (FQDN)

La raíz de la arborescencia se representa con el carácter **punto**. Directamente bajo la raíz se encuentran los dominios de primer nivel, TLD (*Top Level Domains*). Dentro de cada uno de ellos, encontramos múltiples dominios y subdominios. Para especificar el nivel de un dominio en la arborescencia, se utiliza la sintaxis siguiente:

```
NombreDominioN.NombreDominioN-1.NombreDominioN-2.[...].NombreDominio1[.]
```

Al contrario de la convención para las arborescencias de sistemas de archivos, partimos del nivel más bajo y subimos hacia la raíz. Esta última puede ser o no explícitamente especificada por el carácter punto.

Un dominio (o subdominio) corresponde a conjuntos de nombres, particularmente, nombres de máquinas, llamados nombres de host.

Un nombre de host corresponde a una o distintas direcciones IP, en versión 4 y/o 6. Para identificar de manera única un nombre de dominio, especificamos su FQDN (*Fully Qualified Domain Name*), subiendo toda la arborescencia del sistema DNS al que pertenece, según la sintaxis vista anteriormente. Según los casos, el carácter punto de la raíz es obligatorio o no.

Ejemplo

FQDN de un nombre de dominio de un servidor HTTP:

```
www.eni.com.
```

2.2 Los tipos de servidores DNS

Los servidores DNS aseguran dos funciones: gestionar los nombres de dominios DNS (nombres de hosts y nombres de servicios) y la relación con las direcciones IP correspondientes, y responder a las solicitudes de resolución de nombre o de dirección emitidas por los clientes DNS. Para ello, distinguimos diferentes tipos de servidores DNS, sabiendo que un mismo servidor puede desempeñar distintos roles.

2.2.1 Servidor de nombres DNS primario o secundario

Los nombres DNS están gestionados por servidores DNS. Cada conjunto de nombres, que puede constituir un dominio completo o un subdominio, se encuentra bajo la responsabilidad de un servidor DNS **maestro** (*master server*), llamado también servidor **primario** o **principal** (*primary server*), siendo un **servidor autoritativo** (*authoritative server*). Este servidor es el único que puede tomar en cuenta las actualizaciones de los nombres de dominio de los que se ocupa. Puede duplicar, en solo lectura, su base de nombres hacia uno o distintos servidores **no maestros** (*non-master server*), llamados también **servidores secundarios** (*secondary server*). Estos también serán autoritativos en el dominio o el subdominio, pero no pueden gestionar directamente las actualizaciones de los nombres de dominio.

2.2.2 Servidor DNS de caché o transitario (forwarder)

Algunos servidores DNS no gestionan directamente los nombres. Su rol es tomar en cuenta las solicitudes de resolución de nombres emitidas por los clientes DNS, interrogando a otros servidores DNS. Cuando hayan obtenido una respuesta, la almacenan temporalmente en su caché de nombres y la devuelven al cliente.

2.2.3 Servidor de caché

Su rol ha sido descrito anteriormente. Cuantas más solicitudes diferentes haya gestionado, más eficaz será su labor, porque si la respuesta a la solicitud del cliente se encuentra en su caché y no ha consumido su tiempo de validez, podrá responder directamente sin tener que interrogar a otro servidor DNS.

2.2.4 Servidor transitario (forwarder)

Este servidor DNS no trata él mismo las solicitudes que recibe de los clientes, sino que las transfiere a otro servidor DNS. Este último trata la solicitud y responde al servidor de DNS que le ha transferido la solicitud; el servidor transitario puede, entonces, responder a su cliente.

Esta técnica permite a un servidor DNS interno dentro de una organización tomar en cuenta la resolución de los nombres exteriores de la organización, transmitiendo las solicitudes a un servidor DNS externo. Los clientes internos de la organización no tendrán directamente acceso a servidores DNS externos.

2.3 Gestión de la arborescencia DNS por los servidores DNS

Los servidores DNS reflejan la estructura de la arborescencia del sistema DNS, gracias a las nociones de autoridad y de delegación de autoridad. También se apoyan en los servidores de la raíz de la arborescencia, que desempeñan un rol específico en la resolución de nombres.

2.3.1 Autoridad y delegación de autoridad

Para cada dominio, un servidor DNS tiene que ejercer la función de autoridad, es decir tener la responsabilidad de gestionar los nombres que pertenezcan a ese dominio. Sin embargo, un servidor DNS puede dar una delegación de autoridad a un subconjunto (o subdominio) del dominio del que es responsable. Esto permite distribuir la gestión de los nombres, garantizando la coherencia de la arborescencia: un servidor DNS que tiene autoridad sobre un dominio debe conocer todos los nombres del dominio y todos los servidores DNS de los subdominios y de su dominio, servidores a los que ha delegado la autoridad sobre esos subdominios.

La mayoría de las veces, los servidores que tienen autoridad se encuentran duplicados, uno de ellos sería el servidor principal, y el otro el servidor secundario, para asegurar de esta manera la tolerancia a fallos.

2.3.2 Los servidores DNS de la raíz (root servers)

Los servidores DNS situados en la raíz de la arborescencia desempeñan un papel particular en la resolución de nombres. En efecto, cuando un servidor DNS recibe una solicitud de resolución para un nombre de dominio sobre el que no tiene autoridad, interrogará a uno de los servidores DNS de la raíz para conocer el servidor del nombre del dominio de primer nivel solicitado. Para ello, debe estar configurado con los nombres y las direcciones IP de sus diferentes servidores de nombres de la raíz.

Ejemplo

Los nombres y direcciones IPv4 de los servidores de la raíz del sistema DNS de Internet están declarados en un archivo que se encuentra por defecto con BIND:

```
.                         518400  IN     NS     a.root-servers.net.
.                         518400  IN     NS     b.root-servers.net.
.                         518400  IN     NS     c.root-servers.net.
.                         518400  IN     NS     d.root-servers.net.
.                         518400  IN     NS     e.root-servers.net.
.                         518400  IN     NS     f.root-servers.net.
.                         518400  IN     NS     g.root-servers.net.
.                         518400  IN     NS     h.root-servers.net.
.                         518400  IN     NS     i.root-servers.net.
```

```
.                           518400  IN    NS     j.root-servers.net.
.                           518400  IN    NS     k.root-servers.net.
.                           518400  IN    NS     l.root-servers.net.
.                           518400  IN    NS     m.root-servers.net.
a.root-servers.net.         518400  IN    A      198.41.0.4
b.root-servers.net.         518400  IN    A      199.9.14.201
c.root-servers.net.         518400  IN    A      192.33.4.12
d.root-servers.net.         518400  IN    A      199.7.91.13
e.root-servers.net.         518400  IN    A      192.203.230.10
f.root-servers.net.         518400  IN    A      192.5.5.241
g.root-servers.net.         518400  IN    A      192.112.36.4
h.root-servers.net.         518400  IN    A      198.97.190.53
i.root-servers.net.         518400  IN    A      192.36.148.17
j.root-servers.net.         518400  IN    A      192.58.128.30
k.root-servers.net.         518400  IN    A      193.0.14.129
l.root-servers.net.         518400  IN    A      199.7.83.42
m.root-servers.net.         518400  IN    A      202.12.27.33
```

2.3.3 Los dominios de primer nivel (Top Level Domains)

Los dominios de primer nivel (TLD, *Top Level Domain*) se sitúan justo bajo la raíz del sistema DNS. Al principio no eran muy numerosos y estaban organizados por dominios funcionales: `.com`, `.org`, `.net`, `.int`, `.edu`, `.gov` y `.mil`

Después se añadieron dominios geográficos (por país: `fr`, `us`, `uk`, `de`, etc.), y más tarde se implantaron un gran número de otros identificadores de dominios.

Todos estos dominios están gestionados por servidores DNS, los cuales deben estar declarados como servidores de la raíz y tienen que conocer los servidores DNS de los dominios de nivel inmediatamente inferior, a los que han dado una delegación de autoridad en el subdominio.

2.3.4 El dominio de resolución inversa in-addr.arpa.

Esta rama de la arborescencia tiene como objetivo asegurar la resolución de dirección o la resolución inversa. Para ello, las direcciones están estructurados bajo la forma de una arborescencia, en el interior de un dominio llamado `in-addr.arpa.`, un nombre está estructurado en tantos elementos como bytes tenga la dirección, según la sintaxis: `z.y.x.w.in-addr.arpa`.

donde `w`, `x`, `y` y `z` corresponden a los cuatro bytes de una dirección IPv4, en orden inverso.

<u>Ejemplo</u>

Para buscar el nombre DNS de una máquina cuya dirección IP es `20.1.0.250`, escribiremos `250.0.1.20.in-addr.arpa`.

Esta arborescencia está gestionada por los servidores DNS, en paralelo con la arborescencia de los nombres de dominio.

2.4 Mecanismo de la resolución de nombres

La resolución de nombres es el mecanismo esencial que permite a un cliente DNS obtener la lista de las direcciones IP asociadas un nombre DNS. Si hacemos abstracción de los mecanismos de caché y de los servidores DNS transitorios, el principio de base es el siguiente:

Un cliente DNS tiene que estar configurado para conocer la dirección IP de al menos un servidor de DNS directamente accesible.

Si una aplicación necesita resolver un nombre DNS, solicitará al cliente DNS del sistema (el *resolver*, generalmente una función de la biblioteca de sockets del sistema) que se ocupe de ello.

- El cliente DNS envía una solicitud de resolución de nombre DNS, usando el protocolo de transporte UDP, hacia el puerto bien conocido 53 del primer servidor DNS de su archivo de configuración (`/etc/resolv.conf`). El cliente queda en espera de una respuesta, durante un cierto tiempo. Si no ha recibido ninguna respuesta después de este tiempo, puede interrogar al servidor DNS siguiente, si tiene otro más declarado en el archivo de configuración.
- El servidor DNS trata la solicitud:

  Si tiene autoridad en el dominio solicitado, consulta la base de nombres, bien sea para encontrar directamente el nombre solicitado, bien para determinar el servidor DNS al que ha delegado la autoridad para ese subdominio. Responde directamente al cliente o transmite la solicitud al servidor DNS del subdominio, que le responderá con la lista de las direcciones que corresponden al FQDN (o un mensaje de tipo `NOT FOUND`, si ese nombre no está referenciado).

  Si no tiene autoridad, el servidor DNS efectuará una búsqueda **recursiva**: interroga a uno de los servidores de la raíz DNS, que le responderá con la lista de servidores de nombres del dominio de primer nivel correspondiente al FQDN buscado.

  A continuación, el servidor va a reiterar su solicitud, nivel por nivel, hasta encontrar el servidor DNS que tenga autoridad en el subdominio buscado, que le devolverá la lista de las direcciones correspondientes al FQDN (o un mensaje de tipo `NXDOMAIN`, si el nombre no está referenciado).
- Finalmente, el servidor DNS dará la respuesta al cliente.

Cuando un servidor DNS ha obtenido una respuesta a su solicitud, la guardará en su caché, para poder utilizarla más tarde si recibe la misma solicitud. La duración de validez de una respuesta en el caché está configurada por un parámetro asociado al registro de la relación del nombre de do-minio/dirección, llamada TTL (*Time To Live*).

2.4.1 Ejemplo

Solicitud de resolución del nombre DNS www.ediciones-eni.com:

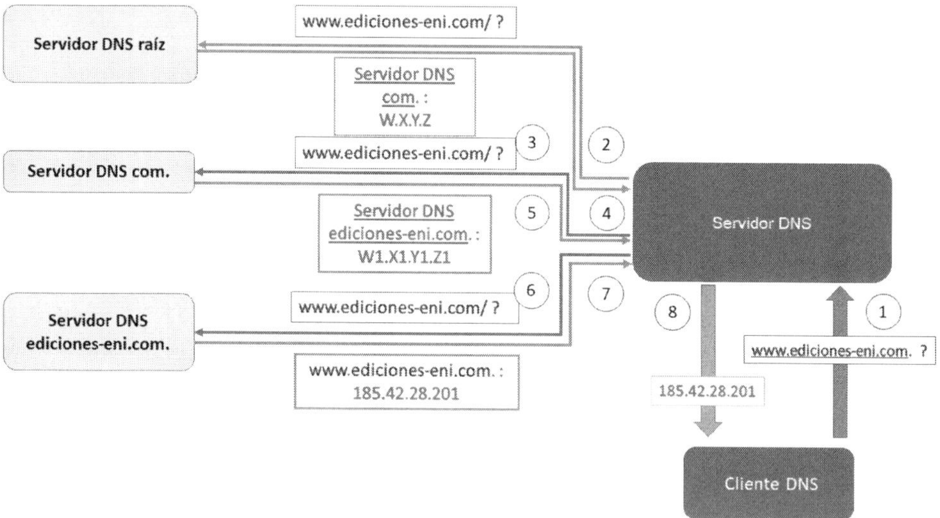

1 El cliente DNS interroga a su servidor DNS.

2 El servidor DNS envía la solicitud a un servidor DNS de la raíz.

3 El servidor DNS de la raíz contesta con la dirección de un servidor DNS del dominio `com`.

4 El servidor DNS envía la solicitud al servidor DNS del dominio `com`.

5 El servidor DNS del dominio `com`. contesta con la dirección de un servidor DNS del dominio `ediciones-eni.com`.

6 El servidor DNS envía la solicitud al servidor DNS del dominio `ediciones-eni.com`.

7 El servidor DNS del dominio `ediciones-eni.com` contesta con la dirección asociada al nombre DNS solicitado.

8 El servidor DNS responde a la solicitud del cliente.

2.5 Zonas DNS

La información acerca de los objetos gestionados por un servidor DNS están almacenadas en un archivo llamado archivo de **zona**. Cada zona constituye un conjunto de elementos bajo la autoridad de un servidor DNS principal, que puede opcionalmente transmitir una copia de este archivo, en solo lectura, a uno o a varios servidores secundarios

En el archivo de zona están referenciados los nombres de los hosts y los nombres de servicios asociados a direcciones IP. También encontramos la información referente a los servidores de nombres de la zona y, si fuera necesario, los servidores de nombres que tienen una delegación en los subdominios de esta zona.

Los archivos específicos de zona permiten gestionar la resolución inversa, de direcciones IP hacia nombres DNS.

Los archivos de zona están constituidos por registros de diferentes tipos, según la naturaleza de la información almacenada.

2.5.1 Registro de zona (tipo SOA)

Este registro define la zona y sus atributos, entre los que podemos encontrar:

- Nombre de la zona.
- FQDN del servidor primario.
- Correo electrónico del administrador.
- Número de serie (para gestionar las actualizaciones de los servidores secundarios).

2.5.2 Registros de recursos

Los elementos relativos a los nombres de host o de servicio y las direcciones IP correspondientes se llaman registros de recursos (RR, *Resource Record*). Pueden ser de distintos tipos. Los tipos principales están descritos a continuación.

Registro de dirección (tipo A o AAAA)

Estos registros contienen la información relativa a los nombres de host y su dirección IP. El tipo `A` corresponde a las direcciones IPv4, el tipo `AAAA` a las direcciones IPv6.

Registro de puntero (tipo PTR)

Este tipo de registro mantiene el enlace entre una dirección IP y un nombre DNS. Lo encontramos en los archivos de zona de búsqueda inversa.

Registro de alias (tipo CNAME)

Este tipo de registro (*Canonical name*) permite hacer una correspondencia entre un nombre (*alias*) y un nombre FQDN.

Registro de servidor de nombres (tipo NS)

Este tipo de registro (*Name server*) permite declarar los servidores de nombres de un dominio o de un subdominio.

2.5.3 Zona de resolución inversa in-addr.arpa.

Esta zona gestiona la información que permite efectuar la resolución inversa de las direcciones de los nombres de dominio de la zona. Corresponde a un subdominio del dominio `in-addr.arpa.`, para la red/subred de las direcciones IP de la zona de nombres.

Un archivo de zona inversa contiene esencialmente registros de recursos de tipo PTR, que realizan el vínculo entre una dirección IP en notación inversa `in-addr.arpa.` y un nombre DNS.

2.6 Los servidores DNS en Linux

Varios programas implementan un servidor DNS en Linux, el más usado es BIND (*Berkeley Internet Name Domain*).

2.6.1 BIND

Concebido por la Universidad de Berkeley para Unix BSD en los años 80, BIND es uno de los primeros servidores DNS. Está mantenido y desarrollado por el ISC (*Internet Systems Consortium*), un consorcio público sin ánimo de lucro.

Su versión actual es la número 9, reescrita completamente al principio de los años 2000 para implementar una arquitectura más fácil de proteger. Es el servidor de nombres DNS más utilizado hoy día, particularmente en Linux.

2.6.2 Otros servidores DNS

Otros tipos de servidores DNS se usan en entornos DNS, entre ellos:

- Dnsmasq: este programa ofrece un peculiar doble servidor DHCP y DNS transitario (*forwarder*). Lo encontramos implementado a menudo en equipos de tipo router de Internet, porque permite distribuir las direcciones IP privadas para las máquinas del abonado (a través del servidor DHCP) y dar acceso a los servidores DNS de Internet a través del servidor DNS.

- Djbdns: desarrollado desde 2001 por Daniel J. Bernstein (el creador del servidor de mensajería Gmail), este programa tiene como objetivo resolver múltiples problemas de seguridad encontrados en BIND. Está aconsejado por algunas distribuciones Linux. Se ha efectuado un fork bajo el nombre de dbndns, en el marco del proyecto Debian.
- PowerDNS: programa propietario creado en 1993, se ha convertido en open source en 2003. Provee servicios DNS repartidos entre múltiples servidores con equilibrado de carga (*load balancing*).

2.7 Configuración básica de un servidor primario DNS BIND

El servidor BIND es ejecutado por el daemon `named`. Normalmente se inicia durante el arranque del sistema y su archivo de configuración por defecto es `/etc/named.conf` (o `/etc/bind/named.conf`). Su configuración es más o menos compleja en función de su o de sus roles: servidor primario, secundario, servidor de caché y/o servidor transitario. En esta parte, vamos a ver la configuración básica de un servidor DNS primario simple.

Observación

El firewall de los sistemas Linux está, a menudo, configurado por defecto para bloquear las conexiones entrantes en los puertos usados por DNS, 53 UDP y 53 TCP. Hay que autorizar los mensajes entrantes hacia esos puertos para que el servidor DNS pueda recibir las solicitudes de los clientes o de otros servidores DNS.

2.7.1 El archivo named.conf

El archivo de configuración `named.conf` está generalmente completado por archivos incluidos a través de la directiva `include`.

Este archivo define las opciones del servidor BIND y su rol, así como la ubicación de los diferentes archivos de zona gestionados por ese servidor (ya que se trata de un servidor principal), y el archivo de declaración de los servidores DNS de la raíz de la arborescencia.

Un servidor primario gestiona al menos una zona para los nombres de dominio o de subdominio en los que ejerce la autoridad, así como la zona de búsqueda inversa correspondiente.

Estos archivos de zona están declarados en el archivo `named.conf` o en uno de los archivos incluidos, con su ubicación y tipo.

Un archivo de configuración `named.conf` contiene un conjunto de directivas, las más frecuentes están descritas a continuación.

La directiva `include`

Esta directiva permite incluir un archivo en el archivo de configuración principal.

La directiva `options`

La directiva `options` define un conjunto de opciones según la sintaxis siguiente:

```
options { <opción>; [<opción>; ...] };
```

Entre las numerosas opciones existentes, las principales son:

`allow-query {lista};`	Lista de los clientes autorizados a interrogar al servidor sobre sus zonas de autoridad (por defecto: todos).
`allow-query-cache {lista};`	Lista de los clientes autorizados a interrogar al servidor sobre su caché (por defecto: todos).
`blackhole {lista};`	Lista de clientes prohibidos (por defecto: ninguno).
`directory Path;`	Directorio de los archivos de datos (por defecto: `/var/named/`).
`forwarders {lista};`	Lista de los servidores DNS hacia los que hay que transferir las solicitudes que queden fuera de las zonas de autoridad.
`forward Tipo;`	Tipo de *forwarding* (`first`, `only`) en el caso de un servidor DNS transitario.
`listen-on {lista};`	Direcciones IPv4 de las interfaces en las que el servidor espera las solicitudes (por defecto: todas).
`listen-on-v6 {lista};`	Direcciones IPv6 de las interfaces en las que el servidor espera las solicitudes (por defecto: todas).
`pid-file Path;`	Camino de acceso hacia el archivo que contiene el PID del daemon `named`.
`recursion yes|no;`	Especifica si el servidor gestiona las solicitudes recursivas (por defecto: `yes`).
`statistics-file NombreArchivo;`	Camino de acceso hacia el archivo de estadísticas (por defecto: `/var/named/named.stats`).

La directiva `zone`

Esta directiva especifica el nombre de dominio o de subdominio que corresponde a la zona (el punto final es facultativo), sus características y la ubicación del archivo de zona correspondiente.

Los principales atributos son:

`file Nombre;`	Nombre del archivo de zona (en el directorio de los archivos del servidor).
`type Tipo;`	Tipo de zona: `hint` (zona especial para los servidores raíz), `master` (servidor principal) y `slave` (servidor secundario).
`masters {Dirección};`	Dirección del servidor principal para esta zona (en el caso de que haya un servidor secundario).
`allow-query {lista};`	Lista de los clientes autorizados a efectuar solicitudes sobre esta zona (por defecto: todos).
`allow-transfer {lista};`	Lista de los servidores secundarios autorizados a solicitar la transferencia del archivo de zona (por defecto: todos).
`allow-update {lista};`	Lista de los hosts autorizados a solicitar una actualización dinámica en el archivo de zona (por defecto: ninguno).

Ejemplo

Archivo */etc/named.conf* en una distribución RHEL 8.5:

```
//
// named.conf
//
// Provided by Red Hat bind package to configure the ISC BIND named(8) DNS
// server as a caching only nameserver (as a localhost DNS resolver only).
//
// See /usr/share/doc/bind*/sample/ for example named configuration files.
//

options {
	listen-on port 53 { 127.0.0.1; };
	listen-on-v6 port 53 { ::1; };
	directory 	"/var/named";
	dump-file 	"/var/named/data/cache_dump.db";
	statistics-file "/var/named/data/named_stats.txt";
	memstatistics-file "/var/named/data/named_mem_stats.txt";
	secroots-file	"/var/named/data/named.secroots";
	recursing-file	"/var/named/data/named.recursing";
	allow-query	{ localhost; };
	/*
	 - If you are building an AUTHORITATIVE DNS server, do NOT enable recursion.
	 - If you are building a RECURSIVE (caching) DNS server, you need to enable
```

```
          recursion.
        - If your recursive DNS server has a public IP address, you MUST enable access
          control to limit queries to your legitimate users. Failing to do so will
          cause your server to become part of large scale DNS amplification
          attacks. Implementing BCP38 within your network would greatly
           attacks. Implementing BCP38 within your network would greatly
           reduce such attack surface
        */
        recursion yes;
        dnssec-enable yes;
        dnssec-validation yes;
        managed-keys-directory "/var/named/dynamic";
        pid-file "/run/named/named.pid";
        session-keyfile "/run/named/session.key";
        include "/etc/crypto-policies/back-ends/bind.config";
};
logging {
        channel default_debug {
                file "data/named.run";
                severity dynamic;
        };
};
zone "." IN {
        type hint;
        file "named.ca";
};

include "/etc/named.rfc1912.zones";
include "/etc/named.root.key";
```

El servidor tiene el rol de servidor de caché y no gestiona ninguna zona, excepto la zona "." que contiene las direcciones y los nombres de los servidores DNS de la raíz, así como las zonas correspondientes a la red de loopback (`named.rfc1912.zones`). Escucha en el puerto bien conocido 53, solamente para las solicitudes de la máquina local (dirección loopback `127.0.0.1`). La opción `recursion yes` lo autoriza a efectuar solicitudes de resolución recursiva, interrogando sucesivamente servidores DNS hasta obtener una respuesta de un servidor DNS que tenga autoridad sobre el dominio del nombre buscado.

2.7.2 Los archivos de zona por defecto

El paquete de software `BIND` proporciona generalmente varios archivos de zona.

Un archivo de zona corresponde a la raíz del sistema DNS (zona "."), en el que están declarados los diferentes servidores de nombres de la raíz del sistema DNS Internet.

Observación

Si su servidor DNS es puramente interno en su organización (es decir que no tiene acceso a Internet), hay que modificar el contenido de esta zona para declarar los servidores DNS de la raíz de su arborescencia DNS privada.

Dos archivos de zona corresponden a los nombres de hosts de la red de loopback así como a sus direcciones (zona de búsqueda inversa): zone "localhost" y zone "127.in-addr.arpa".

Los dos otros archivos de zona de búsqueda inversa corresponden a las direcciones de *broadcast* y al identificador de la red IP local: zone "0.in-addr.arpa" y zone "255.in-addr.arpa".

2.7.3 Ejemplo

Archivo de configuración de un servidor primario BIND, ejerciendo autoridad sobre la zona del dominio lpic2test.com.

```
options {
       listen-on port 53 {127.0.0.1;192.168.1.202;};
       directory       "/var/named";
       dump-file       "/var/named/data/cache_dump.db";
       statistics-file "/var/named/data/named_stats.txt";
       memstatistics-file "/var/named/data/named_mem_stats.txt";
       allow-query {127.0.0.1;192.168.1.0/24;};
       recursion yes;
       pid-file "/run/named/named.pid";
};
zone "." IN {
       type hint;
       file "named.ca";
};
zone "lpic2test.com" IN {
       type master;
       file "lpic2.zone";
};
zone "1.168.192.in-addr.arpa" IN {
       type  master;
       file  "db.192.168.1";
};
include "/etc/named.rfc1912.zones";
```

2.8 Configuración de un servidor de caché o transitario

Algunos servidores DNS no gestionan ninguna parte de la arborescencia del sistema DNS al que pertenecen. Su único rol es el de responder a las solicitudes de sus clientes. Se trata de servidores de caché y/o servidores transitarios (*forwarder*).

2.8.1 Configuración de servidor de caché

Un servidor DNS de caché asegura la resolución de nombres, pero no gestiona ninguna zona.

Este efectúa búsquedas recursivas en los servidores DNS de la arborescencia, para responder a las solicitudes de sus clientes, y almacena las respuestas obtenidas, temporalmente, en su caché. De esta manera podrá responder directamente si una solicitud es relativa a un nombre o a una dirección (resolución inversa) que ya se encuentra en su caché, con la condición de que la vida de la información no haya expirado (TTL).

La opcion `recursion yes` permite al servidor BIND desempeñar el rol de servidor de caché.

Ejemplo

Archivo de configuración de un servidor de caché BIND.

```
/* servidor DNS de caché */
options {
       listen-on port 53 {127.0.0.1;192.168.1.202;};
       directory       "/var/named";
       dump-file       "/var/named/data/cache_dump.db";
       statistics-file "/var/named/data/named_stats.txt";
       memstatistics-file "/var/named/data/named_mem_stats.txt";
       allow-query {127.0.0.1;192.168.1.0/24;};
       recursion yes;
       pid-file "/run/named/named.pid";
};
zone "." IN {
       type hint;
       file "named.ca";
};
include "/etc/named.rfc1912.zones";
```

Exceptuando la zona de los servidores DNS de la raíz y las zonas por defecto, no hay ninguna otra zona declarada.

2.8.2 Configuración un servidor transitario (forwarder)

Un servidor transitario (*forwarder*) no efectúa directamente búsquedas recursivas, si no que transfiere las solicitudes de resolución de sus clientes hacia uno o varios servidores DNS que se encargarán de efectuar las solicitudes de resolución recursiva.

Un servidor puede hacer ese rol para todas las solicitudes, o solamente para las solicitudes relativas a una parte de la arborescencia. Puede gestionar un dominio privado, interno, y difundir hacia servidores DNS externos para los dominios externos (los de Internet, en particular).

El servidor transitario almacena las respuestas obtenidas temporalmente en su caché. De esta manera puede responder directamente si una solicitud es relativa a un nombre o a una dirección que se encuentra en su caché, siempre y cuando la duración de vida de la información no haya llegado a expiración (TTL).

La opción `forwarders` permite especificar el o los DNS a los que hay que transferir las solicitudes de los clientes DNS.

Ejemplo

```
/* Servidor DNS transitario */
options {
        listen-on port 53 {127.0.0.1;192.168.1.202;};
        directory        "/var/named";
        dump-file        "/var/named/data/cache_dump.db";
        statistics-file "/var/named/data/named_stats.txt";
        memstatistics-file "/var/named/data/named_mem_stats.txt";
        allow-query {127.0.0.1;192.168.1.0/24;};
        pid-file "/run/named/named.pid";
        forwarders {192.168.1.254;};
        recursion yes;
};
include "/etc/named.rfc1912.zones";
```

Exceptuando las zonas por defecto, no hay ninguna otra zona declarada. El servidor DNS que efectuará las solicitudes a los diferentes servidores DNS de la arborescencia DNS tiene la dirección IP `192.168.1.254`.

2.9 Monitorización de un servidor DNS BIND

El daemon `named` es arrancado por un script de inicio `init system V` o por `systemd`. Si su configuración cambia, habría que reiniciarlo o pedirle que vuelva a cargar su configuración. Para ello, podemos usar el script de inicio o `systemd`. También podemos enviar la señal `HUP` (señal `1`) al daemon a través del comando `kill`.

El comando `rndc`, proporcionado con el paquete `bind` (o `bind9`), también permite interactuar con el daemon.

2.9.1 Recarga de la configuración del servidor

Si el daemon `named` ha sido lanzado con un script de inicio, le podemos pedir que vuelva a cargar su configuración gracias al argumento `reload` del script.

Ejemplo

Con una distribución Debian 10:

```
/etc/init.d/bind9 reload
[ ok ] Reloading bind9 configuration (via systemctl): bind9.service.
```

Si el daemon named ha sido lanzado con systemd, podemos pedirle que vuelva a cargar su configuración gracias al argumento reload del comando systemctl.

Ejemplo

Con una distribución Debian 11:

```
systemctl reload bind9
```

Con una distribución RHEL 8.5:

```
systemctl reload named
```

Otro método consistiría en enviar una señal 1 (HUP) al proceso que ejecuta named, lo que provocará que recargue su configuración.

Ejemplo

El PID del proceso que ejecuta el servidor BIND está almacenado en el archivo predeterminado (/run/named/named.pid) o el definido por la opción pid-file del archivo named.conf:

```
grep pid-file /etc/named.conf
        pid-file "/run/named/named.pid";
cat /run/named/named.pid
20118
kill -HUP 20118
```

2.9.2 Control del archivo de configuración: named-checkconf

El comando named-checkconf permite comprobar la sintaxis del contenido del archivo de configuración named.conf.

El comando devuelve 0 si la sintaxis del contenido del archivo es correcta, en el caso contrario muestra 1, con un mensaje de error.

Ejemplo

```
named-checkconf
echo $?
0
```

El archivo de configuración es correcto desde el punto de vista de la sintaxis.

Quitamos un ; al final de una línea de directiva:

```
options {
        listen-on port 53 { 127.0.0.1; }
        listen-on-v6 port 53 {::1; };
named-checkconf
/etc/named.conf:12: missing ';' before 'listen-on-v6'
echo $?
1
```

El comando muestra un error y devuelve 1.

2.9.3 El comando rndc

El comando rndc permite interactuar con el daemon named.

Sintaxis

```
rndc comando [parámetros]
```

Principales subcomandos

-s Servidor	Interactúa con el daemon named del servidor especificado.
reload	Recarga los archivos de configuración y la información de zona.
reload Zona ArchivoZona	Recarga el archivo de la zona indicada.
retransfer Zona	Fuerza la transferencia de la zona indicada desde el servidor principal.
reconfig	Carga solamente los archivos de las nuevas zonas.
flush	Vacía la caché del servidor.
status	Muestra el estado del servidor.
dumpdb	Copia el contenido de la caché en el archivo de dump configurado por la opción dump-file en named.conf.

Ejemplo

```
rndc status
version: BIND 9.11.36-RedHat-9.11.36-3.el8 (Extended Support Version) <id:68dbd5b>
running on srvrh.localdomain: Linux x86_64 4.18.0-348.23.1.el8_5.x86_64
#1 SMP Tue Apr 12 11:20:32 EDT 2022
boot time: Tue, 13 Sep 2022 13:46:07 GMT
last configured: Tue, 13 Sep 2022 13:48:07 GMT
configuration file: /etc/named.conf
CPUs found: 2
worker threads: 2
UDP listeners per interface: 1
number of zones: 103 (97 automatic)
debug level: 0
xfers running: 0
xfers deferred: 0
soa queries in progress: 0
query logging is OFF
recursive clients: 0/900/1000
tcp clients: 2/150
TCP high-water: 2
server is up and running
```

Recargamos la configuración:

```
rndc reload
server reload successful
rndc status
version: BIND 9.11.36-RedHat-9.11.36-3.el8 (Extended Support Version) <id:68dbd5b>
running on srvrh.localdomain: Linux x86_64 4.18.0-348.23.1.el8_5.x86_64
#1 SMP Tue Apr 12 11:20:32 EDT 2022
boot time: Tue, 13 Sep 2022 13:46:07 GMT
last configured: Tue, 13 Sep 2022 14:09:50 GMT
configuration file: /etc/named.conf
[...]
```

Observando la hora de la última configuración, constatamos que el servidor `named` ha cargado la configuración correctamente.

Observación

El comando se usa para administrar servidores DNS remotos, con la opción `-s Servidor`. Sin embargo, por razones de seguridad, es necesario que este uso sea configurado en los dos servidores, con un intercambio de claves TSIG. Esta configuración puede hacerse con el comando `rndc-confgen`.

2.10 Prueba de un servidor DNS BIND

Para comprobar el funcionamiento correcto de un servidor DNS, podemos usar diferentes comandos. En primer lugar, vamos a usar los comandos `host` y `dig` para hacer comprobaciones básicas.

2.10.1 El comando host

El comando `host` permite interrogar a un servidor DNS para resolver un nombre o una dirección.

Sintaxis

```
host [Opciones] Nombre|Dirección [ DirServidor ]
```

Parámetros principales

`-v`	Visualización detallada de la solicitud y de la respuesta.
`-4`	Usar IPv4.
`-6`	Usar IPv6.
`-t Tipo`	Tipo de registro que se buscará (`A`, `AAAA`, `MX`, `NS`, `PTR`...).
`Nombre|Dirección`	Nombre o dirección que se tiene que resolver.
`DirecciónServidor`	Dirección del servidor DNS, si no estuviera especificada, se usará: `/etc/resolv.conf`.

Ejemplo

```
host www.google.com
www.google.com has address 142.250.74.228
www.google.com has IPv6 address 2a00:1450:4007:80f::2004
host 142.250.74.228
228.74.250.142.in-addr.arpa domain name pointer par10s40-in-
f4.1e100.net.
```

2.10.2 El comando dig

El comando `dig` (*Domain Information Groper*) permite comprobar de manera detallada el funcionamiento de un servidor DNS. Dispone de muchas opciones para gestionar diferentes aspectos de la resolución de nombres.

En esta parte del capítulo, presentamos un uso básico del comando.

Observación

En las distribuciones de tipo Debian, el comando forma parte del paquete `dnsutils`.

Sintaxis

```
dig   [ Opciones ] [@DirServidor] Nombre|Dirección
```

Parámetros principales

`-t Tipo`	Tipo de registro que se buscará (`A`, `AAAA`, `MX`, `NS`, `PTR`...).
`-x`	Búsqueda inversa para la dirección IP específica como argumento.
`-4`	Usar IPv4.
`-6`	Usar IPv6.
`Nombre|Dirección`	Nombre o dirección que se tiene que resolver.
`@DirServidor`	Dirección del servidor DNS, si no estuviera especificada, se usará: `/etc/resolv.conf`.

Ejemplo

```
dig www.google.com
; <<>> DiG 9.16.27-Debian <<>> www.google.com
;; global options: +cmd
;; Got answer:
;; ->>HEADER<<- opcode: QUERY, status: NOERROR, id: 27387
;; flags: qr rd ra; QUERY: 1, ANSWER: 1, AUTHORITY: 0, ADDITIONAL: 1

;; OPT PSEUDOSECTION:
; EDNS: version: 0, flags:; udp: 1472
;; QUESTION SECTION:
;www.google.com.                        IN      A

;; ANSWER SECTION:
www.google.com.         164     IN      A       142.250.179.100

;; Query time: 3 msec
;; SERVER: 192.168.1.254#53(192.168.1.254)
;; WHEN: Tue Sep 13 16:13:32 CEST 2022
;; MSG SIZE  rcvd: 59

dig -t PTR 100.179.250.142.in-addr.arpa.

; <<>> DiG 9.11.36-RedHat-9.11.36-3.el8 <<>> -t PTR 100.179.250.142.in-addr.arpa.
;; global options: +cmd
;; Got answer:
;; ->>HEADER<<- opcode: QUERY, status: NOERROR, id: 46845
;; flags: qr rd ra; QUERY: 1, ANSWER: 1, AUTHORITY: 0, ADDITIONAL: 1

;; OPT PSEUDOSECTION:
; EDNS: version: 0, flags:; udp: 1472
;; QUESTION SECTION:
;100.179.250.142.in-addr.arpa.  IN      PTR

;; ANSWER SECTION:
100.179.250.142.in-addr.arpa. 80963 IN  PTR     par21s20-in-f4.1e100.net.

;; Query time: 2 msec
;; SERVER: 192.168.1.254#53(192.168.1.254)
;; WHEN: mar. septiembre 13 16:16:06 CEST 2022
;; MSG SIZE  rcvd: 95
```

Búsqueda inversa directamente a través de una dirección:

```
dig -x 142.250.179.100
; <<>> DiG 9.11.36-RedHat-9.11.36-3.el8 <<>> -x 142.250.179.100
;; global options: +cmd
;; Got answer:
;; ->>HEADER<<- opcode: QUERY, status: NOERROR, id: 48386
;; flags: qr rd ra; QUERY: 1, ANSWER: 1, AUTHORITY: 0, ADDITIONAL: 1

;; OPT PSEUDOSECTION:
; EDNS: version: 0, flags:; udp: 4096
;; QUESTION SECTION:
;100.179.250.142.in-addr.arpa.  IN      PTR

;; ANSWER SECTION:
100.179.250.142.in-addr.arpa. 80883 IN  PTR     par21s20-in-
f4.1e100.net.

;; Query time: 0 msec
;; SERVER: 192.168.1.254#53(192.168.1.254)
;; WHEN: mar. septiembre 13 16:17:26 CEST 2022
;; MSG SIZE  rcvd: 95
```

3. Creación y gestión de las zonas DNS

Un servidor primario DNS gestiona una o varias zonas. Cada una corresponde a un dominio o a un subdominio de una arborescencia DNS. Opcionalmente puede proporcionar una copia de un archivo de zona, en solo lectura, a uno o a distintos servidores secundarios. Estos últimos pueden dar respuestas autoritativas a las solicitudes de resolución relacionadas con los registros de la zona. Sin embargo, solo el servidor primario puede actualizar el contenido del archivo de zona.

Un servidor DNS puede ser servidor primario para una o varias zonas y servidor secundario para otras zonas.

Para cada archivo de zona debería corresponder un archivo de zona de búsqueda inversa, que permite la resolución inversa (dar el nombre DNS relacionado con una dirección IP). También será necesaria la presencia de un archivo de zona de búsqueda inversa para las direcciones IPv6.

Observación

El contenido de un archivo de zona obedece a una sintaxis precisa y exacta, el mínimo error puede hacer que el servidor DNS no lo cargue.

3.1 Archivo de zona de búsqueda

La zona tiene que estar declarada en el archivo de configuración `named.conf` por una directiva `zone` especificando el nombre de la zona, su tipo y el nombre del archivo de zona.

El archivo de zona tiene que encontrarse en el directorio de datos declarado en el archivo de configuración `named.conf`, con la opción `directory` (por defecto `/var/named` o `/var/cache/bind`).

Ejemplo

Declaración de una zona en el archivo `named.conf`:

```
zone "lpic2test.com" IN {
       type master;
       file "lpic2.zone";
};
```

Se trata de una zona de tipo `master`, para la que el servidor DNS desempeña el rol de servidor principal.

Un archivo de zona contiene un registro de tipo SOA, que describe las características de la zona, y un conjunto de registros de recursos (tipo RR) para cada nombre de host o de servicio de la zona.

En un archivo de zona, los comentarios van desde el carácter ; hasta el final de la línea. El separador de los campos es un conjunto de caracteres espacio o tabulación, el separador de los registros está al final de la línea (excepto si el registro continúa a lo largo de varias líneas entre paréntesis).

3.1.1 Registro de zona (tipo SOA)

Este registro define la zona y sus atributos. Su sintaxis es la siguiente:

```
Dominio|@ IN SOA ServidorPrimario MailAdmin (
Serial
Refresh
Retry
Expire
MinimumTTL
)
```

Donde:

- `Dominio` o `@`: nombre del dominio o subdominio correspondiente a la zona. El carácter especial `@`, que se puede usar dentro del archivo de zona, designa el nombre del dominio o subdominio local, tal y como está definido en la directiva `zone` del archivo de configuración `named.conf`. Preste atención, el nombre del dominio o subdominio debe terminar con el carácter '.'.

- `IN`: clase del registro. Siempre `IN` (*Internet*).
- `SOA`: tipo del registro (*Start Of Authority*).
- `ServidorPrimario`: FQDN del servidor DNS principal de la zona. Cuidado, el nombre de dominio de subdominio tiene que terminar con el carácter '`.`'.
- `MailAdmin`: correo electrónico del responsable del servidor DNS. El carácter `@` en la dirección debe ser reemplazado por el carácter '`.`'. Si la dirección de correo electrónico tiene caracteres '`.`', deben ir precedidos por el carácter '\'. La dirección de correo electrónico debe terminar con el carácter '`.`'.
- `Serial`: este número, que tendrá como máximo diez dígitos, tiene que ser incrementado para cada conjunto de modificaciones. Esto permite que los servidores secundarios sepan si la versión del archivo está actualizada o si hay que actualizarla.
- `Refresh`: período de tiempo a partir del cual el servidor secundario tiene que interrogar al servidor principal para obtener el número de serie y saber si ha habido actualizaciones.
- `Retry`: si el servidor principal no responde a una solicitud del número de serie, período que se tiene que respetar antes de que el servidor secundario vuelva a interrogar al servidor principal.
- `Expire`: período de tiempo a partir del cual, en ausencia de actualizaciones del servidor primario, la información de zona de un servidor secundario será considerada como obsoleta.
- `MinimumTTL`: al principio, este campo especificaba el período de tiempo de validez (TTL, *Time To Live*) de un registro de la zona. Desde la RFC 2308, determina el período de tiempo de validez de una respuesta negativa a una demanda de resolución, en el caché de un servidor DNS.

Observación

Los periodos son números enteros, se les pueden poner los sufijos: `W` (semanas), `D` (días), `H` (horas) o `M` (minutos). En la ausencia de un sufijo, el número será considerado como segundos.

Ejemplo

Registro SOA de la zona del dominio `lpic2test.com.`:

```
@ IN SOA srvrh.lpic2test.com. admin.lpic2test.com. (
2022050501; serial
6H; refresh
1H; retry
2D; expire
1H); minimum
```

El correo electrónico del administrador es `admin@lpic2test.com`.

El carácter `@` reemplaza a `lpic2test.com`, el nombre del dominio asociado a la zona en el archivo `/etc/named.conf`:

```
zone "lpic2test.com" IN {
        type master;
        file "lpic2.zone";
};
```

3.1.2 Registros de recursos

Los elementos relativos a los nombres de host o de servicios y a las direcciones IP correspondientes están declarados en los registros de recursos (RR, *Resource Record*). El formato de un registro es el siguiente:

```
Nombre     [TTL]     Clase          Tipo Datos
```

Donde:

`Nombre`	Nombre simple o FQDN del recurso.
`TTL`	Periodo de validez (*Time To Live*) en la caché de un servidor DNS, opcional.
`Clase`	Clase del nombre. Siempre IN (Internet).
`Tipo`	Tipo del recurso.
`Datos`	Uno o más valores según el tipo de recurso.

El campo `TTL` es opcional. Se puede especificar un TTL por defecto declarando una variable `$TTL` antes de los registros de recursos:

```
$TTL    Valor
```

Los recursos pueden ser de tipos diferentes. Los tipos principales están descritos a continuación.

Servidor de nombres (tipo NS)

Este tipo (*Name server*) declara los servidores de nombres del dominio de la zona y opcionalmente de sus subdominios. Todos los servidores de nombres del dominio y de los subdominios tienen que estar declarados. El formato del registro es el siguiente:

```
NombreDominio     [TTL]     IN     NS     FQDN
```

También es necesario un registro de tipo Dirección (`A` o `AAAA`) para especificar la dirección IP de cada servidor de nombres.

Dirección (tipo A o AAAA)

Estos registros contienen información relativa a los nombres de hosts y su dirección IP. El tipo A corresponde a las direcciones IPv4, el tipo AAAA a las direcciones IPv6.

El nombre puede ser un nombre simple, automáticamente se le añade el sufijo del nombre de dominio de la zona.

Alias (tipo CNAME)

Este tipo (*Canonical name*) hace la correspondencia entre un nombre (*alias*) y un FQDN.

Servidor de mensajería (tipo MX)

Este tipo (*Mail eXchanger*) declara los servidores de mensajería del dominio de la zona. Podemos asignar distintos niveles de prioridad a cada servidor para determinar el orden de solicitud de los servidores de mensajería.

Ejemplo

Registros de recursos del archivo de zona del dominio `lpic2test.com.`, con dos servidores que se reparten los diferentes servicios:

```
$TTL 1D
; Servidores DNS:
@              IN      NS      srvrh.lpic2test.com.
@              IN      NS      srvdebian.lpic2test.com.
; servidores de mensajeria
@               IN      MX      10      srvrh.lpic2test.com. ; servidor prioritario
@              IN      MX      20       srvdebian.lpic2test.com.
; Direcciones (IPv4):
srvrh          IN      A       192.168.0.202
srvdebian                IN      A       192.168.1.201
station        IN    A 192.168.1.24
; Alias:
www            IN      CNAME   srvrh
ftp            IN      CNAME   srvdebian
```

3.1.3 Ejemplo de archivo

Este archivo de zona de búsqueda corresponde al dominio `lpic2test.com.`, con dos servidores DNS:

```
; Archivo de zona lpic2test.com.
$TTL 1D
@ IN SOA srvrh.lpic2test.com. admin.lpic2test.com. (
2022050501; serial
6H; refresh
1H; retry
2D; expire
1H); minimum
```

```
; Servidores DNS:
@               IN      NS      srvrh.lpic2test.com.
@               IN      NS      srvdebian.lpic2test.com.
; servidores de mensajería
@              IN     MX      10      srvrh.lpic2test.com. ; servidor prioritario
@               IN      MX      20      srvdebian.lpic2test.com.
; Direcciones (IPv4):
srvrh           IN      A       192.168.1.202
srvdebian       IN      A       192.168.1.201
station         IN      A 192.168.1.24
; Alias:
www             IN      CNAME   srvrh
ftp             IN      CNAME   srvdebian
```

3.2 Archivo de zona de búsqueda inversa

El archivo de zona de búsqueda inversa (*forward lookup*) tiene la misma estructura que un archivo de zona directa, pero sus registros de recursos son de tipo PTR.

3.2.1 Declaración de la zona en named.conf

El nombre de la zona está formado por los bytes de la parte de red de la dirección IP, ordenados en sentido inverso y con el sufijo del nombre de dominio « `.in-addr.arpa` ».

Ejemplo

Declaración de la zona de búsqueda inversa de la red `192.168.1.0/24` en el archivo `named.conf`:

```
zone "1.168.192.in-addr.arpa" IN {
        type  master;
        file  "db.192.168.1";
};
```

3.2.2 Registro SOA

Es necesario un registro de tipo SOA, al igual que para una zona de búsqueda de nombres.

Ejemplo

Registro SOA de una zona de búsqueda inversa, administrada por el servidor principal `srvrh.lpic2test.com.`:

```
@ IN SOA srvrh.lpic2test.com. admin.lpic2test.com. (
2022050501; serial
6H; refresh
1H; retry
```

```
2D; expire
1H); minimum
```

3.2.3 Registros de recursos

Hay que declarar los servidores DNS de la zona de búsqueda inversa, con registros de tipo NS.

Los registros de tipo PTR asocian a la parte del host de la dirección IP un nombre DNS. Se le añade automáticamente a la dirección como sufijo el nombre de la zona.

Ejemplo

Registros de recursos de diferentes hosts en la zona de búsqueda inversa de la red 192.168.0.1/24:

```
; servidor de nombres:
@       NS      srvrh.lpic2test.com.
@       NS      srvdebian.lpic2test.com.
; Address records:
202              IN        PTR        srvrh.lpic2test.com.
201              IN        PTR        srvdebian.lpic2test.com.
24               IN        PTR        station.lpic2test.com.
```

3.2.4 Ejemplo de archivo

Este archivo de zona de búsqueda inversa corresponde a la red 192.168.1.0/24, con dos servidores DNS:

```
$TTL 1D
@ IN SOA srvrh.lpic2test.com. admin.lpic2test.com. (
2022050501; serial
6H; refresh
1H; retry
2D; expire
1H) ; minimum
; servidor de nombres:
@       NS      srvrh.lpic2test.com.
@       NS      srvdebian.lpic2test.com.
; Address records:
202             IN       PTR     srvrh.lpic2test.com.
201             IN       PTR     srvdebian.lpic2test.com.
24              IN       PTR     station.lpic2test.com.
```

3.3 Gestión de zonas secundarias

Cada Zona DNS es en general copiada hacia servidores secundarios, para asegurar un buen nivel de tolerancia a fallos. Un servidor secundario puede responder a las solicitudes de resolución de nombres o de direcciones de elementos de su zona, pero no puedo actualizarla.

La zona está configurada para especificar la periodicidad con la que el servidor secundario interroga al servidor primario para obtener el número de versión actual del archivo de zona. Si el archivo de zona del servidor secundario no está actualizado, el servidor solicita al servidor primario la transferencia de su archivo de zona.

3.3.1 Declaración de la zona secundaria en named.conf

La zona tiene que estar declarada en el archivo `named.conf`, con el tipo `slave` y el o los servidores a los que hay que solicitar el número de versión del archivo de zona actual. Durante la carga de la configuración, el daemon `named` contacta con uno de los servidores especificados y recupera el archivo de zona.

Observación

El servidor especificado en el atributo `masters` no tiene por qué ser el servidor principal, puede ser un servidor secundario, lo que permite repartir la carga de las transferencias de zona. Si hay distintos servidores especificados, se contactará con ellos en el orden de declaración.

Ejemplo

Declaración de una zona para un servidor secundario, en una distribución Debian 11, en el archivo
`/etc/bind/named.conf.local`:

```
zone "lpic2test.com" {
type slave;
file "lpic2.zone";
masters {192.168.1.202;};
};
```

Por defecto, los archivos de zona almacenados por un servidor DNS secundario se encuentran en formato binario, poco legible. Se puede configurar la zona en el servidor secundario para que el archivo transferido desde el servidor principal esté en formato de texto. Hay que añadir la directiva siguiente en la declaración de la zona:

```
masterfile-format text;
```

3.4 Delegación de zona

La delegación de zona tiene como objetivo confiar la responsabilidad de un subdominio de la zona a otros servidores DNS. Es así como se gestiona la arborescencia de un sistema DNS como el de Internet. Los servidores DNS de los dominios de primer nivel (TLD) delegan la gestión de los dominios de segundo nivel a servidores DNS, estos últimos delegan la gestión de sus subdominios, etc.

En el archivo de zona del servidor delegatario, es necesario que haya un registro de tipo `NS` y un registro de tipo dirección (`A` o `AAAA`) para cada servidor DNS del subdominio delegado. El registro de tipo de dirección se llama DNS asociado (*glue record*), porque permite conocer la dirección IP del o de los servidores delegados al servidor DNS. Estos últimos son la autoridad en el subdominio delegado (con un servidor primario y uno o varios servidores secundarios).

La configuración de la zona delegada, en el servidor principal delegado, será parecida a la que se ha visto anteriormente.

Ejemplo

Definición de servidores DNS delegados para el subdominio `intra` del dominio `lpic2test.com`, en el archivo de zona delegataria:

```
intra.lpic2test.com.        IN    NS    srv1.intra.lpic2test.com.
intra.lpic2test.com.        IN    NS    srv2.intra.lpic2test.com.
srv1.intra.lpic2test.com. IN     A 192.168.1.80
srv2.intra.lpic2test.com. IN     A 192.168.1.90
```

3.5 Control de un archivo de zona

Los comandos `named-checkzone` y `named-compilezone` permiten comprobar la sintaxis del contenido del archivo de zona cuyo nombre y camino de acceso han sido utilizados como argumento:

```
named-checkzone [Opciones] NombreZona CaminoArchivoZona
named-compilezone [Opciones] NombreZona CaminoArchivoZona
```

Observación

El comando `named-compilezone` además puede convertir en salida el archivo de zona de un formato binario a un formato de texto, para leer un archivo de zona de servidor secundario o, por el contrario, optimizar su tiempo de carga.

Ejemplo

```
named-checkzone lpic2test.com. /var/named/lpic2.zone
zone lpic2test.com/IN: loaded serial 2020050501
OK
```

El archivo de zona es correcto desde el punto de vista de la sintaxis.

Modificamos un registro quitándole el carácter punto al final de un FQDN:

```
@                IN      NS      srvrh.lpic2test.com
named-checkzone lpic2test.com. /var/named/lpic2.zone
zone lpic2test.com/IN: NS 'srvrh.lpic2test.com.lpic2test.com' has no
address records (A or AAAA)
zone lpic2test.com/IN: not loaded due to errors.
```

El comando muestra el error. Podemos constatar que en ausencia del carácter '.' final, el nombre de dominio de la zona es automáticamente añadido al FQDN, lo que hace que sea incorrecto.

3.6 Pruebas de un servidor DNS

La configuración de los servidores DNS es relativamente compleja, y un error de sintaxis en uno de los archivos de configuración puede provocar que el servidor no arranque. También hay que configurar los diferentes clientes, a través del archivo `/etc/resolv.conf`, incluyendo los mismos servidores DNS.

Distintos comandos permiten comprobar el buen funcionamiento de los servidores DNS, primarios, secundarios, de caché o de tránsito para la resolución de nombres y para la resolución inversa.

3.6.1 El comando nslookup

Este comando de origen Unix ha sido, durante mucho tiempo, la herramienta más eficaz para comprobar los servidores DNS. En Linux, está considerado como en vía de obsolescencia, y es remplazado por el comando `dig`.

El comando puede funcionar en modo línea de comandos (con opciones y argumentos) o en modo interactivo si se ejecuta sin argumentos.

Sintaxis

```
nslookup   [ Opciones ] Nombre|Dirección [DirServidor]
```

Parámetros principales

`Opciones`	Comandos del modo interactivo, precedidos por un guión.
`Nombre|Dirección`	Nombre o dirección que se va a resolver.
`DirServidor`	Dirección del servidor DNS, si no a través de `/etc/resolv.conf`.

Ejemplo

Interrogación del servidor BIND de la máquina local:

```
nslookup www.redhat.com
Server:         127.0.0.1
Address:        127.0.0.1#53

Non-authoritative answer:
www.redhat.com  canonical name = ds-www.redhat.com.edgekey.net.
ds-www.redhat.com.edgekey.net   canonical name =
ds-www.redhat.com.edgekey.net.globalredir.akadns.net.
ds-www.redhat.com.edgekey.net.globalredir.akadns.net    canonical name =
e3396.dscx.akamaiedge.net.
Name:   e3396.dscx.akamaiedge.net
Address: 23.61.94.36
Name:   e3396.dscx.akamaiedge.net
Address: 2a02:26f0:9100:289::d44
Name:   e3396.dscx.akamaiedge.net
Address: 2a02:26f0:9100:28f::d44
```

Interrogación del servidor DNS `8.8.8.8` (ofrecido por Google):

```
Server:         8.8.8.8
Address:        8.8.8.8#53

Non-authoritative answer:
Name:   www.debian.org
Address: 130.89.148.77
Name:   www.debian.org
Address: 2001:67c:2564:a119::77
```

Interrogación del servidor DNS local sobre un nombre de su propia zona:

```
nslookup www.lpic2test.com
Server:         127.0.0.1
Address:        127.0.0.1#53

www.lpic2test.com       canonical name = srvrh.lpic2test.com.
Name:   srvrh.lpic2test.com
Address: 192.168.1.202
```

La respuesta es autoritaria, al contrario que en las interrogaciones anteriores.

3.6.2 El comando dig

El comando `dig` permite comprobar exhaustivamente el funcionamiento de un servidor DNS. Dispone de numerosas opciones para gestionar diferentes aspectos de la resolución de nombres.

Sintaxis

```
dig   [ Opciones ] [@DirServidor] Nombre|Dirección
```

Parámetros principales

`-t Tipo`	Tipo de registro que se va a buscar (`A`, `AAAA`, `MX`, `NS`, `PTR`...).
`-4`	Usar IPv4.
`-6`	Usar IPv6.
`-x`	Búsqueda inversa utilizando la dirección IP especificada como argumento.
`Nombre|Dirección`	Nombre o dirección que se va a resolver.
`@DirServidor`	Dirección del servidor DNS, si no estuviera especificada se usaría `/etc/resolv.conf`.

Ejemplo

Interrogación del servidor BIND de la machine local:

```
dig www.redhat.com
; <<>> DiG 9.16.27-Debian <<>> www.redhat.com
;; global options: +cmd
;; Got answer:
;; ->>HEADER<<- opcode: QUERY, status: NOERROR, id: 19123
;; flags: qr rd ra; QUERY: 1, ANSWER: 4, AUTHORITY: 0, ADDITIONAL: 1

;; OPT PSEUDOSECTION:
; EDNS: version: 0, flags:; udp: 1232
; COOKIE: e238aee6ce75db2301000000006323586ed0caf92c752a1449 (good)
;; QUESTION SECTION:
;www.redhat.com.                    IN      A

;; ANSWER SECTION:
www.redhat.com.         3524    IN      CNAME   ds-www.redhat.com.edgekey.net.
ds-www.redhat.com.edgekey.net. 21525 IN CNAME
ds-www.redhat.com.edgekey.net.globalredir.akadns.net.
ds-www.redhat.com.edgekey.net.globalredir.akadns.net. 3525 IN CNAME
e3396.dscx.akamaiedge.net.
e3396.dscx.akamaiedge.net. 20   IN      A       23.61.94.36

;; Query time: 3 msec
```

```
;; SERVER: 127.0.0.1#53(127.0.0.1)
;; WHEN: Thu Sep 15 18:53:02 CEST 2022
;; MSG SIZE  rcvd: 235
```

Interrogación del servidor DNS `8.8.8.8` (proporcionado por Google):

```
dig @8.8.8.8 www.debian.org
; <<>> DiG 9.16.27-Debian <<>> @8.8.8.8 www.debian.org
; (1 server found)
;; global options: +cmd
;; Got answer:
;; ->>HEADER<<- opcode: QUERY, status: NOERROR, id: 47173
;; flags: qr rd ra ad; QUERY: 1, ANSWER: 1, AUTHORITY: 0, ADDITIONAL: 1

;; OPT PSEUDOSECTION:
; EDNS: version: 0, flags:; udp: 512
;; QUESTION SECTION:
;www.debian.org.                        IN      A

;; ANSWER SECTION:
www.debian.org.         38      IN      A       130.89.148.77

;; Query time: 7 msec
;; SERVER: 8.8.8.8#53(8.8.8.8)
;; WHEN: Thu Sep 15 18:53:47 CEST 2022
;; MSG SIZE  rcvd: 59
```

Interrogación del servidor DNS local, sobre un nombre de su zona:

```
dig www.lpic2test.com
; <<>> DiG 9.16.27-Debian <<>> www.lpic2test.com
;; global options: +cmd
;; Got answer:
;; ->>HEADER<<- opcode: QUERY, status: NOERROR, id: 22241
;; flags: qr aa rd ra; QUERY: 1, ANSWER: 2, AUTHORITY: 2, ADDITIONAL: 2

;; OPT PSEUDOSECTION:
; EDNS: version: 0, flags:; udp: 4096
; COOKIE: 1c60bf8a18e21cda13e6d2a25eb30308a44a9619eb7e5c21 (good)
;; QUESTION SECTION:
;www.lpic2test.com.             IN      A

;; ANSWER SECTION:
www.lpic2test.com.      86400   IN      CNAME   srvrh.lpic2test.com.
srvrh.lpic2test.com.  86400   IN      A       192.168.1.202

;; AUTHORITY SECTION:
lpic2test.com.          86400   IN      NS      srvrh.lpic2test.com.
lpic2test.com.          86400   IN      NS      srvdebian.lpic2test.com.

;; ADDITIONAL SECTION:
```

```
srvdebian.lpic2test.com.  86400   IN      A       192.168.1.201

;; Query time: 0 msec
;; SERVER: 127.0.0.1#53(127.0.0.1)
;; WHEN: mier. mayo 06 19:33:44 BST 2020
;; MSG SIZE  rcvd: 164
```

4. Seguridad de un servidor DNS

Un servidor DNS es susceptible de recibir solicitudes desde las redes en las que participa, solicitudes que pueden venir de clientes DNS o de otros servidores DNS. Por lo tanto, puede constituir un punto de entrada hacia la organización de la que depende y ser utilizado para recuperar información sensible (direcciones y nombres de máquinas o de servicios de red).

Por otro lado, en la hipótesis de un fallo de seguridad en el programa ejecutable de BIND, un servidor DNS podría ser utilizado para tomar el control del sistema en el que se ejecuta, o para proporcionar información sensible (cuentas de usuarios, etc.).

Existen diferentes técnicas que permiten proteger un servidor BIND:

- Limitar los clientes y servidores DNS autorizados a comunicar con él.
- Repartir los datos nombres/direcciones entre distintos servidores.
- Restringir las posibilidades de lectura-escritura del servidor a una rama de la arborescencia del sistema de archivos global (*chroot jail*).

4.1 Control de los clientes autorizados

Un servidor BIND puede estar configurado para tratar solamente las solicitudes de los hosts autorizados y/o rechazar las solicitudes de algunos hosts. La selección puede hacerse especificando direcciones IP o identificadores de red/subred.

4.1.1 La opción allow-query

La opción `allow-query`, en la directiva `options` del archivo de configuración `named.conf`, permite especificar los clientes DNS autorizados a interrogar al servidor BIND.

Sintaxis

```
allow-query {Lista};
```

La lista está compuesta por elementos delimitados con un carácter ';'. Un elemento puede ser:

- una dirección IP, IPv4 o IPv6,
- un identificador de red, IPv4 o IPv6, en notación CIDR,
- una palabra clave predefinida: `none` (ninguno), `any` (todos), `localhost` (máquina local) o `localnets` (redes de la máquina local),
- el identificador de una lista definida anteriormente (`acl`),
- uno de los elementos anteriores, precedido por el carácter `!` para excluirlo de la lista autorizada.

Para simplificar la configuración, podemos definir en el archivo de configuración `named.conf` listas de direcciones, usando la directiva `acl` (*Access Control List*):

```
acl NombreLista {lista};
```

A continuación podemos usar la lista en las otras directivas, designándola por su nombre de `acl`.

Observación

La opción `allow-recursion` funciona igual, pero para controlar los hosts autorizados a efectuar solicitudes de resolución recursiva, es decir relativas a los dominios en los que el servidor DNS no ejerce ninguna autoridad.

Ejemplo

El servidor principal, `192.168.1.202`, autoriza a todos los hosts de las redes en las que participa a interrogarlo sobre nombres y direcciones de sus zonas, pero solamente la máquina local puede solicitar una resolución hacia otros dominios.

Directiva `options` del archivo de configuración `named.conf`:

```
options {
        listen-on port 53 {127.0.0.1;192.168.1.202;};
        directory       "/var/named";
        dump-file       "/var/named/data/cache_dump.db";
        statistics-file "/var/named/data/named_stats.txt";
        memstatistics-file "/var/named/data/named_mem_stats.txt";
        allow-query {localnets;};
        allow-recursion {localhost;};
        recursion yes;
        pid-file "/run/named/named.pid";
};
```

El host `192.168.1.201` solicita resoluciones de nombres al servidor DNS que acabamos de presentar:

```
host www.google.com
Host www.google.com not found: 5(REFUSED)
host station.lpic2test.com
station.lpic2test.com has address 192.168.1.24
```

La primera solicitud ha sido rechazada porque implica una búsqueda recursiva, la segunda funciona porque es relativa al dominio local.

Desde la máquina del servidor DNS, las dos solicitudes de resolución son aceptadas:

```
host www.google.com
www.google.com has address 172.217.22.132
www.google.com has IPv6 address 2a00:1450:4007:815::2004
host station.lpic2test.com
station.lpic2test.com has address 192.168.1.24
```

4.1.2 La opción blackhole

La opción `blackhole`, en la directiva `options` del archivo de configuración `named.conf`, permite especificar los hosts que no están autorizados a interrogar al servidor BIND.

Observación

El servidor no responde nada a las solicitudes de los hosts de la lista `blackhole`, como si no estuviera disponible.

Sintaxis

```
blackhole {Lista};
```

Ejemplo

Directiva `options` del archivo de configuración `named.conf`:

```
options {
        listen-on port 53 {127.0.0.1;192.168.1.202;};
        directory       "/var/named";
        dump-file       "/var/named/data/cache_dump.db";
        statistics-file "/var/named/data/named_stats.txt";
        memstatistics-file "/var/named/data/named_mem_stats.txt";
        allow-query {localnets;};
        allow-recursion {localnets;};
        blackhole {192.168.1.201;};
        recursion yes;
        pid-file "/run/named/named.pid";
};
```

El host 192.168.1.201 solicita resoluciones de nombres al servidor DNS mostrado anteriormente:

```
host www.google.com
;; connection timed out; no servers could be reached
host station.lpic2test.com
;; connection timed out; no servers could be reached
```

El servidor no responde a las solicitudes.

4.2 Uso de una cuenta de servicio

Como todos los servidores de red, BIND es potencialmente vulnerable. La existencia de un fallo de seguridad en el ejecutable podría permitir a un cliente de red modificar el uso normal del servicio con el objetivo de acceder a información administrada por el sistema. Se desaconseja fuertemente asociar la cuenta del superusuario (UID 0) al daemon named.

En las versiones recientes del paquete de software BIND, el inicio del daemon está configurado para que se ejecute con una cuenta de usuario específica, creada durante la instalación del paquete. Esta cuenta está especificada durante el lanzamiento del ejecutable con la opción -u. Esta cuenta posee derechos suficientes para asegurar el funcionamiento correcto de BIND, pero no tiene derechos de acceso a los archivos sensibles del sistema operativo.

Ejemplo

Daemon named en un servidor RHEL 8.5:

```
ps -ef | grep named
named 1063 1  0 18:57 ? 00:00:00 /usr/sbin/named -u named -c
/etc/named.conf
```

El daemon está asociado a la cuenta de usuario named.

```
grep named /etc/passwd
named:x:25:25:Named:/var/named:/bin/false
grep named /etc/group
named:x:25:
```

La cuenta named no puede servir para conectarse en el servidor (ultimo campo de /etc/passwd con el valor false), forma parte del grupo específico named.

Daemon named en un servidor Debian 11:

```
ps -ef | grep named
bind 673 1  0 18:51 ? 00:00:00 /usr/sbin/named -f -u bind
```

El daemon está asociado a la cuenta de usuario `bind`.

```
grep bind /etc/passwd
bind:x:122:129::/var/cache/bind:/usr/sbin/nologin
grep bind /etc/group
bind:x:129:
```

La cuenta `bind` no puede servir para conectarse en el servidor (ultimo campo de `/etc/passwd` con el valor `/usr/sbin/nologin`), forma parte del grupo específico `bind`.

El uso de una cuenta de servicio asociada al daemon limita sus posibilidades de acción en el sistema. No obstante, incluso un usuario que no sea superusuario puede ofrecer información importante en caso de que el servidor haya sido comprometido. Por ejemplo, todos los usuarios tienen derecho de lectura en el archivo de declaración de las cuentas de usuarios locales, `/etc/passwd`:

```
ls -l /etc/passwd
-rw-r--r--. 1 root root 2707 13 septiembre 15:35 /etc/passwd
```

4.3 BIND en modo chroot jail

Para limitar los accesos posibles del proceso que ejecuta `named` en la arborescencia del sistema de archivos global, podemos encerrarlo (*jail*) en una parte de esta arborescencia. El Daemon creerá que el directorio que se le asignará será la raíz del sistema de archivos, y no podrá salir de él.

Observación

Este método, llamado chroot jail, se utiliza frecuentemente en los servidores de redes. Asociado al uso de una cuenta de servicio de no superusuario, refuerza la seguridad limitando las consecuencias de un posible fallo de seguridad en el servicio de red.

4.3.1 Creación del entorno necesario

En modo *chroot jail*, el daemon `named` ve su directorio "cárcel" como directorio raíz. Por lo tanto, tiene que poder encontrar a partir de este directorio todos los directorios y archivos que necesita.

Por ello es necesario crear en el directorio "cárcel" todos los directorios necesarios (`etc`, `var/named` o `var/cache/bind`, `dev`, etc.) y copiar o crear los archivos utilizados por el daemon.

Observación

El paquete `bind-chroot` instala un servidor BIND en modo `chroot jail`. No obstante, es importante conocer bien las etapas de configuración de un servidor en ese modo.

4.3.2 Creación del entorno chroot jail

Las etapas de configuración de un daemon `named` en modo *chroot jail* son las siguientes (los elementos que se utilizarán pueden variar en función de la distribución utilizada, los ejemplos que veremos a continuación se aplican a una distribución de tipo Red Hat):

– Crear el directorio "cárcel" y la arborescencia necesaria en ese directorio

```
mkdir -p /jaildns/etc/named /jaildns/dev /jaildns/var/named
/jaildns/var/run/named
```

El directorio `dev` contendrá dos archivos especiales usados por `named` : `null` y `random`.

El directorio `var/run/named` contiene archivos que identifican el proceso `named` activo.

El directorio `etc` contiene el archivo de configuración `named.conf` y el director de configuración `named`.

El directorio `var/named` contiene los archivos de datos y de registro.

– Copiar los archivos necesarios en los diferentes subdirectorios del directorio "cárcel":

```
cp /etc/named.* /jaildns/etc/
cp -r /var/named /jaildns/var
```

– Crear los archivos especiales que necesita `named`:

```
mknod /jaildns/dev/null c 1 3
mknod /jaildns/dev/random c 1 8
chmod 666 /jaildns/dev/*
```

– Modificar el propietario y el grupo para toda la arborescencia del directorio "cárcel":

```
chown -R named:named /jaildns
```

– Configurar la ejecución del daemon `named` en modo *chroot jail*, con la opción `-t DirCárcel` (o configurar el inicio en *chroot jail* usando `systemd`):

```
vi /etc/sysconfig/named
OPTIONS="-t /jaildns"
```

4.3.3 Ejecución del programa en modo chroot jail

Se puede comprobar manualmente el correcto arranque del daemon `named` en este modo, con el comando siguiente:

```
named -c ArchivoConfig -u usuario -t DirCárcel
```

Ejemplo

```
named -c /etc/named.conf -u named -t /jaildns
```

Observación

Si el daemon no se inicia correctamente, hay que consultar los archivos de registro del sistema. Cuidado porque SELinux puede dar problemas (se puede desactivar temporalmente para hacer un diagnóstico, con el comando `setenforce 0`).

4.4 Servidores DNS fraccionados (split DNS)

La mayoría de las organizaciones poseen una parte de su red accesible desde el exterior y otra reservada a un uso interno. Los servicios de redes accesibles desde el exterior (servidores HTTP, FTP...) tienen que estar referenciados en una base de nombres de un servidor DNS accesible desde el exterior (y desde el interior de la organización), por lo tanto, potencialmente amenazado. Los hosts y los servicios de redes reservados a un uso interno tienen que estar referenciados en una base de nombres de un servidor DNS, pero este último no debería ser accesible desde el exterior.

Para limitar los riesgos de intrusión o robo de datos, es habitual fraccionar el servicio DNS en distintos servidores DNS:

- Servidor DNS accesible desde el exterior: este servidor solo tiene en su archivo de zona los nombres de los hosts y de los servicios accesibles desde el exterior. De esta manera, si fuera atacado por la red, no podría comunicar información relativa a la red interna de la organización.
- Servidor DNS interno: este servidor contiene en su archivo de zona todos los nombres de hosts y de servicios, internos o accesibles desde el exterior. Solamente aceptará las solicitudes de resolución que lleguen desde la red interna. Cuando reciba una solicitud de resolución relativa a un nombre o dirección que no se encuentre en su zona, la transferirá al servidor DNS externo (*forwarding*) para que este último efectúe una búsqueda recursiva.
- Clientes DNS internos: estos clientes están configurados para usar solamente el servidor DNS interno.

Observación

La mayoría de las veces, los servidores internos y externos están duplicados; un servidor principal y un servidor secundario, para la tolerancia a fallos.

4.5 Intercambio seguro entre servidores DNS

Los servidores DNS intercambian información entre ellos, esto puede constituir un riesgo de seguridad. Un sistema en manos de personas malintencionadas podría recuperar archivos de zona haciéndose pasar por un servidor secundario o, al contrario, comunicar información falsa a un servidor DNS, en particular a su caché (*cache poisoning*), usando técnicas de usurpación de rol (*DNS spoofing*).

Existen diferentes soluciones para reforzar la seguridad de los intercambios entre servidores DNS.

4.6 Control de las transferencias de zona

Un servidor DNS principal puede ser configurado para autorizar solamente las transferencias de zona a ciertos hosts. Para ello, hay que usar la opción `allow-transfer`, bien en la directiva `options`, bien en la directiva de definición de la zona, en el archivo `named.conf`.

La opción `allow-transfer` permite especificar los solicitantes autorizados a recibir una copia del archivo de zona del servidor BIND principal de la zona.

Sintaxis

```
allow-transfer {Lista};
```

La lista sigue las mismas reglas que las que se vieron anteriormente en la opción `allow-query`.

Ejemplo

El servidor principal, `192.168.1.202`, solamente autoriza la demanda de una transferencia de sus zonas al servidor secundario `192.168.1.201`:

Directiva `options` del archivo de configuración `named.conf`:

```
options {
        listen-on port 53 {127.0.0.1;192.168.1.202;};
        directory       "/var/named";
        dump-file       "/var/named/data/cache_dump.db";
        statistics-file "/var/named/data/named_stats.txt";
        memstatistics-file "/var/named/data/named_mem_stats.txt";
        allow-transfer {192.168.1.201;};
        allow-query {localnets;};
        allow-recursion {localhost;};
        recursion yes;
        pid-file "/run/named/named.pid";
};
```

4.7 Transacciones seguras TSIG

Las transacciones seguras (TSIG, *Transaction SIGnature*) permiten garantizar la identidad de los servidores DNS que se intercambian información de zona.

Los servidores comparten la clave pública de un par de claves, clave privada y pública, y tienen que suministrarla para poder hacer intercambios de información entre ellos.

También se puede usar este método para generar archivos de zona firmados digitalmente, que garanticen su origen y que sean utilizables solamente por servidores que dispongan de la clave pública.

Observación

Para que el intercambio de la clave funcione correctamente, las horas de los servidores tienen que estar sincronizadas.

4.7.1 Generación de claves de transacción de hosts

El par de claves se puede generar usando el comando `dnssec-keygen`.

Sintaxis habitual

```
dnssec-keygen -a HMAC-MD5 -b TamañoClave -n TipoPro NombreClave
```

Donde:

`-a HMAC-MD5`	Método de cifrado. `HMAC-MD5` es el método habitual para TSIG.
`-b TamañoClave`	Tamaño de la clave, entre 1 y 512. El valor habitual es `128`.
`-n TipoPro`	Tipo de propietario. `HOST` para un par TSIG de servidores.
`NombreClave`	Nombre de la clave. Cadena de caracteres libre para TSIG.

Observación

Este comando se utiliza en el marco más general de DNSSEC. Los parámetros presentados aquí son los de una clave TSIG entre servidores DNS.

El comando crea, en el directorio actual, dos archivos para el par de claves:

```
KNombreClave.+xxx.yyyyy.key
KNombreClave.+xxx.yyyyy.private
```

La clave pública se encuentra en el primer archivo, la clave privada está en el segundo.

La clave pública será la que deberán proporcionar los servidores secundarios al servidor principal para obtener una transferencia de zona.

La clave privada puede ser utilizada para generar un archivo de zona firmado digitalmente, usando el comando `dnssec-signzone`.

Ejemplo

Generación de un par de claves para las transacciones TSIG entre el servidor principal y los secundarios:

```
dnssec-keygen -a HMAC-MD5 -b 128 -n HOST clave-lpic2
Kclave-lpic2.+157+21773
ls K*
Kclave-lpic2.+157+21773.key  Kclave-lpic2.+157+21773.private
cat Kclave-lpic2.+157+21773.key
clave-lpic2. IN KEY 512 3 157 hFuO6Jbggww6cgWtD8jSVw==
cat Kclave-lpic2.+157+21773.private
Private-key-format: v1.3
Algorithm: 157 (HMAC_MD5)
Key: hFuO6Jbggww6cgWtD8jSVw==
Bits: AAA=
Created: 20200508171257
Publish: 20200508171257
Activate: 20200508171257
```

4.7.2 Configuración de TSIG en named.conf

En el servidor principal y en los servidores secundarios seguros, se tiene que declarar la clave pública en el archivo `named.conf`, así como las características de comunicación.

Declaración de la clave

La directiva `key` permite declarar la clave pública, según la sintaxis siguiente:

```
key NombreClave {
  algorithm hmac-md5;
  secret "ClavePública";
};
```

`NombreClave` es el parámetro especificado durante la creación del par de claves. La clave pública `"ClavePública"` tiene que ser copiada a partir del contenido del archivo `.key` generado.

Ejemplo

En el servidor principal y en el servidor secundario, en el archivo *named.conf*:

```
key clave-lpic2 {
  algorithm hmac-md5;
  secret "hFuO6Jbggww6cgWtD8jSVw==";
};
```

En el servidor principal, hay que denegar las transferencias de zonas a los que no tienen la clave, usando la opción `allow-transfer`. Se puede hacer también en el servidor (usando la directiva `options`), o solamente para algunas zonas (en la directiva `zone`):

```
allow-transfer { key NombreClave; };
```

En el o los servidores secundarios, hay que indicar que tiene que proporcionarse la clave en los intercambios con el servidor principal. Para ello se utiliza una directiva `server`:

```
server DirIP {
  keys { NombreClave; };
};
```

`DirIP` corresponde a la dirección IP del servidor principal.

Ejemplo

En el servidor principal RHEL 8.5:

```
vi /etc/named.conf
key clave-lpic2 {
algorithm hmac-md5;
  secret "hFuO6Jbggww6cgWtD8jSVw==";
};
options {
        listen-on port 53 {127.0.0.1;192.168.1.202;};
        directory       "/var/named";
        dump-file       "/var/named/data/cache_dump.db";
        statistics-file "/var/named/data/named_stats.txt";
        memstatistics-file "/var/named/data/named_mem_stats.txt";
        allow-query {localnets;};
        allow-recursion {localnets;};
        allow-transfer {key clave-lpic2;};
        recursion yes;
        pid-file "/run/named/named.pid";
};
[...]
```

En el servidor secundario Debian 11:

```
vi /etc/bind/named.conf.local
key clave-lpic2 {
  algorithm hmac-md5;
  secret "hFuO6Jbggww6cgWtD8jSVw==";
};
server 192.168.1.202 {
  keys { clave-lpic2; };
};
[...]
```

Después hay que recargar las configuraciones de `named` en los dos servidores. También hay que asegurarse de que la hora esté sincronizada en los servidores.

4.8 DNSSEC

DNSSEC (*Domain Name System Security Extensions*) es un protocolo que tiene como objetivo reforzar la seguridad de los servidores DNS y de sus intercambios. Está definido en las RFC 4033, 4034 y 4035.

DNSSEC firma digitalmente todos los datos de los archivos de zona y las respuestas a las solicitudes de resolución. El solicitante puede de esta manera asegurarse de que los datos recibidos son auténticos, incluyendo el caso en el que los datos vienen del caché de un servidor DNS. Para ello, el cliente tiene que disponer de la clave pública asociada a la que ha servido para generar la firma.

DNSSEC también permite la transferencia de los archivos de zona firmados digitalmente, los cuales solo pueden ser leídos por los servidores DNS que tengan la clave pública. Para ello es necesario crear una clave de tipo `ZONE`, con el comando `dnssec-keygen`, y generar después el archivo de zona firmado digitalmente, con el comando `dnssec-signzone`.

4.9 DANE

DANE (*DNS-based Authentication of Named Entities*) es un nuevo protocolo de protección de los intercambios efectuados usando el protocolo seguro TLS (*Transport Layer Security*). TLS usa certificados digitales X.509 para autenticar los diferentes participantes. Estos certificados son ofrecidos por autoridades de certificación (CA, *Certification Authorities*), pero en algunos casos pueden ser usurpados.

DANE permite almacenar y firmar los certificados digitales X.509 en los dominios DNS (con registros de tipo TLSA) y proporcionarlos a los clientes y a los servidores del dominio, a condición de que usen DNSSEC.

Capítulo 9
Servicios web

1. Servicios HTTP

Este capítulo describe la configuración de un servidor HTTP Apache, de un servidor proxy y de caché Squid y de un servidor Nginx.

1.1 Configuración básica de un servidor Apache

El objetivo de esta sección es de enseñarle a:

- instalar y configurar un servidor web. Esto incluye la monitorización de la carga y del rendimiento del servidor, el control de acceso, la configuración de los módulos interpretadores y la identificación de los clientes. Esto comprende también la configuración de las opciones del servidor para limitar el consumo de recursos, configurar los hosts virtuales y personalizar los archivos de control de acceso.

1.1.1 Competencias principales

- Configuración de los archivos de registro de Apache y su contenido.
- Métodos y archivos de restricción de acceso.
- `mod_perl` y configuración PHP.
- Archivo y herramientas de autenticación de los clientes.
- Configuración del número máximo de peticiones, del número mínimo y máximo de procesos del servidor y de los clientes.
- Implementación de hosts virtuales Apache 2.4 (con o sin dirección dedicada).

- Uso de las declaraciones de redirección en los archivos de configuración Apache para personalizar el acceso a los archivos.

1.1.2 Elementos empleados

- Registros de acceso y de errores.
- `.htaccess`
- `httpd.conf`
- `mod_auth_basic`, `mod_authz_host` y `mod_access_compat`
- `htpasswd`
- `AuthUserFile`, `AuthGroupFile`
- `apachectl`, `apache2ctl`
- `httpd`, `apache2`

1.2 Configuración HTTPS de un servidor Apache

El objetivo de esta sección es de enseñarle a:

- configurar un servidor Apache para gestionar el protocolo HTTPS.

1.2.1 Competencias principales

- Archivos de configuración, herramientas y utilidades para SSL.
- Generación de una clave privada y de un CSR para una autoridad de certificación comercial.
- Generación de un certificado autofirmado.
- Instalación de la clave y del certificado, incluyendo las autoridades de certificación intermediarias.
- Configuración de los hosts virtuales con el módulo SNI.
- Conocimientos básicos de los problemas relativos al uso de SSL y de los hosts virtuales.
- Problemas de seguridad en el uso de SSL, desactivación de los protocolos y de los algoritmos de cifrado no seguros.

1.2.2 Elementos empleados

- Archivos de configuración de Apache2.
- `/etc/ssl/` y `/etc/pki/`
- `openssl` y `CA.pl`
- `SSLEngine`, `SSLCertificateKeyFile` y `SSLCertificateFile`
- `SSLCACertificateFile` y `SSLCACertificatePath`
- `SSLProtocol`, `SSLCipherSuite`, `ServerTokens`, `ServerSignature` y `TraceEnable`

1.3 Servidor proxy y de caché Squid

El objetivo de esta sección es de enseñarle a:

- instalar y configurar un servidor proxy, incluyendo las reglas de acceso, la autenticación y el control del uso de los recursos.

1.3.1 Competencias principales

- Archivos, términos y herramientas de configuración de Squid 3.x.
- Métodos de restricción de acceso.
- Métodos de autenticación del usuario.
- Formato y contenido de las ACL en la configuración de Squid.

1.3.2 Elementos empleados

- `squid.conf`
- `acl`
- `http_access`

1.4 Nginx servidor HTTP y proxy inverso

El objetivo de esta sección es de enseñarle a:

- instalar y configurar un proxy inverso con Nginx. La configuración elemental de Nginx como servidor HTTP está incluida.

1.4.1 Competencias principales

- Nginx.
- Proxy inverso.
- Servidor web.

1.4.2 Elementos empleados

- `/etc/nginx/`
- `nginx`

2. Observaciones relativas a la seguridad

La seguridad es una preocupación constante para la gestión de los sistemas modernos y particularmente para los accesos de red. Las distribuciones Linux activan por defecto numerosos mecanismos de protección, como los módulos PAM, el firewall (`iptables`, `firewalld`, etc.) o SELinux.

Estas protecciones indispensables en producción pueden perturbar seriamente sus comprobaciones. Si constata que, a pesar de todos sus esfuerzos, la configuración de sus servicios de red no funciona correctamente, con síntomas bastante diversos, desactive temporalmente algunas de las protecciones del sistema. Si haciendo una nueva comprobación, todo funciona correctamente, tendrá que identificar con precisión el problema para adaptar su configuración funcional y la configuración de seguridad.

Observación

Esta desactivación temporal de la capa de seguridad debe estar reservada a un entorno de pruebas, ¡nunca en producción!

2.1 iptables

Por defecto, en la mayoría de las distribuciones, `iptables` no autoriza ninguna conexión entrante excepto SSH. Para comprobar su configuración, puede usar el comando `iptables -L`.

Ejemplo

```
iptables -L
Chain INPUT (policy ACCEPT)
target     prot opt source               destination
ACCEPT     all  --  anywhere             anywhere            state RELATED,ESTABLISHED
ACCEPT     icmp --  anywhere             anywhere
ACCEPT     all  --  anywhere             anywhere
```

```
ACCEPT     tcp  --  anywhere         anywhere         state NEW tcp dpt:ssh
REJECT     all  --  anywhere         anywhere         reject-with icmp-host-prohibited

Chain FORWARD (policy ACCEPT)
target     prot opt source             destination
REJECT     all  --  anywhere           anywhere        reject-with icmp-host-prohibited
Chain OUTPUT (policy ACCEPT)
target     prot opt source                destination
```

`iptables` está activado y filtra los accesos.

Si `iptables` está instalado como servicio, administrado por un script `init System V` o por `systemd`, podemos desactivarlo temporalmente usando los comandos `service` o `systemctl`.

Ejemplo

```
service iptables stop
service iptables stop
Redirecting to /bin/systemctl stop iptables.service
iptables -L
Chain INPUT (policy ACCEPT)
target     prot opt source               destination

Chain FORWARD (policy ACCEPT)
target     prot opt source               destination

Chain OUTPUT (policy ACCEPT)
target     prot opt source               destination
```

Si `iptables` no ha sido instalado como servicio, podemos desactivar sus controles con los comandos siguientes:

```
iptables -F
iptables -X
iptables -t nat -F
iptables -t mangle -F
iptables -P INPUT ACCEPT
iptables -P OUTPUT ACCEPT
```

2.2 firewalld

Este servicio está gestionado por `systemd`. Podemos desactivarlo (temporalmente) y reactivarlo usando el comando `systemctl`:

```
systemctl stop|start firewalld
```

2.3 SELinux

SELinux (*Security Enhanced Linux*) es un componente del núcleo especializado en la seguridad. Es muy potente y permite, por ejemplo, limitar los derechos de un proceso superusuario.

Su configuración es compleja y produce efectos a veces desconcertantes. Algunos servicios dejan de funcionar correctamente, con mensajes de error más o menos claros y, a veces, sin ninguna relación con la seguridad.

De manera predeterminada, el paquete de software SELinux no se implementa con las distribuciones Debian.

Se puede desactivar temporalmente SELinux, para asegurarse de que el problema "sin solución" no es provocado por este último.

Ejemplo

Comprobar la configuración de SELinux:

```
sestatus
SELinux status:                 enabled
SELinuxfs mount:                /selinux
Current mode:                   enforcing
Mode from config file:          enforcing
Policy version:                 24
Policy from config file:        targeted
```

`SELinux` está en modo reforzado.

Desactivar temporalmente SELinux:

```
setenforce 0
sestatus
SELinux status:                 enabled
SELinuxfs mount:                /selinux
Current mode:                   permissive
Mode from config file:          enforcing
Policy version:                 24
Policy from config file:        targeted
```

SELinux está en modo permisivo.

3. Configuración básica de un servidor HTTP Apache

El protocolo HTTP (*HyperText Transfer Protocol*) está detrás del origen de la web. Se trata de un protocolo cliente/servidor, el cliente solicita al servidor HTTP que le transmita una "página", generalmente estructurada en formato HTML (*HyperText Markup Language*). Una página puede corresponder a un archivo o ser generada dinámicamente por un componente del servidor.

Apache es el programa servidor HTTP más conocido y uno de los más usados en el mundo.

Su nombre viene de su origen: en los años 1990, en los Estados Unidos, el NCSA (*National Center for Súpercomputing Applications*) había creado uno de los primeros servidores HTTP, `httpd`. Un grupo de programadores propuso un conjunto de parches (*patches*) para este programa, antes de crear su propia versión, Apache (*a patchy server, un servidor parcheado*), en 1995. Apache HTTP Server está hoy día desarrollado bajo el control de la fundación *Apache Software Foundation*, que gestiona muchos proyectos de software libre (con una licencia específica, la licencia Apache).

El programa Apache HTTP Server, originario de Unix, ha sido implementado en Linux y en otros sistemas operativos (como Windows). Muchos servidores web se basan en una arquitectura llamada LAMP: Linux/Apache/MySQL/PHP.

La versión principal actual de Apache es la versión número 2, reescrita completamente en 2022. En 2020, la versión estable es la versión 2.4.54.

3.1 Archivo de configuración

El archivo de configuración del servidor Apache puede contener centenas de directivas, debido al gran número de funcionalidades y de módulos disponibles para este programa. En el marco de este tema de la certificación, estudiaremos los elementos esenciales sobre la configuración básica de un servidor HTTP.

3.1.1 Formato del archivo de configuración

El nombre y la ubicación del archivo de configuración del servidor Apache varían según las versiones y según las distribuciones: `httpd.conf`, `apache.conf` o `apache2.conf`. Se trata de un archivo de texto, compuesto por directivas. Alguna directivas son globales, otras están declaradas dentro de una sección y solamente se aplican a esta sección.

El archivo está autodocumentado por muchas líneas de comentarios, que se encuentran después del carácter # y hasta el final de la línea.

Una directiva está compuesta por una palabra clave (sin distinción entre mayúsculas y minúsculas) y por uno o varios argumentos (con una distinción entre mayúsculas y minúsculas). La directiva se termina al final de la línea, excepto si va precedida por el carácter \, que provoca que se prolongue en la línea siguiente.

Una sección es un conjunto de líneas limitadas por una línea `<PalabraClave [Argumentos]>` y una línea `</PalabraClave>`.

Ejemplo

Extractos de un archivo de configuración de un servidor HTTP Apache en una distribución RHEL 8.5.

Archivo `/etc/httpd/conf/httpd.conf`:

Comentarios:

```
#
# This is the main Apache HTTP server configuration file.  It contains
# the configuration directivas that give the server its instructions.
# See <URL:http://httpd.apache.org/docs/2.4/> for detailed information.
# In particular, see
# <URL:http://httpd.apache.org/docs/2.4/mod/directivas.html>
# for a discussion of each configuration directiva.
```

Directiva simple:

```
ServerRoot "/etc/httpd"
```

Sección:

```
<Directory "/var/www">
   AllowOverride None
   # Allow open access:
   Require all granted
</Directory>
```

3.1.2 Directivas globales y directivas de sección

Una directiva que no figure en una sección es global, y se aplicará a todos los elementos, excepto a los que estén asociados a secciones donde esté definida de nuevo.

Una directiva que figura en una sección es local para la sección, solamente se aplicará a los elementos relativos a esta sección.

Si una directiva global figura en una sección, con un valor diferente, el valor de la directiva local en la sección se aplica a los elementos asociados a la sección y solamente a ellos (el valor local "cubre" al valor global).

Ejemplo

Directiva en el interior de una sección `Directory`:

```
<Directory /var/www/html>
 Options FollowSymLinks
</Directory>
```

La directiva `Options FollowSymLinks` (seguir los enlaces simbólicos) se aplica al directorio asociado a la sección, incluso si el valor es diferente en otra parte del archivo de configuración.

3.1.3 Directivas básicas

Estas directiva se encuentran en la mayoría de las configuraciones de servidores HTTP Apache.

`ServerRoot Camino`	Directorio raíz de los archivos de configuración y de los archivos de registro.
`User NombreUsuario`	Cuenta de usuario asociado a los procesos servidores de Apache.
`Group NombreGrp`	Grupo de usuario asociado a los procesos servidores de Apache.
`Listen [Dirección:]Puerto`	Dirección y puerto en el que el servidor HTTP se pone en escucha.
`DocumentRoot Camino`	Directorio raíz de los archivos de datos (paginas HTML).
`Include conf.modules.d/*.conf`	Inclusión de los archivos de configuración de los módulos.
`IncludeOptional conf.d/*.conf`	Inclusión de los archivos de configuración opcionales.
`TypesConfig Camino`	Camino de acceso al archivo `mime.types`.
`LogLevel warn`	Nivel de registro.
`ErrorLog CaminoArchivo`	Archivo de registro de los errores (si el camino es relativo, a partir de `ServerRoot`).

Observación

Con las distribuciones de tipo Debian, la configuración del servidor HTTP Apache 2 usa variables de entorno, definidas en el script shell `/etc/apache2/envvars`.

Ejemplo

Archivo de configuración mínimo de Apache 2, en un servidor RHEL 8.5:

```
vi /etc/httpd/conf/httpd.conf
Listen 80
User apache
Group apache
ServerRoot "/etc/httpd"
DocumentRoot "/var/www/html"
LogLevel warn
ErrorLog "logs/error_log"
Include conf.modules.d/*.conf
IncludeOptional conf.d/*.conf
TypesConfig /etc/mime.types
```

Archivo de configuración mínimo de Apache 2, en un servidor Debian 11:

```
vi /etc/apache2/apache2.conf
Listen 80
User www-data
Group www-data
ServerRoot "/etc/apache2"
ServerName "srvdebian"
DocumentRoot "/var/www/html"
LogLevel warn
ErrorLog /var/log/apache2/error.log
IncludeOptional mods-enabled/*.load
IncludeOptional mods-enabled/*.conf
```

3.1.4 Validación de la sintaxis

La opción `-t` del ejecutable del servidor HTTP Apache permite comprobar la sintaxis del archivo de configuración, sin cargarlo ni iniciar el daemon.

Ejemplo

Control de la sintaxis del archivo de configuración de Apache 2, en un servidor RHEL 8.5:

```
httpd -t
Syntax OK
```

Introducimos un error de sintaxis en el archivo (`ServerBoot` en lugar de `ServerRoot`):

```
vi /etc/httpd/conf/httpd.conf
ServerBoot "/etc/httpd"
Listen 80
Include conf.modules.d/*.conf
User apache
```

```
Group apache
DocumentRoot "/var/www/html"
ErrorLog "logs/error_log"
LogLevel warn
IncludeOptional conf.d/*.conf
TypesConfig /etc/mime.types
httpd -t
AH00526: Syntax error on line 1 of /etc/httpd/conf/httpd.conf:
Invalid command 'ServerBoot', perhaps misspelled or defined by a module
not included in the server configuration
```

También podemos controlar el archivo de configuración usando el comando de control del servidor HTTP Apache, `apachectl` (o `apache2ctl`), con el subcomando `configtest`:

```
apachectl configtest
```

3.2 Inicio y paro del servidor HTTP Apache

El inicio y el paro del servidor HTTP Apache se hacen con un script de arranque `init System V` o, en las versiones recientes de la mayoría de las distribuciones Linux, usando `systemd`.

3.2.1 Paro/inicio por systemd

El nombre del daemon puede cambiar con respecto a las versiones del servidor HTTP Apache y según las distribuciones. En la mayoría de los casos, será `httpd` (Red Hat) o `apache2` (Debian).

Ejemplos

Control del servidor HTTP Apache, hecho por `systemd`, en un servidor RHEL 8.5:

Inicio del servidor HTTP Apache:

```
systemctl start httpd
ps -ef | grep httpd
root       3478     1  0 19:06 ?     00:00:00 /usr/sbin/httpd -DFOREGROUND
apache     3479  3478  0 19:06 ?     00:00:00 /usr/sbin/httpd -DFOREGROUND
apache     3480  3478  0 19:06 ?     00:00:00 /usr/sbin/httpd -DFOREGROUND
apache     3481  3478  0 19:06 ?     00:00:00 /usr/sbin/httpd -DFOREGROUND
apache     3482  3478  0 19:06 ?     00:00:00 /usr/sbin/httpd -DFOREGROUND
```

El servidor se ha iniciado, con un proceso principal asociado a la cuenta de superusuario, y cuatro procesos servidores, asociados a la cuenta de usuario de servicio `apache`.

Estado del servidor:

```
systemctl status httpd
● httpd.service - The Apache HTTP Server
  Loaded: loaded (/usr/lib/systemd/system/httpd.service; disabled;
vendor preset: disabled)
   Active: active (running) since Fri 2022-09-16 19:06:03 CEST; 7s ago
     Docs: man:httpd.service(8)
 Main PID: 3478 (httpd)
   Status: "Started, listening on: port 80"
    Tasks: 213 (limit: 23080)
   Memory: 28.4M
   CGroup: /system.slice/httpd.service
           ├─3478 /usr/sbin/httpd -DFOREGROUND
           ├─3479 /usr/sbin/httpd -DFOREGROUND
           ├─3480 /usr/sbin/httpd -DFOREGROUND
           ├─3481 /usr/sbin/httpd -DFOREGROUND
           └─3482 /usr/sbin/httpd -DFOREGROUND

septiembre 16 19:06:03 srvrh.localdomain systemd[1]: Starting The Apache HTTP Server...
septiembre 16 19:06:03 srvrh.localdomain systemd[1]: Started The Apache HTTP Server.
septiembre 16 19:06:03 srvrh.localdomain httpd[3478]: Server configured, listening on:
port 80
```

Paro del servidor:

```
systemctl stop httpd
ps -ef | grep httpd
```

Control del servidor HTTP Apache, mediante `systemd`, en un servidor Debian 10:

El programa ejecutable del servidor HTTP Apache se llama `apache2` en las distribuciones Debian recientes.

Inicio del servidor HTTP Apache:

```
systemctl start apache2
ps -ef | grep apache2
root        746       1  0 17:39 ?        00:00:00 /usr/sbin/apache2 -k start
www-data    748     746  0 17:39 ?        00:00:00 /usr/sbin/apache2 -k start
www-data    749     746  0 17:39 ?        00:00:00 /usr/sbin/apache2 -k start
www-data    750     746  0 17:39 ?        00:00:00 /usr/sbin/apache2 -k start
```

El servidor se ha iniciado, con un proceso principal asociado a la cuenta de superusuario, y dos procesos servidores, asociados a la cuenta de usuario de servicio `www-data`.

Estado del servidor:

```
systemctl status apache2
● apache2.service - The Apache HTTP Server
  Loaded: loaded (/lib/systemd/system/apache2.service; enabled; vendor
preset: enabled)
     Active: active (running) since Fri 2022-09-16 17:39:50 CEST; 1h 28min ago
       Docs: https://httpd.apache.org/docs/2.4/
    Process: 723 ExecStart=/usr/sbin/apachectl start (code=exited, status=0/SUCCESS)
   Main PID: 746 (apache2)
      Tasks: 56 (limit: 4503)
     Memory: 12.6M
        CPU: 394ms
     CGroup: /system.slice/apache2.service
```

```
├─746 /usr/sbin/apache2 -k start
├─748 /usr/sbin/apache2 -k start
├─749 /usr/sbin/apache2 -k start
└─750 /usr/sbin/apache2 -k start

septiembre 16 17:39:44 srvdebian systemd[1]: Starting The Apache HTTP Server...
septiembre 16 17:39:50 srvdebian systemd[1]: Started The Apache HTTP Server.
```

Paro del servidor:

```
systemctl stop apache2
ps -ef | grep apache2
```

3.2.2 Comprobación del servidor HTTP Apache

Podemos comprobar la página de inicio por defecto del servidor HTTP Apache, usando un navegador de Internet y solicitando la URL http://localhost o http://dirección_IP_servidor.

Ejemplo

Página de inicio por defecto de un servidor HTTP Apache2 de una distribución Debian 11:

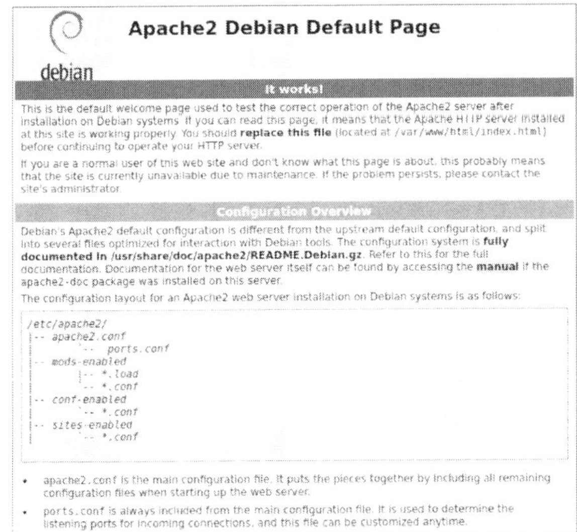

Esta página de inicio da acceso a la documentación de Apache2, si el paquete de software `apache2-doc` está instalado en el servidor.

3.2.3 Paro/arranque puntual

Se puede gestionar puntualmente el paro y el inicio del servidor HTTP Apache, usando la opción `-k stop|start` de su ejecutable:

```
httpd -k stop|start
```

O

```
apache2 -k stop|start
```

Observación

Este método está desaconsejado fuera de las fases de test, porque se corre el riesgo de desincronizar el servidor con la gestión efectuada por `systemd`.

Ejemplo

Paro y reinicio del servidor HTTP Apache, en una distribución RHEL 8.5:

```
httpd -k start
ps -ef | grep httpd
root        14778       1  0 12:43 ?         00:00:00 httpd -k start
apache      14779   14778  0 12:43 ?         00:00:00 httpd -k start
apache      14780   14778  0 12:43 ?         00:00:00 httpd -k start
apache      14781   14778  0 12:43 ?         00:00:00 httpd -k start
apache      14782   14778  0 12:43 ?         00:00:00 httpd -k start
httpd -k stop
ps -ef | grep httpd
```

También podemos, con las mismas restricciones, usar el comando de control del servidor HTTP Apache, `apachectl` (o `apache2ctl`), con la opción `-k`:

```
apachectl -k stop|start
```

Ejemplo

Paro y reinicio del servidor HTTP Apache, en una distribución Debian 10:

```
apachectl -k start
ps -ef | grep apache
root         2891      1  0 12:44 ?      00:00:00 /usr/sbin/apache2 -k start
www-data     2893   2891  0 12:44 ?      00:00:00 /usr/sbin/apache2 -k start
www-data     2894   2891  0 12:44 ?      00:00:00 /usr/sbin/apache2 -k start
apachectl -k stop
ps -ef | grep apache
```

3.3 Archivos de registro

Los archivos del registro del servidor HTTP Apache son muy importantes para la seguridad. Permiten monitorizar la actividad del servidor, constatar los errores que puedan ocurrir y también conocer qué clientes HTTP han efectuado o han intentado efectuar peticiones de páginas en nuestro servidor.

Los dos archivos de registro por defecto son `access.log` y `error.log`, su camino de acceso depende de la configuración del servidor HTTP Apache. Con respecto al nivel de seguimiento especificado en la directiva `LogLevel`, pueden ser más o menos voluminosos. También podemos configurar usando directivas el formato de cada registro.

Por defecto, los archivos de registro son comprimidos y archivados automáticamente según los parámetros de rotación configurables.

Ejemplo

Contenido del directorio de los registros Apache 2 en una distribución Debian:

```
ls /var/log/apache2
access.log   error.log.10.gz  error.log.13.gz  error.log.3.gz  error.log.6.gz
error.log.9.gz
error.log    error.log.11.gz  error.log.14.gz  error.log.4.gz  error.log.7.gz
other_vhosts_access.log
error.log.1  error.log.12.gz  error.log.2.gz   error.log.5.gz  error.log.8.gz
error.log.7.gz  other_vhosts_access.log
```

Extractos de los archivos de registros actuales:

```
vi /var/log/apache2/access.log
192.168.1.141 - - [13/Sep/2022:10:36:40 +0200] "GET / HTTP/1.1" 200 3246 "-

" "Mozilla/5.0 (Windows NT 10.0; Win64; x64) AppleWebKit/537.36 (KHTML,
like Gecko) Chrome/105.0.0.0 Safari/537.36"
[...]

vi /var/log/apache2/error.log
[Sat Sep 17 12:44:53.935942 2022] [mpm_event:notice] [pid 2891:tid
139867208412480] AH00491: caught SIGTERM, shutting down
[Sat Sep 17 12:45:04.304471 2022] [mpm_event:notice] [pid 2963:tid
140506814623040] AH00489: Apache/2.4.54 (Debian) configured -- resuming
normal operations
[...]
```

3.4 Los módulos Apache

Apache es un programa muy modular. Está compuesto por el ejecutable principal y un gran número de módulos independientes, bajo la forma de módulos de objetos cargables dinámicamente y compartidos (archivos `*.so`, *shared object*). Esta arquitectura facilita el mantenimiento y la capacidad de evolución del programa, a creación o la modificación de un módulo no tendrá ningún impacto en el programa principal o en los otros módulos. También permite limitar la memoria usada, porque solamente se cargarán los módulos realmente utilizados.

Los módulos que se tienen que cargar tienen que estar declarados en el archivo de configuración del servidor HTTP Apache, y necesitan muy a menudo sus propias directivas de configuración.

Observación

Ciertos módulos esenciales están directamente contenidos en el ejecutable del servidor HTTP Apache, durante su compilación. Son módulos estáticos, no compartidos.

3.4.1 Directiva de carga de un módulo

La directiva `LoadModule` especifica la carga de un módulo según la sintaxis siguiente:

```
LoadModule idModule CaminoArchivoMódulo
```

Donde:

`idModule`: es el identificador del módulo.

`CaminoArchivoMódulo`: camino de acceso del archivo de módulo objeto correspondiente. Si el camino es relativo, parte del directorio raíz del servidor definido en la directiva `ServerRoot`.

Ejemplo

Directiva de carga de un módulo de gestión de scripts CGI.

Apache2 en una distribución RHEL 8.5:

Las directivas de carga de los módulos se encuentran en los archivos de inclusión del directorio `/etc/httpd/conf.modules.d/`. Para los módulos CGI, el archivo es `01-cgi.conf`, que contiene en particular esta línea:

```
LoadModule cgid_module modules/mod_cgid.so
```

`cgid_module` es el identificador del módulo. El módulo en sí se encuentra en el archivo `/etc/httpd/modules/mod_cgid.so`.

Apache2 en una distribución Debian 11:

Las directivas de carga de los módulos se encuentran en los archivos de inclusión del directorio `/etc/apache2/mods-available` (módulos cargables). Para los módulos CGI, el archivo es `cgid.load`, que contiene en particular esta línea:

```
LoadModule cgid_module /usr/lib/apache2/modules/mod_cgid.so
```

`cgid_module` es el identificador del módulo. El módulo en sí se encuentra en el archivo `/usr/lib/apache2/modules/mod_cgid.so`.

3.4.2 Lista de los módulos incluidos y cargados

Dos opciones en el ejecutable del servidor HTTP Apache permiten obtener la lista de los módulos estáticos integrados en el ejecutable (opción `-l`) y la del conjunto de los módulos, estáticos o dinámicos (opción `-M`).

Ejemplo

Lista de los módulos Apache2 con una distribución RHEL 8.5:

```
httpd -l
Compiled in modules:
 core.c
 mod_so.c
 http_core.c
httpd -M
Loaded Modules:
core_module (static)
so_module (static)
http_module (static)
access_compat_module (shared)
[...]
proxy_ajp_module (shared)
proxy_balancer_module (shared)
proxy_connect_module (shared)
proxy_express_module (shared)
proxy_fcgi_module (shared)
proxy_fdpass_module (shared)
proxy_ftp_module (shared)
proxy_http_module (shared)
[...]
```

Si el servidor Apache no es usado como servidor proxy, podríamos desactivar la carga de los numerosos módulos `proxy*`.

Lista de los módulos Apache2 con una distribución Debian 11:

```
apache2 -l
Compiled in modules:
  core.c
  mod_so.c
  mod_watchdog.c
  http_core.c
  mod_log_config.c
  mod_logio.c
  mod_version.c
  mod_unixd.c
apache2 -M
Loaded Modules:
 core_module (static)
 so_module (static)
 watchdog_module (static)
 http_module (static)
 log_config_module (static)
 logio_module (static)
 version_module (static)
 unixd_module (static)
 access_compat_module (shared)
 alias_module (shared)
 auth_basic_module (shared)
 authn_core_module (shared)
 authn_file_module (shared)
 authz_core_module (shared)
 authz_host_module (shared)
 authz_user_module (shared)
 autoindex_module (shared)
 deflate_module (shared)
 dir_module (shared)
 dnssd_module (shared)
 env_module (shared)
 filter_module (shared)
 mime_module (shared)
 mpm_event_module (shared)
 negotiation_module (shared)
 reqtimeout_module (shared)
 setenvif_module (shared)
 status_module (shared)
```

3.4.3 Configuración de los módulos

La elección de los módulos dinámicos que se tienen que cargar depende de las funciones que se pueden implementar en el servidor HTTP. Existen más de cien módulos, algunos obligatorios (*core modules*), otros implementan tratamientos específicos (gestión de LDAP, proxy FTP, SSL...), a menudo con dependencias entre módulos.

A modo de ejemplo, la certificación LPIC2 propone detallar la implementación de módulos que permiten el soporte de dos lenguajes de script en el lado del servidor: Perl y PHP.

Observación

La configuración de los módulos cambia con respecto a las versiones de Apache y las implementaciones. Las que se van a describir a continuación corresponden a Apache 2.4x, para una distribución RHEL 8.5 y una distribución Debian 11.

3.4.4 Configuración del módulo Perl

Perl es un lenguaje (semi) interpretado que permite ejecutar scripts. Fue uno de los más usados al principio de la web para administrar páginas HTML dinámicas, y su base instalada sigue siendo importante.

El módulo Perl de Apache se ejecuta automáticamente cuando una URL correspondiente a un script Perl es solicitada por un cliente HTTP. El módulo es un intérprete Perl que leerá directamente y ejecutará el script para generar dinámicamente una página HTML que se le devolverá al cliente.

El módulo Perl tiene que ser instalado por un paquete de software. El paquete instala el archivo módulo objeto, un archivo de configuración para cargar el módulo y un ejemplo de archivo de configuración del módulo y de declaración de un directorio destinado a almacenar los scripts Perl ejecutables a través del servidor HTTP Apache.

Una vez que el módulo haya sido instalado y configurado, hay que crear el directorio de almacenamiento de los scripts Perl, bajo la raíz de los documentos del servidor, y solicitar al servidor HTTP Apache que recargue su configuración.

A continuación, se puede crear un script Perl de test y solicitar su ejecución desde un cliente HTTP, por ejemplo, un navegador de Internet en la máquina local.

Ejemplo

Este ejemplo muestra la instalación, la configuración y la prueba del módulo Perl, en un servidor HTTP Apache2 de una distribución RHEL 8.5.

Comprobamos si el módulo Perl para Apache ha sido instalado:

```
yum list mod_perl
```

Si no estuviera instalado, lo instalamos:

```
yum install mod_perl
[...]
Tamaño total de la descarga: 3.1 M
Tamaño instalado: 6.3 M
¿Está de acuerdo [s/N]?:  S
[...]
Instalado:
  mod_perl-2.0.12-1.el8.x86_64                    perl-BSD-Resource-
1.291.100-11.el8.x86_64                    perl-Linux-Pid-0.04-40.el8.x86_64
¡Listo!
```

31 paquetes han sido instalados.

Comprobamos la instalación del archivo módulo objeto del módulo:

```
ls /etc/httpd/modules/*perl*
/etc/httpd/modules/mod_perl.so
```

Comprobamos el archivo de configuración de la carga del módulo:

```
ls /etc/httpd/conf.modules.d/*perl*
/etc/httpd/conf.modules.d/02-perl.conf
vi /etc/httpd/conf.modules.d/02-perl.conf
# Mod_perl incorporates a Perl interpreter into the Apache web server,
# so that the Apache web server can directly execute Perl code.
# Mod_perl links the Perl runtime library into the Apache web server
# and provides an object-oriented Perl interface for Apache's C
# language API.  The end result is a quicker CGI script turnaround
# process, since no external Perl interpreter has to be started.
#

LoadModule perl_module modules/mod_perl.so
```

Modificamos el archivo de configuración del módulo para declarar el directorio de almacenamiento de los scripts Perl. Este directorio será accesible para todo el mundo, y sus páginas serán accesibles usando un alias `/perl`:

```
vi /etc/httpd/conf.d/perl.conf:
Alias /perl /var/www/html/perl
<Directory /var/www/html/perl>
   SetHandler perl-script
   PerlResponseHandler ModPerl::Registry
   PerlOptions +ParseHeaders
   Options +ExecCGI
   Order allow,deny
   Allow from all
</Directory>
```

Creamos el directorio de los scripts Perl, bajo el directorio raíz de los datos del servidor y determinamos los derechos de acceso:

```
mkdir /var/www/html/perl
chmod 755  /var/www/html/perl
```

Recargamos el servidor HTTP Apache:

```
systemctl reload httpd
```

Comprobamos que el módulo Perl esté cargado correctamente:

```
httpd -M | grep -i perl
 perl_module (shared)
```

Creamos un script Perl de prueba. Para el nombre del archivo podemos utilizar la extensión `.html`, porque todo archivo del directorio será considerado como un script Perl y enviado al módulo Perl para analizarlo y ejecutarlo:

```
vi /var/www/html/perl/index.html
# Encabezado que muestra el tipo de contenido generado:
print "Content-type: text/plain\n";
# CUIDADO: la línea blanca siguiente es OBLIGATORIA
print "\n";
print "==============================\n";
print "Bienvenido a mi sitio Perl\n";
print "==============================\n";
```

Comprobamos el script desde un navegador local, utilizando el alias del directorio Perl: `http://localhost/perl/index.html` o `http://localhost/perl`, porque el servidor está configurado para que la página por defecto sea `index.html`.

El navegador muestra la página de texto generada por la ejecución del script:

```
==============================
Binvenido a mi sitio Perl
==============================
```

El módulo Perl está operativo.

3.4.5 Configuración del módulo PHP

PHP es un lenguaje interpretado que permite ejecutar scripts, escritos completamente en PHP o integrados en el interior de páginas HTML.

Se trata de un lenguaje muy usado para generar páginas HMTL dinámicas y su base instalada es muy importante. El lenguaje ha evolucionado mucho a lo largo de los años, en particular para resolver múltiples problemas de seguridad. La versión más reciente en 2022 es la versión 8.x, aunque la más utilizada es la 7.x.

Observación

La configuración del servidor PHP, que interpreta y ejecuta los scripts PHP, es compleja y debe ser estudiada con cuidado para prevenir posibles fallos de seguridad.

El módulo PHP de Apache se ejecuta automáticamente cuando una URL que corresponde a un script PHP es solicitada por el cliente HTTP. El módulo es un servidor PHP que leerá y ejecutará directamente el script para generar dinámicamente una página HTML que será mostrada al cliente.

El módulo PHP tiene que ser instalado usando un paquete de software. El paquete instala el archivo módulo objeto, un archivo de configuración para cargar el módulo y un ejemplo de archivo de configuración del módulo y de declaración de un directorio destinado a contener los scripts PHP ejecutables por el servidor HTTP Apache.

La configuración del módulo consiste, particularmente, en asociarle los archivos de extensiones (`.php`, `.php8`...). Cuando el servidor HTTP Apache recibe una petición relativa a estos archivos, la trata usando el módulo PHP que interactúa con el servidor PHP. La página HTML generada después de este tratamiento se envía al servidor HTTP Apache, que la transmite al cliente HTTP.

Una vez que el módulo esté instalado y configurado, hay que crear el directorio de almacenamiento de los scripts PHP, bajo la raíz de los documentos del servidor, y solicitar al servidor HTTP Apache que recargue su configuración.

A continuación podemos crear un script PHP de prueba y solicitar su ejecución desde un cliente HTTP, por ejemplo un navegador de Internet en la máquina local.

Ejemplo

El ejemplo siguiente muestra la instalación, la configuración y la prueba del módulo PHP, en un servidor HTTP Apache2 de una distribución Debian 10.

Comprobamos si PHP está instalado en el sistema:

```
apt list php7
```

Si no está instalado, lo instalamos:

```
apt list php
php/stable,now 2:7.4+76 all  [instalado]
```

php instalado en la versión 7.4.

Comprobamos que el servidor se ha instalado correctamente:

```
php -v
PHP 7.4.30 (cli) (built: Jul 7 2022 15:51:43) ( NTS )
Copyright (c) The PHP Group
Zend Engine v3.4.0, Copyright (c) Zend Technologies
    with Zend OPcache v7.4.30, Copyright (c), by Zend Technologies
```

Comprobamos la instalación del archivo módulo objeto del módulo:

```
find /lib/apache2 -name '*php*'
/lib/apache2/modules/libphp7.4.so
```

Comprobamos los archivos de configuración de la carga del módulo:

```
find /etc/apache2 -name '*php*'
/etc/apache2/mods-enabled/php7.4.load
/etc/apache2/mods-enabled/php7.4.conf
/etc/apache2/mods-available/php7.4.load
/etc/apache2/mods-available/php7.4.conf
```

En una distribución Debian, la configuración de los módulos Apache2 se hace en diferentes directorios: `/etc/apache2/mods-available` para los módulos cargables, `/etc/apache2/mods-enabled` para los módulos que se cargarán efectivamente.

Comprobamos el archivo de configuración del módulo, para especificar las extensiones de los archivos que serán asociados al módulo PHP:

```
vi /etc/apache2/mods-enabled/php7.4.conf
<FilesMatch ".+\.ph(ar|p|tml)$">
   SetHandler application/x-httpd-php
</FilesMatch>
<FilesMatch ".+\.phps$">
   SetHandler application/x-httpd-php-source
   # Deny access to raw php sources by default
   # To re-enable it's recommended to enable access to the files
   # only in specific virtual host or directory
   Require all denied
</FilesMatch>
# Deny access to files without filename (e.g. '.php')
<FilesMatch "^\.ph(ar|p|ps|tml)$">
   Require all denied
</FilesMatch>
# Running PHP scripts in user directories is disabled by default
#
# To re-enable PHP in user directories comment the following lines
# (from <IfModule ...> to </IfModule>.) Do NOT set it to On as it
# prevents .htaccess files from disabling it.
<IfModule mod_userdir.c>
    <Directory /home/*/public_html>
        php_admin_flag engine Off
    </Directory>
</IfModule>
```

Recargamos el servidor HTTP Apache:

```
systemctl reload apache2
```

Comprobamos que el módulo PHP esté bien cargado:

```
apache2 -M | grep php
php7_module (shared)
```

Creamos un archivo página PHP de prueba. Para el nombre del archivo, usamos el sufijo `.php`, porque todos los archivos que tengan esa extensión serán considerados como scripts PHP y enviados al módulo PHP para que su análisis y ejecución:

```
vi /var/www/html/buenosdias.php
<html>
 <head>
  <title>Test página PHP</title>
 </head>
 <body>
  <?php
   // Script PHP integrado en la página HTML
   echo '<p>Bienvenido a mi sitio PHP</p>';
   $date = date("d-m-Y H:i");
   Print("<p>Fecha y hora:$date</p>");
 ?>
 </body>
</html>
```

Comprobamos la página PHP desde un navegador local:
`http://localhost/buenosdias.php`.

El navegador muestra la página, con el texto generado por la ejecución del script PHP integrado entre las etiquetas `<?php` y `?>`:

```
Bienvenido a mi sitio PHP
Fecha y hora:17-09-2022 18:44
```

El módulo PHP está operativo.

3.5 Control de los recursos asignados al servidor

Diferentes directivas permiten especificar los recursos mínimos y máximos asignables al servidor HTTP Apache. Estos parámetros son importantes para gestionar la carga del servidor y también, desde el punto de vista de la seguridad, para evitar que ataques de tipo denegación de servicio (*denial of service*) provoquen una saturación de los recursos de memoria y procesador del sistema que alojan al servidor HTTP.

En el arranque del servidor, se lanza un daemon, asociado a la cuenta de superusuario. Este proceso inicializa el servidor, pero no gestiona directamente las peticiones de los clientes HTTP. Crea procesos hijos asociados a una cuenta de servicio que no es de tipo superusuario, y son estos los que atienden las peticiones de los clientes.

Si el número de clientes aumenta, el proceso padre puede crear otros procesos hijos para tratar sus peticiones.

El número máximo y mínimo de procesos hijos, durante el arranque, pueden ser especificados por directivas del archivo de configuración, con valores por defecto variables si las directivas no están presentes en el archivo.

Observación

Si el servidor HTTP funciona en modo sin thread (módulo `mpm_prefork`, el modo de las primeras versiones del servidor Apache), un proceso servidor hijo solamente puede tratar a un único cliente. Si funciona en modo thread o hybride (módulo `mpm_worker_-module` o `mpm_event_module`), un proceso servidor hijo puede tratar a distintos clientes.

Las principales directivas de control de los recursos son las siguientes:

`StartServers`	Número de procesos servidores durante el arranque del servidor HTTP Apache.
`MinSpareServers`	Número mínimo de procesos servidores inactivos (modo `prefork` solamente).
`MaxSpareServers`	Número máximo de procesos servidores inactivos (modo `prefork` solamente).
`MaxClients`	Número máximo de clientes conectados simultáneamente al servidor HTTP Apache.
`MaxRequestWorkers`	Número máximo de peticiones que pueden ser tratadas simultáneamente (antiguo nombre: `MaxClients`).
`MaxRequests-PerChild`	Número máximo de peticiones que pueden ser tratadas por un proceso servidor HTTP Apache.

Ejemplo

Configuramos las directivas de recursos, para un servidor HTTP Apache en une distribución Debian 11:

Añadimos las líneas en el archivo de configuración:

```
vi /etc/apache2/apache2.conf
StartServers 10
MinSpareServers 5
MaxSpareServers 15
MaxRequestWorkers 100
MaxRequestsPerChild 1000
```

Comprobamos el archivo de configuración:

```
apache2 -t
Syntax OK
```

Reiniciamos el servidor HTTP Apache:

```
systemctl start apache2
ps -ef | grep apache
root      30760      1 0 18:39 ? 00:00:00 /usr/sbin/apache2 -k start
www-data  30836  30760 0 18:48 ? 00:00:00 /usr/sbin/apache2 -k start
www-data  30837  30760 0 18:48 ? 00:00:00 /usr/sbin/apache2 -k start
www-data  30838  30760 0 18:48 ? 00:00:00 /usr/sbin/apache2 -k start
www-data  30839  30760 0 18:48 ? 00:00:00 /usr/sbin/apache2 -k start
www-data  30840  30760 0 18:48 ? 00:00:00 /usr/sbin/apache2 -k start
www-data  30841  30760 0 18:48 ? 00:00:00 /usr/sbin/apache2 -k start
www-data  30842  30760 0 18:48 ? 00:00:00 /usr/sbin/apache2 -k start
www-data  30843  30760 0 18:48 ? 00:00:00 /usr/sbin/apache2 -k start
www-data  30844  30760 0 18:48 ? 00:00:00 /usr/sbin/apache2 -k start
www-data  30845  30760 0 18:48 ? 00:00:00 /usr/sbin/apache2 -k start
```

Hay un proceso principal, asociado a la cuenta de usuario `root`, y diez procesos servidores, asociados a la cuenta de usuario `www-data`.

3.6 Hosts virtuales de un servidor Apache

Por defecto, el servidor HTTP Apache escucha en el puerto bien conocido 80, asociado al protocolo HTTP, en todas las direcciones IP de la máquina. Si recibe una petición de página, va a buscar el archivo correspondiente a partir de la raíz de los documentos, definida por la directiva `DocumentRoot`.

No obstante, un servidor HTTP Apache puede gestionar varios sitios web diferentes. Cada sitio web virtual es independiente, dispone de su propia configuración y almacena sus páginas en un directorio específico.

Para distinguir los diferentes servidores web virtuales, llamados hosts virtuales (*virtual host*), podemos usar diferentes técnicas:

- Por dirección IP: el sistema debe gestionar distintas direcciones IP. El servidor HTTP Apache asocia a cada host virtual con una dirección IP diferente.
- Por número de puerto: el servidor HTTP Apache asocia a cada host virtual un número de puerto diferente.
- Por nombre de host: el sistema debe gestionar distintos nombres de host. El servidor HTTP Apache asocia un nombre de host diferente a cada host virtual.

3.6.1 Organización de los hosts virtuales

Cada host virtual está configurado por un conjunto de directivas que se encuentran en una sección `VirtualHost`.

No hay sitio web por defecto. Cada petición de URL corresponde a un sitio virtual, identificado por su dirección IP o por su nombre.

Sintaxis habitual de una sección `VirtualHost`:

```
<VirtualHost DirecciónIP[:NúmPort]>
 ServerName NombreHost
 DocumentRoot CaminoRaíz
 ServerAdmin CorreoElectrónicoAdministrador
 ErrorLog CaminoLog
 TransferLog CaminoAccesoLog
</VirtualHost>
```

Donde:

`DirecciónIP[:NúmPort]`	Si la dirección está en IPv6, hay que colocarla entre corchetes. El puerto por defecto es el 80.
`ServerName`	Nombre de host del host virtual (obligatorio).
`DocumentRoot`	Directorio raíz del host virtual (obligatorio).
`ServerAdmin`	Dirección de correo electrónico del administrador del host virtual (opcional).
`ErrorLog CaminoLog`	Camino de acceso al archivo de registro de errores (opcional).
`TransferLog`	Camino de acceso al archivo de registro (opcional).

3.6.2 Hosts virtuales por dirección IP

El sistema debe tener distintas direcciones IP. El servidor HTTP Apache recibe una petición en una dirección IP (y un número de puerto). Busca en su configuración el host virtual asociado a esta dirección y a este puerto, y trata la petición según la configuración de este host virtual.

La dirección IP del host virtual debe estar especificada en una directiva global `Listen`.

En el cliente, se puede especificar el host virtual solicitado definiendo su dirección IP en la URL, o su nombre de host si las diferentes direcciones están configuradas con diferentes nombres en el sistema de resolución de nombres del cliente (DNS, archivo `hosts`, etc.).

Ejemplo

Host virtual por dirección IP en un servidor HTTP Apache de una distribución RHEL 8.5.

Primero hay que atribuir una segunda dirección IP al sistema:

```
ip -4 -br a
lo               UNKNOWN          127.0.0.1/8
enp38s0          UP               192.168.1.202/24
```

El sistema posee una dirección IPv4 `192.168.1.2020/24`. Declaramos una segunda dirección, en la misma interfaz:

```
ip a add 192.168.1.61/24 dev enp38s0
ip -4 -br a
lo               UNKNOWN          127.0.0.1/8
enp38s0          UP               192.168.1.202/24 192.168.1.61/24
```

Añadimos la nueva dirección en la zona DNS, asociada al nombre de host `www61` del dominio DNS local:

```
vi /var/named/db.midns.es
202209R172; serial
[...]
www61           IN    A 192.168.1.61
[...]
rndc reload
host www61.midns.es
www61.midns.es has address 192.168.1.61
```

Configuramos un host virtual asociado a la nueva dirección IP, a través del nombre de host `www61.midns.es`:

```
vi /etc/httpd/conf/httpd.conf
[...]
<VirtualHost 192.168.1.61>
 ServerName www61.midns.es
 DocumentRoot /var/www/html/www61
 ErrorLog /var/log/httpd/ww61err.log
 TransferLog /var/log/httpd/ww61acc.log
</VirtualHost>
```

Creamos el directorio raíz del host virtual:

```
mkdir /var/www/html/www61
```

Comprobamos la sintaxis del archivo de configuración:

```
httpd -t
Syntax OK
```

Recargamos la configuración del servidor HTTP Apache:

```
systemctl reload httpd
```

Creamos una página de inicio en el directorio del host virtual:

```
vi /var/www/html/www61/index.html
<html>
<head>
       <meta http-equiv="Content-Type" content="text/html; charset=UTF-8"/>
       <title>Servidor Web www61</title>
</head>
<body>
<h2>Bienvenido al sitio www61.midns.es</h2>
```

```
</body>
</html>
```

La comprobamos con el comando `wget`:

```
wget -O - www61.midns.es
--2022-09-18 09:53:30--  http://www61.midns.es/
Resolviendo www61.midns.es (www61.midns.es)... 192.168.1.61
Conectando a www61.midns.es (www61.midns.es)|192.168.1.61|:80... conectado
Petición HTTP enviada, esperando respuesta... 200 OK
Longitud:218 [text/html]
Grabando a: « STDOUT »

-                            0%[
                             ]       0  --.-KB/s               <html>
<head>
       <meta http-equiv="Content-Type" content="text/html; charset=UTF-8"/>
       <title>Servidor Web www61</title>
</head>
<body>
<h2>Bienvenido al sitio www61.midns.es</h2>
</body>
</html>
-               100%[=================================>]     218  --.-KB/
s    ds 0s

2022-09-18 09:53:30 (25,9 MB/s) — escritos a stdout [218/218]
```

La página ha sido recibida correctamente.

Desde el navegador de otra máquina, cliente DNS del servidor DNS local, solicitamos la URL http://www61.midns.es:

También se puede usar la dirección IP como URL:

3.6.3 Hosts virtuales por número de puerto

Se trata de una variante de la configuración anterior. El servidor HTTP Apache recibe una petición en una dirección y un número de puerto. Busca en su configuración el host virtual asociado a esta dirección y a este puerto, y trata la petición según la configuración de este host virtual.

La ventaja de este método es que podemos usar una sola dirección IP. El inconveniente es que el cliente tiene que especificar el número del puerto del host virtual que se desea visitar, en la URL solicitada.

3.6.4 Hosts virtuales por nombre de host

El servidor HTTP Apache recibe una petición para un nombre de host en una dirección IP (y un número de puerto). Busca en su configuración el host virtual asociado a esta dirección, este puerto y este nombre de hosts y trata la petición según la configuración de este host virtual.

Desde el cliente, hay que especificar el nombre de host en la URL. Este nombre tiene que estar configurado en el sistema de resolución de nombres usado por el cliente (DNS, archivo `hosts`, etc.).

Ejemplo

Host virtual por nombre de host en un servidor HTTP Apache de una distribución RHEL 8.5:

Añadimos el nuevo nombre en la zona DNS, como alias del nombre de host `srvrh` del dominio DNS local:

```
vi /var/named/db.midns.es
202209173; serial [...]
www1            IN      CNAME   srvrh
[...]
rndc reload
host www1.midns.es
www1.midns.es is an alias for srvrh.midns.es.
srvrh.midns.es has address 192.168.1.202
```

Añadimos un host virtual asociado al nombre de host www1.midns.es:

```
vi /etc/httpd/conf/httpd.conf
[...]  <VirtualHost www1.midns.es>
 ServerName www1.midns.es
 DocumentRoot /var/www/html/www1
 ErrorLog /var/log/httpd/ww1err.log
 TransferLog /var/log/httpd/ww1acc.log
</VirtualHost>
[...]
```

Creamos el directorio raíz del host virtual:

```
mkdir /var/www/html/www1
```

Comprobamos la sintaxis del archivo de configuración:

```
httpd -t
Syntax OK
```

Recargamos la configuración del servidor HTTP Apache:

```
systemctl reload httpd
```

Después de haber creado una página de inicio en el directorio del host virtual, comprobamos con el comando `wget`:

```
wget -O - www1.midns.es
--2022-09-18 10:44:47--  http://www1.midns.es/
Resolviendo www1.midns.es (www1.midns.es)... 192.168.1.202
Conectando con www1.midns.es (www1.midns.es)|192.168.1.202|:80... conectado.
Petición HTTP enviada, esperando respuesta... 200 OK
Longitud:216 [text/html]
Guardao a:« STDOUT »

-                                   0%[
                                      ]        0  --.-KB/s
<html>
<head>
       <meta http-equiv="Content-Type" content="text/html; charset=UTF-8"/>
       <title>Servidor Web www1</title>
</head>
<body>
<h2>Bienvenido al sitio www1.midns.es</h2>
</body>
</html>
-                   100%[===========================================
=================================>]     216  --.-KB/s    ds 0s

2022-09-18 10:44:47 (21,5 MB/s) — escritos a stdout [216/216]
```

La página ha sido recibida correctamente.

Desde el navegador de otra máquina, cliente DNS del servidor DNS local, solicitamos la URL http://www1.midns.es:

3.7 Control de los derechos de acceso de los usuarios

El servidor HTTP Apache permite controlar los derechos de acceso de los usuarios identificándolos y dándoles o no acceso a los diferentes directorios. Diferentes módulos permiten configurar múltiples métodos de autenticación para los usuarios que solicitan un acceso a un archivo gestionado por el servidor HTTP Apache.

3.7.1 Sección de la declaración de un directorio: Directory

El control de accesos a los directorios se aplica a toda la arborescencia dentro del directorio, excepto si hay otros derechos posicionados en un subdirectorio.

Si el directorio está protegido en acceso, solo los usuarios autorizados podrán acceder a él.

La declaración de un directorio se hace usando la sección `Directory`, según la sintaxis siguiente:

```
<Directory CaminoDir>
[Directivas]
</Directory>
```

El camino de acceso del directorio puede estar especificado en camino absoluto o relativo a la raíz de los documentos configurada para el servidor o el host virtual que administra este directorio.

Puede haber diferentes directivas especificadas en la sección, pero solo se aplicarán a ese directorio (y a sus subdirectorios, excepto si estos están asociados a una sección `Directory` específica).

3.7.2 Directiva de control de acceso: Require

Dentro de una sección de directorio, esta directiva permite especificar qué usuarios tendrán acceso autorizado o rechazado al contenido del directorio.

Puede haber distintas directivas `Require` en la misma sección del directorio.

Sintaxis

```
Require [not] valid-user|user|group|ip|host [ Ident1 ... identN]
```

Donde:

`not`	Prohibe el acceso.
`valid-user`	Cualquier usuario autenticado.
`user Ident ...`	Lista de los usuarios autorizados.
`group Ident ...`	Lista de los grupos de usuarios autorizados.

`ip Dir ...`	Lista de las direcciones IP autorizadas.
`host NombreDNS`	Lista de los nombres de hosts o de dominios DNS autorizados.

Ejemplo

Este directorio es accesible para los usuarios del grupo `rrhh`, pero no para el usuario `becario`, incluso aunque esté dentro del grupo `rrhh`:

```
<Directory /var/www/html/rh
Require group rrhh
Require not user becario
</Directory>
```

3.7.3 Directivas de autenticación

Existen muchos métodos de autenticación para los usuarios que solicitan acceso a un directorio. Están gestionados por módulos específicos.

Las siguientes directivas definen la autentificación deseada:

- `AuthName Título`: título de la ventana de diálogo de autenticación que será mostrada en el navegador cliente HTTP.
- `AuthType TipoAutenticación`: método de autentificación que se utilizará. El tipo está relacionado con un módulo que tiene que estar cargado.

Después hay que usar directivas específicas para el método de autentificación deseado.

Algunos métodos de los más usados están descritos a continuación.

3.7.4 Método de autentificación local: AuthType Basic

Este método usa un archivo en el que están definidas las cuentas de los usuarios específicos del servidor HTTP Apache.

Para crear un usuario en este archivo, utilizamos el comando `htpasswd`:

```
htpasswd [ -c|D ] CaminoArchivo NombreUsuario
```

Donde:

`-c`	Crea el archivo.
`-D`	Suprime la cuenta de usuario del archivo.
`CaminoArchivo`	Camino de acceso del archivo de las cuentas de los usuarios.
`NombreUsuario`	Cuenta de usuario que se creará en el archivo.

El comando solicita que se teclee dos veces la contraseña que se asociará a la cuenta de usuario.

Si la cuenta del usuario existe, su contraseña se actualizará.

Ejemplo

Creación de un archivo de cuentas de usuarios con dos cuentas:

```
htpasswd -c passwd.httpd phi
New password: XXXX
Re-type new password: XXXX
Adding password for user phi
htpasswd passwd.httpd mar
New password: YYYY
Re-type new password: YYYY
Adding password for user mar
cat passwd.httpd
phi:$apr1$xpfoQ6mT$vcivvgEpG18rK7rqLoPAd0
mar:$apr1$Z511Lwmx$bBhqhDrw7L2QaD2CLsSXz1
cp passwd.httpd /etc/httpd/
```

Para que el método de autenticación local sea válido, es necesario que tres módulos sean configurados durante la carga:

```
auth_basic_module
authn_file_module
authz_user_module
```

Observación

Los módulos necesarios pueden ser diferentes dependiendo de la versión del servidor HTTP Apache implementado.

El control de acceso por dirección IP o por nombres DNS (`Require ip` y `Require host`) está gestionado por el módulo `mod_authz_host`.

Este módulo hace obsoleto al antiguo módulo `mod_access_compat` que usaban las directivas siguientes para gestionar las direcciones o nombres de hosts autorizados o denegados:

```
Allow from all|DirIp|host
Deny from all|DirIp|host
```

En la sección del directorio que se protegerá, habrá que especificar dos directivas, además de las que ya se han visto anteriormente:

- `AuthType Basic`

  Esta directiva especifica el tipo de autentificación utilizada.

- `AuthUserFile CaminoArchivo`

  `CaminoArchivo` es el camino de acceso del archivo de las cuentas de usuarios, creado con el comando `htpasswd`.

  O

`AuthGroupFile CaminoArchivo`

`CaminoArchivo` es el camino de acceso al archivo de los grupos de usuarios, si usamos el control de acceso por grupos de usuarios. El archivo especificado es un archivo de texto donde se declaran los grupos y sus miembros, usando el formato de línea siguiente:

`NombreGrupo:Usuario1 Usuario2 ... UsuarioN`

Ejemplo

Configuración en un servidor HTTP Apache RHEL 8.5 de un directorio con el acceso reservado a los usuarios autenticados localmente.

Usamos el archivo de usuarios creado en el ejemplo anterior.

Comprobamos si los módulos necesarios han sido cargados:

```
httpd -M | grep auth_basic_module
auth_basic_module (shared)
httpd -M | grep authn_file_module
authn_file_module (shared)
httpd -M | grep authz_user_module
authz_user_module (shared)
```

Los tres módulos están activos.

Declaramos un directorio con acceso protegido, en el archivo de configuración `httpd.conf`:

```
 vi /etc/httpd/conf/httpd.conf
Listen 80
User apache
Group apache
ServerRoot "/etc/httpd"
ServerName srvrh.midns.es
DocumentRoot "/var/www/html"
DirectoryIndex index.html index.php
LogLevel warn
ErrorLog "logs/error_log"
Include conf.modules.d/*.conf
IncludeOptional conf.d/*.conf
TypesConfig /etc/mime.types
<Directory /var/www/html/rh>
  DirectoryIndex index.html
  AuthType basic
  AuthUserFile /etc/httpd/passwd.httpd
  AuthName "Identificación obligatoria"
  Require valid-user
</Directory>
```

Creamos el directorio, con una página de inicio:

```
mkdir /var/www/html/rh
vi /var/www/html/rh/index.html
<!DOCTYPE html PUBLIC "-//W3C//DTD XHTML 1.0 Strict//EN"
   "http://www.w3.org/TR/xhtml1/DTD/xhtml1-strict.dtd">
<html>
<head>
        <meta http-equiv="Content-Type" content="text/html; charset=UTF-8"/>
        <title>Intranet RRHH</title>
</head>
<body>
<h2>Bienvenido a la intranet de los recursos humanos </h2>
</body>
</html>
```

Comprobamos la configuración y la recargamos:

```
httpd -t
Syntax OK
systemctl reload httpd
```

Intentamos acceder a la página de inicio desde un navegador:

```
http://srvh.midns.es/rrhh
```

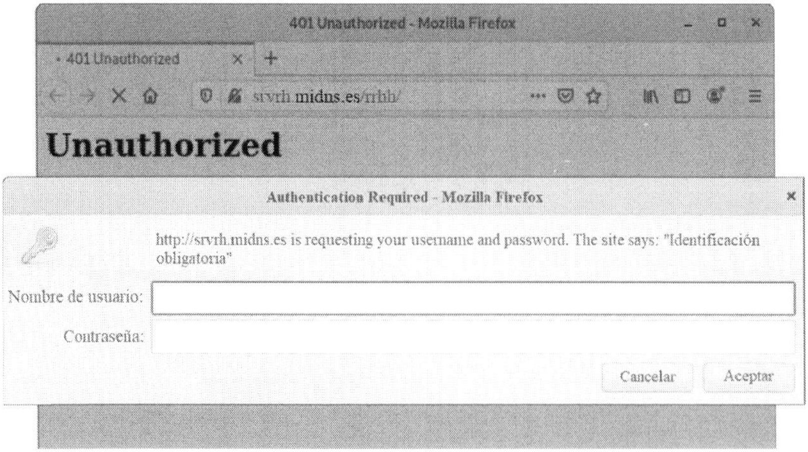

El servidor HTTP Apache envía al cliente una ventana de identificación.

Después de haber tecleado el nombre de un usuario válido y su contraseña, se autorizará el acceso al directorio:

3.7.5 Autenticación por anuario LDAP

El inconveniente de la autenticación local es que las cuentas de los usuarios son específicas del servidor HTTPD Apache y los usuarios no pueden cambiar la contraseña que se les ha atribuido.

Una solución más flexible es la de usar el anuario LDAP de la organización. En ese caso, el acceso a los directorios protegidos se hará pidiendo al servidor de anuario LDAP la autenticación de la información tecleada por el usuario en la ventana de autenticación.

Para ello habrá que cargar, además de los módulos anteriores, el módulo LDAP: `mod_authnz_ldap`.

También hay que configurar el control de acceso en la sección del directorio, con una directiva que especifique el servidor LDAP que se tendrá que interrogar:

```
AuthLDAPUrl IdAnuarioLDAP
```

La directiva `Require` permite opcionalmente definir los usuarios, los grupos LDAP o los DN LDAP (*Distinguished Name*) autorizados o no a acceder al directorio:

```
Require ldap-user Nombre1 ... NombreN
Require ldap-group Nombre1 ... NombreN
Require ldap-dn DistName
```

3.7.6 Control de acceso por archivo .htaccess

Es posible definir los parámetros de control de acceso en un archivo situado en el directorio que se quiera proteger. Este archivo se llama, por defecto, `.htaccess`. Las directivas necesarias para el control están especificadas en este archivo en lugar de estar en la sección `Directory` asociada al directorio en el archivo de configuración del servidor HTTP Apache.

Esta técnica permite definir el control de acceso al directorio sin tener que modificar la configuración del servidor HTTP Apache. Sin embargo, no está aconsejada desde el punto de vista de la seguridad.

La directiva `AllowOverride` permite configurar el uso de los archivos `.htaccess`, globalmente o en un directorio:

```
AllowOverride Parám
```

He aquí los valores posibles de `Parám`:

`All`	Archivo `.htaccess` autorizado, para todas las directivas en el directorio (valor por defecto).
`None`	Archivo `.htaccess` ignorado.
`AuthConfig`	Solo se autorizan las directivas de autenticación en un archivo `.htaccess`.

Observación

Se aconseja especificar la directiva global `AllowOverride None` en el archivo de configuración del servidor HTTP Apache. De esta manera, Apache no tendrá que comprobar la presencia de un archivo `.htaccess` en el directorio de cada página solicitada. Se podrá, si se considera necesario, activar el uso del archivo en un directorio específico, usando la directiva `AllowOverride AuthConfig` en una sección `Directory` asociada al directorio.

4. Configuración HTTPS de un servidor Apache

Para aumentar la seguridad, podemos usar el protocolo HTTPS (*HyperText Transfer Protocol Secure*), que se basa en una capa de software protegida, SSL (*Secure Socket Layer*) o TLS (*Transport Layer Secure*, sucesor de SSL), para la comunicación entre el cliente y el servidor Apache. El protocolo de seguridad toma en cuenta la autenticación de los participantes a través de los certificados, el cifrado y el control de la integridad de los datos intercambiados.

Observación

TLS ha reemplazado a partir de 1999 la versión 3 de SSL, abandonada a causa de problemas de seguridad. Desde entonces usamos los términos SSL, SSL/TLS o TLS para designar el protocolo TLS. A partir de ahora usaremos el término SSL, conforme a la terminología usada en la certificación LPIC-2.

El protocolo HTTPS usa el puerto bien conocido 443. Tiene tendencia a convertirse en el estándar de Internet y a reemplazar a HTTP.

4.1 Criptografía y certificados

El protocolo SSL se basa en certificados para autenticar a los participantes en la comunicación. El servidor envía su certificado al cliente para que este se asegure de su identidad. El cliente puede, de manera opcional, poseer también un certificado que transmitirá al servidor para declararle su identidad.

El protocolo asegura el cifrado y descifrado de los datos intercambiados, con un par de claves, pública y privada, según la técnica de criptografía asimétrica.

En el marco de la certificación LPIC-2 se pide un conocimiento general de estos conceptos.

4.1.1 Criptografía simétrica

Los algoritmos de cifrado simétrico usan una clave única que permite cifrar y descifrar datos.

Presentan la ventaja de necesitar pocos recursos y de ser muy rápidos. Permiten, por lo tanto, intercambiar eficazmente grandes cantidades de datos. Sin embargo, presentan una dificultad: los participantes tienen que conocer la clave de cifrado/descifrado. Por lo tanto, todas las entidades que posean la clave podrán descifrar los mensajes, incluso aquellas para las que el mensaje no ha sido destinado.

Para intercambiar la clave de manera segura, la ciframos usando un algoritmo asimétrico, que es más seguro.

4.1.2 Criptografía asimétrica

Los algoritmos de cifrado simétrico reposan en un par de claves: una pública, que permite cifrar la información; otra privada, que permite descifrar la información que ha sido cifrada con la clave pública.

La clave privada solo la conoce el propietario. La clave pública se transmite a las entidades que tienen que cifrar mensajes. La criptografía asimétrica necesita muchos recursos del procesador, por lo tanto, se utiliza esencialmente para cifrar pequeñas cantidades de datos, en particular el intercambio de claves. La clave pública permite cifrar una clave, y la clave privada se usa para firmar digitalmente el mensaje.

El eslabón más débil reside en el envío de la clave pública por el propietario del par de claves. En efecto, si el emisor de la clave pública ha usurpado una identidad, podrá descifrar mensajes que no le han sido realmente destinados. Es la razón por la que el protocolo SSL exige que el emisor de la clave pública pruebe su identidad presentando un certificado de identidad, bajo la forma de un certificado digital.

4.1.3 Los certificados digitales X.509

Los certificados digitales que siguen la norma X.509, definida por la Unión Internacional de las Telecomunicaciones (UIT), tiene por objetivo garantizar la relación entre una identidad (nombre, dirección IP, etc.) y una clave pública. Los establece un organismo "tercero de confianza", llamado autoridad de certificación (CA, *Certificate Authority*). Estos organismos pueden ser públicos o privados. En general, la obtención de un certificado digital mediante una autoridad de certificación es de pago, pero existen CA sin ánimo de lucro (Let's Encrypt, por ejemplo).

También es posible que una organización emita sus propios certificados (certificado autofirmado). En este caso, las entidades que reciben el certificado deben reconocer al emisor del certificado como una autoridad de certificación.

4.2 Funcionamiento de una conexión HTTPS

El cliente HTTPS (un navegador de Internet) solicita una conexión TCP en el puerto bien conocido 443 del servidor HTTPS. El cliente y el servidor usan el protocolo SSL (en realidad TLS) para establecer la conexión segura por donde pasará el intercambio de datos, según las etapas siguientes:

- El cliente envía una solicitud de conexión SSL.
- EL servidor envía al cliente su certificado X.509, que contiene su clave pública, su información de identidad (nombre DNS, dirección postal, correo electrónico del administrador, etc.), la firma digital mediante la autoridad de certificación y su clave pública.
- El cliente comprueba la firma digital del certificado, usando las claves públicas de las autoridades de certificación que reconoce. Si alguna de las claves permite autenticar el certificado, el cliente deduce el nombre de la autoridad de certificación. El cliente le envía una solicitud de comprobación de la validez del certificado para asegurarse de que el certificado no ha sido revocado. Si ninguna clave funciona, el cliente intenta comprobar la identidad del servidor usando la clave pública enviada por el mismo servidor, si la clave funciona, se trata de un certificado autofirmado. El cliente mostrará entonces un mensaje para informar al usuario de que el certificado no está garantizado por una autoridad de certificación.
- Si ninguna clave funciona, el certificado no es válido y el cliente abandona la conexión.
- Algunos servidores HTTPS exigen un certificado al cliente. En este caso, el cliente envía su certificado X.509 al servidor, el cual lo valida según el procedimiento descrito anteriormente.

- Si el certificado es válido, el cliente genera una clave de cifrado simétrica, la clave de sesión, la cifra con la clave pública del servidor HTTPS y se la envía. El servidor descifra la clave de sesión con su clave privada.
- La conexión SSL/TLS se ha establecido, el intercambio de datos se puede hacer, cifrados con la clave de sesión.
- Cuando la conexión se termina, el servidor HTTPS procede a la revocación de la clave de sesión, para invalidarla.

4.3 Configuración SSL de un servidor Apache

Para poder usar HTTPS, el servidor Apache debe tener un certificado X.509, expedido por una autoridad de certificación o autofirmado. Después tendrá que instalar el certificado y configurar el servidor HTTP Apache para que pueda funcionar en modo HTTPS.

Para las comprobaciones, utilizaremos generalmente un certificado autofirmado, generado por las herramientas de la biblioteca `openssl`, proporcionada por el proyecto OpenSSL.

Para obtener una certificación de una autoridad de certificación, hay que proporcionarle la clave pública de un par de claves y una solicitud de firma de certificado, en formato CSR (*Certificate Signing Request*), que tienen que contener los campos siguientes:

`Common Name (CN=)`	El nombre completo (FQDN).
`Organisation (O=)`	Nombre de la organización.
`Department/Organizational Unit (OU=)`	Departamento o servicio de la organización (dirección u otro servicio).
`Locality (L=)`	Ciudad.
`State/Province (S=)`	Región o estado.
`Country (C=)`	Código ISO de dos letras del país.
`E-mail`	Dirección de correo electrónico del responsable del certificado.

4.3.1 Generación de un certificado autofirmado

El comando `openssl` del paquete de software `openssl` permite crear un certificado X.509 autofirmado.

La sintaxis habitual es la siguiente:

```
openssl req -x509 -nodes -newkey rsa:NúmBits -keyout ArchivoClave  -out
ArchivoCert
```

Donde:

`req`	Subcomando de solicitud de creación.
`-x509`	Creación de un certificado autofirmado.
`-nodes`	La clave no estará protegida por contraseña.
`-newkey rsa:NúmBits`	Clave asimétrica `RSA`, `NúmBits`: tamaño de la clave en bits (>= `2048`).
`-keyout ArchivoClave`	`ArchivoClave`: camino de acceso del archivo de clave privada.
`-out ArchivoCert`	`ArchivoCert`: camino de acceso del archivo certificado.

El comando genera un certificado y la clave privada correspondiente, solicitando la introducción de los datos necesarios en los diferentes campos de una solicitud de firma de certificado (CSR, *Certificate Signing Request*).

El campo `Common Name` debe presentar obligatoriamente el nombre completo DNS que será especificado en la URL de acceso al servidor. En caso contrario, el navegador del cliente mostrará una alerta de seguridad, después de haber comprobado el certificado del servidor.

Observación

Esta obligación tiene un impacto en el uso de HTTPS en los hosts virtuales, porque sus URL de acceso no corresponden al nombre DNS del servidor, entonces el control del certificado por el cliente falla porque el nombre de host no corresponde al especificado en la URL.

Ejemplo

Generación de un certificado autofirmado para un servidor HTTP Apache en une distribución Debian 10.

```
openssl req -x509 -nodes -newkey rsa:2048 -keyout certif.clave -out
certif.crt
Generating a RSA private key
.......................................................++                    +++
...+++++
```

```
writing new private key to 'certificado.clave'
-----
You are about to be asked to enter information that will be incorporated
into your certificate request.
What you are about to enter is what is called a Distinguished Name or a DN.
There are quite a few fields but you can leave some blank
For some fields there will be a default value,
If you enter '.', the field will be left blank.
-----
Country Name (2 letter code) [AU]:ES
State or Province Name (full name) [Some-State]:ANDALUCIA
Locality Name (eg, city) []:Almería
Organization Name (eg, company) [Internet Widgits Pty Ltd]:Mi Empresa
Organizational Unit Name (eg, section) []:Informática
Common Name (e.g. server FQDN or YOUR name) []:srvdebian.midns.es
Email Address []:pba@srvdebian.midns.es
```

Contenido del archivo de clave privada:

```
cat certif.clave
-----BEGIN PRIVATE KEY-----
```

```
MIIEwAIBADANBgkqhkiG9w0BAQEFAASCBKowggSmAgEAAoIBAQDeMCCThXBxp780
Cf8U9zIX4FUrdFERdc0RWaUXGekoyiqYkF+P7SJPi836o5tAdPuFfev+ZREf+xJN
wpeDwMpCqJ88icoG7jHWUFfXEKRXB/EAsdMXlJcjel+BM5PeMKB2m50fX4ysA/ac
bMoYBhNhnfAlLjyHUKHw9xX8kYH7MZYesda1dHqFP0nGroCPQwZyb+yZ0fHHP5Ln
1lb5TWEah/oAg6096geM6a1Aa90zNWWyjNShH1rEUtN/Od3PKwWL2ZTQmHE+CjdI
CcJHbVANC9w68SH8xDk2gGnOQDWwO6YH4tVoVJ1v6knl7Mf39gNwAXBtyBECGJrK
/8Hus8plAgMBAAECggEBAJZfOAzfKISjJNJRWaOU0QA7wSiRpjQM5+awJv0Fejky
6bUrMKG1uZzgX10b0PzEr11fJZKcUAS25WJfKi/vEHQgrvRHxMT//BaxdWGGT9Le
+wqfTuAMnmVScsR8ZbzgaBkdpC8RcaEJZaPkNLohkohkXZysOCbUOWVdtDClQLUB
TOfYZmW+oVdPbUb+1IHp9OqoYnzw8ykhLEs1SdzMgnaqPFqwfQL79f+RKleltARf
YreT5jFKpVyFmg4ak48oj4Ez9lu6hO5xBt6DMZGDdzBlD5f1ZvShOS1Y7jvVBBrz
P0EcDWPet4ldHQ9uliv2tbUMvUotGfVD7KQ7CD7MuEECgYEA/CL4/aLQS7NByLmY
yMEwMVBrU0Cv0Q7X7mxrNj2XDQiAkY3I51+hw5uifpLo5vL3fQFUOh/PoVupw4zK
MA9r99n/9NRo8ZQtBrD0v7ThkDm638pkpcx+t8Do8FDQVHn2kDvsXi6q8dyU9Lw8
sTlwDaOSdVMCjLTXQzqWjM8sMRkCgYEA4ZetuuueUAIWaVyGyhLzbfErgWkumB08
PggLLwj+Zg9YyKJ93wZMRuCUVuzcqxdBHJv9M7n/JZxbrtVU2oQlhW/NIy28l0ma
ZD/8bvkpXC7PAabDRtuBsc/Nr2qx2eTD19FSrBhKOHOqcLyyPPwRbjXJ04FPZDhl
ltJQjEEgkS0CgYEAnW3YucVm+V07vfDkjLTTOndUC+9f19DE0oGvj3Z1UhX08Ozu
fEkh39jVZOKluU4LaWnjBUfHhKCPJyJJPCjk6SScxGm7/NrgIkVrDCgMjtj87a6Z
mUxN8r3os+RBr/1XDkfcFhJdehaYixbdbmrGpD11vPvPo7tmjPuP9OuGVEECgYEA
uwI6CpH4EusoGP+S3UEIe0NJhWXkMkVKA0I3wy35djGSr//DyHY4FSlmzwhbhZkp
aMYHCDJPyKXteuluBhc143/i1h68D838Js7EPFpgZwKGqB/OEZc11GknYRtZg/+Y
OfhUSEV6gYGg8QP73YI4ENyWCrdPUQ1Pac++5gW3MaECgYEA1D8g8ZLNNKnayJ8z
AV7JjcA0BJqL53RFK27mJP7c/hr4xLv4cDf3OfyziHevbvj3Pye7EKYjsHjD9dzz
WBwUPY58ttT7pE3g8aLlyI0FDUiblXG9/3TRJHB2bGwHcINULvjY1uclfYl4YzMm
0Fs6XqQYeeW360xDEoJHrbb3a3s=
```

```
-----END PRIVATE KEY-----
```

Contenido del archivo certificado:

```
cat certif.crt
-----BEGIN CERTIFICATE-----
MIIECzCCAvOgAwIBAgIUcLqd8koAa740jvgegbZs566qPMwwDQYJKoZIhvcNAQEL
BQAwgZQxCzAJBgNVBAYTAkZSMQwwCgYDVQQIDANJREYxDjAMBgNVBAcMBVBhcmlz
MQ4wDAYDVQQKDAVtYWNpZTEQMA4GA1UECwwHc2VjdGlvbjEdMBsGA1UEAwwUc3J2
ZGViaWFuLm1vbmRucy5mci4xJjAkBgkqhkiG9w0BCQEWF3BiYUBzcnZkZWJpYW4u
bW9uZG5zLmZyMB4XDTIyMDkxODEyMTAzNloXDTIyMTAxODEyMTAzNlowgZQxCzAJ
BgNVBAYTAkZSMQwwCgYDVQQIDANJREYxDjAMBgNVBAcMBVBhcmlzMQ4wDAYDVQQK
DAVtYWNpZTEQMA4GA1UECwwHc2VjdGlvbjEdMBsGA1UEAwwUc3J2ZGViaWFuLm1v
bmRucy5mci4xJjAkBgkqhkiG9w0BCQEWF3BiYUBzcnZkZWJpYW4ubW9uZG5zLmZy
MIIBIjANBgkqhkiG9w0BAQEFAAOCAQ8AMIIBCgKCAQEA3jAgk4Vwcae/NAn/FPcy
F+BVK3RREXXNEVmlFxnpKMoqmJBfj+0iT4vN+qObQHT7hX3r/mURH/sSTcKXg8DK
QqifPInKBu4x1lBX1xCkVwfxALHTF5SXI3pfgTOT3jCgdpudH1+MrAP2nGzKGAYT
YZ3wJS48h1Ch8PcV/JGB+zGWHrHWtXR6hT9Jxq6Aj0MGcm/smdHxxz+S59ZW+U1h
Gof6AIOtPeoHjOmtQGvdMzVlsozUoR9axFLTfzndzysFi9mU0JhxPgo3SAnCR21Q
DQvcOvEh/MQ5NoBpzkA1sDumB+LVaFSdb+pJ5ezH9/YDcAFwbcgRAhiayv/B7rPK
ZQIDAQABo1MwUTAdBgNVHQ4EFgQU/iVnUaPDnYaeY0tMA/7U880J9CAwHwYDVR0j
BBgwFoAU/iVnUaPDnYaeY0tMA/7U880J9CAwDwYDVR0TAQH/BAUwAwEB/zANBgkq
hkiG9w0BAQsFAAOCAQEASrwp9+lOx36kemEPwj/hHe1dMA0AvBrAgs5V9dMUzqGC
Ul+U7nDmU9p55ZqgatPQhD0wx6vzPhj8SxlF4UBr705Vuv2PSMwtYQ+LeODJlJVp
al5si99t1VDdMC9jg9b92+gbxu1mjbfrlZ1FLe72NV4RGeJSh9cR2MNfG+987OtG
Ug9nVUTCfM3F75RwB8Qxceqse2p+8gEfaITrJbztRdRvNnl9Wss60mPUWVA5YG4n
eGIUJXF+gm59VczKrPxgwNf0aUPPZXUVhPxsL/BJFfjOv0bNu1Z0Xh6uJGAO73o2
4l80N7xVP7NZzjlX5pnm02Q2ijeja9Qv/KahkhUryQ==
-----END CERTIFICATE-----
```

Observación

Para generar un certificado autofirmado, también podemos usar los scripts `CA.sh` o `CA.pl`, proporcionados en el paquete de software `OpenSSL`.

4.3.2 Carga del módulo SSL

El módulo que gestiona el protocolo SSL es `mod_ssl`. Tiene que estar configurado para ser cargado en el archivo de configuración del servidor HTTP Apache.

Ejemplo

Configuración del módulo para un servidor HTTP Apache2 en una distribución Debian 11.

Comprobamos que el módulo está instalado:

```
ls /lib/apache2/modules/*ssl*
/lib/apache2/modules/mod_ssl.so
find /etc/apache2 -name '*ssl*'
/etc/apache2/mods-available/ssl.load
/etc/apache2/mods-available/ssl.conf
/etc/apache2/sites-available/default-ssl.conf
cat /etc/apache2/mods-available/ssl.load
# Depends: setenvif mime socache_shmcb
LoadModule ssl_module /usr/lib/apache2/modules/mod_ssl.so
```

El módulo está instalado pero no está cargado. Hay que copiar los archivos de configuración en el directorio de los archivos de configuración activos, incluyendo algunos módulos de los que depende:

```
cp /etc/apache2/mods-available/ssl.* /etc/apache2/mods-enabled
cp /etc/apache2/mods-available/ssl.* /etc/apache2/mods-enabled
cp /etc/apache2/mods-available/socache_shmcb.* /etc/apache2/mods-enabled
cp /etc/apache2/mods-available/setenvif.* /etc/apache2/mods-enabled
```

Comprobamos la configuración:

```
apache2 -t
Syntax OK
```

Recargamos la configuración y comprobamos la carga del módulo:

```
systemctl reload apache2
apache2 -M | grep ssl
ssl_module (shared)
```

El módulo está cargado.

Observación

El módulo `mod_ssl` crea, durante su instalación, el directorio `/etc/pki` y diferentes subdirectorios para almacenar archivos (certificado y clave de certificado por defecto, etc.).

4.3.3 Configuración de las claves del servidor

Hay que declarar el certificado y la clave privada en el archivo de configuración del servidor HTTP Apache, usando las directivas siguientes:

```
SSLCertificateFile ArchivoCert
SSLCertificateKeyFile ArchivoClave
```

Donde :

`ArchivoCert`	Camino de acceso al archivo que contiene el certificado.
`ArchivoClave`	Camino de acceso al archivo que contiene la clave privada.

Ejemplo

Continuación de la configuración del ejemplo anterior.

```
vi /etc/apache2/apache2.conf
[...]
SSLCertificateFile /root/apache/certif.crt
SSLCertificateKeyFile /root/apache/certif.clave
[...]
```

Comprobamos la configuración:

```
apache2 -t
Syntax OK
```

Recargamos la configuración:

```
systemctl reload apache2
```

4.3.4 Activación del modo HTTPS

El servidor HTTP Apache tiene que escuchar en el puerto bien conocido 443 HTTPS, además de en los otros puertos. También debe tener activado el motor SSL, que gestionará los intercambios SSL/TLS.

Para ello, hay que especificar dos líneas de directivas:

```
Listen 443
SSLEngine on
```

Observación

Si el servidor tiene que estar accesible en HTTPS y en HTTP, podemos definir un host virtual asociado al puerto 443, que contenga las directivas necesarias para gestionar el modo HTTPS.

Ejemplo

Continuación de la configuración del ejemplo anterior:

La configuración de un servidor HTTP Apache2 de una distribución Debian 11 en modo HTTP:

```
vi /etc/apache2/apache2.conf
Listen 443
[...]
SSLEngine on
[...]
```

Comprobamos la configuración:

```
apache2 -t
Syntax OK
```

Recargamos la configuración:

```
systemctl reload apache2
```

4.3.5 Comprobación del servidor HTTPS

Para comprobar el modo HTTPS del servidor HTTP Apache, vamos a usar el navegador de Internet y solicitamos la URL HTTPS del servidor que tengamos que comprobar.

Ejemplo

Comprobación del servidor HTTP Apache configurado en los ejemplos anteriores.

Solicitamos la URL https://srvdebian.midns.es.

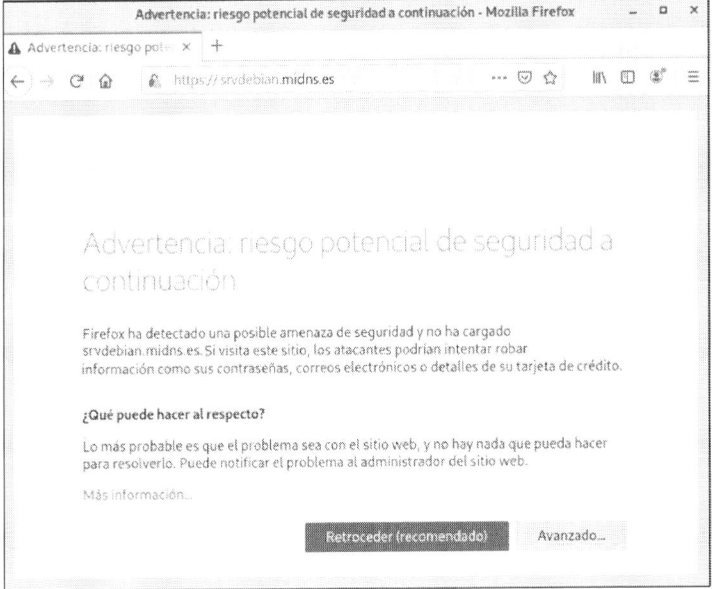

El navegador ha validado el certificado, pero como está autofirmado, muestra una alerta y solicita una confirmación.

Después de confirmar la excepción, el navegador muestra la página de inicio del servidor:

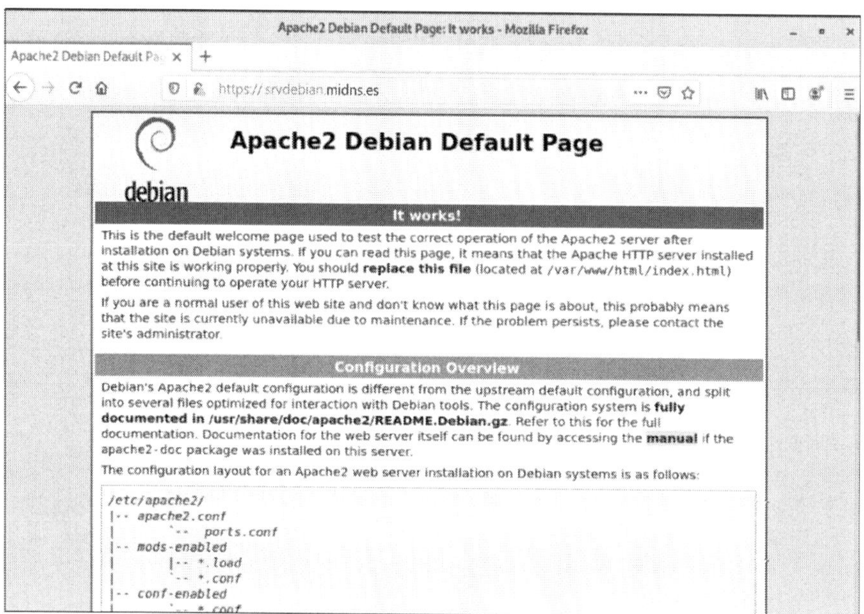

4.3.6 Autenticación de los clientes por certificado

Si el servidor HTTPS tiene que solicitar la autenticación del cliente por certificado X.509, hay que copiar en el servidor el archivo de certificado de la autoridad que ha firmado el certificado del cliente, y añadir a continuación las directivas siguientes en el archivo de configuración:

```
SSLVerifyClient require
SSLCACertificateFile ArchivoCert-ca
```

Donde:

`ArchivoCert-ca`: archivo que contiene el conjunto de los certificados de las autoridades de certificación que firman los certificados de los clientes.

Observación

También podemos usar un archivo por certificado de cliente, estos tendrán que almacenarse en el directorio indicado por la directiva `SSLCACertificatePath`.

4.3.7 Uso de SSL con los hosts virtuales

Como el certificado X.509 está asociado a un nombre DNS, HTTPS provoca problemas con los hosts virtuales. Estos últimos están identificados por nombres específicos en la URL, por lo tanto no pueden utilizarse en el certificado X.509 del servidor, porque el nombre no corresponde obligatoriamente con la URL solicitada por el cliente.

Una solución a este problema es la de implementar una extensión del protocolo SSL/TLS, llamada SNI (*Server Name Indication*) y definida en la RFC 4366. Esta extensión le permite al cliente especificar, en su solicitud de certificado al servidor, el nombre DNS asociado al certificado. El servidor puede entonces enviarle el certificado del host virtual solicitado.

En este modelo, cada host virtual accesible en HTTPS tiene que disponer de un certificado X.509 específico.

El servidor HTTP Apache integra esta extensión del protocolo SSL/TLS, si está compilado con una versión reciente de la biblioteca `OpenSSL` (`0.9.8f` o superior).

4.3.8 Directivas para reforzar la seguridad de los intercambios del servidor

Incluso en modo HTTPS, un servidor Apache puede presentar elementos de riesgo que pueden comprometer su seguridad. Se aconseja desactivar las antiguas versiones de los protocolos SSL/TLS y de los protocolos de cifrado. También se aconseja limitar la información ofrecida por el servidor, en particular su versión. También puede ser útil personalizar las respuestas del servidor, para utilizarlas en la autenticación.

Distintas directivas permiten controlar estos elementos de seguridad, entre ellas:

`SSLProtocol`	Versiones del protocolo SSL/TLS autorizadas.
`SSLCipherSuite`	Algoritmos de cifrado autorizados.
`ServerTokens`	Campos del encabezado `Server` enviados al cliente.
`ServerSignature`	Pie de página para los documentos generados por el servidor.
`TraceEnable`	Autoriza o no las solicitudes de registro enviadas por el cliente.

5. Servidor proxy y de caché Squid

Squid (que significa «calamar») es un programa open source, creado en 1996, que implementa un servidor proxy y proxy inverso (*reverse proxy*), para los protocolos FTP, Gopher, HTTP y HTTPS.

En el marco de la certificación LPIC-2, vamos a estudiar sus funciones proxy HTTP/HTTPS.

5.1 Roles de los servidores proxy

Un servidor proxy o proxy inverso es un intermediario entre el cliente y el servidor de un protocolo de software:

- Un servidor proxy recibe la solicitud del cliente, la envía al servidor como si él fuera el emisor de esta, recupera la respuesta y la envía al cliente. El servidor no conoce al cliente que ha iniciado la conexión.
- Un proxy inverso (*reverse proxy*) recibe la solicitud del cliente en lugar del servidor final, la transmite al servidor final, recupera la respuesta y la transmite al cliente. El cliente no conoce, por lo tanto, al servidor destino de la conexión.

Existen programas proxy para la mayoría de los protocolos de software de la familia TCP/IP (FTP, Gopher, HTTP, etc.). Los más usados son los proxys y proxys inversos HTTP.

Observación

El rol de proxy inverso se verá en al tema siguiente, Nginx.

5.1.1 Protección de los clientes

En muchas organizaciones, los puestos de trabajo y los servidores internos no se encuentran directamente accesibles desde Internet. Los sistemas que deben estar accesibles desde el interior (intranet) y desde el exterior de la organización (Internet o extranet) están situados en una estructura de red particular llamada DMZ (*DeMilitarized Zone*), protegida por routers y firewalls. El proxy HTTP está instalado en esta zona y hace de intermediario entre los clientes HTTP y los servidores HTTP externos. Estos últimos no están directamente en contacto con los clientes, comunican exclusivamente con el servidor proxy, lo que limita los riesgos de seguridad.

5.1.2 Servidores de caché

El proxy trata las solicitudes de todos los clientes y las respuestas de los servidores. Puede almacenar en su caché elementos que transitan entre los dos (archivos, resoluciones de nombres y de direcciones, etc.). Si un cliente solicita una página HTML, solicitada anteriormente por otro cliente, el proxy proporcionará los elementos estáticos presentes en su caché (si siguen siendo válidos), lo que limitará el tráfico de red y optimizará el tiempo de respuesta.

5.1.3 Filtrado y registros

El servidor proxy es un punto de paso obligatorio entre los clientes http y los servidores. Podemos configurarlo para que guarde en un registro todas las peticiones recibidas y para aplicar filtros en las solicitudes y respuestas.

Una organización puede usar el servidor proxy HTTP para prohibir algunos sitios, de manera global o para algunos clientes. También puede usar datos de los registros para establecer un seguimiento más o menos detallado de la actividad de los clientes HTTP.

5.1.4 Límites

Un servidor proxy HTTP debe ser conocidos por todos los clientes de la organización. Estos deben estar configurados específicamente. Incluso si la mayoría de los navegadores de Internet pueden ser configurados para detectar que se encuentran detrás de un proxy, hay que activarlo en cada puesto cliente.

Ya que el proxy es un punto de paso obligatorio, puede bloquear todo el acceso a una red o Internet en el caso de que haya un fallo o disfunción. Para limitar este inconveniente, podemos crear grupos de servidores proxy para asegurar la tolerancia de fallos.

5.2 Configuración básica del servidor proxy Squid

El servidor Squid está incluido en el paquete de software `squid`. El arranque y el paro del daemon `squid` se puede gestionar con un script `init System V`, `/etc/init.d/squid`, o usando `systemd`.

Ejemplo

Instalación del paquete `squid` en una distribución RHEL 8.5:

```
yum list squid
Paquetes disponibles
squid.x86_64 7:4.15-3.module+el8.6.0+15801+8fa20c64.1 rhel-8-for-x86_64-
appstream-rpms

yum install squid
[...]
```

```
Instalado:
  libecap-1.0.1-2.module+el8.1.0+4044+36416a77.x86_64
squid-7:4.15-3.module+el8.6.0+15801+8fa20c64.1.x86_64
¡Listo!
```

Mostramos el estado del servicio `squid`, usando `systemd`:

```
systemctl status squid
● squid.service - Squid caching proxy
  Loaded: loaded (/usr/lib/systemd/system/squid.service; disabled;
vendor preset: disabled)
  Active: inactive (dead)
    Docs: man:squid(8)
```

El servidor Squid no está activo por defecto.

5.2.1 El archivo de configuración squid.conf

El directorio de configuración del servidor Squid es `/etc/squid`. En este directorio se encuentra su archivo de configuración por defecto, `squid.conf`.

Se trata de un archivo de texto, autodocumentado, pudiendo incluir otros archivos, en particular `/etc/squid/conf.d/debian.conf` para las distribuciones de tipo Debian.

La configuración por defecto es relativamente simple e implementa las funciones de proxy y caché.

El puerto usado por el daemon está definido por la directiva `http_port`. Por defecto, se trata del puerto 3128. Históricamente, el puerto usado por un proxy HTTP es el 8080.

Los archivos de registro por defecto se encuentran en el directorio `/var/log/squid`: `access.log` y `cache.log`.

Ejemplos

Directivas de un archivo por defecto en una distribución RHEL 8.5.

Sin los comentarios:

```
acl localnet src 0.0.0.1-0.255.255.255  # RFC 1122 "this" network (LAN)
acl localnet src 10.0.0.0/8             # RFC 1918 local private network (LAN)
acl localnet src 100.64.0.0/10          # RFC 6598 shared address space (CGN)
acl localnet src 169.254.0.0/16         # RFC 3927 link-local (directly plugged)
machines
acl localnet src 172.16.0.0/12          # RFC 1918 local private network (LAN)
acl localnet src 192.168.1.0/16         # RFC 1918 local private network (LAN)
acl localnet src fc00::/7               # RFC 4193 local private network range
acl localnet src fe80::/10              # RFC 4291 link-local (directly plugged)
machines
acl SSL_ports port 443
acl Safe_ports port 80          # http
```

```
acl Safe_ports port 21          # ftp
acl Safe_ports port 443         # https
acl Safe_ports port 70          # gopher
acl Safe_ports port 210         # wais
acl Safe_ports port 1025-65535  # unregistered ports
acl Safe_ports port 280         # http-mgmt
acl Safe_ports port 488         # gss-http
acl Safe_ports port 591         # filemake
acl Safe_ports port 777         # multiling http
acl CONNECT method CONNECT
http_access deny !Safe_ports
http_access deny CONNECT !SSL_ports
http_access allow localhost manager
http_access deny manager
http_access allow localnet
http_access allow localhost
http_access deny all
http_port 3128
coredump_dir /var/spool/squid
refresh_pattern ^ftp:           1440    20%     10080
refresh_pattern ^gopher:        1440    0%      1440
refresh_pattern -i (/cgi-bin/|\?) 0     0%      0
refresh_pattern .               0       20%     4320
```

Estas directivas definen las listas de control de acceso (directivas `acl`) que se utilizan para autorizar o no las solicitudes desde las direcciones IP y hacia los números de puerto (directivas `http_access allow` o `deny`).

Las directivas `refresh_pattern` definen los parámetros de gestión de los datos en caché para diferentes tipos de URL.

Con esta configuración, solamente se autorizan las solicitudes emitidas desde redes internas, y solamente hacia una lista de puertos (80 HTTP, 443 HTTPS, 21 FTP, etc.).

El puerto usado por el daemon está definido en la directiva `http_port 3128`.

Directivas de un archivo por defecto en una distribución Debian 11.

Sin los comentarios:

```
acl localnet src 0.0.0.1-0.255.255.255  # RFC 1122 "this" network (LAN)
acl localnet src 10.0.0.0/8             # RFC 1918 local private network (LAN)
acl localnet src 100.64.0.0/10          # RFC 6598 shared address space (CGN)
acl localnet src 169.254.0.0/16        # RFC 3927 link-local (directly plugged) machines
acl localnet src 172.16.0.0/12          # RFC 1918 local private network (LAN)
acl localnet src 192.168.1.0/16         # RFC 1918 local private network (LAN)
acl localnet src fc00::/7               # RFC 4193 local private network range
acl localnet src fe80::/10             # RFC 4291 link-local (directly plugged) machines
acl SSL_ports port 443
acl Safe_ports port 80          # http
acl Safe_ports port 21          # ftp
acl Safe_ports port 443         # https
acl Safe_ports port 70          # gopher
acl Safe_ports port 210         # wais
acl Safe_ports port 1025-65535  # unregistered ports
```

```
acl Safe_ports port 280          # http-mgmt
acl Safe_ports port 488          # gss-http
acl Safe_ports port 591          # filemaker
acl Safe_ports port 777          # multiling http
acl CONNECT method CONNECT
http_access deny !Safe_ports
http_access deny CONNECT !SSL_ports
http_access allow localhost manager
http_access deny manager
include /etc/squid/conf.d/*
http_access allow localhost
http_access deny all
http_port 3128
coredump_dir /var/spool/squid
refresh_pattern ^ftp:            1440    20%     10080
refresh_pattern ^gopher:         1440    0%      1440
refresh_pattern -i (/cgi-bin/|\?) 0      0%      0
refresh_pattern .                0       20%     4320
```

El directorio complementario de inclusión `/etc/squid/conf.d/` solamente contiene el archivo *debian.conf*:

```
logfile_rotate 0
```

Con esta configuración, solamente se autorizan las solicitudes emitidas desde redes internas:

```
http_access allow localhost
http_access deny all
```

y únicamente hacia una lista de puertos (80 HTTP, 443 HTTPS, 21 FTP, etc.).

El puerto usado por el daemon está definido por la directiva `http_port 3128`.

5.2.2 Gestión del caché

Por defecto, el caché del servidor Squid se encuentra exclusivamente en memoria. El tiempo de acceso es, por lo tanto, muy rápido, pero el contenido del caché se perderá en el caso de que el servicio se pare de manera abrupta.

Existen diferentes directivas que permiten configurar un caché almacenado en el disco. La principal es `cache_dir`.

Sintaxis

```
cache_dir ufs CaminoDir NúmMB NúmDir1 NúmDir2
```

Donde:

`ufs`	Tipo de gestión de almacenamiento. `ufs` es el tipo por defecto.
`CaminoDir`	Directorio raíz de la caché. Tiene que existir y Squid debe poder escribir en él.
`NúmMB`	Tamaño en megabytes de la caché útil. El tamaño indicado no debe superar el 80 % del espacio de disco disponible. 100 MB por defecto.

`NúmDir1`	Número de directorios de trabajo de primer nivel. 16 por defecto.
`NúmDir2`	Número de directorios de trabajo de segundo nivel. 256 por defecto.

Las directivas `refresh_pattern` permiten especificar las reglas de conservación de los objetos en la caché. Estas definen, en función de expresiones regulares que se aplicarán a la URL, el período de validez de los diferentes tipos de URL en la caché.

5.2.3 Listas de control de acceso

El control de acceso permite definir cuáles son los clientes autorizados y hacia qué direcciones y números de puertos.

La directiva `acl` permite crear conjuntos de direcciones y de puertos (ACL, *Access Control List*), que serán utilizados para definir las autorizaciones y las prohibiciones.

Sintaxis

```
acl Nombre TipoLista Direcciones|NúmPuerto
```

Con:

`Nombre`	Nombre de la lisyyta en la que se añadirá el elemento.
`TipoLista`	Tipo de lista de control de acceso: `src` (emisores), `dst` (destinatarios), `port`, `dstdomain` (nombres DNS de los hosts o de los dominios), `url_regex` (expresión regular aplicada a la URL).
`Direcciones`	Dirección(es) que se añadirán a la lista. Se puede tratar de una dirección simple, de un identificador de red en notación CIDR, o de un intervalo entre dos direcciones (`dir1-dir2`). Podemos usar nombres de ACL predefinidas: `all`, `manager` (gestor del caché), `localhost` o `to_localhost`.
`NúmPuerto`	Número de puerto que se añadirá a la lista.

También se pueden definir elementos de la lista en un archivo (una línea por cada elemento), usando la sintaxis:

```
acl Nombre TipoLista "CaminoArchivo"
```

Las comillas son obligatorias.

Ejemplo

La lista de control de acceso de `Safe_ports`, definida en el archivo de configuración por defecto, contiene los números de puertos autorizados:

```
acl Safe_ports port 80          # http
acl Safe_ports port 21          # ftp
acl Safe_ports port 443         # https
acl Safe_ports port 70          # gopher
acl Safe_ports port 210         # wais
acl Safe_ports port 1025-65535  # unregistered ports
acl Safe_ports port 280         # http-mgmt
acl Safe_ports port 488         # gss-http
acl Safe_ports port 591         # filemaker
acl Safe_ports port 777         # multiling http
```

5.2.4 Directivas de control de acceso: http_access

Una vez que las listas de control de acceso estén definidas, podemos usarlas en las directivas que autorizan o deniegan los accesos.

Sintaxis

```
http_access Tipo [!]NombreAcl1 [ ... NombreAclN ]
```

Donde:

`Tipo`	Tipo de control: autorizado (`allow`) o denegado (`deny`).
`!`	El control se aplica a todos los elementos que no están en las ACL especificadas.
`NombreAcl1[... NombreAclN]`	ACL implicada(s) en el control. Podemos usar las ACL predefinidas `all`, `manager`, `localhost` o `to_localhost`.

En ausencia de directiva `http_access`, todos los accesos se deniegan.

Ejemplo

Estas dos directivas combinadas solamente autorizan el acceso desde la máquina local:

```
http_access allow localhost
http_access deny all
```

El orden de las directivas `http_access` es importante: el servidor las aplica en el orden de aparición en el archivo. En cuanto una de las directivas encaja con una solicitud en curso, el control de acceso se aplica y se termina el recorrido de las directivas. Por lo tanto, si una directiva autoriza una solicitud antes de otra que pueda denegarla, esta última no se podría aplicar.

Observación

Se aconseja poner siempre en la última línea del control de acceso la directiva `http_access deny all`, que deniega todo lo que no ha sido explícitamente autorizado anteriormente.

5.3 Ejemplo de servidor Squid

Este ejemplo muestra la configuración de un servidor Squid en una distribución RHEL 8.5, y su uso desde un navegador de Internet en una máquina de la red interna.

5.3.1 Configuración e inicio del servidor

Utilizamos el archivo de configuración por defecto del servidor Squid, modificándolo:

- Puerto 8080.
- Acceso autorizado solamente a los hosts de la red IPv4 `192.168.1.0/24` y a la máquina local.
- Puertos de servidores autorizados: HTTP (80), HTTPS (443) y los puertos dinámicos (1025-65535).
- Caché solamente en memoria.

```
vi /etc/squid/squid.conf
acl localnet src 192.168.1.0/24
acl SSL_ports port 443
acl Safe_ports port 80          # http
acl Safe_ports port 443         # https
acl Safe_ports port 1025-65535  # unregistered ports
acl CONNECT method CONNECT
http_access allow Safe_ports
http_access deny CONNECT !SSL_ports
http_access allow localnet
http_access allow localhost
http_access deny all
http_port 8080
coredump_dir /var/spool/squid
refresh_pattern ^ftp:           1440    20%     10080
refresh_pattern ^gopher:        1440    0%      1440
refresh_pattern -i (/cgi-bin/|\?) 0     0%      0
refresh_pattern .               0       20%     4320
```

Se inicia el servidor:

```
systemctl start squid
ps -ef | grep squid
root       36122       1  0 16:06 ?        00:00:00 /usr/sbin/squid --foreground -f /etc/squid/
squid.conf
squid      36125   36122  0 16:06 ?        00:00:00 (squid-1) --kid squid-1 --foreground -f
/etc/squid/squid.conf
squid      36126   36125  0 16:06 ?        00:00:00 (logfile-daemon) /var/log/squid/access.log
```

5.3.2 Configuración y comprobación del cliente

El navegador del cliente tiene que estar configurado para usar el servidor proxy con su número de puerto. Por ejemplo, configuración manual del proxy usando Firefox:

A continuación podemos usar normalmente el navegador:

En el archivo de registro de los accesos en el servidor, `/var/log/squid/access.log`, vemos la petición de conexión del cliente:

```
1663510845.537 178797 192.168.1.196 TCP_TUNNEL/200 4699 CONNECT
incom-ing.telemetry.mozilla.org:443 - HIER_DIRECT/34.120.208.123 -
1663511009.652 144774 192.168.1.196 TCP_TUNNEL/200 81598 CONNECT
www.wikipedia.org:443 - HIER_DIRECT/2a02:ec80:600:ed1a::1 -
```

La dirección del cliente es `192.168.1.196`, y ha solicitado una conexión HTTPS en el puerto 443.

5.3.3 Configuración y comprobación de un cliente denegado

En el servidor Squid, modificamos la configuración para denegar el acceso al cliente que tenga la dirección `192.168.1.196`:

```
vi /etc/squid/squid.conf
acl localnet src 192.168.1.0/24
acl cli_non src 192.168.1.196
acl SSL_ports port 443
acl Safe_ports port 80          # http
acl Safe_ports port 443         # https
acl Safe_ports port 1025-65535  # unregistered ports
http_access deny cli_non
acl CONNECT method CONNECT
http_access allow Safe_ports
http_access deny CONNECT !SSL_ports
```

```
http_access allow localnet
http_access allow localhost
http_access deny all
http_port 8080
[...]
```

El orden de las directivas `http_access` es importante: el servidor las aplica en el orden del archivo. La directiva de denegación del cliente tiene que estar colocada antes de las directivas de autorización.

Recargamos la configuración del servidor:

```
systemctl reload squid
```

En el cliente, abrimos el navegador y solicitamos una URL. La solicitud es denegada por el proxy:

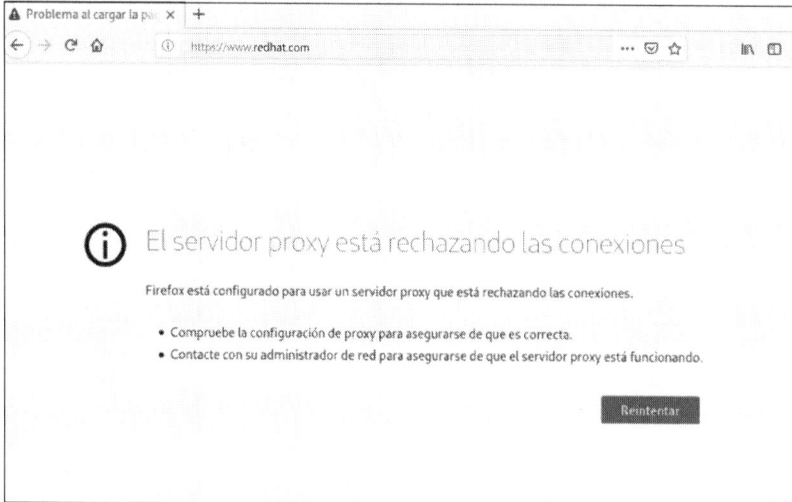

La solicitud denegada se registra en el archivo de registro del servidor Squid:

```
vi /var/log/squid/access.log
1663511251.738      0 192.168.1.196 TCP_DENIED/403 4017 CONNECT
www.redhat.com:443 - HIER_NONE/- text/html
1663511270.480      0 192.168.1.196 TCP_DENIED/403 4050 CONNECT
push.services.mozilla.com:443 - HIER_NONE/- text/html
1663511310.496      0 192.168.1.196 TCP_DENIED/403 4050 CONNECT
push.services.mozilla.com:443 - HIER_NONE/- text/html
```

5.3.4 Configuración y comprobación de una URL denegada

En el servidor Squid, modificamos la configuración para autorizar a los clientes de la red local, pero denegar las URL que contengan la cadena de caracteres `facebook.com`:

```
vi /etc/squid/squid.conf
acl localnet src 192.168.1.0/24
acl srv_non url_regex facebook.com
acl SSL_ports port 443
acl Safe_ports port 80          # http
acl Safe_ports port 443         # https
acl Safe_ports port 1025-65535  # unregistered ports
http_access deny srv_non
acl CONNECT method CONNECT
http_access allow Safe_ports
http_access deny CONNECT !SSL_ports
http_access allow localnet
http_access allow localhost
http_access deny all
http_port 8080
[...]
```

Recargamos la configuración del servidor:

```
systemctl reload squid
```

En el cliente abrimos el navegador y solicitamos una URL que contenga la cadena de caracteres `facebook.com`. La solicitud ha sido denegada por el proxy:

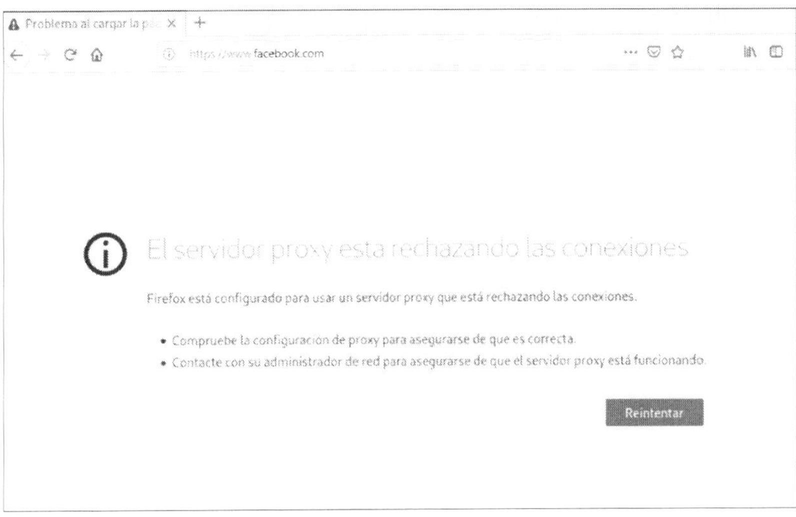

La solicitud ha sido denegada y registrada en el archivo de registro del servidor Squid:

```
vi /var/log/squid/access.log
1663511506.152      0 192.168.1.196 TCP_DENIED/403 4023 CONNECT
www.facebook.com:443 - HIER_NONE/- text/html
```

6. Nginx servidor HTTP y proxy inverso

Si Apache es el servidor web más conocido y era el más utilizado en Internet, ha visto aparecer serios competidores en estos últimos años. A menudo, el primer objetivo de estos nuevos servidores web es un mejor rendimiento. De hecho, se le reprocha a Apache cierta lentitud, provocada por su antigua concepción y sus numerosas funcionalidades, así como un consumo excesivo de recursos cuando recibe muchas solicitudes.

6.1 Nginx y los servidores web

En 2002, un programador ruso, **Igor Sysoev**, decidió escribir un programa completamente nuevo, en el marco de la gestión de una página web rusa muy frecuentada, Rambler, que tenía que soportar más de 500 millones de solicitudes HTTP cada día.

La primera versión de este programa, **Nginx** (se pronuncia « *enyinex* ») apareció en 2008. Escrito en lenguaje C, concebido para ser simple y eficaz, este servidor web ganó rápidamente una buena parte del mercado, sobre todo para sitios web con un volumen muy importante (**Facebook** en particular). Según un estudio, representaba en 2022 el 27,66 % de los servidores web de Internet, por número de usuarios, detrás de Apache (40.18%) pero por delante de IIS de Microsoft (25,05 %).

Aunque también puede desempeñar el papel de servidor proxy de mensajería (SMTP, POP3 y IMAP4), se utiliza esencialmente hoy en día en el dominio HTTP.

Nginx es un servidor de tipo **asíncrono**, al contrario que Apache que funciona generalmente en modo **síncrono** (las versiones recientes pueden ser configuradas en modo asíncrono). En modo síncrono, se asigna un proceso a cada cliente, hecho que hace consumir muchos recursos cuando hay muchas solicitudes. En modo asíncrono, un mismo proceso gestiona simultáneamente varios clientes, lo que limita el consumo de memoria y acelera los tiempos de respuesta (no es necesario volver a cargar en memoria los módulos necesarios para el tratamiento del cliente).

Aunque la empresa Nginx Inc fue comprada por la compañía F5, Inc en 2019, sigue existiendo una versión open source del software de Nginx, con una licencia de tipo BSD. Es compatible con Linux, BSD, OS X y Windows, pero generalmente se usa en plataformas Linux o BSD.

6.2 Archivo de configuración

El archivo de configuración de Nginx ha sido concebido para ser más simple y fácil de mantener que el de Apache. Sin embargo, esta sobriedad implica mucho rigor, un error de sintaxis puede bloquear el inicio del servidor (e incluso su paro).

6.2.1 Formato del archivo de configuración

El archivo de configuración de Nginx por defecto es `nginx.conf`. Se encuentra en el directorio raíz definido durante la instalación del programa, generalmente `/etc/nginx`.

Su estructura es diferente de la del archivo de configuración de Apache y está menos autodocumentado. Como Nginx gestiona menos opciones que Apache, el archivo de configuración será generalmente más pequeño y, por lo tanto, más fácil de mantener.

Ciertas directivas están integradas en contenedores para que su campo de aplicación esté limitado.

Formato tipo del archivo de configuración Nginx

```
directiva1 valor1 ;
directiva2 valor2 ;
# Comentario
Bloque1 {
 directiva3 valor3 ;
 directiva4 valor4 ;
 ...
}
...
BloqueM {
    directiva3 valor3 ;
    BloqueN {
 directivaN valorN ;
     }
 ...
}
```

Distinguimos:

- directivas presentes directamente en el archivo de configuración, fuera de los bloques. Una directiva termina obligatoriamente con un carácter `;`,
- directivas integradas en un bloque de directivas, delimitados por llaves,
- líneas de comentarios, cuyo primer carácter útil es una almohadilla.

Las directivas que se encuentran en el exterior de los bloques (a veces decimos que se encuentran en el bloque cero) son generales y se aplican al servidor en su conjunto, excepto a los bloques que posicionan otro valor para la misma directiva. Las directivas definidas en un bloque se aplican al mismo bloque o a los bloques que contiene, si no posicionan otro valor para esta directiva. Se dice que la directiva más cercana al bloque actual "esconde" las anteriores.

Muchas directivas no son obligatorias, el servidor utiliza un valor por defecto si no están presentes en el archivo de configuración. Estos valores por defecto convienen en los casos más habituales, lo que permite limitar el número de líneas en el archivo de configuración.

6.2.2 Directivas generales

Las directivas siguientes definen algunos parámetros generales y deberían encontrarse en todas las configuraciones Nginx.

Archivo de configuración: directivas básicas

`user Nombre Grupo`	Designa la cuenta de servicio propietaria y el grupo asociado a los procesos `nginx`.
`worker_procesos Núm`	Número de procesos de trabajo. El valor recomendado es de uno por procesador.
`include CaminoArchivo`	Indica un archivo de configuración anexo que se integrará en el archivo de configuración.

Las directivas de bloque

La mayoría de las directivas están incluidas en bloques de directivas. Un bloque puede contener otros bloques.

Observación

Cuidado, Nginx distingue entre las mayúsculas y las minúsculas en las directivas: `Include` con una `I` mayúscula provocará un error en la carga.

Sintaxis genérica de un bloque de directiva

```
NombreBloque [argumento bloque] {
 directiva valor
 directiva valor
 ...
}
```

Al contrario que Apache, no existe ninguna directiva general (externa a los bloques) que permitan especificar las direcciones de escucha (`Listen`) ni el directorio raíz de las páginas del servidor por defecto (`DocumentRoot`).

Archivo de configuración mínimo

Por defecto, después de instalar el paquete, Nginx utiliza parámetros por defecto, posicionados durante la compilación del programa.

Por ejemplo, para un paquete Red Hat reciente, están presentes por defecto:

- Cuenta de usuario `nginx`.
- Grupo `nginx`.
- Escucha en el puerto 80 en todas las direcciones de la máquina.
- `/usr/share/nginx/html` como raíz de las página web.
- `index.html` como página de inicio por defecto.

Observación

Estos parámetros no corresponden obligatoriamente a la configuración del sistema de inicio.

Generalmente, hay que posicionar explícitamente los parámetros básicos para poder arrancar correctamente el servidor Nginx.

Este archivo mínimo de configuración, que permite iniciar el servicio y mostrar la página de inicio por defecto en un navegador, es el siguiente:

```
events {
}

http {
   server {
       root /usr/share/nginx/html;
   }
}
```

El primer bloque tiene como etiqueta `events`, su contenido está delimitado por llaves. Este bloque es obligatorio.

El bloque `http` define las características del rol de Nginx como servidor HTTP (podría asumir otros roles y no ser, para nada, usado para el protocolo HTTP).

El bloque `server` está incluido en el bloque `http` y permite definir un servidor HTTP.

En el bloque `server`, encontramos una directiva `root`, que especifica el camino de acceso al directorio raíz del servidor, definido por ese bloque, que contiene los directorios y las páginas.

Este servidor Nginx acepta todas las peticiones de conexión en el puerto 80, para todas las direcciones IP de las interfaces de la máquina, y muestra las páginas solicitadas a partir del directorio raíz /usr/share/nginx/html. La página de inicio por defecto será /usr/share/nginx/html/index.html.

Este archivo de configuración es generalmente suficiente y debe ser completado para especificar las características de funcionamiento del servicio.

Ejemplo de archivo de configuración minimalista monoservidor

```
user  nginx nginx;
events {
  worker_connections  1024;
}
http {
   include /etc/nginx/mime.types;
   index index.html index.htm;
   server {
       listen 80;
       server_name localhost;
       root  /usr/share/nginx/html;
   }
}
```

La primera directiva user, fuera de los bloques, especifica el usuario y el grupo asociados a los procesos servidores de Nginx (excepto el proceso inicial, que siempre está asociado al superusuario). La cuenta de usuario y el grupo tienen que existir en el sistema.

El primero bloque tiene como etiqueta events. La directiva worker_connections indica el número de conexiones que pueden gestionarse simultáneamente por un proceso servidor. Este bloque es obligatorio.

El bloque http define las características del rol de Nginx como servidor HTTP (podría asumir otros roles y no ser utilizado en ningún caso para el protocolo HTTP).

La primera directiva, include, permite incluir, en esa misma línea, uno o varios archivos de configuración, en este caso el archivo por defecto de declaración de los tipos de archivos MIME.

La directiva index permite indicar los nombres por defecto de la página de inicio de todos los servidores. Los nombres se buscan en el orden indicado, el primer archivo que corresponda a un nombre de la lista será cargado como página de inicio, si esta no ha sido especificada en la solicitud del cliente. Una directiva se aplica al bloque que la contiene, así como, por defecto, a todos los bloques contenidos en este bloque.

El bloque server siempre se encuentra incluido en el bloque http y permite definir un servidor HTTP.

La directiva `listen` indica en qué direcciones y/o números de puertos el servidor se pondrá en escucha para las solicitudes de conexión. En el ejemplo, este servidor estará asociado a todas las solicitudes de conexión que lleguen al puerto 80 en cualquiera de las direcciones IP de la máquina.

La directiva `server_name` declara el nombre del servidor. En el ejemplo, este servidor estará asociado a todas las solicitudes de un navegador cuyo destino sea el nombre de host `localhost`.

La directiva `root` especifica el camino de acceso al directorio raíz que contiene las páginas asociadas a este servidor.

Observación

En este ejemplo, si el navegador solicita la página de inicio de la máquina `beta`, esta funcionará correctamente. Como ningún bloque de tipo servidor está asociado a este nombre, Nginx utiliza el primer bloque de tipo servidor que se encuentre en escucha en la dirección y el puerto solicitados.

6.2.3 Reglas de sintaxis

La sintaxis del archivo de configuración de Nginx es bastante simple, pero tiene que ser respetada rigurosamente.

- Se diferencia entre mayúsculas y minúsculas: la mayoría de las directivas tienen que estar indicadas en minúsculas.
- Separador de palabras para una directiva: espacio(s) o tabulación(es). Si una cadena de caracteres contiene caracteres particulares (espacio, llave o punto y coma) hay que ponerla entre comillas simples o dobles.
- Una directiva siempre se terminará con un punto y coma.
- Un comentario se escribe entre una almohadilla y el final de línea.
- Un bloque está delimitado por una llave de apertura "{" y una de cierre "}". Los sangrados, por espacio o tabulación, son facultativos (pero se recomiendan para que la configuración sea fácil de leer).

6.2.4 Validación de la sintaxis

En el caso de que haya un error en la sintaxis del archivo de configuración, Nginx no se iniciará. Además, en algunos casos, si el archivo de configuración ha sido modificado mientras que el servidor Nginx estaba activo y se ha producido un error de sintaxis, el servidor no se podrá parar.

Por lo tanto, es prudente validar la sintaxis del archivo de configuración antes de lanzar el servicio.

Validación de la sintaxis del archivo `nginx.conf`

```
nginx -t
```

Ejemplo

```
cat /etc/nginx/nginx.conf
user  nobody nogroup;
events {
  worker_connections  1024;
}
http {
        ######## ERROR DE SINTAXIS VOLUNTARIO #############
    Include /etc/nginx/mime.types;
        ######## ERROR DE SINTAXIS VOLUNTARIO #############
    index index.html index.htm;
    server {
        listen 80;
        server_name localhost;
        root  /usr/share/nginx/html;
    }
}
nginx -t
nginx: [emerg] unknown directive "Include" in /etc/nginx/nginx.conf:7
nginx: configuration file /etc/nginx/nginx.conf test failed
```

Después de haber corregido el error:

```
nginx: the configuration file /etc/nginx/nginx.conf syntax is ok
nginx: configuration file /etc/nginx/nginx.conf test is successful
```

6.2.5 Configuración por defecto de servidores de tipo Debian

Los paquetes Debian o Ubuntu configuran Nginx por defecto usando distintos subdirectorios para los servidores virtuales.

En el directorio `/etc/nginx` se crean dos directorios: `sites-available` y `sites-enabled`. El archivo de configuración principal es `/etc/nginx/nginx.conf`. Este contiene una directiva que incluye automáticamente todos los archivos de configuración situados en `sites-enabled`:

```
include /etc/nginx/modules-enabled/*.config;
```

Para organizar los distintos servidores virtuales, basta con crear un archivo de configuración por cada servidor virtual en el directorio `sites-available`. Para activar un servidor virtual, habrá que crear en el directorio `sites-enabled` un enlace hacia ese archivo de configuración. Para desactivarlo, habrá que suprimir el enlace.

La configuración inicial usa este mecanismo para el servidor por defecto:

```
ls -l /etc/nginx/sites-available/
-rw-r--r-- 1 root root 2412 29 mayo   2021 default
ls -l /etc/nginx/sites-enabled
lrwxrwxrwx 1 root root septiembre 18:29 default -> /etc/nginx/
sites-available/default
```

6.2.6 Inicio y paro del servidor

En un entorno de producción, el inicio y el paro del servidor se hará usando el script `init System V`, `/ctc/init.d`, o a través de `systemd`. En fase de pruebas, puede ser útil iniciar o parar el servidor puntualmente usando el comando `nginx`.

Inicio puntual del servidor Nginx

```
nginx
ps -ef | grep nginx
root       39194      1  0 18:32 ? 00:00:00 nginx: master process nginx
www-data   39195  39194  0 18:32 ? 00:00:00 nginx: worker process
www-data   39196  39194  0 18:32 ? 00:00:00 nginx: worker process
```

Si un servidor ya se ha iniciado y escucha en el puerto, se mostrará un mensaje de error diciendo que ya hay un servicio a la escucha en ese puerto:

```
nginx
nginx: [emerg] bind() to 0.0.0.0:80 failed (98: Address already in use)
nginx: [emerg] bind() to 0.0.0.0:80 failed (98: Address already in use)
nginx: [emerg] bind() to 0.0.0.0:80 failed (98: Address already in use)
nginx: [emerg] bind() to 0.0.0.0:80 failed (98: Address already in use)
nginx: [emerg] bind() to 0.0.0.0:80 failed (98: Address already in use)
nginx: [emerg] still could not bind()
```

Paro del servidor Nginx

```
nginx -s quit
```

o

```
nginx -s stop
```

Recarga del archivo de configuración

```
nginx -s reload
```

Cuidado, ya que si el archivo de configuración presenta un error, Nginx rechazará cargarlo.

Observación

Nginx representa el programa, `nginx` el daemon o el comando de gestión del daemon.

6.3 Los módulos Nginx

6.3.1 Carga de los módulos

El servidor web Nginx tiene una estructura modular, es decir que las funciones fundamentales del servidor las proporciona un módulo principal (`core`), mientras que las otras funciones están aseguradas por módulos distintos. Esta arquitectura permite facilitar el desarrollo y el mantenimiento de la aplicación, y optimizar el consumo de los recursos, al solo seleccionar los módulos necesarios.

Al contrario que Apache, que dispone de módulos dinámicos, cargables cuando se necesiten declarándolos en el archivo de configuración, los módulos de Nginx son **estáticos** y tienen que especificarse cuando se compila el ejecutable.

Esta restrictiva elección ha sido motivada por una razón de rendimiento y de simplicidad del código. Si instala Nginx usando un paquete binario, tendrá que comprobar que tiene todos los módulos que necesita. Si no fuera el caso, estará obligado a descargar una versión del código fuente de Nginx y a compilarla con los módulos que necesite.

6.3.2 Visualización de los módulos

La opción `-V` del comando `nginx` permite obtener la lista de los módulos integrados en el ejecutable (así como todas las opciones de compilación).

Ejemplo

```
nginx -V
nginx version: nginx/1.18.0
built with OpenSSL 1.1.1n  15 Mar 2022
TLS SNI support enabled
configure arguments: --with-cc-opt='-g -O2 -ffile-prefix-map=/build/nginx-QeqwpL/
nginx-1.18.0=. -fstack-protector-strong -Wformat -Werror=format-security -fPIC
-Wdate-time -D_FORTIFY_SOURCE=2' --with-ld-opt='-Wl,-z,relro -Wl,-z,now -fPIC'
--prefix=/usr/share/nginx --conf-path=/etc/nginx/nginx.conf --http-log-path=/var/
log/nginx/access.log --error-log-path=/var/log/nginx/error.log --lock-path=/var/
lock/nginx.lock --pid-path=/run/nginx.pid --modules-path=/usr/lib/nginx/modules
--http-client-body-temp-path=/var/lib/nginx/body --http-fastcgi-temp-path=/var/
lib/nginx/fastcgi --http-proxy-temp-path=/var/lib/nginx/proxy --http-scgi-temp-
path=/var/lib/nginx/scgi --http-uwsgi-temp-path=/var/lib/nginx/uwsgi --with
-compat --with-debug --with-pcre-jit --with-http_ssl_module --with-http_stub_
status_module --with-http_realip_module --with-http_auth_request_module
--with-http_v2_module --with-http_dav_module --with-http_slice_module
--with-threads --with-http_addition_module --with-http_gunzip_module
--with-http_gzip_static_module --with-http_sub_module
```

6.3.3 Elección de los módulos

Los módulos dependen naturalmente del uso que se hace del servidor. El uso consiste en identificar las necesidades y en determinar a través de la documentación en línea de Nginx cuáles son los módulos implicados.

Los módulos de base son necesarios para el funcionamiento básico de Nginx y siempre están incluidos en el ejecutable:

- `Core module`: núcleo de Nginx, gestiona la arquitectura general.
- `Event module`: funciones de gestión de base de la red.
- `Configuration module`: gestión de las inclusiones de archivos para la configuración.

Los módulos estándar toman en cuenta las grandes categorías de funcionalidades de Nginx y están generalmente incluidos en el ejecutable, excepto casos particulares. He aquí los principales:

`HTTP core`	Gestiona el servidor HTTP de Nginx.
`Access`	Control de acceso según las direcciones IP.
`Auth Basic`	Autenticación básica.
`Auto Index`	Gestión de las listas de los directorios por defecto.
`Browser`	Gestión del tipo de navegador de los clientes.
`Charset`	Codificación de los caracteres de la página.
`FastCGI`	Gestión de los scripts FastCGI (PHP, Python, Perl, etc.).
`Gzip`	Compresión.
`Index`	Gestión de la página inicio por defecto.
`Limit`	Control de los recursos.
`Log`	Gestión de los registros.
`Rewrite`	Permite especificar las directivas de reescrituras de URI.
`SSI`	Gestión del SSI.

Otros módulos son opcionales, según las necesidades identificadas, por ejemplo:

`Proxy`	Gestión del rol de proxy.
`Upstream`	Equilibrado de carga.
`SSL`	Gestión del protocolo SSL.
`Mail Core`	Servidor de correo electrónico.
`POP3`	Gestión del servidor POP3.
`IMAP`	Gestión del servidor IMAP.
`SMTP`	Gestión del servidor SMTP.

Finalmente, existen muchos módulos de terceros, es decir, no soportados oficialmente por los diseñadores de Nginx, por ejemplo:

`Access Key`	Control de acceso con una clave de acceso proporcionada como argumento de la URI solicitada.
`Auth PAM`	Autenticación usando el módulo del sistema PAM.
`GeoIP`	Geolocalización por dirección IP.
`Mongo`	Soporte de las bases de datos MongoDB.
`UnZip`	Descompresión de los archivos comprimidos sobre la marcha.

Observación

URI (Uniform Resource Identifier) es la manera de designar un recurso en Internet. También se usa el término URL (Uniform Resource Locator), más o menos sinónimo.

6.4 Gestión de los recursos

El servidor Nginx tiene, en general, mucho mejor rendimiento que Apache y consume menos recursos de memoria. Su arquitectura está especialmente concebida para ello, en detrimento de la elección de funcionalidades (menos módulos disponibles y necesidad de compilarlos con el ejecutable). Escrito en lenguaje C, multiproceso pero monothread, permite obtener un excelente rendimiento, especialmente gracias a su gestión de entradas/salidas y gracias al hecho de que un proceso puede gestionar simultáneamente *n* conexiones.

Ejemplo

Procesos lanzados por Nginx en un servidor inactivo:

```
ps -ef | grep nginx
root        39212        1  0 18:34 ? 00:00:00 nginx: master process nginx
www-data    39216    39212  0 18:34 ? 00:00:00 nginx: worker process
www-data    39217    39212  0 18:34 ? 00:00:00 nginx: worker process
```

Se constata la presencia de un proceso maestro asociado a la cuenta de usuario `root`, y dos asociados a la cuenta de servicio `nginx`. El primer proceso solamente sirve para lanzar los otros, que tratarán las solicitudes de los clientes. El servidor observado en este caso no gestiona ninguna conexión entrante y, sin embargo, dos procesos de trabajo han sido preasignados, listos para gestionar todas las solicitudes de los clientes. La gestión del primer servicio hecha con la cuenta `root` es obligatoria, porque es el único autorizado a abrir el puerto 80 en un sistema Linux.

Se recomienda tener tantos procesos de trabajo como procesadores. El número está configurado en la directiva general `worker_processes`. Es posible especificar la palabra clave `auto` en lugar de un número, en ese caso Nginx creará tantos proceso de trabajo como procesadores detectados.

Ejemplo

```
cat /etc/nginx/nginx.conf
user www-data;
worker_processes auto;
pid /run/nginx.pid;
include /etc/nginx/modules-enabled/*.conf;
[...]
```

Observemos los procesos lanzados por Nginx en este servidor inactivo:

```
ps -ef |I grep nginx
root      39212      1  0 18:34 ?       00:00:00 nginx: master process nginx
www-data  39216  39212  0 18:34 ?       00:00:00 nginx: worker process
www-data  39217  39212  0 18:34 ?       00:00:00 nginx: worker process
```

Hay dos procesos de trabajo porque el servidor es biprocesador.

Al contrario que Apache (excepto configuración particular), Nginx no inicia tantos procesos como conexiones. El número de procesos de trabajo es estable, cada uno puede gestionar un gran número de conexiones. Este mecanismo contribuye al buen rendimiento de Nginx, así como a su consumo limitado de memoria.

El número máximo de conexiones simultáneas tratadas por un proceso de trabajo está definido por la directiva `worker_connections` del bloque `events`:

```
events {
   worker_connections  768;
       # multi_accept on;
}
```

768 conexiones simultáneas por proceso de trabajo.

6.5 Nginx y las expresiones regulares

Nginx acepta **expresiones regulares** como parámetro de numerosas directivas de configuración.

Las expresiones regulares que se pueden usar son las del lenguaje Perl, implementadas por la biblioteca `PCRE` (*Perl Compatible Regular Expression*). Esta implementación es particularmente rica y ofrece un lenguaje completo de descripción de modelos de cadenas de caracteres (*patterns*).

Las expresiones regulares constituyen un verdadero lenguaje, complejo y potente, analizado por un programa especializado (motor de análisis).

Una expresión regular es un motivo (*pattern*) que describe un conjunto de cadenas de caracteres que presentan las mismas características.

Para la definición del motivo, se usa una combinación de caracteres literales y de caracteres que tienen un significado especial, los metacaracteres, opcionalmente completados por cuantificadores y modificadores.

Comparando una cadena de caracteres con un motivo, solamente podemos obtener dos resultados: la cadena corresponde al motivo o no corresponde al motivo. Se pueden seleccionar cadenas según los criterios representados por ese motivo.

Ejemplo

La expresión regular `www` corresponde al conjunto de las cadenas de caracteres que contienen la serie de caracteres `www`, como las cadenas siguientes:

```
www
wwww
www.ediciones-eni.com/
wwworld.com
```

Pero no las siguientes cadenas:

```
WWW
wwt
wwew
ftp
```

Los **metacaracteres** son específicos para las expresiones regulares y no tienen el mismo sentido que los que encontramos en las especificaciones de los nombres de archivos (caracteres **jokers**, o **globs** en términos Unix). Cuidado con no confundirlos. Hay que insistir, particularmente, en el carácter * que, en una expresión regular, no significa una secuencia de cualquier tipo de caracteres, como en el caso de un nombre de archivo introducido en el **shell**.

6.5.1 Expresiones regulares simples

Las expresiones regulares están constituidas por **motivos** que permiten describir un conjunto de cadenas de caracteres. Estos motivos están compuestos por caracteres literales, es decir, sin un significado particular, por metacaracteres, por cuantificadores y modificadores.

Caracteres literales

Se trata de caracteres que no tienen ningún significado específico para el motor de análisis de las expresiones regulares.

Ejemplo

Pongamos la expresión regular siguiente:

```
conta
```

Las cadenas siguientes son aplicables:

```
www.conta.miempresa.com
www.conta.miempresa.com/info
www.miempresa.es/infos/contabilidad.html
```

Estas cadenas no lo son:

```
www.cuenta.miempresa.es
Conta.miempresa.com
```

Metacaracteres

Les metacaracteres tienen un significado particular para el motor de expresiones regulares. Como son muy numerosos, nos limitaremos a los más habituales:

`.`	Un carácter y solo uno, el que sea.
`^`	Comienzo de una cadena.
`$`	Final de una cadena.
`[abc]`	Un carácter y solo uno que pertenezca a la lista que se encuentra entre corchetes.
`\car`	Quitar el significado especial del metacaracter `car`.

Observación

Cuidado con el carácter . en las URI. Como se considera como un metacarácter, hay que ponerle delante \ cuando queremos realmente designar el carácter . en una expresión regular.

Ejemplos

Pongamos la expresión regular siguiente:

```
www.miempresa.com
```

Estas cadenas son aplicables:

```
www.miempresa.com
www.miempresa.com/
www/miempresa/com
wwwrmiempresavcom
www miempresa com
```

Las cadenas siguientes no lo son:

```
www.tuempresa.com
WWW.miempresa.com
/miempresa
```

En la expresión regular siguiente:

```
www\.miempresa\.com
```

Estas cadenas son aplicables:

```
www.miempresa.com
www.miempresa.com/
```

Las cadenas siguientes no lo son:

```
www/miempresa/com
wwwrmiempresavcom
www miempresa com
www.tuempresa.com
WWW.miempresa.com
/miempresa
```

En la expresión regular siguiente:

```
[mM]iempresa\.com$
```

Estas cadenas son aplicables:

```
www.miempresa.com
www.Miempresa.com
www.mamiempresa.com
ftp.miempresa.com
```

Las cadenas siguientes no lo son:

```
www.miempresa.com/
www.MIEMPRESA.com/
```

En la expresión regular siguiente:

```
^www\.miempresa\.com$
```

Esta cadena es aplicable:

```
www.miempresa.com
```

Las cadenas siguientes no lo son:

```
www.miempresa.com/
miempresa.com
www1.Miempresa.com
www.mamiempresa.com
ftp.miempresa.com
```

Cuantificadores básicos

Un cuantificador es un carácter especial que permite especificar el número de repeticiones del carácter (a veces del grupo de caracteres) anterior. Él mismo no tiene significado y debe ser interpretado combinándolo con otros caracteres. He aquí los cuantificadores más simples y los más habituales:

`*`	Repetición de 0 a *n* veces del carácter anterior.
`+`	Repetición de 1 a *n* veces del carácter anterior.
`?`	Repetición de 0 o 1 vez del carácter anterior.
`\{n\}`	Repetición de *n* veces del carácter anterior.
`\{n,m\}`	Repetición de *n* a m veces del carácter anterior.

Ejemplo

En la expresión regular siguiente:

```
go+gle
```

Estas cadenas son aplicables:

```
google
gogle
www.google.com
gooooooooooogle
```

Las cadenas siguientes no lo son:

```
Goagle
ggle
```

En la expresión regular siguiente:

```
go?gle
```

Estas cadenas son aplicables:

```
gogle
google
www.google.com
google is your friend
```

Las cadenas siguientes no lo son:

```
Gooogle
goooooooooooogle
```

En la expresión regular siguiente:

```
[rb]{1,3}oot$
```

Estas cadenas son aplicables:

```
root
boot
bboot
rrroot
rbroot
```

Las cadenas siguientes no lo son:

```
rte
booooot
Root
```

El cuantificador *

Hay que insistir particularmente en este cuantificador, porque provoca muchos errores.

Indica que el carácter (o grupo de caracteres) anterior puede ser repetido de 0 a *n* veces en las cadenas que corresponden al motivo. ¡Por lo tanto, la ausencia del carácter anterior corresponde al caso de la repetición 0 veces!

Ejemplo

En la expresión regular siguiente:

```
go*gle
```

Estas cadenas son aplicables:

```
google
ggle
gooooogle
www.goooooooooooogle.com
```

Las cadenas siguientes no lo son:

```
gOogle
goagle
goooooOgle
goooozgle
```

Para especificar una cadena de caracteres de cualquier tipo (exceptuando el final de la línea), incluyendo ningún carácter, lo que corresponde normalmente al asterisco, hay que usar la combinación siguiente:

`.*` Cualquier carácter (.), repetido de 0 a *n* veces (*).

Ejemplo

En la expresión regular siguiente:

```
r.*t
```

Estas cadenas son aplicables:

```
www.brots.com
www.miempresa.com/root
chroot
www.derooooooooooooote.org
www.miempresa.com/suerte.php
rt
```

La cadenas siguientes no lo son:

```
/rojo
boot.php
12345.html
```

6.6 Hosts virtuales

Al igual que un servidor Apache, un servidor Nginx puede alojar varias y distintas páginas web: hosts virtuales.

6.6.1 Configuración global

Habrá que modificar el archivo de configuración. Cada host virtual tendrá sus elementos de configuración específicos en un bloque `server`.

Si un servidor Nginx gestiona varios hosts virtuales, podremos configurar uno de ellos como servidor por defecto.

6.6.2 Configuración de los hosts virtuales

Existen dos técnicas de implementación de los hosts virtuales: los hosts virtuales por dirección IP/número de puerto, donde el servidor proporciona un contenido diferente según la dirección IP y/o el número de puerto usado para ponerse en contacto con él, y los hosts virtuales por nombre de host, donde el servidor proporciona un contenido diferente en función del nombre de host presente en la URI usada para ponerse en contacto con él.

6.6.3 Hosts virtuales por dirección IP/número de puerto

En esta configuración, el servidor dispone de varias direcciones IP y/o varios números de puerto y responde de manera diferente cuando recibe una consulta HTTP en una dirección IP o puerto diferente.

Se tiene que usar un bloque `server` para cada dirección IP/número de puerto usado. El bloque contiene la declaración del directorio raíz del servidor, a partir del que serán cargadas las páginas del sitio web.

Observación

Gracias a la directiva de inclusión `include`, podemos ubicar las configuraciones de los servidores virtuales en archivos separados.

<u>Declaración de dos servidores virtuales en el archivo de configuración de Nginx</u>

```
server {
 listen 80 default;
 server_name localhost;
 root  /usr/share/nginx/html/public;
 }

server {
 listen 8080;
 server_name localhost;
 root  /usr/share/nginx/html/admin;
 }
```

En este ejemplo, el servidor Nginx gestiona dos servidores virtuales:

- El servidor por defecto escucha en el puerto 80 de todas las direcciones de la máquina. Está asociado a las peticiones enviadas al nombre de host `localhost` y sus páginas se encuentran en el directorio raíz `/usr/share/nginx/html/public`.
- Otro servidor escucha en el puerto 8080 de todas las direcciones de la máquina. Está asociado a las peticiones enviadas al nombre de host `localhost` y sus páginas se encuentran en el directorio raíz `/usr/share/nginx/html/admin`.

Archivo de configuración: declaración de los hosts virtuales

`server`

Declaración de un host virtual: todo lo que se encuentra en el bloque forma parte del host virtual.

`listen [dirX][:puertoY][default][ssl]`

El host virtual puede responder a las solicitudes que llegan a la dirección IP `dirX` y en el puerto `puertoY`. La opción `default` identifica el servidor por defecto. La opción `ssl` especifica que el servidor usa el protocolo SSL.

`server_name nombre1 nombreN`

Nombre(s) asociado(s) al servidor.

`root camino_acceso`

Define el directorio raíz de un servidor o de una localización, según el bloque donde se encuentra la directiva.

`index  archivo1 [...] archivoN`

Orden de búsqueda de la página de inicio por defecto para la localización o el servidor, según el bloque donde se encuentra la directiva.

6.6.4 Hosts virtuales por nombre de host

El soporte de los hosts virtuales por nombre de host se basa en la directiva `server_name`. Cuando el servidor Nginx recibe una petición de un cliente, examina el campo de encabezado `Host`, y lo compara a continuación con los nombres declarados por los diferentes servidores virtuales. Selecciona el primer bloque `server` cuya directiva `server_name` incluye el nombre de host solicitado.

Si ninguna directiva corresponde al nombre solicitado, el servidor Nginx utilizará la directiva `listen` para determinar si la dirección/puerto solicitada/o corresponde a un servidor.

La directiva `server_name` acepta varios nombres de servidores. Soporta los caracteres joker (*) y también pueden usarse expresiones regulares. En este caso, hay que poner el prefijo ~ al modelo.

Ejemplos de directivas `server_name`

```
server_name localhost ;
server_name localhost ;
server_name www.miempresa.es ;
server_name  www.*.miempresa.es;
server_name www.miempresa.es www.empresa.com miempresa.org ;
server_name  ~[mtl]iempresa\..*$;
server_name www.empresa.com "" ;
```

Ejemplo de declaración de servidores virtuales por nombre de host

```
        server {
         listen 80;
         server_name www.conta.miempresa.com;
         root  /usr/share/nginx/html/public/conta;
         }
       server {
         listen 80;
         server_name www.marketing.miempresa.com;
         root  /usr/share/nginx/html/public/mkg;
         }
       server {
         listen 80 default;
         server_name beta;
         root  /usr/share/nginx/html/public;
         }
```

En este ejemplo, el servidor Nginx administra tres servidores virtuales:

- El primer servidor escucha en el puerto 80 de todas las direcciones de la máquina. Está asociado a las peticiones enviadas al nombre de host `www.conta.miempresa.com` y sus páginas se encuentran en el directorio `raíz /usr/share/nginx/html/public/conta`.
- El segundo servidor escucha en el puerto 80 de todas las direcciones de la máquina. Está asociado a las peticiones enviadas al nombre de host `www.marketing.miempresa.com` y sus páginas se encuentran en el directorio raíz `/usr/share/nginx/html/public/mkg`.
- El último servidor escucha en el puerto 80 de todas las direcciones de la máquina. Está asociado a las peticiones enviadas al nombre de host *`beta`* y sus páginas se encuentran en el directorio raíz `/usr/share/nginx/html/public/`. Se trata del servidor por defecto. Una petición enviada sin nombre de host o hacia un nombre distinto de `www.conta.miempresa.com` o `www.marketing.miempresa.com` será enviada a este servidor virtual.

Archivo de configuración: declaración de hosts virtuales por nombre

`Server`

Declaración de un host virtual: todo lo que se encuentra en el bloque forma parte del host virtual.

`listen [dirX][:puertoY][default][ssl]`

El host virtual puede responder a las solicitudes que llegan a la dirección IP `dirX` y al puerto `puertoY`. La opción `default` identifica el servidor por defecto. La opción `ssl` especifica que el servidor usa el protocolo SSL.

`server_name nombre1 nombreN`

Nombre(s) asociado(s) al servidor. Podemos especificar varios nombres, usar caracteres joker o expresiones regulares (con un prefijo ~).

`root camino_acceso`

Define el directorio raíz de un servidor o de una ubicación, según el bloque donde se encuentra la directiva.

`index  archivo1 [...] archivoN`

Orden de búsqueda de la página de inicio por defecto para la ubicación o el servidor, según el bloque donde se encuentra la directiva.

6.7 Los filtros de URI: el bloque de tipo location

Un servidor Nginx usa bloques de tipo `location` para asociar las características de tratamientos a las URI solicitadas por un cliente. Un bloque de tipo `location` puede aplicarse a toda una URI o a una parte de ella, puede corresponder a una y sola a una URI o a un conjunto de URI. Nginx usa una sintaxis flexible y potente para definir los modelos de URI, incluyendo la posibilidad de especificarlas con expresiones regulares.

Este mecanismo permite gestionar tanto directorios particulares como tipos de archivos. Podemos, por ejemplo, asociar restricciones de acceso a algunos directorios de un sitio virtual, redireccionar las solicitudes de archivos PHP hacia un servidor remoto, o comprimir en el acto archivos de tipo imagen de un servidor virtual específico.

Los filtros de URI son muy potentes, pero pueden ser delicados de configurar. De hecho, una URI puede corresponder a varios filtros, y en ese caso solamente se aplicará uno, según las reglas de prioridad.

De ahora en adelante, emplearemos más a menudo el término ingles *location* para designar un filtro de URI.

6.7.1 Definición de un bloque location de selección d'URI

Los bloques de tipo `location` se encuentran obligatoriamente en el interior de un bloque `server`. Puede haber varios y de tipos diferentes. Cuando el servidor Nginx recibe una solicitud que concierne el servidor considerado, descodifica la URI (reemplazando los caracteres especiales por su valor, por ejemplo `%20` será reemplazado por une espacio), y aisla la parte central de la URI, comprendida entre el nombre del servidor y el final de la URI, o delante de los caracteres `?` o `#` que se encuentran antes de los parámetros.

Compara esta cadena de caracteres con las diferentes directivas `location`, para seleccionar la que mejor corresponde con la URI.

6.7.2 Sintaxis

La sintaxis de definición del bloque es la siguiente:

```
location Expresion_Selección {
Directivas
}
```

La expresión de selección de las URI puede usar diferentes formatos:

```
location = Cadena
```

Una URI podrá asociarse a este bloque si corresponde exactamente a la cadena de caracteres especificada.

```
location Cadena
```

Una URI podrá asociarse a este bloque si **empieza** por la cadena de caracteres especificada.

```
location ~ Expresion_regular
```

Una URI podrá asociarse a este bloque si **corresponde** (*matching*) a la expresión regular especificada (distinguiendo entre mayúsculas y minúsculas).

```
location ~* Expresion_regular
```

Una URI podrá asociarse a este bloque si **corresponde** (*matching*) a la expresión regular especificada (sin distinguir entre mayúsculas y minúsculas).

```
location ^~ Cadena
```

Una URI podrá asociarse a este bloque si **empieza** por la cadena de caracteres especificada. Si esta cadena de caracteres es la que mejor corresponde, será usada, porque el operador `^~` desactiva el tratamiento de los bloques con expresiones regulares.

6.7.3 Prioridad de selección

Los diferentes bloques `location` del servidor virtual se aplican a la URI en el siguiente orden:

– Location con el operador =

Si una URI corresponde exactamente, la búsqueda se parará. Esta será la location utilizada.

– Location con cadenas de caracteres

Si una URI corresponde y el modelo lleva el prefijo ^~, la búsqueda se parará antes de la evaluación de las locations con expresiones regulares.

– Location con expresión regular

Se evalúan en último lugar. La primera expresión regular que corresponda a la URI parará la búsqueda.

En cuanto la búsqueda haya terminado, se aplicarán las reglas de presencia siguientes:

Si una location con el operador = corresponde exactamente a la URI, esta será usada.

Si no

Si una location con la cadena de caracteres simple corresponde exactamente a la URI, esta será usada.

Si no

Si una location con el operador ^~ es la que corresponde mejor con el inicio de la URL, esta será usada.

Si no

Si locations con expresión regular corresponden a la URI, la primera encontrada en el orden del archivo de configuración será usada.

Si no

Si locations con cadena de caracteres simple corresponden con el inicio de la URI, la que corresponda a la parte más grande de la URI será usada.

6.7.4 Ejemplos de selección

El orden de los bloques `location` en el interior del bloque `server` no es obligatoriamente importante, excepto en el caso de múltiples locations con expresiones regulares, ya que será la primera encontrada que corresponda a la URI la elegida.

Como las reglas de selección del bloque `location` son complejas, es prudente hacer comprobaciones completas para validar la configuración.

Ejemplo

Bloque `server` en el archivo de configuración:

```
server {
       listen       80 ;
       server_name localhost;
       root   /usr/share/nginx/html;
       location = / {
           index index_root.html;
       }
       location /string {
           index index_string.html;
       }
       location ^~ /stringnoreg {
           index index_noreg.html;
       }
       location /stringnoreg_longer {
           index index_string.html;
       }
       location ~ reg/$ {
           index index_reg.html;
       }
       location ~ string.*reg/$ {
           index index_reg1.html;
       }
}
```

Dos locations son de tipo expresión regular:

- `reg/$`: todas las URI que terminen por `reg/` (el carácter `$` representa el final de la cadena de caracteres).
- `string.*reg/$`: todas las URI que contengan las secuencia de caracteres `string` y terminen por `reg/` (`.*` significa una secuencia cualquiera de caracteres, incluido ninguno; el carácter `$` representa el final de la cadena de caracteres).

Arborescencia del servidor:

Hay siete directorios en el directorio raíz del servidor, `/usr/share/nginx/html`:

```
string
stringfooreg
stringnoreg
stringnoreg_longer1
stringnoreg_longer1reg
stringnoregreg
stringreg
```

En cada directorio, hay cinco archivos index:

```
index_noreg.html
index_reg1.html
index_reg.html
index_root.html
index_string.html
```

Ejemplos de URI y de páginas de index obtenidas:

http://beta/:
`/usr/share/nginx/html/index_root.html`
http://beta/string/:
`/usr/share/nginx/html/string/index_string.html`
http://beta/stringnoreg/:
`/usr/share/nginx/html/stringnoreg/index_string.html`
http://beta/stringreg/:
`/usr/share/nginx/html/stringreg/index_reg.html`
http://beta/stringfooreg/:
`/usr/share/nginx/html/stringfooreg/index_reg.html`
http://beta/stringnoregreg/:
`/usr/share/nginx/html/stringnoregreg/index_noreg.html`
http://beta/stringnoreg_longer1/: `/usr/share/nginx/html/stringnoreg_longer1/index_string.html`
http://beta/stringnoreg_longer1reg/: `/usr/share/nginx/html/stringnoreg_longer1reg/index_reg.html`

Si se cambia el orden de las dos locations de tipo expresión regular:

http://beta/stringfooreg/:
`/usr/share/nginx/html/stringfooreg/index_reg1.html`

Observación

Como la sintaxis de los bloques `location` es delicada, a menudo es útil consultar el archivo de registro de los errores durante las pruebas. La ubicación de este archivo está definida en el archivo de configuración, por defecto `/var/log/nginx/error.log`.

6.7.5 Bloque de location específico

Este tipo de location lo utiliza exclusivamente internamente el servidor Nginx, para gestionar redirecciones de URI generadas por otras directivas (`try_files` o `error_page`). El operador es el carácter `@`.

Ejemplo

```
location @NotFound {
# directivas
}
```

Definición de un bloque `location` llamado `NotFound`, que podrá ser llamado por el intermediario de algunas directivas (`try_files` o `error_page`):

```
error_page 404 = @NotFound;
```

En este ejemplo, si una página solicitada no existe (error 404), la URI será transmitida al bloque llamado `NotFound`.

6.8 Restricciones de acceso del usuario

Al igual que Apache, Nginx ofrece numerosas posibilidades de restricciones de acceso de los usuarios y existen muchos medios para administrar los accesos a los datos. Hay que tener en cuenta que este párrafo tratará solamente los métodos de autenticación de los usuarios, pero no aportará ninguna confidencialidad. Es decir, que los accesos a los datos pueden estar controlados por autenticación, por lo que las páginas web no estarán cifradas entre el servidor y el navegador. Si deseamos tener confidencialidad en estos intercambios, habrá que usar el protocolo SSL.

6.8.1 Control por dirección IP

El módulo de control de acceso, `ngx_http_access`, forma parte de los módulos core de Nginx, por lo tanto está incluido por defecto en el servidor (excepto si ha sido excluido explícitamente de la compilación usando la opción `--without-http_access_module`).

Este módulo autoriza o deniega el acceso a elementos gestionados por el servidor Nginx, en función de la dirección IP del solicitante.

Para ello usa dos directivas, `allow` y `deny`, que autorizan o deniegan respectivamente el acceso a los elementos del bloque en el que han sido definidas. Puede haber varias en un mismo bloque. En este caso, serán leídas en el orden del archivo de configuración, y la primera que pueda aplicarse al cliente será ejecutada.

Podemos usar diferentes sintaxis para especificar los clientes implicados:

`Dirección`	En formato IPv4 o IPv6.
`Subred`	En formato CIDR.
`all`	Todas las direcciones.
`unix`	Sockets Unix.

Al igual que para todas las directivas, las que están contenidas en un bloque cubren a las que están en bloques de más alto nivel.

Ejemplo

```
http {
   include        /etc/nginx/mime.types;
       index index.html index.htm;
       allow 127.0.0.1;
       allow 192.168.1.201;
       deny 10.0.2.3;
       allow 10.0.2.0/24;
       deny all;
       server {
         listen 80 default;
         server_name beta;
         root  /usr/share/nginx/html/public;
         }

}
```

Por defecto, los servidores virtuales solamente serán accesibles para los clientes que se encuentren en la máquina local en loopback, en la red `10.0.2.0` (excepto `10.0.2.3`) y en la máquina `192.168.1.201`.

Una solicitud hacia el servidor Nginx que venga de un cliente cuya dirección IP es `192.168.1.196`, será denegada con el mensaje siguiente:

■ Observación

Una directiva `allow` sola en un bloque no tiene sentido. En efecto, autoriza la dirección indicada, pero sin directiva `deny`, las otras direcciones no serán denegadas. En el caso de que hubiera directivas en un bloque de nivel superior, estas serían cubiertas por el bloque que contuviera la directiva `allow`.

Ejemplo

```
http {
   include /etc/nginx/mime.types;
       index index.html index.htm;
       deny all;
       server {
         listen 80;
         server_name www.marketing.miempresa.com;
         root  /usr/share/nginx/html/public/mkg;
         # CONFIGURACIÓN ERRÓNEA VOLUNTARIA ################
         # Cuidado: ¡¡¡Abre el servidor a TODOS los clientes!!!
         allow 50.0.0.1;
         }
}
```

En este contra-ejemplo, mal configurado, el servidor `www.marketing.miempresa.com` está accesible para todos los clientes, porque la directiva `allow 50.0.0.1` cubre a la directiva `deny all` de nivel superior.

6.8.2 Control por autentificación

El módulo de autentificación simple, `ngx_http_auth_basic`, forma parte de los módulos core de Nginx, por lo tanto está incluido por defecto en el servidor (excepto si ha sido excluido explícitamente durante la compilación usando la opción `--without-http_auth_basic_module`).

Para poder implementar otros métodos de restricciones de acceso, el servidor Nginx tiene que haber sido compilado con uno o distintos módulos de autentificación. Podemos asegurarnos de ello usando el comando siguiente que muestra todas las opciones utilizadas en la compilación:

```
nginx -V
nginx version: nginx/1.18.0
built with OpenSSL 1.1.1n  15 Mar 2022
TLS SNI support enabled
configure arguments: --with-cc-opt='-g -O2 -ffile-prefix-map=/build/
nginx-QeqwpL/nginx-1.18.0=. -fstack-protector-strong -Wformat -Werror=
format-security -fPIC -Wdate-time -D_FORTIFY_SOURCE=2' --with-ld-opt='-Wl,
-z,relro -Wl,-z,now -fPIC' --prefix=/usr/share/nginx --conf-path=/etc/
nginx/nginx.conf --http-log-path=/var/log/nginx/access.log --error-log
-path=/var/log/nginx/error.log --lock-path=/var/lock/nginx.lock
--pid-path=/run/nginx.pid --modules-path=/usr/lib/nginx/modules
--http-client-body-temp-path=/var/lib/nginx/body --http-fastcgi-temp-path=
/var/lib/nginx/fastcgi --http-proxy-temp-path=/var/lib/nginx/proxy
--http-scgi-temp-path=/var/lib/nginx/scgi --http-uwsgi-temp-path=/var/lib
/nginx/uwsgi --with-compat --with-debug --with-pcre-jit --with-http_ssl_
module --with-http_stub_status_module --with-http_realip_module
```

```
--with-http_auth_request_module --with-http_v2_module --with-http_dav_
module --with-http_slice_module --with-threads --with-http_addition_module
--with-http_gunzip_module --with-http_gzip_static_module --with-http_sub_
module
```

Si, en un bloque, conjugamos control de acceso por dirección y por autenticaciones, podemos especificar, usando la directiva `satisfy`, si las condiciones de los dos tipos deben estar satisfechas o si solamente una de ellas es suficiente para dejar pasar la comunicación:

```
satisfy all;
```

La dirección **Y** la identidad tienen que cumplirse.

```
satisfy any;
```

La dirección **O** la identidad tienen que cumplirse.

6.8.3 Control por autentificación local

Para implementar las restricciones de acceso, hay que definir qué elementos hay que proteger y qué método usar para ello. Para los diferentes niveles sujetos a autenticaciones, habrá que añadir las directivas necesarias según el modo de autenticación seleccionado. Las directivas presentadas en adelante se aplican a la autentificación simple (local), gestionada por él módulo `ngx_http_auth_basic`.

6.8.4 Elección del alcance de la descripción de acceso simple

La restricción puede hacerse para el conjunto de los servidores, para un servidor virtual en particular, o para una URI que forme parte de los elementos gestionados por un servidor virtual.

Si deseamos restringir el acceso al conjunto de los sitios, basta con definir la restricción de acceso al nivel del bloque `http`. Sin embargo, las buenas prácticas aconsejan que al menos una página de inicio esté disponible para todo el mundo, por ejemplo la del sitio por defecto.

Si deseamos restringir el acceso a un servidor, basta con definir la restricción de acceso en su bloque `server`.

También podemos restringir el acceso a algunos elementos de un sitio, en este caso definiremos la restricción de acceso en uno o distintos bloques de tipo `location` (ver más adelante).

6.8.5 Directivas de autenticación

En el bloque sujeto a autenticación, hay que añadir las directivas necesarias para activar la autenticación e indicar la base de cuentas local que se debe utilizar.

Solicitud de autenticación local

```
auth_basic Mensaje_servidor;
```

Esta directiva provocará, durante una solicitud de acceso al elemento, la visualización de una ventana de diálogo con una solicitud de autenticación. El texto `Mensaje_servidor` se mostrará en la ventana de diálogo. Un campo de nombre de usuario y otro de contraseña permitirán al usuario introducir los datos y validar la autenticación.

Archivo de autentificación local

```
auth_basic_user_file Camino_archivo;
```

Esta directiva especifica la ubicación del archivo que se utilizará para validar la solicitud de autentificación. El camino puede ser relativo al directorio de configuración del servidor Nginx (por defecto `/etc/nginx`) o absoluto.

El archivo indicado es un archivo de texto, con el mismo formato que el utilizado por Apache:

```
NombreUsuario:ContraseñaCifrada
```

El módulo de autentificación simple acepta distintos tipos de cifrado de las contraseñas:

- Función `crypt()`: podemos generar este tipo de contraseña usando el comando estándar de Apache: `htpasswd`, o el comando ofrecido por OpenSSL: `openssl passwd`.
- Hash de tipo `MD5`: usado por algunas herramientas de Apache.
- Modos RFC2307 `{TipoContraseña}Contraseña`: el módulo soporta los tipos `PLAIN`, `SHA (1.3.13)` y `SSHA`.

Se puede, por lo tanto, gestionar ese archivo con el comando estándar de Apache, `htpasswd`.

6.8.6 Creación de una base de cuenta local

El comando `htpasswd`, que encontramos en el paquete de software `apache`, permite crear fácilmente una base de cuentas y alimentarla.

Creación de la primera cuenta de usuario

```
htpasswd -c archivo nombre_usuario
```

Incorporación de una cuenta de usuario

```
htpasswd archivo nombre_usuario
```

Supresión de una cuenta de usuario

```
htpasswd -D archivo nombre_usuario
```

Ejemplo de archivo de contraseñas

El archivo muestra en cada línea el nombre de usuario y su contraseña cifrada.

```
cat /usr/share/nginx/contraseña/htpasswd
flores:WOVv7775MLoVc
moreno:L03otawJqxXkE
```

Ejemplo de servidor que solicita una autenticación

```
http {
       include /etc/nginx/mime.types;
       index index.html index.htm;

       server {
         listen 80;
         server_name www.conta.miempresa.com;
         root  /usr/share/nginx/html/public/conta;
         auth_basic "Sitio confidencial";
         auth_basic_user_file /usr/share/nginx/contraseña/htpasswd;
       }
     }
```

Durante una solicitud de acceso a la URI `www.conta.miempresa.com`, el navegador muestra esta ventana de diálogo:

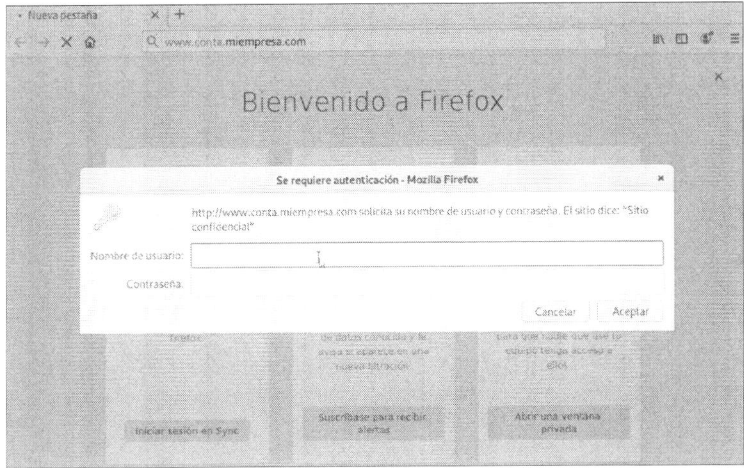

6.9 Autentificación por LDAP

Nginx no dispone de módulo estándar de gestión de autentificación por LDAP. Sin embargo existen distintas soluciones para soportar una autenticación por LDAP, a partir de distintos módulos, opcionales o de terceros, que habrá que instalar e integrar en Nginx recompilándolo.

6.9.1 Uso de PAM

Es posible utilizar la capa PAM (*Pluggable Authentication Modules*) del sistema para gestionar la autenticación por LDAP. En ese caso, hay que instalar el módulo de terceros `ngx_http_auth_pam`.

Hay que configurar PAM con un módulo específico para Nginx, usando LDAP, y a continuación configurar la autenticación en el archivo de configuración de Nginx.

6.9.2 Subconsulta

También se puede usar el módulo opcional `ngx_http_auth_request`, que permite delegar la autentificación a través de una subconsulta.

En ese caso, se puede validar la consulta usando un script PHP u otro tipo de lenguaje, local o remoto, que acceda a un servidor LDAP.

6.9.3 Módulo LDAP

Existe un módulo de terceros, `nginx-auth-ldap`, que se puede instalar a partir de archivos de fuentes, que hay que compilar para generar el módulo.

6.10 Configuración de Nginx con SSL

El servidor Nginx gestiona los accesos seguros usando SSL (*Secure Socket Layer*). Para ello usa el módulo opcional SSL, que se tiene que incluir en la compilación gracias a la opción `--with-http_ssl_module`. Este módulo depende de la biblioteca `OpenSSL`, que tiene que estar instalada previamente en el sistema.

Observación

El módulo SSL se encuentra generalmente incluido en las versiones empaquetadas. Para asegurarnos de ello, podemos usar el comando `nginx -V`.

El servidor usa claves y certificados, que tendrán que generarse según el método estudiado en la parte sobre Apache de este mismo libro.

6.10.1 Configuración de un servidor virtuel SSL

La configuración se hace usando el argumento `ssl` de la directiva `listen`, dentro de un bloque `server`:

```
listen 443 ssl;
```

El puerto bien conocido asociado al protocolo SSL es el puerto 443. La palabra clave `ssl` indica que el host virtual asociado al bloque acepta las conexiones SSL.

Hay que especificarle al servidor cuáles son las claves que se tienen que utilizar para el funcionamiento del protocolo SSL. Tiene que disponer de su clave privada y de su certificado que contendrá su clave pública.

```
ssl_certificate     Camino_Archivo_Certificado;
ssl_certificate_key Camino_Archivo_Clave;
```

Ejemplo

```
server {
 listen 443 ssl ;
 server_name www.midns.com;
 ssl_certificate /usr/share/nginx/ssl/cert.pem;
 ssl_certificate_key /usr/share/nginx/ssl/cert.key;
 root  /usr/share/nginx/html/public/conta;
 }
```

El archivo `/usr/share/nginx/ssl/cert.pem` tiene que contener un certificado de servidor válido y el archivo `/usr/share/nginx/ssl/cert.key` tiene que contener la clave.

Para hacer las comprobaciones, se pueden generar los dos archivos con el comando `openssl`:

```
openssl req -x509 -nodes -newkey rsa:2048 -keyout /usr/share/nginx/ssl/
cert.key -out /usr/share/nginx/ssl/cert.pem

Generating a 384 bit RSA private key
...........+++++++++++++++++
.................+++++++++++++++++
writing new private key to '/usr/share/nginx/ssl/cert.key'
-----
You are about to be asked to enter information that will be incorporated
into your certificate request.
What you are about to enter is what is called a Distinguished Name or a DN.
There are quite a few fields but you can leave some blank
For some fields there will be a default value,
If you enter '.', the field will be left blank.
-----
Country Name (2 letter code) [XX]:ES
State or Province Name (full name) []:Andalucía
Locality Name (eg, city) [Default City]:Almería
```

```
Organization Name (eg, company) [Default Company Ltd]:midns
Organizational Unit Name (eg, section) []:contabilidad
Common Name (eg, your name or your server's hostname) []:www.midns.com
Email Address []:webadm@miempresa.com
```

Ahora se puede acceder al servidor en SSL (a través de `https`), pero el navegador mostrará una página de advertencia, ya que el certificado no es oficial:

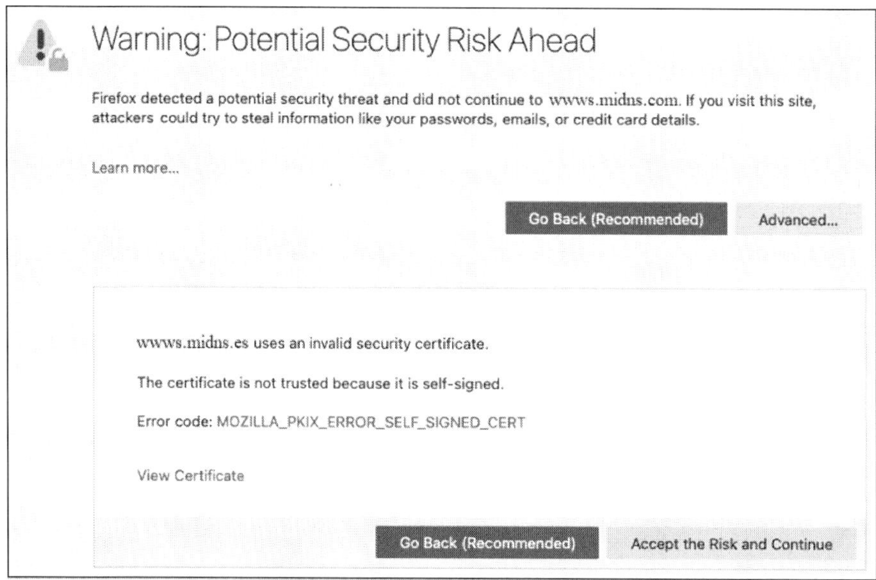

Después, si se acepta el certificado y se hace una excepción:

6.10.2 Optimización de un servidor SSL

Para optimizar el rendimiento del servidor en modo SSL, directivas específicas pueden añadirse en el bloque `server`:

```
keepalive_timeout   70;
```

Activa el modo mantenimiento de la conexión (*keepalive*) y con un valor time-out de 70 segundos.

```
ssl_session_cache   shared:SSL:10m;
```

Caché de gestión de sesiones activado, con una duración de mantenimiento de 10 minutos.

```
ssl_session_timeout 10m;
```

Time-out de sesión modificado a 10 minutes.

Existen muchas otras opciones de configuración, descritas en la documentación del módulo.

6.11 Gestión de las páginas dinámicas

Al igual que Apache, Nginx puede administrar las solicitudes **dinámicas**, es decir las llamadas a páginas generadas dinámicamente por la ejecución de programas escritos en diferentes lenguajes (PHP, Perl, Python, Ruby, etc.).

Para ello, Nginx soporta diferentes mecanismos de sumisión de ejecución de programas el más usado es FastCGI.

Cuando el servidor Nginx recibe una solicitud que corresponde a una página dinámica, puede transferir esta demanda hacia un servidor de software usando el protocolo FastCGI. El servidor de software ejecuta el programa solicitado y devuelve una página HTML generada dinámicamente, que será reenviada por Nginx al cliente.

Para ello, hay que configurar FastCGI en el servidor Nginx y utilizar servidores de software compatibles con FastCGI.

6.11.1 Los módulos FastCGI

Existen diferentes módulos Nginx que permiten conectarse con servidores de software:

- `ngx_http_fastcgi`

Módulo estándar, el más utilizado.

- `ngx_http_scgi`

Módulo estándar, utiliza un protocolo de software más reciente que FastCGI.

- `ngx_http_uwsgi`

Módulo estándar, solamente es compatible con algunos servidores de software.

Para cada uno de esos módulos, la mayoría de los parámetros de base se encuentra en los tres archivos siguientes de `/etc/nginx`:

- `uwsgi_params`
- `scgi_params`
- `fastcgi_params`

Basta con incluir los que queramos usar en el archivo de configuración de Nginx, con la directiva `include`.

6.11.2 Configuración de FastCGI

Vamos a considerar la configuración para la gestión a través de FastCGI de las páginas PHP de un servidor Nginx, los principios son los mismos que para los otros módulos.

La configuración se hace asociando un bloque `location` a las URI que queremos que sean tratadas por un servidor de software (PHP, Python, etc.). En el bloque `location`, declaramos algunas directivas de configuración del envío de la solicitud y especificamos el servidor destino.

Ejemplo

```
location /cgi/ {
 include fastcgi_params;
 fastcgi_param SCRIPT_FILENAME     $document_root$fastcgi_script_name;
 fastcgi_param QUERY_STRING $query_string;
 fastcgi_pass localhost:9000;
}
```

Todas las solicitudes que comiencen por `/cgi/` serán transmitidas al servidor de software de la máquina local que espera en el puerto 9000.

Los dos parámetros `SCRIPT_FILENAME` y `QUERY_STRING` son obligatorios:

- El primero indica dónde hay que buscar los scripts que corresponden a la solicitud (el nombre del script, con prefijo */cgi/*, en la variable `$fastcgi_script_name`, precedido del directorio raíz del servidor y almacenado en una variable `$document_root`).
- El segundo especifica el uso de los parámetros de la URI (variable `$query_string`).

La directiva `include` permite añadir el contenido del archivo de configuración por defecto, ofrecido por Nginx.

6.12 Nginx como proxy inverso

Es difícil migrar un servidor web existente de Apache hacia Nginx. La configuración a menudo compleja de Apache no es fácil de reproducir con Nginx, porque los servidores tienen concepciones muy distintas. En particular, Nginx no permite establecer archivos de configuración en un directorio, los archivos `.htaccess` de Apache.

Una solución utilizada frecuentemente es la de configurar Nginx como **proxy inverso** del servidor Apache. Esto permite (casi) no tocar la configuración del servidor Apache, y beneficiarse del excelente rendimiento de Nginx como servidor web estático.

6.12.1 Proxy inverso

Un reverse proxy HTTP (o proxy inverso, aunque el uso más frecuente es el de conservar la terminología anglosajona) es un servidor HTTP que recibe las solicitudes de los clientes y las transmite a uno o distintos servidores HTTP.

Esta técnica se usa con diferentes objetivos:

- Hacer accesibles desde el exterior los servidores HTTP situados en la red interna de la organización: el único elemento visible desde el exterior será el proxy HTTP (en la DMZ) el cual dirige las solicitudes hacia los servidores internos.
- Servidor de caché: como el proxy inverso, recibe todas las solicitudes de los clientes, de uno o distintos servidores, y puede poner en caché los elementos no dinámicos solicitados. Esto mejora el rendimiento y disminuye la carga de los servidores finales.
- Reparto de carga (*load balancing*): el proxy inverso puede administrar un **pool** de servidores HTTP de software y repartir las solicitudes de los clientes, según diferentes criterios, hacia los diferentes elementos del pool.

Nginx puede ser utilizado para el conjunto de esas funciones.

Como complemento al rol de servidor de caché, Nginx también puede estar configurado para tratar directamente todas las solicitudes no dinámicas (páginas estáticas, archivos de imágenes, vídeos, hojas de estilo, bibliotecas JavaScript, etc.) y redirigir las solicitudes dinámicas (scripts PHP, Python...) hacia uno o varios servidores. Ya que la gestión que él hace de los accesos al disco y a la memoria caché es particularmente eficaz, Nginx permitirá mejorar significativamente el rendimiento de los servidores Apache muy fuertemente solicitados. El servidor Apache tendrá que responder a menos solicitudes, solamente las que conciernen a los elementos dinámicos.

Nginx también dispone de mecanismos flexibles y potentes de reparto de carga.

En el marco de la certificación LPIC-2, será importante conocer los principios de configuración de Nginx como proxy inverso.

6.12.2 El módulo ngx_http_proxy

Este módulo estándar está incluido por defecto en el servidor Nginx (excepto si ha sido compilado con la opción `--without-http_proxy_module`). Provee un conjunto muy rico de directivas para poder generar y optimizar las redirecciones de solicitudes así como la introducción en el caché de los elementos respondidos.

Nos limitaremos aquí a las directivas esenciales para implementar Nginx como proxy inverso.

6.12.3 Declaración del servidor de destino

La directiva `proxy_pass` permite indicar a Nginx hacia qué servidor tiene que redirigir la solicitud. La sintaxis completa es la siguiente:

```
proxy_pass Protocolo://Host[:Puerto][/URI]
```

Donde:

`Protocolo`	Puede tratarse de HTTP o de HTTPS para las redirecciones en SSL.
`Host`	Podemos especificar el nombre de host, su dirección IP un camino de acceso a un socket Unix con prefijo `unix:`.
`Puerto`	Campo obligatorio si el servidor de destino está implementado en la misma máquina (deberá estar configurado con un número de puerto diferente al que se le ha asignado a Nginx).
`URI`	Opcional. La parte de la URI original que corresponde a la location especificada (opcionalmente modificada por una directiva) será reemplazada por la cadena URI indicada, y enviada a continuación al servidor de destino.

Ejemplos

```
proxy_pass http://10.0.0.2;
```

Redirección hacia el servidor remoto.

```
proxy_pass http://www.miempresa.local;
```

Redirección hacia el servidor remoto.

```
proxy_pass https://10.0.0.2;
```

Redirección hacia el servidor remoto en SSL.

```
proxy_pass http://127.0.0.1:8080;
```

Redirección hacia el servidor local de la máquina, que escucha en el puerto 8080.

```
location /infos/ {
proxy_pass http://www.miempresa.local/externo/;
}
```

Redirección hacia el servidor remoto, reemplazando `/info/` en la URI por `/externo/`.

6.12.4 Selección de solicitudes que se tienen que redirigir

Existen distintas técnicas que permiten seleccionar qué solicitudes serán tratadas por el servidor Nginx en local y cuáles se redirigirán hacia un servidor destino.

Selección por un bloque location con expresión regular

Podemos definir un bloque `location` específico para cada tipo de solicitud que se tenga que redirigir.

Ejemplo

Para redirigir únicamente las solicitudes hacia scripts PHP (archivo con extensión `.php`, `.php3`, `.PHP4`, `.php5`, etc.) hacia un servidor remoto:

```
http {
   include /etc/nginx/mime.types;
       index index.html index.htm;
       server {
         listen 80 default;
         server_name beta;
         root  /usr/share/nginx/html/public;
         location ~* \.php.*$ {
            proxy_pass http://www.local;
         }
       }
}
```

Selección usando la directiva try_files

Esta directiva permite especificar distintos criterios de búsqueda del objeto solicitado, utilizado en el orden indicado. Al final de la posición de la directiva, podemos especificar un nombre de bloque `location` con un servidor declarado anteriormente. Primero podemos intentar servir localmente las solicitudes y, en caso de fallo, redirigirlas hacia un servidor destino.

Ejemplo

```
http {
   include /etc/nginx/mime.types;
   index index.html index.htm;
   server {
       listen 80 default;
       server_name beta;
       root  /usr/share/nginx/html/public;
       location @destino {
           proxy_pass http://www.local;
       }
       location / {
           try_files $uri $uri/ @destino;
       }
   }
}
```

Toda solicitud va a ser buscada a partir de la raíz del servidor. Si no se encuentra el elemento correspondiente, se pone un sufijo a la URI solicitada con un carácter `/`. Si no se encuentra nada que encaje con la solicitud, la redirigimos hacia el bloque `location` llamado *destino*, definido más arriba y asociado al servidor destino `www.local`.

Observación

La variable `$uri` contiene la URI solicitada por el cliente.

Selección usando la directiva fastcgi_pass

La directiva `fastcgi_pass`, del módulo estándar `http_fastcgi`, permite asociar un bloque `location` a una redirección hacia un servidor de script remoto. Una vez más, esto permite tratar los elementos estáticos en local mediante Nginx y redirigir las solicitudes dinámicas hacia un servidor destino.

La sintaxis completa es:

`fastcgi_pass` *`Host`*`[:Puerto]`

Donde:

`Host`	Podemos especificar el nombre de host, su dirección IP o un camino de acceso a un socket Unix con prefijo `unix:`.
`Puerto`	Opcional.

Ejemplo

```
http {
   include /etc/nginx/mime.types;
   index index.html index.htm;
   server {
       listen 80 default;
       server_name beta;
       root  /usr/share/nginx/html/public;
       location @dyn {
           fastcgi_pass www.local;
       }
       location / {
           try_files $uri $uri/ @dyn;
       }
   }
}
```

6.13 Reparto de carga

El módulo estándar del reparto de carga (*load balancing*), `http_upstream`, permite definir los clústeres de servidores hacia los que dirigir las solicitudes, especificando una estrategia de elección del servidor de destino para equilibrar las cargas de los diferentes miembros del grupo.

6.13.1 Definición de un clúster de servidores

El módulo gestiona el tipo de bloque `upstream`, que define un clúster de servidores:

```
upstream NombreGrupo {
}
```

Cada servidor de un bloque `upstream` está definido por una directiva `server`:

```
server Host [parámetros];
```

Donde:

`Host` Podemos especificar el nombre de host, su dirección IP o un camino de acceso a un socket Unix con prefijo `unix:`.

Los parámetros permiten especificar las características de uso del servidor. Los principales son:

- `weight=Número`: peso asociado al servidor (`1` por defecto).
- `Backup`: Este servidor solamente será usado si los servidores primarios no están accesibles.
- `max_conns=Número`: número máximo de conexiones simultáneas soportadas por el servidor.
- `max_fails=Número`: número de fallos de conexión hacia el servidor a partir del cual será considerado como inaccesible. `0` desactiva el control.
- `fail_timeout=Duración`: duración durante la cual un servidor en fallo será considerado como un estado inaccesible y durante la cual se aplica el cálculo del número de tentativas fallidas, antes de reinicializar el contador.

La estrategia de la elección del servidor en un clúster de servidores es, por defecto, un "*round robin*" ponderado. Si todos los servidores tienen el mismo peso (argumento `weight`), serán usados sucesivamente. Si algunos tienen más peso, serán usados proporcionalmente a ese peso con respecto al conjunto del clúster.

Ejemplo

```
  upstream servidores {
     server www1.miempresa.com weight=2;
     server www2.miempresa.com weight=1;
     server www3.miempresa.com weight=1;
     server respaldo.miempresa.com  backup;
}
```

Definición de un clúster de servidores llamado `servidores`. De cada cuatro solicitudes, dos serán atribuidas al servidor `www1`, una a `www2` y una a `www3`. El servidor `respaldo` solamente será solicitado en el caso de que ninguno de los tres servidores primarios esté accesible.

La estrategia de la elección del servidor puede ser modificada usando diferentes directivas, de entre las cuales:

`hash Clave;`

El reparto de carga entre los servidores se hace aplicando una tabla de hash a partir de la cadena de caracteres `Clave`.

`ip_hash;`

El reparto de carga entre los servidores se hace con respecto a las direcciones IP, a partir de las cuales calculamos una clave de hash. El método garantiza que un mismo cliente será asociado al mismo servidor, excepto si este se vuelve inaccesible.

6.13.2 Uso de un clúster de servidores

Algunas directivas pueden asociar una solicitud a un clúster de servidores. Podemos también declarar un clúster de servidores como proxy, usando la directiva `proxy_pass`:

```
proxy_pass Protocolo://NombreClúster;
```

Las llamadas FastCGI también pueden ser enviadas a un clúster de servidores:

```
fastcgi_pass NombreClúster;
```

Capítulo 10
Compartición de archivos

1. Servidores de archivos

Este capítulo trata de Linux con rol de servidor Samba y NFS.

1.1 Configuración de un servidor Samba

El objetivo de esta sección es de enseñarle a:

- configurar un servidor Samba para clientes de tipos diferentes;
- configurar Samba como servidor autónomo o integrado en un dominio Active Directory;
- configurar comparticiones simples CIFS y comparticiones de impresoras;
- configurar un cliente Linux del servidor Samba. Resolución de problemas de instalación.

1.1.1 Competencias principales

- Documentación de Samba 4.
- Archivos de configuración de Samba 4.
- Herramientas de Samba 4.
- Montar recursos compartidos CIFS en Linux.
- Asociar cuentas de usuario Windows a cuentas de usuarios Linux.
- Seguridad a nivel del usuario, recursos compartidos y Active Directory.

1.1.2 Elementos empleados

- `smbd`, `nmbd`, `winbindd`
- `smbcontrol`, `smbstatus`, `testparm`, `smbpasswd`, `nmblookup`
- `samba-tool`
- `net`
- `smbclient`
- `mount.cifs`
- `/etc/samba/`
- `/var/log/samba/`

1.2 Configuración de un servidor NFS

El objetivo de esta sección es de enseñarle a:

- exportar los sistemas de archivos con NFS, gestionar las restricciones de acceso, montar un sistema de archivos NFS en un cliente y proteger NFS.

1.2.1 Competencias principales

- Archivos de configuración NFS versión 3.
- Herramientas de NFS.
- Restricciones de acceso a ciertas máquinas y/o ciertas subredes.
- Opciones de montaje en el servidor y en los clientes.
- TCP Wrappers.
- Conocimientos básicos de NFS versión 4.

1.2.2 Elementos empleados

- `/etc/exports`
- `exportfs`
- `showmount`
- `nfsstat`
- `/proc/mounts`
- `/etc/fstab`
- `rpcinfo`
- `mountd`
- `portmapper`

2. Configuración de un servidor Samba

Samba es un conjunto de software libre que permite a los sistemas Linux y Unix compartir recursos de discos e impresoras con los sistemas Windows, usando el protocolo de compartición de recursos SMB.

El nombre del programa, **S**a**MB**a, está derivado del protocolo SMB (*Server Message Block*) usado por Microsoft para la compartición de recursos.

Observación

CIFS (Common Internet File System) es un derivado del protocolo SMB, desarrollado por Microsoft pero que fue abandonado. Samba es compatible con CIFS y con SMB.

En Linux, Samba está constituido por un conjunto de programas, que implementan un servidor de compartición de recursos, un cliente, así como herramientas comunes al servidor y al cliente. Lo proporcionan varios paquetes de software independientes: `samba` para el programa del servidor, `samba-client` (o `smbclient`) para el programa del cliente y `samba-common` (y `samba-common-tools` o `samba-common-bin`) para las herramientas comunes a los dos.

La versión principal actual de Samba es la versión `4`.

La documentación de Samba se encuentra disponible en el sitio de Samba:
https://wiki.samba.org/

Ejemplos

Instalación de Samba (servidor y cliente) en una distribución de tipo Red Hat.

```
dnf install samba
[...]
Instalado:
  python3-dns-1.15.0-10.el8.noarch             python3-ldb-2.3.0-2.el8.x86_64
  python3-samba-4.15.5-8.el8_6.x86_64          python3-talloc-2.3.2-1.el8.x86_64
  python3-tdb-1.4.3-1.el8.x86_64               python3-tevent-0.11.0-0.el8.x86_64
  samba-4.15.5-8.el8_6.x86_64                  samba-common-tools-4.15.5-8.el8_6.x86_64
  samba-libs-4.15.5-8.el8_6.x86_64             tdb-tools-1.4.3-1.el8.x86_64
¡Listo!

dnf install samba-client
[...]
Instalado:
  samba-client-4.15.5-8.el8_6.x86_64
¡Listo!
```

Instalación de Samba (servidor y cliente) en una distribución de tipo Debian.

2.1 Configuración del servidor Samba

El servidor Samba permite a los clientes SMB/CIFS (Windows, Unix, Mac OS, Linux...) acceder a los recursos de discos e impresoras compartidos por el servidor. El control de acceso al recurso se hace basándose en la identificación y la autenticación del usuario que solicita el acceso al recurso.

2.1.1 Los daemons Samba

Cuando el servidor Samba está corriendo, se ejecutan dos daemons:

- `smbd` (*Server Message Block daemon*): se trata del daemon principal, encargado de gestionar las solicitudes de acceso de los clientes a los recursos compartidos, discos e impresoras.
- `nmbd` (NetBIOS *name server daemon*): este daemon gestiona los servicios de nombres NetBIOS en TCP/IP, protocolo usado por los sistemas Microsoft para identificar los diferentes servicios y máquinas disponibles en la red.

En general, estos dos daemons se lanzan automáticamente durante el arranque del sistema, mediante scripts `init System V` o mediante la intervención de `systemd`.

2.1.2 El archivo de configuración smb.conf

El archivo de configuración principal es `smb.conf`, se instala por defecto en el directorio `/etc/samba`. Se trata de un archivo de texto, muy bien autodocumentado con comentarios (o a través del archivo de ejemplo `smb.conf.example`).

Este archivo está compuesto por secciones, identificadas con un título entre corchetes. Cada sección contiene líneas con parámetros, hasta el próximo título de sección o hasta el final del archivo.

Las líneas de parámetros se presentan bajo la forma siguiente:

```
Parámetro = Valor [, ..., Valor]
```

Un comentario empieza con el carácter `#` o con el carácter `;` y terminará al final de la línea.

Las secciones principales son:

`[global]`	Parámetros generales y parámetros por defecto.
`[printers]`	Para la compartición de impresoras.
`[print$]`	Para la compartición de impresoras.
`[homes]`	Compartición para los directorios personales de los usuarios.
`[NombreCompartición]`	Compartición de un directorio.

Ejemplo

Archivo `/etc/samba/smb.conf` por defecto de una distribución RHEL 8.5:

```
# See smb.conf.example for a more detailed config file or
# read the smb.conf manpage.
# Run 'testparm' to verify the config is correct after
# you modified it.
[global]
	workgroup = SAMBA
	security = user
	passdb backend = tdbsam
	printing = cups
	printcap name = cups
	load printers = yes
	cups options = raw

[homes]
	comment = Home Directories
	valid users = %S, %D%w%S
	browseable = No
	read only = No
	inherit acls = Yes

[printers]
	comment = All Printers
	path = /var/tmp
	printable = Yes
	create mask = 0600
	browseable = No

[print$]
	comment = Printer Drivers
	path = /var/lib/samba/drivers
	write list = @printadmin root
	force group = @printadmin
	create mask = 0664
	directory mask = 0775
```

2.1.3 El comando testparm

Este comando permite validar el contenido de un archivo de configuración smb.conf. Sin argumento, muestra en la salida estándar las secciones y las directivas de configuración /etc/samba/smb.conf, sin los comentarios y sin los parámetros cuyo valor esté por defecto.

Sintaxis habitual

```
testparm [-s][-v] ArchivoConf [NombreHost DirIP]
```

Donde:

-s	No muestra el prompt de confirmación antes de la visualización detallada.
-v	Muestra los valores por defecto que no se encuentran en el archivo.
ArchivoConf	Archivo de configuración objeto de la validación.
[NombreHost DirIP]	Nombre de host y dirección IP del cliente del que queremos determinar si está autorizado a acceder al servidor Samba (usando para ello las directivas allow o deny).

Ejemplo

Análisis del archivo /etc/samba/smb.conf por defecto de una distribución Debian 11:

```
testparm -s
Load smb config files from /etc/samba/smb.conf
Loaded services file OK.
Weak crypto is allowed
Server role: ROLE_STANDALONE

# Global parameters
[global]
        log file = /var/log/samba/log.%m
        logging = file
        map to guest = Bad User
        max log size = 1000
        obey pam restrictions = Yes
        pam password change = Yes
        panic action = /usr/share/samba/panic-action %d
        passwd chat = *Enter\snew\s*\spassword:* %n\n
*Retype\snew\s*\spassword:* %n\n *password\supdated\ssuccessfully*
        passwd program = /usr/bin/passwd %u
        server role = standalone server
        unix password sync = Yes
```

```
        usershare allow guests = Yes
        idmap config * : backend = tdb
[homes]
        browseable = No
        comment = Home Directories
        create mask = 0700
        directory mask = 0700
        valid users = %S
[printers]
        browseable = No
        comment = All Printers
        create mask = 0700
        path = /var/spool/samba
        printable = Yes
[print$]
        comment = Printer Drivers
        path = /var/lib/samba/printers
```

El comando muestra los datos en el servidor y su tipo en la salida estándar de error, y a continuación el contenido del archivo, sin los comentarios, en la salida estándar.

Introducimos un error de sintaxis en el archivo, `server role = standalone servidor` en lugar de `standalone server`, y volvemos a lanzar el comando:

```
testparm
Load smb config files from /etc/samba/smb.conf
WARNING: Ignoring invalid value 'standalone servidor' for parameter 'server role'
Error loading services.
```

El error ha sido detectado.

2.1.4 Configuración global

Los parámetros relativos al funcionamiento general y la identidad del servidor Samba están definidos en la sección `global` del archivo de configuración `smb.conf`.

Los parámetros aplicables a un servidor Samba son múltiples (podemos obtener la lista completa con la opción `--show-all-parameters` del comando `testparm`). Detallaremos aquí los principales.

`workgroup`	Grupo de red al que pertenece el servidor.
`server string`	Línea de descripción del servidor (`%h` nombre de host, `%v` versión de Samba).
`logging`	Tipo de registro (`file`, `syslog` o `systemd`).
`log file`	Camino de acceso al archivo de registro (`%m`, nombre del cliente), por defecto `/var/log/samba/log/log.%m`.

`max log size`	Tamaño máximo del archivo de registro en kB, `0` ilimitado.
`security`	Tipo de control de acceso (`user`, `domain` o `ads`).
`encrypt passwords`	Uso de contraseñas cifradas (`yes` o `no`).
`server role`	Rol del servidor (`auto`, `standalone server`, `member server`, `classic primary domain controller`, `classic backup domain controller` o `active directory domain controller`).
`hosts allow`	Lista de máquinas hosts autorizadas a conectarse al servidor.
`hosts deny`	Lista de máquinas hosts no autorizadas a conectarse al servidor.

2.2 Compartición de directorio

La compartición de un directorio está configurada a través de una sección identificada con el nombre de la compartición.

El nombre de compartición es visible desde el cliente (**Red** para las máquinas Windows) y utilizado por el cliente para conectarse, según la sintaxis UNC (*Uniform Naming Convention*):

```
\\NombreServidor\NombreCompartición
```

O en un cliente Linux:

```
//NombreServidor/NombreCompartición
```

Los parámetros más habituales para una compartición de directorio son los siguientes:

`comment`	Descripción de la compartición, visible en la Red de las máquinas Windows.
`path`	Camino del directorio que se quiere compartir.
`browseable`	Se podrá mostrar en el explorador del cliente (`yes` o `no`).
`readonly`	Compartición en solo lectura (`yes` o `no`).
`writeable`	Compartición con autorización de escritura (`yes` o `no`).
`hosts allow`	Lista de las máquinas hosts autorizadas a conectarse.
`hosts deny`	Lista de las máquinas hosts no autorizadas a conectarse.
`guest ok`	Acceso con una cuenta de invitado autorizado (`yes` o `no`).
`valid users`	Lista de usuarios autorizados a acceder a la compartición.

`invalid users`	Lista de usuarios no autorizados a acceder a la compartición.
`read list`	Lista de usuarios autorizados a acceder a la compartición en solo lectura.
`write list`	Lista de usuarios autorizados a acceder a la compartición en lectura y escritura.

Ejemplo

Creación de una compartición para el directorio `/var/public`, que podrá mostrarse en el explorador del cliente, en solo lectura, autorizado en modo `guest` (cuenta anónima):

```
vi /etc/samba/smb.conf
[...]
[Public]
        comment = Información varia
        path = /var/public
        guest ok = yes
        browseable = yes
        writeable= no
```

Creamos el directorio compartido y posicionamos los permisos. Creamos un archivo de prueba en el directorio:

```
mkdir /var/public
chmod 755 /var/public ; echo "Hola a todo el mundo " > /var/public/info1.txt
```

Comprobamos el archivo de configuración:

```
testparm -s
[...]
[Public]
        comment = Información varia
        guest ok = Yes
        path = /var/public
```

El comando no muestra los parámetros cuyo valor es el valor por defecto.

Recargamos el archivo de configuración del servidor:

```
systemctl reload smbd
```

Abrimos el explorador de redes de un sistema Windows de la red local:

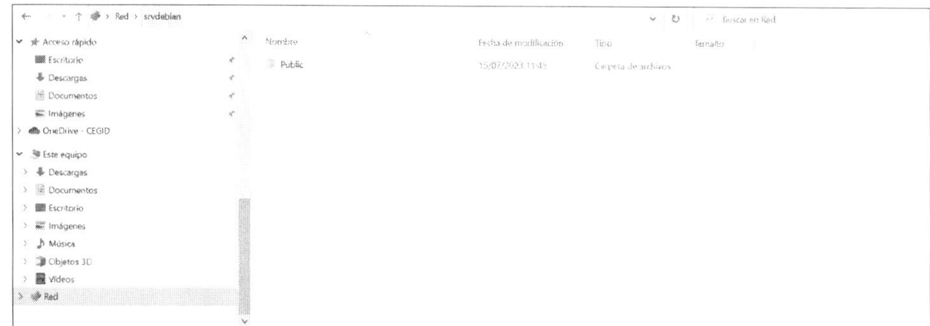

La compartición **Public** del servidor Samba **DEBIAN11** es visible y accesible en modo invitado (si la cuenta de usuario de Windows es desconocida para el servidor Samba, este considerará la cuenta como anónima `guest`).

Se puede acceder al archivo desde Windows, en modo solo lectura:

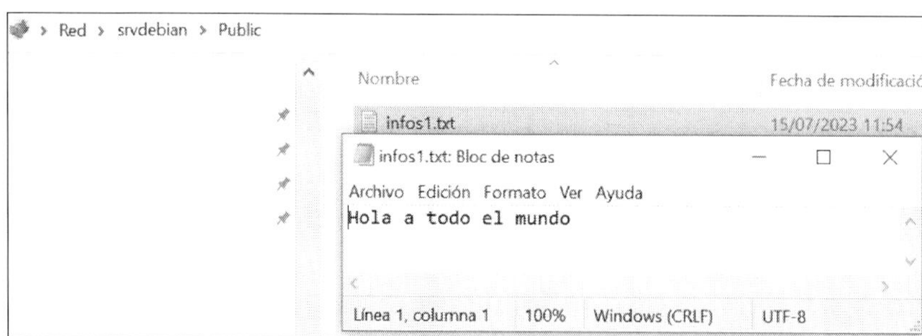

Si modificamos el archivo, no se puede guardar:

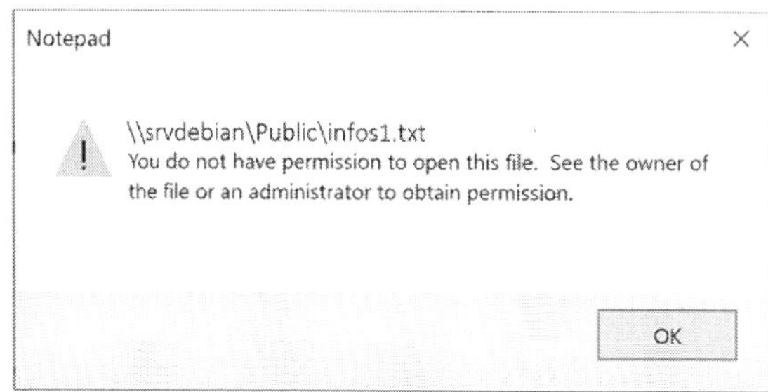

2.3 Compartición de impresoras

Por defecto, el servidor Samba comparte automáticamente todas las impresoras gestionadas por CUPS (*Common Unix Printing System*). Esta compartición está activada gracias al parámetro `load printers` de la sección `[global]`, posicionada por defecto en `yes`.

El nombre de compartición de la impresora está visible desde el cliente y este la utiliza para conectarse, siguiendo la sintaxis siguiente:

```
\\NombreServidor\NombreImpresora
```

Para gestionar la compartición de las impresoras, el servidor usa la sección `Printers`, cuyos principales parámetros son los siguientes:

`browseable`	Se podrá mostrar en el explorador del cliente (`yes` o `no`).
`comment`	Descripción de la compartición de las impresoras.
`path`	Camino de acceso al directorio de spool CUPS.
`printable`	Se podrá imprimir (`yes` o `no`).
`hosts allow`	Lista de las máquinas hosts autorizadas a conectarse.
`hosts deny`	Lista de las máquinas hosts no autorizadas a conectarse.
`guest ok`	Acceso usando la cuenta de invitado autorizado (`yes` o `no`).

2.4 Modelos de seguridad

Samba implementa diferentes modelos de gestión de seguridad para las cuentas de los usuarios, para poder autorizar o denegar el acceso a los recursos compartidos en función de la identidad del solicitante.

El tipo de gestión de las cuentas de los usuarios, el modelo de seguridad, está definido por el parámetro `security` de la sección `[global]`. Este parámetro puede tomar los valores siguientes:

- `auto` (por defecto): el servidor Samba determina el tipo de gestión de las cuentas de los usuarios a partir del parámetro `server role`. Si este parámetro no está especificado, el tipo por defecto es `user`.
- `user`: el cliente tiene que introducir un nombre de usuario y una contraseña que tienen que encontrarse en la base de cuentas de usuarios del servidor Samba. En ese caso, el servidor Samba gestiona él mismo la base de las cuentas.

- `domain`: el cliente tiene que introducir un nombre de usuario y una contraseña que tienen que encontrarse en la base de cuentas de usuarios de un dominio de tipo Windows NT4 del cual formará parte el servidor Samba. El servidor Samba puede ser servidor miembro del dominio o participar en la gestión de las cuentas de los usuarios, como controlador del dominio principal o secundario.
- `ads`: el cliente tiene que introducir un nombre de usuario y una contraseña que tienen que encontrarse en la base de cuentas de los usuarios del anuario ADS (*Active Directory Services*) del que depende el servidor Samba.

Observación

Desde la versión 4 de Samba, el servidor Samba puede tener el rol de controlador principal del dominio ADS.

Si el servidor Samba está integrado en un dominio Windows NT4 o ADS, el daemon `winbindd` permite usar en el sistema Linux las cuentas de los usuarios y grupos definidos en el dominio, con los comandos Linux estándares (`ls`, `chown`, `chgrp`, etc.). También permite usar los servidores WINS del dominio para efectuar resoluciones de nombres de hosts.

2.5 Gestión de las cuentas de usuarios Samba

Si el modelo de seguridad es `user`, el servidor Samba tiene que disponer de una base de cuentas de usuarios específica para controlar el acceso a los recursos compartidos. Estas cuentas de usuarios y su contraseña son de tipo Windows, pero deben tener una correspondencia con las cuentas de usuarios Linux declarados en el sistema.

2.5.1 Autenticación de los usuarios Samba

Para conectarse al servidor Samba, un cliente SMB/CIFS tiene que introducir una cuenta de usuario y una contraseña. La contraseña está cifrada con el algoritmo de hash MD4, usado por Windows y que es diferente del usado por Linux.

Las cuentas de usuarios de Samba están gestionadas en un archivo específico de cuentas de usuarios, que integra la contraseña cifrada. Estas cuentas de usuarios son diferentes de las cuentas de usuarios del sistema Linux. No obstante, podemos configurar el sistema para que sincronice automáticamente las dos bases de cuentas: una cuenta de usuario Samba estará enlazada con una cuenta de usuario Linux; si se modifica la contraseña Samba, la contraseña Linux se actualizará automáticamente.

2.5.2 Gestión de los usuarios y de las contraseñas Samba

El comando `smbpasswd` permite gestionar las cuentas de los usuarios Samba y su contraseña.

Sintaxis

```
smbpasswd [-a|d|e|x] nombre_cuenta
```

Donde:

- `-a` Creación de la cuenta de usuario Samba local.
- `-d` Desactivación de la cuenta de usuario Samba local.
- `-e` Reactivación de la cuenta de usuario Samba local.
- `-x` Supresión de la cuenta de usuario Samba local.

Sin argumento y ejecutado por un usuario no superusuario, el comando actualiza la contraseña Samba del usuario, pidiéndole que la teclee dos veces.

Sin opción (o con la opción `-a`), el comando solicitará que se teclee dos veces la nueva contraseña de la cuenta para actualizarla.

En modo de seguridad `user`, la cuenta de usuario y su contraseña están almacenadas en una base de cuentas (cuyo tipo depende del parámetro global `passdb backend`), por defecto `/var/lib/samba/private/passdb.tdb`. En los otros modos, la solicitud de cambio de contraseña se transmite a un controlador de dominio (que puede ser el servidor Samba local).

Ejemplo

Creación de cuentas de usuarios locales Samba:

```
smbpasswd -a pba
New SMB password: XXXX
Retype new SMB password: XXXX
Added user pba.
```

La cuenta ha sido añadida.

Intentamos crear una cuenta que no exista en el sistema local:

```
smbpasswd -a martina New SMB password: YYYY
Retype new SMB password: YYYY
Failed to add entry for user martina.
```

El comando falla. Creamos la cuenta en Linux y volvemos a ejecutar el comando de creación de cuenta Samba:

```
useradd martina
smbpasswd -a martina
New SMB password: YYYY
Retype new SMB password: YYYY
Added user martina.
```

2.5.3 Correspondencia de las cuentas de usuarios Samba

Una cuenta de usuario Samba (local o una cuenta de dominio Windows si el modelo de seguridad es `domain` o `ads`) tiene que corresponder a una cuenta de usuario Linux.

Por defecto, la cuenta de usuario Samba debe tener el mismo nombre que una cuenta de usuario Linux. Si esto no fuera posible, podemos gestionar una correspondencia entre los dos nombres.

Para ello hay que especificar el camino de acceso al archivo de mapping, usando el parámetro global `username map`.

En el archivo de mapping, cada línea hace una relación entre un nombre de cuenta de usuario Linux un nombre de cuenta Samba (local o una cuenta de dominio Windows si el modelo de seguridad es `domain` o `ads`):

```
CuentaLinux = CuentaSamba
```

2.5.4 Sincronización con las contraseñas de Linux

Se puede solicitar la sincronización de la contraseña Samba con la contraseña de Linux cuando se utiliza el comando `smbpasswd`. El comando actualiza la contraseña en las dos bases de cuentas, la de Linux y la de Samba.

Esta sincronización se activa posicionando el valor `yes` en el parámetro global `unix password sync` (su valor por defecto es `no`).

2.6 Paro/inicio del servidor Samba

El servidor Samba está compuesto por dos daemons, que se pueden gestionar con scripts `init System V` (`/etc/init.d/smbd` y `/etc/init.d/nmbd`) o a través de `systemd`.

En las distribuciones de tipo Debian, los servicios `systemd` se llaman `smbd` y `nmbd`. En las distribuciones de tipo Red Hat, se llaman `smb` y `nmb`.

Ejemplo

Inicio del servidor Samba en un sistema RHEL 8.5:

```
systemctl start smb
systemctl start nmb
ps -ef | grep smb
root 64678       1  5 11:40 ? 00:00:00 /usr/sbin/smbd --foreground --no-process-group
root 64680   64678  0 11:40 ? 00:00:00 /usr/sbin/smbd --foreground --no-process-group
root 64681   64678  0 11:40 ? 00:00:00 /usr/sbin/smbd --foreground --no-process-group
ps -ef | grep nmb
root 64685       1  0 11:40 ? 00:00:00 /usr/sbin/nmbd --foreground --no-process-group
```

2.7 El cliente Samba

El cliente Samba permite a un sistema Linux acceder a una compartición SMB/CIFS, administrada por un sistema Windows o por un servidor Samba.

Los dos comandos principales del cliente Samba son `smbclient` y `smbmount`.

2.7.1 El comando smbclient

Este comando permite conectarse a un servidor SMB/CIFS para listar o acceder a sus recursos compartidos.

Sintaxis

```
smbclient [-L] //NombreServidor[/Compartición] [ -U UsuarioSamba[%Contraseña] ]
```

Donde:

`-L`	Solicita la lista de las comparticiones del servidor especificado.
`//NombreServidor`	Nombre NetBIOS del servidor, o su dirección IP.
`/Compartición`	Nombre del recurso compartido.
`-U UsuarioSamba`	Nombre del usuario Samba (por defecto, cuenta de usuario Linux, a través de la variable `USER` o `LOGNAME`).
`%Contraseña`	Contraseña Samba.

Por defecto, el comando solicitará que se teclee la contraseña Samba. Una vez que la conexión se haya establecido, el comando muestra el prompt y permite efectuar diferentes operaciones: `cd`, `get`, `put`, etc.

Ejemplo

Conexión desde un sistema Linux en la compartición `PUBLIC` del servidor Samba `SRVDEBIAN`:

```
smbclient //SRVDEBIAN/PUBLIC -U pba
Enter WORKGROUP\pba's password: XXX
Try "help" to get a list of possible commands.
smb: \> ls
  .                                   D        0  Tue Sep 20 11:25:00 2022
  ..                                  D        0  Tue Sep 20 11:24:43 2022
  infos1.txt                          N       16  Tue Sep 20 11:25:00 2022

                36199944 blocks of size 1024. 32918100 blocks available
smb: \> get info1.txt
getting file \info1.txt of size 16 as infos1.txt (3,1 KiloBytes/sec)
(average 3,1 KiloBytes/sec)
smb: \> quit
cat infos1.txt
Hola a todo el mundo
```

2.7.2 Montaje de una compartición SMB

El comando `mount.cifs` (que reemplaza al comando `smbmount`) permite realizar el montaje de una compartición SMB en un directorio local, como se puede hacer con un sistema de archivos Linux.

Observación

El comando forma parte del paquete de software `cifs-utils`.

Sintaxis

```
mount.cifs //NombreServidor[/compartición Dir -o user=UsuarioSamba[%Contraseña]
```

Donde:

`//NombreServidor`	Nombre NetBIOS del servidor, o su dirección IP.
`/Compartición`	Nombre del recurso compartido.
`UsuarioSamba`	Nombre del usuario Samba (por defecto, cuenta del usuario Linux, a través de la variable `USER` o `LOGNAME`).
`%Contraseña`	Contraseña Samba.

Observación

También se puede usar el comando estándar `mount`, especificando el tipo de sistema de archivos `smbfs` o `cifs` con la opción `-t`.

Ejemplo

Montaje en un directorio de un sistema Linux de la compartición `PUBLIC` del servidor Samba `SRVDEBIAN`:

```
mount.cifs //SRVDEBIAN/PUBLIC /mnt -o user=pba
Password for pba@//SRVDEBIAN/PUBLIC:  ***
ls -l /mnt
total 4
-rwxr-xr-x 1 root root 16 20 septiembre 11:25 infos1.txt
cat /mnt/infos1.txt
Hola a todo el mundo
```

Desde otro sistema Linux, con el comando `mount`:

```
mount -t cifs //SRVDEBIAN/PUBLIC /mnt -o user=pba
Password for pba@//SRVDEBIAN/PUBLIC:  ***
ls -l /mnt
total 4
-rwxr-xr-x 1 root root 16 20 septiembre 11:25 infos1.txt
cat /mnt/infos1.txt
Hola a todo el mundo
```

2.8 Monitorización del servidor Samba

Existen distintas herramientas que permiten interactuar con los daemons du servidor Samba, para poder monitorizar su estado y su actividad.

El comando `smbstatus` permite mostrar las conexiones activas en el servidor Samba.

El comando `smbcontrol` permite interactuar con el servidor Samba, enviándoles diferentes tipos de solicitudes: `shutdown`, `reload-config`, `reload-printers`, `close-share`, `kill-client-ip`...

El comando `nmblookup` permite solicitar resoluciones de nombres NetBIOS en la red.

El comando `samba-tool` permite interactuar dinámicamente con el servidor Samba, para gestionar diferentes tipos de objetos del dominio (ordenadores, usuarios, grupos...).

El comando `net` es la implementación en Linux de un comando Windows que permite interactuar dinámicamente con un servidor SMB/CIFS, local o remoto.

Ejemplo

Estado del servidor Samba SRVDEBIAN con un cliente conectado:

```
smbstatus

Samba version 4.13.13-Debian
PID     Username     Group        Machine                                    Protocol
Version  Encryption            Signing
----------------------------------------------------------------------------------
---------------------------------------------------
47739   nobody       nogroup      2a01:e0a:32c:9940:9c86:cd74:583a:2cb6 (ipv6:2a01:
e0a:32c:9940:9c86:cd74:583a:2cb6:63235) SMB3_11             -                -
47826   pba          pba          192.168.1.202 (ipv4:192.168.1.202:35302)  SMB3_11
        -                      partial(AES-128-CMAC)

Service      pid     Machine        Connected at                 Encryption   Signing
---------------------------------------------------------------------------------------
Public       47739   2a01:e0a:32c:9940:9c86:cd74:583a:2cb6 mar. septiembre 20 11:31:
46 2022 CEST -            -
IPC$         47826   192.168.1.202 mar. septiembre 20 11:47:17 2022 CEST -            -
Public       47826   192.168.1.202 mar. septiembre 20 11:47:17 2022 CEST -            -

Locked files:
Pid          User(ID)   DenyMode   Access      R/W        Oplock SharePath   Name   Time
---------------------------------------------------------------------------------------
47739        65534      DENY_NONE  0x100081    RDONLY     NONE   /var/
public   .   Tue Sep 20 11:31:53 2022
47739        65534      DENY_NONE  0x100081    RDONLY     NONE   /var/
public   .   Tue Sep 20 11:31:45 2022
47739        65534      DENY_NONE  0x100081    RDONLY     NONE   /var/
public   .   Tue Sep 20 11:31:45 2022
```

Resolución de un nombre NetBIOS en la red:

```
nmblookup srvrh
192.168.1.202 srvrh<00>
```

Lista de las comparticiones de un servidor Samba remoto:

```
net rpc share list srvrh -U pba
Enter WORKGROUP\pba's password:
print$
Public
IPC$
pba
```

3. Configuración de un servidor NFS

NFS (*Network File System*) es un protocolo cliente-servidor de compartición de archivos y directorios, creado por Sun Microsystems en 1984, y que se convirtió en el estándar de facto de los entornos Unix. Fue definido por una serie de RFC, adaptado a Linux y a Windows.

Observación

La versión mayor, la más reciente del protocolo, es la versión 4 (RFC 7530), pero la versión 3 (RFC 1813) sigue siendo muy usada.

NFS que es un protocolo de nivel aplicación. Se basa en un protocolo de nivel de sesión, los RPC (*Remote Procedure Call*, llamada de procedimiento remoto), creado también inicialmente por Sun Microsystems.

3.1 NFS versión 4

La version 4 del protocolo NFS es el resultado de una reestructuración completa. Al contrario que para las versiones anteriores que funcionaban en modo sin estado (*stateless*) y utilizaban UDP o TCP, esta versión implementa un servidor con estado, y solamente usa TCP.

El protocolo ya no se basa en los RPC, lo que le permite evitar las restricciones relativas al daemon `rpcbind/portmapper` (uso posible en Internet y a través de firewalls).

Es mucho más seguro (identificación a través de Kerberos, comunicaciones cifradas, etc.).

3.2 El servicio rpcbind/portmapper

Este servicio tiene como función gestionar las solicitudes RPC, enviadas por los clientes hacia los diferentes servidores que se basan en este protocolo de nivel de sesión para comunicar con sus clientes.

3.2.1 Principio de funcionamiento

El daemon (`rpcbind` o `portmapper`, dependiendo de las versiones) se inicia y se pone en escucha en el puerto bien conocido de los RPC, el puerto 111 en UDP y en TCP.

Cada servidor que quiera utilizar los RPC se registra en el daemon `rpcbind/portmapper` (que tiene que haber sido iniciado anteriormente), indicándole su identificador de protocolo aplicativo RPC y su versión, así como el número de puerto dinámico en el que se pone en espera.

Cuando el daemon recibe una solicitud de un cliente RPC en el puerto 111 (UDP o TCP), especificando el protocolo de aplicación y la versión del servidor solicitada, el daemon le devuelve el número de puerto del servidor asociado, para que puedan comunicar directamente juntos.

3.2.2 Protección del servicio

Como el daemon `rpcbind/portmapper` es un punto de paso obligado para todos los clientes que utilizan los RPC, podemos asignarles reglas de control de acceso gracias a la biblioteca `tcp_wrappers` y a sus archivos `/etc/hosts.allow` y/o `/etc/hosts.deny`.

El servicio que se tiene que configurar en esos archivos tiene como identificador `portmapper` (como está declarado en el archivo `/etc/services`).

Observación

La sintaxis de declaración de las reglas están detalladas en la sección Depuración de la red en el capítulo Configuración de red.

3.3 Paro/inicio del servidor NFS

El inicio del servidor NFS es generalmente automático, gestionado por un script `init system V` o por `systemd`.

El servidor NFS está constituido por distintos daemons y depende de la activación anterior del daemon que administra la capa RPC, `rpcbind` (o `portmapper`).

Por lo tanto, se necesitan al menos tres daemons activos para que el servidor NFS esté operativo:

- `rpcbind` (o `portmapper`): este daemon gestiona las solicitudes RPC.
- `nfsd`: este daemon gestiona las solicitudes de los clientes NFS.
- `mountd`: este daemon gestiona las solicitudes de montaje de los clientes NFS.

El servidor NFS está generalmente instalado por defecto en la mayoría de las distribuciones, y lo proporciona el paquete de software `nfs-utils` (Red Hat) o `nfs-kernel-server` (Debian).

Puede haber otros daemons necesarios para el servidor NFS, en función de la versión instalada.

Ejemplo

Servidor NFS en una distribución RHEL 8.5.

Comprobamos que el paquete esté instalado:

```
yum list nfs*
Paquetes instalados
nfs-utils.x86_64                               1:2.3.3-46.el8
@rhel-8-for-x86_64-baseos-rpms
Paquetes disponibles
nfs-utils.x86_64                               1:2.3.3-51.el8
rhel-8-for-x86_64-baseos-rpms
nfs4-acl-tools.x86_64                          0.3.5-3.el8
rhel-8-for-x86_64-baseos-rpms
```

Comprobamos el estado del servicio RPC, `rpcbind`:

```
systemctl status rpcbind
● rpcbind.service - RPC Bind
  Loaded: loaded (/usr/lib/systemd/system/rpcbind.service; enabled;
vendor preset: enabled)
   Active: active (running) since Fri 2022-09-16 17:38:58 CEST; 3 days ago
     Docs: man:rpcbind(8)
 Main PID: 847 (rpcbind)
    Tasks: 1 (limit: 23080)
   Memory: 1.6M
   CGroup: /system.slice/rpcbind.service
           └ 847 /usr/bin/rpcbind -w -f
```

El servicio `rpcbind` está activo.

Comprobamos el servidor NFS y lo activamos si fuera necesario:

```
systemctl status nfs-server
● nfs-server.service - NFS server and services
  Loaded: loaded (/usr/lib/systemd/system/nfs-server.service; disabled;
vendor preset: disabled)
  Active: inactive (dead)
systemctl enable nfs-server
Created symlink /etc/systemd/system/multi-user.target.wants/
nfs-server.service /usr/lib/systemd/system/nfs-server.service.
systemctl start nfs-server
```

Observamos los diferentes procesos que corresponden a los dos servicios:

```
ps -ef | grep rpc
rpc          847      1  0 septiembre16 ?      00:00:00 /usr/bin/rpcbind -w -f
root         850      2  0 septiembre16 ?      00:00:00 [rpciod]
rpcuser    66317      1  0 13:30 ?        00:00:00 /usr/sbin/rpc.statd
root       66318      1  0 13:30 ?        00:00:00 /usr/sbin/rpc.idmapd
root       66328      1  0 13:30 ?        00:00:00 /usr/sbin/rpc.mountd
ps -ef | grep nfs
root       66327      1  0 13:30 ?        00:00:00 /usr/sbin/nfsdcld
root       66335      2  0 13:30 ?        00:00:00 [nfsd]
```

```
root        66336       2  0 13:30 ?        00:00:00 [nfsd]
root        66337       2  0 13:30 ?        00:00:00 [nfsd]
root        66338       2  0 13:30 ?        00:00:00 [nfsd]
root        66339       2  0 13:30 ?        00:00:00 [nfsd]
root        66340       2  0 13:30 ?        00:00:00 [nfsd]
root        66341       2  0 13:30 ?        00:00:00 [nfsd]
root        66342       2  0 13:30 ?        00:00:00 [nfsd]
```

El servidor NFS está activo.

Servidor NFS en una distribución Debian 11.

Instalamos el paquete:

```
apt-get install nfs-kernel-server
[...]
```

Buscamos los scripts de inicio `init system V`:

```
ls /etc/init.d/*nfs* /etc/init.d/*rpc*
/etc/init.d/nfs-common  /etc/init.d/nfs-kernel-server
/etc/init.d/rpcbind
```

Comprobamos el estado del RPC, rpcbind:

```
systemctl status rpcbind
● rpcbind.service - RPC bind portmap service
  Loaded: loaded (/lib/systemd/system/rpcbind.service; enabled;
vendor preset: enabled)
     Active: active (running) since Fri 2022-09-16 17:39:28 CEST; 3 days ago
TriggeredBy: ● rpcbind.socket
       Docs: man:rpcbind(8)
   Main PID: 581 (rpcbind)
      Tasks: 1 (limit: 4503)
     Memory: 940.0K
        CPU: 392ms
     CGroup: /system.slice/rpcbind.service
             └─581 /sbin/rpcbind -f -w

septiembre 16 17:39:28 srvdebian systemd[1]: Starting RPC bind portmap service...
septiembre 16 17:39:28 srvdebian systemd[1]: Started RPC bind portmap service.
```

El servicio `rpcbind` está activo.

Comprobamos el servidor NFS y lo activamos si fuera necesario:

```
systemctl status nfs-server
● nfs-server.service - NFS server and services
  Loaded: loaded (/lib/systemd/system/nfs-server.service; enabled;
vendor preset: enabled)
     Active: active (exited) since Tue 2022-09-20 13:32:39 CEST; 1min 37s ago
    Process: 48525 ExecStartPre=/usr/sbin/exportfs -r
(code=exited, status=0/SUCCESS)
    Process: 48526 ExecStart=/usr/sbin/rpc.nfsd $RPCNFSDARGS
(code=exited, status=0/SUCCESS)
   Main PID: 48526 (code=exited, status=0/SUCCESS)
        CPU: 15ms

septiembre 20 13:32:37 srvdebian.midns.es systemd[1]: Starting NFS server and services...
septiembre 20 13:32:39 srvdebian.midns.es systemd[1]: Finished NFS server and services.
```

Observamos los diferentes procesos que corresponden a los dos servicios:

```
ps -ef | grep rpc
root        322      2  0 septiembre16 ?      00:00:00 [rpciod]
_rpc        581      1  0 septiembre16 ?      00:00:00 /sbin/rpcbind -f -w
root      48523      1  0 13:32 ?         00:00:00 /usr/sbin/rpc.idmapd
root      48524      1  0 13:32 ?         00:00:00 /usr/sbin/rpc.mountd --manage-gids
ps -ef | grep nfs
root      48531      2  0 13:32 ?         00:00:00 [nfsd]
root      48532      2  0 13:32 ?         00:00:00 [nfsd]
root      48533      2  0 13:32 ?         00:00:00 [nfsd]
root      48534      2  0 13:32 ?         00:00:00 [nfsd]
root      48535      2  0 13:32 ?         00:00:00 [nfsd]
root      48536      2  0 13:32 ?         00:00:00 [nfsd]
root      48537      2  0 13:32 ?         00:00:00 [nfsd]
root      48538      2  0 13:32 ?         00:00:00 [nfsd]
```

El servidor NFS está activo.

3.4 Configuración de directorios compartidos

NFS permite a un servidor definir directorios compartidos, accesibles a través de la red a clientes NFS.

El servidor define un primer nivel de control de acceso, autorizando o no a los hosts a acceder a los recursos compartidos y compartiendo un directorio en lectura y escritura o en solo lectura.

Un segundo nivel de control de acceso se ejerce gracias a los permisos de acceso clásicos en los archivos y directorios, según la cuenta de usuario y el grupo asociado al archivo o al directorio.

Por defecto, el servidor NFS considera que los identificadores de los usuarios (UID, *User Identifier*) y los grupos (GID, *Group Identifier*) del sistema cliente son iguales a los del sistema local (exceptuando el superusuario, UID 0).

3.4.1 El archivo de declaración de las comparticiones: /etc/exports

El archivo `/etc/exports` es un archivo de texto en el que están definidos los directorios que se van a compartir, con sus parámetros de compartición. Estas comparticiones se activan están automáticamente al inicio del servidor NFS.

Una compartición está definida en una línea, según el formato siguiente:

```
CaminoDir [ IdentCliente1[(Opciones)] ...  IdentClienteN[(Opciones)]]
```

Donde:

`CaminoDir`	Camino de acceso al directorio que se va a compartir.
`IdentCliente`	Nombre de host, del dominio, dirección IP o red del o de los clientes NFS. Por defecto: todos los clientes.
`Opciones`	Opciones de compartición para el o los clientes especificados.

Observación

Cuidado, no hay que poner un espacio entre el o los identificadores de los clientes y las opciones de compartición entre paréntesis.

Los clientes pueden estar definidos por su nombre de host, su dirección IP o por su nombre de dominio. Se pueden usar los identificadores de red/subred o caracteres joker en los nombres DNS para especificar un conjunto de clientes.

Si ningún identificador de cliente ha sido especificado, la compartición estará accesible a todos los clientes NFS.

Si uno o distintos identificadores son idénticos, los hosts que no correspondan a estos identificadores no pueden acceder a la compartición.

Las opciones de compartición son múltiples. Por defecto, sin opción, un directorio se comparte en solo lectura. Las opciones pueden estar combinadas, separándolas con una coma.

Las principales opciones son las siguientes:

`ro`	Acceso en solo lectura (por defecto).
`rw`	Acceso en lectura y escritura.
`sync`	Acceso en escritura síncrona. Los datos se escriben inmediatamente.
`async`	Acceso en escritura asíncrona (por defecto).
`root_squash`	La cuenta de superusuario (UID 0) en el cliente se reemplaza en el servidor por una cuenta de usuario no super usuario (por defecto).
`no_root_squash`	La cuenta de superusuario (UID 0) en el cliente será también la cuenta de superusuario en el servidor.

El archivo se lee cada vez que se inicia el servidor NFS.

Si modificamos el archivo, podemos reiniciar el servidor NFS o pedirle que vuelva a cargar el archivo de configuración (usando `systemctl reload`) para que tome en cuenta las modificaciones. También se puede ejecutar el comando `exportfs` con la opción `-a`.

Ejemplo

Definición de una compartición en lectura para el cliente `192.168.1.196`:

```
vi /etc/exports
# Compartición accesible en lectura para 192.168.1.196.
/var/nfs/public 192.168.1.196(ro,no_subtree_check)
```

Creamos el directorio local.

```
mkdir -p /var/nfs/public
```

Posicionamos los permisos de acceso.

```
chgrp users /var/nfs/public
chmod 775 /var/nfs/public
```

Creamos un archivo en el directorio compartido:

```
echo "Bienvenido al directorio compartido" >/var/nfs/public/info.txt
ls -l /var/nfs/public
total 4
-rw-r--r-- 1 root root 39 20 septiembre 13:43 infos.txt
```

3.4.2 Compartición dinámica de un directorio

El comando `exportfs` permite compartir dinámicamente un directorio. El directorio estará compartido hasta que solicitemos explícitamente terminar la compartición, o hasta que el sistema se pare.

Sintaxis

```
exportfs -o Opciones IdentCliente:/CaminoDir
```

Donde:

`CaminoDir`	Camino de acceso del directorio que se compartirá.
`IdentClient`	Nombre de host, de dominio, dirección IP o red del o de los clientes NFS. Por defecto: todos los clientes.
`Opciones`	Opciones de compartición para el o los clientes especificados.

Ejemplo

Definición de una compartición en lectura y escritura en el servidor `srvdebian` para el cliente `192.168.1.196`:

Creamos el directorio local:

```
mkdir -p /var/nfs/input
```

Posicionamos los permisos de acceso:

```
chgrp users /var/nfs/input
chmod 777 /var/nfs/input
```

Compartimos el directorio:

```
exportfs -o rw 192.168.1.196:/var/nfs/input
```

3.5 Gestión de las cuentas de usuarios clientes

Cuando un cliente NFS se conecta a un servidor NFS, no se efectúa ninguna solicitud de identificación del usuario. El acceso a la compartición es autorizado o denegado en función de la configuración de la compartición con respecto al host que hace la solicitud (dirección IP o nombre de host).

3.5.1 Derechos de acceso del usuario cliente

NFS considera que los identificadores de las cuentas de usuarios son coherentes entre el servidor y los clientes, es decir, que los identificadores de las cuentas de usuarios (UID) y de los grupos (GID) son los mismos en el sistema del servidor y en el sistema del cliente.

Cuando un cliente se conecta a una compartición NFS, muestra su identificador (UID) al servidor, el cual utiliza el identificador correspondiente en su sistema local (y los grupos a los que pertenece) para determinar sus derechos de acceso sobre los archivos y directorios del servidor.

Observación

Esta obligación de coherencia de los identificadores es una limitación importante de NFS. Sin embargo, es posible gestionar los identificadores de los usuarios y grupos de manera global en el seno de una organización con un servicio de anuario (NIS o LDAP), lo que permite resolver esta dificultad.

Si una compartición NFS está configurada con la opción de solo lectura, esta se impondrá a todos los usuarios de la compartición, independientemente de los derechos que tengan sobre el contenido de la compartición.

3.5.2 El caso particular del superusuario

Para evitar que el superusuario (UID 0) de un cliente NFS sea considerado como un superusuario del servidor, la opción de compartición `root_squash` está activada por defecto: cuando el servidor recibe una solicitud de conexión de una cuenta con el UID 0, le atribuye automáticamente el UID de una cuenta de usuario anónimo (en general el UID 65534). Esta cuenta de usuario (que puede ser, según las distribuciones y las versiones, `nfsnobody`, `nobody`...) estará sometida a un control de acceso normal (no superusuario) para los archivos y directorios de la compartición.

Si deseamos desactivar este mecanismo en una compartición, se puede usar la opción `no_root_squash`.

3.6 Monitorización del servidor NFS

Existen diferentes comandos que permiten seguir la actividad del servidor NFS y de la capa RPC subyacente.

3.6.1 Gestión de comparticiones: exportfs

El comando `exportfs` permite gestionar dinámicamente los directorios compartidos.

Sintaxis

```
exportfs [ Opciones ]
```

Opciones principales:

`-v`	Visualización detallada.
`-s`	Muestra las comparticiones definidas en `/etc/exports`.
`-a`	Activa todas las competiciones declaradas en `/etc/exports`.
`-u Cli:Dir ...`	Desactiva la o las comparticiones.
`-ua`	Desactiva todas las competiciones declaradas en `/etc/exports`.

Sin argumento (o solo con la opción `-v`), muestra la lista de los directorios compartidos y su uso por los clientes NFS.

Ejemplo

Activación de las comparticiones añadidas en el archivo */etc/exports*:

```
exportfs -a
```

Lista de todas las competiciones activas del servidor NFS local (con detalle). La opción `-v` muestra las opciones de compartición, explícitas o por defecto:

```
exportfs -v
/var/nfs/input      192.168.1.196 (rw,wdelay,root_squash,no_subtree_check,
sec=sys,rw,secure,root_squash,no_all_squash)
/var/nfs/public
                    192.168.1.196(ro,wdelay,root_squash,no_subtree_check,
sec=sys,ro,secure,root_squash,no_all_squash))
```

3.6.2 showmount

El comando `showmount` muestra la información sobre los clientes que han montado directorios compartidos de un servidor NFS.

Sintaxis

```
showmount [Opciones] [IdServidor]
```

Por defecto, el comando muestra las conexiones a las comparticiones del servidor local. La opción `-v` devuelve una visualización detallada.

Ejemplo

Visualización de las comparticiones locales montadas por los clientes NFS. La opción `-a` muestra el cliente y la compartición para cada conexión en tiempo real:

```
showmount -a
All mount points on srvdebian.midns.es:
192.168.1.196:/var/nfs/input
192.168.1.196:/var/nfs/public
```

3.6.3 nfsstat

El comando `nfsstat` muestra las estadísticas de uso del servidor y/o del cliente NFS. Presenta múltiples opciones.

Ejemplo

Por defecto, el comando muestra la actividad del servidor según las diferentes versiones de NFS:

```
nfsstat
Server rpc stats:
calls      badcalls   badfmt     badauth    badclnt
32         0          0          0          0

Server nfs v3:
null             getattr          setattr          lookup           access
4         14%    8         29%    0          0%    2          7%    3         11%
readlink         read             write            create           mkdir
0          0%    0          0%    0          0%    2          7%    0          0%
symlink          mknod            remove           rmdir            rename
0          0%    0          0%    0          0%    0          0%    0          0%
link             readdir          readdirplus      fsstat           fsinfo
0          0%    0          0%    2          7%    0          0%    4         14%
pathconf         commit
2          7%    0          0%
```

El servidor funciona en modo NFS versión 3 únicamente.

3.6.4 rpcinfo

El comando `rpcinfo` permite efectuar una solicitud RPC en un servidor y mostrar los servicios de red registrados en el daemon `rpcbind` (o `portmapper`).

Sintaxis

```
rpcinfo [Opciones] [IdServidor]
```

Por defecto, el comando muestra la información RPC para el servidor local.

La opción -s nos da un resultado más condensado.

Ejemplo

```
rpcinfo -s
  program version(s) netid(s)                         service     owner
   100000  2,3,4     local,udp,tcp,udp6,tcp6          portmapper  superuser
   100024  1         tcp6,udp6,tcp,udp                status      29
   100005  3,2,1     tcp6,udp6,tcp,udp                mountd      superuser
   100003  4,3       tcp6,tcp                         nfs         superuser
   100227  3         tcp6,tcp                         nfs_acl     superuser
   100021  4,3,1     tcp6,udp6,tcp,udp                nlockmgr    superuser
```

Los servicios NFS que usan los RPC están activos.

3.7 Implementación del cliente NFS

Un cliente NFS Linux puede acceder a un directorio compartido por un servidor NFS, montándolo en la arborescencia global de su sistema de archivos, como lo haría con un sistema de archivos local.

El paquete de software cliente NFS es nfs-common.

3.7.1 Montaje de un directorio compartido NFS

Para montar el directorio compartido remoto, se usa el comando estándar de montaje, mount.

Sintaxis

```
mount -t nfs [ -o Opciones ] IdServidor:/CaminoDir PuntoMontaje
```

Donde:

-t nfs	Tipo de sistema de archivos.
-o Opciones	Opciones de montaje (intr, ro, noexec, nosuid...).
IdServidor:/CaminoDir	Dirección o nombre del servidor y de la compartición que se va a montar.
PuntoMontaje	Directorio de montaje.

Sin la opción -t nfs, el comando determina automáticamente el tipo de sistema de archivos que se tendrá que montar.

Las opciones de montaje son comunes a los otros tipos de sistemas de archivos, así como ciertas especificas del tipo NFS.

La opción `intr` (*interrupt*) interrumpe las solicitudes de acceso en el cliente si el servidor no responde transcurrido de un cierto periodo de tiempo, evitando que las aplicaciones queden en una espera indefinida.

Observación

La opcion `vers=3` fuerza el uso de la versión 3 de NFS, en lugar de la versión por defecto (versión cuatro en las distribuciones recientes).

Una vez montado, el directorio compartido remoto se usa como un directorio local.

Podemos declarar el montaje en el archivo `/etc/fstab`.

Podemos comprobar el montaje, con el comando `mount` sin argumento, o consultando el contenido del archivo `/proc/mounts` del sistema de archivos virtual `procfs`.

Ejemplo

Uso de las comparticiones creadas en los ejemplos precedentes en la máquina `srvdebian`.

Cuidado, la cuenta de usuario de prueba debe tener el mismo UID en el cliente y en el servidor, y formar parte del grupo `users` en el servidor.

Creamos los dos directorios de montaje en el cliente:

```
mkdir -p /var/srvdebian/info
mkdir /var/srvdebian/envio
```

Montamos las comparticiones del servidor `srvdebian` (en NFS versión 3):

```
mount -t nfs -o vers=3 srvdebian:/var/nfs/public /var/srvdebian/info
mount -t nfs -o vers=3 srvdebian:/var/nfs/input /var/srvdebian/envio
```

Comprobamos el montaje usando el comando `mount`, y después a través de `/proc/mounts`:

```
mount | grep '/var/nfs'
srvdebian:/var/nfs/public on /var/srvdebian/info type nfs
(rw,relatime,vers=3,rsize=524288,wsize=524288,namlen=255,hard,proto=
tcp,timeo=600,retrans=2,sec=sys,mountaddr=192.168.1.201,
mountvers=3,mountport=57256,mountproto=udp,local_lock=none,
addr=192.168.1.201)
srvdebian:/var/nfs/input on /var/srvdebian/envio type nfs (rw,relatime,
vers=3,rsize=524288,wsize=524288,namlen=255,
hard,proto=tcp,timeo=600,retrans=2,sec=sys,mountaddr=192.168.1.201,
mountvers=3,mountport=57256,mountproto=udp,local_lock=none,
addr=192.168.1.201)
grep '/var/nfs' /proc/mounts
srvdebian:/var/nfs/public /var/srvdebian/infos nfs rw,relatime,vers=3,
rsize=524288,wsize=524288,namlen=255,hard,proto=tcp,timeo=600,retrans=2,
sec=sys,mountaddr=192.168.1.201,mountvers=3,mountport=57256,mountproto=udp,
local_lock=none,addr=192.168.1.201 0 0
```

```
srvdebian:/var/nfs/input /var/srvdebian/envio nfs rw,relatime,
vers=3,rsize=524288,wsize=524288,namlen=255,hard,
proto=tcp,timeo=600,retrans=2,sec=sys,mountaddr=192.168.1.201,mountvers=3,
mountport=57256,mountproto=udp,local_lock=none,addr=192.168.1.201 0 0
```

Abrimos una sesión con la cuenta de usuario `pba` (ID `1000` en el cliente y en el servidor):

```
su - pba
id
uid=1000(pba) gid=1000(pba) grupos=1000(pba),100(users)
```

Usamos la compartición en solo lectura, montada en `/var/srvdebian/infos`:

```
ls -l /var/srvdebian/infos
total 4
-rw-r--r-- 1 root root 39 septiembre 20 14:00 infos.txt
cat /var/srvdebian/infos/infos.txt
Bienvenido al directorio compartido
echo "Prueba desde ubuntu" > /var/srvdebian/infos/pba-ubuntu.txt
-bash: /var/srvdebian/infos/pba-ubuntu.txt: Sistema de archivos
accesible en solo lectura
```

No podemos escribir en el directorio compartido.

Usamos la compartición en lectura y escritura, montada en `/var/srvdebian/envio`:

```
echo " Prueba desde ubuntu" > /var/srvdebian/envio/pba-ubuntu.txt
```

El usuario `pba` puede escribir en el directorio compartido.

Comprobamos en el servidor, en el directorio compartido `/var/nfs/input`:

```
ls -l /var/nfs/input/
total 4
-rw-rw-r-- 1 pba pba 20 20 septiembre 14:18 pba-ubuntu.txt
cat /var/nfs/input/pba-ubuntu.txt
Prueba desde ubuntu
```

Intentamos usar una compartición del servidor `srvdebian`, desde una máquina no autorizada:

```
mount -t nfs -o vers=3 srvdebian:/var/nfs/public /mnt
mount.nfs: access denied by server while mounting srvdebian:/var/nfs/public
```

Acceso denegado.

3.7.2 Visualización de las comparticiones de los servidores

La opción -e del comando showmount permite mostrar la información de un servidor NFS remoto.

Sintaxis

```
showmount -e IdServidor
```

Donde IdServidor representa la dirección IP o el nombre del servidor del que queremos obtener la lista de comparticiones.

Ejemplo

Visualización de las comparticiones del servidor srvdebian desde una máquina remota:

```
showmount -e srvdebian
Export list for srvdebian:
/var/nfs/input  192.168.1.196
/var/nfs/public 192.168.1.196
```

Capítulo 11
Gestión de los clientes de red

1. Gestión de los clientes de red

Este capítulo trata de la configuración de un servidor DCHP, de la autenticación usando los módulos PAM así como de Linux como cliente y servidor LDAP.

1.1 Configuración DHCP

El objetivo de esta sección es de enseñarle a:

- configurar un servidor DHCP;
- configurar las opciones por defecto y para cada cliente, las direcciones estáticas y los puestos clientes BOOTP;
- configurar los agentes de retransmisión DHCP y asegurar el mantenimiento de los servidores DHCP;

1.1.1 Competencias principales

- Archivos, términos y herramientas de configuración de DHCP.
- Configuración de rangos de direcciones por subred y dinámicos.
- Conocimientos básicos de DHCPv6 y de las señales IPv6 de los routers.

1.1.2 Elementos empleados

- `dhcpd.conf`
- `dhcpd.leases`
- Registros DHCP en `syslog` o en el registro `systemd`
- `arp`
- `dhcpd`
- `radvd`
- `radvd.conf`

1.2 Autenticación usando PAM

El objetivo de esta sección es de enseñarle a:

- configurar PAM para la autenticación a partir de diferentes métodos. Funcionalidades básicas de SSSD.

1.2.1 Competencias principales

- Archivos, términos y herramientas de configuración de PAM.
- Contraseñas `passwd` y `shadow`.
- Uso de `sssd` para la autenticación LDAP.

1.2.2 Elementos empleados

- `/etc/pam.d/`
- `pam.conf`
- `nsswitch.conf`
- `pam_unix`, `pam_cracklib`, `pam_limits`, `pam_listfile`, `pam_sss`
- `sssd.conf`

1.3 Uso de un cliente LDAP

El objetivo de esta sección es de enseñarle a:
- interrogar un servidor LDAP y actualizar sus datos;
- importar y añadir elementos, incorporación y gestión de usuarios.

1.3.1 Competencias principales

- Herramientas LDAP para la gestión de los datos y el envío de solicitudes.
- Modificación de las contraseñas de los usuarios.
- Solicitudes en el directorio LDAP.

1.3.2 Elementos empleados

- `ldapsearch`
- `ldappasswd`
- `ldapadd`
- `ldapdelete`

1.4 Configuración de un servidor OpenLDAP

El objetivo de esta sección es de enseñarle a:
- configuración simple de un servidor OpenLDAP;
- conocimiento del formato LDIF y de las bases del control de acceso.

1.4.1 Competencias principales

- OpenLDAP.
- Configuración del directorio.
- Control de acceso.
- DN (*Distinguished Names*).
- Operaciones `changetype`.
- Esquemas y páginas blancas.
- Directorios.
- Identificadores objeto (*Object ID*), atributos y clases.

1.4.2 Elementos empleados

- `slapd`
- `slapd-config`
- LDIF
- `slapadd`
- `slapcat`
- `slapindex`
- `/var/lib/ldap/`
- `loglevel`

2. Configuración DHCP

DHCP (*Dynamic Host Configuration Protocol*) es un protocolo cliente-servidor concebido para facilitar la gestión de grandes parques de puestos de trabajo y de equipos que utilicen direcciones IP. Permite asignar automáticamente una dirección IP y los parámetros asociados a los hosts de una red IP.

2.1 El protocolo DHCP

El protocolo DHCP, definido primero en la RFC 1531, es un derivado de un protocolo más antiguo, BOOTP. Funciona esencialmente a través de mensajes UDP en difusión (broadcast), del puerto cliente 68 hacia el puerto servidor 67, opcionalmente reenviados por agentes de retransmisión DHCP (rol generalmente asumido por routers).

Los cuatro paquetes IP que realizan la atribución al cliente DHCP de una concesión de dirección mediante un servidor DHCP se detallan a continuación.

2.1.1 Búsqueda de un servidor DHCP: DHCPDISCOVER

El cliente DHCP emite una solicitud en su red, en modo difusión, para buscar un servidor DHCP. La solicitud, llamada `DHCPDISCOVER`, contiene la dirección MAC del cliente emisor, así como la última dirección IP que le fue atribuida, en el caso de que hubiera alguna (incluso si la concesión de la dirección ha expirado).

2.1.2 Oferta de concesión hecha por el servidor: DHCPOFFER

Cada servidor DHCP presente en la red trata la solicitud del cliente. Consulta su base de direcciones IP. Si hubiera alguna dirección disponible para la red en la que ha recibido la solicitud, la reservará para proponérsela al cliente, dando preferencia a la dirección actual del cliente, si tuviera alguna y en el caso de que formará parte de la base de direcciones del servidor y además estuviera disponible. Propondrá la dirección en la respuesta al cliente, un paquete en modo unicast que contiene un mensaje `DHCPOFFER`.

Si el servidor no dispone de una dirección IP que dar al cliente, no responderá a esta solicitud.

2.1.3 Aceptación de la oferta: DHCPREQUEST

El cliente DHCP recibe la oferta de uno o varios servidores DHCP. Si alguna proposición contuviera la última dirección IP que tuvo, la seleccionaría preferentemente.

Una vez que una respuesta haya sido seleccionada por el cliente, este último envíará un paquete en modo difusión, que contendrá una solicitud de atribución de concesión para la dirección propuesta, mensaje `DHCPREQUEST`.

Como el mensaje se envía en modo difusión, cada servidor DHCP de la red lo recibirá. Los que habían propuesto una dirección que no ha sido retenida por el cliente podrán anular la oferta de ofrecimiento y liberar dicha dirección. El mensaje contiene también la dirección del servidor DHCP que ha hecho la proposición, para que este pueda determinar que su solicitud ha sido aceptada.

Este mismo mensaje permite, más tarde al cliente, solicitar la renovación de su concesión. Si el servidor no puede renovarla, responderá con un mensaje `DHCPNACK`, lo que obligará al cliente a volver a lanzar el procedimiento.

2.1.4 Acuse de recibo del servidor: DHCPACK

El servidor DHCP, cuya oferta ha sido aceptada por el cliente, valida la atribución de la dirección con un mensaje de acuse de recibo, `DHCPACK`, con la información asociada a esta dirección (duración de la concesión y parámetros complementarios). La concesión empieza cuando se emite este mensaje.

El mensaje también se hace en modo difusión, porque la dirección IP del cliente todavía no ha sido validada.

2.1.5 Duración de la concesión

La mayoría de las veces, el servidor atribuye al cliente una configuración IP temporal, bajo la forma de una concesión. La duración de la concesión está configurada por defecto o con un rango de direcciones IP.

Cuando un cliente de DHCP se inicia, intenta contactar con su servidor DHCP para solicitar la renovación de su concesión (mensaje `DHCPREQUEST`). Si el servidor acepta la renovación, responde con un mensaje `DHCPACK`, y la concesión empieza de nuevo desde cero.

Si ningún servidor responde, el cliente conserva su concesión si todavía es válida. Cuando la concesión alcanza diferentes niveles de validez, el cliente intenta renovarla dinámicamente.

Si un servidor rechaza la renovación de la concesión, emite un mensaje `DHCPNACK`, lo que obliga al cliente a abandonar su dirección y a solicitar una nueva. Este mecanismo permite en particular forzar la reconfiguración de redes de un cliente DHCP que haya cambiado de red (puede ser el caso de los ordenadores portátiles). Un servidor DHCP que reciba una solicitud de renovación de concesión para una dirección IP que no corresponda a su dirección de red puede provocar la reconfiguración del cliente.

Observación

Cuidado, durante las pruebas, no active un servidor DHCP de pruebas en una red en producción, podría perturbar los clientes DHCP existentes.

Podemos configurar un servidor DHCP para que atribuya direcciones permanentes, para todos o para una parte de los clientes.

2.2 El servidor DHCP Linux

El servidor DHCP más utilizado en Linux es el desarrollado por el ISC (*Internet System Consortium*), un organismo sin ánimo de lucro que gestiona también el servidor DNS BIND.

Se encuentra en el paquete de software `isc-dhcp-server` para las distribuciones de tipo Debian, `dhcp-server` para las distribuciones de tipo Red Hat.

El servicio DHCP está gestionado por un script `init System V`, o a través de `systemd`.

Ejemplo

Instalación del servidor DHCP en una distribución Debian 11.

```
apt-get install isc-dhcp-server
[...]
```

Instalación del servidor DHCP para una distribución RHEL 8.5.

```
yum install dhcp-server
[...]
Instalado:
 dhcp-server-12:4.3.6-47.el8.x86_64

¡Listo!
```

2.3 Configuración del servidor DHCP

El archivo de configuración principal del DHCP es `/etc/dhcp/dhcpd.conf`.

El archivo está autodocumentado (Debian), o se ofrece un archivo de ejemplo autodocumentado (`/usr/share/doc/dhcp-server/dhcpd.conf.example` en el caso de Red Hat).

El archivo contiene un conjunto de líneas de directivas, que terminan con un carácter '`;`', que pueden ser reagrupadas entre llaves. Estas definen las opciones generales del servidor, y la declaración de los rangos de direcciones que tiene que administrar, con los parámetros específicos para cada conjunto de direcciones.

Los comentarios presentan un carácter # al principio de la línea, y van hasta el final de la línea.

Ejemplo

Extracto del archivo de ejemplo en una distribución RHEL 8.5:

```
# dhcpd.conf
#
# Sample configuration file for ISC dhcpd
#
# option definitions common to all supported networks...
option domain-name "example.org";
option domain-name-servers ns1.example.org, ns2.example.org;
default-lease-time 600;
max-lease-time 7200;
[...]
# Use this to send dhcp log messages to a different log file (you also
# have to hack syslog.conf to complete the redirection).
log-facility local7;
[...]
# This is a very basic subnet declaration.
subnet 10.254.239.0 netmask 255.255.255.224 {
  range 10.254.239.10 10.254.239.20;
  option routers rtr-239-0-1.example.org, rtr-239-0-2.example.org;
}
```

2.3.1 Directivas generales

Estas determinan los parámetros de funcionamiento del servidor, así como los valores por defecto para los rangos de direcciones administradas por el servidor.

Las directivas más corrientes son las siguientes:

```
default-lease-time NúmSeg;
max-lease-time NúmSeg;
authoritative;
log-facility objetivo;
```

Donde:

`default-lease-time NúmSeg`	Duración por defecto de la concesión DHCP (en segundos).
`max-lease-time NúmSeg`	Duración máxima de la concesión DHCP por defecto (en segundos).
`Authoritative`	Si un cliente solicita la renovación de una dirección fuera del rango, tendrá que renunciar.
`log-facility objetivo`	Identidad fuente de los mensajes enviados al daemon `syslog` para el registro de los eventos del servidor.

2.3.2 Parámetros opcionales transmitidos a los clientes

La directiva `option` permite especificar a los clientes DHCP distintos parámetros de configuración de red, complementarios a la dirección IP que les serán transmitidos con el mensaje de validación de la concesión (`DHCPACK`).

Estas opciones pueden estar definidas por defecto o en un rango de direcciones.

Estas opciones son relativas generalmente a la configuración de los servicios de red (nombre de dominio y servidores DNS o NIS) y los routers (pasarela por defecto).

Las opciones más corrientes son las siguientes:

```
option domain-name DominioDNS;
option domain-name-servers IdServ1[,IdServn];
option nis-domain DominioNIS;
option nis-servers IdServ1[,IdServn];
option routers    Dir;
option subnet-mask Máscara;
```

Donde:

`option domain-name DominioDNS;`	Sufijo del dominio DNS.
`option domain-name-servers Idserv1[,Idservn];`	Dirección o direcciones de los servidores SDNS.
`option nis-domain DominioNIS;`	Sufijo del dominio NIS.
`option nis-servers IdServ1[,Idservn];`	Dirección o direcciones de los servidores NIS.
`option routers Dir;`	Dirección del router por defecto.
`option subnet-mask Máscara;`	Máscara de red.

2.3.3 Declaración de un rango de direcciones

Las direcciones IP que se podrán atribuir están definidas en una o varias secciones `subnet` del archivo de configuración. Una sección está delimitada por llaves.

La sección especifica la red y la máscara de red. La directiva `range` indica el rango de direcciones de la red administrada por el servidor DHCP. También se encuentran las directivas `option`, que se aplican al rango de direcciones, reemplazando opcionalmente las opciones por defecto definidas globalmente: máscara de red, pasarela por defecto, parámetros DNS, duración de la concesión, etc.

Sintaxis

```
subnet IdRed netmask Máscara {
 range DirInicio DirFin;
  [ option routers DirPasarela ];
 [ option subnet-mask Máscara ];
[ ... ]
}
```

Donde:

`subnet IdRed netmask Máscara`	Identificador de la red y máscara de red del rango de direcciones.
`range DirInicio DirFin`	Primera y última dirección del rango de direcciones.
`option routers DirPasarela`	Pasarela por defecto de los clientes del rango de direcciones (opcional).
`option subnet-mask Máscara`	Máscara de red de los clientes del rango de direcciones (opcional).

2.3.4 Parámetros específicos para un cliente

La sección `host` permite asociar parámetros específicos a un host, cliente DHCP. Se identifica este cliente gracias a su MAC, especificada por la directiva `hardware ethernet`. Le podemos atribuir una dirección fija usando la directiva `fixed-address` y un nombre de host con la directiva de opción `host-name`.

Sintaxis corriente

```
host NombreHost {
   hardware ethernet DirMAC;
   fixed-address DirIP;
   option routers DirPasarela;
   option host-name NombreHost;
}
```

Donde:

`host NombreHost`	Nombre del cliente con dirección IP fija.
`hardware ethernet DirMAC`	Dirección MAC del cliente.
`fixed-address DirIP`	Dirección IP atribuible al cliente.
`option routers DirPasarela`	Pasarela por defecto.
`option host-name NombreHost`	Nombre de host que se atribuirá al cliente.

2.3.5 Parámetros específicos para un cliente BOOTP

BOOTP (*Bootstrap Protocol*) es un antiguo protocolo, del que deriva DHCP. Este permite, a equipos sin medios de almacenamiento de disco, descargar su sistema de arranque desde un servidor de red.

El servidor DHCP puede ofrecer a un cliente BOOTP una dirección IP, y comunicarle la dirección de un servidor BOOTP y el archivo de arranque que tendrá que solicitar a este servidor.

Sintaxis corriente

```
host NombreHost {
   hardware ethernet DirMAC;
   fixed-address DirIP;
   option host-name NombreHost;
   next-server DirServBootp;
   filename "NombreArchivoBootp";
}
```

Donde:

`next-server DirServBootp`	Dirección IP del servidor BOOTP.
`filename "NombreArchivoBootp"`	Nombre del archivo que tendrá que solicitar al servidor BOOTP.

2.3.6 Monitorización de las concesiones DHCP

El servidor DHCP guarda la información de las concesiones atribuidas en el archivo `/var/lib/dhcpd/dhcpd.leases`.

Este archivo de texto está gestionado por el servidor DHCP y no se tiene que modificar.

Ejemplo

Información de una concesión DHCP:

```
lease {
 interface "enp38s0";
 fixed-address 192.168.1.80;
 option subnet-mask 255.255.255.0;
 option routers 192.168.1.254;
 option dhcp-lease-time 7000;
 option dhcp-message-type 5;
 option domain-name-servers 8.8.8.8;
 option dhcp-server-identifier 192.168.1.202;
 renew 6 2022/08/10 17:50:32;
 rebind 3 2022/08/14 17:53:58;
 expire 4 2022/08/15 23:53:58;
}
```

2.4 Configuración del cliente

El comando `dhclient` permite que un cliente DHCP Linux pueda solicitar una dirección IP a un servidor DHCP. Generalmente, este comando se lanza durante la inicialización de la capa de red del sistema.

Si el cliente no tiene ninguna dirección IP, efectuará una búsqueda de servidor DHCP con un mensaje de tipo `DHCPDISCOVER`, si no, solicitará una renovación de la concesión de su dirección IP con un mensaje de tipo `DHCPREQUEST`.

Como todas las solicitudes DHCP se hacen a través de mensajes de difusión, el servidor DHCP tiene que estar en la misma red física que el cliente, o tiene que haber en esta red física un agente de retransmisión DHCP (ver más adelante).

Una vez que se haya lanzado, el comando `dhclient` se ejecuta como tarea en segundo plano, para poder solicitar la renovación de la concesión en el momento en que un cierto porcentaje de su duración máxima se haya consumido.

Ejemplo

Solicitud de renovación de concesión DHCP. Podemos especificar sobre qué interfaz de red se hará; por defecto, se hará en todas las interfaces de red. La opción `-v` de la solicitud mostrará el detalle de los intercambios con el servidor DHCP:

```
dhclient -v enp0s3
Internet Systems Consortium DHCP Client 4.4.1
Copyright 2004-2018 Internet Systems Consortium.
All rights reserved.
For info, please visit https://www.isc.org/software/dhcp/

Listening on LPF/enp0s3/08:00:27:97:ed:a2
Sending on   LPF/enp0s3/08:00:27:97:ed:a2
Sending on   Socket/fallback
DHCPDISCOVER on enp0s3 to 255.255.255.255 port 67 interval 3 (xid=0xaa2c476f)
DHCPOFFER of 192.168.1.196 from 192.168.1.254
DHCPREQUEST for 192.168.1.196 on enp0s3 to 255.255.255.255 port 67 (xid=0x6f472caa)
DHCPACK of 192.168.1.196 from 192.168.1.254 (xid=0xc261117e)
bound to 192.168.1.196 -- renewal in 19388 seconds.
```

Se ha renovado la concesión, para la dirección IP `192.168.1.196`, por parte del servidor DHCP `192.168.1.254`.

2.5 Agente de retransmisión DHCP

Un agente de retransmisión DHCP se ocupará de las solicitudes de los clientes DHCP y las transmitirá directamente a un servidor DHCP, cuya dirección ha sido configurada en este agente. El servidor DHCP responde como si se tratara de un cliente DHCP normal, pero enviando la respuesta directamente al agente de retransmisión. Este último transfiere los mensajes del servidor en la red física del cliente.

Esta técnica permite a clientes DHCP situados en redes físicas diferentes de la del servidor DHCP obtener una dirección IP, a pesar de las limitaciones de los mensajes en modo difusión (*broadcast*). Es necesario, evidentemente, que los clientes y el servidor formen parte de la misma red IP y puedan comunicar a través de routers.

Tiene que haber un agente de retransmisión DHCP en cada red física que no tenga un servidor DHCP.

Linux como agente de retransmisión DHCP

Linux puede desempeñar el rol de agente de retransmisión DHCP, gracias al daemon `dhcrelay`, que se encuentra en el paquete `dhcp-relay`.

El agente de retransmisión se inicia con el comando `dhcrelay`, usando como argumento la dirección del servidor DHCP.

Si el daemon ha sido iniciado por `systemd`, hay que configurar la dirección del servidor DHCP objetivo en el archivo de configuración del servicio `systemd`, `dhcrelay.service`.

Sintaxis

```
dhcrelay [ -i Interf ] DirServDHCP
```

Donde:

`DirServDHCP`	Dirección del servidor DHCP a la que se enviarán las solicitudes DHCP.
`[ -i interf ]`	Interfaz de red en la que el agente de retransmisión tratará las solicitudes DHCP.

2.6 DHCP e IP versión 6

El servidor DHCP ISC de Linux es compatible con la versión 6 del protocolo IP. Este necesita una instancia específica del servidor `dhcpd`, arrancado con la opción `-6`.

Observación

Si un sistema tiene que ser servidor DHCPv4 y DHCPv6, se tienen que lanzar dos servicios, uno en versión 4 (versión por defecto) y otro con la opción `-6`. `systemd` propone dos servicios de arranque distintos, `dhcpd` y `dhcpd6`.

2.6.1 Principios de DHCPv6

El protocolo DHCPv6, definido en la RFC 3315, es diferente al de la versión 4. Usa el protocolo de transporte UDP, puerto 546 para el cliente y 547 para el servidor. El procedimiento de obtención de una dirección IPv6 es el siguiente:

- El cliente envía sus solicitudes en multicast, del puerto UDP 546 hacia el puerto 547.
- El cliente DHCPv6 envía un mensaje `Solicit` (solicitud).
- El servidor DHCPv6 responde con un mensaje `Advertise` (anuncio).
- El cliente DHCPv6 responde con un mensaje `Request` (solicitud).
- El servidor DHCPv6 valida el intercambio con un mensaje `Reply` (respuesta).

El archivo de configuración principal del servidor DHCP versión 6 es `/etc/dhcp/dhcpd6.conf`.

El archivo está autodocumentado (Debian), o va acompañado por un archivo de ejemplo autodocumentado (`/usr/share/doc/dhcp-server/dhcpd6.conf.example` en el caso de Red Hat). Toma la sintaxis general del archivo de la versión 4, con directivas específicas para las direcciones IPv6.

2.6.2 Gestión de los mensajes de los routers IPv6

El servidor DHCP versión 6 funciona junto con el daemon `radvd` (*Router Advertisement Daemon*), que gestiona los anuncios de los routers IPv6 para difundir los prefijos de red y atribuir las direcciones de enlace local.

El daemon se inicia con un script de arranque `init System V` o a través de `systemd`.

El archivo de configuración del daemon es `/etc/radvd.conf`, que especifica en particular el prefijo IPv6 de la red del sistema local para cada interfaz de red.

3. Autenticación usando PAM

Sea cual sea el sistema operativo usado, múltiples aplicaciones y servicios necesitan una identificación y una autenticación del usuario, es decir, comprobar que el usuario está autorizado a acceder a un servicio o a una aplicación, y que este usuario prueba su identidad.

Al principio, en entorno Unix, las aplicaciones y los servicios desarrollaban su propio método de identificación y de autentificación del usuario y de control de acceso. Algunos programas validaban la cuenta del usuario a partir de la base de cuentas local (`/etc/passwd`) y otros a partir de una base de cuentas distribuida (NIS, LDAP). Algunas aplicaciones comprobaban que la cuenta que presentaba el usuario no era la cuenta del superusuario, o al contrario que se trataba del superusuario, otras aplicaciones daban el acceso a los usuarios según que existiera o no el archivo (`/etc/nologin`, por ejemplo), o la declaración de su terminal en otro archivo (`/etc/securettys`), etc.

En las primeras versiones Unix, la contraseña estaba almacenada directamente en la línea de la cuenta del usuario, cifrada, en el archivo `/etc/passwd`. No obstante, como todos los usuarios debían poder acceder a este archivo en lectura, se creó un archivo específico de gestión de contraseñas, `/etc/shadow`, con funcionalidades suplementarias (duración mínima, máxima, etc.). Es el método implementado en Linux.

Para simplificar y racionalizar los métodos de control de acceso de las aplicaciones, se concibió una capa intermediaria, que permite a las aplicaciones y los servicios delegarle estas operaciones: PAM (*Pluggable Authentication Modules*). Creada por Unix, ha sido implementada en Linux.

PAM está compuesta por un conjunto de módulos de software especializados, que podemos combinar en un orden específico y según reglas precisas, a través de archivos de configuración que son asociables a las diferentes aplicaciones.

Este método permite a los administradores de sistemas configurar las reglas de control de acceso a los servicios que utilizan PAM, independientemente de los propios programas, para adaptarlos a la política de seguridad de su organización.

3.1 El principio

PAM es una capa de software que asegura la interfaz entre las aplicaciones y los diversos métodos de identificación, autentificación y de control de acceso disponibles en el sistema.

Una aplicación compatible con PAM no administra los procedimientos de identificación, autentificación y control de acceso del usuario ella misma. Delegará en la biblioteca PAM este conjunto de operaciones. La capa PAM, en función del archivo de configuración asociado a la aplicación y definido por el administrador de sistemas, ejecutará sucesivamente un conjunto de módulos para comprobar la identidad del usuario y determinar si está habilitado para acceder a la aplicación. La capa PAM devuelve a la aplicación el resultado del control, positivo o negativo.

La capa PAM dispone de un gran número de módulos autónomos (se trata de módulos objeto que se pueden compartir, de tipo `.so`), que pueden estar apilados y ser ejecutados en un orden preciso. La elección y el orden de ejecución de los módulos, la estrategia de pasar de un módulo a otro o de salir del procedimiento de control (positivo o negativo), depende del archivo de configuración asociado a la aplicación.

3.2 Los módulos PAM

Los módulos PAM que se pueden usar en un sistema Linux son muy numerosos (algunas decenas) y de uso variado. Algunos son muy utilizados, otros son más específicos.

3.2.1 Los tipos de acción de PAM

PAM administra cuatro tipos de operaciones, para los servicios o las aplicaciones. La aplicación que hace una llamada a la biblioteca PAM especifica el tipo de acción que se tiene que efectuar. PAM ejecuta el o los módulos configurados y que corresponden a esta acción. Devuelve un código de autorización (éxito) o de rechazo (fallo) a la aplicación.

Los tipos de acciones son las siguientes:

- `account`: gestión de la identidad del usuario. Los módulos consiguen la identidad del usuario y se aseguran de que está autorizado a acceder a la aplicación.
- `auth`: los módulos de autentificación controlan la identidad efectiva del usuario (control de la validez de los elementos de autentificación proporcionados, contraseña o de otro tipo).
- `session`: configuración de la apertura de la sesión (variables de entorno, límites de recursos, etc.).
- `password`: gestión de la contraseña (número de caracteres, historial, respeto de las reglas de complejidad, etc.).

3.2.2 Las pilas de módulos

Los módulos PAM son conectables, se pueden ejecutar sucesivamente, bajo la forma de una pila de módulos. Durante el procedimiento de autentificación, la capa PAM ejecuta sucesivamente cada módulo de la pila, en el orden de declaración que se encuentra en el archivo de configuración.

Cada módulo devuelve un código, que puede ser positivo o negativo. El paso al módulo siguiente depende del código devuelto por el módulo y de la regla de prioridad asociada al módulo (obligatoria, opcional, suficiente, etc.).

Para una acción en concreto, la autenticación por ejemplo, pueden ser llamados distintos módulos PAM. En ese caso se dirá que nos encontramos ante una pila de módulos PAM. El funcionamiento en modo de pila es una de las mayores contribuciones de los servicios PAM.

3.2.3 Los módulos principales PAM

Los módulos se encuentran en archivos de módulos objetos que se pueden compartir (`.so`), cuya ubicación por defecto es el directorio `security`, en la arborescencia `/usr/lib*`.

Los módulos más utilizados son los siguientes:

`pam_unix.so`	Autenticación usando los archivos de cuenta de usuarios locales `/etc/passwd y /etc/shadow`.
`pam_securetty.so`	La apertura de sesión con la cuenta de superusuario solamente será aceptada por los terminales que se encuentren listados en `/etc/securetty`.
`pam_nologin.so`	Si el archivo `/etc/nologin` existe, solamente podrá abrir una sesión el superusuario.

`pam_listfile.so`	Aplica reglas de control de acceso definidas en el archivo usado como argumento del módulo.
`pam_limits.so`	Aplica limitaciones de recursos a usuarios o a grupos, definidos en el archivo `/etc/security/limits.conf`.
`pam_cracklib.so`	Controla el nivel de seguridad de una contraseña.
`pam_selinux.so`	Si SELinux está activado, controla el contexto de seguridad del terminal de conexión.
`pam_sss.so`	Módulo de interfaz con el daemon `SSSD` (*System Security Services Daemon*).
`pam_deny.so`	Rechaza la conexión. Se ejecuta generalmente si ningún otro módulo ha conseguido autenticar al usuario.
`pam_permit.so`	Autoriza la conexión. Se ejecuta generalmente si ningún otro módulo ha fallado en la autenticación del usuario.
`pam_env.so`	Declara variables de entorno leídas en `/etc/environment` o en el archivo al que se hace referencia con el parámetro `envfile=`.
`pam_lastlog.so`	Muestra los datos de la última apertura de sesión exitosa.
`pam_mail.so`	Comprueba la presencia de nuevos mensajes en la cuenta de mensajería local del usuario.

3.3 Configuración de PAM

Las primeras versiones de PAM tenían como archivo de configuración `/etc/pam.conf`. La generalización del uso de PAM y el aumento del número de módulos ha hecho necesario que se distribuyan las configuraciones en archivos independientes. En la mayoría de las distribuciones recientes, los archivos de configuración de PAM se encuentran en el directorio `/etc/pam.d` (si este directorio existe, se ignorará el archivo `/etc/pam.conf`).

Ejemplo

Contenido del directorio `/etc/pam.d` para una distribución RHEL 8.5:

```
ls /etc/pam.d
atd          cups                 gdm-pin         polkit-1   smartcard-auth
sudo          vmtoolsd
chfn         fingerprint-auth     gdm-smartcard   postlogin  squid
sudo-i        xserver
chsh         gdm-autologin        login           remote
sshd                 su-l
```

```
cockpit      gdm-fingerprint         other          runuser    sssd-shadowutils
system-auth
config-util  gdm-launch-environment  passwd         runuser-l  su
systemd-user
crond        gdm-password            password-auth  samba
subscription-manager  vlock
```

Contenido del directorio `/etc/pam.d` para una distribución Debian 11:

```
ls /etc/pam.d
chfn           common-password          gdm-autologin     newusers  runuser    sudo
chpasswd       common-session           gdm-fingerprint        other     runuser-l  su-l
chsh           common-session-noninteractive  gdm-launch-environment  passwd    samba
common-account  cron                    gdm-password           polkit-1  sshd
common-auth     cups                    login                  ppp       su
```

Los archivos de configuración tienen nombres derivados de las aplicaciones correspondientes (`sshd`, `login`, `passwd`, etc.).

3.3.1 Estructura de los archivos de configuración

Cada aplicación que usa PAM está asociada a un archivo de configuración en el directorio `/etc/pam.d`.

Se trata de un archivo de texto; cada línea útil describe un módulo PAM y su configuración, según el formato siguiente:

```
TipoAcción TipoCtrl|Include Módulo|ArchivoPAM [Args]
```

donde:

`TipoAcción`	Tipo de acción PAM (`auth`, `account`, `session` o `password`).
`TipoCtrl`	Tipo de control según el resultado del módulo (`required`, `requisite`, `sufficient` u `optional`).
`Módulo`	Nombre del módulo PAM.
`Include ArchivoPAM`	Línea de inclusión de otro archivo de configuración PAM.
`Args`	Argumentos que se pasarán al módulo (opcional).

El orden de las líneas de configuración de los módulos determina su orden de ejecución.

Cuando la biblioteca PAM recibe una solicitud de parte de la aplicación, esta ejecuta el primero de los módulos que corresponde al tipo de la solicitud (tipo de acción). Este último devuelve un valor después de su ejecución, que solo puede ser éxito o fallo. Según el resultado del módulo y el tipo de control que se le ha asociado, la biblioteca pasará o no al módulo siguiente de la pila.

Cuando la pila de los módulos ejecutados termina en un resultado definitivo, la biblioteca PAM devuelve a la aplicación: éxito o fallo en el procedimiento de autentificación.

3.3.2 Encadenamiento de los módulos

Para una aplicación y un tipo de acción dado, el encadenamiento de los módulos está determinado por el parámetro de control (*control flag*) de cada módulo ejecutado.

Este parámetro, obligatorio, puede presentar los valores siguientes:

- `required`: el módulo tiene que devolver obligatoriamente un código de éxito. Si falla, los módulos siguientes de la pila no se ejecutarán y la acción devolverá un código de fallo.
- `requisite`: el módulo tiene que devolver obligatoriamente un código de éxito. Si falla, los módulos siguientes de la pila serán ejecutados, pero la acción devolverá un código de fallo.
- `sufficient`: si el módulo devuelve un código de éxito y si ningún módulo `requisite` anterior ha fallado, los módulos siguientes de la pila no son ejecutados, la acción devuelve un código de éxito.
- `optional`: el código devuelto por el módulo será ignorado, excepto si se trata del único módulo de la pila, en este caso la acción devolverá su código de retorno.

3.3.3 Ejemplo

Numerosas aplicaciones estándar se basan en la biblioteca PAM. Vamos a usar `sshd` para explicar el funcionamiento de los módulos con un ejemplo.

El archivo de configuración PAM usado por el daemon `sshd` es `/etc/pam.d/sshd`. He aquí su contenido por defecto en una distribución RHEL 8.5:

```
#%PAM-1.0
auth       substack     password-auth
auth       include      postlogin
account    required     pam_sepermit.so
account    required     pam_nologin.so
account    include      password-auth
password   include      password-auth
# pam_selinux.so close should be the first session rule
session    required     pam_selinux.so close
session    required     pam_loginuid.so
# pam_selinux.so open should only be followed by sessions to be executed
in the user context
session    required     pam_selinux.so open env_params
session    required     pam_namespace.so
session    optional     pam_keyinit.so force revoke
```

```
session    optional    pam_motd.so
session    include     password-auth
session    include     postlogin
```

Para el tipo de acción `account` (control de la cuenta de usuario), encontramos dos módulos `required`, y la inclusión del archivo de configuración general `password-auth`.

El primer módulo obligatorio es sobre SELinux. El siguiente prohíbe la conexión a los usuarios cuyo UID es diferente de `0`, si hay un archivo `/etc/nologin` que existe.

Podemos comprobar el efecto de ese módulo creando el archivo:

```
> /etc/nologin
```

Después, probamos la conexión al servidor local `sshd` con una cuenta de no superusuario:

```
ssh -l pba localhost
The authenticity of host 'localhost (::1)' can't be established.
ECDSA key fingerprint is
SHA256:m5UMjgk69OBfbP6YQslAD4Y1sGQ+BxEzH9oJfUPE5Vo.
Are you sure you want to continue connecting (yes/no/[fingerprint])? yes
Warning: Permanently added 'localhost' (ECDSA) to the list of known hosts.
Bienvenido al servidor srvrh (RHEL 8.5).
El acceso está reservado a personas autorizadas.
pba@localhost's password:
Connection closed by::1 port 22
```

La conexión ha sido denegada.

Modificamos el archivo de configuración PAM de `sshd`, poniendo en comentario la línea del módulo `pam_nologin.so`.

Volvemos a lanzar de nuevo el comando de conexión:

```
ssh -l pba localhost
Bienvenido al servidor srvrh (RHEL 8.5).
El acceso está reservado a personas autorizadas.
pba@localhost's password:
Bienvenido al servidor srvrh (RHEL 8.5)
Actualización del servidor prevista el 18/09/2022 a partir de las 19:30.
Buen trabajo.
Activate the web console with: systemctl enable --now cockpit.socket
Register this system with Red Hat Insights: insights-client --register
Create an account or view all your systems at https://red.ht/insights-
dashboard
Last failed login: Tue Sep 20 17:41:15 CEST 2022 from ::1 on ssh:notty
There was 1 failed login attempt since the last successful login.
Last login: Tue Sep 20 15:35:54 2022
```

Esta vez, la conexión ha sido aceptada.

3.4 ConfiguraciónPAM para SSSD

SSSD (*System Security Services Daemon*) es un servicio de software que permite gestionar diferentes mecanismos de autentificación de los usuarios, usando fuentes remotas (LDAP, NIS, Samba, Kerberos, etc.), de manera transparente para las aplicaciones.

Su conexión con las aplicaciones se hace gracias a la configuración NSS (*Name Service Switch*) y usando un módulo PAM.

3.4.1 Configuración NSS

Una vez que el servicio SSSD, administrado por el daemon `sssd`, esté instalado y configurado (archivo `/etc/sssd/sssd.conf`), el uso de este servicio para la autenticación tiene que ser especificado en el archivo de configuración NSS: `/etc/nsswitch.conf`.

Este archivo de texto contiene una línea por cada tipo de servicio (nombre de host, contraseñas, cuentas de grupos, etc.). Cada línea define cuáles son las fuentes que se tienen que usar para obtener el tipo de información y en qué orden hay que interrogarlas.

Para el procedimiento de autentificación de un usuario, se tienen que configurar cuatro tipos de servicios: la cuenta de usuario (`passwd`), la gestión de la contraseña del usuario (`shadow`), los grupos de usuarios locales (`group`) y, si fuera necesario, los grupos de usuarios de red (`netgroup`).

La palabra clave para la fuente `SSSD` es `sss`.

Ejemplo

```
Archivo /etc/nsswitch.conf:
passwd: files sss
group: files sss
shadow: files sss
```

En este ejemplo, la autenticación y la gestión de la contraseña se hacen primero mediante los archivos locales (`/etc/passwd`, `/etc/group` o `/etc/shadow`) y, si el usuario no se encuentra, mediante una llamada al daemon `sssd`.

3.4.2 Configuración PAM

Los procedimientos de identificación y de autentificación de una cuenta de usuario y de gestión de su contraseña están generalmente definidos en dos archivos de configuración de PAM, incluidos si fuera necesario con la directiva `include` en los archivos de configuración PAM de las aplicaciones: `/etc/pam.d/system-auth` y `/etc/pam.d/password-auth` para las distribuciones de tipo Red Hat, `/etc/pam.d/common-password` y `/etc/pam.d/common-auth` para las distribuciones de tipo Debian.

El módulo `pam_sss.so` tiene que estar declarado en los archivos de configuración, para el tipo de acción `auth` o `password`. El tipo de control es generalmente `sufficient`, y el módulo toma un argumento que puede ser, entre otros, `use_first_pass` (evita que el usuario tenga que teclear de nuevo la contraseña) o `use_authtok` (considera que la contraseña ha sido validada por un módulo anterior).

Ejemplo

En el archivo de configuración */etc/pam.d/system-auth* de una distribución RHEL 8.5 donde `SSSD` está instalado:

```
[...]
auth          sufficient     pam_sss.so forward_pass
[...]
```

4. Configuración de un servidor OpenLDAP

LDAP (*Lightweight Directory Access Protocol*) es un protocolo estándar de acceso a un servicio de Aller directorio distribuido, definido por la RFC 4511. Permite juntar en un arborescencia de directorio el conjunto de datos que conciernen a los diferentes objetos de una organización (cuentas de usuario, grupos, máquinas, servicios de red, edificios, etc.), y permite a los clientes LDAP acceder a los datos a través de solicitudes normalizadas.

Linux puede ser servidor y/o cliente LDAP.

4.1 Generalidades

En 1988, la ITU (*International Telecommunication Union*, ex-CCITT) implementó una norma que cubría los diferentes elementos necesarios para proporcionar servicios de directorio electrónico, que pudieran ser utilizables a través de una red: la norma X.500, validada a continuación por la ISO (norma ISO/IEC 9594).

Esta norma era particularmente compleja, un protocolo más simple de acceso a los servicios de mensajería derivó de ella, LDAP (*Lightweight Directory Access Protocol*). Este protocolo a continuación fue extendido para considerar un modelo completo de directorios.

Los servicios de directorios compatibles LDAP más utilizados hoy día son Microsoft ADS (*Active Directory Services*), Oracle Directory Server Enterprise Edition, IBM Tivoli Directory Server y, en el mundo del software libre, **OpenLDAP** y Apache Directory Server.

4.1.1 Estructura y terminología

Los directorios electrónicos de tipo X.500 se basan en una estructura jerárquica, en arborescencia.

Un directorio está compuesto por objetos, que pueden contener otros objetos opcionalmente. Los objetos de estructura se llaman **contenedores** y pueden ser de diferentes tipos: organización, dominio y unidad organizativa. Un objeto no estructurante se llama **hoja** (*leaf object*). Los diferentes datos asociados a un objeto son sus **atributos**.

Ejemplo

Directorio LDAP basado en una estructura de tipo dominio DNS.

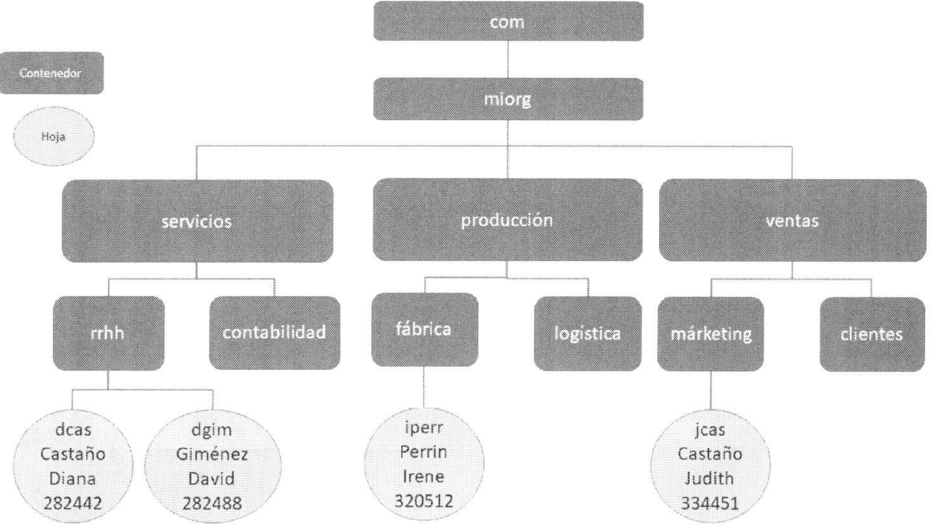

4.1.2 Esquema

El conjunto de los tipos de objetos y de los atributos de objeto que pueden figurar en un directorio están definidos en el **esquema** del directorio.

El esquema de base del directorio puede ser extendido, para definir nuevos tipos de objetos o nuevos atributos para un tipo de objeto existente.

El tipo de un objeto (unidad organizativa OU, componente de dominio DC, etc.) se llama **clase**. Una clase de objetos está definida por el conjunto de sus **atributos**. De entre los cuales, el CN (*Common Name*), nombre simple, sirve para denominar el objeto en el interior de su contenedor.

Observación

Un esquema de directorio que administra esencialmente personas (cuentas de usuario, cuentas de grupos, etc.) se designa a menudo con la palabra esquema de "páginas blancas" (whitepages), por analogía con los antiguos directorios telefónicos de papel.

4.1.3 Designación de los objetos

Todos los objetos de un directorio se sitúan en una arborescencia. Para designar uno sin ambigüedad, hay que utilizar su CN (*Common Name*), y especificar a continuación su posición en el directorio subiendo los distintos contenedores hasta la raíz de la arborescencia. Esta designación completa se llama el DN (*Distinguished Name*), nombre distinguido.

Sintaxis de un DN

```
CN=NombreObj,clase1=nombreCont1,...,claseRoot=nombreRoot
```

Donde:

`CN=NombreObj`	Nombre simple del objeto (*Common Name*).
`claseX=nombreContX`	Clase (`OU`, `DC`...) y nombre simple del contenedor.
`claseRoot=nombreRoot`	Clase y nombre simple del contenedor raíz.

El DN, nombre distinguido, se usa para designar un objeto del directorio, es obligatorio para las autenticaciones.

Ejemplo

En el ejemplo de directorio presentado anteriormente, la cuenta de directorio de la usuaria Judith Castaño tiene como CN jcas. Su DN será:

```
CN=jcas,OU=márketing,DC=ventas,DC=miorg,DC=com
```

4.1.4 Autenticación a través de un directorio LDAP

Los directorios integran un mecanismo de seguridad, basado en la autentificación del usuario. Las solicitudes de consulta no exigen, generalmente, una autenticación y se pueden efectuar en modo anónimo. Las solicitudes de escritura necesitan, sin embargo, de una autenticación. El usuario debe proporcionar el nombre distinguido (DN) y la contraseña de una cuenta del directorio que tenga los derechos necesarios sobre los elementos que quiere gestionar. A este mecanismo de autenticación se le llama *bind*.

4.1.5 El formato LDIF

El formato estándar LDIF (*LDAP Data Interchange Format*) define el contenido de un archivo de texto que puede contener toda o una parte de los datos de un directorio LDAP. Permite efectuar operaciones de importación o exportación con un servicio de directorio LDAP. Está gestionado por múltiples herramientas LDAP.

Ejemplo

Definición de la cuenta de usuario de Judith Castaño, del ejemplo anterior, en formato LDIF:

```
dn: CN=jcas,OU=márketing,DC=ventas,DC=minorg,DC=com
objectClass: person
cn: jcas
sn: Castaño
gn:Judith
NumPuesto: 334451
```

4.2 El servidor OpenLDAP

OpenLDAP es el servidor LDAP open source más utilizado en Linux. Lo proporcionan los paquetes de software `openldap-servers` (Red Hat) o `slapd` (Debian).

A partir de la versión 8 de RHEL, el paquete de software ya no se proporciona; es necesario utilizar RHEL Directory Server, que necesita una suscripción.

Ejemplo

Instalación del paquete `slapd` en una distribución Debian 11.

```
apt-get install slapd
Leyendo lista de paquetes... Hecho
Creando árbol de dependencias
Leyendo la información de estado... Hecho
[...]
```

La instalación solicita la contraseña de la cuenta de administración del directorio.

```
[...]
Configurando slapd (2.4.57+dfsg-3+deb11u1) ...
 Creating new user openldap... done.
 Creating initial configuration... done.
 Creating LDAP directory... done.
Procesando disparadores para -db (2.9.4-2) ...
Procesando disparadores para (2.31-13+deb11u4)...
```

También hay que instalar el paquete de software ldap-utils:

```
apt-get install ldap-utils
[...]
```

4.2.1 Gestión del servicio

El servidor OpenLDAP está gestionado por un script `init System V` o a través de `systemd`. El nombre del script y del servicio `systemd` es en general `slapd`.

Ejemplo

Script de inicio y situación del servicio del servidor LDAP después de haberlo instalado en una distribución Debian 11:

```
ls /etc/init.d/slap*
/etc/init.d/slapd
systemctl status slapd
● slapd.service - LSB: OpenLDAP standalone server (Lightweight Directory Access Protocol)
  Loaded: loaded (/etc/init.d/slapd; generated)
    Drop-In: /usr/lib/systemd/system/slapd.service.d
             └─slapd-remain-after-exit.conf
     Active: active (running) since Wed 2022-09-21 19:11:36 CEST; 55s ago
       Docs: man:systemd-sysv-generator(8)
    Process: 1856 ExecStart=/etc/init.d/slapd start (code=exited, status=0/SUCCESS)
      Tasks: 3 (limit: 4504)
     Memory: 3.1M
        CPU: 114ms
     CGroup: /system.slice/slapd.service
             └─1864 /usr/sbin/slapd -h ldap:/// ldapi:/// -g openldap -u openldap -F /etc/
ldap/slapd.d

septiembre 21 19:11:35 srvdebian systemd[1]: Starting LSB: OpenLDAP standalone server
(Lightweight Directory Access Protocol)...
septiembre 21 19:11:36 srvdebian slapd[1863]: @(#) $OpenLDAP: slapd 2.4.57+dfsg-3+deb11u1
(May 14 2022 18:32:57) $
                Debian OpenLDAP Maintainers <pkg-openldap-devel@lists.alioth.debian.org>
septiembre 21 19:11:36 srvdebian slapd[1864]: slapd starting
septiembre 21 19:11:36 srvdebian slapd[1856]: Starting OpenLDAP: slapd.
septiembre 21 19:11:36 srvdebian systemd[1]: Started LSB: OpenLDAP standalone server
(Lightweight Directory Access Protocol).
```

Situación del servicio del servidor LDAP después de haberlo instalado en una distribución CentOS 7:

```
systemctl status slapd
● slapd.service - OpenLDAP Server Daemon
  Loaded: loaded (/usr/lib/systemd/system/slapd.service; disabled;
vendor preset: disabled)
  Active: inactive (dead)
    Docs: man:slapd
          man:slapd-config
          man:slapd-hdb
          man:slapd-mdb
          file:///usr/share/doc/openldap-servers/guide.html
```

4.2.2 Configuración del servicio de directorio

En un entorno elemental, la configuración inicial es relativamente simple. Básicamente hay que determinar el contexto de base y el punto de inicio de la arborescencia en el que se encuentran todos los objetos del directorio.

La configuración principal se encuentra en el archivo `slapd.conf` (o, en las versiones recientes, en `ldap.conf`), generalmente situado en el directorio `/etc/ldap` o `/etc/openldap`. Este archivo contiene en particular la declaración de la cuenta de administración del directorio así como su contraseña.

Observación

Algunas versiones de OpenLDAP usan el directorio `slapd.d` (en `/etc/ldap` o `/etc/openldap`). En ese caso, los elementos almacenados en el directorio son gestionados dinámicamente por el servicio de gestión de configuración, `slapd-config`.

Definición del contexto de base

```
suffix        "dc=DominioRaíz"
```

Donde `DominioRaíz` representa el contexto principal, punto de inicio de la arborescencia.

Declaración de la cuenta de administración del dominio

```
rootdn        "cn=CuentaAdmin,dc=DominioRaíz"
```

Donde `CuentaAdmin` representa la cuenta del administrador del directorio.

Declaración de la contraseña de la cuenta de administración del dominio

```
rootpw {TypeCrypt}contraseña_cifrada
```

Donde `TypeCrypt` representa el algoritmo de hash usado para cifrar la contraseña (`SHA1`, `MD5` o `crypt`).

Se puede especificar una contraseña sin cifrar, aunque esté desaconsejado por razones de seguridad. La sintaxis es la siguiente:

```
rootpw contraseña_no_cifrada
```

Nivel de registro

```
Loglevel Número
```

Donde `Número` es un número que combina los diferentes valores de los tipos de eventos que se querrán registrar en archivo registro del daemon de registros (`syslogd` o equivalente), enviados por el servidor LDAP.

Los archivos que constituyen la base de datos del directorio se encuentran, por defecto, en el directorio `/var/lib/ldap`. Por seguridad, este directorio y los archivos que se encuentran dentro deberán estar asociados a la cuenta de servicio de OpenLDAP (generalmente la cuenta de usuario `ldap` o `openldap`). Por otro lado, esta cuenta debe tener los derechos de escritura en el directorio y en los archivos que se encuentran en su interior.

Ejemplo

Implementación de control de acceso en el directorio y los archivos en un servidor Debian 11.

```
chown -R openldap:openldap /var/lib/ldap
ls -ld /var/lib/ldap /var/lib/ldap/*
drwxr-xr-x 2 openldap openldap  4096 21 septiembre 19:11 /var/lib/ldap
-rw------- 1 openldap openldap 36864 21 septiembre 19:11 /var/lib/ldap/data.mdb
-rw------- 1 openldap openldap  8192 21 septiembre 19:11 /var/lib/ldap/lock.mdb
```

4.2.3 Generación de una contraseña cifrada: slappasswd

El comando `slappasswd` escribe en la salida estándar, a partir de una cadena de caracteres, la cadena de caracteres `{TypeCrypt}contraseña_cifrada`.

Ejemplo

```
slappasswd -s contraseña
{SSHA}ifnqWW/SEvcnK5COda32QEfS4Yb1CBvQ+IKRfFM
```

Declaramos la contraseña en el archivo de configuración:

```
vi /etc/ldap/ldap.conf
#
# LDAP Defaults
#
# See ldap.conf(5) for details
# This file should be world readable but not world writable.
BASE    BASE    dc=midns,dc=es
URI     URI     ldap://srvdebian.midns.es ldap://srvdebian.midns.es:666
suffix "dc=midns,dc=es"
```

```
#SIZELIMIT      12
#TIMELIMIT      15
#DEREF          never
# TLS certificates (needed for GnuTLS)
TLS_CACERT      /etc/ssl/certs/ca-certificates.crt
rootpw {SSHA}SEvcnK5COda32QEfS4Yb1CBvQ+IKRfFM
```

4.2.4 Control de la configuración: slaptest

El comando slaptest permite comprobar el contenido de los archivos de configuración del servicio de directorios.

Sintaxis

```
slaptest -u -v
```

Donde:

- -v Visualización detallada.
- -u Solamente comprueba el archivo de configuración.

Ejemplo

```
slaptest -u -v
config file testing succeeded
```

4.2.5 Inicio del servidor

Una vez que se haya comprobado la configuración, iniciamos el servicio slapd, con el script de arranque o a través de systemd.

Ejemplo

```
systemctl start slapd
ps -ef | grep slapd
openldap  50999     1  0  17:53 ?        00:00:00 /usr/sbin/slapd -h
ldap:/// ldapi:/// -g openldap -u openldap -F /etc/ldap/slapd.
```

4.2.6 Herramientas LDIF

Varios comandos usan el formato LDIF para exportar o modificar el contenido del directorio.

El comando slapcat exporta en formato LDIF todo o una parte del contenido del directorio.

Sintaxis

```
slapcat [-v] [-a Filtro] [-s dnSubArb] [-b Sufijo] [-l ArchivoLDIF]
```

Donde:

`-v`	Visualización detallada.
`-b Sufijo`	Identificador del directorio que se tendrá que modificar.
`-l ArchivoLDIF`	Salida en el archivo LDIF específico.
`-a Filtro`	Criterios de selección de los objetos que se quieran extraer.
`-s dnSubArb`	DN de la parte de la arborescencia que se va a extraer.

Sin la opción `-l`, el comando escribe en formato LDIF en la salida estándar. Sin la opción `-b`, el comando usa el directorio por defecto del servidor local.

Ejemplo

Visualización en formato LDIF el contenido por defecto del directorio del servidor OpenLDAP local:

```
slapcat
dn: dc=midns,dc=es
objectClass: top
objectClass: dcObject
objectClass: organization
o: midns.es
dc: midns
structuralObjectClass: organization
entryUUID: 30920cfa-ce1c-103c-832b-a7117e0aa3a8
creatorsName: cn=admin,dc=midns,dc=es
createTimestamp: 20220921171134Z
entryCSN: 20220921171134.692196Z#000000#000#000000
modifiersName: cn=admin,dc=midns,dc=es
modifyTimestamp: 20220921171134Z
```

El comando `slapadd` añade un elemento en el directorio.

Sintaxis corriente

```
slapadd [ -v] [-b Sufijo] [-f ArchivoLDIF]
```

Donde:

`-v`	Visualización detallada.
`-b Sufijo`	Identificador del directorio que se quiera modificar.
`-l ArchivoLDIF`	Archivo LDIF que se quiere integrar en el directorio.

Sin la opción `-l`, el comando lee los elementos que tendrá que añadir al directorio de la entrada estándar. Sin la opción `-b`, el comando usa el directorio por defecto del servidor local.

Ejemplo

Incorporación de una cuenta de usuario en el directorio:

Creamos una nueva contraseña para este usuario:

```
slappasswd
New password: xxx
Re-enter new password: xxx
{SSHA}OZ/QC15l4aVur2Rsi7DuBl4EAs69dUNi
```

Creamos un archivo en formato LDIF, con los atributos de base del objeto que se quiera añadir en el directorio:

```
vi ldap.ldif
dn: uid=pba,ou=people,dc=midns,dc=es
objectClass: inetOrgPerson
objectClass: posixAccount
objectClass: shadowAccount
cn: pba
sn: pba
userPassword: {SSHA}OZ/QC15l4aVur2Rsi7DuBl4EAs69dUNi
loginShell: /bin/bash
uidNumber: 2000
gidNumber: 2000
homeDirectory: /home/pba
```

Añadimos el objeto:

```
slapadd -l ldap.ldif
_#################### 100.00% eta   none elapsed            none fast!
Closing DB...
```

Comprobamos el contenido del directorio:

```
slapcat
[...]
dn: uid=pba,ou=people,dc=midns,dc=es
objectClass: inetOrgPerson
objectClass: posixAccount
objectClass: shadowAccount
cn: pba
sn: pba
userPassword:: e1NTSEF9T1ovUUMxNWw0YVZ1cjJSc2k3RHVCbDRFQXM2OWRVTmk=
loginShell: /bin/bash
uidNumber: 2000
gidNumber: 2000
homeDirectory: /home/pba
structuralObjectClass: inetOrgPerson
uid: pba
entryUUID: 32708334-d10b-103c-9896-779e43d2c113
```

```
creatorsName: cn=admin,dc=midns,dc=es
createTimestamp: 20220925104729Z
entryCSN: 20220925104729.871788Z#000000#000#000000
modifiersName: cn=admin,dc=midns,dc=es
modifyTimestamp: 20220925104729Z
```

Se ha añadido el objeto.

4.2.7 Índice del directorio

El comando `slapindex` permite indexar o volver a indexar el contenido del directorio, para mejorar el rendimiento de este. Este comando tiene que ser ejecutado con la cuenta de usuario del servicio del servidor OpenLDAP (a través del comando `sudo -u`, por ejemplo).

Observación

El comando debería ser ejecutado cuando el servidor no esté corriendo. Este comando puede tomar mucho tiempo en ejecutarse.

Sintaxis

```
slapindex [-v] - b Sufijo
```

Donde:

`-v`	Visualización detallada.
`-b Sufijo`	Identificador del directorio que tendrá que modificarse.

Ejemplo

```
sudo -u openldap slapindex
```

5. Uso de un cliente LDAP

Además de sus funcionalidades de cliente LDAP, para la identificación y la autenticación de los usuarios, Linux dispone de comandos que permiten interactuar con el servidor LDAP. Estos comandos se proporcionan con el paquete de software `ldap-utils` (Debian) o `openldap-clients` (Red Hat).

5.1 Archivo de configuración del cliente

Aunque no sea obligatorio, el archivo de configuración permite definir opciones y valores por defecto, que pueden ser usados por la biblioteca LDAP. Este archivo, `slapd.conf` (o, en versiones recientes, `ldap.conf`), se encuentra, por defecto, en el directorio `/etc/ldap` o `/etc/openldap`.

El archivo permite definir variables, valores por defecto para los comandos que usan la biblioteca, entre ellos:

`BASE`	Sufijo del directorio por defecto.
`URI`	URI de los servidores LDAP por defecto.
`HOST`	Nombre de host o dirección de los servidores LDAP por defecto.

Ejemplo

Valores por defecto para los comandos LDAP de un cliente LDAP:

```
BASE    dc=intra,dc=es
URI     ldap://servldap.intra.es ldap:// servldap1.intra.es:666
HOST    servldap.intra.es
```

5.2 Interrogación del directorio: ldapsearch

El comando `ldapsearch` permite efectuar solicitudes de interrogación al directorio LDAP y recuperar el resultado en el formato normalizado LDIF (*LDAP Data Interchange Format*).

Este comando admite múltiples opciones. Permite obtener toda la información o una parte de ella almacenada en la arborescencia del directorio LDAP del servidor.

Observación

El caso más simple consiste en solicitar la exportación total de toda la información del directorio local (equivalente del comando `slapcat`). Esto permite comprobar la presencia de un objeto o que el servidor de directorio responde a la solicitudes.

Sintaxis para mostrar el contenido de un directorio

```
ldapsearch [-x] - b Sufijo
```

Donde:

`-x`	Solicitud anónima (sin contraseña).
`-b Sufijo`	Identificador del directorio que se va a interrogar.

Ejemplo

```
ldapsearch -x -b dc=midns,dc=es
# extended LDIF
#
# LDAPv3
# base <dc=midns,dc=es> with scope subtree
# filter: (objectclass=*)
# requesting: ALL
```

```
#

# midns.es
dn: dc=midns,dc=es
objectClass: top
objectClass: dcObject
objectClass: organization
o: midns.es
dc: midns

# people, midns.es
dn: ou=people,dc=midns,dc=es
objectClass: organizationalUnit
ou: people

# groups, midns.es
dn: ou=groups,dc=midns,dc=es
objectClass: organizationalUnit
ou:: Z3JvdXBzIA==

# pba, people, midns.es
dn: uid=pba,ou=people,dc=midns,dc=es
objectClass: inetOrgPerson
objectClass: posixAccount
objectClass: shadowAccount
cn: pba
sn: pba
loginShell: /bin/bash
uidNumber: 2000
gidNumber: 2000
homeDirectory: /home/pba
uid: pba

# usersldap, groups, midns.es
dn: cn=usersldap,ou=groups,dc=midns,dc=es
objectClass: posixGroup
cn: usersldap
gidNumber: 2000
memberUid: pba

# search result
search: 2
result: 0 Success

# numResponses: 6
# numEntries: 5
```

Sintaxis con criterios de selección

```
ldapsearch -x -D dn_admin [ -W | -w Contraseña] -h ip_servidor -b
contexto -s
sub atributo=valor
```

Donde:

`-x`	Autenticación simple.
`-D dn_admin`	DN de la cuenta de usuario que realiza la solicitud.
`-W | -w Contraseña`	Contraseña de la cuenta (`-W`, tecleada en la entrada estándar).
`-h ip_servidor`	Dirección IP del servidor LDAP que se va a interrogar.
`-b contexto`	Contexto de inicio de la búsqueda.
`-s sub`	Búsqueda recursiva a partir del contexto de inicio.
`atributo=valor`	Criterio de selección. Caracteres joker (`*`, ...) autorizados en `valor`.

Ejemplo

Búsqueda de todos los usuarios del directorio cuyo nombre empieza por `p`.

```
ldapsearch -x -D cn=admin,dc=midns,dc=es -W -s sub -b dc=midns,dc=es
cn=p*
Enter LDAP Password: XXX
# extended LDIF
#
# LDAPv3
# base <dc=midns,dc=es> with scope subtree
# filter: cn=p*
# requesting: ALL
#

# pba, people, midns.es
dn: uid=pba,ou=people,dc=midns,dc=es
objectClass: inetOrgPerson
objectClass: posixAccount
objectClass: shadowAccount
cn: pba
sn: pba
userPassword:: e1NTSEF9T1ovUUMxNWw0YVZ1cjJSc2k3RHVCbDRFQXM2OWRVTmk=
loginShell: /bin/bash
uidNumber: 2000
gidNumber: 2000
homeDirectory: /home/pba
```

```
uid: pba

# search result
search: 2
result: 0 Success

# numResponses: 2
# numEntries: 1
```

5.3 Gestión de la contraseña: ldappasswd

El comando `ldappasswd` permite asignar una contraseña cifrada a un usuario del directorio.

Sintaxis

```
ldappasswd [-x] [-D dn_solicitante] [ -W | -w Contraseña]
[-h ip_servidor] [-S | -s ContraseñaUsuario] [DNUsuario]
```

Donde :

`-x`	Autenticación simple.
`-D dn_solicitante`	DN de la cuenta que efectúa la solicitud.
`-W	-w Contraseña`	Contraseña del solicitante (`-W`, tecleada en la entrada estándar).
`-h ip_servidor`	Dirección IP del servidor LDAP que se va a interrogar.
`-S	-s ContraseñaUsuario`	Nueva contraseña (`-S`, tecleada en la entrada estándar).
`DNUsuario`	DN de la cuenta que se tiene que cambiar la contraseña.

Sin argumentos, el comando modifica la contraseña del usuario actual, en el directorio del servidor local.

Ejemplo

Modificación de la contraseña de un usuario, hecha por el administrador del directorio.

```
ldappasswd -x -D cn=admin,dc=midns,dc=es -W -S
uid=pba,ou=people,dc=midns,dc=es
New password: yyy
Re-enter new password: yyy
Enter LDAP Password: xxx
```

Lo comprobamos, interrogando al directorio con la cuenta de administración:

```
ldapsearch -x -D cn=admin,dc=midns,dc=es -W -s sub -b dc=midns,dc=es
cn=pba
# extended LDIF
#
# LDAPv3
# base <dc=midns,dc=es> with scope subtree
# filter: cn=pba
# requesting: ALL
#

# pba, people, midns.es
dn: uid=pba,ou=people,dc=midns,dc=es
objectClass: inetOrgPerson
objectClass: posixAccount
objectClass: shadowAccount
cn: pba
sn: pba
loginShell: /bin/bash
uidNumber: 2000
gidNumber: 2000
homeDirectory: /home/pba
uid: pba
userPassword:: e1NTSEF9QU9kZUNZNm9PUDI2WVZnM3dGVFZ3clNwaVpoYmJ1SDI=

# search result
search: 2
result: 0 Success

# numResponses: 2
# numEntries: 1
```

La contraseña del usuario se ha almacenado cifrada en el directorio.

5.4 Incorporación de objetos en el directorio usando ldapadd

El comando `ldapadd` añade un objeto, descrito en formato LDIF, en el directorio.

Sintaxis

```
ldapadd [-x] [-D dn_Admin] [ -W | -w contraseña] [-h ip_servidor]
[-f archivoLDIF]
```

Donde:

`-x`	Autenticación simple.
`-D dn_Admin`	DN de la cuenta del administrador.
`-W | -w contraseña`	Contraseña del administrador (`-W`, tecleada en la entrada estándar).
`-h ip_servidor`	Dirección IP del servidor LDAP que se va a interrogar.
`-f archivoLDIF`	Camino de acceso al archivo LDIF.

Sin la opción `-f`, el comando lee en la entrada estándar los datos que se tienen que añadir al directorio.

Ejemplo

Incorporación de una cuenta de usuario en el directorio:

Creamos la contraseña inicial de la cuenta de usuario:

```
slappasswd
New password: xxx
Re-enter new password: xxx
{SSHA}9APGAwfk5fhtiHpCB+s4Hxj61cdxuKWk
```

Creamos un archivo en formato LDIF, con los atributos de base del objeto que se quiere añadir al directorio:

```
vi ldap.ldif
dn: uid=trinidad,ou=people,dc=midns,dc=es
objectClass: inetOrgPerson
objectClass: posixAccount
objectClass: shadowAccount
cn: trinidad
sn: trinidad
userPassword: {SSHA}9APGAwfk5fhtiHpCB+s4Hxj61cdxuKWk
loginShell: /bin/bash
uidNumber: 2001
gidNumber: 2000
homeDirectory: /home/trinidad
```

Añadimos el objeto en el directorio local:

```
ldapadd -D cn=admin,dc=midns,dc=es -W -f ldap.ldif
Enter LDAP Password: XXX
adding new entry "uid=trinidad,ou=people,dc=midns,dc=es"
```

Comprobamos la presencia del nuevo usurario en el directorio:

```
ldapsearch -x -D cn=admin,dc=midns,dc=es -W -s sub -b dc=midns,dc=es cn=trinidad
Enter LDAP Password: XXX
[...]
# trinidad, people, midns.es
dn: uid=trinidad,ou=people,dc=midns,dc=es
objectClass: inetOrgPerson
objectClass: posixAccount
objectClass: shadowAccount
cn: trinidad
sn: trinidad
userPassword:: e1NTSEF9OUFQR0F3Zms1Zmh0aUhwQ0IrczRIeGo2MWNkeHVLV2s=
loginShell: /bin/bash
uidNumber: 2001
gidNumber: 2000
homeDirectory: /home/trinidad
uid: trinidad

# search result
search: 2
result: 0 Success

# numResponses: 2
# numEntries: 1
```

La cuenta de usuario se ha creado correctamente.

5.5 Modificación de objetos: ldapmodify

El comando `ldapmodify` modifica un objeto existente, descrito en formato LDIF, en el directorio.

Sintaxis

```
ldapmodify [-x] [-D dn_Admin] [ -W | -w contraseña] [-h ip_servidor]
[-f ArchivoLDIF]
```

Donde:

`-x`	Autenticación simple.
`-D dn_Admin`	DN de la cuenta del administrador.
`-W | -w Contraseña`	Contraseña del administrador (`-W`, tecleada en la entrada estándar).
`-h ip_servidor`	Dirección IP del servidor LDAP que se va a interrogar.
`-f archivoLDIF`	Camino de acceso al archivo LDIF.

Sin la opción -f, el comando lee en la entrada estándar los datos que se tendrán que añadir al directorio.

Ejemplo

Modificación de una cuenta de usuario en el directorio:

Creamos un archivo en formato LDIF, para modificar el atributo description de una cuenta de usuario en el directorio:

```
vi ldapactualizacion.ldif
dn: uid=trinidad,ou=people,dc=midns,dc=es
changetype: modify
replace: description
description: Cuenta de Trinidad Fernández
```

Modificamos la cuenta de usuario:

```
ldapmodify -D cn=admin,dc=midns,dc=es -W -f ldapactualizacion.ldif
Enter LDAP Password: XXX
modifying entry "uid=trinidad,ou=people,dc=midns,dc=es"
```

Comprobamos la modificación:

```
ldapsearch -x -D cn=admin,dc=midns,dc=es -W -s sub -b dc=midns,dc=es
cn=trinidad
Enter LDAP Password: XXX
[...]
# trinidad, midns.es
[...]
description: Cuenta de Trinidad Fernández

# search result
search: 2
result: 0 Success

# numResponses: 2
# numEntries: 1
```

5.6 Supresión de objetos: ldapdelete

El comando ldapdelete suprime el objeto existente que será determinado por su DN.

Sintaxis

```
ldapdelete [-x] [-D dn_Admin] [ -W | -w contraseña] [-h ip_servidor] DNobj
```

Donde:

`-x`	Autenticación simple.
`-D dn_Admin`	DN de la cuenta del administrador.
`-W | -w contraseña`	Contraseña del administrador (`-W`, tecleada en la entrada estándar).
`-h ip_servidor`	Dirección IP del servidor LDAP que se va a interrogar.
`DNobj`	DN del objeto que se va a suprimir.

Ejemplo

Supresión de una cuenta de usuario en el directorio del servidor local:

```
ldapdelete -D cn=admin,dc=midns,dc=es -W cn=user1,dc=midns,dc=es
Enter LDAP Password: XXX
```

Comprobamos la supresión:

```
ldapsearch -x -D cn=admin,dc=midns,dc=es -W -s sub -b dc=midns,dc=es cn=u*
Enter LDAP Password:
# extended LDIF
#
# LDAPv3
# base <dc=midns,dc=es> with scope subtree
# filter: cn=u*
# requesting: ALL
#

# search result
search: 2
result: 0 Success

# numResponses: 1
```

La cuenta de usuario se ha suprimido.

5.7 Herramientas gráficas

Existen diferentes herramientas gráficas que facilitan la gestión de los servidores LDAP y de sus directorios. Podemos citar:

- LDAP Admin Tool.
- LDAP Admin Windows LDAP Manager.
- LDAP Tool Box White Pages.
- LEX - The LDAP Explorer.
- phpLDAPadmin.
- Apache Directory Studio.
- JXplorer Java LDAP Browser.
- NetTools LDAP Search.
- Softerra LDAP Administrator.
- web2ldap.
- Active Directory Explorer.

Capítulo 12
Servicios de correo electrónico

1. Servicios de correo electrónico

Este capítulo trata de los diferentes servidores que se tienen que instalar en el marco de la gestión de mensajería en Linux.

1.1 Uso de los servidores de mensajería

El objetivo de esta sección es de enseñarle a:

- administrar un servidor de mensajería;
- configurar alias de direcciones de correo electrónico;
- implementar cuotas y gestionar dominios virtuales;

1.1.1 Competencias principales

- Archivos de configuración de Postfix.
- Configuración TLS básica para Postfix.
- Conocimientos básicos del protocolo SMTP.
- Conocimientos básicos de sendmail y exim.

1.1.2 Elementos empleados

- Archivos y comandos de configuración de Postfix.
- `/etc/postfix/`
- `/var/spool/postfix/`
- Capa de emulación de los comandos sendmail.
- `/etc/aliases`
- Archivos de registros relativos a los correos electrónicos en `/var/log`.

1.2 Gestión de la distribución de los correos electrónicos

El objetivo de esta sección es de enseñarle a:

- implementar aplicaciones para filtrar, seleccionar y controlar los mensajes entrantes.

1.2.1 Competencias principales

- Conocer las funcionalidades, la sintaxis y los operadores de Sieve.
- Usar Sieve para filtrar y seleccionar correos electrónicos, según los remitentes, los encabezados y el tamaño.
- Conocimientos básicos de procmail.

1.2.2 Elementos empleados

- Operadores de condición y de comparación.
- `keep`, `fileinto`, `redirect`, `reject`, `discard` y `stop`.
- Extensión Dovecot `vacation`.

1.3 Gestión del acceso a los correos electrónicos

El objetivo de esta sección es de enseñarle a:

- instalar y configurar los servicios POP y IMAP.

1.3.1 Competencias principales

- Configurar y administrar Dovecot como servidor IMAP y POP3.
- Configuración TLS básica para Dovecot.
- Conocimientos básicos de Courier.

1.3.2 Elementos empleados

- `/etc/dovecot/`
- `dovecot.conf`
- `doveconf`
- `doveadm`

2. Uso de los servidores de correo electrónico

Los servidores de correo electrónico, llamados MTA (*Mail Transfer Agent*), se encargan del envío y de la recepción de correos electrónicos a través de redes IP. Gestionan correos electrónicos para uno o varios dominios de mensajería. Los MTA se comunican entre ellos gracias al protocolo SMTP.

2.1 El protocolo SMTP

El protocolo SMTP (*Simple Mail Transfer Protocol* y sus extensiones, ESMTP, *Extended SMTP*), definido en la RFC 5321, se utiliza para enviar correos electrónicos hacia servidores de mensajería.

Es utilizado por clientes de correo electrónico para confiar el envío de un mensaje a su propio servidor de mensajería, y por los servidores de mensajería (MTA, *Mail Transfer Agent*) entre ellos, para enrutar el mensaje hasta el servidor de mensajería del destinatario del mensaje.

El enrutamiento del mensaje hacia el servidor de mensajería destinatario se basa en DNS y sus registros de recursos de tipo MX (*Mail eXchanger*).

Una vez que el mensaje llega al servidor de mensajería del destinatario, el mensaje se puede consultar directamente en el servidor, o a través de un agente de distribución (MDA, *Mail Delivery Agent*) y un protocolo de gestión de correo (POP3, IMAP4).

2.1.1 Sintaxis del protocolo

SMTP es un protocolo cliente-servidor, basado en TCP, usado para intercambiar mensajes en formato de texto. El servidor escucha en el puerto TCP bien conocido 25.

Los diferentes tipos de mensajes están identificados por palabras clave e identificadores numéricos.

Se puede comprobar la comunicación con un servidor SMTP conectándonos en TCP en el puerto 25, con una herramienta de tipo cliente llamada Telnet o nc.

Observación

Cada vez más a menudo, la comunicación entre el cliente de mensajería y el servidor se hace a través de un agente de correo (MSA, Mail Submission Agent), a través del puerto 587 o 465, y una autenticación SMTP.

2.1.2 Ejemplo

Conexión al servidor SMTP de la máquina local y envío de un email:

```
nc localhost 25
220 srvrh.localdomain ESMTP Postfix
ehlo mydom.com
250-srvrh.localdomain
250-PIPELINING
250-SIZE 10240000
250-VRFY
250-ETRN
250-STARTTLS
250-ENHANCEDSTATUSCODES
250-8BITMIME
250 DSN
250 SMTPUTF8
MAIL FROM:yo@mydom.com
250 2.1.0 Ok
RCPT TO:aca
250 2.1.5 Ok
DATA
354 End data with <CR><LF>.<CR><LF>
Hola Alejandro,
espero que todo vaya bien
.
250 2.0.0 Ok: queued as 3D42C2549
QUIT
221 2.0.0 Bye
```

Observación

El comando `ehlo` se utiliza por defecto en los sistemas recientes, este comando solicita al servidor que muestre las extensiones SMTP que soporta. Los sistemas más antiguos utilizaban el comando `helo`.

2.2 Los principales servidores de correo electrónico

Existen muchos servidores de correo electrónico, en diferentes sistemas operativos. En entornos Linux, las más usados son sendmail, Exim y Postfix.

2.2.1 sendmail

sendmail es uno de los primeros (incluso el primero) de los programas que implementaron un servidor de correo MTA. Creado por **Eric Allman** en 1980, es open source y uno de los más utilizados hoy día.

El programa es complejo y ha mostrado, en el transcurso de los años, fallos de seguridad que han necesitado correcciones para darle robustez. Su configuración, particularmente delicada, puede provocar problemas de seguridad en el caso de que no esté bien realizada.

Las versiones recientes son fiables y se encuentran entre las más potentes y rápidas del mercado.

2.2.2 Exim

Exim es un servidor de correo electrónico más reciente, open source, desarrollado a partir de 1995 par **Philip Hazel** para la Universidad de Cambridge. Es robusto y flexible. Es el MTA por defecto de las distribuciones de tipo Debian.

2.2.3 Postfix

Postfix es un servidor de correo electrónico, open source, desarrollado a partir de 1997 por **Wietse Venema** en un centro de investigación de IBM. Se ha concebido especialmente para ser seguro, modular y (relativamente) fácil de configurar.

Postfix reemplaza a menudo a sendmail. El programa ofrece sinónimos de los comandos de sendmail para facilitar la transición. Por ejemplo, podemos administrar el servidor Postfix usando una emulación del comando `sendmail`.

2.3 Configuración básica de Postfix

La configuración de Postfix acepta numerosos parámetros y opciones, que cubren un amplio conjunto de funcionalidades. Sin embargo, para una implementación básica, la configuración es relativamente simple, solamente se necesitan especificar algunos parámetros, los otros presentarán en la mayoría de los casos los valores por defecto.

2.3.1 Gestión de las cuentas de correo electrónico

Un MTA tiene que gestionar las cuentas de correo electrónico de un dominio, y disponer de la lista de los usuarios y de las direcciones de correo electrónico de este dominio de mensajería. Para ello, los servidores MTA se pueden basar en los datos gestionados por distintos recursos: base local de cuentas de usuarios (`/etc/passwd`, `/etc/shadow` o `/etc/group`), anuario LDAP, servidor NIS, base de datos SQL, etc.

2.3.2 Alias de correos electrónicos

Una cuenta de usuario puede estar asociada a diferentes direcciones de correo electrónico, se trata de los `alias`.

El principio es declarar en un archivo fuente las correspondencias entre las direcciones de correo electrónico (alias) y la cuenta de usuario asociada, con el formato siguiente:

`Nombrecuentacorreo:CuentaLinux`

El archivo por defecto en Postfix es `/etc/aliases`.

El comando `postalias` lee el archivo fuente usado como argumento y genera un archivo de base de datos para Postfix, por defecto `/etc/aliases.db`.

Ejemplo

Extracto del archivo fuente por defecto:

```
cat /etc/aliases
#
#  Aliases in this file will NOT be expanded in the header from
#  Mail, but WILL be visible over networks or from /bin/mail.
#
#       >>>>>>>>>>      The program "newaliases" must be run after
#       >> NOTE >>      this file is updated for any changes to
#       >>>>>>>>>>      show through to sendmail.
#

# Basic system aliases -- these MUST be present.
mailer-daemon:  postmaster
postmaster:     root

# General redirections for pseudo accounts.
bin:            root
daemon:         root
adm:            root
lp:             root
sync:           root
shutdown:       root
halt:           root
[...]
```

En el caso de modificación del archivo `/etc/aliases`, hay que actualizar el archivo de la base de datos correspondiente, con el comando `postalias`.

Sintaxis

```
postalias /etc/aliases
```

Ejemplo

Despues de la actualización del archivo `/etc/aliases`:

```
postalias /etc/aliases
ls -ltr /etc/aliases*
-rw-r--r--. 1 root root  1540 26 septiembre 13:29 /etc/aliases
-rw-r--r--. 1 root root 12288 26 septiembre 13:30 /etc/aliases.db
```

El archivo de la base de datos ha sido actualizado.

2.3.3 El archivo de configuración de Postfix

El archivo de configuración del servidor Postfix, `main.cf`, está generalmente situado en el directorio `/etc/postfix`.

Los parámetros de base que se tienen que especificar son los siguientes:

```
myorigin = dominio_origen
mydestination = dominio_destino
mynetworks = IdRedCIDR [...]
relayhost = relay_MTA
```

Donde:

`myorigin`	Dominio que será especificado en la dirección del emisor del mensaje (por defecto: el dominio DNS del servidor).
`mydestination`	Dominios de destino de los mensajes gestionados por el servidor, separados por una coma (por defecto: el dominio DNS del servidor).
`mynetworks`	Identificadores de red en formato CIDR. Solo se aceptarán las solicitudes de agentes de distribución que provengan de estas redes (por defecto: las redes de las interfaces de red del servidor).
`relayhost`	Nombre o dirección del servidor de agente de distribución SMTP que se usará para los mensajes que se transmitirán al exterior.

Observación

Muchos proveedores de acceso bloquean el tráfico SMTP que sale de sus redes si no ha sido emitido por sus MTA. El parámetro `relayhost` permite transferir a su MTA los mensajes destinados al exterior.

Por defecto, los archivos de trabajo y colas de espera de los email recibidos están almacenados en el archivo `/var/spool/postfix/`. Podemos especificar otra ubicación, a través de la directiva `queue_directory`.

Los archivos de correo electrónico están almacenados por defecto en el directorio `/var/mail`. Podemos especificar otra ubicación, usando para ello la directiva `mail_spool_directory`.

2.3.4 Parámetros activos

El comando `postconf` muestra el conjunto de los parámetros activos del servidor Postfix que se está ejecutando.

Con la opción `-n`, el comando solo muestra los parámetros definidos en el archivo de configuración del servidor Postfix que se está ejecutando.

Ejemplo

Con la configuración por defecto:

```
postconf -n
alias_database = hash:/etc/aliases
alias_maps = hash:/etc/aliases
command_directory = /usr/sbin
compatibility_level = 2
daemon_directory = /usr/libexec/postfix
data_directory = /var/lib/postfix
debug_peer_level = 2
debugger_command = PATH=/bin:/usr/bin:/usr/local/bin:/usr/X11R6/bin ddd
$daemon_directory/$process_name $process_id & sleep 5
html_directory = no
inet_interfaces = localhost
inet_protocols = all
mail_owner = postfix
mailq_path = /usr/bin/mailq.postfix
manpage_directory = /usr/share/man
meta_directory = /etc/postfix
mydestination = $myhostname, localhost.$mydomain, localhost
newaliases_path = /usr/bin/newaliases.postfix
queue_directory = /var/spool/postfix
readme_directory = /usr/share/doc/postfix/README_FILES
sample_directory = /usr/share/doc/postfix/samples
sendmail_path = /usr/sbin/sendmail.postfix
```

```
setgid_group = postdrop
shlib_directory = /usr/lib64/postfix
smtp_tls_CAfile = /etc/pki/tls/certs/ca-bundle.crt
smtp_tls_CApath = /etc/pki/tls/certs
smtp_tls_security_level = may
smtpd_tls_cert_file = /etc/pki/tls/certs/postfix.pem
smtpd_tls_key_file = /etc/pki/tls/private/postfix.key
smtpd_tls_security_level = may
unknown_local_recipient_reject_code = 550
```

2.3.5 El comando postfix

El comando `postfix` permite interactuar con el servidor Postfix.

Sintaxis

```
postfix action
```

Acciones principales

`status`	Estado del servicio.
`stop`	Para el servidor.
`start`	Inicia el servidor.
`check`	Comprueba la configuración del servicio.
`reload`	Recarga la configuración.
`abort`	Fuerza un bloqueo del servicio.
`flush`	Intenta liberar todos los correos electrónicos en instancia.

Ejemplo

Comprobación de la cofiguración:

```
postfix check
echo $?
0
```

2.3.6 Prueba del funcionamiento del servidor

Los mensajes recibidos por el servidor Postfix se almacenan por defecto en el directorio `/var/mail` (se puede tratar de un enlace simbólico hacia `/var/spool/mail`), en archivos de las cuentas de correo electrónico que llevan el nombre del usuario de destino.

Para comprobar el funcionamiento del servidor, podemos escribir un correo electrónico usando un cliente SMTP (Outlook, Thunderbird, etc.), configurado para usar el servidor Postfix como servidor SMTP.

También se puede comprobar el servidor usando el comando estándar `mail`.

En caso de problema, hay que consultar el archivo de registro del servidor Postfix. Por defecto, este último usa los servicios del daemon de gestión de los registros (`syslogd` o `rsyslogd`), especificando "mail" como identificador de la fuente de los mensajes. Los eventos se almacenan en el archivo `/var/log/maillog` (o `/var/log/mail.log`).

Ejemplo

Contenido de la cuenta de correo electrónico de `aca`, destinatario del mensaje en el ejemplo anterior:

```
cat /var/spool/mail/aca
From yo@mydom.com  Mon Sep 26 13:20:18 2022
Return-Path: <yo@mydom.com>
X-Original-To: aca
Delivered-To: aca@srvrh.localdomain
Received: from mydom.com (localhost [IPv6:::1])
        by srvrh.localdomain (Postfix) with ESMTP id 3D42C2549
        for <aca>; Mon, 26 Sep 2022 13:19:27 +0200 (CEST)
Message-Id: <20220926111938.3D42C2549@srvrh.localdomain>
Date: Mon, 26 Sep 2022 13:19:27 +0200 (CEST)
From: yo@mydom.com

Hola Alejandro,
espero que todo vaya bien
```

2.4 El comando mail

El comando standard `mail` permite interactuar con un MTA para enviar y recibir los correos electrónicos del usuario. Se puede instalar utilizando varios paquetes de software, por ejemplo `mailx`.

Observación

En modo recepción, el comando `mail` solo gestiona los buzones de correo en el formato tradidional `mbox`.

Por defecto, el comando funciona en modo interactivo. Con un nombre de usuario como argumento, el comando permite teclear un mensaje para este usuario. Sin ningún argumento, el comando permite consultar el buzón de correo electrónico y administrar los mensajes recibidos.

Podemos usar el comando como salida, para enviar al o a los destinatarios usados como argumento las visualizaciones que resultan de un comando.

Observación

Cuando se teclea el cuerpo del mensaje, se termina tecleando el carácter . al principio de la última línea.

Ejemplo

Consulta del buzón de correo electrónico del usuario aca, destinatario del mensaje de prueba del servidor en el ejemplo anterior:

```
mail
Heirloom Mail version 12.5 7/5/10.  Type ? for help.
"/var/spool/mail/aca": 1 message 1 new
>N  1 yo@mydom.com          Mon Sep 26 13:20  16/466
&
& p
Message  1:
From yo@mydom.com  Mon Sep 26 13:20:18 2022
Return-Path: <yo@mydom.com>
X-Original-To: aca
Delivered-To: aca@srvrh.localdomain
Date: Mon, 26 Sep 2022 13:19:27 +0200 (CEST)
From: yo@mydom.com
Status: R

Hola Alejandro,
espero que todo vaya bien

&
```

2.5 Configuración de Postfix para TLS

Para reforzar la seguridad de los intercambios de mensajes entre el servidor SMTP y los clientes SMTP, Postfix puede ser configurado para usar la capa de transporte seguro TLS (*Transport Layer Security*).

En este caso, hay que crear el certificado y la clave privada necesarios para la autenticación del servidor, y declararlo después en el archivo de configuración del servidor.

Por defecto, Postfix no tiene activada la gestión de TLS.

Para activarla y determinar el nivel de uso, hay que especificar la directiva smtpd_tls_security_level, la cual puede presentar distintos valores:

may — El servidor acepta clientes TLS y no TLS.

encrypt — El servidor solo acepta clientes TLS.

Observación

Si el servidor es público, la opción TLS obligatoria no debería de estar activada (ver RFC 2487).

2.6 Gestión de dominios virtuales

Un servidor Postfix puede gestionar varios dominios de mensajería distintos. Para ello es necesario definir los dominios virtuales. Los dominios virtuales son vistos como independientes desde el exterior, tienen sus propias cuentas correo electrónico.

2.6.1 Definición de los dominios virtuales

En el archivo `main.cf`, la directiva `mydestination` especifica el nombre del dominio de mensajería gestionado. Este dominio se llama **canónico**.

La lista de los dominios virtuales está declarada por la directiva `virtual_alias_domains`:

```
virtual_alias_domains dominio1, ...,dominioN
```

2.6.2 Gestión de las cuentas de correo electrónico de los dominios virtuales

Las relaciones entre las cuentas de correo electrónico de los dominios virtuales y las cuentas de los usuarios se hacen a través de un archivo de alias virtuales, cuyo camino de acceso (en general `/etc/postfix/virtual`) se especifica con la directiva `virtual_alias_maps` del archivo de configuración `main.cf`, según el formato siguiente:

```
virtual_alias_maps = hash:CaminoArchivo
```

El archivo fuente tiene el mismo formato de línea que el archivo de alias que ya se vio:

```
Nombrecuentacorreo:CuentaLinux
```

El comando `postmap` lee el archivo fuente que se utiliza como argumento y genera un archivo de base de datos para Postfix.

El archivo por defecto está autodocumentado.

Ejemplo

```
vi /etc/postfix/virtual
[...]
aca@rrhh.mindns.es       aca
phb@ventas.mindns.es     aca
```

Como el archivo se ha modificado, hay que actualizar el archivo de base de datos correspondiente, usando para ello el comando `postmap`:

```
postmap /etc/postfix/virtual
ls -ltr /etc/postfix/virtual*
-rw-r--r--. 1 root root 14021 26 septiembre 13:46 /etc/postfix/virtual
-rw-r--r--. 1 root root 12288 26 septiembre 13:46 /etc/postfix/virtual.db
```

2.7 Gestión de las cuotas

Para especificar los límites de tamaño de las cuentas de correo electrónico y de los mensajes, se definen las directivas siguientes en el archivo de configuración `mail.cf`:

```
mailbox_size_limit = NúmeroMaxBytes
message_size_limit = NúmeroMaxBytes
```

3. Gestion de la distribución de los correos electrónicos

El servidor MTA almacena localmente los mensajes recibidos. El formato de almacenamiento de los mensajes puede ser `mbox` o `maildir`.

Después de haber recibido un correo electrónico, se puede configurar el servidor Postfix para que haga una llamada a un programa externo (LDA, *Local Distribution Agent*), encargado de filtrar y de clasificar antes de almacenar el correo electrónico.

3.1 Formatos de almacenamiento de los mensajes

El servidor MTA almacena localmente los mensajes recibidos. El formato de almacenamiento de los mensajes puede ser `mbox` o `maildir`.

3.1.1 El formato mbox

El formato `mbox` es el más antiguo. En este formato, todos los mensajes del usuario se concatenan en el interior de un único archivo de buzón de correo. El principio de cada mensaje está identificado por la secuencia de caracteres `From` al principio de la línea.

Como se trata de un archivo de texto único, se podría corromper fácilmente si dos procesos acceden en escritura simultáneamente a él.

Ejemplo

Archivo de buzón de correo de un usuario, en formato *mbox*:

```
vi /var/mail/aca
From yo@mydom.com  Mon Sep 26 13:20:18 2022
Return-Path: <yo@mydom.com>
X-Original-To: aca
Delivered-To: aca@srvrh.localdomain
Received: from mydom.com (localhost [IPv6:::1])
       by srvrh.localdomain (Postfix) with ESMTP id 3D42C2549
       for <aca>; Mon, 26 Sep 2022 13:19:27 +0200 (CEST)
Message-Id: <20220926111938.3D42C2549@srvrh.localdomain>
Date: Mon, 26 Sep 2022 13:19:27 +0200 (CEST)
From: yo@mydom.com
Status: RO



Hola Alejandro,
espero que todo vaya bien

From root@srvrh.localdomain  Mon Sep 26 13:48:50 2022
Return-Path: <root@srvrh.localdomain>
X-Original-To: aca
Delivered-To: aca@srvrh.localdomain
Received: by srvrh.localdomain (Postfix, from userid 0)
        id BF8C82549; Mon, 26 Sep 2022 13:48:50 +0200 (CEST)
Date: Mon, 26 Sep 2022 13:48:50 +0200
To: aca@srvrh.localdomain
Subject : Infos
User-Agent : Heirloom mailx 12.5 7/5/10
MIME-Version : 1.0
Content-Type : text/plain ; charset=iso-8859-1
Content-Transfer-Encoding : 8bit
Message-Id : <20220926114850.BF8C82549@srvrh.localdomain>
From : root <root@srvrh.localdomain>

Hola Alejandro
Tu petición de vacaciones ha sido aceptada.
Un saludo.
E.M
```

3.1.2 El formato maildir

El formato `maildir` usa una estructura de directorios para el almacenamiento de los correos electrónicos recibidos por un usuario. Cada mensaje está almacenado en un archivo independiente.

Un directorio de correo con formato `maildir` contiene tres subdirectorios: `tmp`, `new` y `cur`. Los mensajes se almacenan primero en `tmp`, y después se desplazan a `new`. Después de haberlos leído, se desplazan a `cur`. Cada correo electrónico esta almacenado en un archivo cuyo nombre no guarda ninguna relación con el título o contenido del mensaje.

3.1.3 Uso del formato maildir por Postfix

Por defecto, el servidor Postfix usa el formato `mbox` para almacenar los correos electrónicos.

Si queremos usar el formato más reciente `maildir`, hay que configurarlo en el archivo `main.cf`. usando la directiva siguiente:

```
home_mailbox = Maildir/
```

El directorio se creará en el directorio de conexión del usuario en cuanto se reciba el primer correo electrónico.

Observación

El comando `mail`, para la lectura de los mensajes, solo soporta el formato `mbox`.

Ejemplo

Directorio de recepción de correos electrónicos, con formato `maildir`, del usuario `aca`:

```
ls -l /home/aca/Maildir/*
/home/aca/Maildir/cur:
total 0

/home/aca/Maildir/new:
total 4
-rw-------. 1 aca aca 518 26 septiembre 13:55
1664193310.Vfd02I100025cM969873.srvrh.localdomain

/home/aca/Maildir/tmp:
total 0
```

Hay un mensaje que todavía no se ha leído:

```
cd /home/aca/Maildir/new
cat 1664193310.Vfd02I100025cM969873.srvrh.localdomain
Return-Path: <root@srvrh.localdomain>
X-Original-To: aca
Delivered-To: aca@srvrh.localdomain
Received: by srvrh.localdomain (Postfix, from userid 0)
        id DCE1D2549; Mon, 26 Sep 2022 13:55:10 +0200 (CEST)
Date: Mon, 26 Sep 2022 13:55:10 +0200
To: aca@srvrh.localdomain
Subject: Mode Maildir
User-Agent: Heirloom mailx 12.5 7/5/10
MIME-Version: 1.0
Content-Type: text/plain; charset=us-ascii
Content-Transfer-Encoding: 7bit
Message-Id: <20220926115510.DCE1D2549@srvrh.localdomain>
From: root <root@srvrh.localdomain>

Ok
```

3.2 procmail

Podemos configurar el servidor Postfix para que use un programa externo para tratar los correos electrónicos recibidos antes de almacenarlos. Los programas más utilizados son procmail y, más recientes todavía, las aplicaciones que usan el lenguaje de filtrado Sieve.

Los tratamientos permiten filtrar mensajes y clasificarlos aplicando diferentes criterios.

3.2.1 Configuración de Postfix

La directiva `mailbox_command` del archivo de configuración Postfix define el programa que se usará para tratar los mensajes entrantes (es el caso de procmail).

Sintaxis

```
mailbox_command = RutaPrograma
```

Para configurar una aplicación LDA (*Local Delivery Agent*), hay que usar la directiva: `virtual_transport`.

Sintaxis

```
virtual_transport = NombreLDA
```

3.2.2 Configuración de procmail

Algunos ejemplos permiten conocer los principios básicos de la configuración de procmail, completa pero compleja.

procmail usa un archivo de configuración, `.procmailrc`, que se encuentra en el directorio de conexión del usuario. Este archivo contiene reglas que se tienen que aplicar, en su orden de aparición, a todos los correos electrónicos entrantes. El tratamiento se termina en cuanto una regla es aplicable.

Formato de una regla

```
:0 [Tipo]
Condición
Acción
```

Donde:

`:0 [Tipo]`	Principio de la regla + tipo de regla (`H` encabezado y `B` cuerpo del mensaje).
`Condición`	Criterio de selección del mensaje (expresión regular).
`Acción`	Tratamiento que se aplicará al mensaje.

Ejemplos

Almacenar en el directorio todosmisamigos/borja todos los mensajes entrantes cuyo nombre de dominio termine por borja:

```
:0
* ^From.*borja
todosmisamigos/borja
```

Imprimir todos los correos electrónicos con un tamaño inferior a 1000 bytes.

```
:0
* < 1000
| /usr/bin/lp
```

3.3 Sieve

Sieve (« colador » en inglés) se trata de un lenguaje especializado en el filtrado de correos electrónicos definido en la RFC 5228. Existen programas de distribución local de correos electrónicos (LDA, *Local Delivery Agent*) que lo implementan y que hacen competencia a procmail. Es el caso, por ejemplo, de Dovecot.

El principio de concepción del lenguaje Sieve ha sido limitar sus funcionalidades para hacerlo simple y robusto, para poder garantizar en todo lo posible su seguridad de uso.

3.3.1 Componentes de un filtro Sieve

Un filtro Sieve es un script que contiene una lista de comandos.

El comando `require` permite declarar el uso de módulos opcionales, identificados por palabras clave. Su sintaxis es la siguiente:

```
require ["PalabraClave1", ..., "PalabraClaveN"];
```

Una cadena de caracteres debe estar rodeada por el carácter ".

```
["Cadena1", ..., "CadenaN"]
```

Esta sintaxis permite definir una lista de cadenas de caracteres, que se puede utilizar con la mayoría de los comandos.

Los comentarios empiezan con el carácter # al principio de línea hasta el final de la línea, o se encuentran en una o en varias líneas rodeadas por `/* y */`.

3.3.2 La estructura if

Los comandos se agrupan, en la mayoría de casos, en estructuras `if`, según la sintaxis siguiente:

```
if CriterioSelección {
Comando1
...
ComandoN
}
```

La estructura asocia uno varios comandos que se aplican secuencialmente al correo electrónico objeto del análisis, si corresponde a los criterios de selección especificados.

Un filtro Sieve puede estar compuesto de distintas estructuras `if`, que se ejecutarán siguiendo su orden de aparición. Si una estructura no se aplica al correo electrónico objeto del análisis, se pasará a la siguiente.

Si no se aplica ninguna estructura `if`, el email objeto del análisis será aceptado.

Una estructura `if` acepta las palabras clave `elsif` y `else` para efectuar pruebas anidadas:

```
if CriterioSelección {}
elsif CriterioSelección {}
else {}
```

3.3.3 Los comandos de acción

Dentro de una estructura `if`, podemos encontrar los comandos habituales siguientes:

`discard`	Rechaza silenciosamente el correo electrónico objeto del análisis.
`reject Motivo`	Rechaza el correo electrónico objeto del análisis enviando el mensaje `Motivo` al emisor.
`fileinto Directorio`	Almacena el correo electrónico objeto del análisis en el directorio especificado.
`Redirect Dirección`	Transfiere el correo electrónico objeto del análisis hacia la dirección especificada.
`stop`	Termina la ejecución del script, sin tratar los otros comandos.
`keep`	Accepta el correo electrónico objeto del análisis (comando por defecto).

3.3.4 Los criterios de selección

Los criterios de selección se pueden aplicar a distintas partes de un mensaje.

Direcciones

Las direcciones se pueden comprobar, con la palabra clave `address`, a partir de los campos `From:`, `To:` y `Sender:` del mensaje.

Una dirección de correo electrónico está compuesta por dos partes, que se pueden comparar de manera separada, según el formato siguiente:

```
:localpart@ :domain
```

También se puede comprobar el conjunto de la dirección, usando la palabra clave `:all`.

La sintaxis del comando es la siguiente:

```
address OperadorComp ParteDir CampoDir Cadena
```

Donde:

`OperadorComp`	Operador de comparación (`:is`, `:contains`, `:matches`).
`ParteDir`	`:all`, `:domain` o `:local` (defecto: `:all`).
`CampoDir`	`"to"`, `"from"`, `"sender"`.
`Cadena`	Cadena para la comparación.

Campos de encabezado

Se puede comprobar el encabezado, usando la palabra clave `header`. También se puede especificar un campo particular del encabezado para limitar la comprobación.

3.3.5 Los operadores de comparación

Los operadores de comparación con una cadena de caracteres son los siguientes:

`:is`	Correspondencia completa.
`:contains`	Correspondencia con una parte de la cadena.
`:matches`	Correspondencia con un modelo con caracteres joker (`?` y `*`).
`allof (Lista)`	Si la cadena corresponde al conjunto de pruebas de la lista.
`anyof(Lista)`	Si la cadena corresponde a una prueba de la lista.
`Size [Oper] Val[K|M]`	Si el tamaño del mensaje es (`:over` o `:under`) del tamaño indicado.

3.3.6 La extensión vacation

Esta extensión del lenguaje Sieve, implementada en particular por Dovecot, permite gestionar respuestas automáticas a los correos electrónicos recibidos en ausencia del usuario.

La extensión usa el comando `vacation` y distintos parámetros.

Ejemplo

Script Sieve para dar una respuesta automática en caso de ausencia:

```
require ["vacation"];
vacation
 # Se dará solamente una respuesta cada día al mismo emisor
:days 1
:subject "Respuesta en ausencia "
 # Direcciones de los destinatarios que podrán provocar una respuesta automática.
:addresses ["aca@mindns.es", "admin@mindns.es"]
"No estoy disponible. Por favor, contacte con el servicio de atención al cliente.
Atentamente,
Alejandro";
```

3.3.7 Ejemplo

Este script presenta algunos comandos Sieve para filtrar correos electrónicos.

Observación

La implementación de filtros Sieve no es suficiente para proteger de manera eficaz a un servidor de correo electrónico contra el spam, se aconseja el uso de un programa especializado.

```
# Ejemplo simple de filtro Sieve

# Declaración de los comandos opcionales usados.
require ["fileinto", "reject"];

# Se rechazarán los mensajes muy grandes (> 10 MB)
if size:over 10000K {
  reject "No se aceptarán los mensajes que superen un tamaño de 10 MB.";
}
# Los mensajes enviados desde la lista de difusión intra se almacenarán
en un directorio especial
elsif address:is ["From", "To"] "mailinglist.intra@mindns.es" {
  fileinto "INBOX.ListaIntra";
}
# Se enviarán los mensajes no profesionales a spam
elsif header:matches "Subject" ["*sexo*","*Viagra*","*herencia*"]) {
     fileinto "INBOX.spam";
}
```

4. Gestión del acceso a los buzones de correo electrónico

El servidor MTA (*Mail Transfer Agent*) almacena los correos electrónicos en buzones de correo electrónico locales.

Para acceder al contenido de su buzón de correo electrónico, el usuario destinatario ejecuta un programa cliente de mensajería (MUA, *Mail User Agent*). Este programa interroga a un servidor de gestión de correo recibido (MDA, *Mail Delivery Agent*), según el protocolo POP3 (*Post Office Protocol*) o IMAP4 (*Internet Message Access Protocol*).

El servidor MDA, después de haber comprobado la identidad del usuario, responde a las solicitudes del cliente de mensajería para gestionar los mensajes recibidos (lectura, almacenamiento, supresión...).

Los programas MDA que se tienen que conocer son courier-pop/courier-imap y sobre todo Dovecot.

4.1 El protocolo POP3

El protocolo POP3 usa TCP y el puerto bien conocido 110. El servidor transfiere los mensajes del buzón de correo del usuario al cliente de mensajería. Por defecto, los mensajes leídos se suprimen del buzón de correo electrónico, pero es posible guardar una copia en el servidor.

Observación

Este protocolo es simple, pero dispone de funcionalidades reducidas. Tiende a ser reemplazado por el protocolo IMAP4, más complejo pero más potente.

4.2 El protocolo IMAP4

El protocolo IMAP4, más reciente y que dispone de más funcionalidades, usa TCP y el puerto bien conocido 143.

El cliente descarga los encabezados de los mensajes desde el servidor, y permite a continuación que el cliente ejecute acciones en los mensajes: leer, desplazar, suprimir, etc.

Por defecto, los mensajes se conservan en el servidor, pero es posible configurar los clientes IMAP para que sincronicen los mensajes descargados y poder realizar una consulta sin conexión.

El protocolo IMAP permite organizar eficazmente los buzones de correo electrónico creando directorios y subdirectorios. También permite transferir un mensaje completo o una parte de él (encabezado, archivos adjuntos...).

4.3 Servidores courier imap y courier pop

La suite Courier Mail Server incluye los servidors courier-pop y courier-imap. Esta propone el conjunto de los servicios de gestión de correo electrónico, pero sus componentes se pueden instalar de manera separada, en función de las necesidades.

4.3.1 Formato de almacenamiento de los mensajes

Los servicios courier-pop y courier-imap solo funcionan con mensajes almacenados en los directorios de formato `maildir`. Por lo tanto, hay que configurar el servidor MTA para que utilice ese formato.

4.3.2 Configuración de los servicios

Los parámetros por defecto de los servicios son, generalmente, suficientes para un funcionamiento estándar. Su archivo de configuración se encuentra en el directorio `/etc/courier`, `pop3d` para el servicio POP e `imapd` para el servicio IMAP.

4.3.3 Validación de la autenticación

Durante la conexión al servidor, un cliente de correo electrónico presenta su cuenta de usuario y su contraseña. La biblioteca de autentificación `courier` valida estos datos para autorizar el acceso al servidor.

El comando `authtest` permite comprobar que una cuenta de usuario puede abrir efectivamente una conexión hacia el servidor local (POP o IMAP).

Sintaxis

```
authtest usuario contraseña
```

Ejemplo

```
authtest aca micontraseña
Authentication succeeded.

    Authenticated: aca  (system username: aca)
   Home Directory: /home/aca
          Maildir: (none)
            Quota: (none)
Encrypted Password: $1$zSIbmjnM$244213Mpk.
Cleartext Password: micontraseña
          Options: (none)
```

4.4 El servidor Dovecot

Dovecot es un servidor de gestión de correo recibido, open source, concebido para asegurar un máximo de rendimiento y un alto nivel de seguridad.

Aunque su implementación de base sea relativamente simple, como presenta un gran número de funcionalidades, sus posibilidades de configuración son múltiples y pueden ser complejas.

Soporta los formatos de buzones de correo electrónico `mbox` y `maildir`.

4.4.1 Configuración

El servidor Dovecot usa el archivo de configuración `dovecot.conf`, que se encuentra normalmente en el directorio `/etc/dovecot`, completado opcionalmente con archivos que se encuentran en el directorio `/etc/dovecot/conf.d`.

Para una configuración clásica y simple, solamente hay que definir el tipo de autenticación por contraseña sin cifrar.

Sintaxis

```
disable_plaintext_auth = no
```

Observación

Se puede configurar la comunicación entre el cliente de mensajería y el servidor Dovecot para usar el protocolo POP o IMAP en SSL, para asegurar la confidencialidad total de las comunicaciones. Si además se desea una confidencialidad total de los intercambios, desde el envío del correo electrónico por el emisor hasta la recepción hecha por el destinatario, habría que implementar un protocolo de extremo a extremo como SMIME.

4.4.2 Visualización de la configuración actual: doveconf

El comando `doveconf` ofrece los datos de la configuración del servidor.

La opción `-a` muestra los parámetros efectivos del servidor.

Ejemplo

```
doveconf -a | head
# 2.3.16 (7e2e900c1a): /etc/dovecot/dovecot.conf
# OS: Linux 4.18.0-348.23.1.el8_5.x86_64 x86_64 Red Hat Enterprise Linux release 8.5
(Ootpa)
# Hostname: srvrh.localdomain
# NOTE: Send doveconf -n output instead when asking for help.
auth_anonymous_username = anonymous
auth_cache_negative_ttl = 1 hours
auth_cache_size = 0
auth_cache_ttl = 1 hours
auth_cache_verify_password_with_worker = no
auth_debug = no
```

La opción `-n` muestra únicamente los parámetros efectivos definidos en el archivo de configuración del servidor.

Ejemplo

```
dovecot -n
# 2.3.16 (7e2e900c1a): /etc/dovecot/dovecot.conf
# OS: Linux 4.18.0-
348.23.1.el8_5.x86_64 x86_64 Red Hat Enterprise Linux
release 8.5 (Ootpa)
# Hostname: srvrh.localdomain
```

```
first_valid_uid = 1000
mbox_write_locks = fcntl
namespace inbox {
 inbox = yes
 location =
 mailbox Drafts {
   special_use = \Drafts
 }
 mailbox Junk {
   special_use = \Junk
 }
 mailbox Sent {
   special_use = \Sent
 }
 mailbox "Sent Messages" {
   special_use = \Sent
 }
 mailbox Trash {
   special_use = \Trash
 }
 prefix =
}
passdb {
 driver = pam
}
ssl = required
ssl_cert = </etc/pki/dovecot/certs/dovecot.pem
ssl_cipher_list = PROFILE=SYSTEM
ssl_key =  # hidden, use -P to show it
userdb {
 driver = passwd
}
```

También se puede usar un nombre de directiva como argumento, para conocer su valor.

Ejemplo

```
doveconf disable_plaintext_auth
disable_plaintext_auth = yes
```

4.4.3 El comando doveadm

El comando `doveadm` permite interactuar con el servidor Dovecot.

Sintaxis

```
doveadm [-v] SubComando [Opciones] [Argumentos]
```

Donde:

`-v`	Visualización detallada.
`SubComando [Opciones] [Args]`	Subcomando de `doveadm` con sus opciones y argumentos opcionales.

Subcomandos principales:

`reload`	Recarga la configuración.
`stop`	Para correctamente el servidor.
`kick [Nombre|DirIP]`	Desconecta el cliente (usando un nombre de usuario o una dirección IP).
`who`	Hace una lista de los clientes conectados.
`auth login Nom`	Comprueba la autenticación de un usuario.

Ejemplo

Prueba de la autenticación de un usuario (en modo plaintext):

```
doveadm auth login aca
Password: XXX
passdb: aca auth succeeded
extra fields:
 user=aca

userdb extra fields:
 aca
 system_groups_user=aca
 uid=1000
 gid=1000
 home=/home/aca
 auth_mech=PLAIN
```

Capítulo 13
Seguridad del sistema

1. Seguridad del sistema

Este capítulo trata de los diferentes aspectos de la seguridad de un sistema Linux en red: filtrado y traducción de direcciones a través del router, medidas de seguridad para un servidor FTP, gestión de SSH, tareas diarias de monitorio, implementación de una red privada virtual VPN.

1.1 Configuración de un router

El objetivo de esta sección es de enseñarle a:

- configurar un sistema para transferir paquetes IP, efectuar la traducción de dirección de red (NAT, *IP masquerading*) y entender su importancia en la protección de una red;
- configurar la redirección de puertos, la administración de las reglas de filtrado y la prevención de ataques.

1.1.1 Competencias principales

- Archivos y herramientas de configuración iptables y ip6tables.
- Archivos y herramientas de configuración para la gestión de las tablas de enrutamiento.
- Rangos de direcciones privadas IPv4, direcciones locales únicas (*Unique Local Addresses*) y direcciones de enlace local (*Link Local Addresses*) IPv6.
- Redirección de puertos y transmisión IP (*IP forwarding*).

- Listar y escribir reglas y filtros basados en el protocolo, la dirección o los puertos de origen o destino, para aceptar o bloquear paquetes IP.
- Guardar y cargar configuraciones de filtrado.

1.1.2 Elementos empleados

- `/proc/sys/net/ipv4/`
- `/proc/sys/net/ipv6/`
- `/etc/services`
- `iptables`
- `ip6tables`

1.2 Gestión de servidores FTP

El objetivo de esta sección es de enseñarle a:

- configurar un servidor FTP para descargar y enviar archivos de forma anónima. Este objetivo incluye las precauciones que se tienen que tomar en el caso en que el envío anónimo esté autorizado y también la configuración de accesos de los usuarios.

1.2.1 Competencias principales

- Archivos y herramientas de configuración de Pure-FTPd y vsftpd.
- Conocimientos básicos de ProFTPd.
- Comprender las diferencias entre las conexiones FTP pasivas y activas.

1.2.2 Elementos empleados

- `vsftpd.conf`
- Opciones principales en línea de comandos de Pure-FTPd.

1.2.3 Shell seguro (SSH)

El objetivo de esta sección es de enseñarle a:

- configurar y proteger un servidor SSH;
- administrar las claves y la configuración para los usuarios;
- encapsular un protocolo de software en SSH y administrar las conexiones.

1.2.4 Competencias principales

- Archivos y herramientas de configuración de OpenSSH.
- Restricciones de conexión para el superusuario y los usuarios normales.
- Gestión de las claves del servidor y del cliente para las conexiones sin contraseña.
- Uso de múltiples conexiones a partir de muchas máquinas para evitar las pérdidas de conexión remota cuando se cambia la configuración.

1.2.5 Elementos empleados

- `ssh`
- `sshd`
- `/etc/ssh/sshd_config`
- `/etc/ssh/`
- Archivos de claves privadas y públicas.
- `PermitRootLogin`, `PubKeyAuthentication`, `AllowUsers`, `PasswordAuthentication` y `Protocol`.

1.3 Tareas de seguridad

El objetivo de esta sección es de enseñarle a:

- administrar la recepción de alertas de seguridad de diferentes fuentes, instalar, configurar y ejecutar sistemas de detección de intrusión y aplicar correctivos de fallos conocidos o problemas de seguridad.

1.3.1 Competencias principales

- Herramientas que permitan barrer la red (*scan*) y comprobar los puertos en un servidor.
- Sitios y organizaciones que informan de las alertas de seguridad: Bugtraq, CERT u otros.
- Herramientas para implementar un sistema de detección de intrusión (IDS).
- Conocimientos básicos de OpenVAS y Snort.

1.3.2 Elementos empleados

- `telnet`
- `nmap`
- `fail2ban`
- `nc`
- `iptables`

1.4 OpenVPN

El objetivo de esta sección es de enseñarle a:

- configurar una VPN (red privada virtual) e implementar conexiones punto a punto o de sitio a sitio protegidas.

1.4.1 Competencias principales

- OpenVPN

1.4.2 Elementos empleados

- `/etc/openvpn/`
- `openvpn`

2. Configuración de un router

Un router IP es un equipo que participa en distintas redes IP y que puede transferir (*forwarding*) paquetes entre esas redes.

La función de enrutamiento está integrada directamente en el núcleo de Linux pero, por defecto, no está activada.

El router hace de intermediario entre esas redes, y se puede utilizar para controlar y filtrar el tráfico entre esas redes (*firewall*), o para esconder las redes internas del exterior (*IP masquerading* o NAT, *Network Address Translation*).

2.1 Configuración de un servidor Linux como router

Para que un sistema Linux pueda enrutar mensajes entre dos redes IP en las que participa, basta con activar la función de enrutamiento en el núcleo. También puede ser necesario configurar rutas estáticas en la tabla de enrutamiento del sistema, para especificar hacia qué router hay que transferir los mensajes según las redes de destino.

Observación

Por defecto, Linux es un router estático IP, no intercambia información de enrutamiento con otros routers de la red, a través de un protocolo de enrutamiento (RIP, OSPF...). Para que pueda hacerlo, habría que instalar un programa de enrutamiento dinámico como Quagga, Bird o Zebra.

2.1.1 Activación del enrutamiento

La activación del enrutamiento puede hacerse dinámicamente, usando el sistema de archivos virtual montado en `/proc`. El contenido del archivo `/proc/sys/net/ipv4/ip_forward`, 1 o 0, determinará si el núcleo actual enruta en IPv4 o no.

Ejemplo

Activación del enrutamiento:

```
echo 1 > /proc/sys/net/ipv4/ip_forward
```

Desactivación del enrutamiento:

```
echo 0 > /proc/sys/net/ipv4/ip_forward
```

También se puede usar el comando `sysctl`, que permite modificar todos los parámetros dinámicos del núcleo accesible a partir de `/proc/sys`. La ventaja es que el comando comprueba que el parámetro que se va a escribir es válido.

Ejemplo

Activación del enrutamiento:

```
sysctl net.ipv4.ip_forward=1
```

Desactivación del enrutamiento:

```
sysctl net.ipv4.ip_forward=0
```

Para que este cambio se aplique cada vez que se inicie el sistema, hay que especificarlo en el archivo de configuración `/etc/sysctl.conf`.

Sintaxis

```
net.ipv4.ip_forward = 1
```

Para la configuración dinámica de IPv6, hay que usar el directorio /proc/sys/net/ipv6/. La activación o la desactivación del enrutamiento IPv6 se hace escribiendo 1 o 0 en el archivo /proc/sys/net/ipv6/conf/all/forwarding.

2.1.2 La tabla de enrutamiento

Una vez que haya sido activado, el núcleo se basa en su tabla de enrutamiento para transferir los paquetes IP recibidos en una de las interfaces y que no están destinados a ninguna de las direcciones IP de router. Si el mensaje está destinado a una dirección que pertenece a una de las redes conocidas en su tabla de enrutamiento, transfiere el paquete al destinatario o a un router que sepa cómo enviar a esa red.

La tabla de enrutamiento por defecto está administrada por el núcleo, en función de las redes de sus diferentes tarjetas de interfaz de red, y la configuración de estas tarjetas durante el arranque del sistema. El núcleo puede también modificarla dinámicamente en función de los mensajes ICMP que hayan podido ser enviados por los routers vecinos.

La tabla de enrutamiento puede ser mostrada usando diferentes comandos (vistos en el capítulo sobre las redes), por ejemplo:

```
ip [-br] route show
route -n
netstat -rn
```

Ejemplo

```
ip -br route show
default via 192.168.0.254 dev enp38s0 proto static metric 100
192.168.1.0/24 dev enp38s0 proto kernel scope link src 192.168.1.202 metric 100
```

El sistema tiene una pasarela por defecto y una ruta para cada red en la que participa.

2.1.3 Gestión de las rutas estáticas

Para que el núcleo pueda enrutar paquetes hacia redes remotas, por otro sitio distinto que su pasarela por defecto, podemos añadir rutas en su tabla de enrutamiento.

Los dos comandos habituales para administrar la tabla de enrutamiento son ip route y route.

■ Observación

Si rutas estáticas tienen que ser permanentes, hay que declararlas en los archivos de configuración de arranque de redes, `/etc/sysconfig/network-scripts/route-*` para las distribuciones de tipo Red Hat, `/etc/network/interfaces` para las de tipo Debian.

2.1.4 Modificar la tabla de enrutamiento: ip route

El comando `ip` con el objeto `route` permite configurar dinámicamente el enrutamiento de las tarjetas de interfaces de red.

Sintaxis

```
ip [ -6 ] [ Opciones ] [ route|r ] [ SubComando ] [ ArgSubComando ]
```

Parámetros principales

`-6`	Para IPv6.
`Opciones`	Opciones.
`SubComando`	Subcomando que se ejecutará.
`ArgSubComando`	Argumentos del subcomando.

Descripción

Este subcomando permite administrar (crear, mostrar, modificar y suprimir) la tabla de enrutamiento del sistema, en IPv4 y en IPv6.

Sin subcomando, mostrará la tabla de enrutamiento IPv4.

Para visualizar o modificar la tabla de enrutamiento IPv6, hay que usar la opción `-6`.

Los principales subcomandos y argumentos para estas rutas son:

Protocolo IPv4:

`add default|IdRed via Dirección [ dev Interfaz ]`

Añade como pasarela por defecto o como enrutador para la red especificada `IdRed` (en formato CIDR), la dirección `Dirección`, especificando opcionalmente qué tarjeta de interfaz de red hay utilizar.

`show default|IdRed`

Muestra la ruta o la pasarela por defecto.

`change default|IdRed via Dirección [ dev Interfaz ]`

Modifica la ruta o la pasarela por defecto.

`delete default|IdRed`

Suprime la ruta o la pasarela por defecto.

Protocolo IPv6:

Los comandos son iguales, especificando la opción -6. En general, la pasarela por defecto se detecta automáticamente en el enlace local y no hay necesidad de configurarla.

Ejemplos

Configurar la pasarela por defecto:

```
ip r show default
```

Ninguna pasarela definida.

Definimos la pasarela por defecto:

```
ip r add default via 192.168.1.254
ip r show default
default via 192.168.1.254 dev enp0s10
```

Añadir una ruta estática:

```
ip r add 10.0.1.0/24 via 192.168.1.12
ip r show
default via 192.168.1.254 dev enp0s10 onlink
10.0.1.0/24 via 192.168.1.12 dev enp0s10
```

2.1.5 Modificar la tabla de enrutamiento: route

El comando `route` también permite administrar dinámicamente la tabla de enrutamiento IPv4 y IPv6.

Observación

Este comando ya no está instalado por defecto en las versiones recientes de las distribuciones de tipo Red Hat o Debian, forma parte del paquete `net-tools`.

Sintaxis

```
route [ Opciones ] [ Subcomando ] [ ArgSubcomando ]
```

Parámetros principales

`Opciones`	Opciones.
`Subcomando`	Subcomando que se va a ejecutar.
`ArgSubcomando`	Argumentos del subcomando.

Descripción

Este comando permite gestionar (crear, mostrar, modificar y suprimir) la tabla de enrutamiento del sistema, en IPv4 y en IPv6.

Sin subcomando, muestra la tabla de enrutamiento IPv4.

Para visualizar o modificar la tabla de enrutamiento IPv6, hay que usar la opción `-6` o `-A inet6`.

Por defecto, el comando intenta usar los nombres de máquina o los nombres lógicos antes que las direcciones. La opción `-n` fuerza el uso de valores numéricos (direcciones IP).

En ese caso, la dirección correspondiente al destino por defecto es `0.0.0.0` (`[::]/0` en IPv6).

Los principales subcomandos y argumentos para administrar las rutas son:

Protocolo IPv4:

`add default gw Direccion`

Añade como pasarela por defecto la dirección `Direccion`.

`del default`

Suprime la pasarela por defecto.

`add -net IdRed gw Direccion`

Añade como pasarela hacia la red `IdRed` (en formato CIDR) la dirección `Direccion`.

Protocolo IPv6:

Los comandos son iguales, especificando la opción `-6`. En general, la pasarela por defecto se detecta automáticamente en el enlace local y no hay necesidad de configurarla.

Ejemplos

Gestión de la pasarela por defecto IPv4:

Definición de la pasarela por defecto:

```
route add default gw 192.168.1.251
route -n
Kernel IP routing table
Destination     Gateway         Mask            Flags Metric Ref    Use Iface
0.0.0.0         192.168.1.251   0.0.0.0         UG    0      0        0 enp0s10
169.254.0.0     0.0.0.0         255.255.0.0     U     1000   0        0 enp0s10
192.168.1.0     0.0.0.0         255.255.255.0   U     100    0        0 enp0s10
```

Incorporación de una ruta estática:

```
route add -net 10.2.0.0/16  gw 192.168.1.252
route -n
Kernel IP routing table
Destination     Gateway         Mask            Flags Metric Ref    Use Iface
0.0.0.0         192.168.1.251   0.0.0.0         UG    0      0        0 enp0s10
10.2.0.0        192.168.1.252   255.255.0.0     UG    0      0        0 enp0s10
169.254.0.0     0.0.0.0         255.255.0.0     U     1000   0        0 enp0s10
192.168.1.0     0.0.0.0         255.255.255.0   U     100    0        0 enp0s10
```

2.2 iptables

El núcleo Linux integra `netfilter`, componente de software de filtrado de paquetes de red. Esta capa se puede conectar con un software de usuario que permita definir reglas de filtrado y de modificación de paquetes de red, para implementar funcionalidades de firewall y de traducción de direcciones o de puertos. Los más usados son iptables y su sustituto nftables. Este último se puede usar nativamente o, de manera transparente, en modo compatible iptables.

iptables tiene que conocerse en el marco de la certificación LPIC-2.

Observación

Como la configuración de iptables es bastante delicada, hay programas que permiten implementarla más fácilmente, particularmente UFW (Uncomplicated Firewall) para la distribución Ubuntu y firewalld para las distribuciones de tipo Red Hat y Debian.

2.2.1 Las tablas

iptables se basa en **tablas** asociadas a diferentes funciones. Estas tablas contienen **reglas** (*rules*), que se aplicarán en un orden definido formando **cadenas** (*chains*).

Las principales son `filter` para el filtrado de paquetes, `nat` (*network address translation*) para la traducción de direcciones entre una red privada y una red pública y `mangle` para la modificación de los paquetes entrantes o salientes.

La tabla `filter` es la tabla por defecto.

2.2.2 Las cadenas

Una cadena `iptables` describe un conjunto ordenado de reglas que se aplican a un tipo de tráfico de red atendido por el núcleo del sistema local: paquetes dirigidos al sistema local (cadena `INPUT`), paquetes emitidos por el sistema local (cadena `OUTPUT`), o paquetes enrutados (cadena `FORWARD`).

Observación

Un paquete que atraviesa el router solo se verá afectado por las reglas de la cadena `FORWARD`. Las cadenas `INPUT` y `OUTPUT` están reservadas para los paquetes con destino o emitidos por el sistema local.

Hay otras dos cadenas, `PREROUTING` y `POSTROUTING`, utilizadas para las tablas `nat` y `mangle`, para aplicar un tratamiento a un paquete antes o después de una operación de enrutamiento.

En la sintaxis `iptables`, las cadenas siempre están especificadas en mayúsculas.

2.2.3 Las acciones (targets)

Una regla está asociada a una **acción** (*target*), aplicada por el núcleo al paquete objeto de la regla. Las acciones principales son:

`ACCEPT`	Aceptar el paquete.
`DROP`	Destruir silenciosamente el paquete.
`REJECT`	Destruir el paquete enviando un mensaje de rechazo ICMP al emisor.
`LOG`	Escribir un registro del paquete usando el daemon de registro del sistema y pasar a la siguiente regla.

En la línea de comandos `iptables`, especificamos una acción usando la opción `-j NOMBRE_ACCIÓN`.

Cada cadena tiene una estrategia (policy) de acción por defecto, que se aplicará si ninguna regla de la cadena corresponde con el paquete analizado. Las dos acciones de estrategia posibles son `ACCEPT` o `DROP`.

En la línea de comandos `iptables`, especificamos la acción de estrategia de una cadena usando la opción `-P Nombre_CADENA NOMBRE_ACCIÓN`.

2.2.4 Los criterios de selección

Una regla está asociada a criterios de selección que permiten determinar si un paquete encaja o no en una regla.

Los principales criterios de selección son los siguientes:

`Protocolo`	Protocolo del paquete: `tcp`, `udp`, `icmp` o `all`.
`Dirección origen`	Dirección origen del paquete. Puede ser un nombre de host, de red, una dirección `IP CIDR` o simple.
`Dirección destino`	Dirección destino del paquete. Puede ser un nombre de host, de red, una dirección `IP CIDR` o simple.
`Interfaz origen`	Interfaz de red por donde se recibe el paquete.
`Interfaz destino`	Interface de red por donde se emitirá el paquete.
`Puerto origen`	Número de puerto origen o nombre del puerto declarado en `/etc/services`.
`Puerto destino`	Número de puerto destino o nombre del puerto declarado en `/etc/services`.

Observación

Si el valor de un criterio empieza por el carácter !, está invertido el sentido de la prueba.

2.2.5 El tratamiento de las reglas

Las reglas de una cadena se aplican una por una y en el orden de aparición en el archivo para un paquete en curso. Si una regla corresponde al paquete, la acción correspondiente será aplicada al paquete y el filtrado se terminará (excepto para la acción `LOG`, que no suspende el recorrido del filtrado). Si la regla no se puede aplicar a paquete en curso, se confrontará a la regla siguiente. Si ninguna regla corresponde, se aplicará la acción por defecto (acción de estrategia) de la cadena.

La opción `-L` del comando `iptables` muestra para cada cadena de la tabla `filter` la acción de estrategia y sus reglas, en orden.

Sintaxis

```
iptables -L
```

Ejemplo

Reglas por defecto, sin configuración.

```
iptables -L
Chain INPUT (policy ACCEPT)
target     prot opt source               destination

Chain FORWARD (policy ACCEPT)
target     prot opt source               destination

Chain OUTPUT (policy ACCEPT)
target     prot opt source               destination
```

El núcleo no filtra ningún paquete.

2.3 Administración de un firewall con iptables

El comando `iptables` permite configurar las tablas, cadenas y reglas que tienen que someterse al módulo `netfilter` del núcleo para controlar el tráfico de red del sistema.

Observación

La configuración del filtrado de los paquetes IPv6 se realiza gracias al comando `ip6tables`, según los mismos principios.

2.3.1 Estrategias de cadenas

La estrategia (*policy*) de una cadena define la acción por defecto aplicada a un paquete si ninguna regla de la cadena encaja.

La opción `-P` del comando `iptables` permite especificar la estrategia de una cadena:

```
iptables -P Cadena Acción
```

Donde:

`Cadena`	Cadena respectiva: `INPUT`, `OUTPUT` o `FORWARD`.
`Acción`	Acción por defecto: `DROP` o `ACCEPT`.

Ejemplo

Implementación de una estrategia restrictiva: por defecto, se prohíben todos los paquetes entrantes salientes o transferidos.

```
iptables -P INPUT DROP
iptables -P OUTPUT DROP
iptables -P FORWARD DROP
```

2.3.2 Creación de reglas

La creación de las reglas de una cadena se hace gracias al comando `iptables`, especificando la cadena en cuestión, el o los criterios de selección del paquete y la acción asociada a la regla:

Sintaxis

```
iptables -A Cadena [ -s IP_origen -d IP_destino -p Protocolo --sport Puerto
--dport Puerto ] -j Acción
```

Donde:

`-A Cadena`	Cadena donde se añadirá la regla: `INPUT`, `OUTPUT` o `FORWARD`.
`-s IP_origen`	Dirección IP origen.
`-d IP_destino`	Dirección IP destino.
`-p Protocolo`	Protocolo: `tcp`, `udp`, `icmp` o `all`.
`--sport Puerto`	Puerto origen.
`--dport Puerto`	Puerto destino.
`-j Acción`	Acción asociada a la regla: `ACCEPT`, `DROP`, `REJECT` o `LOG`.

Las reglas son añadidas en el orden de creación. Para añadir una regla dentro de una cadena, hay que usar la opción `-I` en lugar de `-A`:

```
-I Cadena [NúmRegla]
```

`NúmRegla` es el número de la regla en la cadena (`1` por defecto, primera posición).

Ejemplo

Autorización del tráfico SSH, entrante y saliente:

```
iptables -A OUTPUT -p tcp --sport 22  -j ACCEPT
iptables -A OUTPUT -p tcp --dport 22  -j ACCEPT
iptables -A INPUT -p tcp --dport 22 -j ACCEPT
iptables -A INPUT -p tcp --sport 22 -j ACCEPT
iptables -L
Chain INPUT (policy DROP)
target     prot opt source               destination
ACCEPT     tcp  --  anywhere            anywhere             tcp dpt:ssh
ACCEPT     tcp  --  anywhere            anywhere             tcp spt:ssh
ACCEPT     tcp  --  anywhere            anywhere             tcp dpt:ssh
ACCEPT     tcp  --  anywhere            anywhere             tcp spt:ssh

Chain FORWARD (policy ACCEPT)
target     prot opt source               destination

Chain OUTPUT (policy DROP)
target     prot opt source               destination
ACCEPT     tcp  --  anywhere             anywhere            tcp spt:ssh
ACCEPT     tcp  --  anywhere             anywhere            tcp dpt:ssh
ACCEPT     tcp  --  anywhere             anywhere            tcp spt:ssh
ACCEPT     tcp  --  anywhere             anywhere            tcp dpt:ssh
```

Solo se autoriza el tráfico en el puerto bien conocido SSH (22), de emisión o de recepción. El enrutamiento no está autorizado.

```
ping -c1 192.168.1.201
PING 192.168.1.201 (192.168.1.201) 56(84) bytes of data.

^C
--- 192.168.1.201 ping statistics ---
1 packets transmitted, 0 received, 100% packet loss, time 0ms
```

El envío de un paquete ICMP no está permitido.

Conexión en SSH desde una máquina remota:

```
ssh srvdebian
ssh srvdebian
The authenticity of host 'srvdebian (192.168.1.201)' can't be established.
ECDSA key fingerprint is SHA256:OtwlxIre7ECGZ3KBlo+A/72tjoPcpLdzvFPzStNXR9A.
Are you sure you want to continue connecting (yes/no/[fingerprint])? yes
Warning: Permanently added 'srvdebian,192.168.1.201' (ECDSA) to the list of
```

```
known hosts.
pba@srvdebian's password:
Linux srvdebian 5.10.0-18-amd64 #1 SMP Debian 5.10.140-1 (2022-09-02) x86_64

The programs included with the Debian GNU/Linux system are free software;
the exact distribution terms for each program are described in the
individual files in /usr/share/doc/*/copyright.

Debian GNU/Linux comes with ABSOLUTELY NO WARRANTY, to the extent
permitted by applicable law.
You have no mail.
Last login: Mon Sep 26 13:12:30 2022 from 192.168.1.141
pba@srvdebian:~$
```

Conexión en SSH hacia una máquina remota:

```
ssh 192.168.1.196
The authenticity of host '192.168.1.196 (192.168.1.196)' can't be establis
hed.
ECDSA key fingerprint is SHA256:3c1svMyz+LI80JccfVwnGpSOJBHIXG4K9o7/
Ee99EDU.
Are you sure you want to continue connecting (yes/no/[fingerprint])? yes
Warning: Permanently added '192.168.1.196' (ECDSA) to the list of known ho
sts.
pba@192.168.1.196's password:
Welcome to Ubuntu 22.04 LTS (GNU/Linux 5.15.0-47-generic x86_64)

 * Documentation:  https://help.ubuntu.com
 * Management:     https://landscape.canonical.com
 * Support:        https://ubuntu.com/advantage

Hay 165 actualizaciones que se pueden aplicar inmediatamente.
Para ver estas actualizaciones adicionales, ejecute apt list --upgradable

*** System restart required ***
Last login: Mon Sep 26 19:58:09 2022 from 192.168.1.141
pba@ubuntu:~$
```

2.3.3 Gestión de las reglas

Las reglas de una cadena se aplican en el orden de su creación. Están numeradas a partir de 1.

Distintas opciones del comando `iptables` permiten mostrar los números de las reglas y usarlos para suprimir o añadir una regla.

Visualización de los números de las reglas

```
iptables -L Cadena --line-numbers [ -n ]
```

Observación

La opcion -n suprime las tentativas de resolución de direcciones y de números como nombres, acelerando de esta manera la visualización.

Inserción de una regla

```
iptables -I Cadena [ NúmRegla ] [ -s IP_origen -d IP_destino
-p Protocolo --sport Puerto --dport Puerto ] -j Acción
```

Inserta la regla que tienen como posición `NúmRegla` (defecto `1`) en la cadena `Cadena`.

Supresión de una règle

```
iptables -D Cadena NúmRegla
```

Suprime la regla que tiene como posición `NúmRegla`.

Supresión de todas las reglas

```
iptables -F
```

Suprime todas las reglas de todas las cadenas, pero conserva la estrategia de cadenas actual.

Ejemplo

```
iptables -L --line-numbers
Chain INPUT (policy DROP)
num  target     prot opt source               destination
1    ACCEPT     tcp  --  anywhere             anywhere            tcp dpt:ssh
2    ACCEPT     tcp  --  anywhere             anywhere            tcp spt:ssh
3    ACCEPT     tcp  --
  anywhere             anywhere            tcp dpt:ssh
4    ACCEPT     tcp  --
  anywhere             anywhere            tcp spt:ssh
Chain FORWARD (policy DROP)
num  target     prot opt source               destination

Chain OUTPUT (policy DROP)
num  target     prot opt source               destination
1    ACCEPT     tcp  --
  anywhere             anywhere            tcp spt:ssh
2    ACCEPT     tcp  --
  anywhere             anywhere            tcp dpt:ssh
3    ACCEPT     tcp  --
  anywhere             anywhere            tcp spt:ssh
4    ACCEPT     tcp  --
  anywhere             anywhere            tcp dpt:ssh
```

2.3.4 Gestión de los paquetes de retorno

El control de una solicitud de conexión entrante puede hacerse gracias al número de puerto destino. Se trata a menudo de un número de puerto bien conocido asociado al protocolo del servicio solicitado (HTTP, SSH, FTP, etc.). Sin embargo, el número de puertos del cliente remoto se atribuye de manera dinámica, por lo tanto es difícil autorizar al servidor a responder al cliente.

Para evitar estos problemas, podemos configurar el firewall para que autorice todos los paquetes, entrantes o salientes, relacionados con una conexión que ya se ha establecido.

Autorización de los paquetes retorno

```
iptables -A Cadena -m state --state ESTABLISHED,RELATED -j ACCEPT
```

La opción `-m state` permite especificar un filtro relacionado con el estado del paquete. Los estados aceptados son, `ESTABLISHED` y `RELATED`, representan respectivamente paquetes de una conexión establecida o vinculados a una conexión establecida (en particular, la conexión de transferencia de datos de una conexión FTP).

Ejemplo

```
iptables -A INPUT -m state --state ESTABLISHED,RELATED -j ACCEPT
iptables -A OUTPUT -m state --state ESTABLISHED,RELATED -j ACCEPT
iptables -L
Chain INPUT (policy DROP)
target     prot opt source               destination
ACCEPT     tcp  --  anywhere             anywhere            tcp dpt:ssh
ACCEPT     tcp  --  anywhere             anywhere            tcp spt:ssh
ACCEPT     tcp  --  anywhere             anywhere            tcp dpt:ssh
ACCEPT     tcp  --  anywhere             anywhere            tcp spt:ssh
ACCEPT     all  --
  anywhere             anywhere             state RELATED,ESTABLISHED

Chain FORWARD (policy DROP)
target     prot opt source               destination

Chain OUTPUT (policy DROP)
target     prot opt source               destination
ACCEPT     tcp  --  anywhere             anywhere            tcp spt:ssh
ACCEPT     tcp  --  anywhere             anywhere            tcp dpt:ssh
ACCEPT     tcp  --  anywhere             anywhere            tcp spt:ssh
ACCEPT     tcp  --  anywhere             anywhere            tcp dpt:ssh
ACCEPT     all  --
  anywhere             anywhere             state RELATED,ESTABLISHED
```

2.3.5 Ejemplo de configuración

Configuramos un router como firewall con `iptables`. La estrategia de filtrado por defecto es restrictiva: la acción por defecto es suprimir los paquetes que no correspondan a ninguna de las reglas.

El sistema es un router que protege a un servidor HTTP/HTTPS. Tiene que estar accesible en SSH. Además, tiene que autorizar los intercambios entre los clientes y los servidores DNS, en UDP.

```
iptables -A INPUT -p tcp --dport 22 -j ACCEPT
iptables -A INPUT -m state --state ESTABLISHED,RELATED -j ACCEPT
iptables -A OUTPUT -m state --state ESTABLISHED,RELATED -j ACCEPT
iptables -A FORWARD -s 192.168.1.0/24 -p tcp --dport 80 -j ACCEPT
iptables -A FORWARD -s 192.168.1.0/24 -p tcp --dport 443 -j ACCEPT
iptables -A FORWARD -s 192.168.1.0/24 -p udp --dport 53 -j ACCEPT
iptables -P INPUT DROP
iptables -P OUTPUT DROP
iptables -P FORWARD DROP
iptables -L
Chain INPUT (policy DROP)
target     prot opt source               destination
ACCEPT     tcp  --  anywhere             anywhere            tcp dpt:ssh
ACCEPT     all  --  anywhere             anywhere            state RELATED,ESTABLISHED

Chain FORWARD (policy DROP)
target     prot opt source               destination
ACCEPT     tcp  --  192.168.1.0/24       anywhere            tcp dpt:http
ACCEPT     tcp  --  192.168.1.0/24       anywhere            tcp dpt:https
ACCEPT     udp  --  192.168.1.0/24       anywhere            udp dpt:domain

Chain OUTPUT (policy DROP)
target     prot opt source               destination
ACCEPT     all  --  anywhere             anywhere            state RELATED,ESTABLISHED
```

2.4 Gestión de NAT (Network Address Translation)

Los rangos de direcciones IP siguientes están reservados para un uso interno, los routers de Internet no pueden transferir paquetes vinculados con ellos:

- `10.0.0.0 - 10.255.255.254`
- `172.16.0.0 - 172.31.255.254`
- `192.168.0.0 - 192.168.255.254`

Esta restricción permite separar eficazmente las redes internas de las organizaciones de las redes públicas externas.

Sin embargo, la mayoría de las veces, los hosts de las redes internas tienen que poder acceder a servidores públicos externos. Para resolver este problema, se usa la técnica de traducción de direcciones NAT (*Network Address Translation*).

Observación

En IPv6, las direcciones privadas son administradas por un tipo particular de direcciones, las direcciones de enlace local (Link Local Addresses), generalmente atribuidas automáticamente.

2.4.1 Principio de la traducción de direcciones NAT

La traducción de direcciones NAT consiste en modificar el encabezado IP de un paquete que pasa de una red pública hacia una red privada y viceversa. El router que efectúa la traducción reemplaza la dirección privada con una dirección pública, y viceversa, lo que permite que un host de la red privada pueda comunicarse con un host de la red pública.

2.4.2 Configuración NAT de un router iptables

`iptables` gestiona la configuración de traducción NAT en la tabla específica nat. Las cadenas gestionadas en esta tabla son `PREROUTING`, `POSTROUTING` y `OUTPUT`, para especificar los paquetes que se tienen que modificar antes del enrutamiento o directamente en salida de la máquina.

Para administrar esta tabla, hay que usar la opción `-t nat` del comando `iptables`.

2.4.3 Conexión de una red privada a una red pública

Para configurar la traducción de direcciones entre una red privada y una red pública (la más frecuente), la dirección IP origen de los hosts de la red privada se reemplaza con una dirección pública gracias al comando siguiente:

```
iptables -t nat -A POSTROUTING -o Interf -j MASQUERADE
```

Donde:

`-t nat`	Cadena de la tabla `nat`.
`-A POSTROUTING`	Cadena en la salida de enrutamiento.
`-o Interf`	Interfaz de red usada para emitir el paquete.
`-j MASQUERADE`	Acción que se aplicará: `MASQUERADE` (dirección pública dinámica).

2.5 Respaldos y restauración de las reglas de filtrado

La sintaxis de definición de las cadenas de filtrado es compleja y delicada de implementar, sobre todo porque el orden de las reglas en una cadena es importante.

Los comandos `iptables-save` y `iptables-restore` permiten respaldar en un archivo el conjunto de la configuración actual, y volver a cargarla a continuación a partir de ese archivo.

En la mayoría de las distribuciones, se puede especificar ese archivo para que sea aplicado durante el arranque del sistema. De esta manera las reglas de filtrado siempre son aplicadas.

Para las distribuciones de tipo Debian, hay que instalar el paquete `iptables-persistent` y guardar las reglas en el archivo `/etc/iptables/rules.v4`.

Observación

Para la distribución de tipo Red Hat antiguas (antes de Red Hat 7), el archivo es `/etc/sysconfig/iptables`. Las distribuciones recientes ya no utilizan `iptables`, sino `firewalld` o `nftables`.

2.5.1 Respaldo de las reglas actuales

El comando `iptables-save` muestra el conjunto de la configuración en curso de las tablas `iptables`. Podemos redirigir la visualización hacia un archivo, o especificarlo con la opción `-f Camino Archivo`.

Ejemplo

```
iptables-save -f rules.txt
head rules.txt
# Generated by iptables-save v1.8.7 on Mon Sep 26 20:20:32 2022
*filter
:INPUT DROP [51:14161]
:FORWARD DROP [0:0]
:OUTPUT DROP [2:179]
-A INPUT -p tcp -m tcp --dport 22 -j ACCEPT
-A INPUT -p tcp -m tcp --sport 22 -j ACCEPT
-A INPUT -p tcp -m tcp --dport 22 -j ACCEPT
-A INPUT -p tcp -m tcp --sport 22 -j ACCEPT
-A INPUT -m state --state RELATED,ESTABLISHED -j ACCEPT
```

Las reglas se guardan con la sintaxis `iptables`.

2.5.2 Restauración de las reglas de filtrado

El comando `iptables-restore` recarga el conjunto de la configuración `iptables` guardada anteriormente en un archivo, leído en la entrada estándar o especificado en la línea de comandos.

Ejemplo

```
iptables-restore rules.txt
```

Las reglas guardadas en el archivo se han restaurado.

3. Gestión de los servidores FTP

3.1 El protocolo FTP

FTP (*File Transfer Protocol*) es un protocolo cliente-servidor de transferencia de archivos. Definido en la RFC 114 de 1971, reemplazada por la RFC 959 de 1985, es uno de los protocolos más antiguos de la familia TCP/IP.

Implementado en muchas aplicaciones en el conjunto de los sistemas operativos, y particularmente Linux, sigue siendo muy usado. Sin embargo, necesita una configuración atenta en el servidor, para asegurar un nivel de seguridad suficiente.

Los tres servidores que se tienen que conocer para la certificación LPIC-2 son Pure-FTPd, vsftpd y, de manera menos profunda, ProFTPd.

3.1.1 Principios de funcionamiento

El protocolo de aplicaciones FTP se basa en TCP y usa el puerto bien conocido 21 para la transmisión de comandos entre el cliente y el servidor. Los datos se intercambian a través de una segunda conexión TCP con el puerto 20.

FTP puede funcionar en modo anónimo o autenticando los clientes. En este último caso, el cliente tiene que introducir una cuenta de usuario y contraseña válidos para el sistema del servidor. No obstante, el protocolo FTP usa intercambios no cifrados entre el cliente y el servidor, lo que es un problema de seguridad con respecto a la contraseña.

En modo anónimo, los servidores FTP asocian todas las conexiones de los clientes a una cuenta única del sistema, con derechos limitados a lo estrictamente necesario.

Observación

El protocolo FTP tiende a ser reemplazado por SFTP (SSH File Transfer Protocol), que utiliza comunicaciones cifradas.

3.1.2 Modos FTP activo y FTP pasivo

Históricamente, los clientes FTP utilizan el **modo activo**: el cliente envía una solicitud de conexión al servidor, en el puerto TCP 21. Para transferir los datos, el servidor abre una conexión desde el puerto TCP 20, hacia un puerto TCP del cliente, establecido dinámicamente.

Este tipo de funcionamientos puede causar problemas si existe un firewall entre el servidor y el cliente, porque la solicitud de conexión del servidor hacia un puerto dinámico del cliente podría ser bloqueada.

En **modo pasivo**, el cliente efectúa las dos solicitudes de conexión, en el puerto TCP 21 (para intercambio de comandos) y en un puerto dinámico del servidor, especificado al cliente por este último, a través de la conexión de control.

3.2 Los clientes FTP

Linux dispone de múltiples implementaciones de clientes FTP, en modo línea de comandos y en modo gráfico.

3.2.1 Los clientes FTP gráficos

Los clientes FTP en modo gráfico existen para la mayoría de los sistemas operativos. El más conocido es FileZilla, programa open source muy usado en Windows.

3.2.2 El cliente FTP en línea de comandos

El comando `ftp` permite lanzar un cliente FTP en modo línea de comandos. El comando es interactivo y usa comandos `ftp` cuyo nombre se parece mucho a los comandos estándar de Linux/Unix.

Sintaxis

```
ftp [IdServidor]
```

El comando solicita una cuenta de usuario y una contraseña. Según la configuración del servidor FTP, puede tratarse de una cuenta de usuario válida en el sistema remoto, o de una cuenta anónima (a menudo `anonymous`) con una contraseña (a menudo `anonymous`).

Si se acepta la conexión, el comando muestra una consola. El usuario puede entonces teclear los comandos `ftp`, para desplazarse en la arborescencia de archivos local o remota, y solicitar transferencias de archivos del servidor al cliente o del cliente al servidor. también puede ejecutar comandos de gestión de archivos en el servidor (supresión, desplazamiento, cambio de nombre, etc.).

Comandos de cliente `ftp` habituales

`passive`	Fuerza el modo pasivo para la transferencia de datos con el servidor.
`pwd`	Muestra el directorio actual remoto.
`ls`	Lista el contenido del directorio actual remoto.
`cd`	Cambia el directorio actual remoto.
`lcd`	Cambia el directorio actual local.
`get`	Copia un archivo remoto hacia el directorio actual local.
`mget`	Copia varios archivos remotos hacia el directorio actual local.
`put`	Copia un archivo local hacia el directorio actual remoto.
`mput`	Copia varios archivos locales hacia el directorio actual remoto.
`quit`	Final de la conexión.

3.2.3 Modo anónimo

En modo anónimo, el cliente FTP especifica la cuenta de usuario `ftp` del servidor, con una contraseña, y el servidor FTP le proporciona un acceso al directorio de conexión de esa cuenta, por defecto `/home/ftp`. Sus derechos de acceso en el sistema del servidor son los atribuidos a esa cuenta.

En general, para conectarse en modo anónimo, hay que teclear el nombre `anonymous` cuando el servidor hace la solicitud de login, y `anonymous` como contraseña (si el servidor solicita una).

Observación

En modo anónimo, no está aconsejado autorizar la transferencia de archivos hacia el servidor. Por un lado, como todos los clientes FTP están asociados a la misma cuenta de usuario, existe el riesgo de machacar archivos de otros clientes. Por otro lado, como los clientes son anónimos, algunos podrían usar el servidor para almacenar datos ilegales, esto podría ser responsabilidad del administrador.

3.2.4 Modo cuenta usuario

En este modo, el cliente FTP ofrece una cuenta de usuario del sistema del servidor, con una contraseña, y el servidor FTP le da acceso a su directorio de conexión. Sus derechos de acceso en el sistema servidor, son los mismos atribuidos a esta cuenta de usuario.

El intercambio entre el cliente y el servidor se efectúa sin cifrar, incluyendo la contraseña, este modo no está aconsejado por razones de seguridad.

3.3 El servidor FTP Pure-FTPd

Pure-FTPd es un servidor FTP open source que propone un servicio de transferencia de archivos simple, robusto y eficaz.

3.3.1 Opciones de funcionamiento

El daemon `pure-ftpd` funciona por defecto sin archivo de configuración; hay que especificar las opciones deseadas a través de la línea de comandos cuando se lance el servicio.

También podemos especificar en el script de lanzamiento `init System V` o en `systemd` un archivo de configuración, por defecto `/etc/pure-ftpd/pure-ftpd.conf`.

Opciones habituales

`--help`	Muestra la ayuda.
`--displaydotfile`	Muestra en el lado del cliente los archivos ocultos (archivos.*).
`-anonymousonly`	Modo anónimo solamente.
`--noanonymous`	Imposible de conectarse en modo anónimo.
`--anonymouscantupload`	Imposible hacer una transferencia de archivos hacia el servidor en modo anónimo.
`--anonymouscancreatedirs`	Autoriza la creación de directorios por parte de los usuarios anónimos.

Ejemplo

Conexión en modo anónimo a un servidor pure-ftpd:

```
ftp localhost
Trying::1...
Connected to localhost (::1).
220---------- Welcome to Pure-FTPd [privsep] [TLS] ----------
220-You are user number 1 of 50 allowed.
220-Local time is now 20:27. Server port: 21.
220 You will be disconnected after 15 minutes of inactivity.
Name (localhost:root): anonymous
230 Anonymous user logged in
Remote system type is UNIX.
Using binary mode to transfer files.
ftp> pwd
257 "/" is your current location
```

```
ftp> quit
221-Goodbye. You uploaded 0 and downloaded 0 kbytes.
221 Logout.
```

En modo anónimo, el servidor FTP no solicita ninguna contraseña.

3.4 El servidor FTP vsftpd

vsftpd (*very secure FTP daemon*) es otro programa de tipo servidor FTP, open source, muy usado en los sistemas Linux. Se trata del servidor FTP por defecto de las distribuciones de tipo Red Hat.

En modo cuenta de usuario, el daemon se basa en la biblioteca PAM para la autentificación de los usuarios, lo que le permite administrar diferentes tipos de cuentas (locales, NIS, LDAP...).

El servidor FTP también puede administrar cuentas de usuario virtuales, cada una con su contraseña y su directorio personal (convertido con chroot en `/var/ftp`), asociadas a la cuenta de usuario del sistema `ftp` (*mapping*), con derechos limitados en el sistema.

3.4.1 Configuración del servidor FTP

El daemon carga sus parámetros a través del archivo de configuración `/etc/vsftpd/vsftpd.conf`.

Formato del archivo

```
parámetro=valor
```

La mayoría de los parámetros tienen un valor `YES` o `NO`.

Parámetros habituales

`anonymous_enable`	Autoriza o no el modo anónimo.
`local_enable`	Autoriza o no a los usuarios a que puedan acceder a su directorio de conexión.
`write_enable`	Autoriza o no la transferencia de archivos hacia el servidor.
`anon_upload_enable`	Autoriza o no la transferencia de archivos hacia el servidor en modo anónimo.
`anon_mkdir_write_enable`	Autoriza o no la creación de directorios en modo anónimo.

3.4.2 Lista de usuarios autorizados o rechazados

Podemos especificar cuentas de usuario autorizadas o rechazadas a conectarse al servidor vsftpd. Para ello, las declaramos en un archivo de lista (por defecto `/etc/vsftpd/user_list`).

Siguiendo la configuración del daemon, las cuentas de usuario declaradas en ese archivo no podrán conectarse al servidor FTP o, al contrario, solamente esas cuentas podrán conectarse. Si no tienen derecho a conectarse, el servidor FTP rechazará la conexión, antes incluso de solicitar la contraseña; esta no tendrá que circular de manera inútil y sin cifrar por la red.

Los parámetros de configuración del uso de ese archivo de lista son los siguientes y se encuentran en el archivo `vsftpd.conf`:

Camino de acceso al archivo de tipo lista:

```
userlist_file=/etc/vsftpd/user_list
```

Modo lista de los usuarios autorizados:

```
userlist_enable=YES
```

Modo lista de los usuarios prohibidos:

```
userlist_deny=YES
```

3.5 El servidor FTP ProFTPD

ProFTPD (*Professional FTP daemon*) es un servidor FTP open source, utilizado frecuentemente en los sistemas Linux. Escrito desde cero, ofrece un alto nivel de configuración y de seguridad.

Su archivo de configuración recoge los principios y el formato del archivo de configuración del servidor HTTP Apache.

4. Shell seguro (SSH)

El protocolo SSH (*Secured SHell*) se basa en servicios de autentificación y de confidencialidad para asegurar los intercambios entre los clientes y el servidor a través de un transporte seguro de datos. Lo podemos usar para conectarnos como terminal a un servidor SSH para una sesión en modo de línea de comandos (como una especie de Telnet seguro), pero también puede asegurar funcionalidades de tipo transferencia de datos segura (SFTP, SCP) así como el transporte seguro para otros protocolos aplicativos.

4.1 Usos de OpenSSH

El protocolo Telnet se ha utilizado durante mucho tiempo para permitir a los clientes que se conecten en modo terminal a los sistemas remotos, a través de redes TCP/IP. Pero ese protocolo no es seguro: todos los intercambios entre el cliente y el servidor atraviesan las redes sin cifrar, incluyendo la contraseña del usuario que solicita la conexión.

El protocolo SSH, más reciente, usa una comunicación cifrada entre el cliente y el servidor, y procede a una auténticación entre el cliente y el servidor, que garantiza la confidencialidad de los intercambios.

OpenSSH es una implementación open source del protocolo SSH, muy usada en los entornos Linux y BSD.

4.1.1 Configuración del servidor OpenSSH

El archivo de configuración por defecto del servidor es `/etc/ssh/sshd_config`. Contiene una serie de directivas bajo la forma:

```
Directiva Valor,...,Valor
```

Las directivas más habituales son las siguientes:

`Protocol`	Version del protocolo (a menudo la `2`).
`ListenAddress`	Direcciones en las que el servidor SSH espera las solicitudes de conexión (por defecto: todas las direcciones locales).
`Port`	Número del puerto en el que el servidor se pone en escucha (por defecto: `22`).
`PermitRootLogin`	Autoriza o no a un cliente a conectarse con la cuenta de superusuario (por defecto: `yes`).
`AllowUsers`	Lista de los usuarios autorizados. Los otros serán rechazados.
`DenyUsers`	Lista de los usuarios denegados. Los otros serán autorizados.
`PasswordAuthentication`	Autoriza o no la conexión con la contraseña del usuario (por defecto: `yes`).
`PubkeyAuthentication`	Autoriza o no la autenticación usando una clave pública.

4.1.2 Cifrado de las comunicaciones

El cifrado de los datos transmitidos entre el cliente y el servidor se basa en un par de claves que pertenecen al servidor SSH. Este último transmite su clave pública al cliente. El cliente usa esta clave para transmitir de manera cifrada una clave de sesión simétrica. Solamente el servidor podrá descifrar el mensaje, con su clave privada. La clave simétrica es entonces utilizada para cifrar los datos intercambiados durante la sesión entre el cliente y el servidor.

El servidor almacena su par de claves en el directorio `/etc/ssh`.

4.2 Gestión de las autenticaciones

La comunicación entre un cliente y un servidor SSH empieza por una fase de autenticación de los dos sistemas. Puede hacerse por contraseña o por certificado.

4.2.1 Autentificación por contraseña y fingerprint

Cuando un cliente SSH solicita la conexión a un servidor SSH, tiene que proporcionar una cuenta de usuario válido que esté autorizado a conectarse, con una contraseña.

El cliente SSH, durante su primera conexión al servidor, toma la huella digital (*fingerprint*) recibida de este último y, después de la validación del cliente, la almacena en un archivo local del directorio de conexión del usuario (en el lado del cliente), `~/.ssh/known_hosts`. Para las conexiones siguientes, el cliente podrá asegurarse de que el servidor es el mismo de la conexión inicial.

Ejemplo

El archivo `known_hosts` contiene una línea por cada servidor conocido.

```
cat .ssh/known_hosts
192.168.1.84 ecdsa-sha2-nistp256
AAAAE2VjZHNhLXNoYTItbmlzdHAyNTYAAAAIbmlzdHAyNTYAAABBBNZSB1X4R1ffa7wk6ZYJd/
2LHKv3GvIyo9sAOax3JopkOywvGG7r5jruEIkK4K6438CAne1nBloCKIYtbMjAj3s=
10.1.0.2 ecdsa-sha2-nistp256
AAAAE2VjZHNhLXNoYTItbmlzdHAyNTYAAAAIbmlzdHAyNTYAAABBBMQod2BJ7kphFiX5MxvGZF/

AQ5sZQOzMxVwmpeLD/dGH6GFQYo4oyy3rt9k8waNEjhJK8NRW53rjnHvNAjD3JUk=
srvdebian,192.168.1.201 ecdsa-sha2-nistp256
AAAAE2VjZHNhLXNoYTItbmlzdHAyNTYAAAAIbmlzdHAyNTYAAABBBMQod2BJ7kphFiX5MxvGZF/
AQ5sZQOzMxVwmpeLD/dGH6GFQYo4oyy3rt9k8waNEjhJK8NRW53rjnHvNAjD3JUk=
localhost ecdsa-sha2-nistp256
AAAAE2VjZHNhLXNoYTItbmlzdHAyNTYAAAAIbmlzdHAyNTYAAABBBNZSB1X4R1ffa7wk6ZYJd/
2LHKv3GvIyo9sAOax3JopkOywvGG7r5jruEIkK4K6438CAne1nBloCKIYtbMjAj3s=
```

4.2.2 Autenticación por claves

Un método más seguro para autenticar las conexiones SSH se basa en las claves de autentificación, almacenadas localmente en el sistema del cliente. La autentificación por claves dispensa de teclear la contraseña del usuario (excepto si una frase de contraseña se ha asociado a la clave), y garantiza al usuario la identidad del servidor remoto. Cada usuario debe tener un par de claves de autenticación.

4.2.3 Creación del par de claves en el cliente

Para que el servidor pueda ser formalmente identificado, tiene que proporcionar la clave pública del cliente. Esta clave le permite cifrar los datos, que solo podrán ser descifrados por el cliente, propietario de la clave privada.

Para generar el par de claves, privada y pública, en el sistema del cliente, utilizamos el comando `ssh-keygen`.

Sintaxis

```
ssh-keygen -t TipoCifrado
```

Donde `TipoCifrado` especifica el algoritmo que se va a emplear: RSA (versión 1 o 2 de SSH) o DSA (versión 2 de SSH). RSA y DSA son dos algoritmos de cifrado asimétrico. El algoritmo por defecto es RSA.

Observación

El comando, por defecto, solicita que se teclee una frase de contraseña. Esta es facultativa. Si se especifica, habrá que teclearla en cada conexión.

Ejemplo

Generamos un par de claves con el algoritmo por defecto (RSA) para el usuario `pba`.

```
id
uid=1000(pba) gid=1000(pba) groupes=1000(pba),100(users)
ssh-keygen
Generating public/private rsa key pair.
Enter file in which to save the key (/home/pba/.ssh/id_rsa):
Enter passphrase (empty for no passphrase):
Enter same passphrase again:
Your identification has been saved in /home/pba/.ssh/id_rsa.
Your public key has been saved in /home/pba/.ssh/id_rsa.pub.
The key fingerprint is:
SHA256:sJLmVGL/eNU+DnhEbzN/frCp3a0w7u95L51y8WOP5mA pba@srvdebian
The key's randomart image is:
+---[RSA 3072]----+
|                 |
|                 |
```

```
|     o o    .        |
|    . = o . o        |
|     = o S o *       |
|    + . o + o +..    |
|     . . + o E .==|
|         . . = B=@*|
|              .=*%+@|
+----[SHA256]-----+
```

El comando `ssh-keygen` crea dos archivos, por defecto en el directorio `.ssh` del directorio de conexión del usuario. Esos archivos son, por defecto, `id_rsa` para la clave privada y `id_rsa.pub` para la clave pública.

Ejemplo

Contenido de los dos archivos de claves.

```
ls -l .ssh
total 12
-rw------- 1 pba pba 2602 26 septiembre 20:31 id_rsa
-rw-r--r-- 1 pba pba  567 26 septiembre 20:31 id_rsa.pub
-rw-r--r-- 1 pba pba  222 26 septiembre 20:16 known_hosts
cat .ssh/id_rsa.pub
ssh-
rsa AAAAB3NzaC1yc2EAAAADAQABAAABgQDEoEDf7LTsfB2ECeLQfDxiIw9ScjDCX7yBeiMBYvi
vZRS4dWxbfdOLQqzZlT3IOvSlifLphNpakDJj5Tlh+dPZ4+IZvzilS3Ao9FEiN6SeG73Q0xg
Mu9Zj8BAecOc2VCO0I1Fl2N7e2hl3jtMXaA78/MvyLM6ApTQ9CsaovixtfwKE3p2xB1dV7PS
DFB/oYlA6hxcbPlAxl3J6YjxamsgKDf+4qyRegGi1iDhntUoRYMBlVI1c5u+6eBwl/O7HzxI6
MoR1g852Yg3IzjOrOzk9Vk/avnAhyC2XqU3fKHqg3t4xk/RRBZfYtO6YoT9orKiw
zYAzsWvfjhCej5gJE8H9Zy1FbfYXOqD5/08O+4pOlZ9V6BIeXufcE09XScdRSoh4aNQwBqAuKY
xa6VQ72jhD4ivbz/IJGlTS1uso9OeAIKihpxdPbDzl2fXGFIYoG9MPfh4LoYWMR
rm9ld4ZjvSHjHhnh//Y1X7HVOMVCIc+mbZb09S25kbJ5OulyTMSozE= pba@srvdebian
cat .ssh/id_rsa
-----BEGIN OPENSSH PRIVATE KEY-----
b3BlbnNzaC1rZXktdjEAAAAABG5vbmUAAAAEbm9uZQAAAAAAAAABAAABlwAAAAdzc2gtcn
NhAAAAAwEAAQAAAYEAxKBA3+y07HwdhAni0Hw8YiMPUnIwwl+8gXojAWL4r2UUuHVsW33T
i0Ks2ZU9yDr0pYny6YTaWpAyY+U5YfnT2ePiGb84pUtwKPRRIjeknhu90NMYDLvWY/AQHn
DnNlQjtCNRZdje3toZd47TF2gO/PzL8izOgKU0PQrGqL4sbX8ChN6dsQdXVez0gxQf6GJQ
OocXGz5QMZdyemI8WprICg3/uKskXoBotYg4Z7VKEWDAZVSNXObvungcJfzux88SOjKEdY
POdmINyM4zqzs5PVZP2r5wIcgtl6lN3yh6oN7eMZP0UQWX2LTumKE/aKyosM2AM7Fr344Q
no+YCRPB/WctRW32Fzqg+f9PDvuKTpWfVegSHl7n3BNPV0nHUUqIeGjUMAagLimMWulUO9
[...]
pzXVIVppd2yTlAf01/fEMjTY+itYbpAAAAwQDToMKUP8bQva6P2bm/k8txGBK7PNZ/5Hvd
IHcdbytGV3lgyskeX/y8H0VTmHDbJXYqYL0J/7tpztPT/dIjIho8AnNR2AYkipwT1Ql3ke
LGosUAxk59eHmb/mQNgrSFjBWEi7hOSVZtw13WpxpowAaBJMCgfOF5RMaJqFhCjnvmm+GX
oU9Lz3v5uL3RlSAeTZ5b0Glpwr4vwYZ4N32qTkKE/o4wqCx59rc4OOjuin6TzV9qVjCJwn
6kZgMeez7UnQkAAAANcGJhQHNydmRlYmlhbgECAwQFBg==
-----END OPENSSH PRIVATE KEY-----
```

Durante una solicitud de conexión por el usuario, el servidor SSH busca en el directorio de conexión de este usuario (en el sistema del servidor) si el archivo `.ssh/authorized_keys` existe y si contiene la clave pública del cliente. Si es el caso, la autenticación del servidor puede ser realizada por el cliente, a través del par de claves.

Para que este mecanismo funcione, el usuario que haya creado el par de claves en el sistema cliente tiene que añadir, antes de realizar esta autentificación, el contenido de su archivo de clave pública, en el directorio de la conexión del lado del servidor, en el archivo `~/.ssh/authorized_keys`. Hay que posicionar los permisos de acceso restrictivos en el directorio del archivo.

Ejemplo

Copia del archivo de clave pública creado en el sistema `srvdebian` (cliente) hacia el servidor `SSH srvrh`, para el usuario `pba` (usamos el comando de copia de red seguro `scp`, ver más adelante).

En el cliente SSH `srvdebian`, con la cuenta `pba`, copiamos el archivo de clave pública hacia el directorio de conexión de `pba` en el servidor `srvrh`:

```
scp .ssh/id_rsa.pub srvrh:
The authenticity of host 'srvrh (192.168.1.202)' can't be established.
ECDSA key fingerprint is SHA256:m5UMjgk69OBfbP6YQslAD4YlsGQ+BxEzH9oJfUPE5Vo.
Are you sure you want to continue connecting (yes/no/[fingerprint])? yes
Warning: Permanently added 'srvrh,192.168.1.202' (ECDSA) to the list of known hosts.
Bienvenido al servidor srvrh (RHEL 8.5).
El acceso está restringido a las personas autorizadas.

pba@srvrh's password:
id_rsa.pub                                          100%  567   257.9KB/s  00:00
```

En `srvrh`, con la cuenta `pba`:

```
mv id_rsa.pub .ssh/authorized_keys
chmod 600 .ssh/authorized_keys
chmod 700 .ssh
```

Desde el sistema `srvdebian`, el usuario `pba` se conecta a servidor `srvrh`:

```
ssh srvrh
Bienvenido al servidor srvrh (RHEL 8.5).
Acceso restringido a usuarios autorizados.

Bienvenido al servidor srvrh (RHEL 8.5)
Actualización del servidor planificada el 18/09/2022 a las 19:30.
Buen trabajo.
[...]
Last login: Mon Sep 26 21:08:43 2022 from 192.168.1.196
```

El servidor ha autorizado la conexión, sin solicitar la contraseña del usuario.

4.2.4 El agente SSH

Para los administradores o los usuarios que tengan necesidad de acceder a menudo a distintas máquinas a través del protocolo SSH, se puede configurar un agente SSH, ejecutado por el comando `ssh-agent sh`, para que conserve en memoria las claves privadas necesarias para las autenticaciones, así como la frase de contraseña. Esta claves privadas se transmiten una vez al agente usando el comando `ssh-add`. Las claves están disponibles a continuación automáticamente para las autenticaciones, sin intervención por parte del usuario.

El comando `ssh-add` busca los archivos de claves privadas, `id_rsa`, `id_dsa` y `identity`, en el directorio `.ssh` del directorio de conexión del usuario.

La opción `-l` del comando muestra las claves almacenadas por el agente SSH.

Observación

El agente puede utilizarse de manera remota, lo que permite administrar las claves privadas de autentificación solamente en un sitio, y poder usarlas desde diferentes máquinas clientes SSH.

Ejemplo

Con una cuenta de usuario que haya creado las claves SSH, activamos un shell gestionado por un agente SSH:

```
ssh-agent bash
```

Cargamos las claves:

```
ssh-add
Identity added: /home/pba/.ssh/id_rsa (pba@srvdebian)
```

El comando `ssh-add -l` muestra las claves contenidas dentro del agente:

```
ssh-add -l
3072 SHA256:sJLmVGL/eNU+DnhEbzN/frCp3a0w7u95L51y8WOP5mA pba@srvdebian
```

4.3 Confidencialidad de las comunicaciones

SSH también se utiliza para establecer comunicaciones cifradas entre sistemas clientes y servidor, garantizando de esta manera la confidencialidad de distintas funcionalidades aplicativas.

4.3.1 Sesión interactiva con SSH

El comando `ssh` permite abrir una sesión interactiva desde un cliente SSH hacia un servidor SSH, proporcionando una cuenta de usuario válida para el sistema del servidor.

Sintaxis

```
ssh [NombreUsuario@]IdServidor
```

Donde:

`NombreUsuario`	Nombre de la cuenta de usuario remoto. Por defecto, cuenta de usuario local.
`Idservidor`	Nombre o dirección IP del servidor remoto.

Ejemplo

```
ssh srvdebian
pba@srvdebian's password:
Linux srvdebian 5.10.0-18-amd64 #1 SMP Debian 5.10.140-1 (2022-09-02) x86_64

The programs included with the Debian GNU/Linux system are free software;
the exact distribution terms for each program are described in the
individual files in /usr/share/doc/*/copyright.

Debian GNU/Linux comes with ABSOLUTELY NO WARRANTY, to the extent
permitted by applicable law.
You have no mail.
Last login: Tue Sep 27 18:37:11 2022 from 192.168.1.202
[pba@srvdebian:~$
```

4.3.2 Copia de archivos

El comando `scp` se conecta al servidor SSH para solicitar la copia de archivos entre el sistema local y el sistema remoto. Usa los servicios de autenticación y de confidencialidad de SSH. La copia puede hacerse del cliente hacia el servidor o del servidor hacia el cliente.

Copia de archivo del cliente hacia el servidor con `scp`

```
scp ArchivoLoc [NombreUsuario@IdServidor]:ArchivoRemoto
```

Copia de archivo del servidor hacia el cliente con `scp`

```
scp [NombreUsuario@]IdServidor:ArchivoRemoto ArchivoLoc
```

Donde:

`NombreUsuario`	Nombre de la cuenta de usuario remoto. Por defecto, cuenta de usuario local.
`Idservidor`	Nombre o dirección IP del servidor remoto.
`ArchivoLoc`	Camino de acceso al archivo local.
`ArchivoRemoto`	Camino de acceso al archivo remoto.

4.3.3 Uso de aplicaciones en los túneles SSH

Un túnel SSH permite usar una conexión segura SSH para hacer que se comuniquen entre ellos un cliente y un servidor de otro protocolo aplicativo. Se establece desde el puesto cliente una conexión SSH hacia el servidor SSH. El servidor SSH redirige los datos recibidos hacia el servidor aplicativo de destino, y devuelve al cliente SSH los datos transmitidos por este servidor. El cliente aplicativo está conectado al cliente SSH que hace de intermediario.

El túnel SSH permite atravesar una red insegura, como Internet, en una comunicación cifrada, de manera transparente para el cliente y el servidor del protocolo aplicativo.

Sintaxis

```
ssh -L PuertoCli:IdDest:PuertoDest [usuario@]IdServidor
```

Donde:

`-L`	Modo túnel SSH.
`PuertoCli`	Puerto cliente que se tiene que redirigir hacia del túnel SSH.
`IdDest`	Dirección o nombre del servidor aplicativo de destino.
`PuertoDest`	Puerto del servidor aplicativo de destino.
`Usuario`	Cuenta de usuario del servidor SSH (por defecto, cuenta local).
`IdServidor`	Nombre o dirección IP del servidor SSH en el extremo del túnel.

4.3.4 Reenvío de sesiones X11 a través de SSH

El protocolo cliente/servidor `X`, usado por las aplicaciones gráficas en red, no es muy seguro. Sin embargo, podemos usar SSH para establecer una conexión segura entre el cliente y el servidor `X`.

El servidor SSH tiene que estar configurado para aceptar este tipo de tráfico, mediante su archivo de configuración `/etc/ssh/sshd_config`, con la directiva siguiente:

```
X11Forwarding yes
```

La conexión entre el cliente y el servidor SSH, que puede ser utilizada por las aplicaciones `X`, está activada con la opción `-X` del comando `ssh`:

```
ssh -X [usario@]IdServidor
```

Las aplicaciones gráficas pueden a continuación ser ejecutadas desde la sesión del cliente SSH.

5. Tareas de seguridad

Debido a la interconexión cada vez más grande de las redes privadas y públicas, la seguridad se ha convertido en una preocupación mayor de los administradores del sistema. Existen diferentes herramientas que permiten seguir y diagnosticar las alertas de seguridad.

5.1 Comandos de prueba y de vigilancia

Existen diferentes comandos que permiten efectuar pruebas de accesibilidad en los servidores de red, para encontrar posibles fallos de seguridad.

Estos comandos están detallados en el capítulo Configuración de red de este libro.

5.1.1 El comando nc

El comando `ncat` o `nc` (*netcat*) es una herramienta multiusos, que permite establecer comunicaciones a través de sockets, locales o en red, en TCP y en UDP, en IPv4 o IPv6, como cliente o servidor, especificando un puerto de escucha.

Con todas sus opciones, este comando permite comprobar los diferentes tipos de comunicación, en particular a través de la red.

Observación

El comando `nc` reemplaza al comando tradicional `telnet`. Este ya no se encuentra generalmente en las distribuciones recientes, para disuadir de su uso en relación con un servidor `telnet`, lo que provoca un problema de seguridad (contraseña del usuario transmitida sin cifrar por la red).

5.1.2 El comando nmap

El comando `nmap` (*Network Mapper*), que se encuentra en el paquete `nmap`, es una herramienta potente de exploración de una red y de auditoría de seguridad. Permite determinar las máquinas activas en la red y los servicios de red disponibles en esas máquinas.

El comando puede ofrecer en particular una tabla de los puertos de cada máquina de destino, con su estado (abierto, cerrado o filtrado por un firewall). Este comando puede opcionalmente buscar y mostrar información más detallada: sistema operativo y aplicación a la escucha en cada puerto, incluyendo los números de la versión.

Observación

El uso de este comando tiene que hacerse con prudencia y respetando las obligaciones legales, porque comprobar los puertos abiertos de una máquina, sin autorización, se puede considerar como una tentativa de intrusión y ser objeto de procedimientos penales.

5.2 Los sistemas IDS (Intrusion Detection System)

Los firewalls filtran generalmente los paquetes en función de sus direcciones IP y/o de los números de puertos utilizados. Esta protección se puede esquivar con aplicaciones malintencionadas, que usan puertos bien conocidos abiertos (como el puerto TCP 80 para HTTP) para sus propias conexiones.

Para asegurar un control más elaborado, hacen falta aplicaciones especializadas, capaces de analizar el tráfico a nivel de aplicación para detectar una actividad sospechosa. Estos programas se llaman sistemas de detección de intrusión o IDS (*Intrusion Detection System*).

5.2.1 Técnicas de análisis

Para identificar los tráficos malintencionados, los IDS disponen de tres técnicas:

- Detección de anomalías: se basa en la detección de eventos anormales, síntomas de actividades sospechosas. Por ejemplo, un gran volumen de mensajes ICMP puede indicar que hay sistemas que son víctimas o están en el origen (involuntario) de un ataque por denegación de servicio.
- El análisis del protocolo: busca el tráfico que utiliza un protocolo incorrecto o desviado de su uso habitual.
- El análisis de firmas de ataques: permite identificar ataques o actividades malintencionadas referenciadas. Es la técnica más eficaz y menos susceptible de producir falsos positivos, porque gestiona ataques o intrusiones conocidas.

5.2.2 Fuentes de información

Numerosos organismos, asociaciones y empresas mantienen sitios en Internet dedicados a las amenazas de seguridad y emiten alertas en cuanto un nuevo ataque aparece. Es importante conocerlos y asegurar una vigilancia tecnológica permanente sobre todo lo concerniente a la seguridad.

Entre estos organismos, podemos señalar:

`Bugtraq` Lista de difusión dedicada a las vulnerabilidades, su explotación y su corrección.

`CERT` *Computer Emergency Response Team*. Este organismo estudia las vulnerabilidades, efectúa investigaciones para reforzar la seguridad de red y propone servicios vinculados a la seguridad.

`CIAC` *Computer Incident Advisory Capability*. Organismo de vigilancia y de investigación de seguridad, gestionado por el *U.S. Department Of Energy*.

5.3 Fail2Ban

Fail2Ban es un programa de vigilancia y de bloqueo de intrusiones Su principio es analizar los archivos del registro del sistema y de diferentes servicios de red (SSH, FTP, HTTP, SMTP, etc.), para buscar eventos que correspondan a las tentativas de intrusión. De esta manera puede determinar el origen de esos ataques y modificar temporalmente las reglas del firewall para prohibir esas direcciones.

Su archivo de configuración principal, `/etc/fail2ban/jail.conf`, contiene la configuración para vigilar muchos servicios, se actualiza automáticamente.

Observación

El nombre del archivo (carcel, en español) evoca la prohibición de las direcciones IP sospechosas, con una duración más o menos larga.

5.4 Snort

Snort es el más conocido de los IDS open source. Vigila el tráfico de red basándose en un motor de análisis y un conjunto de reglas.

5.4.1 Los componentes

El programa Snort está compuesto por un daemon y por archivos de configuración generalmente localizados en `/etc/snort`. El archivo de configuración principal es `snort.conf`. Las reglas aplicadas están situadas en los archivos del subdirectorio `rules`.

El comando `oinkmaster` asegura la actualización de las reglas, según el archivo de configuración `/etc/oinkmaster.conf`.

5.4.2 Gestión de las fuentes de información

Los archivos de reglas de Snort tienen que descargarse desde la página web del editor.

Los archivos están declarados en el archivo de configuración `oinkmaster.conf`, según el formato siguiente:

```
url = http://www.snort.org/snort-rules/archivo_reglas
```

Donde `archivo_reglas` especifica un archivo de reglas con formato `tar.gz`.

La descarga para la actualización de las reglas tiene que ser programada a intervalos regulares, usando para ello el servicio `cron` por ejemplo, planificando el comando `oinkmaster`.

Sintaxis

```
oinkmaster -o DirReglas
```

`DirReglas` es el directorio que contiene los archivos de reglas funcionamiento, por defecto, `/etc/snort/rules`.

Los archivos de reglas tienen que estar configurados en el archivo `snort.conf` con el parámetro `include`, esto es el caso para los archivos por defecto del editor.

5.4.3 Gestión de las alertas

Cuando Snort detecta un tráfico sospechoso, registra un evento en el archivo de registros a través del daemon de registro de eventos (`rsyslogd` o `syslogd`) local o remoto, y almacena una copia del paquete en un archivo con formato `libpcap` usado por `tcpdump` (se puede analizar con diferentes herramientas, como Wireshark).

También puede estar configurado para almacenar información en una base de datos (Oracle, MySQL, PostGreSQL...).

Ejemplo

Configuración para el uso de un daemon de registro de eventos remoto.

```
output alert_syslog: host=192.168.0.60, LOG_ALERT
```

5.5 OpenVAS

OpenVAS (*Open Vulnerability Assessment Scanner*) es una versión open source del escáner de vulnerabilidades Nessus. El programa es una suite de software que propone un servidor y clientes.

5.5.1 El servidor OpenVAS

El servidor OpenVAS escanea y analiza los hosts de redes en busca de vulnerabilidades conocidas, usando para ello NVT (*Network Vulnerability Tests*).

5.5.2 Los clientes OpenVAS

Los clientes OpenVAS son módulos de software que funcionan en línea de comandos o con una interfaz gráfica. Permiten efectuar análisis de seguridad a los hosts de la red y transmitir los resultados al servidor.

5.5.3 Base de datos de vulnerabilidades

OpenVAS mantiene actualizada una fuente pública de vulnerabilidades, OpenVAS NVT Feed. Esta permite que los servidores estén informados de las últimas vulnerabilidades conocidas. Hay más de 50 000 NVT.

6. OpenVPN

OpenVPN es un programa open source de gestión de redes virtuales privadas (VPN, *Virtual Private Network*). Apoyándose en SSL, permite crear un canal de comunicación seguro a través de una red IP. Lo proporciona el paquete openvpn.

6.1 Los principios de OpenVPN

OpenVPN ofrece servicios de autenticación y de confidencialidad. Permite conectar hosts con redes, dándoles un canal seguro (túnel) a través de redes IP.

6.1.1 Autentificación

Los extremos del túnel seguro, es decir los dos sistemas que aseguran el cifrado de los flujos salientes y el descifrado de los flujos entrantes, tienen que autenticarse mutuamente.

OpenVPN administra diferentes modos de autentificación, los dos más usados son la autenticación por clave compartida y la autentificación por certificados digitales X.509. La primera técnica es más simple de implementar, pero menos segura.

6.1.2 Confidencialidad

La confidencialidad de las comunicaciones la asegura la biblioteca OpenSSL. El cifrado de los intercambios utiliza por defecto el algoritmo Blowfish, pero acepta también algoritmos simétricos (AES especialmente).

6.1.3 Tipos de funcionamiento de red

OpenVPN propone diferentes tipos de conexión entre sistemas y redes:

- El modo punto a punto: la VPN conecta solamente dos máquinas.
- El modo sitio a sitio: la VPN se usa para conectar dos redes entre ellas. Dos servidores OpenVPN aseguran la implementación del túnel, pero los extremos de tráfico son las dos redes conectadas. Los servidores OpenVPN tienen una función de enrutamiento seguro entre las dos redes.
- El modo acceso remoto: la VPN permite conectar una máquina a una red.
- El modo *bridge*: la VPN conecta dos redes remotas a nivel físico.

6.2 Creación de un túnel punto a punto

El túnel punto a punto permite conectar dos máquinas a través de una red.

6.2.1 Autentificación por clave compartida

El archivo de clave puede ser generado por el comando `openvpn`. Tiene que estar presente en el servidor y en el cliente, por lo tanto hay que copiarlo en la otra máquina después de haberlo generado, usando un medio seguro (pendrive USB, `scp` o `sftp`).

Sintaxis

```
openvpn --genkey --secret RutaArchivoClave
```

Ejemplo

Creación del archivo de clave:

```
openvpn --genkey --secret secret.key
cat secret.key
#
# 2048 bit OpenVPN static key
#
-----BEGIN OpenVPN Static key V1-----
1a0cf1144f1e99f9976cbb1609c917d3
44d4a7b8e9da0b0ec6a9a728a24ad545
0027ba5552bf1195ba4108beecb62b5a
b0cfe83e41007d250ce95e5f493312e9
7586f78da40b437138970b0246f9f4cf
296f95b5e477bc23bfd79ccc38bf12d9
51587df33fce4f3986ce930445887e47
9826d8276d5f5b9e1c6cde1c8e285e19
7ae80be18a3d4122cafdc8e6e49ec259
c3d810e2457b23c1bb58029b516feefa
8a4d503c556b06bbd5f32348f2082259
```

```
67e5a24bd7ff64e2a6c16e2e2b1a8fe2
24efb6061a53b8cc37bee3b4fa39ed37
2b883890046b1640de4b8c3887d17f1c
c0f07c9908808f859044df8a07d2d891
de44880fce62153b2ae3083bd7861183
-----END OpenVPN Static key V1-----
```

6.2.2 Archivos de configuración

Los archivos de configuración se encuentran por defecto en `/etc/openvpn/client` y `/etc/openvpn/server`. Son necesarios un archivo, con extensión `.conf`, para el cliente y otro para servidor.

Archivo de configuración OpenVPN

```
remote idServidor
dev tun
ifconfig IP_local IP_remota
secret RutaArchivoclave
route idRedRemota Máscara
```

Donde:

`remote idServidor`	En el cliente: nombre o dirección del servidor OpenVPN.
`dev tun`	Modo de funcionamiento de red (`tun` = túnel).
`ifconfig IP_local IP_remota`	Dirección IP local y remota. Estarán asociadas, por OpenVPN, a una tarjeta de interfaz virtual punto a punto.
`secret RutaArchivoClave`	Camino de acceso al archivo de clave.
`route idRedRemota Máscara`	En el cliente: identificador y máscara de red accesible a partir del servidor OpenVPN.

Ejemplo

Archivo de configuración en el servidor:

```
vi /etc/openvpn/server/server.conf
dev tun
ifconfig 10.8.0.1 10.8.0.2
secret secret.key
```

Archivo de configuración en el cliente:

```
vi /etc/openvpn/client/client.conf
remote srvrh
dev tun
ifconfig 10.8.0.2 10.8.0.1
secret secret.key
route 192.168.1.0 255.255.255.0
```

6.2.3 Implementación del túnel VPN

Una vez hechos los archivos de configuración y las claves instaladas en el servidor y en el cliente, hay que iniciar en cada uno de ellos el servicio OpenVPN, usando su script de inicio `init System V` o a través de `systemd`.

OpenVPN establece el túnel usando UDP, en el puerto 1194.

Ejemplo

Ejecución del servicio en el cliente y en el servidor.

Lista de las tarjetas de interfaz de red del sistema cliente:

```
ip -br link
lo              UNKNOWN         00:00:00:00:00:00 <LOOPBACK,UP,LOWER_UP>
enp0s10         UP              00:1b:24:6a:78:14 <BROAD-CAST,MULTICAST,UP,LOWER_UP>>
```

Se inicia el servicio OpenVPN:

```
openvpn --config /etc/openvpn/client/client.conf &
2022-09-27 18:46:02 Cipher negotiation is disabled since neither P2MP client nor server
mode is enabled
2022-09-27 18:46:02 WARNING: file 'secret.key' is group or others accessible
2022-09-27 18:46:02 OpenVPN 2.5.1 x86_64-pc-linux-gnu [SSL (OpenSSL)] [LZO] [LZ4]
[EPOLL] [PKCS11] [MH/PKTINFO] [AEAD] built on May 14 2021
2022-09-27 18:46:02 library versions: OpenSSL 1.1.1n  15 Mar 2022, LZO 2.10
2022-09-27 18:46:02 WARNING: INSECURE cipher (BF-CBC) with block size less than
128 bit (64 bit).  This allows attacks like SWEET32.  Mitigate by using a --cipher
with a larger block size (e.g. AES-256-CBC). Support for these insecure ciphers will
be removed in OpenVPN 2.6.
2022-09-27 18:46:02 WARNING: INSECURE cipher (BF-CBC) with block size less than
128 bit (64 bit).  This allows attacks like SWEET32.  Mitigate by using a --cipher
with a larger block size (e.g. AES-256-CBC). Support for these insecure ciphers will
be removed in OpenVPN 2.6.
2022-09-27 18:46:02 WARNING: INSECURE cipher (BF-CBC) with block size less than
128 bit (64 bit).  This allows attacks like SWEET32.  Mitigate by using a --cipher
with a larger block size (e.g. AES-256-CBC). Support for these insecure ciphers will
be removed in OpenVPN 2.6.
beta:~# ping 10.8.0.1
PING 10.8.0.1 (10.8.0.1) 56(84) bytes of data.
64 bytes from 10.8.0.1: icmp_seq=1 ttl=64 time=0.864 ms
```

Mostramos la lista de las tarjetas de interfaz de red:

```
ip -br a
lo                UNKNOWN      127.0.0.1/8 ::1/128
enp0s10           UP           192.168.1.201/
24 2a01:e0a:32c:9940:21b:24ff:fe6a:7814/
64 fe80::21b:24ff:fe6a:7814/64
tun0              UNKNOWN      10.8.0.2 peer 10.8.0.1/
32 fe80::d1e8:3ad5:cb32:881f/64
```

El servidor OpenVPN ha creado una tarjeta de interfaz virtual `tun0`.

En el lado del servidor, se ejecuta también el servicio.

Después de haber copiado el archivo de clave, configuramos `OpenVPN` como servidor:

```
openvpn --config /etc/openvpn/server/server.conf &
Tue Sep 27 18:50:34 2022 disabling NCP mode (--ncp-disable) because not in
P2MP client or server mode
Tue Sep 27 18:50:34 2022 OpenVPN 2.4.12 x86_64-redhat-linux-gnu [SSL (OpenSSL)]
[LZO] [LZ4] [EPOLL] [PKCS11] [MH/PKTINFO] [AEAD] built on Mar 17 2022
Tue Sep 27 18:50:34 2022 library versions: OpenSSL 1.1.1k  FIPS 25 Mar 2021, LZO 2.08
Tue Sep 27 18:50:34 2022 WARNING: INSECURE cipher with block size less than 128 bit
(64 bit).  This allows attacks like SWEET32.  Mitigate by using a --cipher with a larger
block size (e.g. AES-256-CBC).
Tue Sep 27 18:50:34 2022 WARNING: INSECURE cipher with block size less than 128 bit
(64 bit).  This allows attacks like SWEET32.  Mitigate by using a --cipher with a larger
block size (e.g. AES-256-CBC).
Tue Sep 27 18:50:34 2022 TUN/TAP device tun0 opened
Tue Sep 27 18:50:34 2022 /sbin/ip link set dev tun0 up mtu 1500
Tue Sep 27 18:50:34 2022 /sbin/ip addr add dev tun0 local 10.8.0.1 peer 10.8.0.2
Tue Sep 27 18:50:34 2022 Could not determine IPv4/IPv6 protocol. Using AF_INET
Tue Sep 27 18:50:34 2022 UDPv4 link local (bound): [AF_INET][undef]:1194
Tue Sep 27 18:50:34 2022 UDPv4 link remote: [AF_UNSPEC]

Tue Sep 27 19:53:12 2022 Peer Connection Initiated with [AF_INET]192.168.1.201:1194
Tue Sep 27 19:53:12 2022 WARNING: this configuration may cache passwords in memory
-- use the auth-nocache option to prevent this
Tue Sep 27 19:53:12 2022 Initialization Sequence Completed
```

Mostramos la lista de las tarjetas de interfaces de red:

```
ip -br a
lo                UNKNOWN          127.0.0.1/8 ::1/128
enp38s0           UP               192.168.1.202/24 2a01:e0a:32c:9940:e611:
5bff:fe50:1332/64 fe80::e611:5bff:fe50:1332/64
wlo1              DOWN
tun0              UNKNOWN          10.8.0.1 peer 10.8.0.2/32 fe80::80bb:
c219:134e:bdbe/64
```

El servidor OpenVPN también ha creado una tarjeta de interfaz virtual `tun0`.

Los dos sistemas pueden comunicarse entre ellos, con el comando `ping` por ejemplo.

Desde el sistema cliente `srvdebian`:

```
ping -c 1 10.8.0.1
PING 10.8.0.1 (10.8.0.1) 56(84) bytes of data.
64 bytes from 10.8.0.1: icmp_seq=1 ttl=64 time=1.06 ms

--- 10.8.0.1 ping statistics ---
1 packets transmitted, 1 received, 0% packet loss, time 0ms
rtt min/avg/max/mdev = 1.060/1.060/1.060/0.000 ms
```

Desde el sistema servidor `srvrh`:

```
ping -c 1 10.8.0.2
PING 10.8.0.2 (10.8.0.2) 56(84) bytes of data.
64 bytes from 10.8.0.2: icmp_seq=1 ttl=64 time=1.12 ms

--- 10.8.0.2 ping statistics ---
1 packets transmitted, 1 received, 0% packet loss, time 0ms
rtt min/avg/max/mdev = 1.123/1.123/1.123/0.000 ms
```

Usamos el túnel para conectarnos, desde la máquina `srvrh`, al servidor HTTP de la máquina `debian10`:

```
wget -O - 10.8.0.2 | more
--2022-09-27 20:11:41--  http://10.8.0.1/
Conexión a 10.8.0.1:80... conectado.
Petición HTTP enviada, esperando respuesta... 200 OK
Longitud: 327 [text/html]
Grabando a: « STDOUT »

-               100%[====================================================
================>]     327  --.-KB/s    ds 0s

<!DOCTYPE html PUBLIC "-//W3C//DTD XHTML 1.0 Strict//EN"
  "http://www.w3.org/TR/xhtml1/DTD/xhtml1-strict.dtd">
<html>
<head>
2022-09-27 20:11:41 (37,4 MB/s) — escritos a stdout [327/327]

        <meta http-equiv="Content-Type" content="text/html; charset=UTF-8"/>
        <title>Serveur Web www</title>
</head>
<body>
<h1>Bienvenido al sitio www.midns.es</h1>
</body>
</html>
```

El túnel está operativo.

!

B

C

D

E

J

K

L

M

N

O

P

S

T

U

Z

La inteligencia artificial explicada
De los conceptos básicos a las aplicaciones avanzadas de IA
David Brenet
eni